北京航天振邦精密机械有限公司

北京航天振邦精密机械有限公司隶属于中国运载火箭技术研究院，从上世纪五十年代末即开始从事热喷涂技术的研究和应用，是国内最早从事该项技术的单位之一。六十余年来，振邦公司开发研制出多种功能性涂层，并成功应用于我国运载火箭和宇宙飞船上，为我国航天事业和热喷涂技术的发展做出了突出贡献。在从事涂层研究和应用的同时，振邦公司还致力于热喷涂设备的研制开发，从 1961 年研制成功我国第一代等离子喷涂设备开始，至今所研制的等离子喷涂设备和高速火焰喷涂设备均已形成系列化产品。

我们可以为您提供：

- ◆等离子喷涂设备；
- ◆超音速火焰喷涂设备；
- ◆普通火焰喷涂设备；
- ◆电弧喷涂设备；
- ◆各种型号喷枪及配件；
- ◆完整的热喷涂方案咨询；
- ◆各种涂层的生产及加工；
- ◆热喷涂解决方案交钥匙工程。

地址：北京市丰台区万源路六营门
电话：010-81285011/5012　　传真：010-81285010
网址：http://www.hj-rpt.com　　E-mail:master@hj-rpt.com

山东大业股份有限公司

山东大业股份有限公司，位于山东半岛蓝色经济区诸城市东城经济开发区大业工业园，占地800亩，注册资本1.56亿元，总资产12亿元，员工1800人。山东大业股份有限公司主要从事热喷涂和金属制品行业。

山东大业股份有限公司是专业从事热喷涂研究开发与应用的高新技术企业，是中国最大的专业生产胎圈钢丝企业。1991年加入全国工程维修研究会，1992年加入山东热喷涂协作组，1993年加入上海宝钢备件联合研制中心，是宝钢首批认可的为其提供轧钢备件的成员单位之一，2006年与世界500强企业德国蒂森克虏伯公司签订了长期合作协议，为风力项目用回转支承做金属喷涂。

我公司通过了ISO9001：2000质量体系认，ISO14001环境管理体系认证，OHSAS18001职业安全健康管理体系认证，ISO10012计量检测体系认证、国家AAA级标准化良好行为认证。公司的工艺控制体系及管理体系均达到了国际标准，受到国内外客户及专业技术机构的高度赞誉，从而确立在国内外同行业中领先地位。

我公司拥有世界上先进的美国TAFA公司生产的JP-5000型HVOF超音速喷涂系统及9000型电弧喷涂系统各一套，瑞士CASTONLIN公司生产的3000型氧乙炔火焰，全位置供粉式喷涂系统两套，QD8-400型电弧喷涂设备、TLAX-400C超音速电弧喷涂设备、QT-PS-T型塑料粉末喷涂设备各两套，是喷涂行业中最有实力的厂家，并配有2200吨油压机，16米车床、M84160型轧辊磨床等大中型机械加工设备及配套设施，并且可实施焊缝无损探伤，喷涂喷焊检测，动平衡实验等多种技术检测项目，具有专业的生产和综合加工能力。

我公司员工经美国TAFA公司瑞士CASTONLIN公司热喷涂专业培训，具有成熟的热喷涂喷焊工艺，结合完善的质量保证体系，采用国际先进的设备、技术、材料，以全方位的热喷涂（喷焊）服务及加工制造为主，可为冶金、电力、石油、化工、机械、印刷、纺织、汽车、铁路、军工航空、钢结构防腐等领域提供隔热、绝缘、导电、防微波辐射等问题，可根据用户需要进行多种表面强化与保护，新品制造，旧件修复。本公司利用人才和技术优势，还可针对用户的特殊要求进行专门的热喷涂产品开发、热喷涂生产线的设计与建造，对各类需保护的表面工程进行设计施工可靠的保护涂层，并进行热喷涂技术应用咨询服务，我们将竭诚为你提供最先进的技术和优质的服务。

公司主要承接的工程项目（新产品制作强化、旧件修复）

一、冶金行业连铸辊、夹送辊、冷退炉炉辊、助卷辊、冷轧无纺布辊、橡胶辊、层流冷却输送辊、热轧辊、校直辊、热镀锌线沉没辊、稳定辊等各类辊及备件。例如给冷轧厂连续退火炉抗高温结瘤ф150×3894炉底辊、宝钢ф500×2050夹送辊新品制作后的硬面强化、热轧厂火焰喷焊层流冷却辊、给上海宝钢研制的备件国产化项目：冷却厂连续退火炉：金属陶瓷炉辊、炉底辊等。

二、造纸印刷行业中各种涂布辊、计量辊、施水辊、烘缸、压光辊、瓦楞辊、印刷辊、网纹辊等各种辊类。例如给造纸厂压光辊、烘缸喷涂强化、造纸复卷机支承辊HVOF喷涂、铝制印刷辊修复等。

三、石油行业各种抽油机柱塞，抽油杆（三杆）、柱塞叶轮、曲轴、各类储油罐等。

北京东方润鹏科技有限公司

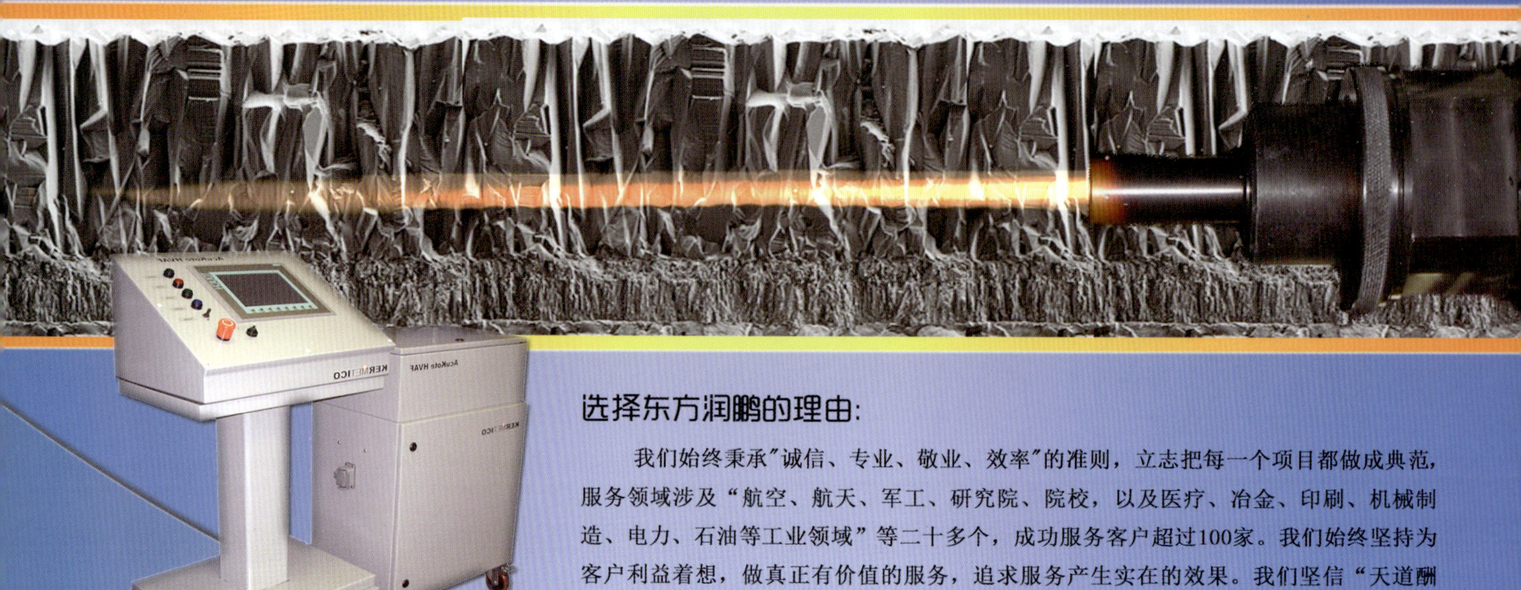

选择东方润鹏的理由:

我们始终秉承"诚信、专业、敬业、效率"的准则，立志把每一个项目都做成典范，服务领域涉及“航空、航天、军工、研究院、院校，以及医疗、冶金、印刷、机械制造、电力、石油等工业领域”等二十多个，成功服务客户超过100家。我们始终坚持为客户利益着想，做真正有价值的服务，追求服务产生实在的效果。我们坚信“天道酬勤”的古训！我们理解成功源自不断拚搏、持续进取和永不懈怠！

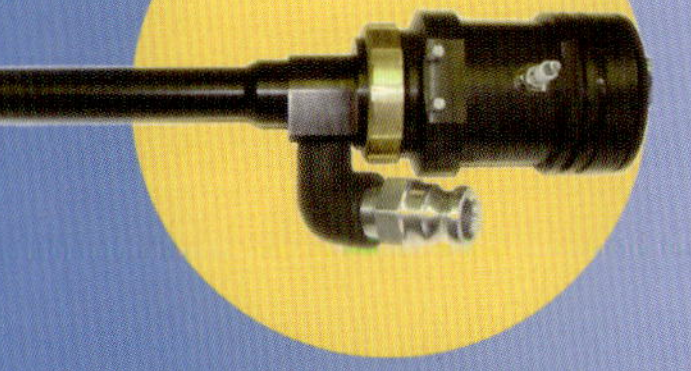

HVAF设备喷枪加热段与加速段分离，精确控制材料温度；轴向送粉，束斑集中，涂层一致性好，沉积效率高；空气助燃，生产成本低；更高的冲击速度700-1000m/s;热喷模式适合各种碳化物陶瓷粉末；暖喷模式适合铁基、钴基以及钛合金和硅合金；冷喷模式适合铜、铝等低熔点金属喷涂。

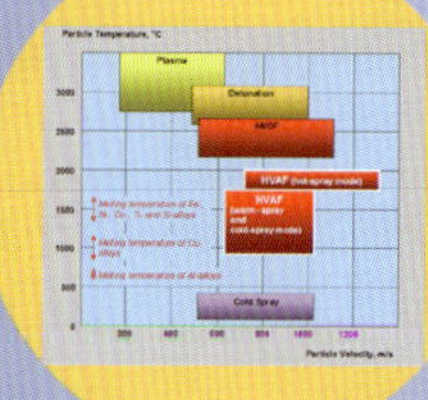

AcuKote-HVAF喷涂系统的显著特征HVAF超音速火焰喷涂的火焰温度在1100℃至2000℃之间，填补了HVOF与冷喷涂之间的空缺，可以选择不同的燃烧室、枪管等硬件配置，HVAF工艺可划分为热喷、暖喷和冷喷三种模式。

Mettech公司独特的专利产品Axial III三电极轴向送粉等离子喷涂系统采用独特的轴向送粉技术，具有喷束集中、粒子速度高、落斑小等特点，可实现极高的喂给速度和沉积效率，并可保证均匀致密的高质量涂层。由于采用闭环自动控制和轴向送粉设计，提高了高质量的涂层的可重复生产性。

Mettech公司Axial III等离子喷枪与其优秀的NanoFeed悬浮液输送系统组合，能够生产出多种独特的涂层。NanoFeed悬浮液输送系统可以精确有效控制微粉在悬浮液中的流量，配合Axial III等离子喷枪，可生产出独特的纳米结构的涂层。

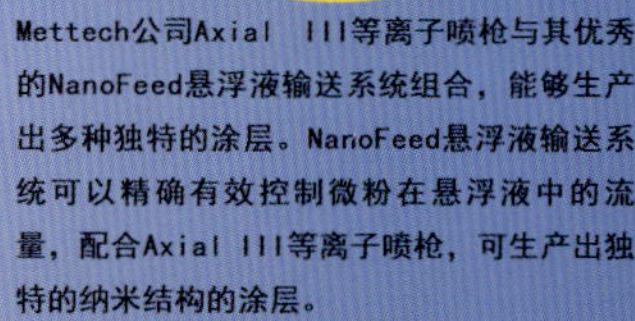

Medicoat是瑞士一家创新型热喷涂企业，在热喷涂领域超过20年的经验，尤其在大气等离子、真空等离子、冷喷设备制造和工艺监控领域享有声望。Medicoat的喷涂系统走在科研尖端并富有创意，适用特殊涂层工艺和精工技术。他们的设备覆盖所有热喷涂工艺等（离子喷涂，HVOF，真空技术，以及高频等离子），喷涂的涂层已达到医疗使用水平，可植入人体使用。所有产品通过ISO13485和QualitechAG认证。上图为VPS/LPPS机械手操作系统示图。

瑞士Medicoat的大气等离子APS/真空等离子VPS喷涂系统采用等离子和直流电交替使用，可以使用4种等离子气体，根据涂层设计（多层，三明治结构等）实现多组粉末同时注入，并可内外部同时送粉。Medicoat中央控制工艺世界领先，可进行逻辑编程，并将涂层生产中的数据录入、存储、数据可视化。可以将现今所有的喷涂工艺整合为一套自动化喷涂系统，例如可将HVOF和APS（Cr203 涂层）整合。涂层致密度可以达到98%，喷涂效率超过90%。

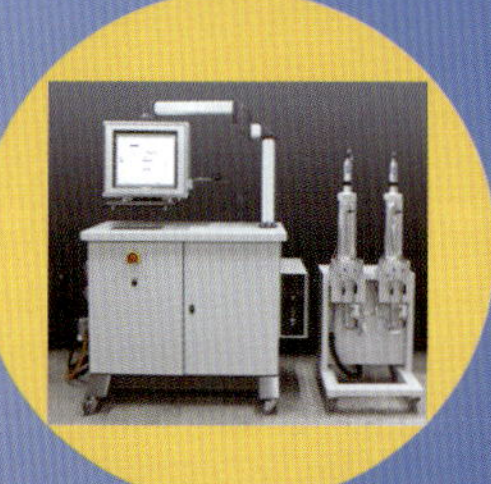

Medicoat的高效冷喷涂处理系统简称（ACST）。基于粉末的形态学，颗粒大小分布和化学性质，设计的ACST系统可以喷涂铜，铜合金，高温合金，不锈钢，像碳化物一样的硬质金属和金属陶瓷复合材料。工艺气体压力高达10bar，气体温度高达900° C。气体加热系统与双壁枪相结合，将气体温度损失减少至喷嘴出口。所有工艺气体（氦气和氮气）和2线送载气体进行质量流量控制。使用两个送粉装置，生产混合涂层和夹层结构。

中国表面工程协会热喷涂专业委员会

中国表面工程协会热喷涂专业委员会是在民政部登记注册的国内最大的热喷涂行业组织，隶属于中国表面工程协会，秘书处设在北京，登记在册团体会员800余个。会员单位来自机械、化工、钢铁、航空、航天、石油、电子、煤炭、汽车、军工、船舶、有色、轻工、能源、交通、电力、建材等行业。

协会及秘书处主要工作：

1. 加强协会组织建设，充实理事会，积极发展会员，为会员服务；
2. 颁发《热喷涂行业企业从业资格证书》、《热喷涂技术操作人员上岗证》；
3. 组织定期举办国际热喷涂研讨会以及全国热喷涂年会，编辑出版论文集，开展国际合作与学术交流，参与国际热喷涂市场合作；
4. 定期出版《热喷涂技术》及《热喷涂快讯》等专业技术刊物；
5. 定期编辑出版《中国热喷涂年鉴》；
6. 不定期举办国际热喷涂展览会；
7. 协办ASM和DVS主办的国际热喷涂大会暨展览会（ITSC）；
8. 积极发展与国外热喷涂协会及行业组织的联系，已经与美国金属学会（ASM）、德国焊接学会（DVS）、德国热喷涂学会（GTS）、日本热喷涂学会、日本热喷涂工业协会、英国表面工程协会、国际热喷涂协会等建立了良好的合作关系；
9. 组织参加国际热喷涂大会暨展览会（ITSC）以及国外先进热喷涂技术考察团；
10. 面向行业，提供全方位的服务，提供技术交流、技术咨询、技术服务、技术开发、技术转让、项目论证及鉴定等工作；
11. 宣传制定推广、贯彻执行热喷涂行业及国家有关标准；
12. 积极发展与国外热喷涂企业的联系，促进国内外热喷涂企业合作关系，促进提高我国热喷涂技术发展水平。

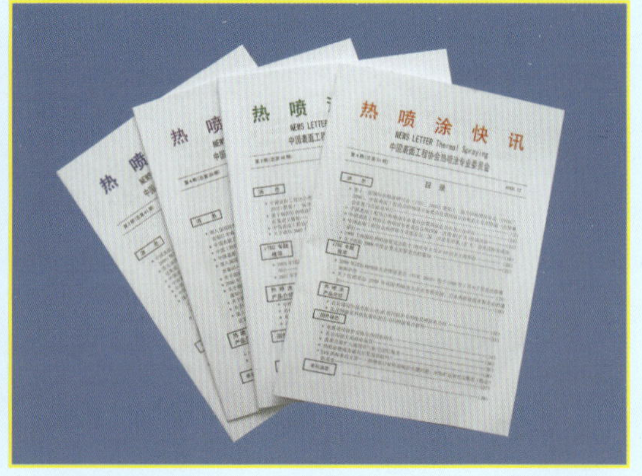

出版《中国热喷涂年鉴》以及《热喷涂技术》、《热喷涂快讯》等专业技术刊物

颁发团体会员证书、热喷涂行业企业从业资格证书、操作人员上岗证书

举办国际热喷涂研讨会及展览会、会员代表大会、组团出国考察访问、编辑出版论文集

第十三届国际热喷涂研讨会（ITSS’2010）暨第十四届全国热喷涂年会（CNTSC’2010）在苏州成功召开

参观中科院上海硅酸盐研究所

参观上海大豪纳米材料喷涂有限公司

参观苏尔寿•美科表面技术（上海）有限公司

2010 国际表面工程展览会暨研讨会
于 2010 年 6 月 7-9 日在上海成功举办

2010年10月19日中国表面工程协会热喷涂专业委员会
四届三次理事(扩大)会议在苏州成功召开

第十四届国际热喷涂研讨会（ITSS’2011）暨第十五届全国热喷涂年会（CNTSC’2011）在武汉成功召开

2011年10月27日中国表面工程协会热喷涂专业委员会四届四次理事（扩大）会议在武汉成功召开

参观武汉材料保护研究所

参观武汉高力热喷涂工程有限责任公司

2011国际表面工程展览会暨研讨会
于2011年4月7-9日在上海成功举办

广州有色金属研究院周克崧院士参观展会

黄小鸥理事长一行与日本Tocalo公司代表合影

中科院上海硅盐所陶顺衍研究员参观展会

黄小鸥理事长一行与法国圣戈班代表合影

黄小鸥理事长一行与苏尔寿•美科公司代表合影

国外展商交流讨论

展会现场

中国表面工程协会热喷涂专业委员成功组团参加
2011年汉堡国际热喷涂大会暨展览会（ITSC’2011）
及考察欧洲热喷涂技术和企业

参加ITSC’2011汉堡国际热喷涂大会暨展览会

访问参观芬兰坦佩雷科技大学材料科学系及其实验室并做技术交流

德国汉堡武装大学材料科学研究所Klassen教授与亚琛大学表面工程研究所所长Bobzin教授欢迎协会代表团一行并做报告介绍研究所的科研项目和技术

访问H.C.Starck公司并进行技术交流

第十五届国际热喷涂研讨会（ITSS’2012）暨第十六届全国热喷涂年会（CNTSC’2012）在徐州成功召开

2012年10月25日中国表面工程协会热喷涂专业委员会四届三次理事（扩大）会议在徐州成功召开

参观徐州工程学院

参观访问中国矿业大学

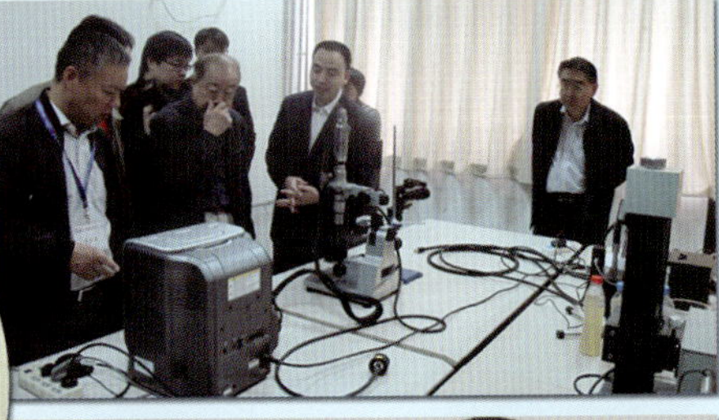

参观矿大煤炭博物馆

第十六届国际热喷涂研讨会（ITSS’2013）暨第十七届全国热喷涂年会（CNTSC’2013）、中国表面工程协会热喷涂专业委员会五届会员代表大会在洛阳市成功举行

2013年10月24日中国表面工程协会热喷涂专业委员会五届会员代表大会及五届一次理事（扩大）会在洛阳成功召开

2013年10月25日参会代表参观访问洛阳朗力表面技术有限公司

2013中国国际涂料、涂装及表面处理展览会暨研讨会于2013年6月28－30日在北京中国国际展览中心成功举办

中国表面工程协会热喷涂专业委员会四届二次常务理事（扩大）会于2013年7月17日在广东江门市召开

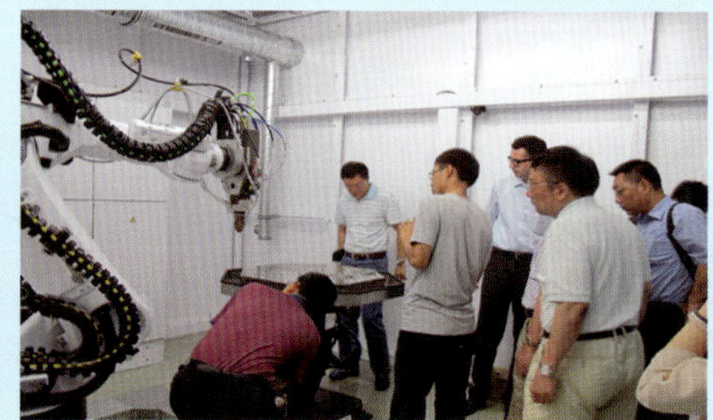

参观江门威霖贸易有限公司并进行技术交流

中国表面工程协会热喷涂专业委员会成功组团参加
2013年釜山国际热喷涂大会暨展览会(ITSC’2013)

第十七届国际热喷涂研讨会（ITSS’ 2014）暨第十八届全国热喷涂年会（CNTSC’ 2014）在成都/自贡成功召开

第十七届国际热喷涂研讨会（ITSS’ 2014)暨第十八届全国热喷涂年会（CNTSC’ 2014)
中国表面工程协会热喷涂专业委员会五届二次理事（扩大）会
2014年10月21~26日 四川 成都/

2014 年 10 月 23 日中国表面工程协会热喷涂专业委员会
五届二次理事（扩大）会议在成都友豪锦江酒店成功召开

自贡硬面技术交流会于 2014 年 10 月 24 日
在自贡市汇东大酒店成功举行

中国表面工程协会理事长、中国表面工程协会热喷涂专业委员会理事长黄小鸥教授致词

自贡硬面技术交流会由易长宾总经理主持

交流会会场

自贡长城硬面材料有限公司、C&M 公司 Andreas.Kirsten 博士作专题报告

航天材料及工艺研究所吴朝军研究员作专题报告

参会代表参观访问自贡硬质合金有限责任公司成都分公司（龙泉）、自贡长城硬面材料有限公司及自贡硬质合金有限责任公司板仓分公司

推陳出新

丁传贤

丁传贤　中国科学院上海硅酸盐研究所　研究员
中国工程院院士

开拓创新热喷涂应用，
助力先进制造业蓬勃发展。

周克崧 2015.12.

周克崧　广州有色金属研究院　原院长　研究员
中国工程院院士

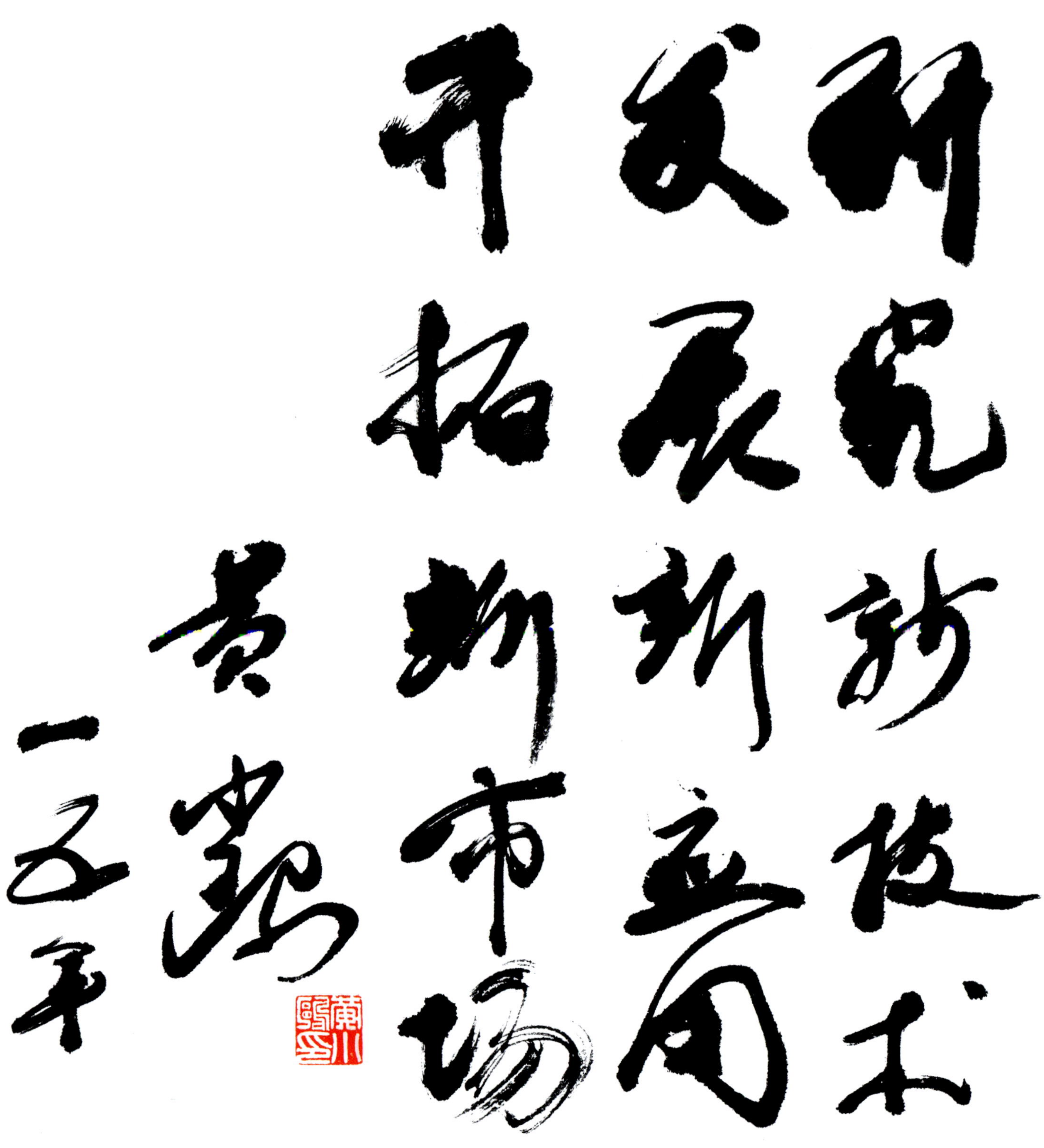

黄小鸥　中国表面工程协会　原理事长

中国表面工程协会热喷涂专业委员会　理事长　研究员

中国热喷涂年鉴

（2015 年版）

The Yearbook of China Thermal Spray Industry Edition 2015

中国表面工程协会热喷涂专业委员会　编

科学技术文献出版社
SCIENTIFIC AND TECHNICAL DOCUMENTATION PRESS
·北京·

图书在版编目（CIP）数据

中国热喷涂年鉴：2015 年版 / 中国表面工程协会热喷涂专业委员会编 . —北京：科学技术文献出版社，2016.2

ISBN 978-7-5189-1062-5

Ⅰ . ①中… Ⅱ . ①中… Ⅲ . ①热喷涂—金属加工工业—中国—2015—年鉴 Ⅳ . F426.41-54

中国版本图书馆 CIP 数据核字（2016）第 035109 号

中国热喷涂年鉴：2015年版

策划编辑：曹沧晔　　责任编辑：曹沧晔　　责任校对：赵　瑗　　责任生产：张志平

出 版 者　科学技术文献出版社

地　　址　北京市复兴路15号　邮编 100038

编 务 部　(010) 58882938，58882087（传真）

发 行 部　(010) 58882868，58882874（传真）

邮 购 部　(010) 58882873

官方网址　www.stdp.com.cn

发 行 者　科学技术文献出版社发行　全国各地新华书店经销

印 刷 者　北京文海彩艺印刷有限公司

版　　次　2016 年 2 月第 1 版　2016 年 2 月第 1 次印刷

开　　本　889 × 1194　1/16

字　　数　1500千

印　　张　50

书　　号　ISBN 978-7-5189-1062-5

定　　价　380.00元

《中国热喷涂年鉴（2015年版）》编委会名单

名誉主任： 丁传贤　周克崧

主　　任： 黄小鸥

副 主 任： 吴朝军　陶顺衍　李长久　杨　滨　刘　敏　常新春　卢乐松

主　　编： 黄小鸥

副 主 编： 卢乐松　付海宇

编　　委：（按姓氏笔画为序）

王春华　卢乐松　冯国志　冯　文　安云岐　石成刚　刘　敏　伍建华

李长久　李其连　李益明　吴朝军　肖　庆　汪刘应　张　赟　林　菁

杨　滨　段　智　易长宾　祖玉冰　钱　铸　徐法令　陶顺衍　黄小鸥

常新春　曹　庆　曹仕伟　程旭东　谢屹峰　薛永宗

序　言

制造业是国民经济的主体，是立国之本、兴国之器、强国之基。热喷涂技术是先进制造业的重要组成部分，其应用与发展体现了制造业创新驱动、质量为先、绿色发展的基本方针，在国民经济各主要工业领域的作用日益突出，是实现“中国制造 2025”目标的重要技术手段。

近年来，热喷涂技术围绕粒子“温度、速度、氛围”等要素、得到了飞速发展。冷喷涂技术向高温方向发展，其研究与应用日趋成熟。超音速火焰喷涂向低温、高速方向发展，开发出低温超音速火焰喷涂技术。低压等离子喷涂向更低的环境压力发展，形成等离子喷涂－物理气相沉积（PS–PVD）技术，其研究如火如荼。溶液前驱体喷涂技术应用也初见端倪。同时，学科交叉与技术复合克服了热喷涂技术的部分缺点，使得其应用更为丰富，如热喷涂与激光表面处理的复合、热喷涂与物理气相沉积的复合等。

《中国热喷涂年鉴（2015 版）》内容丰富，数据翔实，较为系统、全面地反映了中国热喷涂行业发展的现状与骨干企业的最新动态。全书内容包括国内外热喷涂行业的发展概况，热喷涂行业管理与技术经验文章，热喷涂专业委员会发展大事记，行业部分标准介绍，优秀企事业单位、高新工艺、先进设备及材料介绍，企业基本情况及会员名录等。并更新收录了我国众多的热喷涂行业有关设备、材料、辅助设备及材料的生产研制以及技术服务等企事业单位的基本信息。

《中国热喷涂年鉴（2015 版）》为相关部门对热喷涂技术和市场动态做出客观评估，为从事表面工程，特别是热喷涂相关工作的科研院所、大专院校、贸易公司、企事业单位的技术与管理人员了解行业最新动态、确立研究应用方向、选购设备与材料，为相关制造业用户企业的设计开发人员、技术人员、管理人员以及技术工人选择热喷涂产品、技术与服务提供最权威、最全面的参考指导。

我相信，通过《中国热喷涂年鉴（2015 版）》的出版与发行，将会促进中国热喷涂行业内部、热喷涂行业与其他行业间的交流，推动国内外热喷涂界的广泛合作，使我国热喷涂行业得到快速发展。

中国工程院院士、广州有色金属研究院教授　周克崧

编 制 说 明

《中国热喷涂年鉴》由中国表面工程协会热喷涂专业委员会组织编撰，中央级专业出版社——科学技术文献出版社出版，面向国内外公开发行，是我国热喷涂行业唯一的国家级权威馆藏年鉴。该年鉴自2003年创刊以来，以翔实的资料、准确的数据和系统的内容，客观全面地反映了我国热喷涂行业的总体状况，介绍了一批行业骨干企事业单位及代表产品、高新工艺、设备材料与工程应用最新成果。

2009版年鉴根据需要已连续4次印刷，是国内外了解我国热喷涂行业和企业的一个重要窗口，在行业内外已享有很高的声誉并具有广泛的影响。自2009年至今，从事表面工程与热喷涂相关工作的科研院所、大专院校、贸易公司、热喷涂设备、材料及工厂和相关工艺、技术、产品与标准均有了很大的变化，因此迫切需要对2009版年鉴进行更新，以满足广大同仁的实际需要，为此我们组织力量并耗时近一年半的时间对其进行了整理与重新编排。

2015版年鉴的编制借鉴了2009版的成功经验并修正了一些不足之处，力争达到并成为我国表面工程及热喷涂领域深受广大企业及读者喜爱的知名度最高、覆盖面最广、影响力最大、实用性最强的参考工具书之一。

在续编的过程中，得到了相关主管部门、广大企事业单位和热心人士的大力协助与支持，在此一并表示衷心的感谢。尽管在编制工作中做出了很大努力，但由于时间紧迫、水平有限，本书肯定存在一些错误和不足之处，敬请广大读者批评指正。

编 者

2015年11月

目　录

优秀企事业单位工艺、设备、材料介绍

企业基本情况及会员名录

附 录

中国表面工程协会热喷涂专业委员会
简　介

中国表面工程协会热喷涂专业委员会是在民政部登记注册的国内最大的热喷涂行业组织，隶属于中国表面工程协会，秘书处设在北京，登记在册团体会员800余个。会员单位来自机械、化工、钢铁、航空、航天、石油、电子、煤炭、汽车、军工、船舶、有色、轻工、能源、交通、电力、建材等行业。

协会及秘书处主要工作：

1. 加强协会组织建设，充实理事会，积极发展会员，为会员服务；
2. 颁发《热喷涂行业企业从业资格证书》、《热喷涂技术操作人员上岗证》；
3. 组织定期举办国际热喷涂研讨会以及全国热喷涂年会，编辑出版论文集，开展国际合作与学术交流，参与国际热喷涂市场合作；
4. 定期出版《热喷涂技术》及《热喷涂快讯》等专业技术刊物；
5. 定期编辑出版《中国热喷涂年鉴》；
6. 不定期举办国际热喷涂展览会；
7. 协办ASM和DVS主办的国际热喷涂大会暨展览会（ITSC）；
8. 积极发展与国外热喷涂协会及行业组织的联系，已经与美国金属学会（ASM）、德国焊接学会（DVS）、德国热喷涂学会（GTS）、日本热喷涂学会、日本热喷涂工业协会、英国表面工程协会、国际热喷涂协会等建立了良好的合作关系；
9. 组织参加国际热喷涂大会暨展览会（ITSC）以及国外先进热喷涂技术考察团；
10. 面向行业，提供全方位的服务，提供技术交流、技术咨询、技术服务、技术开发、技术转让、项目论证及鉴定等工作；
11. 宣传制定推广、贯彻执行热喷涂行业及国家有关标准；
12. 积极发展与国外热喷涂企业的联系，促进国内外热喷涂企业合作关系，促进提高我国热喷涂技术发展水平。

中国表面工程协会热喷涂专业委员会
地　址：北京德胜门外北沙滩一号
邮　编：100083
电　话：010－64882552（秘书长）64882554（理事长）64882560
手　机：13801233251（秘书长）13901358778（理事长）
传　真：010－64879322（秘书长）64872316（理事长）
网　址：http://www.chinathermalspray.org
http://www.tscc.org.cn
http://www.中国热喷涂.cn
网络实名：中国热喷涂
E-mail: tscc@chinathermalspray.org　lulesong@126.com

The Thermal Spraying Committee of China Surface Engineering Association

General Introduction

The Thermal Spraying Committee of China Surface Engineering Association（TSCC）is the registered biggest authoritative organization of thermal spray industry at Chinese Ministry of Civil Affairs, which belongs to China Surface Engineering Association with its secretariat based in Beijing.

The Thermal Spraying Committee（TSCC）has over 800 registered members from Machinery, Chemical, Iron & Steel, Aerospace and Aircraft, Petroleum, Electronics, Coal, Automobile, Military Project, Shipping, None-ferrous, Light Industry, Energy, Traffic, Electric Power and Building Materials etc.

Main Tasks of TSCC and Secretariat:

- To strengthen the construction of TSCC organization, enrich the association council, actively develop members and supply service for members;
- Issue the " Qualification Certificates for Thermal Spraying Industrial Enterprises "and the "Work Licenses for Thermal Spraying Technical Operators";
- Organize and hold International Thermal Spraying Seminar（ITSS）and China National Thermal Spraying Conference（CNTSC）annually, edit and publish proceedings. Carry out international cooperation and academic exchange and participate in the cooperation with international thermal spraying market;
- Publish the "Thermal Spraying Technology" and the "Thermal Spraying Newsletter" etc. professional thermal spraying journals regularly;
- Edit and publish the "Yearbook of China Thermal Spray Industry";
- Organize and hold the International Thermal Spraying Exposition in China regularly;
- Co-sponsor unit of the International Thermal Spray Conference & Exposition（ITSC）with ASM and DVS;
- Positively develop the relationship with foreign thermal spraying associations and industrial organizations and made good relationship with ASM International - Thermal Spray Society（TSS）, DVS-German Welding Society, German Thermal Spray Society（GTS）, Japanese Thermal Spray Society (JTSS), High Temperature Society of Japan （HTS）, TSSEA-Thermal Spraying & Surface Engineering Association（UK）and the International Thermal Spray Association（US）;
- Organize and participate in the International Thermal Spray Conference & Exposition（ITSC）and advanced foreign thermal spraying technical investigation delegation;
- Fale the industry and provide a comprehensive range of services, such as providing technical communication, technical advices, technical services, technical development, technical transfer, project appraisal and evaluation, etc;
- Establish, popularize and promote the implementation of thermal spraying industrial and relevant national standards;
- Develop the relationship with foreign thermal spray enterprises actively, improve and assist the

cooperation between domestic and international thermal spraying enterprises, so as to improve the developing levels of China thermal spraying technology.

Contact Information of
The Thermal Spraying Committee of China Surface Engineering Association (TSCC)

Address: No. 1, Beishatan, Deshengmen Wai, Chaoyang District, Beijing 100083

Tel: 0086 10 64882554 (Prof. Huang Xiaoou, President)
0086 10 64882552 (Mr. Lu Lesong, General Secretary)
0086 10 64882560

Mobile: 0086 13901358778 (Prof. Huang Xiaoou)
0086 13801233251 (Mr. Lu Lesong)

Fax: 0086 10 64872316 (President)
0086 10 64879322 (General Secretary)

E-mail: xiaoou@chinathermalspray.org (Prof. Huang Xiaoou)
lulesong@126.com (Mr. Lu Lesong)
tscc@chinathermalspray.org (Secretariat)

Web site: http:// www.chinathermalspray.org
http://www.tscc.org.cn

中国表面工程协会热喷涂专业委员会
五届理事会组成和常务理事、副理事长、理事长名单

（2013年10月24日第五届会员代表大会及五届一次理事扩大会选举组成，经2014年10月23日五届二次理事会、2015年10月22日五届三次理事会调整）

理事名单（67人，排名不分先后）：

黄小鸥　吴朝军　杨　滨　安云岐　陶顺衍　李长久　刘　敏　常新春　张　赟　童向阳
曹　庆　卢乐松　李益明　李其连　伍建华　北秋广幸　易长宾　冯国志　谢屹峰　钱　铸
段　智　冯　文　程定春　汪刘应　薛永宗　汪鞍亚　徐法令　胡为峰　祖玉冰　石成刚
王春华　肖　庆　彭裕祥　钱　兵　程旭东　孙景和　王国华　沈建明　公茂秀　晁　兵
潘海龙　周　杰　林　菁　贾　鹏　唐静波　高　捷　郭吉平　杨中元　孟晓霞　舒　晶
蒋建敏　陈嵩松　王全胜　仲館創　王振凯　任红旗　白　波　王　璐　侯应黎　葛汇业
杨宗吉　黄世宇　周　静　王台星　常代展　杨　毅　李志刚

常务理事名单（30人，排名不分先后）：

黄小鸥　吴朝军　杨　滨　安云岐　陶顺衍　李长久　刘　敏　常新春　张　赟　童向阳
曹　庆　卢乐松　李益明　李其连　伍建华　北秋广幸　冯国志　谢屹峰　钱　铸　段　智
易长宾　冯　文　程定春　汪刘应　薛永宗　汪鞍亚　徐法令　胡为峰　祖玉冰　石成刚

理事长： 黄小鸥

副理事长（11人）：

吴朝军　杨　滨　安云岐　陶顺衍　李长久　刘　敏　常新春　张　赟　童向阳　曹　庆
卢乐松

秘书长： 卢乐松

副秘书长（4人）： 李益明　李其连　伍建华　王春华

中国表面工程协会热喷涂专业委员会
五届理事会聘请名誉理事长、顾问委员会名单

（2013年10月24日五届一次理事扩大会选举通过）

名誉理事长： 丁传贤　周克崧

顾问委员会组成（16人）：

林惠令　王汉功　钱叶仁　许仁撑　高荣发　贾永昌　王东曦　赖师墨　邓世均　耿家林
段绪海　温瑾林　陈加印　杨耀华　赵文华　陈政国

中国热喷涂的现状与未来

（中国表面工程协会热喷涂专业委员会）

1. 中国热喷涂现状

热喷涂在世界上已有逾百年历史，在中国也有七十多年的历史。中国热喷涂在近四十年有了高速的发展。

据不完全统计，2014 年我国热喷涂工业的年总产值为 120 亿元左右（约合 20 亿美元，包括设备、材料、喷涂工厂产值、进口设备和材料等）。

全国从事热喷涂的人员共有 12000 余人（喷涂临时工除外），1000 多个在册会员，包括设备、材料及辅助设备生产商、喷涂工厂、科研院所、大学及贸易公司等。

从事热喷涂的主要为中小型企业，年人均产值约为 100 万元，排在中国机械工业人均劳动生产率的前列。

图 1 是按应用分类的中国热喷涂情况。热喷涂已广泛应用于钢铁、航空、航天、汽车、电子、通用机械、石油化工、能源、纺织、造纸和防腐等行业。

然而，中国热喷涂的结构还需进一步调整和提高。当前热喷涂产业比例有所失调，热喷涂中低端设备、中低端材料产能过剩，高端应用还有差距。随着“中国制造 2025”、“十三五规划”和“互联网 +”等规划和政策的落实，产业结构调整以及产品升级换代，增长方式的优化，热喷涂市场将面临诸多挑战，也会有很多机遇。

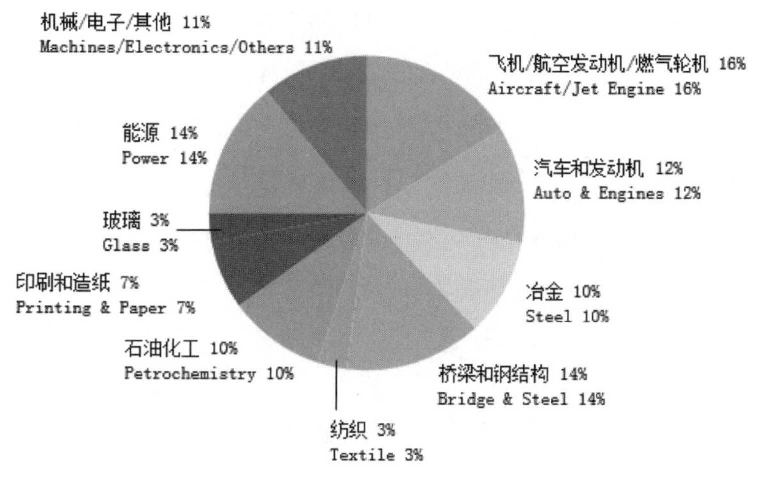

图 1　按应用行业分类的热喷涂产值比例

2. 中国热喷涂行业的主要特点

2.1 设备制造

经过几十年的独立开发和引进国外先进制造技术，目前，中国已经研制出多种热喷涂设备，包括真空等离子、大气等离子、高能等离子、HVOF、HVAF、激光熔覆、爆炸喷涂、PTA、电弧喷涂、火焰粉末、线材火焰喷涂等。图 2 是按热喷涂工艺的分类。

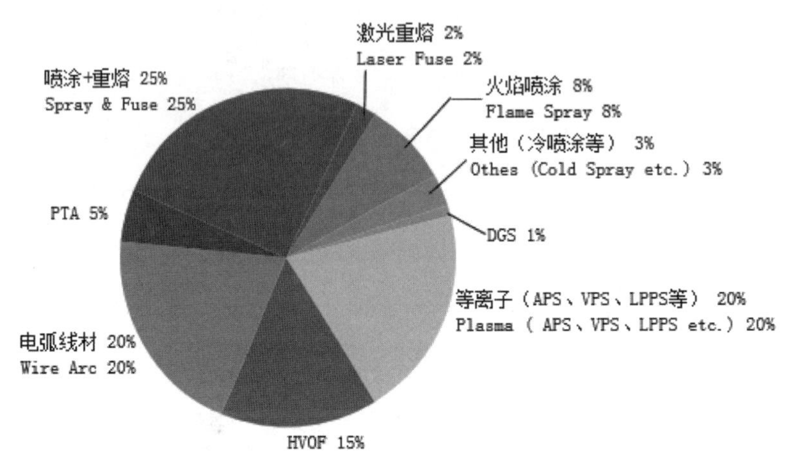

图 2　中国热喷涂应用工艺分类（按产值）

图 3 为真空等离子喷涂系统（VPS）。将等离子喷枪、工件及其运转机械置于真空（4 ~ 13Kpa）的密闭室里，在室外控制喷涂过程。

图 4 为 HVOF 系统。HVOF 工艺有效地使用动能和控制的热输出，生产的涂层致密性好，间隙率小，粘结性强，有些能达到 80MPa，氧化物含量少。

图 5 为大气等离子喷涂系统（APS）。涂层设备可以制备不同材料的涂层，生产符合各种应用的表面，包括多种不同的耐磨损和抗腐蚀机制、所需的热特性或电特性、表面修复和尺寸控制。其沉积率高，涂层与基体的粘结力强，精确地控制涂层厚度和表面特性，例如孔隙度和硬度。

图 6 为激光熔覆工艺。是材料表面改性技术的一种重要方法，利用高能密度激光束将合金材料熔覆在基材表面上，得到具有与基体材料完全不同成分和性能的合金层。基体的母材不用预热，金属粉末与基体材料形成冶金结合，表面具有高强度和高耐磨性。

2.2 材料生产

目前，中国可以生产大多数热喷涂材料如粉末、线材、棒材等，包括金属粉末（Ni 基、Co 基、Fe 基粉末，总产量超过 6,000 吨 / 年）、陶瓷粉末、金属陶瓷粉末（Al_2O_3, Al_2O_3+TiO_2, Cr_2O_3,ZrO_2-Y_2O_3,WC-Co 等，总产量超过 2,000 吨 / 年）、线材（Al, Zn, Cu、不锈钢等，总产量超过 60，000 吨 / 年）。图 7 是中国喷涂材料的分类。

图 3　真空等离子喷涂系统

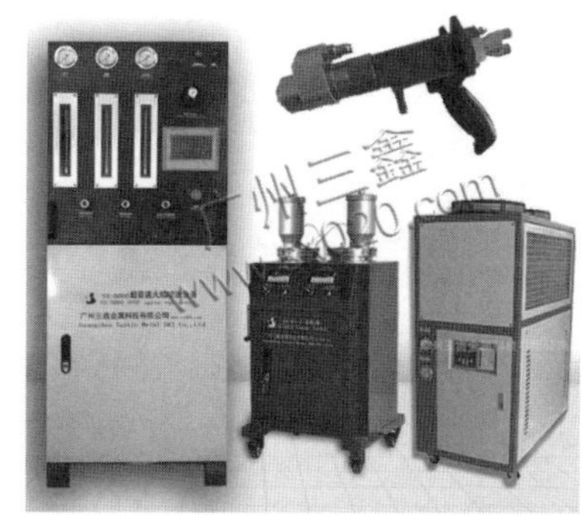

图 4　HVOF 系统

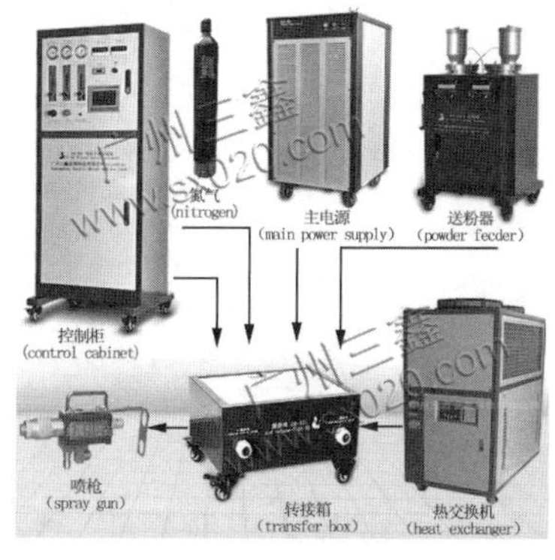

图 5　大气等离子喷涂系统

图 6　激光熔覆工艺

中国已成为能制造和生产大多数热喷涂设备和材料的世界上少数几个国家之一。

近五年，还开发出一些新型粉末。如：大颗粒球形纳米陶瓷粉末。大颗粒内部为结合紧密的纳米颗粒，具有良好的流动性，能像传统微米级粉末一样输入等离子喷涂系统，制造出组织结构均匀、性能优良（脆性降低，韧性提高）的纳米涂层。其中有 Al_2O_3/TiO_2，ZrO_2/Y_2O_3，WC/Co，$Cr_3C_2/NiCr$ 等品种。粉末形貌见图 8。

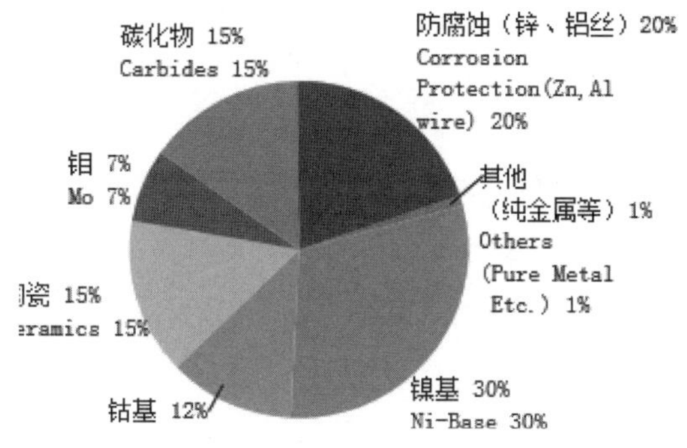

图 7　喷涂材料分类

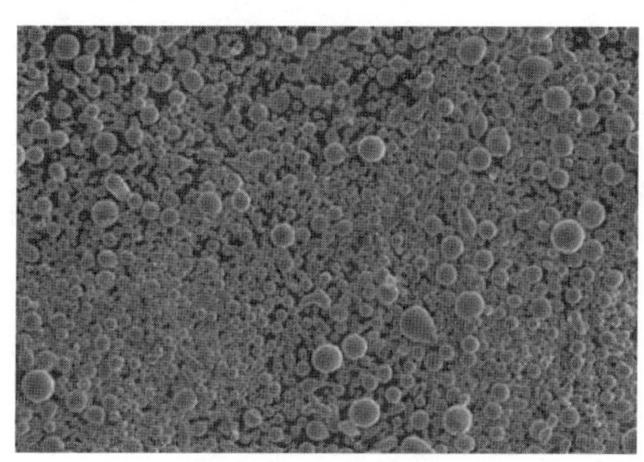

图 8　非晶粉末

2.3 应用 / 涂层服务

在中国，热喷涂技术在各领域得到了广泛的应用，如航天、航空、钢铁、石油化学、钢结构防腐、机械、电子、轻工、纺织、造纸印刷、能源、电力、造船及其他一些行业，总产值 80 亿元 / 年以上。

近几年热喷涂在中国的应用有以下特征：

a. 在许多领域热喷涂技术得到大规模高水平的应用，如连续退火炉辊、热浸锌辊、结晶器铜板（冶金工业）、泵阀、管道（石油化学工业）、瓦楞辊、烘缸、砑光棍（造纸业）、移墨辊（印刷业）、拉丝辊、航空发动机、燃气轮机、航天器部件、核电设备、高级玻璃模具、气门、同步环、活塞环、油缸、刹车片、汽车空调器铝扁管（汽车工业）、绝缘轴承、靶材制造等。

b. 热喷涂技术有多种喷涂工艺及喷涂材料，我国几乎能生产绝大部分喷涂材料并掌握大多数喷涂工艺，如真空等离子、大气等离子、爆炸喷涂、HVOF、电弧喷涂、粉末火焰、PTA、激光熔敷、真空熔敷、冷喷涂等。

c. 热喷涂涂层的种类和批量增加、涂层质量不断提高。

d. 涂层应用不再局限于旧件修复，新应用急剧增加。例如，用于 CAL，CGL 等的炉辊、浸锌辊、用于连续铸造的轧辊和输送辊、航空发动机部件、航天器部件、溅射靶材部件、风电、光伏、用于水力发电站梯级船闸的大直径启闭机柱塞、汽车发动机活塞环、同步环、柴油发电机活塞环、注塑螺杆、发电站锅炉管、大型钢结构的腐蚀防护及长距离大跨度桥梁等。

e. 三分之二的喷涂工厂属于中小型企业（20 ~ 50 人 / 厂），约占热喷涂行业喷涂企业的 90% 以上，其他为国有企业、科研院所，还有相当数量国外独资企业已进入我国。

f. 一些科研院所及大学积极地将热喷涂技术应用到市场，并不断促进热喷涂设备及材料的发展。

2.4 主要行业的市场预测

热喷涂工艺已应用于许多大型钢铁企业。市场仍有开发潜力。钢铁行业热喷涂市场预计 5 年内可达 20 亿元 / 年以上。

近年来，政府大力发展能源产业（包括水电、风电、核电、光伏电池等）。预计 5 年内热喷涂市场可达到 15 亿元。

中国的“大飞机计划”，使热喷涂工艺在飞机发动机及部件上的应用将迅速增加，其市场开发潜力很大。预计 5 年内可达 20 亿元人民币。

造纸机械、印刷机械增长迅速如网纹辊、水辊等，市场需求逐年增加，热喷涂涂层市场预计在 6 亿元人民币左右。

电子行业（半导体、LCD、电脑等），其他行业如汽车、防腐、石化、生物工程、轨道交通等，目前市场已具规模，将高速增长。市场现状和预测见表 1。

表 1　与热喷涂相关的主要产业概况和热喷涂应用市场预测

产业	年产量 / 规模 *	市场（亿元）	市场预测 **（亿元）	典型部件	产能 / 规模排名
钢铁	>7 亿吨	20	22	层流冷却辊、沉没辊稳定辊、炉辊、风口、烟罩、拔丝辊、喷嘴、风机叶轮等	全球第一
能源	56495.8 亿 kWh	10	15	锅炉管道、液压缸、叶片、风扇、轴等	全球第二
航空	客运量 3.9 亿人	10	20	叶片、燃烧筒等	全球第二
电子工业，LCD，电脑等	3.5 亿台	10	20	显示屏、机箱外壳、半导体等	全球第一
造纸	11368.18 万吨	5	6	研光辊、干燥辊、滚筒、网纹辊、瓦楞纸辊等	全球第一
生物工程	产值超 千亿元	5	10	人工骨关节、义齿等	全球第二
汽车	2000 万辆 /14 年	10	15	活塞、活塞环、制动盘、同步环等	全球第一（2009）
防腐交通（轨道）	原煤：38.7 亿吨 高速公路里程：11.19 万 Km 高铁里程：16,000km	15	20	桥、塔、公路护栏、管道、钢结构建筑等	高速公路里程全球第一，高铁里程在建全球第一
石化	自产原油：2.11 亿吨 进口原油：3.08 亿吨	5	8	闸阀、球阀、抽油杆、柱塞	原油消耗全球第二

2014 年； * 未来 5 年。

2.5　中国热喷涂的研发情况

我国热喷涂研发的主要力量仍来自大学和研究所。每年有几百篇文章在国内外学术期刊和年会、学术会议上发表。设备的研发集中在大气等离子喷涂以及低压等离子喷涂、真空等离子喷涂、HVOF、高速电弧喷涂、爆炸喷涂系统、等离子喷焊、复合喷涂（激光熔敷）和冷喷涂的研究和制造。工艺的研发主要强调喷涂工艺、涂层和复合工艺，例如喷涂 + 激光 / 感应 / 真空沉积、自蔓燃工艺等。对于材料，主要关于陶瓷、金属陶瓷、合金粉末的研究，例如高纯 Cr_2O_3, MCrAlY, WC–Co、Zr_2O–Y_2O_3，Y_2O_3 和多种纳米粉末。关于涂层的设计、性能、检测、评估和质量控制，研究重点放在 TBC 涂层、高温抗氧化金属陶瓷涂层，陶瓷涂层和生物工程涂层等，对涂层的构成、应力分布、显微结构和界面反应进行研究等。

目前中国的热喷涂部分研发工作：

- 等离子喷涂生物涂层的研究；
- Al，Cu，Ag，Nb，WC-Co 等涂层的冷气动力喷涂；
- 含稀土氧化物、纳米粉末 TBC 涂层的研发；
- 高纯 Y_2O_3 粉末研制和应用；
- 通过不同热喷涂方法获得的 TiO_2 涂层光催化降解特性研究；
- 真空雾化 MCrAlY 合金粉末和涂层的特性；
- 激光、熔材制造金属、合金、粉末研制；
- 新型环保友好型粉末的研发与应用；
- 新型喷涂工艺的研发；
- SPS 涂层形成机理的研究；
- 新能源相关动能涂层的研发；
- 半导体、液晶显示屏相关设备涂层的研发；等等。

3. 分析、启发与建议

3.1 机遇与挑战

在过去的五年，我国热喷涂事业进展迅猛。我们正处于我国建国以来经济发展的最好时期，GDP 年增长速度 7% 以上，2014 年约 60 万亿元。热喷涂作为高技术产业和多学科的交叉、边缘技术、对国民经济、特别是对制造业的发展状态和产品结构调整及其敏感，有很强的依附性。也就是说，我国热喷涂事业的发展，挑战与机遇共存。在新兴战略产业，如高端装备制造业、航空、航天、新能源、新材料、信息产业、轨道交通、汽车、海洋装备、军工等，是主战场。

目前，热喷涂产业（喷涂）全球总产值近 120 亿美元，其中美国为 42 亿美元，日本为 16 亿美元，欧洲为 33 亿美元，中国为 20 亿美元（约为 120 亿元人民币）（图 9）。中国热喷涂在绝对产值和相对（GDP）比例上均低于发达国家，特别是低于美国和德国。前者说明我国热喷涂的规模不大，产业化水平低，后者说明我国热喷涂的技术水平和“含金量”还有待提高。前者要依附于我国整体经济规模的扩大，特别是制造业的规模扩大，后者则主要取决于产业结构的调整和热喷涂产业自身的调整和优化。

同时，这也说明热喷涂产业在中国具有极大的发展空间和良好的发展前景。国内外经验证明：国家越发达，先进制造业越发达，热喷涂就越发达，热喷涂企业的日子就越好过。

这是摆在全体热喷涂同仁面前艰巨而光荣的任务。“水涨船高”，历史赋予机遇。在“新常态”下，我国热喷涂全体同仁可以也应当在这个平台上演绎出有声有色的一幕。

通过分析，可以看出我国热喷涂产业结构和产品（涂层市场）存在以下问题，面临严峻挑战，务必在短时间内尽快调整。

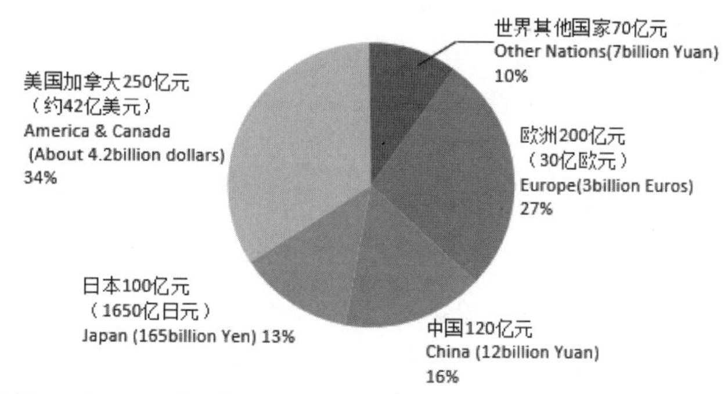

图 9　全球热喷涂行业市场（含涂层服务、材料、设备和辅机）

· 我国热喷涂产业结构比例失调，热喷涂部分设备、材料产能过剩

——建议：设备、材料制造生产适当集中，同时开展涂层服务

· 热喷涂涂层服务企业规模小、分散度高、涂层定价和利润空间低，不利后续发展

——建议：适当集中、趋高避低

· 产品涂层应用面窄、水平低，许多应该成为量产还未形成规模

——建议：有实力 /R&D 机构进入高端应用领域，重点是替代进口

· 重视长三角、珠三角、京津冀（环渤海）和川渝西南区热喷涂集聚区域的协同发展

· 大力倡导政府、金融、企业、大专院校、研发机构密集合作，充分利用“看不见的手”和“看得见的手”的共同作用

中国幅员辽阔，人口众多，GDP 已超过日本、接近欧盟，并在 10 ~ 15 年后与美国相当。但 GDP 的构成不合理，人均 GDP 还很低，经济体制也相当不同（国有骨干企业仍占重要地位）。因此，在热喷涂产业发展方向，路线和布局与日、欧应有所不同，也应借鉴自由市场经济高度发达的美国热喷涂产业经验。要充分重视民营热喷涂企业的巨大作用；在热喷涂产业结构调整和涂层产品升级换代的前提下，要尽快进行喷涂材料品种和喷涂工艺配置的调整，从“金属时代”进入“金属陶瓷、陶瓷和复合材料时代”。

3.2　发展热喷涂工厂的重要性，注意区分 Job-shop 和 In-house 的不同角色

进一步分析表明，在我国热喷涂的总产值 120 亿元人民币左右（含材料、设备等），喷涂服务只占 60%（已高估）。发达国家的热喷涂服务，包括 Job Shop（喷涂专业厂），In-house（主厂附属厂），新件（OEM）喷涂和旧件修复，一般均占热喷涂产值的 70% 以上，甚至高达 80%。热喷涂服务是发展热喷涂产业的源泉和动力。没有极为发达的热喷涂服务，没有遍及全国的大大小小的各种各样的热喷

涂工厂（尤以民营企业为主），热喷涂设备和材料发展就会成为无源之水，热喷涂的科研与开发也将成为无果之花。

另外，根据涂层和行业部件特点，分清 Job-Shop 和 In-house 不同角色——扬长避短，少进入或不进入高垄断、高投资、高风险量产的部件行业，如燃气轮机、核电、飞机发动机、汽车等行业。Job-shop 要尽快进入新兴产业，积极参与涂层产品升级换代，如新能源、环保、低碳、电子、煤化工、生物工程、轨道交通、军工（部分）等；In-house 应当除在原领域开展涂层服务外，应跟随主业或根据新市场，积极拓展新涂层服务领域，如新日铁、东电集团等，特别要充分认识"一带一路"，走出国内，走向世界。

3.3 市场竞争与分割

民营和股份制热喷涂企业在我国热喷涂工业的发展中愈来愈扮演重要的角色。在热喷涂设备制造、材料生产、涂层应用上，国有企业、民营/股份制企业、外资/合资企业和科研院所的"四足"鼎立局面已初步形成。特别在涂层应用方面，大型国有企业（主要是特大型国有企业）、民营/股份制企业、外资/合资企业间的竞争日趋激烈。在涂层作为主要功能的新品零部件批量生产的主战场上（如钢铁、汽车、航空、军工、能源、石化、交通、轻工、纺织、印刷、通用机械等），"三国演义"布局已到来。民营/股份制热喷涂企业（Job Shop）如何在大型国有企业与外资/合资两强之间的狭小空间和市场上生存发展，是一个十分引人瞩目的课题。

国外知名热喷涂公司在华活跃，其热喷涂产品在中国市场的份额上升。有些已在中国建立较大规模的热喷涂企业。这反映出国外热喷涂企业进入中国市场的方式出现新方式。他们不再满足单纯销售设备和材料，而且着力推销其技术占据终端产品市场，直接承揽热喷涂服务或在华建立热喷涂设备和材料的合资或独资公司。

国外一些热喷涂企业（Job Shop）将利用在国外已建立的与产品公司的业务关系，随产品公司在华企业而快速切入中国热喷涂市场。

面对激烈的市场竞争，要想立足于不败之地，必须重视以下几个方面：

· 重视应用重视市场——应用和市场是热喷涂技术发展的出发点和归宿。重视应用和市场最直观的表现就是重视和发展不同档次的，特别要建立大规模高水平的喷涂公司（Thermal Spray Job-shop），目前这个趋势正在形成；

· 重视新涂层开发，提升技术，注重高中利润产品，尽快建立资本积累→技术提升→资本积累，扩大生产规模的良性循环；

· 重视涂层产品集中度，依附产业集聚群区域；重视打造品牌涂层产品，创立"老字号"品牌企业；

· 重视基础研究、重视创新机制——热喷涂基础性研究主要集中在材料、工艺和涂层—"模型和模拟”、“工艺诊断、传感器和控制”、“涂层特性、特征和测试”等。基础研究是指示和推动热喷涂应用的理论，也是热喷涂技术创新的基础；

· 重视喷涂材料研发、重视低碳环保材料工艺开发——热喷涂材料为主，设备、工艺为辅；重视开发有特色的、个性化的、针对性强的、性能稳定的喷涂材料；重视低碳经济和环保经济大趋势，开发铁基、轻质合金与新能源相关的涂层等；注意纳米材料正负作用；

· 重视大协作、大团队、大分工，不搞“小而全”，“大而全”；

· 重视海外市场，特别是“一带一路”区域市场。

中国的热喷涂正处在欣欣向荣的时期。随着我国社会和经济的不断进步和发展，先进制造业的不断发展，我们相信，通过全体热喷涂同仁的共同努力，中国热喷涂将拥有一个美好灿烂的明天。

（执笔：黄小鸥）

参考文献

[1] 第十六届国际热喷涂研讨会（ITSS'2013）暨第十七届全国热喷涂年会（CNTSC'2013）.

[2] 溶射（日）2013–2015; 溶射技术（日）2013–2015

[3] Thermal Spraying Bulletin（德）2013–2015

[4] 中国热喷涂，2009

[5] Thermal Spray News（美）2013–2015

[6] ITSC’04–09 论文集

The Current Situation and Future Prospect of Thermal Spraying Industry in China

The Thermal Spraying Committee of China Surface Engineering Association （TSCC）

1. The Current Situation of Thermal Spraying in China

The application of thermal spraying has a history of over 100 years in the world, while in China it has its history for over 70 years. In recent 40 years, the thermal spraying application has been a great development in high speed.

According to incomplete statistics, in 2014, the total production value of China thermal spraying industry amounts is about RMB 12 billion（US$ 2 billion）（including thermal spraying equipments, material manufactures, production value from thermal spraying job shops as well as import equipments and materials etc）.

As the association knows, the total national thermal spraying employees account to about 12,000 people（casual labour is not calculated）working in over 1000 listed member organizations, including equipments, materials and other suppliers, job shop coatings as well as R&D teams, institutes and trading companies etc.

The thermal spray organizations engaged in thermal spraying are mainly medium and small sized, with an average output of RMB 0.5-1.0M per person each year, ranking the upper standard in China machinery industry for per capita labor productivity.

Figure 1 shows the status of China thermal spraying by application category. The thermal spraying has been widely applied in iron & steel, aircraft, aerospace, automobile, electric, general machinery, petrochemical, energy, textile, paper & printing and anti-corrosion etc. industries.

However, the structure of China thermal spraying still needs further adjustment and improvement. At present, the thermal spraying industry has been offset ratio, the medium-low end equipments and materials of thermal spraying are overcapacity and high-end application still has some gaps. With the implementation of “Made in China 2025”, “Third Five-Year Plan” and “Internet plus”, industrial restructuring and product upgrades, and with the optimization of growth mode, thermal spraying market of China will not only face many challenges but also gain a lot of opportunities.

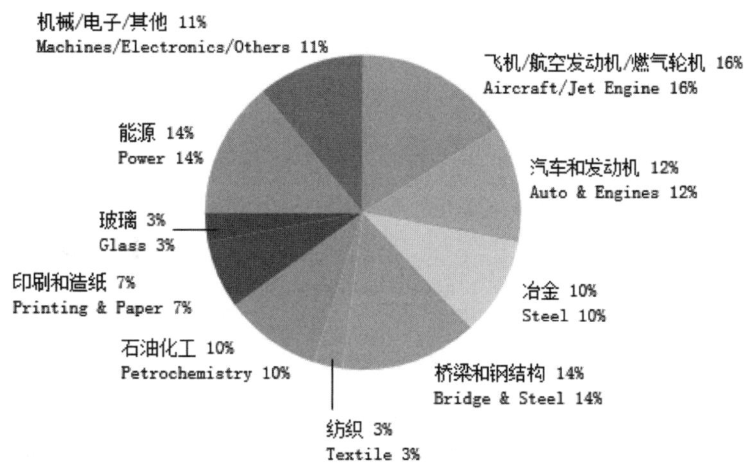

Figure 1 Thermal Spray Market Shares of Different Application Fields in China.

2. Main Characteristics of Thermal Spray Industries in China

2.1 Equipments Manufacturing

Having experienced independently development and introduction of oversea advanced manufacture technology for dozens of years, China currently has developed various thermal spray equipments including vacuum plasma, air plasma, high energy plasma, HVOF, HVAF, laser cladding, detonation gas spray, PTA, arc spraying, powder flame and wire flame etc. Figure 2 shows the segmentation of thermal spray processes in China. The following introduces the thermal spray equipment which is produced by China.

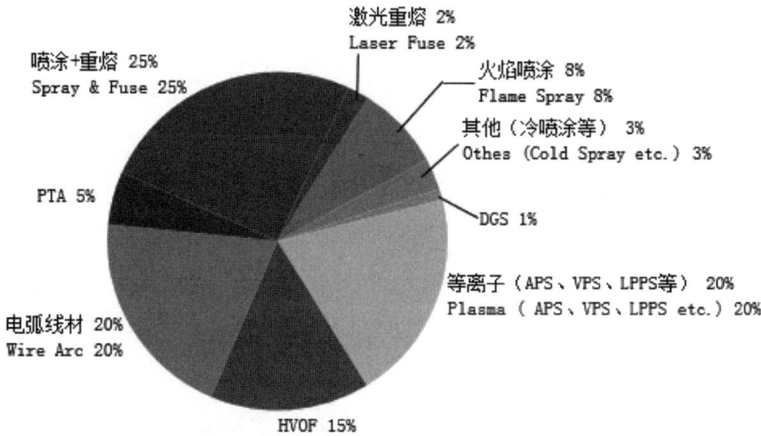

Figure 2 Segmentation of thermal spray application processes in China.（By Output Value）

Figure 3 shows vacuum plasma spray system （VPS）. Put the plasma gun, work piece and operate machine into the vacuum-tight chamber and control spray process outside the chamber.

Figure 4 shows the HVOF system. HVOF technology can use kinetic energy and control thermal output effective. Produced coatings with good density, small clearance rate and strong bonding property. Some of the coatings can reach 80 Mpa, with little oxide.

Figure 5 shows the air plasma spray system（APS）. Coating equipments can prepare different material coating to produce surfaces that meet all kinds of application, include many different wear resistant and corrosion resistant mechanism, needed for thermal property and electric property, surface repairing and size controlling. With high deposition rate, coating has strong bonding to substrate and control coating thickness and surface character precisely, like porosity and hardness.

Figure 6 shows laser cladding technology which is an important method for material surface treatment. It uses high energy density laser beam to clad alloy material on substrate surface which obtains alloy layer that is totally different with substrate material component and property. Base metal of substrate needn't warning up. Metal powder and substrate material forms metallurgical bonding with high strength and high wear resistance surface.

Figure 3 Vacuum Plasma Spray System

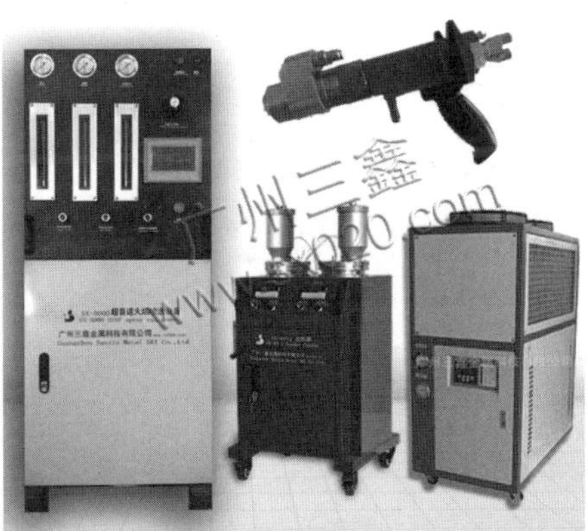

Figure 4 HVOF System

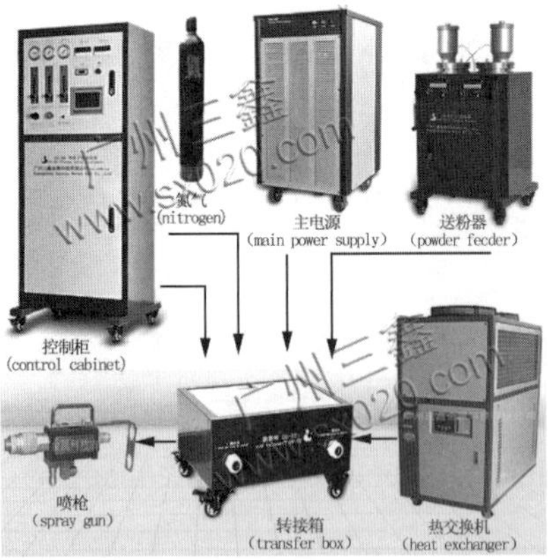

Figure 5 Air Plasma Spray System

Figure 6 Laser Cladding Technology

2.2 Materials

At present, China is able to produce the most thermal spraying materials (powders, wires, rods etc.) including metal powders (Ni, Co and Fe based, totally more than 6,000 tons/year), ceramic powders, cement powders (Al_2O_3, $Al_2O_3+TiO_2$, Cr_2O_3, ZrO_2-Y_2O_3, WC-Co etc., totally more than 2,000 tons/year), wires (Al, Zn, Cu, stainless steel etc., totally more than 60,000 tons/year). Figure 7 shows the coating material market in China.

China has become one of the countries, which can basically fulfill the equipment and material self supply.

In recent five years, many new types powders such as new nano ceramic powders with big size including Al_2O_3/TiO_2, ZrO_2/Y_2O_3, WC/Co, Cr_3C_2/NiCr have been developed. These nano powders have excellent flow characteristics and dense nano-particles inside. Like traditional micron-size class powders, this kind of powders also can be transferred into plasma jet to produce excellent nano coatings with characteristics of homogeneous, low brittleness and high toughness. Figure 8 shows the morphology of the nano powders.

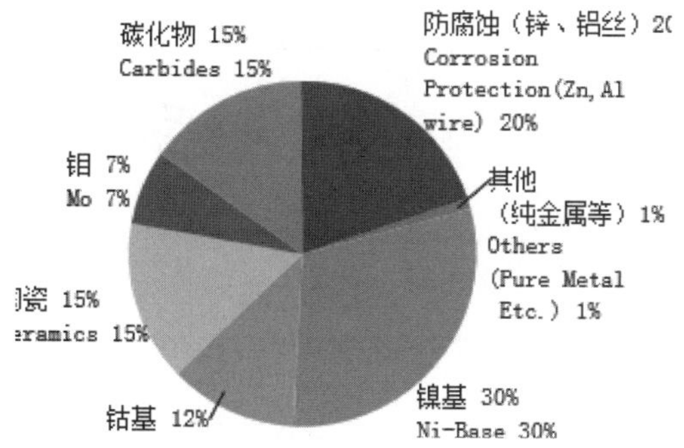

Figure 7　The coating materials market in China.

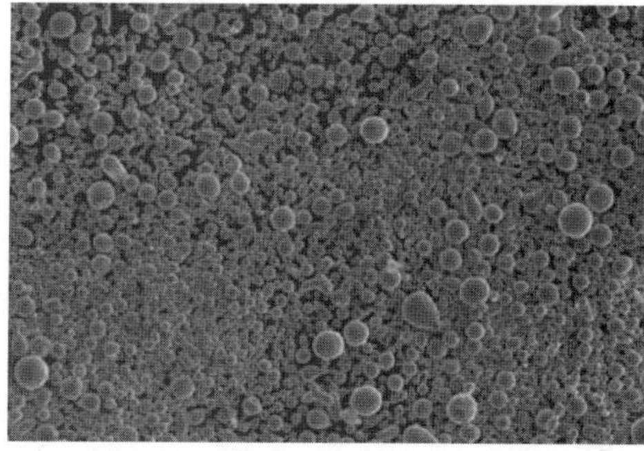

Figure 8　The morphology of the amorphous powders.

2.3 Applications/Coating Service

In china, Thermal Spraying Technology has been broadly applied to aerospace, aircraft, iron & steel, petrochemical, anti-corrosion, machinery, electric, light industry, textile, paper & printing, energy, power, shipping and many other industries, with a total output of above RMB 8 billion per year.

In recent several years, the application of thermal spray technology in China has following characteristics:

a. In many fields, thermal spray technology has been applied in large scale and in high level, such as annealing furnace hearth roller, zinc pot roller, copper mould plate (metallurgy industry), pump & valve, pipeline (petroleum chemical industry), corrugated roll, dryer, calendar roll (paper industry), anilox roll (printing industry), drawn wire guide roller, aircraft engine, gas turbine, spacecraft component, nuclear power equipment, high-grade glass mould (light industry), valve, synchronizer ring, piston ring, oil cylinder, brake, aluminum flat tube for automobile air conditioner (automobile industry), insulated bearing and target manufacturing etc.

b. Having wide range of processes and materials. Almost all of the thermal spraying processes and materials are available in China, such as vacuum plasma, air plasma, detonation gas system, HVOF, arc spray, powder flame, PTA, laser, fusion, vacuum fusion and cold spray, etc.

c. The types and batches of thermal spray coatings increase and the quality of coatings improve continually.

d. Coating application is no longer limited to repairing old pieces, new applications increase greatly. For example furnace hearth roller, zinc pot roller for CAL and CGL, roll and delivery roll for continuous casting, aviation motor component, spacecraft component, sputtering target component, wind powder, photovoltaic energy, large diameter hoist plunger for cascade lock of hydro power plant, synchronizer ring, piston ring for automobile engine, piston ring for diesel motor, injection screw, boiler tube for power plant, corrosion protection for large steel structure and long distance and span bridges etc.

e. Two thirds of the job shops are small and medium sized （20 ~ 50 staffs in each unit）, with an output of 90% of the total. The rest are state-owned enterprises, research institutes, limited companies, private owned and collective companies. Also quite a lot of foreign solely owned enterprises recently have been set up.

f. The research institutes and universities have positively entered into market and the technical development for equipments and materials are mainly carried out by them.

2.4 Markets for main industries

Thermal spraying technology has been applied in some steel enterprises. There is still potential market to be developed. The thermal spraying market in the steel industry is estimated at around RMB 2 billion/year within 5 years.

The energy industry(including hydro power, wind power, nuclear power and solar power) has been a key industry developed by the government in recent years. The forecasted output of thermal spraying market in 5 years will reach 1.5 billion.

The "Large Aircraft Plan" in China speed the rapid increasing of application of thermal spray process on aircraft engine and components, the potential market is very big. The forecasted output of thermal spraying market in 5 years will reach RMB 2 billion.

Machines for paper & printing industry such as anilox rolls and water rollers etc. increase rapidly, and the market demand increases year by year. The forecasted output of thermal spraying market in 5 years will reach RMB 600 million.

At present, electric industry（semi conductor, LCD, computers etc.）and the market for other industries such as automobile, anti-corrosion, petrochemical, biotechnology, metro and traffic etc. has taken on certain scale and will improve in high speed. Table 1 shows the status and forecast of market.

Table 1. Overview of main industries that have relationship with thermal spray technology and forecast of the potential application market for thermal sprying

Industry	Output/year*	Market (RMB100 million)	Market Prediction RMB**	Typical Parts	Capacity/ Rank
Iron & Steel	>700 million ton	20	22	Convey rolls for hot mill, sink roll, hearth roll, tuyere, gas hood, drawing roll, nozzle, fan blade, etc.	No.1 in the world
Energy	5649.58 billion kwh	10	15	boiler tubes, hydraulic cylinders, blades, fans, shafts, etc.	No. 2 in the world
Aircraft	About 0.39 billion Passengers	10	20	Blades, combustion tube etc.	No. 2 in the world
Electric Industry,LCD, Computers etc.	0.35 billion computers	10	20	LCD, case shell, semi conductor etc.	No.1 in the world
Paper & Printing	113.68 million ton	5	6	Calender rolls, dry rolls, robbin winder rolls, anilox rolls, corrugating rolls, etc.	No.1 in the world
Biotechnology	Over RMB 100 billion	5	10	Artifical joints, denture, etc.	No.2 in the world
Automobile	20 million Set/2014	10	15	pistons, piston rings, brake disks, synchronizing rings, etc.	No. 1 in the world in 2009
Anti-corrosion Traffic (metro)	Coal: 3.87 billion tons high ways: 111,900 km; High speed Railway: 16,000 km	15	20	bridges,towers, highway guardrail, tubes, steel structure construction, etc.	high ways: No.1in the world high speed railway: under construction No.1 in the world
Petrochemical	Self-produce Crude oil: 211million tons Import Crude oil: 308 million tons	5	8	gate valves, ball valves, sucker, plunger, etc.	No. 2 in the world for crude oil consumption

*in 2014;**in coming 5 years

2.5 R&D situation on thermal spraying in China

The main strength of thermal spray R&D is still from universities and institutes in China. Each year, there are hundreds of articles published in Chinese or oversea academic journals and presents in annual academic seminars. R&D for equipments focus on research and manufacture of air plasma spraying low pressure plasma spraying, vacuum plasma spraying, HVOF, high speed arc spray, detonation spray system, plasma spray welding, complex spray（laser cladding）and cold spray. R&D for processes focuss on spraying process, coating and complex process, such as spraying+laser/induction/vacuum deposition SHS process, etc. For materials, it's mainly about the R&D on ceramic, cermets and alloy powders, such as high purity Cr_2O_3, MCrAlY, WC-Co, Zr_2O-Y_2O_3, Y_2O_3 and various nano powders. With regard to the design, performance, test, evaluation and quality control of coatings, it emphases on TBC coatings, cermet coatings for antioxidant in high temperature, ceramic coatings and biotechnology coatings etc. and research on the structure, stress distribution, microstructure and interface reaction of the coatings.

2.5.1 Currently Part of R&D Work on Thermal Spraying in China

· R&D on biological plasma sprayed coatings

· Al, Cu, WC-Co etc. coatings by cold dynamic spray

· R&D of TBC coatings containing rare earth oxides, nano powders

· Development and application of high purity Y_2O_3 powders

· Research on through different thermal spray methods to obtain TiO_2 coatings' photocatalytic degradation characteristic

· Vacuum atomization of MCrAlY alloy powders and the characteristic of its coatings

· Laser and cladding materials to produce metal, alloy and develop powders

· R&D and application of new type environmentally-friendly powders

· Development of new type spray technologies

· Research on SPS coatings formation mechanism

· R&D of new energy related kinetic energy coatings

· R&D of semi conductor, LCD related equipment coatings etc.

3. Analysis and Suggestion

3.1 Challenge and Opportunity

In the past five years, the thermal spray industry in China achieved rapid progresses. China economy is one of the most booming state since the foundation of PRC. GDP increased by over 7% yearly, and reached approximately 60 trillion in 2014. As the cutting edge technology and junction of high technology industry

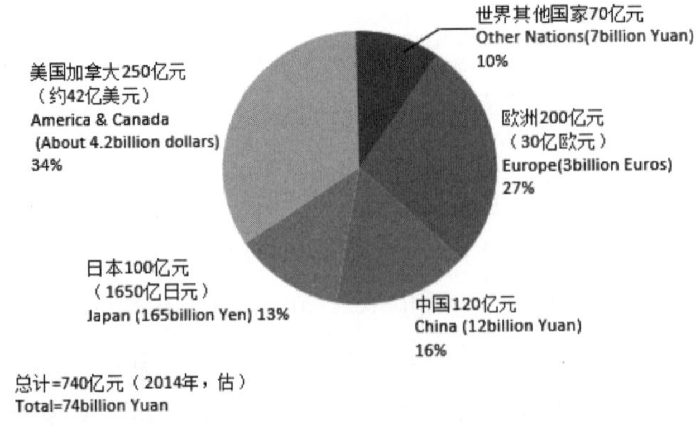

Figure 9 Thermal spray market in world (include coating service, material, equipment and auxiliary equipment)

and multi high-tech, thermal spray industry depends on and is sensitive to national economy especially to development of manufacturing and production restructure. In the other word, the development of China thermal spray industry is facing challenges and opportunities. Among emerging strategic industries, such as high-end equipment manufacturing industry, aviation, spaceflight, new energy, new materials, information industry, rail transportation, automobile, marine structure and military industry are main battlefield for development.

At present, output of thermal spray industry all over the world is about US$ 12 billion, and America shares US$ 4.2 billion, Japan shares US$ 1.6 billion, Europe shares US$ 3.3 billion, China shares US$ 2 billion （RMB 12 billion） （see figure 9） . Both the absolute output and relative GDP proportion of China thermal spray industry are lower than developed countries especially USA and Germany. The former showed that there is no large scale and high industrialization thermal spray industry in China, and the latter showed China thermal spray industry still need improvement to high technology level. The former attaches to the expansion of national economy scale especially the manufacturing scale, and the latter depends on production restructure and thermal spray industry self-optimization.

At the same time, thermal spray industry is in possession of great developing space and excellent future. The domestic and foreign experiences proved that the more developed the country is, the more developed advanced manufacturing and thermal spray industry are, the thermal spray industry enterprises will enjoy better life.

This is the arduous and glorious mission to all professionals among thermal spray industry field. "The ship rises with the tide", we are endowed with opportunity by history and undoubtedly in "New Normal" people have the capability and duty to perform well in this field.

Through analyzing, it can be seen that there are following problems existing in the structure and products （coatings market） of China thermal spraying industry, which faces serious challenge and should be sure to adjust as soon as possible in a short time.

· The structure of our thermal spray industry is imbalanced, part of thermal spraying equipments and materials are over supplied.

——Suggestion: Appropriate concentration of the manufacture of equipments and materials, at the same time starts coatings service.

· The scale of thermal spraying coating service companies are small and more scattered. The space for coating pricing and profit is small, which is not conducive to the follow-up development.

——Suggestion： Appropriate concentration and tend to increase and avoid low.

· The application area of product coatings is narrow and the level is low, many of them should be mass production but not formed certain scale yet.

——Suggestion: Strong R & D organizations enter into high-end application area and the key point is to replace importation.

· Pay attention to thermal spray industrial clusters region joint development in Yangtze River Delta, Pearl River Delta, Jingjinji Region（Bohai Rim Region） and Sichuan-Chongqing Southwest Region.

· Vigorously advocate golernment, financial institution, enterprise, research & developinent institution, universities and coueges intensive collaboration and take full advantage of combined effect of "invisible hand" and "visible hand".

China is vast with great population, the GDP has surpassed Japan and approachs to European Union and will be equal to USA in 10~15 years. But the structure of GDP is unreasonable, GDP per capita is still very low, and the economic system is quite different(State owned backbone enterprises are still in dominant position). Thus, the direction, route and layout for thermal spraying industry in China should be different from Japan and Europe, and should learn from the experience of American thermal spray industry with highly-developed market economic. Make adequate attention on the significant roll of private thermal spraying companies; adjust the species of spraying materials and spraying process configuration as soon as possible on the basis of regulation of the structure of thermal spraying industry and upgrade the coating products, so as to enter into "Cermet, Ceramic and Composite Material Age" from " Metal Age".

3.2 Focus on coating job-shops and notes to distinguish the different rolls of Job-shop and In-house

Further analysis shows China thermal spray industry output is RMB 12 billion, but thermal spray industry service only occupies 60% （overrated）. In developed countries, thermal spray industry service（including Job Shop, In-house, OEM spraying and old components' repair）generally accounts for 70%, even to 80%. Thermal spray industry service is the lifeline of thermal spray industry development. If there is no well thermal spray industry service and thermal spray industry plants（especially the dominant private companies）various in size and sort, the development of thermal spray industry equipment and material will be water without source and the thermal spray industry R & D will be flower without fruit.

On the other hand, according to the characteristics of coatings and industry parts distinguish the different rolls of Job-Shop（professional factory for thermal spraying）and In-house（affiliate for main plant）, avoid weakness that is less access to or not entering high monopoly, high investment, high-risk mass production parts industry, such as gas turbine, nuclear power, aircraft engine, automobile etc. Job-shop should enter into emerging industries as soon as possible, take part in the upgrade of coating products actively such as new energy, environment protection, low carbon, electronics, coal chemical, biotechnology, metro traffic, military industry（partial）etc.. In-house should follow main business or actively expand new coatings service area according to market, except for those coatings service in original area, for example Nippon Steel company and East Power Group etc, especially with fully understand of "One Belt One Road", going out of domestic and reaching out to the world.

3.3 Monopolizing and Competing

Non-state owned and share holding TS job shops are playing more and more important roles in our national TS industry development. In TS equipment and materials manufacturing and coating application aspects, the "quadripartite confrontation" complexion has shaped preliminarily: state-owned companies, non-state owned or share holding corporations, foreign investment/joint venture and research institutes. Especially, in coating application aspects, competitions between large state-owned enterprises（mainly state-owned super-enterprises）, non-state owned/share holding companies, and foreign investment/joint venture corporations tend to become more and more intense. In the major battle field of mass production of coatings as main functions for new parts （such as steel, automobile, aerospace, military industry, energy, petrol-chemical, transportation, light industry, textile, printing, general machinery, etc.）, "Three Kingdoms（220-280）"（a Chinese historical novel means contention against each other）is in prospect. For non-state owned/share holding job shops, how to survive and develop in the limited space and market between large state-owned companies and foreign investment/joint venture corporations is a new subject that deserves much attention.

The famous overseas thermal spraying companies are playing active roles in China and their market segmentations of thermal spraying products in China are getting expanded. Some overseas companies have set up larger thermal spray companies in China, which reflects that new patterns appears for oversea companies entering into China market. They are not merely satisfied with selling equipments or materials, but putting forth efforts to promote their technologies and occupy the end products market, directly contract for TS service or set up joint venture/sole investment companies for TS equipment and materials in China.

Some overseas TS job shops may take advantage of their business connections with the end-users in China to get a fast access to China market.

Facing the fierce market competition, to keep undefeated position we should pay attention to following aspects:

· Emphasis on application and market——application and market means the starting point and end for the development of thermal spray technology. The most intuitive express for this is emphasis and develop different grades thermal spray Job-shops and especially build large scale and high level thermal spray Job-shops. This trend is being formed at present;

· Emphasis on new type coatings development, improve technology, pay attention to high-medium profit products, build capital accumulation as soon as possible, →technology improvement → capital accumulation, expand the production scale to formal virtuous circle;

· Emphasis on the concentration of coating products, attach to industrial agglomeration area; Emphasis on building brand products, founding"honored brand"company;

· Emphasis on basic research and innovate mechanisms ——basic research for thermal spraying are mainly materials, processes and coatings ——"modeling and simulating", "Process diagnosis, sensors and control", "Characteristics, feature and test"etc. Basic research is the theory to direct and promote thermal spray application, and also the basis for thermal spray innovation;

· Emphasis on R&D of thermal spray materials and development of low carbon environmental process——focus on thermal spray materials, equipments and process as supplement; Emphasis on development of spray materials with characteristics, individual, stable performance; Emphasis on low carbon economic and environmental economic, develop Fe-based, light alloy and new energy relative coatings etc;

Attention to the positive and negative effects of nano materials;

· Emphasis on large collaboration, large team, division of labor, and do not make "small but complete", "large and complete".

· Emphasis on overseas market, especially the “One Belt One Road” regional market.

The thermal spraying industry in China is in a flourishing time. With the great progress and development in society and economy and the rapid development of manufacturing in China, we believe that the thermal spraying industry will obtain a brilliant future from all of people’s hard work in thermal spraying field.

References:

[1] 16th International Thermal Spraying Seminar（ITSS’2013）17th China National Thermal Spraying Conference （CNTSC’2013）

[2] Meltalizing （Japan） 2013-2015; Melting Technology 2013-2015

[3] Thermal Spraying Bulletin（Germany）2013-2015

[4]Thermal Spraying Industry in China （unpublished report）, 2009

[5] Thermal Spray News（America）2013-2015

[6]ITSC 2004-2009 proceedings

中国表面工程协会
热喷涂专业委员会
发展大事记
(2010 年 – 2014 年)

2010 年大事记

1. 成功举办第十三届国际热喷涂研讨会（ITSS' 2010）暨第十四届全国热喷涂年会（CNTSC' 2010）

在国内外热喷涂界同仁的大力支持和筹备组的精心组织下，由中国表面工程协会热喷涂专业委员会主办，中国科学院上海硅酸盐研究所、上海宝钢设备检修有限公司、广州有色金属研究院、航天材料及工艺研究所（703 所）、上海大豪纳米材料喷涂有限公司、中国科学院金属研究所、江苏中矿大正表面工程技术有限公司、西安交通大学材料科学与工程学院、武汉材料保护研究所、东华隆（广州）表面改质技术有限公司、北京航空制造工程研究所（625 所）、苏尔寿・美科表面技术（上海）有限公司、大连华锐重工特种备件制造有限公司、中冶集团建筑研究总院焊接研究所、铁岭永兴热喷涂有限公司、天津北方涂层材料有限公司、沈阳黎明航空发动机（集团）有限责任公司、北京廊桥表面技术公司（苏尔寿・美科公司代理）、成都振兴金属粉末有限公司、北京航天振邦精密机械有限公司、江西恒大高新技术有限公司、无锡市新科表面工程材料有限公司、上海新业喷涂机械有限公司、成都市长诚热喷涂技术有限责任公司、北京赛亿科技股份有限公司、厦门金鹭特种合金有限公司、上海凯林新技术实业公司、台湾统明机械有限公司、南通高欣金属陶瓷复合材料有限公司、先导（益阳）等离子粉末有限公司、北京华德星科技有限责任公司（德国 CGT 公司总代理）、北京一同海瀛商贸有限责任公司（英国 Metallisation 公司总代理、法国圣戈班公司涂层部代理）、上海康阜实业有限公司、第二炮兵工程学院、武汉理工大学、安徽省淮海防腐保温工程公司、温州耐密特阀门有限公司、江苏武进液压启闭机有限公司、江门市威霖贸易有限公司、浙江星塔科技设备材料有限公司、无锡科特金属喷涂有限公司、瑞士 Sulzer Metco 公司、德国 H.C.Starck 公司、法国圣戈班公司、德国阿亨大学材料科学研究所、日本 TOCALO 公司、英国 METALLISATION 公司、德国 CGT 公司、德国 Linde 公司、德国热喷涂协会（GTS）、瑞典 Höganäs AB 公司等协办的第十三届国际热喷涂研讨会（International Thermal Spraying Seminar’2010）暨第十四届全国热喷涂年会（China National Thermal Spraying Conference’2010），于 2010 年 10 月 17-23 日在江苏省苏州市苏苑饭店成功举行，并同时召开了中国表面工程协会热喷涂专业委员会四届三次理事（扩大）会。本届大会的主题为“适应战略调整，创新开发拓展”。

出席研讨会和年会的国内外代表共140余人（与会代表名单附后），国外及港台地区的热喷涂知名公司、大学、科研机构，如日本Tocalo株式会社、东华隆（广州）表面改质技术有限公司、Sulzer Metco AG（瑞士）、Sulzer Metco（美国）公司、苏尔寿·美科表面技术（上海）有限公司、法国圣戈班公司涂层部、德国H.C.Starck公司、世泰科化工贸易（上海）有限公司、赫格纳斯（中国）有限公司、瑞士AMT公司、苏州统明机械有限公司等的专家及代表参加了本届大会；国内知名的热喷涂企业、公司、科研院所、大专院校，如中国科学院上海硅酸盐研究所、上海宝钢设备检修有限公司、航天材料及工艺研究所（703所）、广州有色金属研究院、上海大豪纳米材料喷涂有限公司、武汉材料保护所、江苏中矿大正表面工程技术有限公司、铁岭永兴热喷涂有限公司、上海凯林新技术实业公司、北京廊桥表面技术发展有限公司（苏尔寿·美科公司代理）、北京航空制造工程研究所、成都振兴金属粉末有限公司、北京东方润鹏科技有限公司、上海新业喷涂机械有限公司、北京赛亿表面工程技术有限公司、西安交通大学材料科学与工程学院、第二炮兵工程学院、先导（益阳）等离子粉末有限公司、南通高欣金属陶瓷复合材料有限公司、安徽天一重工股份有限公司、厦门金鹭特种合金有限公司、温州耐密特阀门有限公司、江西恒大高新技术实业有限公司、北京有色金属研究总院北京翠铂林有色金属技术开发中心、沈阳荣华热喷涂技术有限公司、北京熵科尔应用技术研究所、沈阳石花微粉材料有限公司、四川东方汽轮机有限公司表面工程研究所、北京工业大学材料学院、上海康阜实业有限公司、赣州章源钨业新材料有限公司、江苏武进液压启闭机有限公司、中国北方发动机研究所、中石油钻井工程技术研究院江汉机械研究所、四川自贡长城硬面材料有限公司、山东兖矿集团晨星公司、太原重机金属表面工程公司、解放军5719工厂、大连华锐重工特种备件制造有限公司、安徽省淮海防腐保温工程公司、烟台首钢东星备件修复分公司等100余个单位140余人参加了本届大会。与会单位来自机械、钢铁、电子、冶金、煤炭、汽车、石化、航空、航天、海军、船舶、有色、塑料、轻工、能源、交通、电力、军工等行业，既有热喷涂专业企业，也有科研院所，又有大专院校，既有国营企事业单位，也有私营及股份制企业，又有军工企业，既有国外企业，也有港澳台企业，又有国内企业，充分体现了热喷涂专业委员会的号召力和代表性，以及协会是跨行业、跨部门、跨地区、跨所有制企业的行业性组织的特点。

本届国际研讨会和年会由黄小鸥、郝荣亮、安云岐、吴朝军、李秉忠、陶顺衍等执行主席主持，由大会主席、中国表面工程协会理事长、热喷涂专业委员会理事长黄小鸥教授致开幕词。

本届国际研讨会和年会上，中国表面工程协会理事长、热喷涂专业委员会理事长黄小鸥教授，就

2010年国际热喷涂大会作了《乍暖还寒难将息——2010年国际热喷涂大会暨展览会（ITSC’10）简评》的特邀报告，报告介绍了2010年国际热喷涂大会的情况和当今热喷涂技术的现状和发展趋势，并从不同角度、不同方面介绍了本次大会的热点、焦点和亮点，得到与会国内外热喷涂专家和代表的高度评价。

国外公司的专家作了精彩的专题报告，如苏尔寿·美科（美国）公司产品开发经理Steven Ort先生的专题报告题目为：《新一代的热喷涂设备》(Next Generation Thermal Spray Equipment)、法国圣戈班公司涂层部的Patrice FOURNIER先生的专题报告题目为：《ProPlasma：适用于高喷涂率高质量陶瓷涂层的新型等离子喷枪（ProPlasma：A New Plasma Spray Gun for High Productivity and High Quality Ceramic Coatings）、H.C. Starck公司表面技术业务集团亚洲高级区域销售经理Hajime Nakadate先生的专题报告题目为：《适用于SOFC应用的新型保护涂层的开发》（New Development of Protective Coating for SOFC Application）、瑞士AMT公司董事Silvano Keller先生的专题报告题目为：《AMT公司的涂层和设备介绍》(Introduction of the Coatings and Equipments Produced by AMT Company)，都从不同方面作了精彩的专题报告。

中国科学院上海硅酸盐研究所陶顺衍研究员作了题为《热处理对锆酸钐涂层微结构和物理性能的影响》(Effect of Thermal Aging on Microstructure and Physical Properties of Sm2Zr2O7 Coatings)的专题报告；西安交通大学科学与工程学院杨冠军教授作了题为《真空冷喷涂制备环境友好新型高效燃料敏化太阳电池》(Applications of Thermal Spraying to Manufacturing of Solid Oxide Fuel Cell)的专题报告；上海宝钢设备检修有限公司机械制造事业部表面技术研究所尹志坚博士作了题为《热喷涂涂层热、力学行为与工艺和结构特征内在关联的研究》(Understanding the Intrinsic Correlation between Thermal-mechanical Properties and Microstructual Characteristics of Plasma Sprayed Coatings)的专题报告；上海大豪纳米材料喷涂有限公司徐军工程师作了题为《超音速等离子喷涂设备在钢厂的运用》(Application of Supersonic Plasma Spray Equipment in the Iron & Steel Plant)的专题报告，这些报告都得到了与会者的赞赏和好评。

中国科学院上海硅酸盐研究所于建华博士、赣州章源钨业新材料有限公司肖学有副总经理、西安交通大学材料学院韩志海教授、第二炮兵学院汪刘应教授、武汉理工大学材料复合新技术国家重点实验室程旭东教授等国内专家亦从热喷涂技术在各行业的应用及开发、设备的研制及开发、热喷涂材料的应用及开发等方面作了专题报告，许多代表踊跃发言，气氛非常热烈。

本届国际研讨会和年会共收到国际论文和国内论文20余篇，热喷涂专业委员会秘书处将其编辑成论文集（电子版）出版发行。与会代表纷纷表示，本届研讨会和年会开得有效率、有成效、有收获、物有所值，不虚此行。与会国内外热喷涂专家和代表表示，希望多举办类似的行业会议和活动，以推动我国热喷涂事业的进一步发展。

本届研讨会及年会成功召开的同时，在苏州苏苑饭店还成功召开了中国表面工程协会热喷涂专业委员会四届三次理事（扩大）会议，会议由黄小鸥理事长主持，主要内容有：1）传达中国机械工业联合会、中国表面工程协会等有关会议精神；2）讨论编制表面工程行业“十二五”发展规划等有关事宜；3）讨论审议中国表面工程协会热喷涂专业委员会四届理事会部分理事及常务理事更换及增补事宜；4）审议推荐中国表面工程协会四届理事会部分理事及常务理事更换及增补事宜；5）讨论 2011 年工作计划等事宜。

2010 年 10 月 20 日，热喷涂专业委员会组织了参会代表前往世博园中国馆等场馆进行参观。2010 年 10 月 21 日，参会代表参观访问了苏尔寿·美科表面技术（上海）有限公司以及中国科学院上海硅酸盐研究所。10 月 22 日，参会代表还参观了上海大豪纳米材料喷涂有限公司。代表们对参观单位的精心接待和组织表示感谢，并表示此次参观收获很多，希望以后协会能够继续组织类似的活动。

本届研讨会及年会得到了总会的高度重视和评价，并得到了协办单位的大力支持和协助。热喷涂专业委员会秘书处对苏尔寿·美科表面技术（上海）有限公司、中国科学院上海硅酸盐研究所、上海大豪纳米材料喷涂有限公司等单位的大力协助及各协办赞助单位在参观接待上的大力支持表示诚挚的感谢。

第十三届国际热喷涂研讨会（ITSS' 2010）暨
第十四届全国热喷涂年会（CNTSC' 2010）
中国表面工程协会热喷涂专业委员会四届三次理事（扩大）会
通讯录

国内代表（按姓氏汉语拼音为序）

序号	姓名	职务	职称	单位	地址	电话	传真	手机	邮编
1	鲍君峰	副主任	工程师	北京矿业研究总院金属材料研究所	北京市昌平区沙河沙阳路	010-58915153	010-58915136	13911448571	102206
2	毕　刚	首席工程师	博士	上海宝钢设备检修有限公司机械制造事业部表面技术研究所	上海宝山区宝钢厂区内纬一路经五路口	021-26644898	021-26644898	13918804590	201900
3	曹　庆	副总经理	总工程师	江门市威霖贸易有限公司	广东省江门市河南翠园一街 38 号二楼	0 750-3892823	0750-3892822	13709619235	529040

序号	姓名	职务	职称	单位	地址	电话	传真	手机	邮编
4	曹建荣	主任工程师	高级工程师	苏州纽威阀门有限公司	苏州新区泰山路 666 号	0512-66675131	0512-66675139	13013886642	215129
5	晁　兵	副总工程师	工程师	江苏中矿大正表面工程技术有限公司	江苏省徐州市解放南路矿大科技园科技大厦 10 楼	0516-83995085	0516-83884465	13905218447	221008
6	陈　裕	Key Account Manager		苏尔寿美科表面技术（上海）有限公司	上海市闵行区闵北路 666 号	021-52265225	021-52264701	15921384865	201107
7	陈嵩松	副总经理		成都市长诚热喷涂技术有限责任公司	成都市青白江区化工北路	028-83602179	028-83601266	13350866669	610300
8	陈治文	经理	助工	广州源深机械公司	广州市黄埔区大沙西路七号		020-62251800	13660334364	510000
9	程旭东		教授	武汉理工大学	武汉市珞狮路 122 号		027-87879468	13986213997	430070
10	储　佳	主任		上海新业喷涂机械有限公司	上海奉贤区金大公路 8278 号	021-57576663	021-57575676	13816939967	201403
11	单玉梅		工程师	哈尔滨电机厂有限责任公司制造工艺部	黑龙江省哈尔滨市香坊区大动力区路 99 号			13664611708	150040
12	邓帮华	业务经理		赣州章源钨业新材料有限公司	江西省赣州市经济技术开发区工业三路	0797-8166199	0797-8166199	13979735551	341000
13	邓畅光		高级工程师	广州有色金属研究院	广州市天河区长兴路 363 号	020-37238187	020-37238531	13922127050	510651
14	段　智	副总经理		江西恒大高新技术股份有限公司	南昌市高新开发区金庐北路 88 号	0791-8286134	0791-8194581	13870970019	330029
15	方辉义	总经理	高工	哈尔滨市长河特种涂料厂有限责任公司	哈尔滨市南岗区文化街 26-6 号	0451-86200449	0451-86204448	13904619104	150040
16	冯　文	主任	高级工程师	四川东方汽轮机有限公司表面工程研究所	四川省德阳市太湖路 9 号	0838-2431511	0838-2431511	13881050925	618000
17	冯国志	总经理	高级工程师	上海新业喷涂机械有限公司	上海奉贤区金大公路 8278 号	021-57576667	021-57575676	13311887667	201403
18	付俊波			解放军 5719 工厂	四川省彭州市 35 信箱			13541265650	611936
19	高　升			上海中壹展览有限公司	上海都市路 4418 号金铭大厦 3A	021-54152384	021-61294111	13601662201	201100
20	高荣发	总经理	高工	武汉高力热喷涂工程有限责任公司	武汉市黄陂区三里镇		027-61917097	13807154065	432244
21	葛汇业	经理	高工	天津开发区欣特涂层技术有限公司	天津市西青区精武镇磬谷工业园	18920620090	18902121090	13920333878	300382

序号	姓名	职务	职称	单位	地址	电话	传真	手机	邮编
22	关　升			大连华锐重工特种备件制造有限公司	大连市旅顺口区经济开发区顺达路 29 号	0411-86202602	0411-86202206	15942497585	116052
23	郭　平	经理	工程师	太原重机金属表面工程公司	太原市万柏林区玉河街 53 号	0351-6366620	0351-6362063	13803415588	030024
24	韩志海		教授	西安交通大学材料学院	西安市咸宁西路 28 号			15002953845	710049
25	郝金光	项目总监		北京赛亿科技股份有限公司	北京市海淀区学院路 30 号方兴大厦 604 室	010-62342350	010-62345995	13911726019	100083
26	胡为峰	总经理		北京赛亿科技股份有限公司	北京市海淀区学院路 30 号方兴大厦 704 室	010-62343188	010-62345995	13701085254	100083
27	黄炳栋		助工	佛山市南海区科倡金属冷热喷涂厂	广东佛山市平洲夏北洪教南工业区 2 座	0757-81281185	0757-81280897	13006739277	528251
28	黄文有	经理		佛山市南海区科倡金属冷热喷涂厂	广东佛山市平洲夏北洪教南工业区 2 座	0757-81281185	0757-81280897	13302803885	528251
29	黄勇毅	销售经理		元适工程贸易（上海）有限公司	上海奉贤区奉城镇海淀路 475 号	021-57520668	021-57520568	13801618268	201411
30	贾　鹏	总经理		北京廊桥表面技术发展有限公司（苏尔寿．美科公司代理）	北京西三环北路 87 号国际财经中心 A 座 1503	010-88550612	010-88550708	13701279806	100089
31	蒋建敏		教授级高工	北京工业大学材料学院	北京市朝阳区平乐园 100 号	010-67392168	010-67392168	13910639382	100124
32	蒋治平	总工	工程师	江苏武进液压启闭机有限公司	江苏武进奔牛工业园区北区	0519-83211271	0519-83211271	13606117232	213131
33	井朝松	经理		安徽省淮海防腐保温工程公司	安徽省肖县杨楼镇黄河路 55 号	0557-5272888	0557-5272888	13275570917	235221
34	雷　宏	经理	工程师	北京有色金属研究总院北京翠铂林有色金属技术开发中心	北京北三环中路 43 号	010-62001486	010-62001486	13641161342	100088
35	李国旗	销售经理		上海楚越机械设备有限公司	上海市浦东新区栖山路 465 号鼎隆大厦 804 室	02168552091/2/3	021-65835408		200135
36	李其连		研究员	北京航空制造工程研究所	北京市 340 信箱 104 室			13717787098	100024
37	李卫东	经理		安徽省淮海防腐保温工程公司	安徽省肖县杨楼镇黄河路 55 号	0557-5272888	0557-5272888	13962261978	235221
38	李玉玺	副总经理	教授级高工	四川自贡长城硬面材料有限公司	四川自贡高新工业园区板仓工业集中区科创二路六号	0813-5517996	0813-5517996	13990000825	643000

序号	姓名	职务	职称	单位	地址	电话	传真	手机	邮编
39	梁　莹	销售经理		元适工程贸易（上海）有限公司	上海奉贤区奉城镇海淀路475号	021-57520668	021-57520568	13774238327	201411
40	梁彤伟	副经理		鞍山市正发机械厂	辽宁省鞍山市千山区七岭子	0412-5422400	0412-5422377	15942252380	114044
41	梁兆荣	董事长		元适工程贸易（上海）有限公司	上海奉贤区奉城镇海淀路475号	021-57520668	021-57520568		201411
42	廖德康	总经理		上海创旭贸易有限公司	上海市四平路311#甲座1804	021-65212900	021-55560083	13321872150	200081
43	廖奇音	客户经理		赫格纳斯（中国）有限公司	上海市青浦区外青松公路5646		021-69213194	13918009667	201700
44	林　菁	副总经理		上海凯林新技术实业公司	上海市漕宝路86号903室（光大会展中心F座）	021-64326600	021-64325123	13901750558	200235
45	林　赟			上海凯林新技术实业公司	上海市漕宝路86号903室（光大会展中心F座）	021-64326600	021-64325123	13585586059	200235
46	刘函宇	销售经理		圣戈班公司	上海市延安东路550号海洋大厦1615-17室	021-63616100	021-63617790	13918590845	200001
47	刘加宇	项目总监		北京赛亿科技股份有限公司	北京市海淀区学院路30号1区方兴大厦604	010-62342350	010-62343188	13701238011	100083
48	刘自敬	业务经理	高工	广州有色金属研究院材料表面科技公司	广州天河区长兴路363号	020-37238187	020-37238531		510651
49	吕永平	技术员		四川自贡硬质合金有限公司	自贡市人民路111号	0813-5516790	0813-5516709	13508177269	643011
50	罗范波	副总经理		先导（益阳）等离子粉末有限公司	湖南省益阳市赫山区平安路55号	0737-4435648	0737-4436203	13307373038	413002
51	罗中庆	副主任		四川自贡硬质合金有限公司	自贡市人民路111号	0813-5516790	0813-5516709	13608155286	643011
52	孟祥奇			山东兖矿集团晨星公司	山东邹城市崇义路1369	0537-5369316	0537-5123986	13805478585	273500
53	那忠爱	经理	工程师	沈阳荣华热喷涂技术有限公司	沈阳市沈河区乐郊路丙吉巷1-3号楼141室	024-24121564	024-24121564	13644017948	110011
54	潘海龙	经理	工程师	温州耐密特阀门有限公司	温州市龙湾区永兴富康西路16号	0577-85980111	0577-86935599	18968972688	325024
55	裴建芳	董事长		江苏互联喷涂技术有限公司	江苏宜兴市万石镇南漕申兴西路33号	0510-87858986	0510-878586	13337926077	214217
56	彭裕祥	总经理	工程师	安徽省淮海防腐保温工程公司	安徽省肖县杨楼镇黄河路55号	0557-5272888	0557-5272888	13705579260	235221

序号	姓名	职务	职称	单位	地址	电话	传真	手机	邮编
57	戚　鹏		工程师	航天材料及工艺研究所	北京9200信箱73分箱17号	010-68383587	010-68383282	13681052036	100076
58	漆书敏	助理		东华隆（广州）表面改质技术有限公司	广州市萝岗区永和镇禾丰二街九号	020-82986789	020-82986868	13922247110	511356
59	钱　兵	总经理	工程师	南通高欣金属陶瓷复合材料有限公司	江苏省南通市港闸区天生路八一工业区1号	0513-82030988	0513-83532955	13906291664	226000
60	钱　铸	总经理	高工	天津市铸金表面工程材料科技开发有限公司	天津北辰区霍家咀工业区汾河道一支路10号	022-26316478	022-26316476	13011301918	300402
61	裘爱华		高工	北京廊桥表面技术发展有限公司（苏尔寿.美科公司代理）	北京西三环北路87号国际财经中心A座1503	010-88550612	010-88550708	13910437001 15356110596	100089
62	任　武		工程师	中石油钻井工程技术研究院江汉机械研究所	湖北荆州沙市区豉湖路12号	0716-8121235		13679163589	434000
63	任红旗	总经理	高工	西安宇丰喷涂技术有限公司	西安市经开区泾渭新城渭华路26号	029-86964551	029-86964550	13991913601	710020
64	任宇泽		工程师	中国北方发动机研究所	山西省大同市第22#信箱一室	0352-5362021	0352-5362092	15333623909	037036
65	沈建明	总经理	高工	江苏武进液压启闭机有限公司	江苏武进奔牛工业园区北区	0519-83211271	0519-83211271	13806116135	213131
66	沈肖镇	总经理	研究员	北京熵科尔应用技术研究所	北京朝阳区东军庄19栋2单元202室	010-85701889	010-82275930	13910710887	100024
67	舒　晶	总经理		上海康阜实业有限公司	上海虹口区欧阳路568号14F	021-56962007	021-56716879	13901642268	200081
68	孙东平	经理	高级工程师	厦门金鹭特种合金有限公司	福建省厦门市湖里区兴隆路69号		0592-6682796	13860102118	361006
69	孙建国	技术部经理	高级工程师	上海新业喷涂机械有限公司	上海奉贤区金大公路8278号	021-57576663	021-57575676	13918245277	201403
70	孙景和	副总经理	高级工程师	沈阳石花微粉材料有限公司	沈阳东陵区观泉路298号	024-88319856	024-88324471	13940445707	110045
71	台雅琴	经理	统计师	烟台首钢东星备件修复分公司	烟台开发区珠江路20号		0535-3389685	13366005258	264006
72	邰召勤	副董事长		安徽天一重工股份有限公司	安徽省马鞍山市雨田路1269号	0555-2625666	0555-2109969	13013101116	243000
73	谭兴海	所长	高级工程师	上海宝钢设备检修有限公司机械制造事业部表面技术研究所	上海宝山区宝钢厂区内纬一路经五路口	021-26644898	021-26644898	13501908462	201900

序号	姓名	职务	职称	单位	地址	电话	传真	手机	邮编
74	陶顺衍		研究员	中国科学院上海硅酸盐研究所	上海市定西路 1295 号	021-52414101	021-52413903	13641819579	200050
75	田铬夫	业务经理		先导(益阳)等离子粉末有限公司	湖南省益阳市赫山区平安路 55 号	0737-4435648	0737-4436203	13365873438	413002
76	汪刘应		教授	第二炮兵工程学院	西安市第二炮兵工程学院 501 室	029-84741499	029-84741499	13991990781	710025
77	王　博		工程师	东华隆（广州）表面改质技术有限公司	广州市萝岗区永和镇禾丰二街 9 号	020-82986789-315	020-82986868	13902247668	511356
78	王　俭	销售经理		世泰科化工贸易（上海）有限公司 H.C.Starck	上海市曹溪北路 398 号汇智大厦 302 室	021-60905255-265	021-60905256	13501849321	200030
79	王　祝	厂长		沈阳市新光热喷涂厂	沈阳市大东区东塔街 1 号	024-24325182	024-24325182	13804979811	110043
80	王春华	副总经理		成都振兴金属粉末有限公司	成都市成华区龙潭丛树社区丛树大道 23 号	028-86080279 84205833	028-84206118	13708051187	610052
81	王国华	经理	工程师	浙江星塔科技设备材料有限公司	浙江省长兴县林城工业区	0572-6087098	0572-6870478	13705827186	313112
82	王洪霞	副总经理		北京廊桥表面技术发展有限公司（苏尔寿.美科公司代理）	北京西三环北路 87 号国际财经中心 A 座 1503	010-88550612	010-88550708	13901019463	100089
83	王亮亮	副总经理		上海大豪纳米材料喷涂有限公司	上海市青浦区华新镇嘉松中路 1835 号	021-69791217	021-69791051	13621836327	201708
84	王庆新	总经理助理	高工	上海宝钢设备检修有限公司机械制造事业部	上海宝山区宝钢厂区内纬一路经五路口	021-26641742	021-56191238		201900
85	王山松	经理		北京桑尧科技开发有限公司	北京市朝阳区祁家豁子甲 8 号马甸经典家园 A-1609		010-62335622	13520430953	100029
86	王世林	主任	高工	辽宁省轻工科学研究院	沈阳市皇姑区崇山西路 3 号	024-86749667	024-86872663	13109880459	110036
87	王台星	总经理		铁岭永兴热喷涂有限公司	辽宁铁岭银州区东辽海工业区东区二街	0410-4603045		13941000966	112000
88	王玉琦	副总经理	工程师	无锡市新科表面工程材料有限公司	无锡市胡埭工业安置北区丁香路 7 号	0510-85504122	0510-85510126	13861848995	214063
89	王中江	经理		北京工业大学材料学院	北京朝阳区平乐园 100 号	010-67392168	010-67392168	13701338833	100124
90	魏　伟		工程师	北京中海坤宇科技发展有限公司	北京市大兴黄村市场路	010-63449027		13911158600	100044

序号	姓名	职务	职称	单位	地址	电话	传真	手机	邮编
91	夏志晴	厂长	高级工程师	上海新业喷涂机械有限公司	上海奉贤区金大公路8278号	021-57576663	021-57575676	13621626316	201403
92	肖　庆	中国区经理		苏尔寿美科表面技术（上海）有限公司	上海市闵行区闵北路666号	021-52264713	021-52264701	13524261313	201107
93	肖学有	副总经理		赣州章源钨业新材料有限公司	江西省赣州市经济技术开发区工业三路			13970138986	341000
94	谢国宏	总经理	博士	上海楚越机械设备有限公司	上海市浦东新区栖山路465号鼎隆大厦804室	02168552091/2/3	021-65835408	13501999453	200135
95	谢隽宁	销售经理		元适工程贸易（上海）有限公司	上海奉贤区奉城镇海淀路475号	021-57520668	021-57520568	13917051450	201411
96	徐　军	总工程师		上海大豪纳米材料喷涂有限公司	上海市青浦区华新镇嘉松中路1835号	021-69791217	021-69791051	13611719067	201708
97	徐　霄			无锡市新科表面工程材料有限公司	无锡市胡埭工业安置北区丁香路7号	0510-85504122	0510-85510126	13405770955	214063
98	许寿华	总经理	高工	上海宝钢设备检修有限公司机械制造事业部	上海宝山区宝钢厂区内纬一路经五路口	021-26641742	021-56191238	13601753412	201900
99	薛治敏	喷涂部长		无锡思浦瑞金属制品有限公司	无锡市梅村镇群兴路5号群兴工业园08A	0510-88552505	0510-88550797	13915344567	214112
100	阳小平	总经理	高工	上海富珉喷涂有限公司	上海金山区山阳镇山宁路89号	021-57248915	021-57245611	13818762769	201508
101	杨冠军		教授	西安交通大学材料学院	西安市咸宁西路28号	029-82665299	029-82660970	13474163038	710049
102	叶　兵	业务经理	高工	广州有色金属研究院材料表面科技公司	广州天河区长兴路363号	020-37238187	020-37238531		510651
103	尹志坚		高工 博士	上海宝钢设备检修有限公司机械制造事业部表面技术研究所	上海宝山区宝钢厂区内纬一路经五路口	021-26644898	021-26644898		201900
104	于建华		博士生	中国科学院上海硅酸盐研究所	上海市定西路1295号	021-52414101	021-52413903	13761716397	200050
105	袁应春	业务经理		先导（益阳）等离子粉末有限公司	湖南省益阳市赫山区平安路55号	0737-4435648	0737-4436203	13574720033	413002
106	张　敏	经理		成都大光热喷涂材料有限公司	成都市龙泉驿区同安镇同策路8号	028-84835827	028-84837290	13880710948	610103
107	张华柱	经理		厦门金鹭特种合金有限公司	福建省厦门市湖里区兴隆路69号		0592-6682796	13606040302	361006

序号	姓名	职务	职称	单位	地址	电话	传真	手机	邮编
108	张启林	副总经理		北京丹斯泰克科贸有限公司	北京朝阳区望京利泽中二路一号中辰大厦211室	010-64398190	010-58945166	13810449822	100102
109	张志毅	经理		北京东方润鹏科技有限公司	北京市朝阳区大郊亭中街二号院华腾国际4-12B	010-87951598	010-87951598-22	15801691003	100124
110	张忠诚	总经理	教授高工	广州有色金属研究院材料表面科技公司	广州市天河区长兴路363号	020-37238187	020-37238531		510651
111	周　杰	副总经理	高工	天津市机械涂层研究所有限责任公司	天津市河东区八纬路20号	022-24304524	022-24304524	13920109958	300012
112	周伍喜	工程师		四川自贡长城硬面材料有限公司	四川自贡高新工业园区板仓工业集中区科创二路六号	0813-5517996	0813-5517996	15984179487	643000
113	朱　劼	总经理		元适工程贸易（上海）有限公司	上海市奉贤区奉城镇海淀路475号	021-57520668-203	021-57520568	13901630650	201411
114	庄红芳	董事长		江苏启迪合金有限公司	丹阳市吕城镇滨河北路40号	0511-86473898	0511-86472898	13337771111	212351
115	祖芳凝	经理	工程师	北京航百川科技开发中心	北京大兴区青云店镇工业区	010-69273025	010-69273025	13911000056	100076
116	祖玉冰	经理	高工	北京航百川科技开发中心	北京大兴区青云店镇工业区	010-69273025	010-69273025	13911596502	100076

国外及港台地区代表

117	Anthony Herbert	General Manager	Sulzer Metco Surface Techonlogy（Shanghai）Co, Ltd. 苏尔寿美科表面技术（上海）有限公司	666 Min Bei Road, Minhang, Shanghai 201107 上海闵北路666号	021-52264707	021-52264701	Anthony.Herbert@sulzer.com	201107
118	Markus Sauerbr uch	Head of Equipment	Sulzer Metco AG (Switzerland)	Rigackerstrasse 16, Wohlen Switzerland	0041-566188377	0041-566188100		5610
119	Michael Tobin	Vice President	Sulzer Metco (US) Inc.	1101 Prospect Avenue Westbury NY.	001 5163382240	001 516 338 2241		11590-0201
120	Steven Ort	Equipment Manager	Sulzer Metco (US) Inc.	1101 Prospect Avenue Westbury NY.	001 5163382453	001 516 338 2241		11590-0201
121	HIROY UKI KITAA KI 北秋广幸	Director	Tocalo Co., Ltd.	13-4,4-chome, Fukaekita-Machi, Higashinada-Ku, Kobe, Hyogo, JAPAN	+81 78 411 5561	+81 78 452 8178	kitaaki@tocalo.co.jp	

122	Hisashi Kuwamura 桑村寿	Senior Manager of Marketing Depart-ment	Tocalo Co., Ltd.	13-4,4-chome, Fukaekita-Machi, Higashinada-Ku, Kobe, Hyogo, JAPAN	+81 78 411 5561	+81 78 452 8178	kuwamura@ tocalo.co.jp	
123	大城户 修三	General Manager	Tocalo and Han Tai Co., Ltd. 东华隆（广州）表面改质技术有限公司	9,2Road,Hefeng, Yonghe,Luogang, Guangzhou City, China 广州市罗岗区永和镇禾丰二街9号	+86 20 82986789	+86 20 82986868	13922147989 f001@tocalo-hantai.com	511356
124	Shinichi Kubo 久保信一	Manager Sales and Marketing Deptment	Tocalo and Han Tai Co., Ltd. 东华隆（广州）表面改质技术有限公司	9,2Road,Hefeng, Yonghe,Luogang, Guangzhou City, China 广州市罗岗区永和镇禾丰二街9号	+86 20 82986789	+86 20 82986868	13829736165 D001@tocalo-hantai.com	511356
125	庄健民	Vice General Manager	Tocalo and Han Tai Co., Ltd. 东华隆（广州）表面改质技术有限公司	9,2Road,Hefeng, Yonghe,Luogang, Guangzhou City, China 广州市罗岗区永和镇禾丰二街9号	+86 20 82986789	+86 20 82986868	13922247268 a002@tocalo-hantai.com	511356
126	Patrice Fournier	Product Manager	Saint-Gobain - Coating Solutions	Courtine Mourre Frais - BP 966 84093 AVIGNON Cedex 9 / France	+33 4.90.85.85.00	0033-490829452	Patrice. Fournier@ Saint-Gobain. com	
127	Hajime Nakadate	Senior Reginal Sales Manager	H.C.Starck GmbH	1-30-5 Hamamatsucho Minato-ku Tokyo 105-0013 Japan	+81 357765024	+81 3 54020071	hajime. nakadate@ hcstarck.com	
128	Olof Andersson	Manager Business Develop-ment	Höganäs AB 赫格纳斯（中国）有限公司	上海市青浦区外青松公路5646	021-69210112-331	021-69213194	olof. andersson@ hoganas.com	201700
129	Silvano Keller	Director	AMT AG	Badstrasse34.5312 Döttingen/Switerland	0041-56 245 9010	0041-562459011	+41 796341208 silvano. keller@amt-ag.net	
130	黄世宇	副总经理	苏州统明机械有限公司	江苏苏州吴中经济开发区越溪龙翔工业区9号	0512-66551525	0512-66552516	13812767335	215104

理事会及秘书处

131	黄小鸥	会长 理事长	研究员	中国表面工程协会 中国表面工程协会热喷涂专业委员会	北京德胜门外北沙滩一号（临）北京德胜门外北沙滩一号	010–64882554	010–64872316	13901358778	100083
132	郝荣亮	总经理 副理事长	高级工程师	上海宝钢设备检修有限公司	上海宝山区同济路3521号	021–26648866	021–26648866		201900

133	安云岐	董事长 总经理 副理事长	教授	江苏中矿大正表面工程技术有限公司	江苏省徐州市解放南路矿大科技园科技大厦10楼	0516-83884717	0516-83884465	13905210117	221008
134	吴朝军	副理事长	研究员	航天材料及工艺研究所	北京9200信箱73分箱17号	010-68756924	010-68383282	13901315650	100076
135	赵华明	总经理 副理事长		上海大豪纳米材料喷涂有限公司 上海瑞法喷涂机械有限公司	上海市青浦区华新镇嘉松中路1835号	021-69791216	021-69791053	13311832017	201708
136	李秉忠	副总工 副理事长	研究员	武汉材料保护研究所	武汉市宝丰二路126号	027-83637647	027-83641656	13507112725	430030
137	卢乐松	副秘书长		中国表面工程协会热喷涂专业委员会	北京德胜门外北沙滩一号	010-64882552	010-64879322	13801233251	100083
138	刘　霏	秘书		中国表面工程协会热喷涂专业委员会	北京德胜门外北沙滩一号	010-64882560	010-64872316	13810819080	100083
139	张艳玲	秘书		中国表面工程协会热喷涂专业委员会	北京德胜门外北沙滩一号	010-64882560	010-64872316	13691589657	100083
140	王海瑶	秘书		中国表面工程协会热喷涂专业委员会	北京德胜门外北沙滩一号	010-64882552	010-64879322	13810420027	100083

2. 中国表面工程协会热喷涂专业委员会四届三次理事（扩大）会在苏州市召开

根据中国表面工程协会热喷涂专业委员会2010年工作计划，中国表面工程协会热喷涂专业委员会于2010年10月17～23日在苏州苏苑饭店召开了第十三届国际热喷涂研讨会（International Thermal Spraying Seminar′ 2010）和第十四届全国热喷涂年会（China National Thermal Spraying Conference′ 2010），并同时召开了中国表面工程协会热喷涂专业委员会四届三次理事（扩大）会，共有理事及代表120人参加了本次理事(扩大)会，本次理事(扩大)由黄小鸥理事长主持，会议主要议题有:

一. 传达中国机械工业联合会、中国表面工程协会等有关会议精神；

二. 讨论编制表面工程行业“十二五”发展规划等有关事宜；

三. 讨论审议中国表面工程协会热喷涂专业委员会四届理事会部分理事及常务理事更换及增补事宜；

四. 审议推荐中国表面工程协会四届理事会部分理事及常务理事更换及增补名单；

五. 讨论2011年工作计划。

会议由郝荣亮副理事长传达了中国机械联合会等有关会议精神，吴朝军副理事长就编制表面工程行业“十二五”发展规划中热喷涂部分的有关内容及事项作了说明。

会议代表就秘书处提出的四届理事会中超龄理事和常务理事更换事宜以及终止连续一年以上不交

会费的理事和常务理事的资格事宜进行了讨论和审议，并对秘书处提出的增补理事和常务理事名单以及顾问委员会增补名单也进行了讨论和审议，通过举手表决，同意秘书处提出的更换和增补理事和常务理事名单（见附件 1 ～ 3）；

会议代表就秘书处提出的总会四届理事会中超龄理事和常务理事更换事宜进行了讨论和审议，并对秘书处提出的推荐增补总会四届理事会理事和常务理事名单也进行了讨论和审议，通过举手表决，一致同意秘书处提出的推荐总会四届理事会更换和增补理事和常务理事名单（见附件 4 ～ 5），并责成秘书处上报总会并提交总会理事会进行审议。

新增选的理事和常务理事代表发言表示，作为新增选的理事和常务理事将积极参与协会的活动，支持协会的发展和建设，为推动我国的热喷涂行业发展做出更大的贡献。

最后与会代表讨论了 2011 年工作计划，充分肯定理事会及秘书处 2010 年的工作，表示将积极支持协会工作，包括参加协会组织的各项活动，按时交纳会费，制定“十二五规划”，参加 2011 年国际表面工程展览会，参加 ITSC’2011 大会等。会议认为，通过调整后的理事会更具有代表性和广泛的会员基础，将进一步增强本会的权威性和凝聚力，为加快发展我国热喷涂事业，使我国逐步向热喷涂强国迈进，做出更大的贡献。

附件 1

中国表面工程协会热喷涂专业委员会
第四届理事会更换及增补常务理事名单

常务理事更换名单

序号	姓名	性别	职务	职称	单位	更换原因
1	王泰兴	男	董事长 总经理	高工	铁岭永兴热喷涂有限公司	因病去世
2	李益明	男	副厂长	高工	上海宝钢设备检修有限公司宝钢机械厂	工作调动，单位申请变更
3	王汉功	男		教授	第二炮兵工程学院	超龄
4	贾永昌	男	总工	教授级 高级工程师	北京廊桥表面技术发展有限公司	超龄
5	钱叶仁	男	董事长	高级工程师	天津市北方涂层材料有限公司	超龄

序号	姓名	性别	职务	职称	单位	更换原因
6	支树平	男		研究员高工	大连特种涂层技术发展有限公司	1年以上不交会费
7	陈加印	男	董事长	高工	成都长诚热喷涂技术有限责任公司	超龄

常务理事增补名单

序号	姓名	性别	出生年月	职务/职称	工作单位
1	吴冲浒	男	1945.9	董事长、教授级高工	厦门金鹭特种合金有限公司
2	谭兴海	男	1964.7	所长、高工	上海宝钢设备检修有限公司
3	汪刘应	男	1971.5	教授	第二炮兵工程学院
4	钱　铸	男	1963.1	总经理 高工	天津市铸金表面工程材料科技开发有限公司
5	段　智	男	1964.1	副总经理、高工	江西恒大高新技术股份有限公司
6	胡为峰	男	1968.7	董事长	北京赛亿科技股份有限公司

附件2

中国表面工程协会热喷涂专业委员会
第四届理事会更换及增补理事名单

理事更换名单

序号	姓名	性别	职务	职称	单位	更换原因
1	许　冠	男	董事长	高级工程师	佛山市南海中南机械有限公司	单位申请变更
2	林惠令	男	总经理	高级工程师	上海凯林新技术实业公司	超龄
3	陈惠国	男	总工程师	高级工程师	上海瑞法喷涂机械有限公司（上海大豪纳米材料喷涂有限公司）	调离原单位，转行

4	于淑香	女	副社长 主编	高级 工程师	金属加工杂志社	1年以上不交会费
5	朱 胜	男	主任	教授 博导	装甲兵工程学院材料科学与工程系	1年以上不交会费
6	刘广海	男	总工	教授级 高工	北京瑞达安喷涂技术开发中心	1年以上不交会费
7	孙大千	男	副院长	教授	吉林大学材料科学与工程学院	1年以上不交会费
8	赵国刚	男	院长	教授	黑龙江科技学院	1年以上不交会费
9	钱 强	男	总经理	教授级 高级 工程师	哈尔滨四达热喷涂技术有限责任公司	1年以上不交会费
10	焦宝林	男	主任	高级 经济师	西安航空发动机（集团）有限公司冲焊厂	1年以上不交会费

理事增补名单

序号	姓名	性别	出生年月	职务	职称	单位
1	郑 恺	男	1955.10	总经理助理	工程师	佛山市南海中南机械有限公司
2	林 箐	女	1963.3	副总经理		上海凯林新技术实业公司
3	贾 鹏	男	1968.7	总经理		北京廊桥表面技术发展有限公司
4	王台兴	女	1971.3	董事长 总经理		铁岭永兴热喷涂有限公司
5	陈嵩松	男	1969.9	副总经理		成都市长诚热喷涂技术有限责任公司
6	徐法令	男	1979.3	副总经理	高工	北京航天振邦精密机械有限公司
7	彭裕祥	男	1964.10	总经理	工程师	安徽省淮海防腐保温工程公司
8	沈建明	男	1955.11	董事长	工程师	江苏武进液压启闭机有限公司
9	邝益壮	男	1963.10	董事长		江门市威霖贸易有限公司
10	魏文虎	男	1962.10	董事长		浙江星塔科技设备材料有限公司
11	北秋廣幸	男	1952.8	董事长		东华隆（广州）表面改质技术有限公司
12	程旭东	男	1954.12		研究员	武汉理工大学材料复合新技术国家重点实验室

附件 3

中国表面工程协会热喷涂专业委员会 第四届理事会顾问委员会增补名单

王汉功　钱叶仁　贾永昌　林惠令　陈加印

附件 4

推荐中国表面工程协会四届理事会更换常务理事名单

常务理事建议更换名单

序号	姓名	性别	职务 / 职称	原协会职务	工作单位	更换原因
1	王泰兴	男	董事长 总经理	总会常务理事、热喷涂副理事长、常务理事	铁岭永兴热喷涂有限公司	因病去世

常务理事建议增补名单

序号	姓名	性别	出生年月	职务 / 职称	原协会职务	工作单位
1	赵华明	男	1963.7	总经理	热喷涂副理事长、常务理事	上海大豪纳米材料喷涂有限公司 （上海瑞法喷涂机械有限公司）

附件 5

推荐中国表面工程协会四届理事会更换理事名单

更换理事建议名单

序号	姓名	性别	职务 / 职称	原协会职务	工作单位	更换原因
1	王汉功	男	教授	总会理事、热喷涂常务理事	第二炮兵工程学院	超龄
2	贾永昌	男	教授级高工	总会理事、热喷涂常务理事	北京廊桥表面技术发展有限公司	超龄
3	钱叶仁	男	董事长 高工	总会理事、热喷涂常务理事	天津市北方涂层材料有限公司	超龄

4	陈惠国	男	总工 高工	总会理事、热喷涂常务理事	上海瑞法喷涂机械有限公司	离职 转行
5	陈加印	男	总经理 高工	总会理事、热喷涂常务理事	成都长诚热喷涂技术有限责任公司	超龄

增补理事建议名单

序号	姓名	性别	出生年月	职务/职称	工作单位
1	吴冲浒	男	1945.9	董事长、教授级高工	厦门金鹭特种合金有限公司
2	汪刘应	男	1971.5	教授	第二炮兵工程学院
3	钱　铸	男	1963.1	总经理 高工	天津市铸金表面工程材料科技开发有限公司
4	段　智	男	1964.1	副总经理、高工	江西恒大高新技术股份有限公司
5	谭兴海	男	1964.7	所长、高工	上海宝钢设备检修有限公司

3. 出版发行《中国热喷涂年鉴（2009 年版）》

由中国表面工程协会热喷涂专业委员会编制、科学技术文献出版社出版发行的中国热喷涂行业唯一国家级馆藏工具书《中国热喷涂年鉴（2009 年版）》，经过一年多的筹划和运作，在理事会和全体会员的支持下，于 2010 年 7 月出版发行。

《中国热喷涂年鉴（2009 年版）》共分为中国热喷涂行业的发展概况及趋势；热喷涂专业委员会发展大事记；热喷涂企业管理与技术经验文章（选编）；部分行业标准介绍；优秀企事业单位、高新工艺、设备材料介绍；企事业基本情况介绍、会员名录等，更新收录了700余家我国热喷涂行业有关设备、材料、辅助设备及材料的生产研制以及技术服务等企事业单位的基本信息，部分单位并配有详细的文字表述和彩色图片，该书的编制出版将为行业间的信息交流以及热喷涂行业的持续、繁荣和稳定发展提供有效的服务。

《中国热喷涂年鉴》为国际标准大 16 开，彩色精装本，共计 800 余页，定价 280 元 / 本，面向海内外出版发行。是一部广泛适用于我国热喷涂行业各领域及相关行业及中外投资者选择合作和发展贸易的权威工具书，是国内外了解我国热喷涂行业和企业的一个重要窗口，准确、及时地反映中国热喷涂行业的现状，有利于会员对热喷涂技术和市场动态作出客观估价，促进国内热喷涂行业内部，以及热喷涂行业与其他行业的交流，推动国内外热喷涂界的合作。

4. 协助总会成功举办 2010 上海国际表面工程展览会及研讨会

在中国机械工业联合会的指导和各兄弟协会学会的支持下，在各分会、专委会和全体会员和展览公司的努力下，“2010 国际表面工程展览会暨研讨会”于 2010 年 6 月 7 日 ~ 9 日在上海光大会展中心和华夏宾馆成功举办。本届展览会暨研讨会由中国表面工程协会和上海中壹展览有限公司主办。国内外参展公司 300 余家，研讨会参会人员 300 余人。国内外参观展会观众近 9000 人。

本届展会是中国表面工程协会为我国表面工程行业打造的权威、实效的交流平台，得到了各分会、专业委员会、地方协会的大力支持，参展单位众多，包括中国表面工程协会热喷涂专业委员会、北京航天振邦精密机械有限公司、航天材料及工艺研究所、北京市熵科尔应用技术研究所、中航工业北京航空制造工程研究所、东华隆（广州）表面改质技术有限公司、赫格纳斯（中国）有限公司、航天材料及工艺研究所、奇特威热喷涂（北京）有限公司、苏尔寿·美科表面技术（上海）有限公司、世泰科化工贸易（上海）有限公司、上海宝钢设备检修有限公司机械制造事业部、上海大豪纳米材料喷涂有限公司、上海新业喷涂机械有限公司、上海休玛喷涂机械有限公司、威霖贸易有限公司、厦门金鹭特种合金有限公司、绍兴市天龙锡材有限公司、河北瑞驰伟业科技有限公司、株洲江钨博大硬面材料有限公司、自贡长城硬面材料有限公司、郑州鼎盛工程技术有限公司、赣州章源钨业新材料有限公司、浙江星塔科技设备材料有限公司、沈阳石花微粉材料有限公司、江苏武进液压启闭机有限公司、福建多棱钢业集团有限公司、创智热喷涂技术有限公司、南通高欣金属陶瓷复合材料有限公司等热喷涂企业展出了超音速火焰喷涂、火焰喷涂、电弧喷涂、等离子喷涂、等离子喷焊、耐磨堆焊、喷砂设备等辅助设备、工具及相关配件等设备及技术，热喷涂金属粉末、陶瓷粉末、金属陶瓷粉末、复合粉末、合金粉末、热喷涂线材等材料，以及热喷涂技术服务、涂层检测分析等。

“2010 国际表面工程展览会暨研讨会”开幕式于 2010 年 6 月 7 日上午 9:00 在光大会展中心举行。中国机械工业联合会于清笈执行副会长、中国机械工业联合会李海燕副秘书长、原中国表面工程协会理事长沈烈初副部长、中国表面工程协会理事长黄小鸥教授、中国表面工程协会马捷秘书长、上海中壹展览有限公司李永红总经理出席了剪彩仪式。

“2010 国际表面工程研讨会”于 2010 年 6 月 8 日上午 9:00 在华夏宾馆举行。本次研讨会设三个分会场：电镀分会场、涂装与防锈分会场和热喷涂、特种涂层及转化膜分会场，表面工程行业权威专家云集。近 30 位院士、知名专家、知名企业家，包括中国科学院上海硅酸盐研究所、广州有色金属研究院、中国第一汽车集团公司、上海宝钢设备检修有限公司宝钢机械厂、上海交通大学、上海电力学院、中石化润滑油上海研发中心、苏尔寿美科表面技术有限公司、东华隆公司、H.C. Starck 公司、赫格纳斯公司、航天材料及工艺研究所等，应邀在研讨会上做高水平的报告，与听众交流经验，反响热烈。

2010 年 6 月 9 日下午 15:00，本届“2010 国际表面工程展览会暨研讨会”圆满闭幕。本届展会共吸引国内专业观众 8150 人，海外 19 个国家和地区的专业观众 676 人，共计 8826 人，为展商和客户提供了权威性与实效性兼具的高质量交流平台，受到广泛肯定和好评。

本届展览会的热喷涂专题展已是第二届举办，中国表面工程协会热喷涂专业委员会利用自身得天独厚的行业优势，旨在推动热喷涂技术快速发展，给热喷涂用户、热喷涂设备及材料企业、热喷涂技术专家、行业协会搭建一个畅通的学习、交流的平台，深入探讨行业发展趋势、学习国际领先技术和先进管理经验、解析政策、分析市场，是了解热喷涂行业的信息与动态、寻求合作的行业盛会，对推动我国热喷涂事业的发展，促进我国热喷涂企业与国际热喷涂界的交流合作，起到积极作用。我们将总结经验，继续支持总会举办国际表面工程展览会，并同时举办热喷涂专题展览会，为国内外热喷涂行业同仁提供更好地展示及交流平台，共同推动我国热喷涂事业的发展。

5. 编辑出版发行《热喷涂技术》

2010 年编辑出版发行《热喷涂技术》四期；以刊物为纽带，加强协会与会员之间的联系。

2011 年大事记

1. 成功举办第十四届国际热喷涂研讨会（ITSS' 2011）暨第十五届全国热喷涂年会（CNTSC' 2011）

在国内外热喷涂界同仁的大力支持和筹备组的精心组织下，由中国表面工程协会热喷涂专业委员会主办、中国科学院上海硅酸盐研究所、上海宝钢设备检修有限公司、广州有色金属研究院、航天材料及工艺研究所（703 所）、上海大豪纳米材料喷涂有限公司、中国科学院金属研究所、江苏中矿大正表面工程技术有限公司、西安交通大学材料科学与工程学院、武汉材料保护研究所、东华隆（广州）表面改质技术有限公司、东贺隆（昆山）电子有限公司、北京航空制造工程研究所（625 所）、苏尔寿·美科表面技术（上海）有限公司、武汉高力热喷涂工程有限责任公司、大连华锐重工特种备件制造有限公司、中冶集团建筑研究总院焊接研究所、天津北方涂层材料有限公司、沈阳黎明航空发动机（集团）有限责任公司、北京廊桥表面技术公司、成都振兴金属粉末有限公司、北京航天振邦精密机械有限公司、江西恒大高新技术有限公司、无锡市新科表面工程材料有限公司、上海新业喷涂机械有限公司、成都市长诚热喷涂技术有限责任公司、北京赛亿科技股份有限公司、厦门金鹭特种合金有限公司、上海凯林新技术实业公司、台湾统明机械有限公司、南通高欣金属陶瓷复合材料有限公司、先导（益阳）等离子粉末有限公司、北京华德星科技有限责任公司（德国 CGT 公司总代理）、北京一同海瀛商贸有限责任公司（英国 Metallisation 公司总代理、法国圣戈班公司涂层部代理）、第二炮兵工程学院、武汉理工大学、北京工业大学、安徽省淮海工程科技有限公司、温州耐密特阀门有限公司、江苏武进液压启闭机有限公司、江门市威霖贸易有限公司、浙江星塔科技设备材料有限公司、无锡科特金属喷涂有限公司、瑞士 Sulzer Metco 公司、德国 H.C.Starck 公司、法国圣戈班公司、德国阿亨大学材料科学研究所、日本 TOCALO 公司、英国 METALLISATION 公司、德国 CGT 公司、德国 Linde 公司、德国热喷涂协会(GTS)、日本溶射工业协会及日本溶射学会等协办的第十四届国际热喷涂研讨会（International Thermal Spraying Seminar’2011）暨第十五届全国热喷涂年会（China National Thermal Spraying Conference’2011），于 2011 年 10 月 25 ~ 30 日在湖北省武汉市美联都市酒店成功举行，并同时召开了中国表面工程协会热喷涂专业委员会四届四次理事（扩大）会。本届大会的主题为“创新升级，调整拓展”。

出席研讨会和年会的国内外代表共 130 余人（与会代表名单附后），国外及港台地区的热喷涂知名公司、大学、科研机构，如日本 Tocalo 株式会社、东华隆（广州）表面改质技术有限公司、Sulzer Metco US（美国）、苏尔寿·美科表面技术（上海）有限公司、法国圣戈班公司涂层部、德国 H.C.Starck 公司、世泰科化工贸易（上海）有限公司、日本 Prime Corporation 公司、东贺隆（昆山）电子有限公司等的专家及代表参加了本届大会；国内知名的热喷涂企业、公司、科研院所、大专院校，如中国科学院上海硅酸盐研究所、上海宝钢工业技术服务有限公司、航天材料及工艺研究所（703 所）、广州有色金属研究院、中国科学院金属材料研究所、江苏中矿大正表面工程技术有限公司、北京航空制造工程研究所、武汉材料保护研究所、武汉理工大学新材料研究所、锦州金属材料研究所、北京工业大学材料学院、湖南大学材料学院、第二炮兵工程学院、海军 4808 厂、内蒙古电力科学研究院分公司、中石油钻井工程技术研究院江汉机械研究所、沈阳黎明航空发动机（集团）有限责任公司、上海大豪纳米材料喷涂有限公司、武汉高力热喷涂工程有限公司、武汉立通先进表面工程技术有限公司、上海凯林新技术实业公司、北京廊桥表面技术发展有限公司、成都振兴金属粉末有限公司、北京东方润鹏科技有限公司、上海新业喷涂机械有限公司、北京赛亿表面工程技术有限公司、北京熵科尔应用技术研究所、北京航百川科技开发中心、北京东方润鹏科技有限公司、北京球冠科技有限公司、北京丹斯泰克科贸有限公司、天津铸金表面工程材料科技开发有限公司、天津开发区欣特涂层技术有限公司、无锡新科表面工程材料有限公司、先导（益阳）等离子粉末有限公司、南通高欣金属陶瓷复合材料有限公司、厦门金鹭特种合金有限公司、温州耐密特阀门有限公司、江西恒大高新技术实业有限公司、贝卡尔特（江阴）镀膜工业有限公司、沈阳市荣兴华热喷涂技术服务中心、沈阳石花微粉材料有限公司、广汉川冶新材料有限责任公司、四川东方汽轮机有限公司表面工程研究所、赣州章源钨业新材料有限公司、江苏武进液压启闭机有限公司、昆山创益发热喷涂科技有限公司、安徽省淮海工程科技有限公司、四川成发航空科技股份有限公司热表分公司、成都长诚热喷涂技术有限责任公司、马鞍山马钢表面工程技术有限公司、东莞市科亚新材料技术有限公司、石家庄新日锌业有限公司等一百余个单位 130 余人参加了本届大会。与会单位来自机械、钢铁、电子、冶金、煤炭、汽车、石化、航空、航天、海军、船舶、有色、塑料、轻工、能源、交通、电力、军工等行业，既有热喷涂专业企业，也有科研院所，又有大专院校，既有国营企事业单位，也有私营及股份制企业，又有军工企业，既有国外企业，也有港澳台企业，又有国内企业，充分体现了热喷涂专业委员会的号召力和代表性，以及协会是跨行业、跨部门、跨地区、跨所有制企业的行业性组织的特点。

本届国际热喷涂研讨会和年会由黄小鸥、吴朝军、陶顺衍、李秉忠、常新春、伍建华等执行主席主持，由大会主席、中国表面工程协会理事长、热喷涂专业委员会理事长黄小鸥教授致开幕词。

本届国际热喷涂研讨会和年会上，中国表面工程协会理事长、热喷涂专业委员会理事长黄小鸥教授，简单介绍了由中国表面工程协会热喷涂专业委员会组织的考察团参加 ITSC2011 国际热喷涂大会暨展览会并考察北欧知名大学及公司如芬兰坦佩雷大学、德国汉堡武装大学、德国 H.C.Starck 公司位于戈斯拉尔的会所及中心实验室等概况。

国外公司的专家作了精彩的专题报告，如苏尔寿・美科（美国）公司产品材料部门经理 Harald Lemke 先生的专题报告题目为：《热喷涂材料的开发和应用》（Development and Application of Thermal Spraying Materials）、法国圣戈班公司涂层部的 Patrice FOURNIER 先生的专题报告题目为：《适于表面处理的 AZ 爆炸磨料》（AZ Blasting Abrasive for Surface Preparation）、H.C. Starck 公司表面技术业务集团亚洲高级区域销售经理 Hajime Nakadate 先生的专题报告由王俭先生代做，报告题目为：《用于腐蚀工况英克耐尔合金基的碳化铬粉末》（Amperit 595– Cr3C2–NiCrMoNb for Improved Corrosion/Amperit 539），都从不同方面作了精彩的专题报告。

中国科学院上海硅酸盐研究所陶顺衍研究员作了题为《等离子体喷涂耐磨陶瓷涂层》(Plasma Sprayed Wear Resistant Ceramic Coatings) 的专题报告；武汉高力热喷涂工程有限责任公司高荣发总经理作了题为《等离子粉末堆焊的应用及发展》(Development and Application of Plasma Powders for Surfacing) 的专题报告；北京航空制造工程研究所李其连教授作了题为《等离子喷涂氧化钪氧化钇复合稳定氧化锆热障涂层的相稳定性及热导率》(The Phase Stability and Thermal Conductivity of Plasma Sprayed Scandia and Yttrium Oxide Composite Stabilized Zirconia Thermal Barrier Coatings) 的专题报告；东华隆（广州）表面改质技术有限公司王博高工作了题为《适用于积木式平行双螺杆挤出机螺纹元件 SDC 涂层性能的研究和应用》（Research for SDC Coating Performance Apply to Parallel Double–Screw Extruder）的专题报告，这些报告都得到了与会者的赞赏和好评。

中国科学院上海硅酸盐研究所杨加胜、航空制造工程研究所李淑青高工、赣州章源钨业新材料有限公司赖允有、中国科学院金属研究所徐娜博士、中国科学院上海硅酸盐研究所姜杰、广州有色金属研究院戴红亮、北京熵科尔应用技术研究所沈肖镇总经理、湖南大学王群教授、上海大豪纳米材料喷涂有限公司徐军、武汉理工大学材料复合新技术国家重点实验室陈慧君、向泓宇、彭胜三位硕士等国内专家及技术人员亦从热喷涂技术在各行业的应用及开发、设备的研制及开发、热喷涂材料的应用及开发等方面作了专题报告，许多代表踊跃发言，气氛非常热烈。

本届国际研讨会和年会共收到论文 13 篇，热喷涂专业委员会秘书处将其编辑成论文集（电子版）出版发行。本届研讨会及年会收到论文数量为历年最少的一次。我会会刊《热喷涂技术》也面临稿源严重不足的情况。希望各位理事及会员多多提供高质量的论文和消息、工作经验等。

与会代表纷纷表示，本届研讨会和年会开得有效率、有成效、有收获、物有所值，不虚此行。与会国内外热喷涂专家和代表表示，希望多举办类似的行业会议和活动，以推动我国热喷涂事业的进一步发展。

本届研讨会及年会成功召开的同时，中国表面工程协会热喷涂专业委员会于 2011 年 10 月 27 日在武汉美联都市酒店还成功召开了中国表面工程协会热喷涂专业委员会四届四次理事（扩大）会议，会议由黄小鸥理事长主持，主要内容有：

1）传达中国机械工业联合会、中国表面工程协会等有关会议精神；

2）讨论关于“《中华人民共和国职业分类大典》（机械部分—表面工程（处理）行业）修订工作事宜，以及拟新增职业—热喷涂（焊）工、表面工程技术人员的职业调研表填写等有关事宜；

3）讨论 2012 年工作计划等。

2011 年 10 月 28 日，热喷涂专业委员会组织与会代表参观访问了武汉高力热喷涂工程有限责任公司以及武汉材料保护研究所。武汉材料保护研究所及武汉高力热喷涂工程有限责任公司均为我国知名的热喷涂科研机构及企业。代表们对参观单位的精心接待和组织表示感谢，并表示此次参观收获很多，希望以后协会能够继续组织类似的活动。

本届研讨会及年会得到了总会的高度重视和评价，并得到了协办单位的大力支持和协助。热喷涂专业委员会秘书处对武汉材料保护研究所、武汉高力热喷涂工程有限责任公司等单位的大力协助及各协办赞助单位在参观接待上的大力支持表示诚挚的感谢。

第十四届国际热喷涂研讨会（ITSS' 2011）暨
第十五届全国热喷涂年会（CNTSC' 2011）
中国表面工程协会热喷涂专业委员会四届四次理事（扩大）会
通讯录

国内代表（按姓氏汉语拼音为序）

序号	姓名	职务	职称	单位	地址	电话	传真	手机	E-mail	邮编
1	柏　亮		工程师	南通高欣金属陶瓷复合材料有限公司	江苏省南通市港闸区天生路八一工业区 1 号	0513-82030988	0513-83532955	13646246281		226005
2	鲍君峰	副主任	工程师	北京矿业研究总院金属材料研究所	北京市昌平区沙河沙阳路 30 号	010-58915153	010-58915136	13911448571	bao_jf@bgrimm.com	102206

序号	姓名	职务	职称	单位	地址	电话	传真	手机	E-mail	邮编
3	曹　庆	副总经理	总工程师	江门市威霖贸易有限公司	广东省江门市河南翠园一街38号二楼	0750-3892823	0750-3892822	13709619235	cao@welcn.com	529040
4	曹仕伟	部长	高工	四川成发航空科技股份有限公司热表分公司	成都市新都区蜀龙大道成发工业园	028-89358759	028-89358759	13880936274	caoshiwei@scfast.com	610503
5	常新春		研究员	中国科学院金属研究所	沈阳市沈河区文化路72号	024-23971865	024-23906712	13804032381	xcchang@imr.ac.cn	110016
6	陈惠国	技术主任	教授	江西恒大高新技术股份有限公司	南昌市高新开发区金庐北路88号	13307001248		13701858926		330096
7	陈龙龙			石家庄新日锌业有限公司	河北省藁城	0311-88344222	0311-88313999	13081085848		052160
8	陈鑫平			上海新业喷涂机械有限公司	上海奉贤区金大公路8278号	021-587352053	021-50393000	13917233123	chxp@xy-pt.com	201403
9	陈有兰	业务经理	工程师	赣州章源钨业新材料有限公司	江西省赣州市经济技术开发区工业三路	0797-8166188	0797-8166199	15970091929	cyl163@yahoo.com.cn	341000
10	程定春	总经理	高工	四川成发航空科技股份有限公司热表分公司	成都市新都区蜀龙大道成发工业园	028-89358750	028-89358730	13880001586	chengdingchun@scfast.com	610503
11	程旭东		教授	武汉理工大学新材所	武汉市珞狮路122号		027-87879468	13986213997		430070
12	储　佳			上海新业喷涂机械有限公司	上海奉贤区金大公路8278号	021-58735205	021-57575676	13816939967		201403
13	戴红亮			广州有色金属研究院	广州市天河区长兴路363号	020-37238187	020-37238531	13560402165	arthardai@163.com	510651
14	单栩诗	翻译		东华隆（广州）表面改质技术有限公司	广州市萝岗区永和镇禾丰二街九号	020-82986789	020-82986868	13922247133	e003@tocalo-hantai.com	511356
15	单玉梅	工艺员		哈尔滨电机厂有限责任公司工艺部	黑龙江省哈尔滨市香坊区大动力区路99号	0451-87937445		13664611708		150040
16	但召贵	董事长	硕士	广汉川冶新材料有限责任公司	成都市人民北路一段十二号	0838-5402465	0838-5402353	13540316798		610081
17	邓小龙	产品经理		圣戈班陶瓷材料（郑州）有限公司	上海市延安东路550号海洋大厦915-916室	021-63616100	021-63617790	13651953807		200135
18	冯　文	主任	高级工程师	四川东方汽轮机有限公司表面工程研究所	四川省德阳市太湖路9号	0838-2431511	0838-2431511	13881050925		618000
19	高　捷	总经理助理	硕士	武汉高力热喷涂工程有限责任公司	武汉市黄陂区三里镇	027-61917008	027-61917097	13071269592	glrpt@hotmail.com	430344

序号	姓名	职务	职称	单位	地址	电话	传真	手机	E-mail	邮编
20	高　升			上海中壹展览有限公司	上海都市路4418号金铭大厦3A	021-54152384	021-61294111	13601662201	gaosheng@zyexpo.net	201100
21	高荣发	总经理	高工	武汉高力热喷涂工程有限责任公司	武汉市黄陂区三里镇	027-61917008	027-61917097	13807154065	grf1942@163.com	430344
22	韩　峰	生产线经理		苏尔寿美科表面技术（上海）有限公司	上海市闵行区闵北路666号	021-52262000	021-52262402	13817119646	feng.han@sulzer.com	201107
23	韩　寅			苏尔寿美科表面技术（上海）有限公司	上海市闵行区闵北路666号	021-52264700	021-52264701			201107
24	韩刚库			贝卡尔特（江阴）镀膜工业有限公司	江苏省江阴市金山路201号	0510-86997261	0510-86997269	13515196797	han.gangku@bekaert.com	214434
25	胡为峰	总经理		北京赛亿科技股份有限公司	北京市海淀区学院路30号方兴大厦704室	010-62343188	010-62345995	13701085254 18611026589	ehuweifeng@163.com	100083
26	花荣春	总工程师	高工	南通高欣金属陶瓷复合材料有限公司	江苏省南通市港闸区天生路八一工业区1号	0513-82030988	0513-83532955	13186549928		226005
27	黄　科		工程师	广州有色金属研究院	广州市天河区长兴路363号	020-37238187	020-37238531	13825140622		510651
28	黄斌强	经理		珠海市斗门区佳家化工有限公司	珠海市斗门区白蕉新沙开发区	0756-5511559 5511725	0756-5511556	13802678767	bin36.huang@gmail.com	519100
29	黄文有	经理		佛山市继科机械设备修造有限公司（原科倡金属热喷涂厂）	广东佛山市南海区大沥镇潭边第二工业区	0757-81281185	0757-81270117	13302803885		528251
30	贾　鹏	总经理		北京廊桥表面技术发展有限公司	北京西三环北路87号国际财经中心A座1503	010-88550612	010-88550613	13701279806	langqiao surface@gmail.com	100089
31	姜　杰	学生		中国科学院上海硅酸盐研究所	上海市定西路1295号	021-52414101	021-52413903	13651976503	jiangjie@student.sic.ac.cn	200050
32	蒋治平	总工	工程师	江苏武进液压启闭机有限公司	江苏武进奔牛工业园区北区	0519-83211271	0519-83211271	13606117232		213131
33	孔红玉	助理		东华隆（广州）表面改质技术有限公司	广州市萝岗区永和镇禾丰二街九号	020-82986789	020-82986868	13925039479	6029@tocalo-hantai.com	511356
34	赖允有	业务经理	工程师	赣州章源钨业新材料有限公司	江西省赣州市经济技术开发区工业三路	0797-8166188	0797-8166199	1357677009	19127173@qq.com	341000
35	兰伯森			内蒙古电力科学研究院分公司	呼和浩特市锡林南路21号	0471-6224308	0471-6224308	15304719196		010020
36	黎　明	总工程师		锦州市金属材料研究所	辽宁省锦州市太和区罗台子	0416-4126096	0416-4127223	13941653966	liming41653966@163.com	121001

序号	姓名	职务	职称	单位	地址	电话	传真	手机	E-mail	邮编
37	李　菲	学生		中国科学院上海硅酸盐研究所	上海市长宁区定西路 1295 号	021-52412500	021-52413122	15021954282	lifei@student.sic.ac.cn	200050
38	李　辉	技师		武汉高力热喷涂工程有限责任公司	武汉市黄陂区三里镇	027-61917008	027-61917097	13545132806	lh2011@hotmail.com	430344
39	李承宇			江苏中矿大正表面工程技术有限公司	江苏省徐州市解放南路矿大科技园科技大厦 10 楼	0516-83995085	0516-83884465	13852483681		221008
40	李定骏	主任	工程师	四川东方汽轮机有限公司表面工程研究所	四川省德阳市太湖路 9 号	0838-2431511	0838-2431511	15883840763	ldj6223@yahoo.com.cn	618000
41	李其连		研究员	北京航空制造工程研究所	北京市 340 信箱 104 室	010-85701493	010-85701588	13717787098	qilian1818@sina.com	100024
42	李淑青		高工	北京航空制造工程研究所	北京市 340 信箱 104 室	010-85701580		13810430158	lsq6668@126.com	100024
43	李益明	总经理	高工	上海宝钢工业技术服务有限公司表面工程事业部	上海宝山区宝钢厂区内纬一路经五路路口	021-26645056		13916791918	li-yiming@baosteel.com	201900
44	李志刚	总经理		先进机械设备有限公司	北京市西城区黄寺大街 23-1107	010-82235680		13916109871		100011
45	梁　莹	技术支持		元适工程贸易（上海）有限公司	上海市奉贤区奉城镇海淀路 475 号	021-57520668	021-57520568	13774238327	liangy@allfitwelding.com.cn	201411
46	林　菁	总经理		上海凯林新技术实业公司	上海市漕宝路 86 号 903 室（光大会展中心 F 座）	021-64326600	021-64325123	13901750558		200233
47	凌秀远			广西柳州森淼环保技术开发有限公司	广西柳州市柳东新区官塘工业园 A8 号			13877231020	lingxiuyuan@126.com	545616
48	刘函宇	材料销售经理		苏尔寿美科表面技术（上海）有限公司	上海市闵行区闵北路 666 号	021-52262000	021-52265225	13918590845	han-yu.liu@sulzer.com	201107
49	刘加宇			北京工业大学材料学院	北京朝阳区平乐园 100 号	010-67392168	010-67392168	13701238011	ljy6220@163.com	100124
50	刘晓明	副所长	工程师	内蒙古电力科学研究院分公司	呼和浩特市锡林南路 21 号	0471-6224308	0471-6224308	15335577660	lxm08@sohu.com	010020
51	吕俊杰	销售经理		锦州市金属材料研究所	辽宁省锦州市太和区罗台子	0416-4593078	0416-4675615	13941639369	ljj0929-02@163.com	121001
52	罗范波	副总经理		先导（益阳）等离子粉末有限公司	湖南省益阳市赫山区平安路 55 号	0737-4435648	0737-4436203	13307373038	pretech@vip.sina.com	413002
53	孟　雪	翻译		东贺隆（昆山）电子有限公司	昆山市巴城镇东岳路 58 号	0512-36827900	0512-36827909	13914985694		215312

序号	姓名	职务	职称	单位	地址	电话	传真	手机	E-mail	邮编
54	缪　青	副总经理	高工	上海宝钢工业技术服务有限公司表面工程事业部	上海宝山区宝钢厂区内纬一路经五路路口	021-26642972			miaoqing@baosteel.com	201900
55	那忠爱	经理	工程师	沈阳市荣兴华热喷涂技术服务中心	沈阳市沈河区乐郊路丙吉巷1-3号楼141室	024-24121564	024-24121564	13644017948		110011
56	倪　雅	新技术开发部经理	工程师	江苏中矿大正表面工程技术有限公司	江苏省徐州市解放南路矿大科技园科技大厦10楼	0516-83995085	0516-83884465	15150038631	sdephon@163.com	221008
57	倪振航	厂长	高工	马鞍山马钢表面工程技术有限公司	安徽马鞍山市幸福路74号	0555-2896571	0555-2893247	13083117023	nzhnxi@sina.com	243021
58	聂枝亮			石家庄新日锌业有限公司	河北省藁城	0311-88344222	0311-88313999	13722891450		052160
59	潘海龙	经理	工程师	温州耐密特阀门有限公司	温州市龙湾区永兴富康西路16号	0577-85980111	0577-86935599	18968972688		325024
60	彭　胜			武汉理工大学新材所	武汉市珞狮路122号			13349836637		430070
61	彭裕祥	总经理	工程师	安徽省淮海工程科技有限公司	安徽省肖县杨楼镇黄河路55号	0557-5272888	0557-5272888	13705579260	ah-ff.pyx@163.com	235221
62	钱　兵	董事长	工程师	南通高欣金属陶瓷复合材料有限公司	江苏省南通市港闸区天生路八一工业区1号	0513-82030988	0513-83532955	13906291664	nt-gx@nt-gx.com	226005
63	钱　铸	总经理	高工	天津市铸金表面工程材料科技开发有限公司	天津北辰区霍家咀工业区汾河道一支路10号	022-26316478	022-26316476	13011301918		300402
64	任红旗	总经理	教授级高工	西安宇丰喷涂技术有限公司	西安市经开区泾渭新城渭华路26号	029-86964551	029-86964550	13991913601	yfccgm@126.com	710200
65	沈梦丽			北京熵科尔应用技术研究所	北京朝阳区东军庄19栋2单元202室	010-85701889	010-82275930	13366101927		100024
66	沈肖镇	总经理	研究员	北京熵科尔应用技术研究所	北京朝阳区东军庄19栋2单元202室	010-85701889	010-82275930	13910710887	shenwbbj@126.com	100024
67	石成刚	主任	高工	中石油钻井工程技术研究院江汉机械研究所	湖北荆州沙市区豉湖路12号	0716-8121235	0716-8222483	13607218946		434000
68	苏江明	副总经理		武汉立通先进表面工程技术有限公司	武汉市洪山区铁机都市制造园10号	027-86692182		13377877836	sjm@whlitong.com	430087
69	苏新勇			海军4808厂	青岛市菏泽四路15号	0532-82627975		13808994151		266001

序号	姓名	职务	职称	单位	地址	电话	传真	手机	E-mail	邮编
70	孙　建	市场工程师		上海苏尔寿工程机械制造有限公司	上海市浦东新区临港新城重装备产业区飞舟路 1688 号	021-38071051	021-38071010	15202175681	jian.sun@sulzer.com	201306
71	孙景和	副总经理	高级工程师	沈阳石花微粉材料有限公司（原沈阳砂轮厂）	沈阳东陵区观泉路 298 号	024-88319856	024-88324471	13940445707	syshwf88319856@126.com	110045
72	孙志刚	副总		天津开发区欣特涂层技术有限公司	天津市西青区精武镇磐谷工业园	022-83900750	022-83900751	13072252273		300382
73	谭四新	副总经理		温州创博热喷涂有限公司	温州瓯北珠岙童装城	0577-67959987	0577-67959989	15888488850		325105
74	陶顺衍		研究员	中国科学院上海硅酸盐研究所	上海市定西路 1295 号	021-52414101	021-52413903	13641819579	sytao@mail.sic.ac.cn	200050
75	田铬夫	业务经理		先导（益阳）等离子粉末有限公司	湖南省益阳市赫山区平安路 55 号	0737-4435648	0737-4436203	13365873438		413002
76	汪刘应		教授	第二炮兵工程大学	西安市第二炮兵工程大学 504 室	029-84741499	029-84741499	13991990781	wangliuying1971@163.com	710025
77	王　博		工程师	东华隆（广州）表面改质技术有限公司	广州市萝岗区永和镇禾丰二街 9 号	020-82986789-315	020-82986868	13902247668	e004@tocalo-hantai.com	511356
78	王　俭	销售经理		世泰科化工贸易（上海）有限公司 H.C.Starck	上海市曹溪北路 398 号汇智大厦 302 室	021-60905255-265	021-60905256	13501849321	charley.wang@hcstarck.com	200030
79	王　群		副教授	湖南大学材料学院	湖南长沙岳麓山			13787113453	13787113453@163.com	
80	王春华	副总经理		成都振兴金属粉末有限公司	成都市成华区龙潭丛树社区丛树大道 23 号	028-86080279 84205833	028-84206118	13708051187	cdzxmp@cdzxmp.com	610052
81	王会阳			江苏中矿大正表面工程技术有限公司	江苏省徐州市解放南路矿大科技园科技大厦 10 楼	0516-83995085	0516-83884465	15852469485		221008
82	王山松	经理		北京桑斯普瑞新材料有限公司 北京桑尧科技开发有限公司	北京市朝阳区祁家豁子甲 8 号马甸经典家园 1-1609	010-52437923	010-62335622	13520430953 13371750159		100029
83	王珍友		工程师	武汉立通先进表面工程技术有限公司	武汉市洪山区铁机都市制造园 10 号	027-86692182		13135697001		430087
84	王振凯	主任	工程师	哈尔滨电机厂有限责任公司工艺部	黑龙江省哈尔滨市香坊区大动力区路 99 号	0451-82872467		13796651654		150040
85	伍建华		研究员	武汉材料保护研究所	武汉市宝丰二路 126 号	027-83641639	027-83641639	13971165228	wujh366@163.com	430030

序号	姓名	职务	职称	单位	地址	电话	传真	手机	E-mail	邮编
86	向泓宇			武汉理工大学新材所	武汉市珞狮路122号			15607138528	whnt-xhy@126.com	430070
87	肖　庆	中国区经理		苏尔寿美科表面技术（上海）有限公司	上海市闵行区闵北路666号	021-52264713	021-52264701	13524261313	simon.xiao@sulzer.com	201107
88	谢建平	副总经理	教授级高工	上海宝钢工业技术服务有限公司	上海宝山区同济路3521号	021-26641218				201900
89	徐　军	副总工程师		上海大豪纳米材料喷涂有限公司	上海市青浦区华新镇嘉松中路1835号	021-69791219	021-69791057	13611719067	dahaoruifa@gmail.com	201708
90	徐　娜			中国科学院金属研究所	沈阳市沈河区文化路72号	024-23971865	024-23906712	13940209631	naxu@imr.ac.cn	110016
91	徐　霄	业务经理		无锡市新科表面工程材料有限公司	无锡市滨湖区胡埭工业安置北区丁香路7号	0510-85504122	0510-85520126	13405770955	abuhexuxiao@163.com	214161
92	徐爱军	经理		北京欧赛国际展览有限公司	北京市朝阳区双桥路金隅可乐大厦1609室	010-65426818	010-65702428	13520890537	bjosai@163.com	100024
93	徐建平	副总经理		浙江长兴华峰喷焊材料电炉有限公司	浙江长兴县林城工业园区	0572-6087381	0572-6870584	13905822128		313112
94	闫国栋	总经理	工程师	桃江新兴管件有限责任公司	湖南省益阳市桃江县桃花江镇桃花西路108号	15869798399	0737-8881174	13549778859	yangd28@163.com	413400
95	严法顺			马鞍山马钢表面工程技术有限公司	安徽马鞍山市幸福路74号	0555-2892803	0555-2892803	13355558998		243021
96	阳小平	总经理	高工	上海富珉喷涂有限公司	上海金山区山阳镇山宁路89号	021-57248915	021-57245611	13818762769		201508
97	杨加胜	学生		中国科学院上海硅酸盐研究所	上海市定西路1295号	021-52414101	021-52413903	13916333841	jiashengyang@student.sic.al.cn	200050
98	叶　洪	副总经理		成都市长诚热喷涂技术有限责任公司	成都市青白江区化工北路	028-83602179	028-83601266	13608235340		610300
99	易　力	董事		东莞市科亚新材料技术有限公司	东莞市虎门镇龙眼路15路82号	0769-85712892	0769-88920895	13979067856		523958
100	尹志坚		高工博士	上海宝钢工业技术服务有限公司表面工程事业部	上海宝山区宝钢厂区内纬一路经五路路口	021-26644898	021-26644898	13761198937	yinzhijian@baosteel.com	201900
101	袁文才		助工	中石油钻井工程技术研究院江汉机械研究所	湖北荆州沙市区豉湖路12号	0716-8121235	0716-8222483	13593876452	wspxjk@163.com	434000
102	袁迎春	业务经理		先导（益阳）等离子粉末有限公司	湖南省益阳市赫山区平安路55号	0737-4435648	0737-4436203	13574720033		413002

序号	姓名	职务	职称	单位	地址	电话	传真	手机	E-mail	邮编
103	曾德福	总经理		北京球冠科技有限公司	北京市海淀区莲花西路华宝大厦 726 室	010-63958588	010-63723196	13601371459	yptm@163.com	100036
104	张　剑	副总经理		安徽省淮海工程科技有限公司	安徽省肖县杨楼镇黄河路 55 号	0557-5272888	0557-5272888	13314033300		235221
105	张　楠			天津开发区欣特涂层技术有限公司	天津市西青区精武镇磬谷工业园			13920092565		300382
106	张　赟	副总经理		上海大豪纳米材料喷涂有限公司	上海市青浦区华新镇嘉松中路 1835 号	021-69790343	021-69791059	15900899978	zhangyun61999@126.com	201708
107	张春智			中国科学院金属研究所	沈阳市沈河区文化路 72 号	024-23971865	024-23906712	13066560217		110016
108	张华柱	销售部部长		厦门金鹭特种合金有限公司	福建省厦门市湖里区兴隆路 69 号	0592-6022393	0592-5623208	13606040302	powder-cn@gesac.com.cn	361006
109	张佳平	技术专家	工程师	沈阳黎明航空发动机（集团）有限责任公司	沈阳市大东区东塔街 6 号	15640583580	024-24326643	13898815209	ake8751@sina.com	110043
110	张启林	副总经理		北京丹斯泰克科贸有限公司	北京顺义区空港工业 B 区安庆大街一号	010-64398190	010-64780565	13810449822	eric.cheung.beijing@gmail.com	
111	章　鹏	总经理		东莞市科亚新材料技术有限公司	东莞市虎门镇龙眼路 15 路 82 号	0769-85708616	0769-85708616	13802560060		523958
112	郑志斌	粉末销售经理		厦门金鹭特种合金有限公司	福建省厦门市湖里区兴隆路 69 号	0592-6022393	0592-5623208	15859208560		361006
113	郑仲轩	厂务经理		昆山创益发热喷涂科技有限公司	江苏省昆山市陆家镇春江路 120 号	0512-57280881	0512-57281288	13862630011	hsuan0330@hotmail.com	215331
114	周　森	副总经理	高工	广汉川冶新材料有限责任公司	成都市人民北路一段十二号	0838-5402351	0838-5402353	18048082058 13880619918		610081
115	周传营	技术主管	工程师	北京东方润鹏科技有限公司	北京市朝阳区大郊亭中街二号院华腾国际 4-12B	010-87951598-21	010-87951598-22	15201040203	ericzhou@renpro.com.cn	100124
116	祖芳凝	经理	工程师	北京航百川科技开发中心	北京大兴区青云店镇工业区	010-69273025	010-69273025	13911000056	yubing_zu@hotmail.com	100076
117	左丹江		高工	武汉材料保护研究所	武汉宝丰二路 126 号	027-83617083	027-83617083	13995688959		430030

118	HIROYUKI KITAAKI 北秋广幸	Director	TOCALO CO.,LTD	13-4,4-CHOME,FUKAEKITA-MACHI,HIGASHINADA-KU, KOBE,Hyogo,JAPAN	0081 78 411 5561	0081 78 452 8178		kitaaki@tocalo.co.jp	
119	Hisashi Kuwamura 桑村寿	Senior Manager of Marketing Department	TOCALO CO.,LTD	13-4,4-CHOME,FUKAEKITA-MACHI,HIGASHINADA-KU, KOBE,Hyogo,JAPAN	0081 78 411 5561	0081 78 452 8178		kuwamura @tocalo. co.jp	
120	大城户修三	General Manager	Tocalo and Han Tai Co., Ltd. 东华隆（广州）表面改质技术有限公司	9,2Road,Hefeng,Yonghe, Luogang, Guangzhou City, China 广州市罗岗区 永和镇禾丰二街 9 号	+86 20 82986789	+86 20 82986868	139221 47989	f001 @tocalo-hantai.com	511 356
121	Shinichi Kubo 久保信一	Manager Sales and Marketing Deptment	Tocalo and Han Tai Co., Ltd. 东华隆（广州）表面改质技术有限公司	9,2Road,Hefeng,Yonghe, Luogang, Guangzhou City, China 广州市罗岗区 永和镇禾丰二街 9 号	+86 20 82986789	+86 20 82986868	138297 36165	D001 @tocalo-hantai.com	511 356
122	Patrice Fournier	Product Manager	Saint-Gobain-Coating Solutions	50 Rue du Mourelet-84000 AVIGNON/France	33 -673986904	33-490867370		Patrice. Fournier @saint-gobain.com	
123	NAOHIRO MORI	SALES	PRIME CORPORATION	225-151 MIZDGUCHI,KOHDERA-CHO, HIMEJI-SHI, HYOGO-KEN POST CODE 699-2161	0081-792651561	0081-792651557		naomori@ fancy.ocn. ne.jp	
124	Harald Lemke	VP-Materials Marketing	Sulzer Metco (US) Inc.	1101 Prospect Avenue, Westbury, NY 11590, USA	1 - (516) 338-2590			harald. lemke @sulzer.com	
125	Sophie Zhou 周炜	Materials Marketing Process Manager		1101 Prospect Avenue, Westbury, NY 11590, USA	1 - (516) 338-2227		1 - (516) 232-7905	sophie. zhou@ sulzer.com	
126	Martin Tempus	General Manager	Sulzer Metco Surface Techonlogy（Shanghai）Co，Ltd. 苏尔寿美科表面技术（上海）有限公司	666 Min Bei Road, Minhang, Shanghai 201107 上海闵北路 666 号	021-52264707	021-52264701			201 107
127	Kaname Yasuda 安田要	Product Manager	TOCALO & Hantai KS Co., Ltd 东贺隆（昆山）电子有限公司	江苏昆山市巴城镇东岳路 58 号	0512-3682-7900	0512-3682-7909		k-yasuda@ tocalo.co.jp	
128	Nobuyuki Koroki 黒木信之	General Manager	TOCALO & Hantai KS Co., Ltd 东贺隆（昆山）电子有限公司	江苏昆山市巴城镇东岳路 58 号	0512-3682-7900	0512-3682-7909		kuronob@ tocalo.co.jp	

理事会及秘书处

序号	姓名	职务	职称	单位	地址	电话	传真	手机	E-mail	邮编
129	黄小鸥	会长 理事长	研究员	中国表面工程协会 中国表面工程协会 热喷涂专业委员会	北京市朝阳区北沙滩甲1号706室 北京德胜门外北沙滩一号	010-64882554	010-64872316	13901358778	xiaoou@chinathe-rmalspray.org	100083
130	吴朝军	副理事长	研究员	航天材料及工艺研究所	北京9200信箱73分箱17号	010-68756924	010-68383282	13901315650	wuchaojun@vip.sina.com	100076
131	李秉忠	副总工 副理事长	研究员	武汉材料保护研究所	武汉市宝丰二路126号	027-83637647	027-83641656	13507112725	whcbpt@163.com	430030
132	卢乐松	副秘书长		中国表面工程协会 热喷涂专业委员会	北京德胜门外北沙滩一号	010-64882552	010-64879322	13801233251	lulesong@126.com	100083
133	张艳玲	秘书		中国表面工程协会 热喷涂专业委员会	北京德胜门外北沙滩一号	010-64882560	010-64872316	13691589657	tscc@chinathe-rmalspray.org	100083
134	何凤鸣			中国表面工程协会 热喷涂专业委员会	北京德胜门外北沙滩一号	010-64882560	010-64872316	13521581653		100083

2. 中国表面工程协会热喷涂专业委员会四届四次理事（扩大）会在武汉市召开

根据中国表面工程协会热喷涂专业委员会2011年工作计划，中国表面工程协会热喷涂专业委员会于2011年10月25-30日在武汉美联都市酒店召开了第十四届国际热喷涂研讨会（International Thermal Spraying Seminar′ 2011）和第十五届全国热喷涂年会（China National Thermal Spraying Conference′ 2011），并同时召开了中国表面工程协会热喷涂专业委员会四届四次理事（扩大）会，共有理事及代表120人参加了本次理事(扩大)会，本次理事(扩大)由黄小鸥理事长主持，会议主要议题有:

1）传达中国机械工业联合会、中国表面工程协会等有关会议精神；

2）讨论关于"《中华人民共和国职业分类大典》（机械部分—表面工程（处理）行业）修订工作事宜，以及拟新增职业—热喷涂（焊）工、表面工程技术人员的职业调研表填写等有关事宜；

3）讨论2012年工作计划等。

会议首先由常新春副秘书长传达了中国机械工业联合会、中国表面工程协会等有关会议精神。随后黄小鸥理事长介绍了关于"《中华人民共和国职业分类大典》（机械部分—表面工程（处理）行业）修订工作事宜，希望与会代表支持协会工作积极参与调研填写采集信息表。

最后与会代表讨论了2012年工作计划，充分肯定理事会及秘书处2011年的工作，表示将积极支持协会工作，包括参加协会组织的各项活动，按时交纳会费，参加2012年上海国际表面工程展览会，参加“北京 2012 中国国际涂装、电镀及表面处理展览会暨研讨会 -2012 中国国际涂料、油墨及胶黏剂展览会暨研讨会 -2012 中国国际表面活性剂及电子化学品展览会”、参加中国（华东）表面处理工艺技术装备及材料展览会、参加 ITSC’2012 大会等。

3. 成功组团参加 2011 年汉堡国际热喷涂大会暨展览会（ITSC2011）及考察欧洲热喷涂技术和企业

欧洲的热喷涂研究开发技术和应用水平很高，尤其是德国、法国、北欧等国位居世界前列。我国与德国、法国及北欧各国的热喷涂交流很频繁，为促进我国热喷涂行业整体水平，开拓国际市场，应 ITSC’2011 大会组委会德国焊接协会（DVS）和德国及芬兰热喷涂企业和大学的邀请，中国表面工程协会热喷涂专业委员会组成由黄小鸥任团长、国内知名热喷涂科研院所、企业的专家及技术人员共 19 人组成的“参加 2011 汉堡国际热喷涂大会暨展览会（ITSC2011）及考察欧洲热喷涂技术和企业考察团”于 2011 年 9 月 20 ～ 29 日访问了芬兰和德国知名大学和热喷涂企业并参加了 2011 年国际热喷涂大会暨展览会。

9 月 21 日代表团抵达芬兰坦佩雷市访问了坦佩雷科技大学，黄小鸥教授代表中国表面工程协会热喷涂专业委员会代表团与坦佩雷科技大学材料科学系 Vuoristo Petri 等教授进行了技术交流并带团参观了坦佩雷科技大学的材料科学系实验室。材料科学系 Vuoristo Petri 教授介绍了坦佩雷科技大学的概况及世界领先的研发技术并介绍了材料科学系目前最新的研发项目。

9 月 26 日～ 28 日代表团参加了在汉堡会议中心（CCH）举行的 2011 年国际热喷涂大会暨展览会。由于本届大会与 DVS 年度焊接大会（GST）、DVS2011 学生代表大会、第十二届焊接在造船和土木工程方面应用专题研讨会、2011 水下技术（海洋工程技术）专题研讨会、2011 机器人技术——联合自动化操作技术实现经济生产研讨会等同时召开，并且本届大会首次举办 DVS 展览会，ITSC 展览会作为 DVS 展览会的一部分同时举办，因而本届大会及展览会的规模空前，与会人数达 6000 人以上。本届展览会共有 150 家企业参展，其中热喷涂展台约 70 余家企业参展，展出内容包括热喷涂设备、材料、技术服务、辅助设备等，其中 Sulzer Metco 公司、Praxair 公司、圣戈班公司、德国 Linde 公司、德国 H.C.Starck 公司、德国 CGT 冷喷涂技术公司等展出内容均引起与会者的关注。

28 日代表团一行在黄小鸥教授和德国亚琛大学表面工程研究所所长 Bobzin 教授的引领下一同参观访问了汉堡武装大学（Helmut Schmidt University）材料科学研究所。黄小鸥教授代表中国表面工程协会热喷涂专业委员会代表团与汉堡武装大学材料科学研究所 Klassen 教授进行了技术交流并一同参观了材料科学研究所实验室。29 日代表团参观访问了德国 H.C.Starck 公司设在戈斯拉尔的古堡式会所并参观了 H.C.Starck 公司位于戈斯拉尔附近的粉末中心实验室。

通过与国外知名大学和企业进行技术交流和对比，应当承认我国与国际热喷涂的先进水平还是有差距。为提高我国热喷涂行业整体水平，应大力发展我国热喷涂行业与国际热喷涂界的交流合作。

4. 参与“《中华人民共和国职业分类大典》（机械部分——表面工程（处理）行业）修订工作”，及拟新增职业——热喷涂（焊）工、表面工程技术人员职业调研及信息采集工作

参与“《中华人民共和国职业分类大典》（机械部分——表面工程（处理）行业）修订工作事宜”，以及拟新增职业——热喷涂（焊）工、表面工程技术人员的职业调研表填写等有关事宜；拟新增职业——热喷涂（焊）工、表面工程技术人员信息采集表及信息采集工作。

5. 协助总会成功举办 2011 上海国际表面工程展览会

在中国机械工业联合会的指导和各兄弟协会学会的支持下，在各分会、专委会和全体会员和展览公司的努力下，“2011 中国国际表面工程展（第二届）”于 2011 年 4 月 7 日～ 9 日在上海国际展览中心成功举办。本届展览会由中国表面工程协会主办和上海中壹展览有限公司承办，展览面积为 13000 多平方米，约 500 个标准展位。来自美国、日本、法国、英国、德国、意大利、瑞士、西班牙、芬兰、瑞典、新加坡、韩国、澳大利亚、中国台湾、香港及中国内地的近三百家企业（包括上海国际耐磨材料及抗磨技术展览会、上海国际工业陶瓷展览会）参加了本届展览会。国内外参观展会观众 11000 余人次。

本届展会是中国表面工程协会为我国表面工程行业打造的权威、实效的交流平台，得到了各分会、专业委员会、地方协会的大力支持，参展单位众多，包括中国表面工程协会热喷涂专业委员会、北京航天振邦精密机械有限公司、航天材料及工艺研究所、中航工业北京航空制造工程研究所、东华隆（广州）表面改质技术有限公司、奇特威热喷涂（北京）有限公司、苏尔寿·美科表面技术（上海）有限公司、法国圣戈班公司、世泰科化工贸易（上海）有限公司、上海新业喷涂机械有限公司、威霖贸易有限公司、厦门金鹭特种合金有限公司、北京廊桥表面技术发展有限公司、南通高欣金属陶瓷复合材料有限公司、河北瑞驰伟业科技有限公司、自贡长城硬面材料有限公司、郑州鼎盛工程技术有限公司、德清县武康镇创智热喷涂厂、江苏恒金喷涂技术有限公司、北京联合涂层技术有限公司等热喷涂企业展出了超音速火焰喷涂、火焰喷涂、电弧喷涂、等离子喷涂、等离子喷焊、耐磨堆焊、喷砂设备等辅助设备、工具及相关配件等设备及技术，热喷涂金属粉末、陶瓷粉末、金属陶瓷粉末、复合粉末、合金粉末、热喷涂线材等材料，以及热喷涂技术服务、涂层检测分析等。

2011 年中国表面工程协会第四届理事会理事长（扩大）工作会议于 2011 年 4 月 7 日上午 10:00 在虹桥宾馆举行。中国表面工程协会各副理事长及各分会、专业委员会、地方协会理事长、秘书长共计 26 人参加了本次工作会议。与会代表对总会 2011 年工作总结及 2011 年工作计划、增补及更换副理事长候选人并提交理事会审议事宜、十二五规划表面工程内容起草、上报事宜、二级分支机构调整事宜、

总汇秘书处工作条例制定事宜、会费收取事宜等各项工作进行了热烈讨论，达成广泛共识，会议圆满成功。

2011 年 4 月 9 日下午 15:00，本届“2011 中国国际表面工程展”圆满闭幕。本届展会共吸引国内专业观众 7601 人，海外 15 个国家和地区的专业观众 1775 人，共计 9376 人，为展商和客户提供了权威性与实效性兼具的高质量交流平台，受到广泛肯定和好评。特别值得注意的是，本届“2011 中国国际表面工程展”海外观众人数增长至 2010 年的三倍左右，说明了展会的国际化趋势。明年将继续举办“2012 中国国际表面工程展”，在今年的基础上不断改进，提高水平、扩大规模，继续为表面工程行业打造高质量的专属平台。

6. 编辑出版发行《热喷涂技术》

2011 年编辑出版发行《热喷涂技术》四期；以刊物为纽带，加强协会与会员之间的联系。

2012 年大事记

1. 成功举办第十五届国际热喷涂研讨会（ITSS' 2012）暨第十六届全国热喷涂年会（CNTSC' 2012），并编辑大会论文集由《材料保护》杂志增刊公开出版发行

在国内外热喷涂界同仁的大力支持和筹备组的精心组织下，由中国表面工程协会热喷涂专业委员会主办、江苏中矿大正表面工程技术有限公司、中国矿业大学、徐州工程学院、徐州市科学技术局、徐州市腐蚀与防护学会承办，中国科学院上海硅酸盐研究所、上海宝钢设备检修有限公司、广州有色金属研究院、航天材料及工艺研究所（703 所）、上海大豪纳米材料喷涂有限公司、中国科学院金属研究所、江苏中矿大正表面工程技术有限公司、西安交通大学材料科学与工程学院、武汉材料保护研究所、东华隆（广州）表面改质技术有限公司、东贺隆（昆山）电子有限公司、北京航空制造工程研究所（625 所）、苏尔寿·美科表面技术（上海）有限公司、大连华锐重工特种备件制造有限公司、中冶集团建筑研究总院焊接研究所、天津北方涂层材料有限公司、沈阳黎明航空发动机（集团）有限责任公司、北京廊桥表面技术公司、成都振兴金属粉末有限公司、北京航天振邦精密机械有限公司、江西恒大高新技术股份有限公司、无锡市新科表面工程材料有限公司、上海新业喷涂机械有限公司、成都市长诚热喷涂技术有限责任公司、北京赛亿科技股份有限公司、厦门金鹭特种合金有限公司、上海凯林新技术实业公司、台湾统明机械有限公司、南通高欣金属陶瓷复合材料有限公司、先导（益阳）等离子粉末有限公司、北京华德星科技有限责任公司（德国 IMPACT 公司总代理）、北京一同海瀛商

贸有限责任公司（英国 Metallisation 公司总代理、法国圣戈班公司涂层部代理）、武汉高力热喷涂工程有限责任公司、第二炮兵工程学院、武汉理工大学、北京工业大学、安徽省淮海防腐保温工程公司、温州耐密特阀门有限公司、江苏武进液压启闭机有限公司、江门市威霖贸易有限公司、浙江星塔科技设备材料有限公司、无锡科特金属喷涂有限公司、瑞士 Sulzer Metco 公司、德国 H.C.Starck 公司、法国圣戈班公司、德国阿亨大学材料科学研究所、日本 TOCALO 公司、英国 METALLISATION 公司、（德国 IMPACT 公司总代理、德国 Linde 公司、德国热喷涂协会（GTS）、日本溶射工业协会及日本溶射学会等协办的第十五届国际热喷涂研讨会（International Thermal Spraying Seminar’2012）暨第十六届全国热喷涂年会（China National Thermal Spraying Conference’2012），于 2012 年 10 月 23 ~ 27 日在江苏省徐州市开元名都大酒店成功举行，并同时召开了中国表面工程协会热喷涂专业委员会四届五次理事（扩大）会。本届大会的主题为“应用推动创新 创新引领市场”。

出席研讨会和年会的国内外代表共约 150 人（与会代表名单附后），国外及港台地区的热喷涂知名公司、大学、科研机构，如 Flame Spray Technologies BV(荷兰)、Flame Spray Technologies Pte Ltd.(新加坡)、东华隆（广州）表面改质技术有限公司、法国贝尔福技术大学、苏尔寿·美科表面技术（上海）有限公司、法国圣戈班公司涂层部、德国 H.C.Starck 公司、世泰科化工贸易（上海）有限公司、东贺隆（昆山）电子有限公司、赫格纳斯（中国）有限公司等的专家及代表参加了本届大会；国内知名的热喷涂企业、公司、科研院所、大专院校，如中国科学院上海硅酸盐研究所、上海宝钢工业技术服务有限公司、航天材料及工艺研究所（703 所）、广州有色金属研究院、中国科学院金属材料研究所、江苏中矿人正表面工程技术有限公司、北京航空制造工程研究所、武汉材料保护研究所、武汉理工大学新材料研究所、中油钻井工程技术研究院江汉机械研究所、自贡长城硬面材料有限公司、北京工业大学材料学院、北京廊桥表面技术发展有限公司、北京一同海瀛商贸有限责任公司、北京赛亿表面工程技术有限公司、北京桑尧科技开发有限公司、江门市威霖贸易有限公司、江苏启迪合金有限公司、上海凯林新技术实业公司、上海新业喷涂机械有限公司、上海大豪纳米材料喷涂有限公司、成都振兴金属粉末有限公司、苏州热工研究院有限公司、北矿新材科技有限公司、北京丹斯泰克科贸有限公司、天津铸金表面工程材料科技开发有限公司、天津机械涂层研究所有限责任公司、天津开发区欣特涂层技术有限公司、无锡新科表面工程材料有限公司、先导（益阳）等离子粉末有限公司、南通高欣金属陶瓷复合材料有限公司、厦门金鹭特种合金有限公司、温州耐密特阀门有限公司、江西恒大高新技术实业有限公司、洛阳朗力表面技术有限公司、沈阳石花微粉材料有限公司、四川东方汽轮机有限公司表面工程研究所、赣州澳克泰工具技术有限公司、江苏武进液压启闭机有限公司、江阴市三联机械制造有限公司、安徽省淮海工程科技有限公司、四川成发航空科技股份有限公司热表分公司、成都大光热喷涂材料有限公司、株洲江钨博大硬面材料有限公司、浙江星塔科技设备材料有限公司、元适工程贸易（上海）有限公司、自贡斯普锐热喷涂材料有限公司、上海开维喜阀门集团有限公司等 100 余个单位 150 余人参加了本届大会。与会单位来自机械、钢铁、电子、冶金、煤炭、汽车、石化、航空、航天、海军、船舶、有色、塑料、轻工、能源、交通、电力、军工等行业，既有热喷涂专业企业，也有科研院所，又有大专院校，既有国营企事业单位，也有私营及股份制企业，又有军工企业，既有国外企业，也有港澳台企业，又有国内企业，充分体现了热喷涂专业委员会的号召力和代表性，以及协会是跨行业、跨部门、跨地区、跨所有制企业的行业性组织的特点。

本届国际热喷涂研讨会和年会由黄小鸥、安云岐、吴朝军、陶顺衍、李其连、伍建华等执行主席主持，由大会主席、中国表面工程协会理事长、热喷涂专业委员会理事长黄小鸥教授致开幕词。随后由大会特邀嘉宾广州有色院周克崧院士大会致辞，大会承办单位代表江苏中矿大正表面工程技术公司安云岐总经理大会致辞。

国外公司的专家作了精彩的专题报告，如荷兰 Flame Spray Technologies BV（FST）公司总经理 Menno Zwestloot 先生的专题报告题目为：《新一代采用乙醇为燃料的 HP/HVOF 系统介绍》（The Introduction of a New Generation HP/HVOF System, Using Ethanol as a Fuel），由 FST 新加坡合作伙伴陈清潮先生翻译。苏尔寿・美科表面技术（上海）有限公司中国区经理肖庆先生的专题报告题目为：《苏尔寿・美科热喷涂技术在石油化工行业应用》（Sulzer Metco Thermal Spray Technology On Oil & Gas Application）、法国圣戈班公司涂层部的 Patrice FOURNIER 先生的专题报告题目为：《使用 PTA-PHE 系统制备低稀释率薄涂层》（Low Dilution, Low Thickness Deposits Thanks to PTA-PHE）、H.C. Starck 公司表面技术业务集团亚洲高级区域销售经理 Hajime Nakadate 先生的专题报告题目为：《适于 HVOF 和 HVAF 喷涂的先进的高效耐磨防腐金属陶瓷粉末》（Effective Corrosion and Wear Protection by Advanced Cermet Powders for HVOF and HVAF Spraying），由邹敬平先生翻译。法国贝尔福技术大学廖汉林教授的专题报告题目为《关于发动机汽缸套喷涂的报告》（Report About the Coating of Engine Cylinder Liner）都从不同方面作了精彩的专题报告。

中国科学院上海硅酸盐研究所陶顺衍研究员作了题为《非金属基材表面的热喷涂无机涂层》（Thermal Spraying of Inorganic Coatings on Non-metal Substrate) 的专题报告；江苏中矿大正表面工程技术公司新技术开发部经理倪雅先生作了题为《新型环保密封材料——硅烷改性聚合物密封剂在表面工程中的应用》（New Environmentally Friendly Sealing Materials-Application of the Silane Modified Polymer Sealant in Surface Engineering) 的专题报告；江门市威霖贸易有限公司曹庆副总经理作了题为《Trumpf 高功率激光器在激光沉积上的应用》（TRUMPF High Power Lasers for Laser Metal Deposition）的专题报告；中国矿业大学应用技术学院院长孙智教授作了题为《几种电弧喷涂涂层微观组织特征与电化学性能分析》（Analysis of Microstructure Character and Electrochemical Performance of Series Electric Arc Spraying Coatings）的专题报告，这些报告都得到了与会者的赞赏和好评。

中国科学院上海硅酸盐研究所李大川、江苏中矿大正表面工程技术有限公司王会阳、中国科学院上海硅酸盐研究所杨凯、中国科学院上海硅酸盐研究所杨加胜、北京廊桥表面技术发展有限公司王春艳、《腐蚀防护之友》杂志主编郭鹏等国内专家及技术人员亦从热喷涂技术在各行业的应用及开发、设备的研制及开发、热喷涂材料的应用及开发等方面作了专题报告，许多代表踊跃发言，气氛非常热烈。

本届国际研讨会和年会共收到论文15篇，由秘书处编辑成论文集由《材料保护》杂志增刊公开出版发行。本届研讨会及年会收到论文数量较少。我会会刊《热喷涂技术》也面临稿源严重不足的情况。希望各位理事及会员多多提供高质量的论文和消息、工作经验等。

与会代表纷纷表示，本届研讨会和年会开得有效率、有成效、有收获、物有所值，不虚此行。与会国内外热喷涂专家和代表表示，希望多举办类似的行业会议和活动，以推动我国热喷涂事业的进一步发展。

本届研讨会及年会成功召开的同时，中国表面工程协会热喷涂专业委员会于2012年10月25日在徐州开元名都大酒店还成功召开了中国表面工程协会热喷涂专业委员会四届五次理事（扩大）会议，会议由黄小鸥理事长主持，主要内容有：1）传达中国机械工业联合会、中国表面工程协会等有关会议精神；2）汇报2012年工作及讨论2013工作计划事宜；3）讨论2013年会员代表大会的筹备事宜；4）本届四届理事会成员调整；5）《热喷涂技术》编委会调整；6）通报2013年北京国际表面工程展览会事宜等。

2011年10月26日，热喷涂专业委员会组织与会代表参观访问了中国矿业大学南湖校区材料学院以及徐州工程学院新城区工程技术中心。中国矿业大学是教育部直属的全国重点大学，是国家“211工程”和“985优势学科创新平台项目”重点建设高校，是教育部与江苏省人民政府、国家安全生产监督管理总局共建高校。经过一百多年的发展，学校已经形成了以工科为主、以矿业为特色，理工文管法经教育等多学科协调发展的学科专业体系。中国矿业大学材料科学与工程学院的前身是创办于1954年的北京矿业学院机械工程系，该系设机械制造教研组，同时设置金相热处理与铸造实验室。1978年学校搬迁徐州，在机械系设金属材料及热处理教研室，1980年招收第一届金属材料及热处理本科生。1996年成立机电工程学院，在金属材料及热处理教研室的基础上，成立材料工程系。2000年机电工程学院更名为机电与材料工程学院，进一步突出了材料学科在学校整体发展中的地位。学院设材料科学研究所、材料工程研究所和可靠性工程技术研究所。拥有“矿物材料工程”博士点、“材料科学与工程”一级学科硕士点（下设“材料物理与化学”、“材料学”、“材料加工工程”三个二级学科硕士点），“工程材料”领域工程硕士点，有“材料科学与工程”、“材料成型与控制工程”两个本科专业。“矿物材料工程”学科2006年被评为江苏省重点学科。学院现有“材料科学实验室”、“材料成形及控制工程实验室”、“可靠性工程实验室”和“多晶硅材料制备”江苏省工程技术中心、“氯氢化技术”和“凹土资源利用”江苏省重点实验室。实验室面积达6000 ㎡，拥有大型精密仪器几十台（套），实验室设备总值2000多万元。代表们还一同参观了徐州工程学院新城区工程技术中心，参观了工程技术中心的建筑结构实验室。代表们对参观单位的精心接待和组织表示感谢，并表示此次参观收获很多，希望以后协会能够继续组织类似的活动。

本届研讨会及年会得到了总会的高度重视和评价，并得到了江苏中矿大正表面工程技术有限公司、中国矿业大学、徐州工程学院、徐州科学技术局、徐州市腐蚀与防护学会等承办单位以及各协办单位的大力支持和协助。热喷涂专业委员会秘书处对江苏中矿大正表面工程技术有限公司、中国矿业大学、徐州工程学院、徐州科学技术局、徐州市腐蚀与防护学会等承办单位以及各协办单位的大力支持和协助表示诚挚的感谢。

第十五届国际热喷涂研讨会（ITSS' 2012）暨
第十六届全国热喷涂年会（CNTSC' 2012）
中国表面工程协会热喷涂专业委员会四届五次理事（扩大）会
通讯录

国内代表（按姓氏汉语拼音为序）

序号	姓名	职务	职称	单位	地址	电话	传真	手机	E-mail	邮编
1	曹　辉			江苏中矿大正表面工程技术有限公司	江苏省徐州市解放南路矿大科技园科技大厦10楼	0516-83883215	0516-83884465	13952117177		221008
2	曹　庆	副总经理	总工程师	江门市威霖贸易有限公司	广东省江门市河南翠园一街38号二楼	0750-3892823	0750-3892822	13709619235	cao@welcn.com	529040
3	曹仕伟	部长	高工	四川成发航空科技股份有限公司热表分公司	成都市新都区蜀龙大道成发工业园	028-89358759	028-89358759	13880936274	caoshiwei@scfast.com	610503
4	晁　兵	副总工/秘书长	高工	江苏中矿大正表面工程技术有限公司/徐州市腐蚀与防护学会	江苏省徐州市解放南路矿大科技园科技大厦10楼	0516-83995085	0516-83884465	13905218447	chaobing1989@163.com	221008
5	陈　燕	销售工程师	工程师	赫格纳斯（中国）有限公司	上海市青浦区外青松公路5646号	021-67001050	021-69210894-1050	15021035966	sarah.chen@hoganas.com	201799
6	陈志坤		工程师	广州有色金属研究院	广州市天河区长兴路363号	020-37239022	020-37238531	13247388015		510651
7	迟铁林	经理		江阴市三联机械制造有限公司	江苏省江阴市夏港工业区西城路2号	0510-86033318	0510-86033159	13961699887	sanlian@jysanlian.com	214442
8	储　佳	技术部		上海新业喷涂机械有限公司	上海奉贤区金大公路8278号	021-58735205	021-57575676	13816939967	blacknight388@vip.sina.com	201403
9	戴方林	国内销售总监		厦门金鹭特种合金有限公司	福建省厦门市湖里区兴隆路69号	0592-6022393	0592-5623208	13950066472	powder-cn@gesac.com.cn	361006
10	单栩诗	翻译		东华隆（广州）表面改质技术有限公司	广州市萝岗区永和镇禾丰二街九号	020-82986789	020-82986868	13922247133	e003@tocalo-hantai.com	511356

序号	姓名	职务	职称	单位	地址	电话	传真	手机	E-mail	邮编
11	单玉梅		工程师	哈尔滨电机厂有限责任公司工艺部	黑龙江省哈尔滨市香坊区大动力区路 99 号	0451-87937445		13664611708		150040
12	邓春明		高级工程师	广州有色金属研究院	广州市天河区长兴路 363 号	020-37239022	020-37238531	13929534132		510651
13	段　智	副总经理		江西恒大高新技术股份有限公司	南昌市高新开发区金庐北路 88 号	0791-8286134	0791-8194581	13870970019	jxhddz@yahoo.com.cn	330029
14	樊明功	副总经理		安徽省淮海工程科技有限公司	安徽省肖县杨楼镇黄河路 55 号	0557-5272888	0557-5272888	13955652766	ah-ff.pyx@163.com	235221
15	冯　文	主任	高级工程师	四川东方汽轮机有限公司表面工程研究所	四川省德阳市太湖路 9 号	0838-2431511	0838-2431511	13881050925	dqbgfw@163.com	618000
16	耿　岩			江苏中矿大正表面工程技术有限公司	江苏省徐州市解放南路矿大科技园科技大厦 10 楼	0516-83883711	0516-83884465	18796208303		221008
17	郭　鹏	主编		《腐蚀防护之友》杂志社	北京海淀区学清路 16 号	010-62397591	010-82755438	13401017479	fxfh2011@163.com	100083
18	何奉庆	营销部经理		株洲江钨博大硬面材料有限公司	株洲市天元区保利大厦 B-2504	0731-22461718	0731-22460358	13789086693		412007
19	侯玉柏		高工	北矿新材科技有限公司	北京市昌平区沙河沙阳路	010-58915186	010-58915136	13911448961	houyubai@163.com	102206
20	胡金力			苏州热工研究院有限公司	苏州市西环路 1788 号	0512-68602318	0512-68602318	13962134396	woolidao@gmail.com	
21	胡为峰	董事长 总经理		北京赛亿科技股份有限公司	北京市海淀区学院路 30 号方兴大厦 704 室	010-62343188	010-62345995	13701085254 18611026589	ehuweifeng@163.com	100083
22	黄　骞			苏州热工研究院有限公司	苏州市西环路 1788 号	0512-68602318	0512-68602318	15150158528	huangqian_600@163.com	
23	黄早早	总经理		北京一同海瀛商贸有限责任公司（英国 Metallisation 公司总代理、法国圣戈班公司涂层部代理）	北京市海淀区苏州街 18 号长远天地大厦 A2 座 1811	010-82609613	010-82609341	13701129906	business@yitonghaiying.com	100080
24	季　炜	副总		金湖赛欧电气有限公司	江苏省金湖县健康路 23 号			15161728000		211600
25	季小超	副局长		徐州市科技局		0516-83842134				
26	蒋海民			天津开发区欣特涂层技术有限公司	天津市西青区精武镇磐谷工业园	022-83900750	022-83900751	13752353893		300382

序号	姓名	职务	职称	单位	地址	电话	传真	手机	E-mail	邮编
27	蒋建敏		教授	北京工业大学材料学院	北京市朝阳区平乐园 100 号	010-67392168	010-67392168	13910639382		100124
28	蒋治平	总工	工程师	江苏武进液压启闭机有限公司	江苏武进奔牛工业园区北区	0519-83211271	0519-83211271	13606117232		213131
29	靳路山	客户经理		苏尔寿美科表面技术（上海）有限公司	上海市闵行区闵北路 666 号	021-52263690	021-52264701	13816545182	john.jin@sulzer.com	201107
30	井朝松	副总经理		安徽省淮海工程科技有限公司	安徽省肖县杨楼镇黄河路 55 号	0557-5272888	0557-5272888	13275570917	ah-ff.pyx@163.com	235221
31	李　俊	销售及项目工程师		上海苏尔寿工程机械制造有限公司	上海市浦东新区临港新城重装备产业区飞舟路 1688 号	021-38071000	021-38071010	18621582691	Andy.li@sulzer.com	201306
32	李承宇			江苏中矿大正表面工程技术有限公司	江苏省徐州市解放南路矿大科技园科技大厦 10 楼	0516-83883711	0516-83884465	13852483681		221008
33	李大川	学生		中国科学院上海硅酸盐研究所	上海市长宁区定西路 1295 号	021-52414101	021-52413903	18721710379	dachuan-li@zju.edu.cn	200050
34	李其连		研究员	北京航空制造工程研究所	北京市 340 信箱 104 室	010-85701493	010-85701588	13717787098	qilian1818@sina.com	100024
35	李庆高	销售经理		上海大豪纳米材料喷涂有限公司	上海市青浦区华新镇嘉松中路 1835 号	021-69791191	021-69791053	13585865058	liqinggao@rf-pt.com	201708
36	李益明	总经理	高工	上海宝钢工业技术服务有限公司表面工程事业部	上海宝山区宝钢厂区内纬一路经五路路口	021-26645056		13916791918	li-yiming@baosteel.com	201900
37	梁　莹	技术支持		元适工程贸易（上海）有限公司	上海市奉贤区奉城镇海淀路 475 号	021-57520668	021-57520568	13774238327	liangy@allfitwelding.com.cn	201411
38	廖京梅	销售总经理		圣戈班陶瓷材料有限公司	上海市延安东路 550 号海洋大厦 915-916 室	021-63616557	021-63222942	13817819213	jingmei.liao@saint-gobain.com	200135
39	林　晖			温州耐密特阀门有限公司	温州市龙湾区永兴富康西路 16 号	0577-85980111	0577-86935599			325024
40	林　菁	总经理		上海凯林新技术实业公司	上海市漕宝路 86 号 903 室（光大会展中心 F 座）	021-64326600	021-64325123	13901750558	lq-kl@kailinsh.com	200233
41	林　祥			江苏中矿大正表面工程技术有限公司	江苏省徐州市解放南路矿大科技园科技大厦 10 楼	0516-83883049	0516-83884465	13912046891		221008

序号	姓名	职务	职称	单位	地址	电话	传真	手机	E-mail	邮编
42	林　赟			上海凯林新技术实业公司	上海市漕宝路86号903室（光大会展中心F座）	021-64326600	021-64325123	13585586059	lq-kl@kailinsh.com	200233
43	刘　梅			江苏中矿大正表面工程技术有限公司	江苏省徐州市解放南路矿大科技园科技大厦10楼	0516-83883049	0516-83884465	13913479855		221008
44	刘国彬			江苏中矿大正表面工程技术有限公司	江苏省徐州市解放南路矿大科技园科技大厦10楼	0516-83883711	0516-83884465	13952236475		221008
45	刘家钧			北矿新材科技有限公司	北京市昌平区沙河沙阳路	010-58915186	010-58915136	13601151415		102206
46	刘金状	经理		广东电研锅炉压力容器检验中心有限公司	广州市越秀区东风东路836号东峻广场3座15楼	020-87136478	020-87136480	13570397072	63872755@qq.com	510080
47	刘炯天	副校长	教授院士	中国矿业大学	江苏省徐州市					221008
48	刘冉冉	研发工程师		圣戈班研发（上海）有限公司	上海市闵行区文井路55号	021-54757271	021-54757513	15618989766	Ranran.Liu@saint-gobain.com	200245
49	罗　渝	硬面材料专员		厦门金鹭特种合金有限公司	福建省厦门市湖里区兴隆路69号	0592 6022393	0592-5623208	15859210557	powder-cn@gesac.com.cn	361007
50	罗范波	副总经理		先导（益阳）等离子粉末有限公司	湖南省益阳市赫山区平安路55号	0737-4435648	0737-4436203	13307373038	pretech@vip.sina.com	413002
51	马　茜			江苏中矿大正表面工程技术有限公司	江苏省徐州市解放南路矿大科技园科技大厦10楼	0516-83883711	0516-83884465	15852267861		221008
52	马天兵	材料工程师		洛阳朗力表面技术有限公司	洛阳高新技术开发区东马沟工业园8号	0379-64295799	0379-64295599	18103885203	lylangli@126.com	471003
53	马新义			江苏中矿大正表面工程技术有限公司	江苏省徐州市解放南路矿大科技园科技大厦10楼	0516-83883049	0516-83884465			221008
54	毛正平	项目经理		苏尔寿美科表面技术（上海）有限公司	上海市闵行区闵北路666号	021-24284375	021-52264701	13564359507	zheng-ping.mao@sulzer.com	201107
55	倪　雅	新技术开发部经理	工程师	江苏中矿大正表面工程技术有限公司	江苏省徐州市解放南路矿大科技园科技大厦10楼	0516-83995085	0516-83884465	15150038631	sdephon@163.com	221008
56	倪立勇		工程师	航天材料及工艺研究所	北京9200信箱73分箱17号	010-68383587	010-68383282	15101155402	niliyong6211156@163.com	100076

序号	姓名	职务	职称	单位	地址	电话	传真	手机	E-mail	邮编
57	潘海龙	经理	工程师	温州耐密特阀门有限公司	温州市龙湾区永兴富康西路16号	0577-85980111	0577-86935599	18968972688		325024
58	彭裕祥	总经理	工程师	安徽省淮海工程科技有限公司	安徽省肖县杨楼镇黄河路55号	0557-5272888	0557-5272888	13705579260	ah-ff.pyx@163.com	235221
59	钱　兵	董事长总经理	工程师	南通高欣金属陶瓷复合材料有限公司	江苏省南通市港闸区天生路八一工业区1号	0513-83524161	0513-83532955	13906291664	nt-gx@nt-gx.com	226005
60	钱　虎			北京赛亿科技股份有限公司	北京市海淀区学院路30号方兴大厦704室	010-62343188	010-62345995	15810370073	ehuweifeng@163.com	100083
61	钱　铸	总经理	高工	天津市铸金表面工程材料科技开发有限公司	天津北辰区霍家咀工业区汾河道一支路10号	022-26316478	022-26316476	13011301918		300402
62	强颖怀	院长	教授	中国矿业大学材料学院	江苏省徐州市			15996951162		221008
63	任红旗	总经理	教授级高工	西安宇丰喷涂技术有限公司	西安市经开区泾渭新城渭华路26号	029-86964551	029-86964550	13991913601	yfccgm@126.com	710200
64	沈亚郯	副总经理	高工	江苏中矿大正表面工程技术有限公司	江苏省徐州市解放南路矿大科技园科技大厦10楼	0516-83885529	0516-83884465	13382659312		221008
65	石建华	总经理	高工	自贡斯普锐热喷涂材料有限公司	自贡市自流井区光大街郭家励	0813-2600309	0813-2600309	13890000482	shi_jianhua@sina.com	643000
66	孙　智	院长	教授	中国矿业大学应用技术学院	江苏省徐州市			13952298370		221008
67	孙建国	技术部经理		上海新业喷涂机械有限公司	上海奉贤区金大公路8278号	021-587352053	021-50393000	18016203429		201403
68	孙景和	副总经理	高级工程师	沈阳石花微粉材料有限公司（原沈阳砂轮厂）	沈阳东陵区观泉路298号	024-88319856	024-88324471	13940445707	syshwf88319856@126.com	110045
69	孙志刚	副总		天津开发区欣特涂层技术有限公司	天津市西青区精武镇磐谷工业园	022-83900750	022-83900751	13072252273	jx@tjxinte.com	300382
70	谭文锋		工程师	中油钻井工程技术研究院江汉机械研究所	湖北荆州沙市区豉湖路12号	0716-8121235	0716-8222483	13669064877		434000
71	谭兴海	副总经理/所长	高工	上海宝钢工业技术服务有限公司表面工程事业部	上海宝钢厂区纬一路经五路口	021-26644898	021-56933460	13501908462	tanxinghai@baosteel.com	201900
72	唐禹夏	产品经理		北京最时科技发展有限公司（苏尔寿美科代理）	北京市朝阳区北三环东路28号易亨大厦1708室	010-64405025	010-64405665	13811595929	tangyuxia@zsqspring.com	100013

序号	姓名	职务	职称	单位	地址	电话	传真	手机	E-mail	邮编
73	陶顺衍		研究员	中国科学院上海硅酸盐研究所	上海市长宁区定西路 1295 号	021-52414101	021-52413903	13641819579	sytao@mail.sic.ac.cn	200050
74	田铬夫	业务经理		先导（益阳）等离子粉末有限公司	湖南省益阳市赫山区平安路 55 号	0737-4435648	0737-4436203	13365873438		413002
75	王　博	制造部副主任	工程师	东华隆（广州）表面改质技术有限公司	广州市萝岗区永和镇禾丰二街 9 号	020-82986789-315	020-82986868	13902247668 15800016105	e004@tocalo-hantai.com	511356
76	王　栋	副总		徐州市国家大学科技园有限责任公司		0516-85690682				
77	王　刚	局长		徐州市泉山区科技局		0516-85703833				
78	王　慧			山特维克	上海市莘庄工业园区银都路 4555 号			15900930530	judy.wang@sandvik.com	201108
79	王　俭	销售经理		世泰科化工贸易（上海）有限公司 H.C.Starck	上海市曹溪北路 398 号汇智大厦 302 室	021-60905255-265	021-60905256	13818147692	charley.wang@hcstarck.com	200030
80	王　俊	五部经理		北京最时科技发展有限公司（苏尔寿美科代理）	北京市朝阳区北三环东路 28 号易亨大厦 1708 室	010-64405025	010-64405665	13801029823	wangjun@zsqspring.com	100013
81	王　伟	副主任	工程师	四川东方汽轮机有限公司表面工程研究所	四川省德阳市太湖路 9 号	0838-2431511	0838-2431511	13689630850		618000
82	王春华	副总经理		成都振兴金属粉末有限公司	四川省成都市青白江工业集中开发区南区祥虎大道大港建材城旁	028-86080279 84205833	028-84206118	13708051187	cdzxmp@cdzxmp.com	610052
83	王春艳	销售工程师		北京廊桥表面技术发展有限公司	北京西三环北路 87 号国际财经中心 A 座 1503	010-88550612	010-88550708	15801602470	wang.chunyan@langqiaosurface.com	100089
84	王国华	经理	工程师	浙江星塔科技设备材料有限公司	浙江省长兴县林城工业区	0572-6087098	0572-6870478	13705827186	13705827186@163.com	313112
85	王海强	经理		北京金桥伟业电力技术有限公司	北京市海淀区	010-60771776	010-60771776	13911665242		
86	王会阳			江苏中矿大正表面工程技术有限公司	江苏省徐州市解放南路矿大科技园科技大厦 10 楼	0516-83883711	0516-83884465	15852469485		221008
87	王会谊	材料工程师		洛阳朗力表面技术有限公司	洛阳高新技术开发区东马沟工业园 8 号	0379-64295899	0379-64295599	13598474779	lylangli@126.com	471003
88	王连祥			圣戈班研发（上海）有限公司	上海市闵行区文井路 55 号	021-54757271		13601611722		200245

序号	姓名	职务	职称	单位	地址	电话	传真	手机	E-mail	邮编
89	王山松	经理		北京桑尧科技开发有限公司	北京市海淀区马甸东路19号金澳国际	010-52437923	010-62335622	13520430953 15601067118		100088
90	王玉琦	副总经理	高级工程师	无锡市新科表面工程材料有限公司	无锡市滨湖区胡埭工业安置北区丁香路7号	0510-85504122	0510-85520126	13861848995	xinke@wxxinke.com	214161
91	魏武章	销售经理		元适工程贸易（上海）有限公司成都分公司	成都市一环路南一段24号普利大厦A座303	028-85253626	028-85253626	13308065321	jack@allfitwelding.com.cn	610041
92	邬海波	销售经理	助理工程师	赣州澳克泰工具技术有限公司	江西省赣州市经济技术开发区工业三路	0797-8166188	0797-8166199	15970798255	zywhb@achteck..com.cn	341000
93	伍建华		研究员	武汉材料保护研究所	武汉市宝丰二路126号	027-83641639	027-83641639	13971165228	wujh366@163.com	430030
94	肖　庆	中国区经理		苏尔寿美科表面技术（上海）有限公司	上海市闵行区闵北路666号	021-52264713	021-52264701	13524261313	simon.xiao@sulzer.com	201107
95	徐　森			圣戈班陶瓷材料有限公司	上海市延安东路550号海洋大厦915-916室	021-63616100	021-63222942	13816235264	Carol.Xu@saint-gobain.com	200135
96	徐　娜	责编		《腐蚀防护之友》杂志社	北京海淀区学清路16号	010-62397591	010-82755438	13581713950	nana.xu@hotmail.com	100083
97	徐　霄	业务经理		无锡市新科表面工程材料有限公司	无锡市滨湖区胡埭工业安置北区丁香路7号	0510-85504122	0510-85520126	13405770955	abuhexuxiao@163.com	214161
98	徐爱军	经理		北京欧赛国际展览有限公司	北京市朝阳区双桥路金隅可乐大厦1609室	010-65426818	010-65702428	13520890537	bjosai@163.com	100024
99	薛永宗	总经理		无锡市新科表面工程材料有限公司	无锡市滨湖区胡埭工业安置北区丁香路7号	0510-85504122	0510-85520126	13806193942	xinke@wxxinke.com	214161
100	杨　滨	副总经理	教授级高工	上海宝钢工业技术服务有限公司	上海宝山区同济路3521号	021-26641218				201900
101	杨　凯		博士	中国科学院上海硅酸盐研究所	上海市长宁区定西路1295号	021-52414101	021-52413903	13917687968	kaiyang@mail.sic.ac.cn	200050
102	杨凤根	销售副总	高工	赣州澳克泰工具技术有限公司	江西省赣州市经济技术开发区工业三路	0797-8166188	0797-8166199	13879738105		341000
103	杨加胜	学生		中国科学院上海硅酸盐研究所	上海市长宁区定西路1295号	021-52414101	021-52413903	13916333841	jiashengyang@student.sic.al.cn	200050
104	杨伟华		工程师	北京航空制造工程研究所	北京市340信箱104室	010-85701493	010-85701588	13671357580	junioryang@sina.com	100024

序号	姓名	职务	职称	单位	地址	电话	传真	手机	E-mail	邮编
105	叶国晨			江苏中矿大正表面工程技术有限公司	江苏省徐州市解放南路矿大科技园科技大厦10楼	0516-83883711	0516-83884465	18651793273		221008
106	易长宾	总经理	高级工程师	自贡长城硬面材料有限公司	四川自贡高新技术产业园区板仓工业集中区荣川一支路六号	0813-5517997	0813-5517997	13708150503	yicb@zgcc.com	643000
107	殷惠光	副院长		徐州工程学院						
108	尹志坚	副所长	高工博士	上海宝钢工业技术服务有限公司表面工程事业部	上海宝山区宝钢厂区内纬一路经五路路口	021-26644898	021-26644898	13761198937	yinzhijian@baosteel.com	201900
109	俞晓华	总经理		上海托卡洛硬面技术工程有限公司	上海市普陀区棕榈路300弄49号202室		021-52924131	13916614638	xiaohuayu@126.com	200333
110	袁应春	市场部业务经理		先导(益阳)等离子粉末有限公司	湖南省益阳市赫山区平安路55号	0737-4435648	0737-4436203	13574720033		413002
111	张　甲		副研究员	中国科学院金属研究所	沈阳市沈河区文化路72号	024-23971865	024-23906712	13478150963	jzhang@imr.ac.cn	110016
112	张　敏	副总		成都大光热喷涂材料有限公司	成都市龙泉驿区同安镇同策路8号	028-84835827	028-84837290	13880710948	zhangmin-dg@sohu.com	610103
113	张连英		博士	徐州工程学院				15005201697		
114	张启林	销售经理		北京丹斯泰克科贸有限公司	北京顺义区空港工业B区安庆大街一号	010-64398190	010-64780565	13810449822	eric.cheung.beijing@gmail.com	101318
115	张胜勇	应用工程师	工程师	赫格纳斯(中国)有限公司	上海市青浦区外青松公路5646号	021-67001065	021-67001049	13801671096	steven.zhang@hoganas.com	201799
116	张苏州	生产经理		安徽省淮海工程科技有限公司	安徽省肖县杨楼镇黄河路55号	0557-5272888	0557-5272888	15055716566	ah-ff.pyx@163.com	235221
117	张小兰	海外销售总监		厦门金鹭特种合金有限公司	福建省厦门市湖里区兴隆路69号	0592-6022393	0592-5623208	13600950094	powder-cn@gesac.com.cn	361008
118	张莹莹	销售主管		北京一同海瀛商贸有限责任公司(英国Metallisation公司总代理、法国圣戈班公司涂层部代理)	北京市海淀区苏州街18号长远天地大厦A2座1811	010-82609613	010-82609341	13810003446	business@yitonghaiying.com	100080
119	张志强			上海伟技贸易有限公司	上海普陀区交通路4711号李子园大厦901室	021-51691255	021-52381289	13817730490		200331
120	张忠诚	副总经理	教授	广州有色金属研究院	广州市天河区长兴路363号	020-37239022	020-37238531	13602779234		510651

序号	姓名	职务	职称	单位	地址	电话	传真	手机	E-mail	邮编
121	章惠兴	董事长		无锡市福来达石油机械有限公司	无锡锡北镇八士工业区八达路	0510-88262630-8001	0510-83785330	18626099208	master@wxftt.cn	214192
122	郑秀峰	市场部经理		天津市铸金表面工程材料科技开发有限公司	天津北辰区霍家咀工业区汾河道一支路10号	022-26316478	022-26316476	13212209890		300402
123	周　杰	副总经理	高工	天津市机械涂层研究所有限责任公司	天津市河东区八纬路20号	022-24304524	022-24304524	13920109958		300012
124	周　霖	制造主任		东贺隆（昆山）电子有限公司	昆山市巴城镇东岳路58号	0512-36827900	0512-36827909	15950909189	zhoul@tocalo-hantai.net	215312
125	周伍喜	主任助理	工程师	自贡长城硬面材料有限公司	四川自贡高新技术产业园区板仓工业集中区荣川一支路六号	0813-5517952	0813-5517951	15984179487	ziliy520@yahoo.com.cn	643000
126	庄　鑫	销售		江苏启迪合金有限公司	丹阳市吕城镇机场路8号	0511-86473898	0511-86472898	18905293353	zx@qidialloy.com	212352
127	庄红芳	董事长总经理		江苏启迪合金有限公司	丹阳市吕城镇机场路8号	0511-86473898	0511-86472898	13337771111	zhf@qidialloy.com	212352
128	卓鸿谋	表面研发中心副主任		上海开维喜阀门集团有限公司	上海市奉贤区柘林镇北村路199号	021-7491111-88039	021-57491333	13816529233	zhm0857@163.com	201416
129	邹敬平	技术支持工程师		世泰科化工贸易（上海）有限公司 H.C.Starck	上海市曹溪北路398号汇智大厦302室	021-60905255-272	021-60905256	13818148824	joe.zou@hcstarck.com	200030

国外及港台地区代表

序号	姓名	职务	单位	地址	电话	传真	手机	E-mail	邮编
130	Menno Zwetsloot	Managing Director	Flame Spray Technologies BV	Dijkgraaf 40, 6921 RL Duiven, The Netherlands	0031 26 3190140	0031 26 3190141	0031 653570873	m.zwetsloot@fst.nl	
131	CT.Tan 陈清潮	Managing Director	Flame Spray Technologies Pte Ltd.	B 512 #06-12 Chai Chee Lane, Singapore 469028	0065 64498238	0065 64498238	0065 96633909	ct.tan@fst.sg	
132	大城户 修三	General Manager	Tocalo and Hantai Co., Ltd. 东华隆（广州）表面改质技术有限公司	9,2Road,Hefeng, Yonghe,Luogang, Guangzhou City, China 广州市罗岗区永和镇禾丰二街9号	+86 20 82986789	+86 20 82986868	13922147989	f001@tocalo-hantai.com	511356

133	Patrice Fournier	Product Manager	Saint-Gobain – Coating Solutions	50 Rue du Mourelet-84000 AVIGNON/ France	33-673986904	33-490867370		Patrice. Fournier @saint-gobain. com	
134	Dominique BILLIERES	R&D Manager	Saint-Gobain – Coating Solutions	50 Rue du Mourelet-84093 AVIGNON/ France	33- 675079208	33-490829452		Dominique. Billieres @saint-gobain. com	
135	廖汉林	Professor	法国贝尔福技术大学	Lermps-UTBM,Belfort, France	0033 3 84583242	0033 384583286		hanlin.liao@ utbm.fr	
136	Hajime Nakadate	Senior Reginal Sales Manager	H.C.Starck GmbH	1-30-5 Hamamatsucho Minato-ku Tokyo 105-0013 Japan	+81 357765024	+81 3 54020071		hajime. nakadate@ hcstarck.com	
137	Nobuyuki Koroki 黒木信之	General Manager	TOCALO & Hantai KS Co., Ltd 东贺隆（昆山）电子有限公司	江苏昆山市巴城镇东岳路 58 号	0512-3682-7900	0512-3682-7909		kuronob@ tocalo.co.jp	

理事会及秘书处

序号	姓名	职务	职称	单位	地址	电话	传真	手机	E-mail	邮编
138	黄小鸥	会长 理事长	研究员	中国表面工程协会 中国表面工程协会热喷涂专业委员会	北京市朝阳区北沙滩甲 1 号 706 室 北京德胜门外北沙滩一号	010-64882554	010-64872316	13901358778	xiaoou @chinathe-rmalspray .org	100083
139	周克崧	院长顾问 副理事长	院士	广州有色金属研究院	广州市天河区长兴路 363 号	020-37238503	020-37238531 020-37238510	13602797926	kszhou2004 @163.com	510651
140	吴朝军	副理事长	研究员	航天材料及工艺研究所	北京 9200 信箱 73 分箱 17 号	010-68756924	010-68383282	13901315650	wuchaojun @vip.sina.com	100076
141	李秉忠	副总工 副理事长	研究员	武汉材料保护研究所	武汉市宝丰二路 126 号	027-83637647	027-83641656	13507112725	whcbpt @163.com	430030
142	卢乐松	副秘书长		中国表面工程协会热喷涂专业委员会	北京德胜门外北沙滩一号	010-64882552	010-64879322	13801233251	lulesong @126.com	100083
143	张艳玲	秘书		中国表面工程协会热喷涂专业委员会	北京德胜门外北沙滩一号	010-64882560	010-64872316	13691589657	tscc @chinathe-rmalspray.org	100083
144	何凤鸣			中国表面工程协会热喷涂专业委员会	北京德胜门外北沙滩一号	010-64882560	010-64872316	13521581653		100083

2. 中国表面工程协会热喷涂专业委员会四届五次理事（扩大）会在徐州市召开

根据中国表面工程协会热喷涂专业委员会 2012 年工作计划，中国表面工程协会热喷涂专业委员会于 2012 年 10 月 23 ～ 27 日在徐州市开元名都大酒店召开了第十五届国际热喷涂研讨会（International Thermal Spraying Seminar'2012）和第十六届全国热喷涂年会（China National Thermal Spraying Conference'2012），并同时召开了中国表面工程协会热喷涂专业委员会四届五次理事（扩大）会，共有理事及代表 150 人参加了本次理事（扩大）会，本次理事（扩大）由黄小鸥理事长主持，会议主要议题有：

一. 传达中国机械工业联合会、中国表面工程协会等有关会议精神；

二. 汇报 2012 年工作及讨论 2013 工作计划事宜；

三. 讨论 2013 年会员代表大会的筹备事宜；

四. 四届理事会成员调整；

五.《热喷涂技术》编委会调整；

六. 通报 2013 年北京国际表面工程展览会事宜等。

会议由黄小鸥理事长传达了中国机械联合会、中国表面工程协会等有关会议精神，卢乐松副秘书长就 2012 年主要工作、2013 年会员代表大会的筹备事宜及 2013 工作计划事宜的有关内容及事项作了汇报及说明。

会议代表就秘书处提出的四届理事会中因工作调动、因病去世等原因变更理事和常务理事事宜以及终止连续一年以上不交会费、不能参加协会活动的理事和常务理事的资格事宜进行了讨论和审议，并对秘书处提出的增补理事名单进行了讨论和审议，通过举手表决，同意秘书处提出的更换、取消和增补理事和常务理事名单（见附件 1）；

会议代表就秘书处提出的《热喷涂技术》编委会调整事宜进行了讨论和审议，一致同意秘书处提出的《热喷涂技术》编委会调整名单（见附件 2）。

最后与会代表讨论了 2013 年会员代表大会的换届筹备事宜以及 2013 年工作计划，充分肯定理事会及秘书处 2012 年的工作，表示将积极支持协会工作，包括参加协会组织的各项活动，按时交纳会费，参加 2013 年北京国际表面工程展览会，参加 ITSC’2013 大会等。会议认为，通过调整后的理事会更具有代表性和广泛的会员基础，将进一步增强本会的权威性和凝聚力，为加快发展我国热喷涂事业，使我国逐步向热喷涂强国迈进，做出更大的贡献。

与会代表和理事表示，会议圆满成功，并对江苏中矿大正表面工程技术有限公司、中国矿业大学、徐州工程学院、徐州科学技术局、徐州市腐蚀与防护学会等承办单位以及中国科学院上海硅酸盐研究所、苏尔寿美科表面技术（上海）有限公司、上海大豪纳米材料喷涂有限公司、上海宝钢工业技术服务有限公司、北京航天振邦精密机械有限公司、江西恒大高新技术股份有限公司、江门市威霖贸易有限公司等会议赞助单位和支持单位和秘书处的辛勤工作表示感谢。

附件 1

中国表面工程协会热喷涂专业委员会
第四届理事会更换、取消及增补理事及常务理事名单

变更常务理事及理事名单

序号	姓名	理事单位	原协会职务	变更原因	变更为	职务职称
1	郝荣亮	上海宝钢工业技术服务有限公司（原上海宝钢设备检修有限公司）	总会副理事长、常务理事，热喷涂副理事长、常务理事	工作调动，单位申请变更	杨　滨	副总经理
2	唐荣度	无锡市科特金属喷涂有限公司	热喷涂理事	因病去世	唐静波	总经理

取消常务理事及理事名单

序号	姓名	理事单位	原协会职务	取消原因	依据
1	王　多	成都大光热喷涂材料有限公司	热喷涂常务理事	连续 1 年以上不交会费	根据中国表面工程协会章程第十二条规定，会员如果 1 年不交纳会费或不参加本团体活动的，视为自动退会
2	高　阳	大连海事大学	热喷涂理事	因教学冲突不能参加协会活动，申请退出	

增补理事名单

序号	姓名	性别	出生年月	职务 / 职称	工作单位
1	易长宾	男	1961.6	总经理 高工	自贡长城硬面材料有限公司

附件 2

中国表面工程协会热喷涂专业委员会
调整后的“热喷涂技术”编委会名单

名誉主编：丁传贤　周克崧

主　　编：黄小鸥

副 主 编：吴朝军　安云歧　廖汉林（法国）　李长久　李益明　赵华明　陶顺衍　卢乐松

编　　委：王春华　公茂秀　卢乐松　冯国志　冯　文　安云歧　伍建华　吴朝军　李长久
李其连　李益明　李秉忠　肖　庆　汪刘应　林　菁　赵华明　段　智　祖玉冰

陶顺衍　钱　铸　黄小鸥　常新春　曹　庆　曹仕伟　程旭东　廖汉林（法国）

魏　琪　（按姓氏笔划为序）

责任编辑：卢乐松

3. 作为 2012 年休斯顿国际热喷涂大会暨展览会（ITSC2012）组委会成员及协办单位参加了在休斯敦举办的国际热喷涂大会

4. 参与“《中华人民共和国职业分类大典》（机械部分——表面工程（处理）行业）修订工作”，及拟新增职业——热喷涂（焊）工、表面工程技术人员职业调研、信息采集、整理、职业定义、论证、工种细化等工作，目前已进入评审阶段

5. 协助总会成功举办 2012 上海中国国际表面工程展览会

在中国机械工业联合会的指导和各兄弟协会学会的支持下，在各分会、专委会和全体会员和展览公司的努力下，“2012 第三届上海国际表面工程展览会暨搪瓷工业展览会（第三届）”于 2012 年 6 月 14 日～16 日在上海国际展览中心成功举办。本届展览会由中国表面工程协会、中国搪瓷工业协会、中国硅酸盐学会搪瓷分会主办，上海时空展览有限公司承办，上海中壹展览有限公司协办，展览面积为 6000 多平方米，约 300 个标准展位。来自日美国、日本、法国、英国、德国、意大利、瑞士、芬兰、瑞典、新加坡、韩国、澳大利亚、中国台湾、香港及中国内地的近二百家企业（包括耐磨材料及抗磨技术展览会、上海国际工业陶瓷展览会）参加了本届展览会。国内外参观展会观众 12000 余人次。

本届展会是中国表面工程协会为我国表面工程行业打造的权威、实效的交流平台，得到了各分会、专业委员会、地方协会的大力支持，参展单位众多，包括东华隆（广州）表面改质技术有限公司、苏尔寿·美科表面技术（上海）有限公司、中国表面工程协会热喷涂专业委员会、航天材料及工艺研究所、法国圣戈班公司、世泰科化工贸易（上海）有限公司、威霖贸易有限公司、上海休玛喷涂机械有限公司、自贡长城硬面材料有限公司、郑州鼎盛工程技术有限公司、郑州瑞特等热喷涂企业展出了超音速火焰喷涂、火焰喷涂、电弧喷涂、等离子喷涂、等离子喷焊、耐磨堆焊、喷砂设备等辅助设备、工具及相关配件等设备及技术，热喷涂金属粉末、陶瓷粉末、金属陶瓷粉末、复合粉末、合金粉末、热喷涂线材等材料，以及热喷涂技术服务、涂层检测分析等，另有恩欧富、德尔肯、艾玛应泰感应、杭州五源等众多实力强大的国内外等表面工程企业展出了各类特种涂层材料及技术、热处理设备及材料、涂装设备及材料、电镀原材料及设备、各类机械表面处理设备及材料、环保及水处理设备等。

为了更好地开展技术交流，同时举办了相关的技术研讨会，6 月 13 ～ 15 日由河北省冶金学会在

上海光大会展中心举办了“2012 锌锅加热和使用技术交流会”；6 月 13 ～ 14 日在上海绿洲大厦举办了“2012 搪瓷工业国际论坛”；同期还活动还有：“上海市热处理协会第六届二次理事会”，国内外专家与参会代表互动交流会、众多专业领域内的学者、专家在研讨会上发言，与现场观众积极互动，探讨行业发展趋势，分享各自取得的经验成果。

本届展览会在国内外行业组织和行业同仁的大力支持和关心下，于 6 月 16 日圆满结束。本届展览会是表面工程和热处理行业的又一次行业盛会。国内外专家通过本届展览会开展学术交流、沟通了行业发展信息、了解了行业国内外发展的趋势，为中国表面工业和热处理行业的发展起到了积极的作用。

为期三天的展览，吸引了国内 20 个省、市、自治区以及来自美国、俄罗斯、日本、泰国、英国、马来西亚、新加坡、印尼、巴西、法国等以及台湾、港澳地区在内的国家和地区的共 12，025 名参观者，其中来自国内的专业观众 10，126 人，来自海外 15 个国家和地区的专业观众 1，899 人。

6. 协助总会成功举办北京 2012 中国国际涂装、电镀及表面处理展览会暨研讨会

由中国表面工程协会主办，各分会、专业委员会、地方协会协办，北京欧赛国际展览有限公司承办的“中国国际涂装、电镀及表面处理展览会暨研讨会；中国国际涂料、油墨及胶粘剂展览会暨研讨会；中国国际表面活性剂及电子化学品展览会”于 2012 年 6 月 15 ～ 17 日在北京中国国际展览中心隆重举办，并取得了圆满成功。

本届展会展出面积达 5000 多平方米，近百余家来自德国、希腊、日本、瑞士、马来西亚、韩国、及中国香港、台湾、上海、北京、广东、浙江、江苏、福建等国家和地区的知名品牌到会参展包括德国 SATA、瑞士金马、希腊尼克、日本大金、日本安本、韩国 KCI、马来西亚丽佳、法国梯爱斯、台湾意笙、台湾以鸿环保、塑宝 、春大地、通又顺马达、广东东日环保、广州恒星制冷、惠州普德化工、珠海奥美伦、深圳天友利、中山凯德、厦门浦沅欣、厦门金鹭、北京航空所、北京廊桥、北京赛德丽、北京泰拓、南京金海威、江阴雄威、精益机械、无锡电镀、武汉材保所、天津达克罗、天津天博、山东亮光、河北欧克、河北青朗、石家庄中原、河南濮阳瑞森、湖南巨发、四川荣洋、巨丰等表面工程企业展出了各类电镀原材料及设备、热喷涂设备及材料、特种涂层材料及技术、涂装设备及材料等。根据对参展商的有效调查显示，本届展会将有 80% 的展商继续参展，参展商的满意程度甚高。

本届展览会吸引了来自海内外众多专业观众，参观总人数达 26168 人次，专业观众达 95%，主要来自国内外表面处理行业的生产商、经销商、代理商、进出口商以及贸易商、新闻媒体、国际采购团、驻华使节、驻华贸易机构、行业协会、科研院所、行业媒体等领域的专业人士。主要来自天津、河南、湖北、陕西、内蒙古、四川、江苏、湖南、河北、北京、山西、河南、东北三省、山东省等地区。境外观众有美国、德国、法国、日本、瑞士、英国、土耳其、澳大利亚、马来西亚、韩国、俄罗斯、台湾和香港等国家和地区。

7. 积极参与由中国表面工程协会和中国机械工程学会表面工程分会联合主办的第九届全国表面工程大会的筹备工作，并参与热喷涂技术论坛、航天航空及能源表面工程论坛、钢结构表面防护工程论坛、表面工程材料论坛的组织及召集工作。并推荐吴朝军、陶顺衍、李其连、吴高潮、刘敏、王汉功等为学术委员会委员，李长久、安云岐等为组织委员会委员

由中国表面工程协会和中国机械工程学会表面工程分会联合主办的第九届全国表面工程大会暨第四届全国青年表面工程论坛于2012年10月28～31日在风景如画的开元宁波九龙湖度假村举行，来自全国的400余位专家学者和企业家共聚一堂，这是全国表面工程领域同行的一届盛会，会议主题是表面工程技术的新发展和新应用及沿海战略支柱产业发展中的表面工程，会议由中国科学院宁波材料技术与工程研究所承办。

大会开幕式由中国机械工程学会表面工程分会陈建敏主任委员主持。徐滨士院士、薛群基院士、丁传贤院士、周克崧院士出席了开幕式，出席开幕式的还有中国表面工程协会黄小鸥理事长、宁波市科技局蒋如国局长、中科院宁波材料技术与工程研究所副所长、党委书记严庆研究员、国际热处理与表面工程联合会理事长、表面工程分会第三届主任委员徐可为教授、表面工程分会副主任委员武汉材料保护研究所顾卡丽所长、浙江汇锦梯尔镀层科技有限公司周仔麒总经理等。到会的其他嘉宾有：表面工程分会副主任委员装甲兵工程学院马世宁教授、大连理工大学雷鸣凯教授、广州有色金属研究员刘敏研究员、中科院沈阳金属研究所王福会研究员、英国伯明翰大学董汉山教授、新加坡国际薄膜协会张善勇先生等。本届大会适逢第八届海峡两岸薄膜科技研讨会同时同地举行，台湾镀膜科技协会理事长朱瑾教授率领的台湾代表团一行18人列席第九届全国表面工程大会。

会议主席、我国表面工程学科的创始人、表面工程分会荣誉主任、中国工程院徐滨士院士致开幕辞，中科院宁波材料技术与工程研究所副所长、党委书记严庆研究员代表本次会议承办单位致欢迎辞，宁波市科技局蒋局长致祝贺辞。

大会特邀报告由大会主席中国表面工程协会理事长黄小鸥研究员、王福会研究员、马世宁教授、刘敏研究员等主持，大会特邀报告有徐滨士院士的《中国的表面工程学科及其技术基础》、薛群基院士的《碳基薄膜表/界面跨尺度设计：从基础到应用》、杜正恭教授的《Exploitation of Hybrid Coating with Multiple Functionalities》、丁传贤院士的《等离子喷涂生物陶瓷涂层》、周克崧院士的《新型热喷涂技术及其应用前景》、徐可为教授的《抗氧化低摩擦超硬涂层的纳米化制备与应用》、张建春研究员的《电子束辐射接枝对涤纶表面的结构与性能影响研究》、董汉山教授的《新颖长效抗菌S-相表面层的发展及表征》、刘维民研究员的《空间固体润滑薄膜研究与应用》、李金桂研究员的《表面工程与材料构件的使用寿命》、王锡春研究员的《我国汽车涂装与汽车涂料的现况及发展趋势》、范多旺

教授的《绿色镀膜技术在聚光太阳能领域的应用》、潘邻研究员的《我国表面工程技术标准化现状与展望》等，受到与会代表的好评和欢迎。

本届表面工程大会共收集论文215篇，会议论文涉及面宽，应用面广，包括各种涂层技术、各种薄膜技术和各种材料表层强化技术等。全国青年表面工程论坛论文发表分为口头报告和墙报两种形式，会议组委会和评委认真审议了论文和报告，在其中评选出10篇青年优秀论文，评选仅限于第一作者和报告人年龄均为40岁以下的论文报告，共评选10篇，其中从青年论坛报告中产生6篇，从其他三个分会场报告中产生3篇，从墙报论文中产生1篇。会议对评选为青年优秀论文的作者颁发证书并予以500元人民币奖励。

热喷涂专业委员会作为中国表面工程协会的重要分支机构，组织并参与了本届表面工程大会的热喷涂技术论坛、航天航空及能源表面工程论坛、钢结构表面防护工程论坛、表面工程材料论坛的组织及召集工作。并推荐刘敏、王汉功、吴朝军、陶顺衍、李其连、吴高潮等为学术委员会委员；李长久、安云岐等为组织委员会委员。李长久教授、陶顺衍研究员分别主持了分会场的会议。

2012年10月30～31日，中国机械工程协会表面工程分会和台湾镀膜科技协会联合主办的第八届海峡两岸薄膜科学与技术研讨会同期在宁波开元宁波九龙湖度假村召开。会议得到国务院台湾事务办公室、中国国家自然科学基金委、中国科学院的支持。本届会议由中国科学院宁波材料技术与工程研究所承办。

第八届海峡两岸薄膜科学与技术研讨会共安排了三十多个大会报告。两岸薄膜科技工作者充分讨论了各自研究领域的新进展和新应用，还邀请了来自新加坡的张善勇教授和来自英国伯明翰大学的李小英教授，是该系列会议举办以来水平最高的一届会议。120多位学者参加了会议，来自台湾的近20位专家学者出席了报告会，会前出版会议论文摘要集一册。

大会结束后，会议代表参观了中国科学院宁波材料研究所。

8. 编辑出版发行《热喷涂技术》

2012年编辑出版发行《热喷涂技术》四期；以刊物为纽带，加强协会与会员之间的联系。

2013年大事记

1. 召开中国表面工程协会热喷涂专业委员会四届二次常务理事（扩大）会

为了顺利完成中国表面工程协会热喷涂专业委员会五届理事会的换届工作，更好地促进中国热喷涂事业的发展，中国表面工程协会热喷涂专业委员会四届二次常务理事（扩大）会于 2013 年 7 月 16 ～ 18 日在广东省江门市召开，会议由黄小鸥理事长主持，22 位四届常务理事及 7 位五届常务理事候选人参加了本次会议。

会议首先由黄小鸥理事长传达了中国表面工程协会有关精神。

之后，卢乐松副秘书长代表四届理事会在会上提出了中国表面工程协会热喷涂专业委员会四届理事会工作报告（讨论稿）。与会的常务理事对报告进行了热烈、充分的讨论，原则上通过了工作报告草稿，并同意提请中国表面工程协会热喷涂专业委员会四届六次理事（通讯）会讨论，提交中国表面工程协会热喷涂专业委员会五届会员代表大会讨论通过。

会议讨论并以举手表决方式，一致同意通过推选出了中国表面工程协会热喷涂专业委员会第五届理事会理事、常务理事、副理事长、理事长、秘书长候选人名单，推荐待聘的副秘书长候选人名单，以及待聘的名誉理事长、顾问委员会委员名单。

会议讨论并以举手表决方式，一致同意推选出代表中国表面工程协会热喷涂专业委员会的中国表面工程协会第五届理事会理事、常务理事、副理事长候选人名单。

会议讨论并以举手表决方式，讨论并调整了待聘的“热喷涂技术”编委会委员。讨论通过了会费收取标准调整建议，结果报总会秘书处并提交总会第五届会员代表大会表决。会议确定中国表面工程协会热喷涂专业委员会五届会员代表大会以及五届一次理事会于 2013 年 10 月 22 ～ 27 日在洛阳召开。

在常务理事们的共同努力下，2013 年 7 月 17 日圆满完成本次会议议程中的各项工作，并在当天下午参观了江门市威霖贸易有限公司，交流并介绍了德国通快公司激光熔覆技术。江门市吴国杰副市长、江门市新会区伍培进区长参加了江门市威霖贸易有限公司招待晚宴。全体与会常务理事和常务理事候选人对江门市威霖贸易有限公司对会议的支持、热情接待和对协会的一贯支持表示衷心的感谢，对江门市威霖贸易有限公司近年来的快速发展留下深刻印象。

2. 成功举办第十六届国际热喷涂研讨会（ITSS' 2013）暨第十七届全国热喷涂年会（CNTSC' 2013），并编辑发行大会论文集电子版

在国内外热喷涂界同仁的大力支持和筹备组的精心组织下，由中国表面工程协会热喷涂专业委员会主办，航天材料及工艺研究所（703 所）、中国科学院上海硅酸盐研究所、上海宝钢工业技术服务有限公司、洛阳朗力表面技术有限公司、广州有色金属研究院、中国科学院金属研究所、上海大豪纳米材料喷涂有限公司、江门市威霖贸易有限公司、西安交通大学材料科学与工程学院、武汉材料保护研究所、东华隆（广州）表面改质技术有限公司、苏尔寿·美科表面技术（上海）有限公司、北京航空制造工程研究所（625 所）、北京中矿安丰工程科技有限公司、四川成发航空科技股份有限公司、自贡长城硬面材料有限公司、北京航天振邦精密机械有限公司、无锡市新科表面工程材料有限公司、

天津市铸金表面工程材料科技开发有限公司、江西恒大高新技术股份有限公司、北京廊桥表面技术发展有限公司、沈阳黎明航空发动机（集团）有限责任公司、厦门金鹭特种合金有限公司、成都振兴金属粉末有限公司、大连华锐重工特种备件制造有限公司、中冶焊接科技有限公司、东方汽轮机有限公司表面工程研究所、北京赛亿科技股份有限公司、上海新业喷涂机械有限公司、安徽省淮海工程科技有限公司、南通高欣金属陶瓷复合材料有限公司、武汉高力热喷涂工程有限责任公司、北京一同海瀛商贸有限责任公司（英国 Metallisation 公司总代理、法国圣戈班公司涂层部代理）、北京华德星科技有限责任公司（德国 IMPACT 公司总代理）、成都市长诚热喷涂技术有限责任公司、上海凯林新技术实业公司、苏州统明机械有限公司、无锡科特金属喷涂有限公司、先导（益阳）等离子粉末有限公司、沈阳石花微粉材料有限公司、第二炮兵工程学院、温州耐密特阀门有限公司、鞍山正发机械有限公司、浙江星塔科技设备材料有限公司、武汉理工大学、北京工业大学、苏州瀚杨贸易有限公司、北京航百川科技开发中心、瑞士 Sulzer Metco 公司、《材料保护》杂志社、德国 H.C.Starck 公司、法国圣戈班公司、德国阿亨大学表面工程研究所、英国 METALLISATION 公司、日本 TOCALO 公司、荷兰 FST 公司、美国金属学会热喷涂学会（ASM-TSS）、德国热喷涂协会（GTS）、日本溶射学会及日本溶射工业协会等协办的第十六届国际热喷涂研讨会（International Thermal Spraying Seminar’2013）暨第十七届全国热喷涂年会（China National Thermal Spraying Conference’2013），于 2013 年 10 月 22 ～ 26 日在河南省洛阳市友谊宾馆成功举行，并同时召开了中国表面工程协会热喷涂专业委员会五届会员代表大会和中国表面工程协会热喷涂专业委员会五届一次理事（扩大）会。本届大会的主题为“迎接挑战，抓住机遇”。

出席研讨会和年会的国内外代表共约 150 人（与会代表名单附后），国外及港台地区的热喷涂知名公司、大学、科研机构，如 Sulzer Metco Europe GmbH、苏尔寿・美科表面技术（上海）有限公司、东华隆（广州）表面改质技术有限公司、圣戈班研发（上海）有限公司、H.C.Starck 公司、世泰科化工贸易（上海）有限公司、Trumpf Laser-und Systemtechnik GmbH、通快（中国）有限公司、山特维克国际贸易（上海）有限公司、空气产品化工公司（台湾）、空气化工产品（中国）投资有限公司、卡斯特林焊材（上海）有限公司等的专家及代表参加了本届大会；国内知名的热喷涂企业、公司、科研院所、大专院校，如航天材料及工艺研究所（703 所）、中国科学院上海硅酸盐研究所、上海宝钢工业技术服务有限公司、洛阳朗力表面技术有限公司、广州有色金属研究院、中国科学院金属研究所、上海大豪纳米材料喷涂有限公司、江门市威霖贸易有限公司、西安交通大学材料科学与工程学院、武汉材料保护研究所、江苏中矿大正表面工程技术有限公司、北京航空制造工程研究所（625 所）、自贡长城硬面材料有限公司、上海新业喷涂机械有限公司、无锡市新科表面工程材料有限公司、天津市铸金表面工程材料科技开发有限公司、江西恒大高新技术股份有限公司、厦门金鹭特种合金有限公司、东方汽轮机有限公司表面工程研究所、四川成发航空科技股份有限公司热表分公司、北京赛亿科技股份有限公司、北京航百川科技开发中心、中石油钻井院江汉机械研究所、北京矿冶研究总院、北京航空材料研究院、成都振兴金属粉末有限公司、南通高欣金属陶瓷复合材料有限公司、沈阳石花微粉材料有限公司、浙江星塔科技设备材料有限公司、江苏武进液压启闭机有限公司、温州耐密特阀门有限公司、上海凯林新技术实业公司、北京廊桥表面技术发展有限公司、武汉高力热喷涂工程有限责任公司、先导（益阳）等离子粉末有限公司、武汉理工大学、大连华锐重工特种备件制造有限公司、北京工业大学、西安宇丰喷涂技术有限公司、天津欣特涂层技术有限公司、北京丹斯泰克科贸有限公司、北京最时科技发展有限公司、北京桑尧科技开发有限公司/北京桑斯普瑞新材料有限公司、郑州瑞特金刚石砂带有限公司、安泰科技股份有限公司、杭州萧山长城铝业物资有限公司、马鞍山市恒意机械有限公司、赣州奥克泰工具技术有限公司、南京安铁防腐技术有限公司、自贡市红旗泵业密封件有限公司、江苏麟龙新材料股份有限公司、株洲西迪硬质合金科技有限公司、华中科技大学材料学院、陕西德维自动化有限公司、湖南株洲市巨能焊材有限公司、清华大学热能工程系、天津立林石油机械有限公司、先进机械设备有限公司、常州市卓群纳米新材料有限公司、机械科学研究院哈尔滨焊接研究所、江苏立达高科特种材料有限公司、郑州立佳热喷涂机械有限公司、中国腐蚀与防护网、三门峡明珠机电工程有限责任公司、沈阳市新光热喷涂厂、西安得源机电器材厂、上海托卡洛硬面技术工程有限公司、北京东方晶格科技发展有限公司、陕西帝比特科技发展有限公司、兰州理工合金粉末有限责任公司、莱芜市盛鼎冶金机械制造有限公司、上海开维喜阀门集团有限公司等参加了大会。热喷涂专业委员会以其跨行业、跨部门、跨地区、跨所有制企业的特点和优势，吸引越来越多的单位参与到其举办的国际研讨会和年会中，彼此促进，共谋发展。与会单位所涉行业多，辐射地区广，基本涵盖机械、钢铁、电子、冶金、煤炭、汽车、石化、航空、航天、海军、船舶、有色、塑料、轻工、能源、交通、电力、军工等国家重点发展行业；他们当中既有热喷涂专业企业，也有科研院所、大专院校，既有国营企事业单位，也有私营及股份制企业、军工企业。

本届国际热喷涂研讨会和年会由吴朝军、常新春、李长久、陶顺衍、李其连、伍建华等执行主席主持，由中国表面工程协会理事长、热喷涂专业委员会理事长黄小鸥教授致开幕词。

来自国内外的专家在会上作了精彩的专题报告，如 Sulzer Metco 材料销售及市场副总裁 Hans Keller 先生的专题报告题目为：《高性能涂层材料在工业领域的应用》（High Performance Materials for Industrial Applications）；H.C. Starck 公司表面技术业务集团亚洲高级区域销售经理 Hajime Nakadate 先生的专题报告题目为：《热障涂层和 YSZ 粉末在工业燃气轮机上的应用》(Thermal Barrier Coating and YSZ powders in Industrial Gas Turbine Application)；Trumpf laser-und Systemtechnik GmbH Dr. Antonio Candel-Ruiz 先生的专题报告题目为：《激光金属沉积应用：熔覆层，修复和成型》（Application examples of Laser Metal Deposition: coating, repair and structure generation）；空气化工产品（中国）投资有限公司金属加工亚太区应用工程师陈哲勇先生的专题报告题目为：《热喷涂液氮层间冷却系统帮助您提高生产效率和产品质量》（To Improve Production Efficiency and Product Quality by Thermal Spray

Nitrogen Cooling System）；中国科学院上海硅酸盐研究所陶顺衍研究员作了题为《我国热障涂层的研发现状与展望》(R & D on Thermal Barrier Coatings in China: Progress and Prospects) 的专题报告；西安交通大学材料科学与工程学院李长久教授作了题为《基于热喷涂粒子结合与组装的涂层设计与应用拓展》(Coating Design and Application Development Based on the Thermal Spraying Particles' Combination and Assembly) 的专题报告；圣戈班研发（上海）有限公司销售经理徐淼和研发工程师刘冉冉作了题为《使用圣戈班氧化钇粉末生成高纯度的致密氧化钇涂层》(Very Dense and High Purity Yttria Coatings by New Yttria Powder of SAINT GOBAIN) 的专题报告；华中科技大学材料学院国家模具重点实验室黄齐文教授作了题为《耐高温磨蚀陶瓷涂层应用研究》（Anti-Corrosion & Anti-Wear Performance Research of Ceramic Coating for High-Temperature usage）和《高能等离子束合金化强化》（Metal Surface Modification of High_Energy Plasma Beam）的专题报告；武汉材料保护研究所李秉忠副总工程师作了题为《高铝锌合金涂层耐蚀性能分析》（Analysis of erosion-resistance properties for E-metal）的报告；郑州瑞特金刚石砂带有限公司安建民总经理作了题为《热喷涂层后加工的最佳打磨方案—金刚石砂带的应用》（A post-processing grinding scheme with high cost performance of thermal-sprayed coatings—Applications of diamond abrasive belt）的报告，这些报告都得到了与会者的赞赏和好评。

中国科学院上海硅酸盐研究所李文帅、清华大学热能工程系宗毅晨博士、航天材料及工艺研究所马康智、武汉理工大学材料复合新技术国家重点实验室程旭东教授、中国科学院金属研究所徐娜博士、中国科学院上海硅酸盐研究所赵月兴、武汉理工大学材料科学与工程学院马榕彬博士等亦从热喷涂材料在各行业的应用及开发、涂层性能及机制、热喷涂技术的应用现状及前景等方面作了相关报告，代表们积极提问，互相讨论，现场气氛热烈有序。

本届国际研讨会和年会共收到论文 15 篇，热喷涂专业委员会秘书处将其编辑成论文集（电子版）出版发行。本届研讨会及年会收到论文数量较少，我会会刊《热喷涂技术》也面临稿源严重不足的情况。希望各位理事及会员多多提供高质量的论文和消息、工作经验等。

本届研讨会和年会，会场气氛热烈而意气蓬勃，报告论证科学且富有成效，得到了与会代表的一致肯定，代表们纷纷表示希望日后以此为契机，合力奋进，促进中国热喷涂事业更快更好的发展。

本届研讨会及年会成功召开的同时，中国表面工程协会热喷涂专业委员会于 2013 年 10 月 24 日在洛阳友谊宾馆还成功召开了中国表面工程协会热喷涂专业委员会五届会员代表大会和中国表面工程协会热喷涂专业委员会五届一次理事（扩大）会议，会议由陶顺衍研究员主持。中国表面工程协会热喷涂专业委员会五届会员代表大会的主要内容有：

1）通报中国表面工程协会热喷涂专业委员会四届二次常务理事（扩大）会会议纪要以及四届六次理事通讯会会议事宜；

2）四届理事会工作报告以及五届理事会工作设想；

3）选举组成中国表面工程协会热喷涂专业委员会第五届理事会，关于第五届理事会理事候选人的说明；

4）讨论并调整“热喷涂技术”编委会；

5）讨论会费收取标准；

6）讨论并通过中国表面工程协会热喷涂专业委员会五届会员代表大会决议等。

中国表面工程协会热喷涂专业委员会五届一次理事（扩大）会的主要内容有：

1）选举组成中国表面工程协会热喷涂专业委员会第五届常务理事会；

2）选举产生第五届理事会理事长、副理事长、秘书长、聘任副秘书长、聘请名誉理事长；

3）聘请顾问委员会委员；

4）讨论并推选代表中国表面工程协会热喷涂专业委员会的中国表面工程协会第五届理事会理事、常务理事、副理事长候选人名单；

5）讨论并通过中国表面工程协会热喷涂专业委员会五届一次理事（扩大）会会议纪要；

6）黄小鸥理事长的讲话以及传达中国机械工业联合会、中国表面工程协会等有关文件和精神。

讲话主要内容包括以下三个方面：

1. 先进制造业的发展。目前，我国制造业的发展面临诸多问题。例如，受资源环境制约大，产业发展缺乏动力，产业技术创新能力薄弱，产业结构调整任务艰巨，发展方式转变困难。要实现由制造大国向制造强国的转变，加快发展先进制造业势在必行。

许多专家和企业家将“先进制造业”定义为：它是不断吸收信息、机械、材料以及现代管理等方面的高新技术，并将这些先进的技术综合应用于制造的各个环节和全过程，实现优质、高效、低耗、清洁、灵活生产，从而取得很好的经济效益和市场效益的制造业总称。党的十八大明确指出：要推动战略性新兴产业、先进制造业健康发展。可以肯定的是，先进制造业是制造业的发展方向，是我国制造业转型升级的重要途径，也必将成为我国参与国际竞争的先导力量。

当前，我国先进制造业大致由两部分构成，一部分是传统制造业吸收、融入先进制造技术和其他高新技术，尤其是信息技术后，提升为先进制造业，例如，数控机床、海洋工程装备、航天装备、航空装备、轨道交通等；另一部分是新兴技术成果产业化后形成的新产业，是具有基础性和引领性的产业，例如，增量制造、生物制造、微纳制造等。虽然我国先进制造业的发展已有一定基础，但与美国等先进国家的水平相比尚有较大差距。若美国及其他工业发达国家引领新一轮产业革命，将使其重获制造业优势。所以，实现先进制造业的“中国梦”刻不容缓。

未来十年，先进制造业的发展应在全国乃至全球经济发展和改革的大趋势和背景下，调整产业目标，深化自身结构。具体来说，应该更加突出个性化，更加凸显服务特色，制造过程更加趋于友好和开源，市场需求更加专门化，使其真正成为引领我国制造业由大变强的利器。

2. 我国热喷涂现状。目前，热喷涂产业全球总产值近 120 亿美元，其中美国为 50 亿美元，日本为 25 亿美元，德国为 15 亿美元，中国为 20 亿美元以上（130 亿元人民币左右）。中国热喷涂在产值上还低于美国和日本，特别是在 GDP 的比重仍低于发达国家。这说明我国热喷涂的规模不小，但产业化水平不高，热喷涂平均技术水平和“含金量”还不高，尤其是高端涂层产业化缺失。同时，这也说明我国热喷涂产业具有极大的发展空间和良好的发展前景。

目前，我国热喷涂技术已在航空航天、钢铁工业、石油化工、能源、新能源、冶金煤炭、汽车领域、近海装备、造纸印刷、硬铬替代、固体氧化物燃料电池、医疗卫生等领域得到广泛应用。从热喷涂材料看，除了金属材料、合金材料、非晶材料、准结晶材料、有机聚合物材料、塑料材料、陶瓷材料、非金属陶瓷材料、金属陶瓷材料等传统材料，纳米、混合等新型材料也以其优异性能受到了人们的普遍关注，但在实际开发中，因这些新型材料在相应生产设备的装配、使用等环节的技术力量尚且薄弱，导致其目前在热喷涂技术领域的应用仍有一定的局限性。

国内外经验证明：国家越发达，先进高端制造业越发达，热喷涂涂层服务、耗材和设备制造就越发达，热喷涂企业的日子就越好过。当前我国正在进行的产业结构调整和产品升级逼迫热喷涂行业和水平必须全面调整和提升。

3. 充分发挥协会的作用。中国的工商协会是在中国市场经济的快速发展中建立和发展起来的，是中国市场和经济新体制的重要组成部分。三十多年来，中国工商协会为服务国民经济和社会发展发挥了不可替代的作用。随着社会改革的深入进行和政府职能的进一步转变，中国工商协会的管理制度也将面临新一轮的改革。十八大提出要加快形成“政社分开，权责明确，依法自治”的现代社会组织体制。改革的实施将会使我国工商协会的独立面貌更加清晰，地位更加突出，职能更加强大，机制更加灵活，与国际接轨步伐更加紧密。协会地位的突出，意味着更多责任，更多担当。中国表面工程协会热喷涂专业委员会和本届理事会要迎接挑战、抓住机遇，开展各项有益于企业和行业进步的工作，给广大会员单位提供一个交流和学习的平台，为使我国热喷涂事业更好更快的发展做出更大的贡献。

黄小鸥理事长在讲话中强调，即将召开的党的十八届三中全会，将作出全面深化改革的决定。这个决定将对我国经济、社会、体制等改革发挥长远和深刻的作用和影响，也必将进一步推动我国装备制造业的转型升级，推动先进制造业的快速发展。

2013 年 10 月 25 日，热喷涂专业委员会组织与会代表参观访问了洛阳朗力表面技术有限公司。洛阳朗力表面技术有限公司是一家专业从事金属表面再制造的高新技术企业，位于洛阳高新开发区东马沟工业园 8 号。自 2000 年成立以来，一直致力于热喷涂涂层和工艺方法的研究和开发，发展至今，公司已拥有一支专业、成熟的外出施工队伍和技术支持团队。自主开发应用三套 HVOF 设备，1 台 APS 设备，10 套 ARC 设备、2 套 PAT 设备、1 套 MIG 设备、2 套 TIG 设备、3 套 FS 设备、3 套 FR 设备和 3 套 IR 设备。公司主要制备耐磨损涂层、耐冲蚀涂层、尺寸恢复、耐腐蚀涂层、绝缘涂层、抗高温氧化涂层。代表们表示此次参观收获很大，切实起到了交流和学习的效果，希望以后协会能够继续组织类似的活动，并对参观单位的精心接待表示感谢。

本届研讨会及年会得到了总会的高度重视和评价，并得到了洛阳朗力表面技术有限公司等协办单位的大力支持和协助。热喷涂专业委员会秘书处对洛阳朗力表面技术有限公司在参观接待上的大力支持表示诚挚的感谢。

第十六届国际热喷涂研讨会（ITSS' 2013）暨
第十七届全国热喷涂年会（CNTSC' 2013）
中国表面工程协会热喷涂专业委员会五届会员代表大会
通讯录

国内代表（按姓氏汉语拼音为序）

序号	姓名	职务	职称	单位	地址	电话	传真	手机	E-mail	邮编
1	安建民	总经理		郑州瑞特金刚石砂带有限公司	郑州市中原区须水机械加工产业园	0371-67837298	0371-67837003	13903834261	ajm63@163.com	
2	鲍君峰	主任	高工	北京矿冶研究总院	北京昌平沙河富生路	010-58915131		13911127179	bao_jf@bgrimm.com	102206
3	曹　庆	副总经理	总工程师	江门市威霖贸易有限公司	广东省江门市河南翠园一街38号二楼	0750-3892830	0750-3892847	13709619235	cao@welcn.com	529040
4	曹仕伟	总助	高级工程师	四川成发航空科技股份有限公司热表分公司	成都市新都区蜀龙大道成发工业园	028-89358759	028-89358730	13880936274	caoshiwei@scfast.com	610503
5	常代展	主管	中级	安泰科技股份有限公司	北京市海淀区永丰基地永澄北路C区	010-58717333	010-58717300	18600632913	dzchang@126.com	
6	常新春	主任	研究员	中国科学院金属研究所	沈阳市沈河区文化路72号	024-23971865	024-23906712	13804032381	xcchang@imr.ac.cn	110016
7	晁　兵	副总工/秘书长	高工	江苏中矿大正表面工程技术有限公司/徐州市腐蚀与防护学会	江苏省徐州市解放南路矿大科技园科技大厦1020室	0516-83883711	0516-83884465	13905218447	chaobing1989@163.com	221008
8	陈　玮	总工	高工	杭州萧山长城铝业物资有限公司	浙江杭州萧山海塘路537号	0571-82720590	0571-82751275	13703998282		311200
9	陈克英	董事长		马鞍山市恒意机械有限公司	安徽省马鞍山市花山工业园同舟路299号	0555-2780282	0555-2780283	13805553109		243000
10	陈雄伟		工程师	上海宝钢工业技术服务有限公司表面工程事业部	上海同济路3521号	021-56196935		13681903092	chenxiongwei@bcostad.com	201900
11	程旭东		教授	武汉理工大学新材所	武汉市珞狮路122号		027-87879468	13986213997		430070
12	储　佳	办公室主任		上海新业喷涂机械有限公司	上海奉贤区金大公路8278号	021-58735205	021-57575676	13816939967	blacknight388@vip.sina.com	201403

序号	姓名	职务	职称	单位	地址	电话	传真	手机	E-mail	邮编
13	单栩诗	翻译		东华隆（广州）表面改质技术有限公司	广州市萝岗区永和镇禾丰二街九号	020-82986789	020-82986868	13922247133	e003@tocalo-hantai.com	511356
14	邓帮华	经理	工程师	赣州澳克泰工具技术有限公司	江西省赣州市经济技术开发区工业三路	0797-8166188	0797-8166199	13979735551	zydbh@achteck.com.cn	341000
15	段　智	副总经理		江西恒大高新技术股份有限公司	南昌市高新开发区金庐北路88号	0791-8286134	0791-8194581	13870970019	184593191@qq.com	330096
16	段林峰		高工	南京安铁防腐技术有限公司	南京化工园区葛关路625号1206	025-58398490	025-57011235	13905156720	dlf62@163.com	210048
17	范　彬			自贡市红旗泵业密封件有限公司	自贡市大安区红旗泵业密封件有限公司	2702433		18015701266		640303
18	范　兵	工长		四川成发航空科技股份有限公司热表分公司	成都市新都区蜀龙大道成发工业园			13618019025		610503
19	冯　文	主任	高工	东方汽轮机有限公司表面工程研究所	四川省德阳市太湖路9号	0838-2431666	0838-2431666	13881050925	dqbgfw@163.com	618000
20	冯国志	总经理		上海新业喷涂机械有限公司	上海奉贤区金大公路8278号	021-58735205	021-57575676	13311887667		201403
21	冯立新	董事长		江苏麟龙新材料股份有限公司	无锡惠山玉祁工业园区	0510-83889155	0510-83881301	13806199205	wuxichenzhu@163.com	214183
22	傅爱军	PTA/激光产品经理		卡斯特林焊材（上海）有限公司	上海浦东金穗路1501号A-201	021-50461405	021-50463924	13817361629	antonio.fu@castolin.cn	201206
23	高　捷	总经理		武汉高力热喷涂工程有限责任公司	武汉市黄陂区三里镇	027-61917008	027-61917097	13071269592	250106399@qq.com	430344
24	葛汇业	总经理	工程师	天津欣特涂层技术有限公司	天津市西青区精武镇馨谷工业园	022-83900750	022-83900751	13920333878	jx@tjxinte.com	300382
25	关　升			大连华锐重工特种备件制造有限公司	大连市旅顺口区经济开发区顺达路29号		0411-86202206	15942497585	coke1109@163.com	
26	郭孟秋		高级工程师	北京航空材料研究院	北京市81信箱5分箱	010-62496449	010-62496456	13810576778	Guomq810811@aliyun.com	100095
27	韩　峰	销售经理		苏尔寿美科表面技术（上海）有限公司	上海市嘉定区百安路539号第1、2幢	021-67087040	021-67087001	13817119646	Feng.Han@sulzer.com	201814
28	何　平		技师	株洲西迪硬质合金科技有限公司	湖南省株洲市芦淞区湘大路1099号	0731-22659085	0731-22659065	13975361119		412000
29	侯学涛	中国区金属加工应用工程师		空气化工产品（中国）投资有限公司	天津市西青开发区民和路15号			18622951187	houc1@airproducts.com	201203
30	侯应黎	总经理		洛阳朗力表面技术有限公司	洛阳高新技术开发区东马沟工业园8号	0379-64295899	0379-64295599	13608669199	lylangli@126.com	471003

序号	姓名	职务	职称	单位	地址	电话	传真	手机	E-mail	邮编
31	胡为峰	董事长 总经理		北京赛亿科技股份有限公司	北京市海淀区学院路30号方兴大厦704室	010-62343188	010-62345995	13701085254 18611026589	ehuweifeng@163.com	100083
32	黄齐文		教授	华中科技大学材料学院	武汉洪山区珞瑜路1037			13296588028	hmst66@163.com	430074
33	贾　鹏	总经理		北京廊桥表面技术发展有限公司	北京西三环北路87号国际财经中心A座1503	010-88550612	010-88550708	13701279806	langqiao surface@gmail.com	100089
34	蒋海民		工程师	天津欣特涂层技术有限公司	天津市西青区精武镇磬谷工业园	022-83900750	022-83900751	13752353893	jx@tjxinte.com	300382
35	蒋建敏		教授	北京工业大学材料学院	北京市朝阳区平乐园100号	010-67392168	010-67392168	13910639382		100124
36	蒋治平	总工	工程师	江苏武进液压启闭机有限公司	江苏武进奔牛工业园区北区	0519-83211271	0519-83211271	13606117232		213131
37	邝颖欣	项目经理		江门市威霖贸易有限公司	广东省江门市河南翠园一街38号二楼	0750-3892820	0750-3892822	13924680263	wel@welcn.com	529040
38	李　超			江苏麟龙新材料股份有限公司	无锡惠山玉祁工业园区	0510-83889155	0510-83881301	13485035977		214183
39	李伯奇			陕西德维自动化有限公司	西安市新城科技产业园东兴大厦8-4	029-82625772		13909294471		
40	李红洲	副总工程师		江西恒大高新技术股份有限公司	南昌市高新开发区金庐北路88号	0791-88196206	0791-88308145	18979127581	lhzh823@163.com	330096
41	李鸣镝	经理	工程师	湖南株洲市巨能焊材有限公司	株洲市响石东路	0731-28337657	0731-28338596			
42	李其连		研究员	北京航空制造工程研究所	北京市340信箱104室	010-85701493	010-85701588	13717787098	qilian1818@sina.com	100024
43	李擎煜			武汉理工大学新材所	武汉市珞狮路124号			13071299187		430070
44	李水清		教授	清华大学热能工程系	清华大学热能工程系	010-62773384	010-62794068	13683057878	lishuiqing@tsinghua.edu.cn	100084
45	李文帅		学生	中国科学院上海硅酸盐研究所	上海市嘉定区和硕路588号	021-69906320		15618388283		210899
46	李益明	总经理	高工	上海宝钢工业技术服务有限公司表面工程事业部	上海同济路3521号	021-26645056		13916791918	li-yiming@baosteel.com	201900
47	李兆喜		研究员	天津立林石油机械有限公司	天津市津南区葛沽三合立林工业园			15122976103	lizhaoxi@lilingroup.com	300352

序号	姓名	职务	职称	单位	地址	电话	传真	手机	E-mail	邮编
48	李志刚			先进机械设备有限公司	广东佛山市禅城区城门头西路 1 号佛山环球国际广场 2208			13916109871	zgli@amstechn.com	
49	梁晨曦	经理	工程师	湖南株洲市巨能焊材有限公司	株洲市响石东路	0731-28337657	0731-28338596	13908436073	wang14778@yahoo.com.cn	412000
50	林　菁	总经理		上海凯林新技术实业公司	上海市漕宝路 86 号 903 室（光大会展中心 F 座）	021-64326600	021-64325123	13901750558	lq-kl@kailinsh.com	200233
51	林　赟	总经理助理		上海凯林新技术实业公司	上海市漕宝路 86 号 903 室（光大会展中心 F 座）	021-64326600	021-64325123	13585586059	lq-kl@kailinsh.com	200233
52	刘函宇	销售经理		苏尔寿美科表面技术（上海）有限公司	上海市嘉定区百安路 539 号第 1、2 幢	021-67087032	021-67087001	13918590845	Han-Yu.Liu@sulzer.com	201814
53	刘冉冉		研发工程师	圣戈班研发（上海）有限公司	上海闵行区文井路 55 号	021-54757271		15618989766	Ranran.liu@saint-gobain.com	200245
54	吕宏伟			洛阳朗力表面技术有限公司	洛阳高新技术开发区东马沟工业园 8 号	0379-64295899	0379-64295599	13015579248	lylangli@126.com	471003
55	栾胜家			中国科学院金属研究所	沈阳市沈河区文化路 72 号	024-23971865	024-23906712	15204059210		110016
56	罗范波	副总经理		先导（益阳）等离子粉末有限公司	湖南省益阳市赫山区平安路 55 号	0737-4435648	0737-4436203	18692759288	pretech@vip.sina.com	413002
57	马康智		工程师	航天材料及工艺研究所	北京市丰台区南大红门路 1 号	010-68384894	010-68383282	13466673595	zgbymkz@126.com	100076
58	马良华	副所长	高工	东方汽轮机有限公司表面工程研究所	四川省德阳市太湖路 9 号	0838-2431666	0838-2431666	13909026588		618000
59	马榕彬			武汉理工大学新材所	武汉市珞狮路 125 号			18971536245		430070
60	毛　杰		工程师	广州有色金属研究院	广东省广州市天河区长兴路 363 号广州有色金属研究院新材料所	020-37238263		15360575130	wearegenius@163.com	510651
61	牛　芳		博士后	清华大学热能工程系	清华大学热能工程系	010-62788506	010-62794068	15810539456	lishuiqing@tsinghua.edu.cn	100084
62	牛少鹏		博士	广州有色金属研究院	广东省广州市天河区长兴路 363 号广州有色金属研究院新材料所	020-37238263		15915841708		510651

序号	姓名	职务	职称	单位	地址	电话	传真	手机	E-mail	邮编
63	潘海龙	经理	工程师	温州耐密特阀门有限公司	温州市龙湾区永兴富康西路16号	0577-85980111	0577-86935599	18968972688		325024
64	钱　兵	董事长总经理	工程师	南通高欣金属陶瓷复合材料有限公司	江苏省南通市港闸区天生路八一工业区1号	0513-82030988	0513-83532955	13906291664	nt-gx@nt-gx.com	226003
65	钱　铸	总经理	高工	天津市铸金表面工程材料科技开发有限公司	天津北辰区霍家咀工业区汾河道一支路10号	022-26316478	022-26316478	13072019906	zhujinbiaomian@126.com	300402
66	任红旗	总经理	教授级高工	西安宇丰喷涂技术有限公司	西安市经开区泾渭新城渭华路26号	029-86964551	029-86964550	13991913601	yfccgm@126.com	710200
67	沈文洁	销售部经理		常州市卓群纳米新材料有限公司	江苏省常州市武进邹区镇龙潭村	0519-83632375	0519-83632377	15961196420	geoquin@cnnanore.com	213144
68	石成刚			中石油钻井院江汉机械研究所	湖北荆州沙市豉湖路12号	0716-8121235		13607218946		
69	石多利	市场专员		空气化工产品（中国）投资有限公司	上海市浦东新区张江高科技园区祖冲之路887弄72号5楼	021-38962078		13918249926	shidd@airproducts.com	201203
70	孙建国	质检经理		上海新业喷涂机械有限公司	上海奉贤区金大公路8278号	021-58735205	021-50393000	18016203429		201403
71	孙景和	副总经理	高级工程师	沈阳石花微粉材料有限公司（原沈阳砂轮厂）	沈阳东陵区观泉路298号	024-88319856	024-88324471	13940445707	syshwf88319856@126.com	110045
72	孙卫峰			洛阳朗力表面技术有限公司	洛阳高新技术开发区东马沟工业园8号	0379-64295899	0379-64295599	15090170960	lylangli@126.com	471003
73	唐禹夏	产品经理		北京最时科技发展有限公司（苏尔寿美科代理）	北京市朝阳区北三环东路28号易亨大厦1708室	010-64405025	010-64405665	13811595929	tangyuxia@zsqspring.com	100013
74	陶顺衍		研究员	中国科学院上海硅酸盐研究所	上海市嘉定区和硕路588号	021-52414101	021-52413903	13641819579	sytao@mail.sic.ac.cn	210899
75	陶闻钟	董事长		江苏立达高科特种材料有限公司	江苏常熟东南开发区银河路88号	0512-52223388	0512-52222388	13962351919	lidagaoke@163.com	215533
76	田铬夫	业务经理		先导(益阳)等离子粉末有限公司	湖南省益阳市赫山区平安路55号	0737-4435648	0737-4436203	13365873438		413002
77	童向阳	经理	研究员	武汉材料保护研究所	武汉市宝丰二路126号	027-83641660	027-83637647	13618602860	tong.box@163.com	430030
78	王　博	系长		东华隆（广州）表面改质技术有限公司	广东省广州市萝岗区永和镇禾丰二街9号	020-82986789	020-82986868	13902247668	e004@tocalo-hantai.com	511356

序号	姓名	职务	职称	单位	地址	电话	传真	手机	E-mail	邮编
79	王　慧			山特维克国际贸易（上海）有限公司	上海市莘庄工业园区银都路4555号			15900930530	judy.wang@sandvik.com	201108
80	王　俭	销售经理		世泰科化工贸易（上海）有限公司 H.C.Starck	中国上海市徐汇区斜土路2899甲号光启文化广场A幢705室	021-60231539	021-60231521	13818147692	charley.wang@hcstarck.com	200030
81	王　健	销售		通快（中国）有限公司	江苏常州新北区龙锦路百草苑46-3002			18661100669	patrick.wang@cn.trumpf.com	212013
82	王　俊	部门经理		北京最时科技发展有限公司（苏尔寿美科代理）	北京市朝阳区北三环东路28号易亨大厦1009室	010-64405025	010-64405665	13801029823	wangjun@zsqspring.com	100013
83	王　凯	销售经理		郑州立佳热喷涂机械有限公司	郑州市化工路与凯旋路交汇处北500米	0371-86102889	0371-86088667	18638188966	zzljrpt@163.com	450000
84	王　伟			三门峡明珠机电工程有限责任公司	河南省三门峡市大坝	0398-2992133		13839812313		472000
85	王　旭	副部长		北京矿冶研究总院	北京昌平沙河富生路5号	010-80727324	010-69731707	13911404458	409852080@qq.com	102206
86	王　尊	市场部经理		中国腐蚀与防护网	北京市海淀区学院路30号	010-82387968	010-82387692	18630982195	wangzun@ecorr.org	100083
87	王春华	副总经理		成都振兴金属粉末有限公司	四川省成都市青白江工业集中开发区南区祥虎大道大港建材城旁	028-86080279 84205833	028-84206118	13708051187	cdzxmp@cdzxmp.com	610052
88	王春艳			北京最时科技发展有限公司（苏尔寿美科代理）	北京市朝阳区北三环东路28号易亨大厦1009室	010-64405025	010-64405665	15801602470	wangchunyan@zsqspring.com	100013
89	王从夫	厂长		沈阳市新光热喷涂厂	沈阳市大东区东塔街3号	024-24325182	024-24325182	13609874480		110043
90	王国华	经理	工程师	浙江星塔科技设备材料有限公司	浙江省长兴县林城工业区	0572-6087098	0572-6870478	13705827186	13705827186@163.com	313112
91	王海东	经理		杭州萧山长城铝业物资有限公司	浙江杭州萧山海塘路537号	0571-82720590	0571-82751275	13805753439		311200
92	王会谊	材料工程师		洛阳朗力表面技术有限公司	洛阳高新技术开发区东马沟工业园8号	0379-64295899	0379-64295599	13598474779	lylangli@126.com	471003
93	王吉孝		高级工程师	机械科学研究院哈尔滨焊接研究所	哈尔滨市松北区创新路2077号	0451-87199363	0451-86336695	13304630363	jixiao_wang@163.com	150028

序号	姓名	职务	职称	单位	地址	电话	传真	手机	E-mail	邮编
94	王亮亮	总经理		上海大豪瑞法喷涂机械有限公司	上海市青浦区华新镇嘉松中路 1835 号			13621836327		201708
95	王山松	经理		北京桑尧科技开发有限公司 / 北京桑斯普瑞新材料有限公司	北京市海淀区马甸东路 19 号，金澳国际	010-52437923	010-62335622	13520430953 18611705726	amiwang0828@sina.com	100080
96	王延枝			洛阳朗力表面技术有限公司	洛阳高新技术开发区东马沟工业园 8 号	0379-64295899	0379-64295599	13838422926	lylangli@126.com	471003
97	王玉琦	副总经理	高级工程师	无锡市新科表面工程材料有限公司	无锡市滨湖区胡埭工业安置北区丁香路 7 号	0510-85504122	0510-85520126	13861848995	xinke@wxxinke.com	214161
98	王云生	总经理		江苏立达高科特种材料有限公司	江苏常熟东南开发区银河路 88 号	0512-52223388	0512-52222388	18051535068	lidagaoke@163.com	215533
99	伍建华		研究员	武汉材料保护研究所	武汉市宝丰二路 126 号	027-83641639	027-83641639	13971165228	wujh366@163.com	430030
100	武洪臣		研究员	北京航空制造工程研究所	北京市 340 信箱 104 室	010-85701493-801	010-85701588	13520109220	labwhc@163.com	100024
101	肖　庆	中国区经理		苏尔寿美科表面技术（上海）有限公司	上海市嘉定区百安路 539 号第 1、2 幢	021-67087032	021-67087001	13524261313	simon.xiao@sulzer.com	201814
102	徐　森	销售经理		圣戈班陶瓷材料有限公司上海代表处	上海市延安东路 222 外滩中心 7 楼	021-63616100	021-63222942	13816235264	Carol.Xu@saint-gobain.com	200002
103	徐　娜			中国科学院金属研究所	沈阳市沈河区文化路 72 号	024-23971865	024-23906712	13940209631	naxu@imr.ac.cn	110016
104	徐　霄	市场部经理		无锡市新科表面工程材料有限公司	无锡市滨湖区胡埭工业安置北区丁香路 7 号	0510-85504122	0510-85520126	13405770955	xinke@wxxinke.com	214161
105	徐富家		工程师	机械科学研究院哈尔滨焊接研究所	哈尔滨市松北区创新路 2077 号	0451-87199363	0451-86336695	18346135284	xufujia_hit@126.com	150028
106	徐茂杰	销售经理		厦门金鹭特种合金有限公司	福建省厦门市湖里区兴隆路 69 号	0592-6022393	0592-5623208	18030201943		361006
107	许良久			马鞍山市恒意机械有限公司	安徽省马鞍山市花山工业园同舟路 299 号	0555-2780290	0555-2780283	13956221439		243000
108	杨　跃	技术总监		厦门金鹭特种合金有限公司	福建省厦门市湖里区兴隆路 69 号	0592-6022393	0592-5623208	18030201712		361006
109	杨震晓		工程师	航天材料及工艺研究所	北京市丰台区南大红门路 1 号	010-68384894	010-68383282	13466702656	yangzhenxiao@163.com	100076

序号	姓名	职务	职称	单位	地址	电话	传真	手机	E-mail	邮编
110	叶户存	部长		西安得源机电器材厂	西安市户县草堂路438号	029-84889229	029-84889229	13709222549		710300
111	叶卫平			武汉理工大学新材所	武汉市珞狮路123号			18971211882		430070
112	易长宾	总经理	高级工程师	自贡长城硬面材料有限公司	四川自贡高新技术产业园区板仓工业集中区荣川一支路六号	0813-5517997	0813-5517997	13708150503	yicb @zgcc.com	643000
113	易攀芝	销售专员		成都振兴金属粉末有限公司	四川省成都市青白江工业集中开发区南区祥虎大道大港建材城旁	028-83657377 86080279	028-84206118	18011300807	xs @cdzxmp.com	610052
114	尹志坚	主任	高工博士	上海宝钢工业技术服务有限公司表面工程事业部	上海同济路3521号	021-26647705	021-26647705	13761198937	yinzhijian @baosteel.com	201900
115	应　峰			江苏麟龙新材料股份有限公司	无锡惠山玉祁工业园区		0510-83881301	15952463400	linlongnm @163.com	214183
116	俞晓华	总经理		上海托卡洛硬面技术工程有限公司	上海市普陀区棕榈路300弄49号202室		021-52924131	13916614638	xiaohuayu @126.com	200333
117	袁应春	销售经理		先导（益阳）等离子粉末有限公司	湖南省益阳市赫山区平安路55号	0737-4435648	0737-4436203	13574720033		413002
118	张　刚			江苏麟龙新材料股份有限公司	无锡惠山玉祁工业园区	0510-83889155	0510-83881301	13771427977		214183
119	张　洋	营销经理		北京东方晶格科技发展有限公司	北京市大兴工业开发区金苑路2号奥宇大厦610室	010-51184632	010-51184632	13501147427		
120	张　贇	总经理		上海大豪纳米材料喷涂有限公司	上海市青浦区华新镇嘉松中路1835号	021-69791220	021-69791220	15900899978		201708
121	张国庆	经理		陕西帝比特科技发展有限公司	西安市科技五路橡树星座B1505	029-88376383	029-88376185	13572570126	13572570126 @163.com	
122	张启林	销售经理		北京丹斯泰克科贸有限公司	北京顺义区空港工业B区安庆大街一号曙光电机厂东侧	010-64398190	010-64780565	13810449822	eric.cheung. beijing@gmail. com	101318
123	张绍斌	副总经理		兰州理工合金粉末有限责任公司	兰州市七里河区兰工坪287号	0931-2756544	0931-2757394	13893664144		730050
124	张锡昌	总经理		莱芜市盛鼎冶金机械制造有限公司	山东省莱芜市钢城区里辛镇北赵圆		0634-6496509	13906346060		271105
125	张小兰	销售副部长		厦门金鹭特种合金有限公司	福建省厦门市湖里区兴隆路69号	0592-6022393	0592-5623208	18030202008	powder-cn@ gesac.com.cn	361006

序号	姓名	职务	职称	单位	地址	电话	传真	手机	E-mail	邮编
126	赵　杰	营销总监		株洲西迪硬质合金科技有限公司	湖南省株洲市芦淞区湘大路1099号	0731-22659085	0731-22659065	13975361119		412000
127	赵华玉		助研	中国科学院上海硅酸盐研究所	上海市嘉定区和硕路588号	021-69906320		13916551692		210899
128	赵月兴		学生	中国科学院上海硅酸盐研究所	上海市嘉定区和硕路588号	021-69906320		15618393209		210899
129	郑秀峰	经理		天津市铸金表面工程材料科技开发有限公司	天津北辰区霍家咀工业区汾河道一支路10号	022-26316478	022-26316476	13212209890	zhujinbiaomian@126.com	300402
130	卓鸿谋	表面研发中心副主任		上海开维喜阀门集团有限公司	上海市奉贤区柘林镇北村路199号	021-57491111-88039	021-57491333	13816529233	zhm0857@163.com	201416
131	宗毅晨		在读博士生	清华大学热能工程系	清华大学热能工程系	010-62788506	010-62794068	13810477741	dyence@gmail.com	100084
132	邹敬平	技术支持工程师		世泰科化工贸易（上海）有限公司 H.C.Starck	上海市徐汇区斜土路2899甲号光启文化广场A幢705室	021-60231540	021-60231521	13818148824	joe.zou@hcstarck.com	200030
133	祖芳凝	经理	工程师	北京航百川科技开发中心	北京市大兴区青云店工业区	010-69273025	010-69273025	13911000056	hangbaichuan@126.com	102605

国外及港台地区代表

序号	姓名	职务	单位	地址	电话	传真	手机	E-mail	邮编
134	Hans Keller	Vice President Materials Marketing	Sulzer Metco Europe GmbH	Spreestrasse 2, P.O.Box 1163,65451 Kelsterbach, Germany	+49 6142 6033 190	+49 6142 6033 400	+49 162 108 05 57	hans.keller@sulzer.com	
135	Hajime akadate	Asia senior sales manager	H.C.Starck	1-30-5 Hamamatsucho Minato-ku Tokyo 105-0013 Japan	+81 357765024	+81 3 54020071		hajime.nakadate@hcstarck.com	
136	Antonio Candel-Ruiz	Industry Management Laser Surface Treatments	Trumpf laser-und Systemtechnik GmbH	Johann-Maus-Strasse 271254 Ditzingen. Germany	+49(0)7156303-30429	+49(0)7156303-30879		Antonio.Candel-Ruiz@de.trumpf.com	
137	HIROYUKI KITAAKI 北秋广幸	Chairman	Tocalo and Hantai Co., Ltd. 东华隆（广州）表面改质技术有限公司	No.9,2Road,Hefeng,Yonghe,Luogang, Guangzhou City, China 广州市罗岗区永和镇禾丰二街9号	+86 20 82986789	+86 20 82986868	13925039479	b029@tocalo-hantai.com	511356

138	大城户 修三	General Manager	Tocalo and Hantai Co., Ltd. 东华隆（广州）表面改质技术有限公司	9,2Road,Hefeng, Yonghe, Luogang, Guangzhou City, China 广州市罗岗区永和镇禾丰二街9号	+86 20 82986789	+86 20 82986868	13922147989	f001@tocalo-hantai.com	511356
139	陈哲勇	产品应用经理	空气产品化工公司	台湾台北市中山北路二段21号3楼	（8682）2537-9330		(866)912-959070	chenw6 @airproducts.com	104

理事会及秘书处

序号	姓名	职务	职称	单位	地址	电话	传真	手机	E-mail	邮编
140	黄小鸥	会长 理事长	研究员	中国表面工程协会 中国表面工程协会热喷涂专业委员会	北京市朝阳区北沙滩甲1号706室 北京德胜门外北沙滩一号	010-64882554	010-64872316	13901358778	xiaoou @chinathe-rmalspray .org	100083
141	吴朝军	副理事长	研究员	航天材料及工艺研究所	北京9200信箱73分箱17号	010-68756924	010-68383282	13901315650	wuchaojun @vip.sina.com	100076
142	李长久	副理事长	教授	西安交通大学材料科学与工程学院	陕西省西安市咸宁西路28号	029-82660970	029-82660970		licj@mail.xjtu.edu.cn	710049
143	杨　滨	副总经理 副理事长	教授级高工	上海宝钢工业技术服务有限公司	上海宝山区同济路3521号	021-26641218				201900
144	李秉忠	副总工 副理事长	研究员	武汉材料保护研究所	武汉市宝丰二路126号	027-83637647	027-83641656	13507112725	whcbpt@163.com	430030
145	卢乐松	副秘书长		中国表面工程协会热喷涂专业委员会	北京德胜门外北沙滩一号	010-64882552	010-64879322	13801233251	lulesong@126.com	100083
146	张　蓓	秘书		中国表面工程协会热喷涂专业委员会	北京德胜门外北沙滩一号	010-64882560	010-64872316	13752103665	tscc@ chinathe-rmalspray.org	100083
147	何凤鸣			中国表面工程协会热喷涂专业委员会	北京德胜门外北沙滩一号	010-64882560	010-64872316	13521581653		100083

3. 中国表面工程协会热喷涂专业委员会五届会员代表大会和中国表面工程协会热喷涂专业委员会五届一次理事（扩大）会议在洛阳市召开，选举组成中国表面工程协会热喷涂专业委员会第五届理事会以及常务理事会

中国表面工程协会热喷涂专业委员会于2013年10月24日在洛阳友谊宾馆成功召开了中国表面工程协会热喷涂专业委员会五届会员代表大会和中国表面工程协会热喷涂专业委员会五届一次理事（扩大）会议，选举组成了中国表面工程协会热喷涂专业委员会第五届理事会以及常务理事会。会议由陶顺衍研究员主持。

中国表面工程协会热喷涂专业委员会五届会员代表大会的主要内容有：

1）卢乐松秘书长向大会通报了中国表面工程协会热喷涂专业委员会四届二次常务理事（扩大）会会议纪要以及四届六次理事通讯会会议事宜；

2）审议通过了吴朝军副理事长代表中国表面工程协会热喷涂专业委员会第四届理事会作的工作报告以及五届理事会的工作设想（附后）；

3）卢乐松秘书长作了关于第五届理事会理事候选人的说明，大会通过举手表决方式选举组成了中国表面工程协会热喷涂专业委员会第五届理事会（理事会组成名单附后）；

4）讨论并调整“热喷涂技术”编委会（名单附后）；

5）讨论会费收取标准；

6）讨论并通过了中国表面工程协会热喷涂专业委员会五届会员代表大会决议（附后）。

选举组成了中国表面工程协会热喷涂专业委员会第五届理事会后，随后召开了中国表面工程协会热喷涂专业委员会第五届第一次理事（扩大）会。会议由陶顺衍副秘书长主持，各位理事经过认真讨论审议，充分发表意见，讨论并选举产生了由黄小鸥等30人组成的中国表面工程协会热喷涂专业委员会第五届常务理事会；并选举黄小鸥为第五届理事会理事长，吴朝军、杨滨、陶顺衍、赵华明、李长久、常新春、童向阳、安云岐、曹庆、卢乐松10人为副理事长，卢乐松为秘书长。中国表面工程协会热喷涂专业委员会五届一次理事（扩大）会的主要内容有：

1）选举组成中国表面工程协会热喷涂专业委员会第五届常务理事会；

2）选举产生第五届理事会理事长、副理事长、秘书长、聘任副秘书长、聘请名誉理事长；

3）聘请顾问委员会委员；

4）讨论并推选代表中国表面工程协会热喷涂专业委员会的中国表面工程协会第五届理事会理事、常务理事、副理事长候选人名单；

5）讨论并通过中国表面工程协会热喷涂专业委员会五届一次理事（扩大）会会议纪要（附后）；

6）黄小鸥理事长的讲话以及传达中国机械工业联合会、中国表面工程协会等有关文件和精神。

中国表面工程协会热喷涂专业委员会四届理事会工作报告及五届理事会工作设想

（2013 年 10 月 24 日召开的第五届会员代表大会审议通过）

各位理事、各位代表：

今天，在有着“千年帝都，牡丹花城”之称的古都洛阳，召开中国表面工程协会热喷涂专业委员会第五届会员代表大会。在此，我谨代表四届理事会和秘书处，向全体来宾、理事、代表表示热烈的欢迎！

本次会议的主要议题为：总结四届理事会的工作，审议四届理事会工作报告；选举组成中国表面工程协会热喷涂专业委员会五届理事会；确定五届理事会的主要任务和目标；确定五届理事会及秘书处今后五年的主要工作等。

根据 2013 年我会工作计划以及民政部等有关部门关于换届工作原则和工作安排，中国表面工程协会热喷涂专业委员会于 2013 年 7 月 17 日在江门召开了中国表面工程协会热喷涂专业委员会四届二次常务理事（扩大）会，协会 29 名常务理事中的 22 名（其中 7 名书面授权指定代表参加会议）出席会议，未到会 7 名，其中请假 6 名，到会人数超过了常务理事会应到人数的二分之一，符合开会法定人数，会议有效。另有 7 名五届常务理事候选人列席会议。本次常务理事（扩大）会议的主要内容为：传达中国表面工程协会有关会议精神；讨论并通过了四届理事会工作报告讨论稿，以及五届理事会工作计划；讨论并推选出了中国表面工程协会热喷涂专业委员会第五届理事会理事、常务理事、副理事长、理事长、秘书长候选人名单，推荐待聘的副秘书长候选人名单，以及待聘的名誉理事长、顾问委员会委员名单；讨论并推选出代表中国表面工程协会热喷涂专业委员会的中国表面工程协会第五届理事会理事、常务理事、副理事长候选人名单。讨论并通过待聘的“热喷涂技术”编委会名单；讨论并通过了会费收取标准（讨论稿）。

中国表面工程协会热喷涂专业委员会于 2013 年 8 ～ 9 月日召开了中国表面工程协会热喷涂专业委员会四届六次理事通讯会，向各位理事通报了四届二次常务理事（扩大）会会议纪要，并就四届二次常务理事（扩大）会讨论通过的事项提请各位理事审议，截止 2013 年 9 月 25 日未收到不同意见，各位理事一致同意通过以上事项。

今天，我受四届理事会委托，作四届理事会工作报告、提出五届理事候选人名单，五届理事会组成名单、五届理事会的主要任务和目标、五届理事会及秘书处今后五年的主要工作计划，提请参加中国表面工程协会热喷涂专业委员会第五届会员代表大会的各位代表讨论、审议和表决。

四届理事会工作期间（2008 年～ 2013 年），正值国际金融危机爆发，我国经济也受到很大冲击，由高速发展转变为稳中求进，促进加快转型升级，GDP 年增长速度稳定在 7% ～ 8%，2012 年达到 53 万亿元。热喷涂作为高技术产业和多学科的交叉、边缘技术，对国民经济，特别是对制造业的发展状态和产品结构调整极其敏感，有很强的依附性，因此，在转型升级的大好形势下，五年来热喷涂年增长率均在 10% 以上，2012 年热喷涂总产值达到 100 亿元以上（不完全统计）。这样的成绩，是大形势使然，是全体热喷涂同仁努力的结果，也含有四届理事会和秘书处的辛勤工作。

下面，向各位代表报告四届理事会的工作和对五届理事会工作的建议和希望。

一、四届理事会工作总结

1. 四届理事会的组成

中国表面工程协会热喷涂专业委员会于 2008 年 10 月 15 ～ 18 日在厦门成功地举办了热喷涂专业委员会第四届会员代表大会、第十一届国际热喷涂研讨会（ITSS′ 2008）暨第十二届全国热喷涂年会（CNTSC′ 2008）。第四届会员代表大会审议并通过了热喷涂专业委员会三届理事会工作报告，选举组成了热喷涂专业委员会四届理事会，共有理事单位 68 个，理事 73 名；召开了热喷涂专业委员会四届一次理事会，选举产生了四届理事会名誉理事长 1 人、理事长 1 人、副理事长 8 人及常务理事 31 人，组成了热喷涂专业委员会顾问委员会。2010 年 10 月 17 ～ 23 日在江苏省苏州市召开的热喷涂专业委员会四届三次理事（扩大）会以及 2012 年 10 月 23 ～ 27 日在江苏省徐州市召开的热喷涂专业委员会四届五次理事（扩大）会上，增补和调整部分理事和常务理事，并对部分超龄、工作调动、病故、长期不参加协会活动和不缴纳会费的理事及常务理事进行了调整及更换。至此，热喷涂专业委员会四届理事会共有理事 70 名和常务理事 29 名，代表团体会员 800 余个，见附件 1（略）。

2. 第四届理事会组成后，在总会的领导和黄小鸥理事长的指导下，在全体会员和理事的大力支持下，秘书处受理事会委托，自 2008 年起，五年来（2008 年～ 2013 年）主要开展的工作有：

① 为更好地适应热喷涂行业发展需要，增强协会代表性和权威性，增补和调整部分理事和常务理事，并对部分超龄、病故、长期不参加协会活动和不缴纳会费的理事进行了调整，充实加强理事会，加强协会组织建设，积极发展会员，为会员更好地服务。

截止目前，登记在册团体会员共计 800 余个。会员单位来自机械、钢铁、电子、冶金、煤炭、汽车、石化、航空、航天、军工、国防、船舶、有色、纺织、轻工、能源、交通等行业；既有热喷涂企业，又有热喷涂设备、材料制造企业；既有科研院所，又有大专院校；既有国营企业，又有合资企业、独资企业、股份制企业、民营企业；既有内地企业，又有台湾省在内地的独资企业，还有外资企业。这充分证明了热喷涂专业委员会的号召力和代表性，进一步凸现了协会是跨行业、跨部门、跨地区、跨学科、跨所有制企业的行业性组织的特点。

② 积极开展国内外合作与学术交流，参与国内外热喷涂市场运作，促进我国热喷涂技术的发展。

1）成功举办国际热喷涂研讨会（ITSS）暨全国热喷涂年会（CNTSC）

五年来（2008 年～ 2013 年），中国表面工程协会热喷涂专业委员会成功组织举办了五届国际热喷涂研讨会以及全国热喷涂年会，主编出版发行国际研讨会及全国热喷涂年会论文集（含电子版），累计 100 余万字（2012 年大会论文集由《材料保护》杂志增刊公开出版发行），每届国际研讨会和年会均有 120 ～ 160 余人出席，国内外及港台地区的热喷涂知名公司、大学、科研机构的专家及代表每届均参加。已将国际热喷涂研讨会（ITSS）暨全国热喷涂年会（CNTSC）主办成热喷涂届的品牌会议。

2）积极组团参加并协办国际热喷涂大会及展览会（ITSC），考察国际先进热喷涂技术及企业

作为国际热喷涂大会及展览会（ITSC）的组委会成员及协办单位，中国表面工程协会理事长、中国表面工程协会热喷涂专业委员会理事长黄小鸥教授作为大会国际委员会委员参加并主持 2009 ～ 2013 年的会议。得到美国金属学会（国际）- 美国热喷涂学会（ASM-TSS）、德国焊接学会（DVS）、国际焊接学会（IIW）的高度评价，进一步确认了中国表面工程协会热喷涂专业委员会的国际地位，使得中国热喷涂真正走向世界并和国际接轨，使中国热喷涂的水平又上一个台阶，促进了我国热喷涂行业的快速健康创新式发展。

中国表面工程协会热喷涂专业委员会先后组团参加了 2011 年汉堡国际热喷涂大会、2012 年休斯顿国际热喷涂大会、2013 年韩国釜山国际热喷涂大会及同期举办的展览会，并同时组团考察欧洲以及韩国的先进热喷涂技术和企业。

3）成功举办 2009 上海国际热喷涂展览会

由中国表面工程协会热喷涂专业委员会于 2009 年 3 月 8 ～ 10 日在上海光大会展中心成功举办了 2009 上海国际热喷涂专题展览会，同期还成功举办了“2009 耐磨材料与抗磨技术研讨会”。本届展览会共有九十余家企业参展，包括中国表面工程协会热喷涂专业委员会、上海宝钢设备检修有限公司宝钢机械厂、苏尔寿美科表面技术（上海）有限公司、中航工业北京航空制造工程研究所、上海新业喷涂机械有限公司、东华隆（广州）表面改质技术有限公司、北京航天振邦精密机械有限公司、青岛天尧实业有限公司、瓦格纳尔喷涂设备（上海）有限公司、南通高欣金属陶瓷复合材料有限公司、江苏启迪合金有限公司、上海大豪纳米材料喷涂有限公司、北京英科尔陶瓷耐磨制品有限公司、世泰科化工贸易（上海）有限公司等热喷涂企业展出了超音速火焰喷涂、火焰喷涂、燃气爆炸喷涂、喷镀、火焰喷塑、电弧喷涂、等离子喷涂、陶瓷喷涂、送丝设备、涂装生产线、重熔枪、喷嘴等喷涂喷焊设备，陶瓷粉末、金属粉末、堆焊熔覆粉末、自熔性合金粉末、金属陶瓷粉末、复合粉末、热喷涂丝材等材料，空压机、送丝机、喷砂设备、喷丸设备、配件、防护用品、喷砂喷丸等耗材、布袋式除尘设备、滤筒式除尘设备、涂层检测仪等喷涂辅助设备。

本届展览会是中国表面工程协会热喷涂专业委员会联合众多行业协会，利用自身得天独厚的行业优势，旨在推动热喷涂技术快速发展，给热喷涂用户、热喷涂设备及材料企业、热喷涂技术专家、行

业协会搭建一个畅通的学习、交流的平台，深入探讨行业发展趋势、学习国际领先技术和先进管理经验、解析政策、分析市场，是了解热喷涂行业的信息与动态、寻求合作的行业盛会，对推动我国热喷涂事业的发展，促进我国热喷涂企业与国际热喷涂界的交流合作，起到积极作用。我们将总结经验，继续举办热喷涂专题展览会，为国内外热喷涂行业同仁提供更好地展示及交流平台，共同推动我国热喷涂事业的发展。

4）协助总会成功举办 2010、2011、2012 上海国际表面工程展览会及研讨会

上海国际表面工程展览会是中国表面工程协会为我国表面工程行业打造的权威、实效的交流平台，得到了各分会、专业委员会、地方协会的大力支持，参展单位众多，包括北京航天振邦精密机械有限公司、航天材料及工艺研究所、北京市熵科尔应用技术研究所、中航工业北京航空制造工程研究所、东华隆（广州）表面改质技术有限公司、赫格纳斯（中国）有限公司、航天材料及工艺研究所、奇特威热喷涂（北京）有限公司、苏尔寿·美科表面技术（上海）有限公司、世泰科化工贸易（上海）有限公司、上海宝钢设备检修有限公司机械制造事业部、上海大豪纳米材料喷涂有限公司、上海新业喷涂机械有限公司、上海休玛喷涂机械有限公司、威霖贸易有限公司、厦门金鹭特种合金有限公司、绍兴市天龙锡材有限公司、河北瑞驰伟业科技有限公司、株洲江钨博大硬面材料有限公司、自贡长城硬面材料有限公司、郑州鼎盛工程技术有限公司、赣州章源钨业新材料有限公司、浙江星塔科技设备材料有限公司、沈阳石花微粉材料有限公司、江苏武进液压启闭机有限公司、福建多棱钢业集团有限公司、创智热喷涂技术有限公司、南通高欣金属陶瓷复合材料有限公司等热喷涂企业展出了超音速火焰喷涂、火焰喷涂、电弧喷涂、等离子喷涂、等离子喷焊、耐磨堆焊、喷砂设备等辅助设备、工具及相关配件等设备及技术，热喷涂金属粉末、陶瓷粉末、金属陶瓷粉末、复合粉末、合金粉末、热喷涂线材等材料，以及热喷涂技术服务、涂层检测分析等。

5）协助总会成功举办北京 2012、2013 中国国际涂装、电镀及表面处理展览会暨研讨会。

6）积极参与由中国表面工程协会和中国机械工程学会表面工程分会联合主办的第九届全国表面工程大会的筹备工作，并参与热喷涂技术论坛、航天航空及能源表面工程论坛、钢结构表面防护工程论坛、表面工程材料论坛的组织及召集工作。并推荐吴朝军、陶顺衍、李其连、刘敏、王汉功、吴高潮等为学术委员会委员；李长久、安云岐等为组织委员会委员。

第九届全国表面工程大会暨第四届全国青年表面工程论坛于 2012 年 10 月 28 ~ 31 日在开元宁波九龙湖度假村举行，来自全国的 400 余位专家学者和企业家共聚一堂，这是全国表面工程领域同行的一届盛会，会议主题是表面工程技术的新发展和新应用及沿海战略支柱产业发展中的表面工程，会议由中国科学院宁波材料技术与工程研究所承办。

大会特邀报告由大会主席中国表面工程协会理事长黄小鸥研究员、王福会研究员、马世宁教授、刘敏研究员等主持，大会特邀报告有徐滨士院士的《中国的表面工程学科及其技术基础》、薛群基院

士的《碳基薄膜表/界面跨尺度设计：从基础到应用》、杜正恭教授的《Exploitation of Hybrid Coating with Multiple Functionalities》、丁传贤院士的《等离子喷涂生物陶瓷涂层》、周克崧院士的《新型热喷涂技术及其应用前景》、徐可为教授的《抗氧化低摩擦超硬涂层的纳米化制备与应用》、张建春研究员的《电子束辐射接枝对涤纶表面的结构与性能影响研究》、董汉山教授的《新颖长效抗菌 S- 相表面层的发展及表征》、刘维民研究员的《空间固体润滑薄膜研究与应用》、李金桂研究员的《表面工程与材料构件的使用寿命》、王锡春研究员的《我国汽车涂装与汽车涂料的现况及发展趋势》、范多旺教授的《绿色镀膜技术在聚光太阳能领域的应用》、潘邻研究员的《我国表面工程技术标准化现状与展望》等，受到与会代表的好评和欢迎。

本届表面工程大会共收集论文 215 篇，会议论文涉及面宽，应用面广，包括各种涂层技术、各种薄膜技术和各种材料表层强化技术等。

热喷涂专业委员会作为中国表面工程协会的重要分支机构，组织并参与了本届表面工程大会的热喷涂技术论坛、航天航空及能源表面工程论坛、钢结构表面防护工程论坛、表面工程材料论坛的组织及召集工作。并推荐刘敏、王汉功、吴朝军、陶顺衍、李其连、吴高潮等为学术委员会委员；李长久、安云岐等为组织委员会委员。李长久教授、陶顺衍研究员分别主持了分会场的会议。

中国机械工程协会表面工程分会和台湾镀膜科技协会联合主办的第八届海峡两岸薄膜科学与技术研讨会同期在宁波开元宁波九龙湖度假村召开。会议得到国务院台湾事务办公室、中国国家自然科学基金委、中国科学院的支持。

第八届海峡两岸薄膜科学与技术研讨会共安排了三十多个大会报告。两岸薄膜科技工作者充分讨论了各自研究领域的新进展和新应用，还邀请了来自新加坡的张善勇教授和来自英国伯明翰大学的李小英教授，是该系列会议举办以来水平最高的一届会议。120 多位学者参加了会议，来自台湾的近 20 位专家学者出席了报告会，会前出版会议论文摘要集一册。

③ 编辑发行《热喷涂技术》会刊和其他文献，受到会员及许多单位的好评和欢迎，已取得热喷涂界的广泛认可，成为联系会员的重要纽带，推动技术创新与交流。

《热喷涂快讯》和《热喷涂技术》于 1995 年 7 月创刊。至今《热喷涂快讯》共发行了 51 期 (自 2009 年开始合并为《热喷涂技术》)，《热喷涂技术》已发行了 63 期。《热喷涂技术》的信息量大、内容丰富、学术性、技术性强，同时兼顾热喷涂技术发展动态和重要的经贸动态，跟踪国内外热喷涂最新发展水平，及时反映国内热喷涂现状，对会员及时掌握国内外热喷涂界最新消息及开发技术、开展经济合作很有价值，受到会员及许多单位的好评和欢迎。除向国内的会员单位发行外，还作为同美国、德国、日本、英国热喷涂学会及若干国外热喷涂公司的交换资料。秘书处和编委会的不懈努力和广大会员的大力支持，使《热喷涂技术》成为国内热喷涂领域最有影响力的热喷涂专业刊物，并在国际热喷涂界也具一席之地，世界仅有美国、日本热喷涂学会出版这种专业刊物。《热喷涂技术》刊物作为中文热喷涂专业刊物，在华文世界（港台地区、新加坡、东南亚等）也产生了积极影响。

④ 参与"《中华人民共和国职业分类大典》（机械部分——表面工程（处理）行业）修订工作"，及拟新增职业——热喷涂（焊）工、表面工程技术人员职业调研、信息采集、整理、职业定义、论证、工种细化等工作，目前已进入评审阶段。

中国表面工程协会承接了国家职业分类大典机械行业——表面工程行业的修订工作，为做好这次《国家职业分类大典》中所涉及的表面工程（处理）行业所涉及的职业、工种、岗位、专业技术人员等各类职业的分类修订工作，按照大典修订工作的总体部署和技术要求，中国表面工程协会向国家职业分类大典（机械部分）修订工作办公室推荐组成了以黄小鸥理事长为组长、陶伟民、吴勇、王为、刘洪文、吴朝军、安云岐、袁华、吴正前等8人为委员的"国家职业分类大典[机械部分——表面工程（处理）行业]修订专家委员会、另外推荐卢乐松为国家职业分类大典（机械部分）修订工作委员会委员。并组成了以黄小鸥理事长为组长、专家委员会委员以及各分会的工作人员等13人为组员的职业调研组，来完成新增或修订职业的信息采集、论证、描述、修订、整理和下挂工种等内容的全过程。

目前已经完成了"《中华人民共和国职业分类大典》[机械部分——表面工程（处理）行业]"原有职业——镀层工、涂装工以及拟新增职业——热喷涂（焊）工、镀膜工、表面工程技术人员的职业调研、信息采集、整理、职业定义、论证、工种细化等工作，已进入评审阶段。

热喷涂专业委员会参与了"《中华人民共和国职业分类大典》[机械部分——表面工程（处理）行业]修订工作"，及拟新增职业——热喷涂（焊）工、表面工程技术人员职业调研、信息采集、整理、职业定义、论证、工种细化等工作。在没有任何经费的艰苦条件下，克服种种困难，充分利用行业协会资源，充分调动各位专家、调研组成员以及各会员单位的积极性，通过不定期召开修典工作会议会、走访企事业单位、组织召开研讨会、交流会、通过杂志、内部刊物、网络、电话等形式宣传修典重要性，进行修订或新增职业的信息采集、调研、论证、整理、录入等工作，广泛收集行业以及职业、工种信息，研究制定的职业、工种的定义编写要求和格式规范，提出修订意见，并及时与机械行业修典办公室沟通交流有关修典事宜，积极开展修典的全面工作，确保表面工程行业修典工作的顺利完成。通过人社部组织的几次评议论证会，基本审议通过了增加喷涂（焊）工新职业以及下挂工种抛（磨）光工、喷涂预处理工、热喷涂（焊）工、涂层检测及后处理工，为热喷涂行业从业人员铺设一条符合他们自身工作特点的成长道路，将进一步调动热喷涂从业人员学习技术、技能的积极性，推动我国热喷涂及表面工程行业的发展。

⑤ 积极发展与国外热喷涂协会、大学和国外热喷涂企业的联系

目前已经与美国金属学会、美国热喷涂学会、日本热喷涂学会、日本热喷涂工业协会、英国热喷涂协会、德国热喷涂协会等建立长期良好的合作关系；

与瑞士 Sulzer Metco 公司、英国 Metallisation 公司、美国 PRAXAIR/TAFA 公司、德国阿亨大学材料

科学研究所、法国 SAINT-GOBAIN 先进陶瓷公司、荷兰 FST 公司、德国 Linde 公司、德国 H.C.Starck 公司、日本 TOCALO 公司等建立良好的、平等互利的合作关系。

⑥ 开展“四技”服务，开展会员铜牌和证书的制作工作，为会员和企业提供广泛的服务

积极开展“四技”服务，开展会员铜牌和证书的制作工作，为会员和企业服务，面向行业，积极开展技术交流、技术咨询、技术服务、技术开发、技术转让、技术指导等工作，以多种形式为会员提供全方位的服务。

⑦ 编辑出版发行《中国热喷涂年鉴（2009 年版）》

中国表面工程协会热喷涂专业委员会 2010 年 7 月主编出版发行中国热喷涂行业唯一国家级馆藏工具书《中国热喷涂年鉴（2009 年版）》，该书由科学技术文献出版社面向国内外出版发行，共计 120 万余字，是一部广泛适用于我国热喷涂行业各领域及相关行业及中外投资者选择合作和发展贸易的权威工具书，是国内外了解我国热喷涂行业和企业的一个重要窗口，准确、及时地反映中国热喷涂行业的现状，有利于会员对热喷涂技术和市场动态作出客观估价，促进国内热喷涂行业内部，以及热喷涂行业与其他行业的交流，推动国内外热喷涂界的合作。该书的编制出版为行业间的信息交流以及热喷涂行业的持续发展提供有效的服务，出版发行以来得到热喷涂行业人士的广泛好评。

《中国热喷涂年鉴（2009 年版）》共分为中国热喷涂行业的发展概况及趋势；热喷涂专业委员会发展大事记；热喷涂企业管理与技术经验文章（选编）；部分行业标准介绍；优秀企事业单位、高新工艺、设备材料介绍；企事业基本情况介绍、会员名录等，更新收录了 700 余家我国热喷涂行业有关设备、材料、辅助设备及材料的生产研制以及技术服务等企事业单位的基本信息，部分单位并配有详细的文字表述和彩色图片，该书的编制出版将为行业间的信息交流以及热喷涂行业的持续、繁荣和稳定发展提供有效的服务。

⑧ 维护中国热喷涂网站

秘书处投入大量人力物力专门建设维护中国热喷涂网站。目前网站内容还比较少，随着时间的推移，网站将进一步完善。它可以更大限度的加强秘书处与会员及理事之间、会员与会员之间、企业与协会之间的交流与合作。我们希望中国热喷涂网及《热喷涂技术》杂志，能成为国内外热喷涂界同仁、企业的窗口、桥梁、纽带和朋友。

⑨ 加强和完善理事会以及秘书处的工作

积极加强和完善理事会以及秘书处的工作，以便更好地为会员服务，主要表现在：

1）增选理事和调整理事，按照热喷涂专业委员会理事工作条例（在中国表面工程协会热喷涂专业委员会一届三次理事扩大会上通过，见附件 2，略）精神，2010 年 10 月 17 ～ 23 日在江苏省苏州市召开的热喷涂专业委员会四届三次理事（扩大）会以及 2012 年 10 月 23 ～ 27 日在江苏省徐州市召开的热喷涂专业委员会四届五次理事（扩大）会上，增补和调整部分理事和常务理事，并对部分超龄、工作调动、病故、长期不参加协会活动和不缴纳会费的理事及常务理事进行了调整及更换，使我们的理事会结构更加合理，增强理事会的活力。

2）秘书处在经费紧张的情况下，加大投入，增加专职办事人员，添置办公设备，使热喷涂专业委员会成为总会二级协会中运转较好的分支机构之一。

3）调整充实《热喷涂技术》编委会。第四届《热喷涂技术》编委会组成于2008年。近年来，我国的热喷涂行业进步斐然。热喷涂队伍及人员亦有很大变化。为反映、适应这种状况和更好地发展我国的热喷涂事业，加强《热喷涂技术》杂志的编辑力量和水平，于2012年调整充实组成第五届《热喷涂技术》编委会（见文件4，略）。

4）配合完成总会换届工作。按照总会《中国表面工程协会第五届换届方案及实施细则》要求以及增加理事及常务理事候选人名额的通知，热喷涂专业委员会需向总会推选中国表面工程协会五届协会理事候选人35人、常务理事候选人11人、副理事长候选人3人（见文件5，略），由各位理事审议后，提交中国表面工程协会第五次会员代表大会选举。

总之，我们可以认为：

ITSC’2007北京国际热喷涂大会暨展览会成功召开以后，对于我国热喷涂技术的发展具有里程碑式的意义，对促进我国热喷涂与国际接轨，具有极大的推进作用，对于我国热喷涂具有更深远的历史意义。

《中国热喷涂年鉴》的出版发行，是国内首次发行的广泛适用于我国热喷涂行业各领域及相关行业及中外投资者选择合作和发展贸易的权威工具书，准确、及时地反映中国热喷涂行业的现状，有利于会员对热喷涂技术和市场动态作出客观评估，促进国内热喷涂行业内部，以及热喷涂行业与其他行业的交流，推动国内外热喷涂界的合作。

热喷涂专业委员会会员发展迅速，截止目前，会员总数在总会各分会中仅次于电镀分会。

《热喷涂技术》杂志自1995年7月创刊至今出版发行已超过18年，面对经费紧张和稿源严重不足的情况下能维持18年，实在是不容易，并使之成为国内热喷涂领域唯一的最有影响力的热喷涂专业刊物，并在国际热喷涂界也具一席之地，作为中文热喷涂专业刊物，在华文世界（港台地区、新加坡、东南亚等）也产生了积极影响。

热喷涂作为高技术产业和多学科的交叉、边缘技术，对国民经济，特别是对制造业的发展状态和产品结构调整极其敏感，有很强的依附性。因此，近几年热喷涂工厂（包括设备、材料生产厂）发展迅速，五年来热喷涂年产值增长率均在10%以上。

这样的成绩，是大形势使然，是全体热喷涂同仁努力的结果，也含有四届理事会和秘书处的辛勤工作。

二、五届理事会的组成和主要工作建议

1. 五届理事会的主要任务

目前，热喷涂产业全球总产值近 120 亿美元，其中美国为 50 亿美元，日本为 25 亿美元，德国为 15 亿美元，中国为 20 亿美元以上（130 亿元人民币左右）。中国热喷涂在产值上还低于美国和日本，特别是在 GDP 的比重仍低于发达国家。说明我国热喷涂的规模不小，但产业化水平不高，以及热喷涂的技术平均水平和“含金量”还不高，尤其是高端涂层产业化缺失（例如美国 Praxair 的涂层工厂，日本 Tocalo 这样高度集中的涂层公司）。

同时，这也说明我国热喷涂产业具有极大的发展空间和良好的发展前景。国内外经验证明：国家越发达，先进高端制造业越发达，热喷涂涂层服务、耗材和设备制造就越发达，热喷涂企业的日子就越好过。当前我国正在进行的产业结构调整和产品升级逼迫热喷涂行业和水平必须全面调整和提升。

这就是摆在五届理事会和全体热喷涂同仁面前艰巨而光荣的任务。“水涨船高”，历史赋予了我们机遇。我们可以也应当在这个平台上演绎出有声有色的一幕来。

我们的目标是：到 2018 年第五届热喷涂专业委员会理事会届满时，使全国热喷涂产值达到 150 亿元以上，其中高中端涂层要占据相当份额。稳居世界第三位。

我国热喷涂产业的进步与五届理事会、秘书处的工作是相辅相成的。前者向后者提供动力，后者则应向前者提供加速度。

基于以上分析，五届理事会的主要任务应当是：充分发挥热喷涂专业委员会在热喷涂行业的组织和协调作用，正确引导热喷涂行业在设备、材料、工艺和应用方面的开发与应用，面向国内外市场，在技术水平和经济效益上达到热喷涂发达国家本世纪初的水平。

2. 五届理事会的组成

为落实任务，我们需要一个有代表性、权威性、负责任、有远见、有活力的理事会和一个认真工作、严肃负责、积极为会员服务、密切联系会员、干实事的秘书处。

在五届会员代表大会上，将要选举出中国表面工程协会热喷涂专业委员会五届理事会，任期 5 年。根据《国务院办公厅关于加快推进行业协会商会改革和发展的若干意见》（国办发〔2007〕36 号）、《民政部关于社会团体登记管理有关问题的通知》（民函〔2007〕263 号）、国资委和中国机械工业联合会有关精神及中国表面工程协会章程规定，以及热喷涂专业委员会理事工作条例（在中国表面工程协会热喷涂专业委员会一届三次理事扩大会上通过，见附件 2，略）要求，理事候选人应具备以下条件：

1）理事单位 / 个人必须是本会会员，每年按时交纳会费，遵守理事工作条例；

2）理事单位 / 个人在行业中有较高的知名度和较好的经济效益；

3）理事本人在行业中应具有较高的知名度，在工作中有良好的工作业绩，热心于推动我国热喷涂事业；

4）理事应积极支持和参与总会和热喷涂专业委员会组织的各项活动，主动开展本地区协会工作，发挥理事的作用；

5）理事应在经费方面积极支持热喷涂专业委员会秘书处的工作。

根据上述原则，为更好地适应热喷涂行业发展需要，进一步加强理事会的活力和凝聚力，增强协会广泛性、代表性和权威性，更好的体现公开、民主、规范的原则，中国表面工程协会热喷涂专业委员会于2013年初发文《关于推荐或自荐中国表面工程协会热喷涂专业委员会五届理事候选人的通知》（中表协喷字[2013]第002号），采用推荐或自荐的方式提名理事候选人，截至目前，秘书处根据各会员单位推荐的理事候选人，确定理事候选单位及理事候选人资格，根据近五年热喷涂的发展状况，结合行业、部门、地区、所有制的均衡，以及年龄和梯队的配合，汇总整理出70人的理事候选人的推荐名单，见文件1（略）。

理事产生程序为：会员单位自荐或推荐理事候选人—秘书处汇总整理提出理事候选人名单—理事单位确认—理事长会审核—提交常务理事会讨论推荐—提交五届会员代表大会选举产生—报总会备案、批准。

在五届一次理事会上根据秘书处提出的候选人名单（见文件2，略）将选举产生常务理事、理事长、副理事长和秘书长，聘任副秘书长，聘请名誉理事长。

为使一些从工作岗位上退下来的热喷涂界老专家和工作者，继续为发展我国的热喷涂事业作贡献，特组成顾问委员会，名单见文件3。顾问将享有免费获得《热喷涂技术》和本人优惠参加年会等的特殊待遇，以表彰和纪念他们为中国热喷涂事业的贡献。

3. 五届理事会以及秘书处的主要工作

今后五年，理事会和秘书处要：

1）坚持“五跨”、“四面向”，五跨是：跨地区、跨部门、跨行业、跨学科、跨所有制；四面向是：面向企业、面向行业、面向国内外两个市场、面向二十一世纪。积极发展会员，到2018年，使注册会员达到1000个以上；加强协会组织建设，不断充实理事会，充分发挥积极性，为会员更好地服务。

2）继续举办国际热喷涂研讨会以及全国热喷涂年会，开展国内外合作与学术交流，积极参与国内外热喷涂市场建设，同时要逐步举办专题讨论会和地区研讨会，力争将国际热喷涂研讨会以及全国热喷涂年会办成在世界知名和有影响力的热喷涂国际会议知名品牌。

3）积极开展国际合作与学术交流，积极参与国际热喷涂市场。作为国际热喷涂大会暨展览会（ITSC）的组委会成员及协办单位，将继续参加ITSC大会，组织发表高水平的论文。

4）继续发行《热喷涂技术》会刊，提高论文质量，以刊物为纽带，加强协会与会员之间的联系。

5）参与“《中华人民共和国职业分类大典》（机械部分——表面工程（处理）行业）修订工作事宜”，以及拟新增职业——热喷涂（焊）工、表面工程技术人员的相关工作。

6）积极发展与国外热喷涂协会、企业的联系，加强合作关系。

7）面向行业，提供全方位的服务，搞好技术交流、技术咨询、技术服务、技术开发、技术转让、会员铜牌和证书的制作等工作。

8）逐渐开展热喷涂企业、人员资质认证工作，强化热喷涂企业管理。

开展“热喷涂（焊）工”、“表面工程技术人员－热喷涂部分”职业标准编订、职业培训等工作。

9）继续不定期编制《中国热喷涂年鉴》。

10）加强中国热喷涂网站建设、维护与更新，使中国热喷涂网同《热喷涂技术》刊物一样，成为品牌网站。

11）协助总会主办并参加表面工程展览会暨研讨会及热喷涂专题展览会。

12）认真做好总会布置的任务及工作。

三、五届理事会和秘书处面临的问题和解决办法

在过去五年中，理事会和秘书处在工作中仍有许多不足，如人员、经费紧张，协会工作还需进一步按照国务院、民政部新文件办会等。

1. 热喷涂专业委员会活动经费不足，造成的原因主要为部分会员单位不按时足额交纳会费，个别理事及常务理事单位不交纳会费。会费是维系协会活动和发展的主要经费来源。

今后，按国际惯例，我们定期公布会费交纳名单，对不按时足额交纳会费者，停止其会员、理事资格。

2.《热喷涂技术》杂志经费、稿源严重不足。

3. 国际热喷涂研讨会以及全国热喷涂年会论文数量非常少。

4. 按国务院、民政部、国资委、中机联等相关要求，积极推进协会工作规范化。

我们希望：

1）注册会员、理事及常务理事及时交纳会费；2）根据民政部、财政部以及中机联等的有关规定，结合我会实际情况，以及会员单位的不同性质及其在协会中担任的职务，热喷涂专业委员会建议对会费的收取标准（见文件8）调整如下，请各位常务理事审议，审议结果报总会秘书处并提交总会第五届会员代表大会表决。

（一）企业、事业单位团体会员

团体会员：800~1000元/年

理事单位：3000~5000元/年

常务理事单位：5000~8000元/年

副理事长单位：8000~10000元/年

理事长单位：10000元以上/年

（二）社会团体及大专院校团体会员

团体会员：500~800 元 / 年

理事单位：2000~3000 元 / 年

常务理事单位：3000~5000 元 / 年

副理事长单位：5000~8000 元 / 年

理事长单位：10000 元以上 / 年

（三）个人会员：根据民政部、国资委、中机联等有关规定原则上不再发展个人会员，因此将个人会员逐渐转为团体会员，执行团体会员收费标准。

（四）顾问：免收会费

1）能得到一些热心于推动中国热喷涂事业的单位乃至个人的资助；

2）理事会和秘书处积极开展“四技”工作，希望会员单位积极支持与配合；

3）希望理事和会员多多提供高质量的论文和消息、译文、工作经验等；

4）秘书处保证全部费用都用于为会员服务，为推动我国热喷涂事业的快速健康发展服务。

各位来宾、各位理事、各位代表：

过去五年，在全体热喷涂界同仁的共同努力下，我国的热喷涂事业取得了良好的成绩。在今后五年，我们衷心希望，全体同仁共同努力，齐心协力，把我国的热喷涂事业推向一个新阶段。我相信，只要我们共同努力，坚决贯彻十八大精神，遵循“改革、创新、发展”的办会六字方针，一定会把我们的热喷涂专业委员会办成一流协会，使我国的热喷涂事业在前所未有的机遇中发展壮大，为构建节约型社会以及发展国民经济服务，达到发达国家水平。

最后，借此机会感谢总会和黄小鸥理事长的长期的悉心指导和热忱支持，感谢全体会员和四届理事会的支持。希望五届理事会蓬勃发展，再创辉煌！

请全体代表和理事审议。

谢谢大家。

中国表面工程协会热喷涂专业委员会
第五届理事会组成名单

（2013 年 10 月 24 日第五届会员代表大会选举组成）

（排名不分先后）

序号	姓 名	出生年月	职 务	职 称	单 位	协会职务
1	黄小鸥	1947.4	理事长	研究员	中国表面工程协会 中国表面工程协会热喷涂专业委员会	理事长 / 总会副理事长
2	吴朝军	1964.2		研究员	航天材料及工艺研究所	副理事长 / 总会副理事长
3	杨 滨	1972.7	副总经理	高工	上海宝钢工业技术服务有限公司	副理事长 / 总会副理事长
4	安云岐	1963.7	董事长 总经理	教授	北京中矿安丰工程科技有限公司	副理事长 / 总会常务理事
5	陶顺衍	1969.12		研究员	中国科学院上海硅酸盐研究所	副理事长 / 总会常务理事
6	赵华明	1963.7	总经理	高级经济师	上海大豪纳米材料喷涂有限公司	副理事长 / 总会常务理事
7	李长久	1962.8		教授	西安交通大学材料科学与工程学院	副理事长 / 总会理事
8	常新春	1966.5	主任	研究员	中国科学院金属研究所	副理事长 / 总会常务理事
9	童向阳	1968.8	事业部经理	研究员	武汉材料保护研究所	副理事长 / 总会理事
10	曹 庆	1965.9	副总经理		江门市威霖贸易有限公司	副理事长 / 总会理事
11	卢乐松	1970.3	副秘书长		中国表面工程协会热喷涂专业委员会	副理事长、秘书长 / 总会常务理事、副秘书长
12	李益明	1964.11	总经理	高工	上海宝钢工业技术服务有限公司表面工程事业部	常务理事、副秘书长 / 总会理事
13	李其连	1964.5		研究员	中国航空工业集团北京航空制造工程研究所（625 所）	常务理事、副秘书长 / 总会常务理事
14	伍建华	1958.3		研究员	武汉材料保护研究所	常务理事、副秘书长 / 总会理事

序号	姓 名	出生年月	职 务	职 称	单 位	协会职务
15	北秋广幸	1952.8	董事长		东华隆（广州）表面改质技术有限公司	常务理事 / 总会理事
16	易长宾	1961.6	总经理	高级工程师	自贡长城硬面材料有限公司	常务理事 / 总会理事
17	冯国志	1962.7	总经理		上海新业喷涂机械有限公司	常务理事 / 总会理事
18	吴高潮	1967.4	董事长		厦门金鹭特种合金有限公司	常务理事 / 总会理事
19	刘 敏	1965.2	副院长	教授级	广东省工业技术研究院（广州有色金属研究院）	常务理事 / 总会理事
20	钱 铸	1963.1	总经理		天津市铸金表面工程材料科技开发有限公司	常务理事 / 总会理事
21	段 智	1964	副总经理	高工	江西恒大高新技术股份有限公司	常务理事 / 总会理事
22	王 焱	1964.1	副总锻冶师、所长	高级工程师	东方汽轮机有限公司表面工程研究所	常务理事 / 总会理事
23	程定春	1965.2	总经理	高工	中航工业四川成发航空科技股份有限公司热表分公司	常务理事 / 总会理事
24	汪刘应	1971.5	主任	教授	第二炮兵工程大学五系	常务理事 / 总会理事
25	薛永宗	1958.03	总经理	经济师	无锡市新科表面工程材料有限公司	常务理事 / 总会理事
26	汪鞍亚	1954.11	董事长		鞍山正发机械有限公司	常务理事 / 总会理事
27	徐法令	1979.3	副总经理	高级工程师	北京航天振邦精密机械有限公司	常务理事 / 总会理事
28	胡为峰	1968.7	董事长		北京赛亿科技股份有限公司	常务理事
29	祖玉冰		总经理	高级工程师	北京航百川科技开发中心	常务理事
30	石成刚	1964.3	研究室主任	高级工程师	中石油钻井工程技术研究院江汉机械研究所	常务理事
31	王春华	1969.4	副总经理		成都振兴金属粉末有限公司	理事、副秘书长
32	肖 庆	1965.6	中国区经理		苏尔寿·美科表面技术（上海）有限公司	理事

序号	姓 名	出生年月	职 务	职 称	单 位	协会职务
33	彭裕祥	1964.10	总经理	工程师	安徽省淮海工程科技有限公司	理事
34	钱 兵	1972.12	总经理		南通高欣金属陶瓷复合材料有限公司	理事
35	程旭东	1954.12		研究员	武汉理工大学材料复合新技术国家重点实验室	理事
36	孙景和	1965.12	副总经理	高级工程师	沈阳石花微粉材料有限公司	理事
37	王国华	1974.11	总经理	工程师	浙江星塔科技设备材料有限公司	理事
38	沈建明	1955.11	总经理	高工	江苏武进液压启闭机有限公司	理事
39	公茂秀	1952.4	总经理	研究员	山东施威轧辊修造有限公司	理事
40	晁 兵	1967.9	副总工	高工	江苏中矿大正表面工程技术有限公司	理事
41	潘海龙	1974.9	经理	工程师	温州耐密特阀门有限公司	理事
42	周 杰	1960.8	总经理	高工	天津市机械涂层研究所有限责任公司	理事
43	林 菁	1963.3	总经理		上海凯林新技术实业公司	理事
44	贾 鹏	1968.7	总经理		北京廊桥表面技术发展有限公司	理事
45	唐静波	1974.3	总经理		无锡市科特金属喷涂有限公司	理事
46	高 捷	1970.9	总经理		武汉高力热喷涂工程有限责任公司	理事
47	郭吉平	1964.2	董事长		先导（益阳）等离子粉末有限公司	理事
48	杨中元	1968.5		教授级高工	北京有色金属研究总院有研粉末	理事
49	孟晓霞	1979.6	总经理助理		大连华锐重工特种备件制造有限公司	理事
50	舒 晶	1974.1	总经理		上海康阜实业有限公司	理事
51	蒋建敏	1956.3		教授	北京工业大学材料学院	理事

序号	姓 名	出生年月	职 务	职 称	单 位	协会职务
52	陈嵩松	1969.9	副总经理		成都市长诚热喷涂技术有限责任公司	理事
53	韩志海	1955.01		教授	西安交通大学材料学院	理事
54	王全胜	1968.3		副教授	北京理工大学	理事
55	仲館創	1964.1	亚洲区销售经理		德国世泰科公司	理事
56	王振凯	1957.11		高级工程师	哈尔滨电机厂有限责任公司制造工艺部	理事
57	周 莉	1968.9	所长	高级工程师	中航西安航空动力股份有限公司研制中心表面工程技术研究所	理事
58	任红旗		总经理	教授级高工	西安宇丰喷涂技术有限公司	理事
59	白 波	1970.7	常务副总经理		中冶焊接科技有限公司	理事
60	王 璐	1966.12	首席技术专家	研究员级高工	沈阳黎明航空发动机(集团)有限责任公司	理事
61	侯应黎	1965.6	总经理		洛阳朗力表面技术有限公司	理事
62	葛汇业	1958.6	总经理	工程师	天津开发区欣特涂层技术有限公司	理事
63	杨宗吉		董事长		苏州瀚杨贸易有限公司	理事
64	徐建平	1963.10	副总经理		浙江省长兴县华峰喷焊材料电炉有限公司	理事
65	黄世宇	1975.10	总经理		苏州统明机械有限公司	理事
66	周 静	1965.5	总经理		北京丹斯泰克科贸有限公司	理事
67	王台星	1971.3	总经理		铁岭永兴热喷涂有限公司	理事
68	常代展	1977.8	热喷涂技术主管、车间主任		安泰科技股份有限公司	理事
69	杨 毅	1960.12	总工程师		无锡思浦瑞金属制品有限公司	理事
70	保留名额1名					理事

中国表面工程协会热喷涂专业委员会 五届理事会组成和常务理事、副理事长、理事长名单

（2013 年 10 月 24 日第五届会员代表大会及五届一次理事扩大会选举组成）

理事名单（70 人，排名不分先后）：

黄小鸥　吴朝军　杨　滨　安云岐　陶顺衍　赵华明　李长久　常新春　童向阳　曹　庆
卢乐松　李益明　李其连　伍建华　北秋广幸　易长宾　冯国志　吴高潮　刘　敏　钱　铸
段　智　王　焱　程定春　汪刘应　薛永宗　汪鞍亚　徐法令　胡为峰　祖玉冰　石成刚
王春华　肖　庆　彭裕祥　钱　兵　程旭东　孙景和　王国华　沈建明　公茂秀　晁　兵
潘海龙　周　杰　林　菁　贾　鹏　唐静波　高　捷　郭吉平　杨中元　孟晓霞　舒　晶
蒋建敏　陈嵩松　韩志海　王全胜　仲館創　王振凯　周　莉　任红旗　白　波　王　璐
侯应黎　葛汇业　杨宗吉　徐建平　黄世宇　周　静　王台星　常代展　杨　毅
保留名额 1 名

常务理事名单（30 人，排名不分先后）：

黄小鸥　吴朝军　杨　滨　安云岐　陶顺衍　赵华明　李长久　常新春　童向阳　曹　庆
卢乐松　李益明　李其连　伍建华　北秋广幸　冯国志　吴高潮　刘　敏　钱　铸　段　智
易长宾　王　焱　程定春　汪刘应　薛永宗　汪鞍亚　徐法令　胡为峰　祖玉冰　石成刚

理事长：黄小鸥

副理事长（10 人）：

吴朝军　杨滨　安云岐　陶顺衍　赵华明　李长久　常新春　童向阳　曹庆　卢乐松

秘书长：卢乐松

副秘书长（4 人）：李益明　李其连　伍建华　王春华

中国表面工程协会 第五届理事会理事、常务理事、副理事长候选人推荐名单

（2013 年 10 月 24 日五届一次理事扩大会审议通过）

序号	姓名	出生年月	职务	职称	单位	拟推荐总会职务
1	黄小鸥	1947.4	理事长	研究员	中国表面工程协会 中国表面工程协会热喷涂专业委员会	副理事长

序号	姓名	出生年月	职务	职称	单位	拟推荐 总会职务
2	吴朝军	1964.2		研究员	航天材料及工艺研究所	副理事长
3	杨　滨	1972.7	副总经理	高工	上海宝钢工业技术服务有限公司	副理事长
4	安云岐	1963.7	董事长 总经理	教授	北京中矿安丰工程科技有限公司	常务理事
5	陶顺衍	1969.12		研究员	中国科学院上海硅酸盐研究所	常务理事
6	赵华明	1963.7	总经理	高级经济师	上海大豪纳米材料喷涂有限公司	常务理事
7	常新春	1966.5	主任	研究员	中国科学院金属研究所	常务理事
8	卢乐松	1970.3	副秘书长		中国表面工程协会热喷涂专业委员会	常务理事
9	李其连	1964.5		研究员	中国航空工业集团北京航空制造工程研究所（625 所）	常务理事
10	北秋广幸	1952.8	董事长		东华隆（广州）表面改质技术有限公司	常务理事
11	易长宾	1961.6	总经理	高级工程师	自贡长城硬面材料有限公司	常务理事
12	李长久	1962.8		教授	西安交通大学材料科学与工程学院	理事
13	童向阳	1968.8	事业部经理	研究员	武汉材料保护研究所	理事
14	曹　庆	1965.9	副总经理		江门市威霖贸易有限公司	理事
15	李益明	1964.11	总经理	高工	上海宝钢工业技术服务有限公司表面工程事业部	理事
16	伍建华	1958.3		研究员	武汉材料保护研究所	理事
17	冯国志	1962.7	总经理		上海新业喷涂机械有限公司	理事
18	吴高潮	1967.4	董事长		厦门金鹭特种合金有限公司	理事
19	刘　敏	1965.2	副院长	教授级	广东省工业技术研究院 （广州有色金属研究院）	理事

序号	姓名	出生年月	职务	职称	单位	拟推荐总会职务
20	钱 铸	1963.1	总经理		天津市铸金表面工程材料科技开发有限公司	理事
21	段 智	1964	副总经理	高工	江西恒大高新技术股份有限公司	理事
22	王 焱	1964.1	副总锻冶师、所长	高级工程师	东方汽轮机有限公司表面工程研究所	理事
23	程定春	1965.2	总经理	高工	中航工业四川成发航空科技股份有限公司热表分公司	理事
24	汪刘应	1971.5	主任	教授	第二炮兵工程大学五系	理事
25	薛永宗	1958.03	总经理	经济师	无锡市新科表面工程材料有限公司	理事
26	汪鞍亚	1954.11	董事长		鞍山正发机械有限公司	理事
27	徐法令	1979.3	副总经理	高级工程师	北京航天振邦精密机械有限公司	理事
28	石成刚	1964.3	研究室主任	高级工程师	中石油钻井工程技术研究院江汉机械研究所	理事
29	王春华	1969.4	副总经理		成都振兴金属粉末有限公司	理事
30	肖 庆	1965.6	中国区经理		苏尔寿·美科表面技术（上海）有限公司	理事
31	彭裕祥	1964.10	总经理	工程师	安徽省淮海工程科技有限公司	理事
32	钱 兵	1972.12	总经理		南通高欣金属陶瓷复合材料有限公司	理事
33	程旭东	1954.12		研究员	武汉理工大学材料复合新技术国家重点实验室	理事
34	孙景和	1965.12	副总经理	高级工程师	沈阳石花微粉材料有限公司	理事
35	王国华	1974.11	总经理	工程师	浙江星塔科技设备材料有限公司	理事

中国表面工程协会热喷涂专业委员会建议会费收取标准

（2013 年 10 月 24 日第五届会员代表大会审议通过，
报总会并提交总会第五届会员代表大会表决）

根据民政部、财政部以及中机联等的有关规定， 结合我会实际情况，以及会员单位的不同性质及其在协会中担任的职务，因此热喷涂专业委员会建议对会费的收取标准调整如下：

（一）企业、事业单位团体会员

团体会员：800~1000 元 / 年

理事单位：3000~5000 元 / 年

常务理事单位：5000~8000 元 / 年

副理事长单位：8000~10000 元 / 年

理事长单位：10000 元以上 / 年

（二）社会团体及大专院校团体会员

团体会员：500~800 元 / 年

理事单位：2000~3000 元 / 年

常务理事单位：3000~5000 元 / 年

副理事长单位：5000~8000 元 / 年

理事长单位：10000 元以上 / 年

（三）个人会员：民政部、国资委、中机联等有关规定原则上不发展个人会员，因此将个人会员逐渐转为团体会员，执行团体会员收费标准。

（四）顾问：免收会费

中国表面工程协会热喷涂专业委员会
第五届会员代表大会决议

根据中国表面工程协会热喷涂专业委员会 2013 年工作计划，中国表面工程协会热喷涂专业委员会第五届会员代表大会于 2013 年 10 月 24 日在洛阳举行。会议实到代表 147 人，出席会议代表 147 人，出席会议代表人数符合章程规定，大会决议有效。

大会通报了中国表面工程协会热喷涂专业委员会四届二次常务理事（扩大）会会议纪要以及四届六次理事通讯会会议事宜；吴朝军副理事长代表中国表面工程协会热喷涂专业委员会第四届理事会作工作报告以及提出五届理事会的工作设想。会议代表对提交大会的文件进行了认真审议，通过了第四届理事会的工作报告；大会以举手表决方式选举产生了由黄小鸥等 70 人组成的中国表面工程协会热喷涂专业委员会第五届理事会，表决通过了由黄小鸥、丁传贤、周克崧、吴朝军、廖汉林（法国）、李长久、陶顺衍、李益明、赵华明、卢乐松等组成“热喷涂技术”编委会和调整后的《中国表面工程协会热喷涂专业委员会团体会员收费标准》。

大会选举产生的中国表面工程协会热喷涂专业委员会第五届理事会和“热喷涂技术”编委会详细名单如下：

中国表面工程协会热喷涂专业委员会第五届理事会组成名单如下：

黄小鸥	吴朝军	杨 滨	陶顺衍	赵华明	李长久	常新春	童向阳	安云岐	曹 庆
卢乐松	李益明	李其连	伍建华	北秋广幸	易长宾	冯国志	吴高潮	刘 敏	钱 铸
段 智	王 焱	程定春	汪刘应	薛永宗	汪鞍亚	徐法令	胡为峰	祖玉冰	石成刚
王春华	肖 庆	彭裕祥	钱 兵	程旭东	孙景和	王国华	沈建明	公茂秀	晁 兵
潘海龙	周 杰	林 菁	贾 鹏	唐静波	高 捷	郭吉平	杨中元	孟晓霞	舒 晶
蒋建敏	陈嵩松	韩志海	王全胜	仲館創	王振凯	周 莉	任红旗	白 波	王 璐
侯应黎	葛汇业	杨宗吉	徐建平	黄世宇	周 静	王台星	常代展	杨 毅	

保留名额 1 名（排名不分先后）

“热喷涂技术”编委会委员名单：

名誉主编：丁传贤　周克崧

主　　编：黄小鸥

副 主 编：吴朝军　廖汉林（法国）　李长久　陶顺衍　李益明　赵华明　卢乐松

编　　委：

王春华	公茂秀	卢乐松	冯国志	冯 文	安云歧	伍建华	吴朝军
李长久	李其连	李益明	李秉忠	肖 庆	汪刘应	林 菁	赵华明
段 智	祖玉冰	陶顺衍	钱 铸	黄小鸥	常新春	曹 庆	曹仕伟
程旭东	廖汉林（法国）	魏 琪					

（按姓氏笔划为序）

责任编辑：卢乐松

会费收取标准，建议调整如下，结果报总会秘书处并提交总会第五届会员代表大会表决：

（一）企业、事业单位团体会员

团体会员：800~1000 元 / 年

理事单位：3000~5000 元 / 年

常务理事单位：5000~8000 元 / 年

副理事长单位：8000~10000 元 / 年

理事长单位：10000 元以上 / 年

（二）社会团体及大专院校团体会员

团体会员：500~800 元 / 年

理事单位：2000~3000 元 / 年

常务理事单位：3000~5000 元 / 年

副理事长单位：5000~8000 元 / 年

理事长单位：10000 元以上 / 年

（三）个人会员：民政部、国资委、中机联等有关规定原则上不发展个人会员，因此将个人会员逐渐转为团体会员，执行团体会员收费标准。

（四）顾问：免收会费

大会号召广大会员单位，认真贯彻本次会议精神，严格执行本次会议有关决议，积极配合开展各项工作，为实现我国热喷涂事业新的更大的发展，作出积极的贡献。

中国表面工程协会热喷涂专业委员会第五届一次理事（扩大）会议纪要

根据中国表面工程协会热喷涂专业委员会 2013 年工作计划，中国表面工程协会热喷涂专业委员会第五届会员代表大会于 2013 年 10 月 24 日在洛阳成功举行，选举组成了中国表面工程协会热喷涂专业委员会第五届理事会后，接着召开了中国表面工程协会热喷涂专业委员会第五届第一次理事（扩大）会。会议讨论并选举产生了由黄小鸥等 30 人组成的中国表面工程协会热喷涂专业委员会第五届常务理事会；并选举黄小鸥为第五届理事会理事长，吴朝军、杨滨、陶顺衍、赵华明、李长久、常新春、童向阳、安云岐、曹庆、卢乐松 10 人为副理事长，卢乐松为秘书长。会议决定聘请丁传贤、周克崧为中国表面工程协会热喷涂专业委员会第五届理事会名誉理事长；聘请林惠令、王汉功、钱叶仁、许仁撑、高荣发、贾永昌、王东曦、赖师墨、邓世均、耿家林、段绪海、温瑾林、陈加印、杨耀华、赵文华、陈政国为中国表面工程协会热喷涂专业委员会第五届理事会顾问。经秘书长提名，第五届理事会决定聘任李益明、李其连、伍建华、王春华为中国表面工程协会热喷涂专业委员会秘书处副秘书长；讨论并选举了代表中国表面工程协会热喷涂专业委员会的中国表面工程协会第五届理事会理事、常务理事、副理事长候选人；黄小鸥理事长总结讲话并传达了中国机械工业联合会、中国表面工程协会等有关精神。2013 年 10 月 24 日，会议由陶顺衍副秘书长主持，各位理事经过认真讨论审议，充分发表意见，会议主要议程及形成决议如下：

一、会议讨论并以举手表决方式，一致同意选举组成中国表面工程协会热喷涂专业委员会第五届常务理事会，常务理事名单如下：

常务理事名单（30 人，排名不分先后）：

黄小鸥　吴朝军　杨　滨　陶顺衍　赵华明　李长久　常新春　童向阳　安云岐　曹　庆
卢乐松　李益明　李其连　伍建华　北秋广幸　冯国志　吴高潮　刘　敏　钱　铸　段　智
易长宾　王　焱　程定春　汪刘应　薛永宗　汪鞍亚　徐法令　胡为峰　祖玉冰　石成刚

二、会议讨论并以举手表决方式，一致同意选举出理事长、副理事长、秘书长、副秘书长、名誉理事长、顾问委员会名单如下：

理事长：黄小鸥

副理事长（10）人：

吴朝军　杨　滨　陶顺衍　赵华明　李长久　常新春　童向阳　安云岐　曹　庆　卢乐松

秘书长：卢乐松

副秘书长（4 人）：

李益明　李其连　伍建华　王春华

名誉理事长：丁传贤　周克崧

顾问委员会组成（16 人）：

林惠令　王汉功　钱叶仁　许仁撑　高荣发　贾永昌　王东曦　赖师墨　邓世均　耿家林
段绪海　温瑾林　陈加印　杨耀华　赵文华　陈政国

三、会议讨论并以举手表决方式，一致同意推选出代表中国表面工程协会热喷涂专业委员会的中国表面工程协会第五届理事会理事、常务理事、副理事长候选人名单。结果如下：

中国表面工程协会第五届理事会候选人名单如下（35 人，排名不分先后）：

黄小鸥　吴朝军　杨　滨　陶顺衍　赵华明　常新春　安云岐　卢乐松　李其连　北秋广幸
易长宾　李长久　童向阳　曹　庆　李益明　伍建华　冯国志　吴高潮　刘　敏　钱　铸
段　智　王　焱　程定春　汪刘应　薛永宗　汪鞍亚　徐法令　石成刚　王春华　肖　庆
彭裕祥　钱　兵　程旭东　孙景和　王国华

中国表面工程协会第五届常务理事候选人名单（11 人）：

黄小鸥　吴朝军　杨　滨　陶顺衍　赵华明　常新春　安云岐　卢乐松　李其连　北秋广幸
易长宾

中国表面工程协会第五届副理事长候选人：黄小鸥　吴朝军　杨　滨

会议认为，我国热喷涂产业具有极大的发展空间和良好的发展前景，所以加快振兴和发展我国热喷涂事业，使我国逐步向热喷涂强国迈进，是新一届理事会艰巨而光荣的任务。为此，本届理事会要迎接挑战、抓住机遇，开展各项有益于企业和行业进步的工作，给广大会员单位提供一个交流和学习的平台，为使我国热喷涂事业更好更快的发展做出更大的贡献。

4、成功组团参加 2013 年釜山国际热喷涂大会暨展览会（ITSC 2013）及参观韩国热喷涂企业

为加强与国外热喷涂同行的交流与合作，促进提高我国热喷涂行业整体水平，开拓国际市场，应 ITSC'2013 釜山国际热喷涂大会组委会和韩国热喷涂企业的邀请，中国表面工程协会热喷涂委员会于 2013 年 5 月 11 ～ 18 日组团参加了 2013 年国际热喷涂暨展览会（ITSC 2013），成员来自国内知名热喷涂科研院所、企业的专家及技术人员，共 17 人。

5 月 13 日～ 15 日代表团参加了在韩国釜山会展中心（BEXCO）举行的 2013 年国际热喷涂大会暨展览会。本届国际热喷涂大会暨展览会（International Thermal Spray Conference & Exhibition）由德国焊接协会（DVS）、美国金属学会（ASM）和国际焊接学会（IIW）共同主办，中国表面工程协会热喷涂专业委员会、日本热喷涂协会、德国热喷涂协会、英国热喷涂与表面工程协会等二十余家学会、协会、组织协办，是国际热喷涂界一年一度的盛会。本届大会的主题是：适于全球经济的创新涂层解决方案。

本届大会举办期间由于受朝韩局势影响，会议规模以及参展商都受到了很大影响。本届大会共收集论文 120 余篇，与会人数达数百人。参加本届大会的中国代表包括本代表团在内共约 50 人左右。

作为国际热喷涂大会及展览会（ITSC）的组委会成员及协办单位，中国表面工程协会理事长、中国表面工程协会热喷涂专业委员会理事长黄小鸥教授作为大会国际委员会委员参加并主持 2013 年釜山国际热喷涂大会分会场的会议。

本届展览会共有五十余家热喷涂企业参展，展出内容包括热喷涂设备、材料、技术服务、辅助设备等，其中 Sulzer Metco 公司、Praxair 公司、圣戈班公司、德国 H.C.Starck 公司、瑞典 Hoganas 公司等展出内容均引起与会者的关注。参展的中国热喷涂企业有江门市威霖贸易有限公司、自贡长城硬面材料有限公司、北京廊桥表面技术发展有限公司、株洲江钨博大硬面材料有限公司、郑州瑞特金刚石砂带有限公司、成都华睿金属材料有限公司、自贡市华刚硬质合金新材料有限公司等。

通过参加本届会议，可以看出我国热喷涂行业水平需全面调整和提升，以逐步缩小与发达国家热喷涂水平的差距，同时也说明我国热喷涂产业具有极大的发展空间和良好的发展前景。

5、参与“《中华人民共和国职业分类大典》（机械部分——表面工程（处理）行业）修订工作”，及拟新增职业——热喷涂（焊）工、表面工程

技术人员职业调研、信息采集、整理、职业定义、论证、工种细化、评议等工作

6、协助总会成功举办2013第十一届中国国际涂料、油墨及胶粘剂展览会暨研讨会、第十一届中国国际涂装、电镀及表面处理展览会暨研讨会、中国（北京）国际过滤与真空工业展览会暨研讨会

由中国表面工程协会主办，各分会、专业委员会、地方协会协办，北京欧赛国际展览有限公司承办的“中国国际涂料、油墨及胶粘剂展览会暨研讨会；中国国际涂装、电镀及表面处理展览会暨研讨会；中国（北京）国际过滤与真空工业展览会暨研讨会”于2013年6月28日～30日在北京中国国际展览中心隆重举办，并取得了圆满成功。

本届展会展出面积达3000多平方米，近120家来自德国、希腊、日本、瑞士、马来西亚、韩国、及中国香港、台湾、上海、北京、广东、浙江、江苏、福建等国家和地区的知名品牌到会参展，其中包括国际知名企业苏尔寿·美科表面技术（上海）有限公司、世泰科化工贸易（上海）有限公司、恩欧富涂料商贸（上海）有限公司、威霖贸易有限公司、德韦尔工业材料（上海）有限公司、东华隆（广州）表面改质技术有限公司、中国高岭土有限公司、上海达克罗涂覆工业有限公司、北京航天振邦精密机械有限公司、北京廊桥表面技术发展有限公司、北京泰拓精密清洗设备有限公司、北矿新材料科技有限公司、上海休玛喷涂机械有限公司、江门市九星科技材料有限公司、上海大豪瑞法喷涂机械有限公司等。参展企业展出了各类电镀原材料及设备、热喷涂设备及材料、特种涂层材料及技术、涂装设备及材料等。

中国表面工程协会将继续举办2014上海国际表面工程展，在今年的基础上不断改进，提高水平、扩大规模，继续为表面工程行业打造高质量的专属平台。

7、编辑出版发行《热喷涂技术》

2013年编辑出版发行《热喷涂技术》四期；以刊物为纽带，加强协会与会员之间的联系。

2014年大事记

1. 召开中国表面工程协会热喷涂专业委员会五届二次理事（扩大）会

根据中国表面工程协会热喷涂专业委员会2014年工作计划，中国表面工程协会热喷涂专业委员会于2014年10月21～26日在成都市友豪锦江酒店召开了第十七届国际热喷涂研讨会（International Thermal Spraying Seminar′ 2014）和第十八届全国热喷涂年会（China National Thermal Spraying

Conference′ 2014），研讨会和年会由黄小鸥理事长等人主持，黄小鸥理事长和吴朝军副理事长致开幕词，并同时召开了中国表面工程协会热喷涂专业委员会五届二次理事（扩大）会，共有理事及代表170余人参加了本次理事（扩大）会。本次理事（扩大）会由陶顺衍副理事长主持，会议主要议题有：

一．汇报2014年主要工作以及讨论2015年工作计划事宜

二．通报2016年上海国际热喷涂大会暨展览会事宜

三．通报中国热喷涂年鉴（2015年版）事宜

四．五届理事会成员调整

五．黄小鸥理事长讲话以及传达中国机械工业联合会、中国表面工程协会等有关精神

会议代表就秘书处根据理事单位提出的五届理事会中因业务调整、工作变动等原因变更常务理事和副理事长事宜进行了讨论和审议，并对秘书处提出的建议增补理事、副理事长以及总会常务理事名单进行了讨论和审议，通过举手表决，同意秘书处提出的变更总会常务理事、热喷涂副理事长及常务理事名单和增补理事、副理事长以及总会常务理事名单（见附件1）；

黄小鸥理事长在讲话中强调“近几年来，中国热喷涂继续稳定、快速发展，但在产值上还低于美国和日本，特别是在GDP的比重仍低于发达国家。说明我国热喷涂的规模不小，但产业化水平不高，以及热喷涂的技术平均水平和“含金量”还不高，尤其是高端涂层产业化缺失。当前我国正在进行的产业结构调整和产品升级逼迫热喷涂行业和水平必须全面调整和提升。在目前经济转轨，结构调整，“新常态”建立的新形势下，我们热喷涂界如何应对，调整，重组，转型，是个刻不容缓的选择，是个必须要做的大题目。正如本届大会主题所倡导的“适应产业结构调整，开发新型涂层产品”。

与会代表和理事表示，会议圆满成功，并对中国五矿自贡硬质合金有限责任公司、自贡长城硬面材料有限公司等承办单位以及航天材料及工艺研究所（703所）、中国科学院上海硅酸盐研究所、欧瑞康美科表面技术（上海）有限公司、成都振兴金属粉末有限公司、四川成发航空科技股份有限公司、H.C.Starck公司、圣戈班公司、上海宝钢工业技术服务有限公司、江西恒大高新技术股份有限公司、江门市威霖贸易有限公司、广州有色金属研究院、中国科学院金属研究所、南通高欣耐磨科技股份有限公司、武汉理工大学等会议协办单位以及秘书处的辛勤工作表示感谢。

附件 1

中国表面工程协会热喷涂专业委员会
第五届理事会变更及增补理事、常务理事、副理事长名单

1. 变更副理事长及常务理事名单

序号	姓名	理事 单位	原协会 职务	变更 原因	变更为	职务 职称
1	赵华明	上海大豪纳米材料喷涂有限公司	总会常务理事， 热喷涂副理事长、 常务理事	内部工作调动， 单位申请变更	张 赟	总经理
2	吴高潮	厦门金鹭特种合金有限公司 （变更为洛阳金鹭硬质合金工具有限公司）	总会理事、 热喷涂常务理事	集团业务调整， 单位申请变更	谢屹峰	总经理

2. 增补热喷涂专业委员会副理事长及总会常务理事名单

序号	姓名	出生年月	职务、职称	理事单位	原协会职务	建议增补 协会职务
1	刘 敏	1965.2	副院长、教授级高工	广东省工业技术研究院（广州有色金属研究院）	总会理事，热喷涂常务理事	总会常务理事，热喷涂专业委员会副理事长

3. 增补理事名单

序号	姓名	性别	出生年月	职务 / 职称	工作单位
1	李志刚	男	1961.8	总经理、工程师	佛山先进表面技术有限公司

2. 成功举办第十七届国际热喷涂研讨会（ITSS' 2014）暨第十八届全国热喷涂年会（CNTSC' 2014），并编辑发行大会论文集电子版

在国内外热喷涂界同仁的大力支持和筹备组的精心组织下，由中国表面工程协会热喷涂专业委员会主办，中国五矿自贡硬质合金有限责任公司、自贡长城硬面材料有限公司承办，航天材料及工艺研究所（703 所）、中国科学院上海硅酸盐研究所、上海宝钢工业技术服务有限公司、广州有色金属研究院、中国科学院金属研究所、四川成发航空科技股份有限公司、成都振兴金属粉末有限公司、江门市威霖贸易有限公司、西安交通大学材料科学与工程学院、武汉材料保护研究所、东华隆（广州）表面改质技术有限公司、欧瑞康美科表面技术（上海）有限公司、洛阳朗力表面技术有限公司、上海大豪纳米材料喷涂有限公司、北京航空制造工程研究所（625 所）、北京中矿安丰工程科技有限公司、洛阳金鹭硬质合金工具有限公司、东方汽轮机有限公司表面工程研究所、北京航天振邦精密机械有限公司、

无锡市新科表面工程材料有限公司、天津市铸金表面工程材料科技开发有限公司、江西恒大高新技术股份有限公司、北京廊桥材料技术有限公司、沈阳黎明航空发动机（集团）有限责任公司、大连华锐重工特种备件制造有限公司、中冶焊接科技有限公司、北京赛亿科技股份有限公司、南通高欣耐磨科技股份有限公司、上海新业喷涂机械有限公司、安徽省淮海工程科技有限公司、北京华德星科技有限责任公司（德国 IMPACT 公司总代理）、成都市长诚热喷涂技术有限责任公司、上海凯林新技术实业公司、苏州统明机械有限公司、无锡科特金属喷涂有限公司、先导（益阳）等离子粉末有限公司、沈阳石花微粉材料有限公司、第二炮兵工程学院、温州耐密特阀门有限公司、鞍山正发机械有限公司、浙江星塔科技设备材料有限公司、武汉理工大学、北京工业大学、《材料保护》杂志社、武汉高力热喷涂工程有限责任公司、苏州瀚杨贸易有限公司、北京航百川科技开发中心、北京一同海瀛商贸有限责任公司（英国 Metallisation 公司总代理、法国圣戈班公司涂层部代理）、瑞士 Oerlikon Metco 公司、德国 H.C.Starck 公司、法国圣戈班公司、德国阿亨大学表面工程研究所、英国 METALLISATION 公司、日本 TOCALO 公司、荷兰 FST 公司、美国金属学会热喷涂学会（ASM–TSS）、德国热喷涂协会（GTS）、日本溶射学会及日本溶射工业协会等协办的第十七届国际热喷涂研讨会（International Thermal Spraying Seminar’2014）暨第十八届全国热喷涂年会（China National Thermal Spraying Conference’2014），于 2014 年 10 月 21 ～ 26 日在四川省成都市 / 自贡市成功举行，并同时召开了中国表面工程协会热喷涂专业委员会五届二次理事（扩大）会。本届大会的主题为“适应产业结构调整，开发新型涂层产品”。

出席此次研讨会和年会的国内外代表共约 200 人（与会代表名单附后），国外及港台地区的热喷涂知名公司、高校、科研机构，如 H.C.Starck、Prime Corporation、欧瑞康美科表面技术（上海）有限公司、东华隆（广州）表面改质技术有限公司、圣戈班研发（上海）有限公司、圣戈班陶瓷材料（郑州）有限公司上海代表处、世泰科化工贸易（上海）有限公司、赫格纳斯（中国）有限公司、英耐德实业有限公司等的专家及代表参加了本届大会；国内知名的热喷涂企业、公司、科研院所、大专院校，如航天材料及工艺研究所（703 所）、中国科学院上海硅酸盐研究所、上海宝钢工业技术服务有限公司、中国五矿自贡硬质合金有限责任公司、自贡长城硬面材料有限公司、广州有色金属研究院、中国科学院金属研究所、四川成发航空科技股份有限公司热表分公司、成都振兴金属粉末有限公司、江门市威霖贸易有限公司、西安交通大学材料科学与工程学院、武汉材料保护研究所、洛阳朗力表面技术有限公司、上海大豪纳米材料喷涂有限公司、上海大豪瑞法喷涂机械有限公司、江苏中矿大正表面工程技术有限公司、洛阳金鹭硬质合金工具有限公司、东方汽轮机有限公司表面工程研究所、无锡市新科表面工程材料有限公司、天津市铸金表面工程材料科技开发有限公司、江西恒大高新技术股份有限公司、北京廊桥材料技术有限公司、大连华锐重工特种备件制造有限公司、北京赛亿科技股份有限公司、南通高欣耐磨科技股份有限公司、上海新业喷涂机械有限公司、成都市长诚热喷涂技术有限责任公司、上海凯林新技术实业公司、先导（益阳）等离子粉末有限公司、沈阳石花微粉材料有限公司、温州耐密特阀门有限公司、武汉理工大学、北京工业大学、武汉高力热喷涂工程有限责任公司、北京航百川科技开发中心、先进机械设备有限公司、中石油钻井院江汉机械研究所、北京矿冶研究总院、江苏武进液压启闭机有限公司、天津开发区欣特涂层技术有限公司、北京桑尧科技开发有限公司 / 北京桑斯普瑞新材料有限公司、郑州瑞特金刚石砂带有限公司、北京最时科技发展有限公司、北矿新材科技有限公司、江苏立达高科特种材料有限公司、郑州立佳热喷涂机械有限公司、大连海事大学、同济大学材料学院、马鞍山市恒意机械有限公司、赣州澳克泰工具技术有限公司、南京安铁防腐技术有限公司、江苏麟龙新材料股份有限公司、株洲西迪硬质合金科技有限公司、陕西德维自动化有限公司、湖南大学、北京球冠科技有限公司、北京东方润鹏科技有限公司、马鞍山马钢表面工程技术有限公司、北京美桥电子设备有限公司、四川国能电力环保设备制造有限公司、天津一飞锌业有限公司、湖南省郴州市泰益表面涂层技术公司、中国人民解放军第 5719 厂、卡斯特林焊材（上海）有限公司、中国科学院过程所、株洲中航动科南方燃气轮机成套制造安装有限公司、苏州热工研究院有限公司、郑州贝斯汉德机械有限公司、成都久品维克科技有限公司、四川科力特硬质合金股份有限公司、上海开维喜阀门集团有限公司、锦州市金江喷涂材料有限公司、攀枝花市昊宇工贸有限公司、江苏盐城金达表面工程技术有限公司、厦门映日新材料科技有限公司、广州市泓智机械有限公司、泰州市澳通热喷涂材料有限公司、鄂尔多斯市神东天隆矿山机械有限责任公司、兖矿东华重工有限公司、温州创博热喷涂有限公司、陕西精致科技发展有限公司、元适工程贸易（上海）有限公司 / 欧瑞康美科中国销售代理、郑州高端装备与信息产业技术研究院有限公司、成都大光热喷涂材料有限公司、贵州六枝特区金鑫经贸有限公司、莱芜市盛鼎冶金机械制造有限公司、无锡市福莱达石油机械有限公司、昆山创益发热喷涂科技有限公司、上海金萃激光技术有限公司、苏州开天斧机械有限公司等百余家单位参加了大会。中国表面工程协会热喷涂专业委员会以其跨行业、跨部门、跨地区、跨所有制企业的特点和优势，吸引越来越多的单位参与到其举办的国际研讨会和年会中，彼此促进，共谋发展。与会单位所涉行业多，辐射地区广，基本涵盖机械、钢铁、电子、冶金、煤炭、汽车、石化、航空、航天、海军、船舶、有色、塑料、轻工、能源、交通、电力、军工等国家重点发展行业；他们当中既有热喷涂专业企业，也有科研院所、大专院校，既有国营企事业单位，也有私营及股份制企业、军工企业。

本届国际热喷涂研讨会和年会由执行主席黄小鸥教授、吴朝军研究员、陶顺衍研究员、刘敏教授、常新春研究员、伍建华研究员等主持，由中国表面工程协会理事长、热喷涂专业委员会理事长黄小鸥教授和中国表面工程协会热喷涂专业委员会副理事长吴朝军研究员致开幕词。

中国五矿自贡硬质合金有限责任公司副总经理周崇建先生致词，首先对远道而来的各位热喷涂界同仁表示热烈欢迎，随后对中国五矿自贡硬质合金有限责任公司进行了介绍，最后预祝本次大会圆满成功。

会上，国内外知名公司的专家代表作了精彩的专题报告，如欧瑞康美科表面技术（上海）有限公司刘函宇经理作了题为《三阴极等离子喷枪及在网纹辊与旋转靶材中的应用介绍》（Introduction of TriplexProTM 210 Plasma Gun and Application in Anilox Roll and Sputtering Target) 的专题报告；H.C.Starck 公司表面技术业务集团亚洲高级区域销售经理 Hajime Nakadate 先生的专题报告题目为：《高温燃气轮机热障涂层的材料开发和选用》（Design of TBC Powders and Alternative Material for High Temperature Gas Turbine）；圣戈班研发（上海）有限公司刘冉冉工程师作了题为《灵活多用的圣戈班火焰喷枪及陶瓷涂层解决方案》（Flexible and multi-functional Saint-Gobain flame gun and the solution for ceramic coating）的专题报告；赫格纳斯（中国）有限公司亚洲应用开发经理 Olof Andersson 先生的专题报告题目为：《钴基和铁基粉末等离子堆焊对比》（Comparing cobalt and iron-based powders for PTA cladding applications）；上海大豪瑞法喷涂机械有限公司运营总监 CHIA TUCK MENG 先生的专题报告题目为：《HVOF、APS、LPPS 在发动机喷涂领域的应用与比较》（Thermal Spray Process comparison for HVOF, APS and LPPS in Turbine applications）。上海大豪瑞法喷涂机械有限公司生产经理 LO SHUN SHING 先生的专题报告题目为：《国产热喷涂设备在发动机喷涂领域的成功应用》（Successful Application using Local system in Turbine Applications）。

国内专家如中国科学院上海硅酸盐研究所陶顺衍研究员作了题为《等离子体喷涂高应变容限热障涂层》(Plasma sprayed high compliance thermal barrier coatings) 的专题报告；自贡长城硬面材料有限公司易长宾总经理作了题为《加强合作，携手共赢，齐力推动热喷涂行业蓬勃发展》（Better Cooperation, Better Win-win,Promoting Flourishing Development of Thermal Spray Industry) 的专题报告；西安交通大学材料科学与工程学院李成新教授作了题为《固体氧化物燃料电池（SOFC）对热喷涂带来的机遇与挑战》（The opportunity and challenge of SOFC in thermal spray industry）的专题报告；广州有色金属研究院邓春明高工作了题为《ZrB_2-$MoSi_2$ 涂层的制备、表征及其高温防护性能》（Preparation and characterizations of ZrB_2-$MoSi_2$ coating and its high temperature protection properties）的专题报告；自贡长城硬面材料有限公司周伍喜博士作了题为《工程应用下 $WC10Co_4Cr$ 粉末性能对沉积工艺及涂层性能的影响》(Engineering HVOF sprayed WC10Co4Cr coatings: The effect of powder apparent density and particle size on deposit process and coating properties）的专题报告；武汉理工大学材料复合新技术国家重点实验室程旭东研究员作了题为《600~2000℃高温环境使用的热辐射系列涂层材料研究与开发》（The research and development of thermal radiation series coating material at high temperature 600~2000℃）的专题报告；自贡长城硬面材料有限公司杨再江工程师作了题为《Cr_3C_2 与 WC 等离子转移弧堆焊焊层性能研究》（Research on wear resistance between Cr_3C_2 and cast WC coating deposited by Plasma Transferred Arc welding）的专题报告；北京东方润鹏科技有限公司翟岗总经理作了题为《柱状晶涂层制备工艺与设备》（Column structure coating process and systems）的专题报告，这些报告都得到了与会者的赞赏和好评。武汉材料保护研究所的邓世均研究员也出席了本次会议，并作了题为《做大做强热喷涂产业的一些浅见》（Some humble opinions to bigger and stronger the thermal spraying industry）的专题报告。邓世均研究员表示，作为热喷涂界的一名老兵，看到老中青三代热喷涂精英汇聚一堂，感到很欣慰，并提出五点希望与各位代表共勉：（1）我国热喷涂事业蒸蒸日上，希望大家把握热喷涂的黄金机遇期；（2）希望做大做强我国热喷涂产业，改变目前热喷涂企业小而散的现状；（3）希望我国热喷涂产业走上专业化道路；（4）希望打通瓶颈，搞好行业标准；（5）希望严把质量关，质量是热喷涂行业的生命。

中国科学院上海硅酸盐研究所杨加胜博士、航天材料及工艺研究所倪立勇博士、北京美桥电子设备有限公司王聪瑜、北京科技大学张有茶博士、中国科学院上海硅酸盐研究所李大川、武汉理工大学材料复合新技术国家重点实验室张保库、武汉理工大学材料复合新技术国家重点实验室聂臻博士等亦从热喷涂材料在各行业的应用及开发、涂层性能及机制、热喷涂技术的应用现状及前景等方面作了相关报告，代表们积极提问，互相讨论，现场气氛热烈有序。

由中国表面工程协会热喷涂专业委员会编制、科学技术文献出版社出版发行的中国热喷涂行业唯一国家级馆藏工具书《中国热喷涂年鉴（2015 年版）》，编撰工作按计划进行，资料收集及准备工作正在进行，即将进入编排及核实工作，由中央级专业出版社——科学技术文献出版社出版，面向国内外公开发行。会上，中国表面工程协会热喷涂专业委员会《中国热喷涂年鉴》编辑部付海宇先生对《中国热喷涂年鉴（2015 年版）》做了情况介绍。《中国热喷涂年鉴（2015 年版）》拟定分为中国热喷涂行业的发展概况及趋势；热喷涂专业委员会发展大事记；热喷涂企业管理与技术经验文章（选编）；部分行业标准介绍；优秀企事业单位、高新工艺、设备材料介绍；企事业基本情况介绍、会员名录等，更新收录 800 余家我国热喷涂行业有关设备、材料、辅助设备及材料的生产研制以及技术服务等企事业单位的基本信息，部分单位并配有详细的文字表述和形色图片，该书的编制出版将为行业间的信息交流以及热喷涂行业的持续、繁荣和稳定发展提供有效的服务。《中国热喷涂年鉴（2015 年版）》在资料收集及准备工作中，得到广大会员单位的大力支持并积极响应，为了更好地展示热喷涂行业的整体形象和更加全面地反映企事业单位的代表产品、技术、设备、材料及应用情况，并确保该书编撰的全面性和完整性，并希望尚未入编的会员及各有关单位尽快办理入编手续。

本届国际研讨会和年会共收到论文 15 篇，热喷涂专业委员会秘书处将其编辑成论文集（电子版）出版发行。本届研讨会及年会收到论文数量较少，我会会刊《热喷涂技术》也面临稿源严重不足的情况。希望各位理事及会员多多提供高质量的论文和消息、工作经验等等。

本届研讨会和年会，会场气氛热烈而意气蓬勃，报告论证科学且富有成效，得到了与会代表的一致肯定，代表们纷纷表示希望日后以此为契机，合力奋进，促进中国热喷涂事业更快更好的发展。

本届研讨会及年会成功召开的同时，中国表面工程协会热喷涂专业委员会于 2014 年 10 月 23 日在成都友豪锦江酒店还成功召开了中国表面工程协会热喷涂专业委员会五届二次理事（扩大）会议，会议由陶顺衍研究员主持。中国表面工程协会热喷涂专业委员会五届二次理事（扩大）会的主要内容有：

1）汇报 2014 年主要工作以及讨论 2015 年工作计划事宜；2）通报 2016 年上海国际热喷涂大会暨展览会事宜；3）通报中国热喷涂年鉴（2015 年版）事宜；4）五届理事会成员调整；5）讨论并通过中国表面工程协会热喷涂专业委员会五届二次理事（扩大）会会议纪要；6）黄小鸥理事长讲话以及传达中国机械工业联合会、中国表面工程协会等有关精神。

会议增补广东省工业技术研究院（原广州有色金属研究院）刘敏教授为总会常务理事、热喷涂专业委员会副理事长，增补佛山先进表面技术有限公司李志刚总经理为热喷涂专业委员会理事。会议审议通过了上海大豪纳米材料喷涂有限公司总会常务理事、热喷涂副理事长、常务理事由赵华明变更为张赟，厦门金鹭特种合金有限公司（变更为洛阳金鹭硬质合金工具有限公司）总会理事、热喷涂常务理事由吴高潮变更为谢屹峰的调整议案。

黄小鸥理事长讲话内容主要包括以下五个方面：

一、经济发展"新常态"。经济新常态是一个含义丰富、具有深意的重要表述。经济进入新常态后具有以下特点：一是经济增速是适度的，与潜在经济增长率相适应，具有可持续性；二是经济结构是优化的，第三产业、高附加值产业、绿色低碳产业比重稳步提高；三是经济质量是较高的，经济发展动力主要应来自技术创新驱动；四是经济制度环境是有利的，市场在资源配置中日益发挥决定性作用。

二、生产性服务业。生产性服务业一般包括：研发服务、产品设计、现代物流服务、金融保险服务、信息服务、工程技术服务、工业装备服务、法律服务等门类，是社会化分工的结果。我国生产性服务业的各个门类都较为薄弱，由此决定了我国服务业整体竞争力的低下和结构的非优化，形成了我国经济增长主要依靠工业带动和数量扩张的非良性循环。加快发展生产性服务业，提升其现代化水平，有利于整体产业结构的优化升级，有利于增强自主创新能力，推动"中国制造"的转型，有利于推动走新型工业化道路，实现可持续发展。从促进生产性服务业发展的国际经验来看，健全的法律法规支持和保障是生产性服务业发展的基础，行业协会建设是促进生产性服务业发展的关键。

三、"两化合一"。"两化合一"是从十六大提出的概念，是信息化和工业化的融合。十多年以来取得了一些初步成效，在传统产业的改造升级优化，在制造业、能源、交通、基础建设方面，另外在经济、社会管理、人民生活各方面信息化已经广泛渗透。十八大报告里提出一个新的观点，就是要推动有中国特色的新型工业化、信息化、城镇化、农业现代化同步发展，在推进"两化"深度融合上，就是要在制造业上，从研发设计、生产流水线、销售、市场反馈全过程要实现信息化，提升制造业的智能化、数字化、网络化的水平。

目前大数据时代已经来临，它已在众多领域掀起变革的巨浪。大数据技术，简言之，就是从各种各样类型的数据中，快速获得有价值信息的能力。大数据的 4V 特点：Volume（大量）、Velocity（高速）、

Variety（多样）、Value（价值）。在以云计算为代表的技术创新大幕的衬托下，通过各行各业的不断创新，大数据会逐步为人类创造更多的价值。

四、2016年国际热喷涂大会暨展览会目前情况。国际热喷涂大会（International Thermal Spray Conference, 简称ITSC）是国际热喷涂界最具权威的唯一专业大会，由德国焊接协会（DVS）、美国金属学会热喷涂协会（ASM-TSS）和国际焊接学会（IIW）等国际知名热喷涂组织共同主办，是国际热喷涂界一年一度的盛会。继2007年在北京成功召开后，大会组委会基本确认下一届的举办地为上海，即2016年国际热喷涂大会暨展览会将在上海召开。

目前大会主办方DVS、ASM代表已到上海进行了会场考察，相关申办、举办请示工作正在进行，待相关部门批复后，协会会及时通知各位代表，并组织ITSC 2016中国组委会筹备此事。

五、传达中国机械工业联合会、中国表面工程协会等有关精神。作为政府与企业间的社会组织，行业协会发挥着越来越重要的桥梁纽带作用。目前中华人民共和国民政部、财政部等相关部门下发了相关文件来进一步规范协会管理，提高协会为行业服务的能力和公信力。中国表面工程协会热喷涂专业委员会一直坚持以会员为中心，以促进行业发展为动力，积极传达行业信息，并为广大会员提供交流学习的平台。目前来自科研院所、知名企业等的热喷涂界精英在协会担任重要职务，调整后的理事会，越来越年轻化，有活力，有代表性和权威性。

黄理事长在讲话中强调，今后5至10年，是热喷涂行业发展的黄金时代。希望各位热喷涂同仁锲而不舍，集思广益，开拓思路，更新换代，跟上经济发展形势，一起共创中国热喷涂美好的明天！

2014年10月23日下午，热喷涂专业委员会组织与会代表参观访问了自贡硬质合金有限责任公司成都分公司（龙泉）。自贡硬质合金有限责任公司成都分公司创建于1994年，位于成都国家级经济技术开发区。公司投资6亿元，着力打造中国高技术、高品质、深加工，融研发、生产、销售于一体的钨钼制品生产基地。公司先后引进日本、美国、德国等国家的先进生产加工工艺技术和装备，建成了“钼丝分厂”、“硬质合金大异型分厂”、“钨丝分厂”和“钨钼分厂”等四个基本生产分厂及相应配套设施，现已具备雄厚的技术开发、市场营销和创新能力，并按国际标准建立了质量管理体系（ISO9001：2000）和环境安全健康管理体系（ESH）。公司的产品主要有：硬质合金辊环、硬质合金型材、钨粉、钨条、钨合金、钨杆、钨丝、钼粉、钼条、钼丝等，广泛应用于钢铁、电光源、机械加工、汽车、矿山采掘、电子、冶金航天等国民经济各领域，极具发展潜能和广阔的市场前景。公司注册商标——“长城牌”为中国驰名商标，“长城牌”产品为中国名牌产品。

2014年10月24日上午，自贡硬面技术交流会在自贡市汇东大酒店举行，约130位代表出席。会议由自贡长城硬面材料有限公司易长宾总经理主持。中国表面工程协会理事长、中国表面工程协会热喷涂专业委员会理事长黄小鸥教授致词。

自贡长城硬面材料有限公司、C&M 公司 Andreas. Kirsten 博士作了题为《碳化物基硬面材料》（Hardfacing with Carbide Containing Materials）的专题报告。Andreas. Kirsten 博士首先表示很荣幸参加此次会议，希望与大家共同学习交流，随后对碳化物基硬面材料做了全面系统介绍，为参会代表传递了大量实用、前沿信息。航天材料及工艺研究所吴朝军研究员作了题为《热喷涂技术在航天领域的应用及展望》（Application and Prospect of thermal spraying technology in the aerospace）的专题报告。吴朝军研究员以热喷涂技术概述开篇，重点讲解了热喷涂技术在航天领域的应用，并配以生动形象的视频，给各位代表留下了深刻印象。

自贡硬面技术交流会结束后，各位代表参观了自贡长城硬面材料有限公司及自贡硬质合金有限责任公司板仓分公司。自贡长城硬面材料有限公司成立于 2009 年，坐落于自贡国家高新技术产业开发区，系由自贡硬质合金有限责任公司与瑞士 HF 公司合资设立，注册资本 1000 万美元，拥有铸造碳化钨、喷涂粉、高温合金粉等诸多系列产品，形成完整的产业链，是国内首家集硬面材料研究、生产、应用于一体的综合型企业。公司拥有自主研发的包括特殊铸造碳化钨、粗晶 YJ 碳化钨、钨 / 铬基喷涂粉、高温合金等在内的多种硬面材料产品，主持编制国家标准 3 项，行业标准 3 项。现已获得国家发明专利 4 项，实用新型及外观设计 5 项。公司产品广泛应用于航空、电力、石油、冶金、矿山、建材、粮机等行业，畅销欧美等多个国家和地区，年出口量占到总销量的 60% 以上，是国际市场上最大的硬面材料供应商之一。代表们对参观单位的精心接待表示感谢，表示此次参观收获很大，切实起到了交流和学习的效果，希望以后协会能够继续组织类似的活动。

本届研讨会及年会得到了总会的高度重视和评价，并得到了承办单位中国五矿自贡硬质合金有限责任公司、自贡长城硬面材料有限公司的大力支持和协助。热喷涂专业委员会秘书处对中国五矿自贡硬质合金有限责任公司、自贡长城硬面材料有限公司等承办单位以及航天材料及工艺研究所（703 所）、中国科学院上海硅酸盐研究所、欧瑞康美科表面技术（上海）有限公司、成都振兴金属粉末有限公司、四川成发航空科技股份有限公司、H.C.Starck 公司、圣戈班公司、上海宝钢工业技术服务有限公司、江西恒大高新技术股份有限公司、江门市威霖贸易有限公司、广州有色金属研究院 、中国科学院金属研究所、南通高欣耐磨科技股份有限公司、武汉理工大学等会议协办单位的大力支持和协助表示感谢，并对中国五矿自贡硬质合金有限责任公司、自贡长城硬面材料有限公司、成都振兴金属粉末有限公司在参观及接待上的大力支持表示诚挚的感谢。

第十七届国际热喷涂研讨会（ITSS' 2014）暨
第十八届全国热喷涂年会（CNTSC' 2014）
中国表面工程协会热喷涂专业委员会五届二次理事（扩大）会
通讯录

国内代表（按姓氏汉语拼音为序）

序号	姓名	职务	职称	单位	地址	电话	传真	手机	E-mail	邮编
1	安建民	总经理		郑州瑞特金刚石砂带有限公司	郑州市中原区须水机械加工产业园	0371-67837298	0371-67837003	13903834261	ajm63@163.com	
2	鲍君峰	主任	高工	北京矿冶研究总院	北京市昌平区沙河富生路5号	010-58915131	010-58915135	13911127179	bao_jf@bgrimm.com	102206
3	蔡明伟	硕士		同济大学材料学院	上海市嘉定区曹安公路4800号			18721985320	13mingweicai@tongji.edu.cn	201804
4	曹仕伟	总助	高级工程师	四川成发航空科技股份有限公司热表分公司	成都市新都区蜀龙大道成发工业园	028-89358759	028-89358730	13880936274	caoshiwei-fast@avic.com	610503
5	陈锦国	总经理	工程师	四川国能电力环保设备制造有限公司	成都市青白江区工业园区创新路296号	028-83649277	028-83626066	13981827666	sc_gn@163.com	610036
6	陈克英	董事长		马鞍山市恒意机械有限公司	安徽省马鞍山市花山工业园同舟路299号	0555-2780282	0555-2780283	13805553109		243000
7	陈立兰	翻译		自贡长城硬面材料有限公司	四川自贡高新技术产业园区板仓工业集中区荣川一支路六号			13990080956		
8	程定春	总经理	高工	四川成发航空科技股份有限公司热表分公司	成都市新都区蜀龙大道成发工业园	028-89358759	028-89358730	13880001586		610503
9	程旭东		研究员	武汉理工大学材料复合新技术国家重点实验室	湖北省武汉市洪山区珞狮路122号新材料研究所	027-87651841-8414	027-87879468	13986213997	xudong.cheng@whut.edu.cn/xdcheng54@163.com	430070
10	储　佳	办公室主任		上海新业喷涂机械有限公司	上海市奉贤区金大公路8278号	021-58735205	021-57575676	13816939967	blacknight388@vip.sina.com	201403
11	崔广君			天津一飞锌业有限公司	天津市静海县西翟庄镇安家庄村	022-68313731	022-68371864	13802082698		301611
12	单张飞			湖南省郴州市泰益表面涂层技术公司	郴州市南岭大道科技工业园3栋二楼			15973573888	15973573888@163.com	435000
13	邓帮华	经理	工程师	赣州澳克泰工具技术有限公司	江西省赣州市经济技术开发区工业三路	0797-8166188	0797-8166199	13979735551	zydbh@achteck.com.cn	341000

序号	姓名	职务	职称	单位	地址	电话	传真	手机	E-mail	邮编
14	邓春明	高工		广州有色金属研究院	广州市天河区长兴路 363 号	020-37239022		13929534132	denghans@126.com	510650
15	邓俊霞			中石油钻井工程技术研究院江汉机械研究所	湖北省荆州市沙市豉湖路 12 号			13972300058		
16	邓世均		研究员	武汉材料保护研究所	武汉市宝丰二路 126 号					430070
17	段　智	副总经理	高工	江西恒大高新技术股份有限公司	南昌市高新开发区金庐北路 88 号	0791-8286134	0791-8194581	13870970019	13870970019@163.com	330096
18	段林峰		高级工程师	南京安铁防腐技术有限公司	南京市化学工业园葛关路 625 号科创园 1206	025-58398490	025-57011235	13905156720	dlf622@163.com	210048
19	冯国志	总经理		上海新业喷涂机械有限公司	上海市奉贤区金大公路 8278 号	021-58735205	021-57575676	13311887667		201403
20	冯立新	董事长		江苏麟龙新材料股份有限公司	无锡惠山玉祁工业园区	0510-83889155	0510-83881301	13806199205	wuxichenzhu@163.com	214183
21	冯云彪			中国人民解放军第 5719 厂	四川省彭州市 35 信箱			15202877433	fyb4297@163.com	611936
22	付海宇			中国表面工程协会热喷涂专业委员会《中国热喷涂年鉴》编辑部	北京市朝阳区德胜门外北沙滩一号	010-64882552	010-64879322	18611155765	tynrly@vip.sina.com	100086
23	傅爱军	石油 PTA 产品经理		卡斯特林焊材（上海）有限公司	上海浦东金穗路 1501 号 A-201	021-50461405	021-50463924	13817361629	antonio.fu@castolin.cn	201206
24	高　峰	开发部部长	高工	北矿新材科技有限公司	北京昌平沙河富生路 5 号	010-58915127	010-69731996	13466794390	gaofegnjoy@163.com	100206
25	高　捷	总经理		武汉高力热喷涂工程有限责任公司	湖北省武汉市黄陂区三里镇	027-61917008	027-61917097	13071269592	250106399@qq.com	430344
26	高　阳		教授	大连海事大学	大连市高新园区			13500772351		
27	高保华			中国科学院过程所	北京市中关村北二条 1 号	010-62554559	010-62558143	13910816162		100190
28	谷　平	热喷涂主管员	助工	四川成发航空科技股份有限公司	四川省成都市新都区蜀龙路成发工业园区			18349207737		610503
29	郝　宇	业务经理		先导（益阳）等离子粉末有限公司	湖南省益阳市赫山区平安路 55 号	0737-4435648	0737-4436203	13875329119		
30	侯万良		研究员	中国科学院金属研究所	沈阳市沈河区文化路 72 号	024-23971865		13840253969		110016

序号	姓名	职务	职称	单位	地址	电话	传真	手机	E-mail	邮编
31	胡建斌	副总		株洲西迪硬质合金科技有限公司	湖南省株洲市芦淞区湘大路1099号	0731-22472345	0731-22725555	13973323229	seedcarbide@153.com	412000
32	胡为峰	董事长 总经理		北京赛亿科技股份有限公司	北京市海淀区学院路30号方兴大厦704室	010-62343188	010-62345995	13701085254 18611026589	ehuweifeng@163.com	100083
33	黄　骞	涂层工程师		苏州热工研究院有限公司	苏州市西环路1788号			15150158528		
34	黄智涛	销售部长		自贡长城硬面材料有限公司	四川自贡高新技术产业园区板仓工业集中区荣川一支路六号			13320805198		643000
35	贾玉杰	总经理		郑州贝斯汉德机械有限公司	郑州市二七区马寨工业园区东方路18号	0371-86678028	0371-86678028	13703929831	zzbshdjx@163.com	
36	江　飚	总经理		成都久品维克科技有限公司	成都市武侯区人民南路三段17-1号华西美庐2-2002室	028-85555525-803	028-8555525-802	13808060309	jiang@wococarbide.com	610041
37	蒋建敏		教授	北京工业大学材料学院	北京市朝阳区平乐园100号	010-67392168	010-67392168	13910639382	jmjiang@bjut.edu.cn	100124
38	蒋治平	总工	工程师	江苏武进液压启闭机有限公司	江苏武进奔牛工业园区北区	0519-83211271	0519-83211271	13606117232		213131
39	焦　津		博士	同济大学材料学院	上海市嘉定区曹安公路4800号			18817846350	ncujj@163.com	201804
40	金硪馨	主任	工程师	东方汽轮机有限公司表面工程研究所	四川省德阳市太湖路9号			18990217800		618000
41	瞿建中		高工	上海凯林新技术实业公司	上海市漕宝路86号903室	021-64326600	021-64325123	13901766249		200235
42	兰咏梅		工程师	四川科力特硬质合金股份有限公司	四川省德阳广汉市珠海路西二段			18990064154		618000
43	雷子雷	经理		锦州市金江喷涂材料有限公司	锦州市太和区		0416-3088855	13516068615 15604965156		
44	黎红英	技术主任		四川成发航空科技股份有限公司热表分公司	成都市新都区蜀龙大道成发工业园			13708081486		610503
45	李伯奇	总经理		陕西德维自动化有限公司	西安市新城科技产业园东兴科技大厦8-4号	029-82625772	029-82625262	13909294471	boqili@dw-auto.com	710043
46	李成新		教授	西安交通大学	陕西省西安市咸宁西路28号交大材料学院	029-82665299	029-82660970	18629328601	licx@mail.xjtu.edu.cn	710049

序号	姓名	职务	职称	单位	地址	电话	传真	手机	E-mail	邮编
47	李春花	翻译		东华隆（广州）表面改质技术有限公司	广州市萝岗区永和镇禾丰二街9号	020-82986789转103	020-82986868	13642789629	e003@tocalo-hantai.com	
48	李大川		学生	中国科学院上海硅酸盐研究所	上海市嘉定区和硕路588号			18721710379	dachuan_li@student.sic.ac.cn	201899
49	李明辉	学生		湖南大学	湖南省长沙市岳康南路			18720752848		
50	李玉玺	副总经理		自贡长城硬面材料有限公司	四川自贡高新技术产业园区板仓工业集中区荣川一支路六号			13990000825		643000
51	李志刚	总经理		先进机械设备有限公司	广东佛山市禅城区城门头西路1号佛山环球国际广场2208	0757-83807342	0757-83807343	13916109871	zgli@amstechn.com	528000
52	梁方正	板仓分公司总经理		自贡长城硬面材料有限公司	四川自贡高新技术产业园区板仓工业集中区荣川一支路六号			15881335052		643000
53	刘　彬	总技师		株洲西迪硬质合金科技有限公司	湖南省株洲市芦淞区湘大路1099号	0731-22472345	0731-22725555	18873307386	seedjy@seed-carbide.com	412000
54	刘　敏	副院长	教授	广州有色金属研究院	广州市天河区长兴路363号	020-61086207	020-37238510	13609034510	Liumin_gz@163.net	510650
55	刘长煜	经理		攀枝花市昊宇工贸有限公司	四川省攀枝花市西区苏铁中路570号	0812-5911018	0812-5911018	13808141343		617068
56	刘函宇	销售经理		欧瑞康美科表面技术（上海）有限公司	上海市嘉定区百安路539号第1、2幢	021-67087032	021-67087001	13918590845	Han-Yu.Liu@oerlikon.com	201814
57	刘金虎			北京美桥电子设备有限公司	北京市昌平区马池口念头工业区仁和路2号	010-88550612	010-88550708	18612031725	liujinhu@ime.ac.cn	
58	刘冉冉		工程师	圣戈班研发（上海）有限公司	上海闵行区文井路55号	021-54757271		15618989766	Ranran.Liu@saint-gobain.com	200245
59	卢阜金	总经理		江苏盐城金达表面工程技术有限公司	江苏盐城市亭湖区长坝路36号	13905103446	0551-83090828	15961992008	jdbmgc@126.com	224001
60	罗范波	副总经理		先导（益阳）等离子粉末有限公司	湖南省益阳市赫山区平安路55号	0737-4435648	0737-4436203	18692759288	pretech@vip.sina.com	413002
61	罗建冬	经理		厦门映日新材料科技有限公司	厦门市同安区洪塘镇苏厝路73号	0592-2560111	0592-2560511	15980851580	milo821019@!26.com	

序号	姓名	职务	职称	单位	地址	电话	传真	手机	E-mail	邮编
62	罗文富	厂长		厦门映日新材料科技有限公司	厦门市同安区洪塘镇苏厝路73号		0592-2560511	13599220393		
63	马康智		工程师	航天材料及工艺研究所	北京市丰台区南大红门路1号火箭研究院	010-68384894	010-68383282	13466673595	zgbymkz@126.com	100076
64	倪立勇			航天材料及工艺研究所	北京市丰台区南大红门路1号火箭研究院	010-68384894	010-68383282	15101155402		100076
65	倪振航	表面修复厂厂长	高工	马鞍山马钢表面工程技术有限公司	安徽马鞍山市幸福路74号	0555-2896571		13083117023	Nizhenhang2013@sina.com	243021
66	聂　臻		学生	武汉理工大学材料复合新技术国家重点实验室	湖北省武汉市洪山区珞狮路122号新材料研究所			13647230857		430070
67	潘海龙	经理	工程师	温州耐密特阀门有限公司	浙江省温州市龙湾区永兴富康西路16号	0577-85980111	0577-86935599	18968972688	86921388@163.com	325024
68	潘廷刚	副总经理	高级工程师	马鞍山马钢表面工程技术有限公司	安徽马鞍山市幸福路74号	0555-2892877	0555-2893247	13855507141		243021
69	彭帅姣	销售经理		广州市泓智机械有限公司	广东省广州市从化城郊街旺城大道323号（农科所内）	020-87918799	020-87918799	13902262337	2890724529@qq.com	510900
70	钱　兵	董事长总经理		南通高欣耐磨科技股份有限公司	江苏省南通市港闸区站前二路2号	0513-82030988	0513-83532955	13906291664	qianbing1973@163.com	226003
71	钱　铸	总经理	高工	天津市铸金表面工程材料科技开发有限公司	天津市北辰区铁东北路霍家嘴工业园汾河一支路10号	022-26316478	022-26316478	13072019906	zhujinbiaomian@126.com	300142
72	钱月佳	经理		泰州市澳通热喷涂材料有限公司	泰州市姜堰区龙溪工业园区1号	0523-88790189	0523-88790198	13914110444	charlizefire@hotmail.com	225500
73	任安军	总经理	高工	鄂尔多斯市神东天隆矿山机械有限责任公司	内蒙古鄂尔多斯市伊旗	0477-8905236		13847739342		017200
74	石成刚	主任	高工	中石油钻井工程技术研究院江汉机械研究所	湖北省荆州市沙市豉湖路12号	0716-8111017	0716-8222483	13607218946	shichengang@vip.sina.com	434000
75	孙红海	副总工程师		兖矿东华重工有限公司	山东邹城市西外环路5289号	0537-5943862	0537-5943862	13583728598	wws_hh@sina.com	273500
76	孙建国	质检经理		上海新业喷涂机械有限公司	上海市奉贤区金大公路8278号	021-58735205	021-50393000	18016203429		201403
77	孙景和	副总经理	高级工程师	沈阳石花微粉材料有限公司（原沈阳砂轮厂）	沈阳市大东区观泉路298号	024-88319856	024-88324471	13940445707	syshwf88319856@126.com	110045

序号	姓名	职务	职称	单位	地址	电话	传真	手机	E-mail	邮编
78	孙书强	经理		天津一飞锌业有限公司	天津市静海县西翟庄镇安家庄村	022-68313731	022-68371864	13920801043	sunshuqiang@126.com	301611
79	孙志刚	副总经理		天津开发区欣特涂层技术有限公司	天津市西青区精武镇馨谷工业园	022-83900750	022-83900751	13072252273	jx@tjxinte.com	300382
80	谭四新	副总经理		温州创博热喷涂有限公司	温州市瓯北镇珠岙童装城城东路5号	0577-67959988	0577-67959989	15888488850		
81	谭兴海	副总经理	高工	上海宝钢工业技术服务有限公司表面工程事业部	上海宝山区宝钢厂区内纬一路经五路口	021-26644898	021-26644898	13501908462	tanxinghai@baosteel.com	201900
82	唐静波	总经理		无锡市科特金属喷涂有限公司	无锡市惠山区堰新路398号	0510-83568588	0510-85613389	18651518787	tangjingbo@sina.com	214174
83	唐禹夏	产品经理		北京最时科技发展有限公司（欧瑞康美科代理）	北京市朝阳区北三环东路28号易亨大厦1009室	010-64405025	010-64405665	13811595929	tangyuxia@zsqspring.com	100013
84	陶闻钟	董事长		江苏立达高科特种材料有限公司	江苏省常熟市虞山工业园一区联丰路19号	0512-52223388	0512-52222388	13962351919	lidagaoke@163.com	215500
85	田铬夫	业务经理		先导（益阳）等离子粉末有限公司	湖南省益阳市赫山区平安路55号	0737-4435648	0737-4436203	18673770388	pretech@vip.sina.com	413002
86	田海宁		工程师	上海宝钢工业技术服务有限公司表面工程事业部	上海宝山区宝钢厂区内纬一路经五路口	021-26644898	021-26644898			201900
87	王　辉	工艺员	工程师	株洲中航动科南方燃气轮机成套制造安装有限公司	株洲市太子路316号			15973140103		412000
88	王　俭	销售经理		世泰科化工贸易（上海）有限公司 H.C.Starck	中国上海市徐汇区斜土路2899甲号光启文化广场A幢705室	021-60231539	021-60231521	13818147692	charley.wang@hcstarck.com	200030
89	王　俊	副总经理		北京最时科技发展有限公司（欧瑞康美科代理）	北京市朝阳区北三环东路28号易亨大厦1009室	010-64405025-701	010-64405665	13801029823	wangjun@zsqspring.com	100029
90	王　凯	销售经理		郑州立佳热喷涂机械有限公司	郑州市高新区科学大道与雪松路交汇处	0371-86102889	0371-86088667	18638188966	zzljrpt@163.com	450000
91	王　亮	销售工程师	工程师	陕西精致科技发展有限公司	陕西省西安市高新区科技五路橡树星座B-1505	029-88376383	029-88376185	15399089962	dijon57@163.com	710068
92	王　焱	表工所所长	总师	东方汽轮机有限公司表面工程研究所	四川省德阳市太湖路9号			13550608239		618000

序号	姓名	职务	职称	单位	地址	电话	传真	手机	E-mail	邮编
93	王　洋	技术员		自贡长城硬面材料有限公司	四川自贡高新技术产业园区板仓工业集中区荣川一支路六号					643000
94	王春华	副总经理		成都振兴金属粉末有限公司	四川省成都市青白江工业集中开发区南区祥虎大道大港建材城旁	028-86080279 84205833	028-84206118	13708051187	cdzxmp@cdzxmp.com	610052
95	王聪瑜			北京美桥电子设备有限公司	北京市昌平区马池口念头工业区仁和路 2 号	010-88550612	010-88550708	13269529276	congyu2211@163.com	100089
96	王会谊	技术部长		洛阳朗力表面技术有限公司	洛阳市涧西区武汉南路东马沟工业园 8 号	0379-64295899	0379-64295799	13598474779	Lylangli@126.com	471003
97	王亮亮	总经理		上海大豪瑞法喷涂机械有限公司	上海市青浦区华新镇嘉松中路 1835 号	021-69791217	021-69791053	13621836327	wangliangliang@rf-pt.com	201708
98	王山松	经理		北京桑尧科技开发有限公司 / 北京桑斯普瑞新材料有限公司	北京市海淀区马甸东路 19 号，金澳国际	010-52437923	010-62335622	13520430953 18611705726	amiwang0828@sina.com	100083
99	王耀昇	副总经理		上海大豪纳米材料喷涂有限公司	上海市青浦区华新镇嘉松中路 1835 号	021-69790731	021-69791210	13816225542	wangyaosheng@dh-pt.com	201708
100	王玉琦	副总经理	高级工程师	无锡市新科表面工程材料有限公司	无锡市滨湖区胡埭工业安置北区丁香路 7 号	0510-85504122	0510-85520126	13861848995	xinke@wxxinke.com	214161
101	魏武章	经理	工程师	元适工程贸易（上海）有限公司 / 欧瑞康美科中国销售代理	成都市一环路南一段 20# 普利大厦 A 座 303 室	028-85253626	028-85253626	13308065321	jack@allfitwelding.com.cn	610041
102	魏先顺		博士	同济大学材料学院	上海市嘉定区曹安公路 4800 号			15846393842	weixianshun@126.com	201804
103	吴　恒	主任助理	工程师	郑州高端装备与信息产业技术研究院有限公司	郑州市高新区科学大道与红松路交叉口东南角			18790265464		450000
104	吴　雷	热喷涂主管员	助工	四川成发航空科技股份有限公司	四川省成都市新都区蜀龙路成发工业园区			13438803512		610503
105	伍建华		研究员	武汉材料保护研究所	武汉市宝丰二路 126 号	027-83641639	027-83641639	13971165228	13971165228@163.com	430030
106	肖　庆	中国区经理		欧瑞康美科表面技术（上海）有限公司	上海市嘉定区百安路 539 号第 1、2 幢	021-67087030	021-67087001	13524261313	simon.xiao@oerlikon.com	201814

序号	姓名	职务	职称	单位	地址	电话	传真	手机	E-mail	邮编
107	肖俊钧	总助	工程师	赣州澳克泰工具技术有限公司	江西省赣州市经济技术开发区工业三路	0797-8166188	0797-8166199	13979777927		341000
108	肖庆康	业务员		自贡长城硬面材料有限公司	四川自贡高新技术产业园区板仓工业集中区荣川一支路六号			18581913225		643000
109	谢建刚	质量部主任	研究员	北矿新材科技有限公司	北京昌平沙河富生路5号	010-58915127	010-69731996	18611724573	xie_jg@bgrimm.com	100206
110	徐　军	总工		上海大豪瑞法喷涂机械有限公司	上海市青浦区华新镇嘉松中路1835号	021-69791218	021-69791053	13611719067	xujun@rf-pt.com	201708
111	徐　淼	销售经理		圣戈班陶瓷材料(郑州)有限公司上海代表处	上海市延安东路222外滩中心7楼	021-63616100	021-63222942	13816235264	Carol.Xu@saint-gobain.com	200002
112	徐　霄	市场部经理		无锡市新科表面工程材料有限公司	无锡胡埭工业安置区丁香路7号	0510-85504122	0510-85520126	13405770955	xinke@wxxinke.com	214161
113	徐茂杰	销售经理		洛阳金鹭硬质合金工具有限公司	河南省洛阳市高新技术开发区金鑫路			18030201943	xmjxmu@cxtc.com	471000
114	杨　军			自贡长城硬面材料有限公司	四川自贡高新技术产业园区板仓工业集中区荣川一支路六号			13990022722		643000
115	杨　萍	业务经理		自贡长城硬面材料有限公司	四川自贡高新技术产业园区板仓工业集中区荣川一支路六号	0813-5517977	0813-5517957	15008105160	yangping@ccztc.com	643000
116	杨　跃	技术总监		洛阳金鹭硬质合金工具有限公司	河南省洛阳市高新技术开发区金鑫路			18030201712	yang.yue@cxtc.com	471000
117	杨加胜		学生	中国科学院上海硅酸盐研究所	上海市嘉定区和硕路588号			13916333841	jiashengyang@student.sic.ac.cn	201899
118	杨再江			自贡长城硬面材料有限公司	四川自贡高新技术产业园区板仓工业集中区荣川一支路六号			15008148515		643000
119	叶　洪	副总经理		成都市长诚热喷涂技术有限责任公司	成都市青白江区化工北路	028-83602179	028-83601266	13608235340		610300
120	易长宾	总经理	高级工程师	自贡长城硬面材料有限公司	四川自贡高新技术产业园区板仓工业集中区荣川一支路六号	0813-5517997	0813-5517997	13708150503	yicb@zgcc.com	643000

序号	姓名	职务	职称	单位	地址	电话	传真	手机	E-mail	邮编
121	易攀芝	销售经理		成都振兴金属粉末有限公司	四川省成都市青白江工业集中开发区南区祥虎大道大港建材城旁	028-83657377 86080279	028-84206118	18011300807	xs@cdzxmp.com	610052
122	应　峰			江苏麟龙新材料股份有限公司	无锡惠山玉祁工业园区		0510-83881301	15952463400	linlongnm@163.com	214183
123	余德芳	工程师	高工	鄂尔多斯市神东天隆矿山机械有限责任公司	内蒙古鄂尔多斯市伊旗	0477-8905236		13947796922		017200
124	余勇刚	部门经理	工程师	四川科力特硬质合金股份有限公司	四川省德阳广汉市珠海路西二段			18280584939		618000
125	袁应春	业务经理		先导（益阳）等离子粉末有限公司	湖南省益阳市赫山区平安路55号	0737-4435648	0737-4436203	13574720033	pretech@vip.sina.com	413002
126	曾德福	总经理		北京球冠科技有限公司	北京市海淀区莲花西路华宝大厦	010-63958588	010-63723196	13601371459	rptm@163.com	100036
127	曾克里	主任	研究员	广州有色金属研究院	广州市天河区长兴路363号	020-61086630	020-61086631	13928867032	13928867032@139.com	510650
128	翟　岗	总经理		北京东方润鹏科技有限公司	北京市朝阳区大郊亭中街2号院华腾国际4号楼12B			18611798986		100124
129	张　刚	经理		江苏麟龙新材料股份有限公司	无锡惠山玉祁工业园区	0510-83889155	0510-83881301	13771427977	Wxzhanggang1980@163.com	214183
130	张　龙			马鞍山马钢表面工程技术有限公司	安徽马鞍山市幸福路74号	0555-2896571		13965603156		243021
131	张　赟	总经理		上海大豪纳米材料喷涂有限公司	上海市青浦区华新镇嘉松中路1835号	021-69791220	021-69791220	15900899978	zhangyun61999@126.com	201708
132	张保库		学生	武汉理工大学材料复合新技术国家重点实验室	湖北省武汉市洪山区珞狮路122号新材料研究所			13343402645		430070
133	张广伟	工程师		大连华锐重工特种备件制造有限公司	大连市旅顺口区经济开发区顺达路29号	0411-86202602	0411-86202206	13998460225	zgw2006094@163.com	116052
134	张国锋	经理	工程师	洛阳金鹭硬质合金工具有限公司	河南省洛阳市高新技术开发区金鑫路			18959200435	zhang.guofeng@cxtc.com	471000
135	张萍萍	销售经理		成都大光热喷涂材料有限公司	成都市龙泉驿区同安镇同策路8号	028-84837291	028-84837290	13980832161	jb@cddg.com.cn	
136	张书宏	经理		贵州六枝特区金鑫经贸有限公司	六枝特区泰华大厦A083	0858-5329888	0858-5555565	13312391238		553400

序号	姓名	职务	职称	单位	地址	电话	传真	手机	E-mail	邮编
137	张锡昌	总经理		莱芜市盛鼎冶金机械制造有限公司	山东省莱芜市钢城区里辛镇北赵圆	0634-6496509	0634-6496509	13906346060	lwhongchang@yahoo.cn	271105
138	张有茶		工程师	北京美桥电子设备有限公司	北京市昌平区马池口念头工业区仁和路2号	010-88550612	010-88550708	15801278601	ychazhang@163.com	100089
139	张忠诚		教授	广州有色金属研究院	广州市天河区长兴路363号			13602779234	sales@gzse.com	510650
140	章诗岐	副总经理	工程师	无锡市福莱达石油机械有限公司	无锡锡北镇八士八达路	0510-88262630-8002	0510-88266211	13115065268	master@wxflt.cn	214192
141	赵蒙意	总经理助理		北京廊桥材料技术有限公司	北京市昌平区马池口念头工业区仁和路2号	010-88550612	010-88550708	18610818253	Rose.zhao@langqiao surface.com	100089
142	郑秀峰	副总经理		天津市铸金表面工程材料科技开发有限公司	天津市北辰区铁东北路霍家嘴工业园汾河一支路10号	022-26316478	022-26316476	13212209890	zhujinbiaomian@126.com	300142
143	郑仲轩	经理		昆山创益发热喷涂科技有限公司	江苏省昆山市陆家镇春江路120号	0512-57280881	0512-57281288	13862630011	hsuan0330@hotmail.com	215331
144	钟　丽	销售		上海金萃激光技术有限公司	上海青浦区汇金路958号	021-59207200	021-59207300	15258003638	li.zhong@giantreelaser.com	201700
145	周　烨		技术工程师	江苏中矿大正表面工程技术有限公司	江苏省徐州市泉山区解放南路科技大厦1025	0516-83995085	0516-83884465	15162129512	zhouyecnmt@sina.com	221008
146	周崇建	副总经理		中国五矿自贡硬质合金有限责任公司	四川自贡市人民路111号	0813-8109768				
147	周建罗		工程师	株洲中航动科南方燃气轮机成套制造安装有限公司	株洲市太子路316号			13907330387		412000
148	周伍喜	副总		自贡长城硬面材料有限公司	四川自贡高新技术产业园区板仓工业集中区荣川一支路六号			15984179487		643000
149	朱成才	热喷涂销售工程师		赫格纳斯（中国）有限公司	上海市外青松公路5646号	021-67001016	021-69210894	13811087167	chris.zhu@hoganas.com	201799
150	朱晖朝		教授	广州有色金属研究院	广州市天河区长兴路363号			13503050108	13503050108@139.com	510650
151	朱利平			苏州开天斧机械有限公司	苏州市吴中区临湖镇采莲园	0512-66532885	0512-66530607	13808158596	13808158596@139.com	215105
152	卓鸿谋	表面研发中心副主任		上海开维喜阀门集团有限公司	上海市奉贤区柘林镇北村路199号	021-57491111-88039	021-57491333	13816529233	zhm0857@163.com	201416

序号	姓名	职务	职称	单位	地址	电话	传真	手机	E-mail	邮编
153	邹敬平	技术支持工程师		世泰科化工贸易（上海）有限公司 H.C.Starck	上海市徐汇区斜土路 2899 甲号光启文化广场 A 幢 705 室	021-60231540	021-60231521	13818148824	joe.zou@hcstarck.com	200030
154	祖芳凝	经理		北京航百川科技开发中心	北京市大兴区青云店工业区	010-69273025	010-69273025	13911000056	yubing_zu@hotmail.com	102605

国外及港台地区代表

155	Hajime Nakadate	Asia senior sales manager	H.C.Starck	1-30-5 Hamamatsucho Minato-ku Tokyo 105-0013 Japan	+81 357765024	+81 3 54020071	+81 90 4609 2002	hajime.nakadate@hcstarck.com	
156	Olof Andersson	Manager Business Develo-pment	赫格纳斯（中国）有限公司	上海市青浦区外青松公路 5646	021-69210112-331	021-69213194		olof.andersson@hoganas.com	201700
157	Masahiro Mori	President	Prime Corporation, Japan	225-151 MIZOGUCHI,KOHDERA-CHO,KANZAKI-GUN,HYOGO-KEN 679-2161，JAPAN	0081-792-65-1550	0081-792-65-1557		mprime@smile.ocn.ne.jp	
158	Naohiro Mori		Prime Corporation, Japan	225-151 MIZOGUCHI,KOHDERA-CHO,KANZAKI-GUN,HYOGO-KEN 679-2161，JAPAN	0081-792-65-1550	0081-792-65-1557		naomori@fancy.ocn.ne.jp	
159	大城户 修三	总经理	Tocalo and Hantai Co., Ltd. 东华隆（广州）表面改质技术有限公司	9,2Road,Hefeng, Yonghe,Luogang, Guangzhou City, China 广州市罗岗区永和镇禾丰二街 9 号	+86 20 82986789	+86 20 82986868	139 2214 7989	f001@tocalo-hantai.com	511356
160	Richard Moll		自贡长城硬面材料有限公司	四川自贡高新技术产业园区板仓工业集中区荣川一支路六号					
161	Andreas kirsten	技术专家	自贡长城硬面材料有限公司	四川自贡高新技术产业园区板仓工业集中区荣川一支路六号					
162	Albert Sue		National Oilwell Varco	500 Conroe	832-296-9657	832-296-9657	832-296-9657	Seedcarbide@163.com	412000
163	CHIA TUCK MENG	运营总监	上海大豪瑞法喷涂机械有限公司	上海市青浦区华新镇嘉松中路 1835 号	021-69791217	021-69791053			201708
164	LO SHUN SHING	生产经理	上海大豪瑞法喷涂机械有限公司	上海市青浦区华新镇嘉松中路 1835 号	021-69791217	021-69791053			201708

165	程进卿	总经理	英耐德实业有限公司	新北市深坑区北深路三段 270 巷 16 号 4 楼	+886-2-8662-6788	+886-2-8662-6766	+886-9338 86225	otto_cheng @innovator. com.tw	22205
166	曾德兴	工程师	英耐德实业有限公司	新北市深坑区北深路三段 270 巷 16 号 4 楼	+886-2-8662-6788	+886-2-8662-6766	135 4939 4833	innovat.or @msahinet.net	22205

理事会及秘书处

序号	姓名	职务	职称	单位	地址	电话	传真	手机	E-mail	邮编
167	黄小鸥	会长 理事长	研究员	中国表面工程协会 中国表面工程协会热喷涂专业委员会	北京市朝阳区北沙滩甲 1 号 706 室 北京德胜门外北沙滩一号	010-64882554	010-64872316	13901358778	xiaoou @chinathe-rmalspray .org	100083
168	陶顺衍	副理事长	研究员	中国科学院上海硅酸盐研究所	上海市嘉定区和硕路 588 号	021-69906321	021-69906322	13641819579	sytao @mail.sic.ac.cn	201899
169	常新春	主任 副理事长	研究员	中国科学院金属研究所	沈阳市沈河区文化路 72 号	024-23971865	024-23906712	13804032381	xcchang @imr.ac.cn	110016
170	曹　庆	副总经理 副理事长	总工程师	江门市威霖贸易有限公司	广东省江门市河南翠园一街 38 号二楼	0750-3892830	0750-3892847	13709619235	cao @welcn.com	529040
171	卢乐松	副秘书长		中国表面工程协会热喷涂专业委员会	北京德胜门外北沙滩一号	010-64882552	010-64879322	13801233251	lulesong @126.com	100083
172	张　蓓	秘书		中国表面工程协会热喷涂专业委员会	北京德胜门外北沙滩一号	010-64882560	010-64872316	13752103665	tscc@ chinathe-rmalspray.org	100083
173	何凤鸣			中国表面工程协会热喷涂专业委员会	北京德胜门外北沙滩一号	010-64882560	010-64872316	13521581653		100083

3. 接待 DVS 和 ASM 考察人员，完成对拟于上海举办的 ITSC' 2016 国际热喷涂大会暨展览会会议场馆的考察接待工作

4. 筹备 ITSC' 2016 国际热喷涂大会暨展览会

经中国表面工程协会热喷涂专业委员会（TSCC）与国际热喷涂大会主办方德国焊接协会（DVS）、美国金属学会（ASM），以及中国科学院硅酸盐研究所（SICCAS）的共同努力，国际热喷涂大会将于 2016 年 5 月 10-12 日再次在中国召开，地点为上海国际会议中心。目前，各方合作协议及场地协议均已签订，并已得到相关批文。本次会议的召开，不仅为国外同行了解中国热喷涂市场、中国热喷涂企业提供窗口，也将为国内科研院所、热喷涂企业学习国外先进的热喷涂技术提供理想环境，将是我国和世界热喷涂界的又一次盛会。

5. 调整代表热喷涂专业委员会的中国表面工程协会第五届理事会理事、常务理事、副理事长候选人推荐名单

根据民政部及国资委关于负责人任职年龄的相关规定以及中国机械工业联合会的相关精神（即理事长、副理事长、理事、常务理事等最高任职年龄不超过 70 岁，不能任职满一届即届中到 70 岁的原则上不再推荐作为理事长、副理事长候选人），中国表面工程协会五届理事会副理事长候选人中有陈冬、黄小鸥、刘洪文、董方钰、林兴国等 5 位同志不符合相关规定不再推荐为副理事长候选人，需要更换；根据中国表面工程协会关于五届理事会副理事长候选人届中超龄更换人选的通知要求（2014 年 10 月 29 日中表协 [2014]016 号），黄小鸥理事长提出不再担任总会五届理事会副理事长、常务理事及理事候选人，空出的总会五届理事会副理事长、常务理事及理事名额经热喷涂专业委员会征求各位热喷涂专业委员会常务理事同意，推荐中国科学院上海硅酸盐研究所陶顺衍研究员为总会五届理事会副理事长候选人（原为总会常务理事候选人）、广州有色金属研究院刘敏副院长为总会五届理事会常务理事候选人（原为总会理事候选人）、北京赛亿科技股份有限公司胡为峰总经理为总会理事候选人。

调整后的代表热喷涂专业委员会的中国表面工程协会第五届理事会理事、常务理事、副理事长候选人推荐名单如下：

理事候选人 35 人、常务理事候选人 11 人、副理事长候选人 3 人
（姓名后打★者为常务理事候选人，打●者为副理事长候选人）

序号	姓名	性别	出生年月	职务（职称）	单位
1	吴朝军●★	男	1964.2	研究员	航天材料及工艺研究所
2	杨　滨●★	男	1972.7	副总经理、高工	上海宝钢工业技术服务有限公司
3	陶顺衍●★	男	1969.12	研究员	中国科学院上海硅酸盐研究所
4	安云岐★	男	1963.7	董事长、总经理、教授、高工	北京中矿安丰工程科技有限公司
5	张　赟★	男		总经理	上海大豪纳米材料喷涂有限公司
6	常新春★	男	1966.5	主任、研究员	中国科学院金属研究所

7	卢乐松★	男	1970.3	秘书长	中国表面工程协会热喷涂专业委员会
8	李其连★	男	1964.5	研究员	中国航空工业集团北京航空制造工程研究所（625 所）
9	北秋广幸★	男	1952.8	董事长	东华隆（广州）表面改质技术有限公司
10	易长宾★	男	1961.6	总经理、高级工程师	自贡长城硬面材料有限公司
11	刘　敏★	男	1965.2	副院长、教授级	广东省工业技术研究院 （广州有色金属研究院）
12	李长久	男	1962.8	教授	西安交通大学材料科学与工程学院
13	童向阳	男	1968.8	事业部经理、研究员	武汉材料保护研究所
14	曹　庆	男	1965.9	副总经理	江门市威霖贸易有限公司
15	李益明	男	1964.11	总经理、高工	上海宝钢工业技术服务有限公司 表面工程事业部
16	伍建华	男	1958.3	研究员	武汉材料保护研究所
17	冯国志	男	1962.7	总经理	上海新业喷涂机械有限公司
18	谢屹峰	男	1967.9	总经理	洛阳金鹭硬质合金工具有限公司
19	钱　铸	男	1963.1	总经理	天津市铸金表面工程材料科技开发有限公司
20	段　智	男	1964	副总经理、高工	江西恒大高新技术股份有限公司
21	王　焱	男	1964.1	副总锻冶师、所长、 高级工程师	东方汽轮机有限公司表面工程研究所

22	程定春	女	1965.2	总经理、高工	中航工业四川成发航空科技股份有限公司热表分公司
23	汪刘应	男	1971.5	主任、教授	第二炮兵工程大学五系
24	薛永宗	男	1958.3	总经理、经济师	无锡市新科表面工程材料有限公司
25	汪鞍亚	男	1954.11	董事长	鞍山正发机械有限公司
26	徐法令	男	1979.3	副总经理、高级工程师	北京航天振邦精密机械有限公司
27	石成刚	男	1964.3	研究室主任、高级工程师	中石油钻井工程技术研究院江汉机械研究所
28	王春华	女	1969.4	副总经理	成都振兴金属粉末有限公司
29	肖　庆	男	1965.6	中国区经理	苏尔寿·美科表面技术（上海）有限公司
30	彭裕祥	男	1964.10	总经理、工程师	安徽省淮海工程科技有限公司
31	钱　兵	男	1972.12	总经理	南通高欣金属陶瓷复合材料有限公司
32	程旭东	男	1954.12	研究员	武汉理工大学材料复合新技术国家重点实验室
33	孙景和	男	1965.12	副总经理、高级工程师	沈阳石花微粉材料有限公司
34	王国华	男	1974.11	总经理、工程师	浙江星塔科技设备材料有限公司
35	胡为峰	男	1968.7	董事长	北京赛亿科技股份有限公司

6. 编辑出版《中国热喷涂年鉴（2015 年版）》

由中国表面工程协会热喷涂专业委员会编制、科学技术文献出版社出版发行的中国热喷涂行业唯一国家级馆藏工具书《中国热喷涂年鉴（2015 年版）》，编撰工作按计划进行，资料收集及准备工作正在进行，即将进入编排及核实工作，由中央级专业出版社——科学技术文献出版社出版，面向国内外公开发行。

7. 完善并维护中国表面工程协会热喷涂专业委员会网站，新网站已经正式上线运行

中国表面工程协会热喷涂专业委员会网站已全新上线。网站内容包括协会简介、行业动态、行业资料、会展信息、刊物出版、会员天地、商贸机会、下载中心等栏目。

8. 积极配合总会完成总会第五届会员代表大会以及各项换届事宜

2014 年 12 月 17 日，中国表面工程协会第五次会员代表大会在江苏南京国际会议大酒店举行，中国机械工业联合会于清笈执行副会长出席会议并讲话。会议由中国表面工程协会四届理事会理事长黄小鸥教授主持，来自全国表面工程及相关企业的 450 余名代表出席了会议。

会议由四届理事会理事长黄小鸥同志主持，首先于清笈执行副会长代表中国机械工业联合会宣读了同意中国表面工程协会换届方案的批复。大会听取并审议通过了四届理事会副理事长兼秘书长马捷同志代表中国表面工程协会第四届理事会所作的工作报告及五届协会理事会工作规划，报告指出自 2008 年换届至 2014 年，在上级主管单位国资委、代管单位中机联有关领导的指导下和原理事长沈烈初同志的关心下，在黄小鸥理事长的带领下，总会第四届理事会秘书处和各分会、委员会在协会自身建设和参与行业法规政策、组织各种交流活动等方面大胆创新、积极行动，开展了一系列工作，为会员提供了一系列服务，体现了协会作为政府与企业桥梁和纽带的作用。

大会审议和无记名投票表决通过了章程以及会费收取标准调整方案及管理办法。

大会审议了卢乐松副秘书长代表四届理事会作的财务收支报告，大会一致同意并鼓掌通过了上述报告。

大会以无记名投票方式选举产生了由袁华等 210 人组成的中国表面工程协会第五届理事会（名单附后）。

中国表面工程协会第五次会员代表大会选举组成了中国表面工程协会第五届理事会，随后，召开了中国表面工程协会第五届第一次理事（扩大）会。新当选的五届理事会共有 210 名理事，会议以无记名投票方式选举产生了由袁华等 71 名同志组成的中国表面工程协会第五届理事会常务理事会。

根据中国表面工程协会章程及第五届理事会理事，常务理事，正、副理事长和秘书长候选人选举

聘任办法及原则，选举袁华同志为中国表面工程协会第五届理事会理事长，选举马捷等21名同志为副理事长，吴朝军、杨滨、陶顺衍三位同志代表热喷涂专业委员会当选为第五届理事会副理事长；选举马捷同志为中国表面工程协会第五届理事会秘书长，选举袁华等71名同志为常务理事。经马捷同志提名，聘任卢乐松、孙长兰同志为中国表面工程协会第五届理事会副秘书长。

第四届理事会理事长黄小鸥同志祝贺换届工作顺利成功，他强调，希望中国表面工程协会在第五届理事会的领导下，坚决贯彻十八大精神，坚定信心，共同努力，改革创新，锐意进取，把我国的表面工程事业推向一个新阶段，努力把表面工程协会办成一流协会。

会议对四届理事会各位理事及常务理事的辛勤工作和对协会工作的大力支持表示诚挚的感谢。会议充分肯定四届理事会及秘书处的工作，希望新一届理事会继承四届理事会奠定的基础并继续发扬务实精神，团结合作，不断创新，推进行业快速发展。会议表示感谢各二级分会在经费和人力等方面对四届理事会的大力支持，为协会各项工作的正常开展提供了保障。会议认为自2008年换届至2014年，在上级主管单位国资委、代管单位中机联有关领导的指导下和原理事长沈烈初同志的关心下，在黄小鸥理事长的带领下，总会第四届理事会秘书处和各分会、委员会在协会自身建设和参与行业法规政策、组织各种交流活动等方面大胆创新、积极行动，开展了一系列工作，为会员提供了一系列服务，体现了协会作为政府与企业桥梁和纽带的作用。

中国表面工程协会
五届理事会组成和常务理事、副理事长、理事长名单

（2014年12月17日第五届会员代表大会及五届一次理事扩大会选举组成）

理事名单（210名）

王　为　周人驹　马　捷　范财富　赵国鹏　李尚勇　周吉林　刘传起　陈智充　陈良华
李欣怡　张美生　陈学兵　毛祖国　欧忠文　胡国辉　高俊健　朱立群　刘明灿　王荣辉
张建勋　朱英杰　林泓丰　周爱武　殷振华　王和义　张朝晖　石　勇　桑保华　蒋顺良
石建峰　竺建章　王殿光　包燕峰　周保学　杜智康　徐金夫　钟友昭　辛建树　吕成斌
赵达均　郑中万　董方钰　李敏峰　曾维群　郭忠诚　刘德贤　杨振国　李长明　赵晓梅
林昌民　曹恒海　乐　军　华如章　王　滢　袁　华　上官文龙　马　丹　杨　磊　林益庭
匡优新　宋文超　陈寿清　王国祥　叶昌松　文国林　陶伟民　吴　涛　王一建　郑锡辉
赵晓东　刘秀生　彭永固　吕春华　季松林　赵　华　赵雪林　刘世新　吴伟玲　黄立明

齐祥安 徐红璘 张学友 单国良 王京 卢修泉 曲银燕 李建娥 伍昕忠 黄伯钊
安本静芳 陆俊 董军 熊立新 马春庆 邹永丰 羊毅 刑汶平 华万清 孙国桢
杜道龙 李德祥 魏爱民 陆通林 韩有为 王波 吴朝军 杨滨 陶顺衍 安云岐
张赟 常新春 卢乐松 李其连 北秋广幸 易长宾 刘敏 李长久 童向阳 曹庆
李益明 伍建华 冯国志 谢屹峰 钱铸 段智 王焱 程定春 汪刘应 薛永宗
汪鞍亚 徐法令 石成刚 王春华 肖庆 彭裕祥 钱兵 程旭东 孙景和 王国华
胡为峰 罗永秀 吴正前 李良春 白芳 俞威 陈学军 王红 孙树仁 张苧心
孙清 杨文斌 张大全 薛中 严丽珍 莫学坤 张雷 李秀华 马宝行 王余高
黄庆明 连玉双 金小明 徐立庶 喻战清 李翀 范金兴 朱焱 刘霁 张静波
欧博明 严红兵 吴勇 黄华清 黄国清 吴庆一 影原真人 李清湘 肖合森 顾红明
蔡小兰 王华兴 刘志 蔡继斌 杨行龙 黄瑛 张俊敏 丁益民 朱晓云 陈建民
欧阳贵 林安 马通达 刘万青 陆飚 范宏义 陆国建 丁国伟 罗坤英 郭瑞光
袁效龙 敖中华 李家柱 陈冬 吕亚林 杜庆新 袁国强 吕根元 卢锦堂 吉坡

（以上排名不分先后）

常务理事名单（71 人）：

王为 周人驹 马捷 范财富 赵国鹏 李尚勇 周吉林 刘传起 陈智充 陈良华
李欣怡 张美生 陈学兵 毛祖国 欧忠文 胡国辉 高俊健 袁华 上官文龙 林益庭
王国祥 叶昌松 陶伟民 吴涛 王一建 郑锡辉 赵晓东 刘秀生 彭永固 吕春华
季松林 赵华 赵雪林 刘世新 吴伟玲 黄立明 吴朝军 杨滨 陶顺衍 安云岐
张赟 常新春 卢乐松 李其连 北秋广幸 易长宾 刘敏 罗永秀 吴正前 李良春
白芳 俞威 陈学军 王红 孙树仁 张苧心 孙清 吴勇 黄华清 黄国清
吴庆一 影原真人 李清湘 欧阳贵 林安 马通达 刘万青 陆飚 陈冬 吕亚林
刘明灿

（排名不分先后）

理事长：袁华

副理事长（21）人：

王为 周人驹 马捷 赵国鹏 林益庭 王国祥 陶伟民 吴涛 王一建 吴朝军
杨滨 陶顺衍 罗永秀 白芳 俞威 吴勇 黄华清 欧阳贵 林安 吕亚林
上官文龙（排名不分先后）

秘书长：马捷（副理事长兼）

副秘书长（2 人）：卢乐松 孙长兰

9. 协助总会成功举办 2014 上海国际表面工程展览会

10. 协助总会举办第十届全国表面工程大会暨第六届全国青年表面工程论坛

11. 参与“《中华人民共和国职业分类大典》(机械部分——表面工程(处理) 行业) 修订工作”，及拟新增职业——热喷涂（焊）工、表面工程技术人员职业调研、信息采集、整理、职业定义、论证、工种细化等工作

12. 2014 年编辑出版发行《热喷涂技术》四期；以刊物为纽带，加强协会与会员之间的联系。目前，杂志出版面临以下问题：（1）经费不足；（2）稿源不足

热喷涂行业

管理与技术经验

（选编）

热喷涂技术在我国航天领域的应用

航天材料及工艺研究所 吴朝军

文摘：热喷涂是表面工程领域中的一项重要技术，本文简单回顾了热喷涂技术在我国航天领域的应用历程，介绍了热喷涂技术在我国航天领域的应用情况并对未来的发展进行了展望。

1 热喷涂技术简介

热喷涂技术是利用热源将喷涂材料加热至熔化或半熔化状态，并以一定的速度喷射沉积到经过预处理的基体表面形成涂层的方法。热喷涂有多种工艺方法，如等离子喷涂、电弧喷涂、火焰喷涂和爆炸喷涂等。

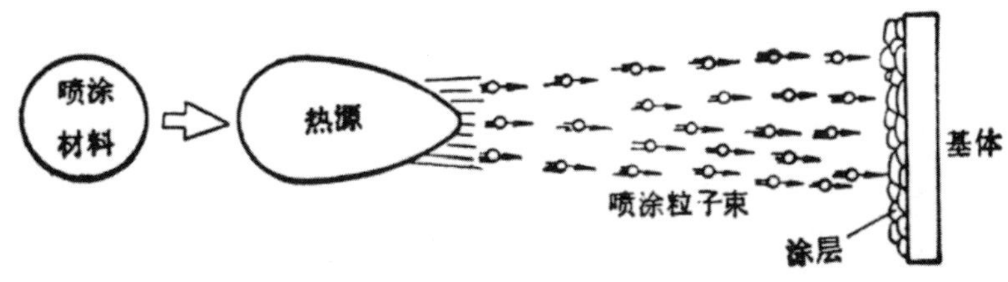

图 1 热喷涂涂层形成原理

热喷涂技术应用十分广泛，选择不同性能的涂层材料和不同的工艺方法，可制备热障、可磨耗封严、耐磨密封、抗高温氧化、导电绝缘、远红外辐射等功能涂层。涂层材料几乎涉及到所有固态工程材料，包括金属、金属合金、陶瓷、金属陶瓷、塑料及其它们的复合材料。热喷涂技术广泛应用于航空航天、冶金、能源、石油化工、机械制造、交通运输、轻工机械、生物工程等国民经济各个领域。

2 现代航天技术

现代航天技术是包括运载火箭、人造地球卫星、载人飞船、空间站、空间探测器等的一项综合系统工程技术。其中运载火箭是航天技术的基础，也是我国发展较为成熟并具有国际先进水平的一项技术，因此热喷涂在航天领域的应用主要指在运载火箭方面的应用。

运载火箭是在导弹的基础上发展的，一般由 2 ~ 4 级组成。每一级都包括箭体结构、推进系统和飞行控制系统。末级有仪器舱，内装制导与控制系统、遥测系统和发射场安全系统。级与级之间靠级间段连接。有效载荷装在仪器舱的上面，外面套有整流罩。

3 热喷涂技术在我国航天领域的应用

我国航天领域热喷涂技术的应用开始于上世纪五十年代末，当时是研究试验用氧乙炔火焰喷涂 Al_2O_3 涂层用于导弹鼻锥部位的热防护。六十年代初因 × ×-2、× ×-3 等型号的研制需要喷涂金属 W 和 Z_rO_2 等高熔点材料，于是开始等离子喷涂设备和工艺的研究试验。六十年代中后期利用自行研制成功的等离子喷涂设备，将等离子喷涂的 W 和 Z_rO_2 涂层成功用于 ××-3 和 ××-4 发动机燃烧室和喷管延伸段上。七十至八十年代，随着 METCO 公司热喷涂设备的引进和长征— 3 号火箭研究项目的启动，热喷涂技术在航天领域的应用进入第一个快速发展期。在这期间，利用热喷涂技术制备的热障、耐磨密封等功能性涂层解决了型号研制中许多关键性技术难题，获得了很好的应用。九十年代以来，一方面我国航天工业空前发展：航天载人工程、杀手锏工程、战术和战略导弹的批生产等都对热喷涂技术提出了更高的要求；另一方面热喷涂技术本身也取得了重大进展，如：高控制精度、高工作稳定性的新型等离子喷涂设备的商用推广、高速火焰喷涂技术的出现和成熟应用、大功率等离子和超低压等离子喷涂（PS-PVD）设备的问世等使得近十几年来热喷涂技术在航天领域的应用进入了第二个快速发展期。

3.1 热障涂层的应用

3.1.1 热障涂层

热障涂层（Thermal Barrier Coatings 简称 TBC）最早用于航空领域，是现代航空发动机的关键技术之一，目前应用最多的 TBC 涂层采用双层涂层结构：MCrAlY 结合底层 + YPSZ （ Y_2O_3/Z_rO_2 ）工作面层，其基本原理是基于 Z_rO_2 具有化学稳定好、熔点高和导热系数低的特点，制备时要求 Z_rO_2 涂层含有一定数量的孔隙，以进一步提高其隔热性能。热障涂层能把热端部件与高温燃气隔离开来，大约 0.20~0.40mm 厚的热障涂层，就能使金属零件表面的温度降低 150~200℃，并使热端部件免受燃气腐蚀和冲蚀。

3.1.2 应用实例

等离子喷涂的热障涂层在航天领域应用最为广泛。

火箭发动机喷管延伸段内壁在工作时承受 1500℃以上高温焰流的冲蚀，时间长达几十秒至上百秒，一般采用等离子喷涂热障涂层进行防护，涂层结构：MCrAlY 结合底层＋ YPSZ （ Y_2O_3/Z_rO_2 ） 工作面层。

火箭级间段材质一般为铝合金，内壁装有许多测试仪器，为减轻重量内壁采用化铣工艺铣成网格形状，最薄处仅有 1.2mm，发射过程中级间段短时承受几千度的高温，内壁需做防热处理否则瞬间烧毁。

火箭发射车发射台架发射时承受高温焰流的冲蚀也可以通过喷涂热障涂层进行防护。

我国航天载人工程项目上也应用热障涂层技术：飞船逃逸系统的关键部件栅格翼上就大面积使用了等离子喷涂 Al_2O_3 涂层。

图 2　发动机喷管内壁喷涂热障涂层曲线

图 3　级间段内壁喷涂热障涂层

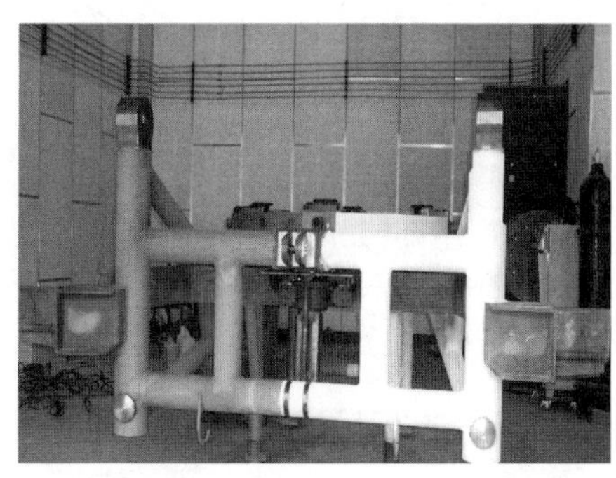

图 4　发射车架喷涂 Z_rO_2 热障涂层

图 5　栅格翼表面喷涂 Al_2O_3 涂层

3.2 可磨耗封严涂层的应用

3.2.1 可磨耗封严涂层

可磨耗封严是指压缩气体在高速旋转机械（压缩机、燃气轮机等）的旋转叶片与壳体之间获得理想的流动间隙。可磨耗密封涂层主要用于航空、航天的压气机、涡轮的间隙控制，达到提高整机效率、降低能耗、简化设计、延长使用寿命的目。

一般对可磨耗封严涂层的性能要求如下：

1. 耐高温氧化（不同温度段：< 400℃；< 550 ℃；< 850 ℃；900 ～ 1000℃）；
2. 耐高温燃气冲蚀，受 2~3 倍音速的高温燃气冲蚀涂层无剥落；
3. 涂层质软，易刮削，受 300m/s 线速度的叶片端部刮削而不损伤叶片尖部，涂层本身呈碎屑而不剥落；
4. 涂层多孔，具有良好的耐热震性和隔热性；
5. 高温化学性能稳定，高温使用条件下，与金属基体或结合底层不发生有害化学反应；
6. 刮削面光滑，不影响气流的导向和流动特性。

常用的可磨耗涂层材料见表 1

表 1　常用的可磨耗封严涂层材料

涂层材料	喷涂工艺	适用温度 /℃	用途
Al–Si– 石墨	等离子、火焰	< 400	压气机和涡轮蓖齿封严
Ni– 石墨	等离子、火焰	< 550	压气机部位封严
Ni–Cr–Fe–Al– 氮化硼	等离子、火焰	< 800	涡轮部位封严
Ni–Cr– 硅藻土	等离子、火焰	< 850	涡轮部位封严
Ni–Cr–Al– 硅藻土	等离子、火焰	< 1000	涡轮部位封严

3.2.2 应用实例

可磨耗封严涂层在航天领域的应用主要集中在巡航导弹上。巡航导弹推进系统包括助推器和主发动机。助推器通常采用固体或液体火箭发动机。主发动机通常采用涡轮喷气发动机和小型涡轮风扇发动机，而这两类发动机在原理上与航空发动机相同，所以可磨耗密封涂层的应用部位和材料种类与在航空发动机上的应用相类似。

图 6 燃烧室喷涂 NiCrAl / 硅藻土涂层

图 7 高压机匣喷涂 MECO 314 涂层

3.3 耐磨、密封涂层的应用

3.3.1 耐磨、密封涂层

热喷涂技术可以喷制高质量的金属氧化物（陶瓷涂层）和金属碳化物涂层（硬质合金涂层），这两类涂层能够满足多种工况条件下的对耐磨和密封的要求，

耐磨、密封涂层用于一些具有相对运动的磨损零件上，抵抗磨料磨损、粘着磨损、冲蚀磨损等。主要喷涂材料有：Cr_2O_3、Al_2O_3 / TiO_2、WC/Co、Cr_3C_2 / NiCr 等。金属氧化物涂层采用等离子喷涂；金属碳化物涂层现大都采用高速火焰喷涂；氧－乙炔喷焊工艺制备的镍基或钴基自熔合金涂层也是一种很好的耐磨、密封涂层。

3.3.2 应用实例

等离子喷涂的金属氧化物陶瓷涂层在运载火箭的动密封系统中应用较多。长征 –3 号火箭三级采用的是氢氧发动机，最初研制氢氧发动机时，其涡轮泵动密封是一项关键技术，经研究试验，采用了在动环表面等离子 Cr_2O_3 涂层的技术方案解决了动密封难题；氢氧泵轴轴向密封也采用等离子 Cr_2O_3 涂层技术；某型号油缸密封套采用了等离子喷涂 Al_2O_3 涂层技术。

图 8 密封动环喷涂 Cr_2O_3 涂层

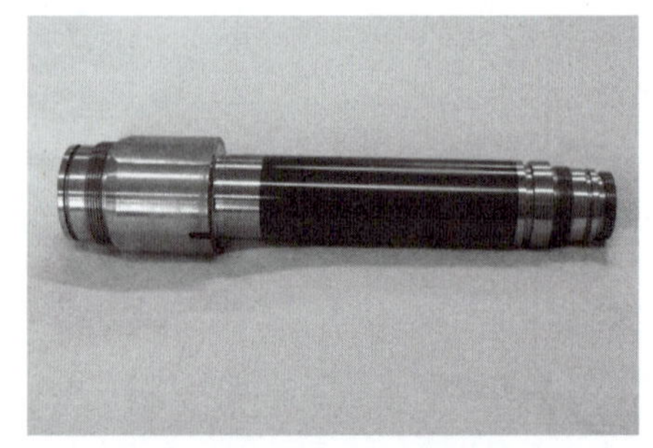

图 9 涡轮泵轴喷涂陶瓷涂层

图 10　密封套喷涂 Al_2O_3 涂层

图 11　密封轴套喷涂 Cr_2O_3 涂层

3.4 热喷涂成型技术的应用

热喷涂成型技术是指用热喷涂方法将某种材料喷涂在预制好的坯形表面或被封闭物表面形成一定厚度和形状的涂层的过程，一般坯形物需去除掉，而被封闭物则借助涂层包裹于其中。

可用于喷涂成型的热喷涂工艺主要是等离子喷涂、低压等离子喷涂和电弧喷涂。

电弧喷涂成型技术生产效率高、成本低、操作简单、喷涂前工件不需预热，喷涂时只有很少的热量传至工件，所以工件可维持较低的温度（一般不超过 65℃），不易发生变形，在较短的时间内能牢固地喷涂高达 10mm 厚的金属涂层面。

等离子喷涂成型技术涂层材料选择广泛，可以喷涂各种金属材料和非金属陶瓷材料，喷涂效率高；工艺稳定性好、含氧量低、涂层组织致密、机械性能较电弧喷涂好。

低压等离子喷涂用来喷涂成型一些由稀有金属材料或易氧化材料制成的零部件，低压条件下成形的涂层面，涂层致密洁净，结合强度高。

图 12 和图 13 是喷涂成形的一个实例，图 12 显示的是在多层叠加的镍网表面火焰喷涂的镍合金涂层，厚度为 4~5mm，中间的镍网是被封闭物，而镍合金涂层构成了外圆表面的包裹层，图 13 是加工成活后的产品。图 14 是低压等离子喷涂成形的发动机喷管。

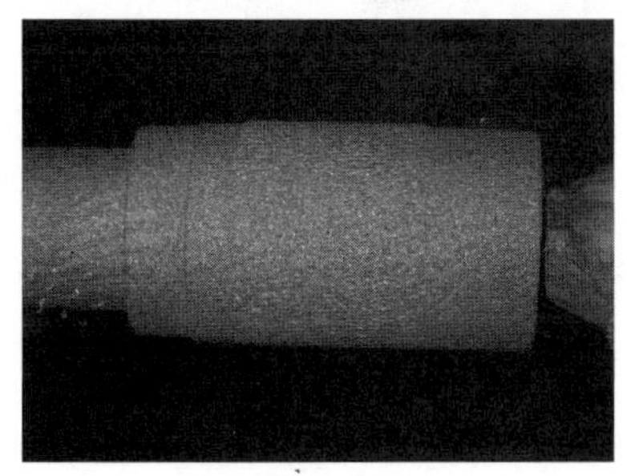

图 12　被封闭物外表面喷涂涂层

图 13　喷涂成形最终产品

图 14　低压等离子喷涂成形的喷管

4　发展和展望

随着热喷涂技术的不断进步和我国航天事业的快速发展，相信热喷涂技术在航天领域的应用将会更加广泛深入。

4.1 热障涂层材料及结构

热障涂层自上世纪 60 年代工程化应用以来，在材料体系方面不断改进，目前已发展至第四代，即：MCrAlY 结合底层＋ YPSZ （ Y_2O_3 / ZrO_2 ） 工作面层。为满足发动机热端部件更苛刻的隔热要求，国内外研究者在新隔热材料体系方面进行了大量研究并取得了一些进展。

研究发现烧绿石型陶瓷材料 $Gd_2Zr_2O_7$、$La_2Zr_2O_7$，$La_2Ce_2O_7$ 具有导热系数低、热膨胀系数大、相稳定好的特点，是非常具有潜力的新型热障涂层材料。

在热障涂层结构方面，由 “MCrAlY 结合底层 + YSZ （ Y_2O_3/ZrO_2 ）中间层 + $La_2Ce_2O_7$（LC）工作顶层” 构成的新型双陶瓷层 TBC 涂层系统显示出良好的抗超高温烧蚀性能和抗热震性能，存在实际应用的可能。

纳米结构的 YPSZ 制备的涂层具有结合强度高、抗热震性能好，导热率低的优点，目前纳米氧化锆热障涂层已应用于运载火箭的级间段内壁和巡航导弹热端部件上。

为进一步提高热障涂层抗高温氧化性能，MCrAlY 底层采用高速火焰工艺或低压等离子喷涂也是目前 TBC 涂层制备的新趋势。

4.2 新型热喷涂技术

4.2.1 大功率等离子喷涂技术

传统的等离子喷枪无论是 9M、F4 还是 SG100 均是单阳极单阴极喷枪，工作过程中等离子弧流功率波动较大、粉末熔化程度不均，所制备的涂层质量就难以有质的提高。近几年，Oerlikon Metco 公司和 GTV 公司先后研制成功大功率的等离子喷枪：三阴极和三阳极等离子喷枪。这种大功率喷枪弧流波动明显减小、喷嘴电极寿命大幅提高、在涂层质量明显改善的前提下，喷涂生产效率提高 1 倍以上。这种大功率等离子喷涂技术在航天产品的热障涂层和可磨耗封严涂层批生产方面无疑具有有非常好的的应用前景。

4.2.2 超低压等离子喷涂技术

超低压等离子喷涂技术是近些年来在低压等离子喷涂（LPPS）的基础上发展起来的一种新型涂层制备技术，其动态工作压力可低于 1000Pa，喷涂粒子多以气态形式沉积形成涂层，故此技术也称为 PS-PVD。PS-PVD 能够实现非可视性沉积涂层，此技术特点已在复杂曲面的航空发动机导向叶片上得到验证，该技术制备的 YSZ 涂层呈柱状晶结构，非可视面的涂层厚度是正常喷涂面厚度的 40% 左右。

PS-PVD 的涂层沉积速度远高于传统薄膜制备技术物理气相沉积（Physical Vapor Deposition，PVD）和化学气相沉积 CVD（Chemical Vapor Deposition），PVD 和 CUD 因其膜层生长速度慢，约 0.3~1μm/h，所以主要是制备 5μm 以下的膜层。而热喷涂技术主要是制备 100μm 以上厚度的涂层。PS-PVD 的出现填补了 5~100μm 厚度之间涂层制备技术的空缺，因其具有快速、高效、高质的特点，可使薄涂层的成本比气相沉积技术制备薄膜要低一半以上。因此，它将成为一种非常有前途的功能涂层制备技术。

4.2.3 冷喷涂技术

近几年冷气动力喷涂技术的设备、材料和工艺日趋成熟，可高效制备致密、无氧化的各种纯金属涂层，厚度可达十几毫米，并且对零件基体传热少，该技术特点十分适合航天领域的某些特殊需求，如复合材料表面金属化、特殊触点表面贵金属化、超薄零件的金属涂层制备、零件焊接性能、导热性能的改善等，相信冷喷涂在航天领域有很好的应用前景。

热喷涂技术在燃气轮机上的应用

张强　刘伟　于大千

燃气轮机与煤气化联合循环国家工程研究中心

1　引言

燃气轮机是以连续流动的气体为工质带动叶轮高速旋转，将燃料的能量转变为有用功的内燃式动力机械，是一种旋转叶轮式热力发动机。燃气轮机由压气机、加热工质的设备（如燃烧室）、透平、控制系统和辅助设备组成。压气机（即压缩机）连续地从大气中吸入空气并将其压缩；压缩后的空气进入燃烧室，与喷入的燃料混合后燃烧，成为高温燃气，随即流入燃气涡轮中膨胀做功，推动涡轮叶轮带着压气机叶轮一起旋转；加热后的高温燃气的做功能力显著提高，因而燃气涡轮在带动压气机的同时，尚有余功作为燃气轮机的输出机械功。燃气初温和压气机的压缩比，是影响燃气轮机效率的两个主要因素。提高燃气初温，并相应提高压缩比，可使燃气轮机效率显著提高。随着燃气涡轮机技术向高透平初温、高流量比的趋势发展，使燃烧室中的燃气温度和压力不断提高，对高温材料的要求越来越苛刻。本文主要介绍高温部件的发展，通常这些部件是燃气轮机中工况最严苛的部件。

先进的热喷涂涂层技术在很大程度上支持了燃气轮机技术的发展，如今全球燃气轮机制造、维修服务企业都采用了热喷涂技术对燃气轮机部件进行防护。热喷涂设备、热喷涂材料制造商无不把满足燃气轮机发展需求作为开发新设备和新材料的目的。图 1 为燃气轮机部件上应用的典型热喷涂涂层，热喷涂技术大多应用于燃气轮机压气机、燃烧室、透平等关键零部件上。如压气机叶片采用了抗冲蚀涂层、抗污涂层、抗点蚀涂层、封严涂层等；燃烧室部件采用了热障涂层、抗氧化涂层、耐磨涂层、封严涂层等，透平叶片及护环等采用了热障涂层、抗氧化涂层、抗热腐蚀涂层、耐磨涂层、耐磨涂层、可磨耗涂层等。这些涂层大多使用热喷涂工艺来制造，主要有等离子喷涂（大气等离子、低压等离子等）、火焰喷涂（常规火焰喷涂、超音速火焰喷涂）、电弧喷涂等。热端部件是燃气轮机的关键核心部件，高温涂层是燃气轮机设计、制造、维修过程中必须要掌握的核心技术之一，因此，本文重点介绍燃气轮机关键的热端部件通过热喷涂技术生产的热障涂层和高温合金涂层，同时也对下一代燃气轮机高温涂层技术的重点研究方向进行了展望。

2　热障涂层

典型的热障涂层（TBC）主要由金属（合金）粘结层和陶瓷涂层组成，粘结层主要是抗高温氧化和腐蚀的合金，而陶瓷涂层通常为氧化钇稳定的氧化锆层（YSZ）。陶瓷涂层厚度通常在 0.1–1mm，而合金涂层厚度在 0.05–0.5mm。热障涂层的研究始于上世纪 40 年代末，到 60 年代就已应用于火箭喷嘴和燃气轮机燃烧室部件，70 年代中期，随着双层涂层系统开发成功和热障涂层研究获得突破性进展，在燃气轮机透平叶片、燃烧室等部件中获得广泛应用。传统热障涂层的面层采用氧化钇稳定的氧化锆，相比于其他氧化物材料具有高韧性、与高温合金相近的热膨胀系数、良好的热冲击性能、低的热导率、高熔点等特性，已经广泛应用了约 20 年以上。

目前，燃气轮机的一级动叶和静叶、护环、火焰筒、过渡段等部件都使用了热障涂层。由于这些部件的工况不同，对热障涂层的要求也不同。火焰筒和过渡段是静止部件，主要需要为隔热，并且维修周期比叶片要短，因此此处使用的热障涂层主要为大气等离子喷涂的粘结底层和多孔的较厚的陶瓷面层；一级静叶为燃烧室出来的燃气导流，温度高，受燃气冲刷，且维修周期长，因此需要的热障涂层具有良好的抗高温氧化腐蚀、隔热和抗冲蚀的能力，对热障涂层的要求比火焰筒和过渡段要高，一般采用低压等离子或超音速火焰喷涂粘结底层，大气等离子喷涂陶瓷面层，GE 公司采用了多孔的三层结构或 DVC 涂层；一级动叶旋转做工，工况最苛刻，对热障涂层的要求与一级静叶相似，但有所提高。

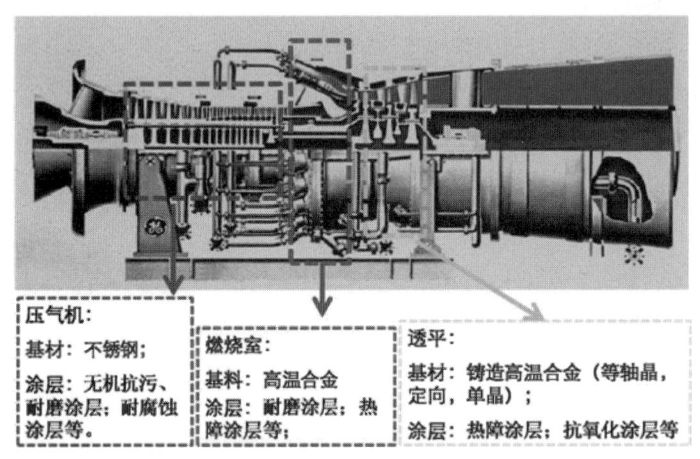

图 1　燃气轮机部件上应用的典型热喷涂涂层

图 2 为传统的多孔 TBC 涂层和致密垂直裂纹 DVC 涂层，传统的多孔氧化锆涂层具有 5-20% 的孔隙率，而 DVC 涂层的孔隙率通常低于 5% 以下，且厚度在 0.6mm 以上，由于涂层中存在大的垂直裂纹，能够有效缓和涂层在使用过程中的产生内部应力，提高了涂层使用寿命。

图 2　传统多孔热障涂层和 DVC 热障涂层断面组织

随着燃气轮机初温的不断提高，需要能够承受更高温度的热障涂层材料来满足燃气轮机的发展，科学家们开发了一系列新型陶瓷材料。如图 3 所示，$La_2Zr_2O_7$(LZ), $Gd_2Zr_2O_7$(GZ), La/Gd)$_2Zr_2O_7$ 等新型陶瓷材料虽具有更低的热导率，是有潜力成为新型低热导率涂层的材料，但这些材料断裂韧性很差、热膨胀系数不匹配、相转变等。因此，性能优化也应成为新材料开发的重点，基于 YSZ 涂层良好各项性能特征，结合新型陶瓷材料的 LZ 或 LTA 进行双层结构设计，是提高 TBC 涂层热循环寿命的重要途径。

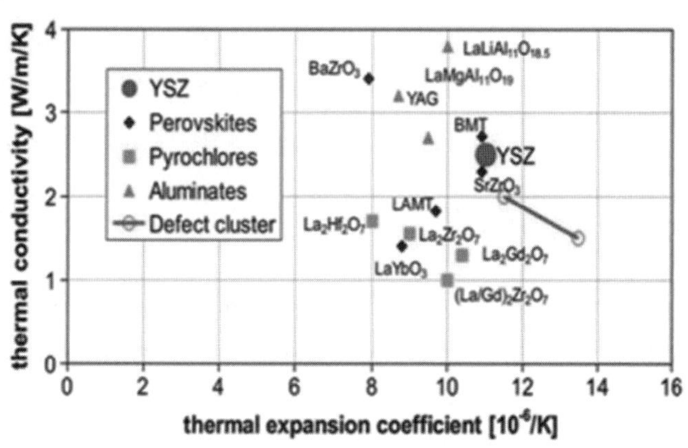

图 3　新型氧化物涂层材料的热导率

3　高温合金涂层

燃气轮机运行温度的持续升高，高温合金越来越复杂，不使用涂层而获得更高强度和令人满意的耐腐蚀和抗氧化性能变得越来越困难。为了提高热端部件高温强度和抗高温氧化性。因此对透平叶片、护环等关键零部件进行涂层防护，防止叶片腐蚀、氧化和力学性能劣化。所有高温合金涂层的功能都是在表面形成一层致密的附着力很强的氧化层，起到防止基体材料氧化、腐蚀和劣化的作用。燃气轮机透平动静叶都使用了这种涂层，有些是作为热障涂层的粘结底层使用，有些单独使用在叶片表面。表 1 为燃气轮机制造厂家选用的高温合金涂层的化学成分表。

表 1　燃气轮机制造厂家选用的高温合金涂层的化学成分表

OEM	Coating	AI	Co	Cr	Ni	Y	Ta	Si	Re
Alstom*	SV20	3·5	–	25·0	Bal.	0·6	1·0	2·7	–
GE	GT29$^+$	6·0	Bal.	29·0	–	0·5	–	–	–
	GT33$^+$	9·0	37·0	22·0	Bal.	0·5			
S–W‡	CoNiCrAIY	8·0	Bal.	21·0	32·0	0·5			
Siemens	SC2231	8·0	31·0	30·0	30·0	0·6			
Siemens	SC2453	12·0	10·0	23·0	52·0	0·6	–	0·7	3·0
MHI	CoNiCrAIY	8·0	Bal.	21·0	32·0	0·5			

从表 1、图 4 和图 5 可以看出，各个 OEM 厂家依据各自燃气轮机设计的特点，涂层性能及化学成分有所不同，从 GE 公司燃气轮机高温合金涂层综合性能数据对比试验可以看出，对于同一机组，不同的零部件也需要适合涂层，以满足燃气轮机部件承受的不同环境，如图 4、图 5 所示。

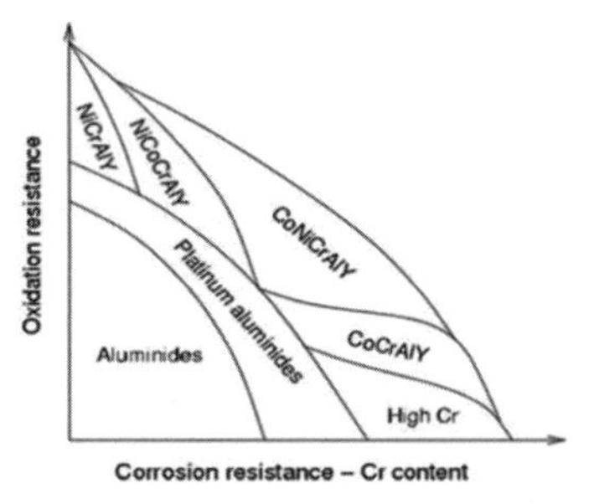

图 4　MCrAlY 涂层抗氧化 / 抗热腐蚀性能对比

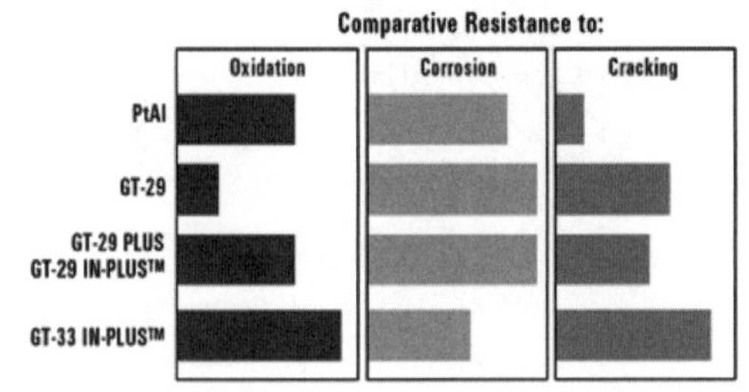

图 5　GE 公司燃气轮机高温合金涂层综合性能数据对比

GE 公司在燃气轮机部件上使用两种基本类型的涂层。第一种类型是扩散型涂层，称为铂铝（PtAl）涂层，这类涂层主要是采用气相渗铝或固相渗铝来制造。第二种类型是覆盖型涂层，比如 GT–29、GT33 涂层。这两种涂层系列的发展都是为满足现场需要。铝化铂最初应用于重型燃机涂层，主要为解决 1960 年代舰船中大量零件出现的腐蚀问题。当时，涂层使 In–738 叶片的腐蚀寿命提高了一倍。GT–29 涂层又使抗腐蚀性能提高了 50%。GT–29+ 涂层是在 GT29 涂层（覆盖性 MCrAlY 涂层）基础之上，增加渗铝涂层来提高抗热腐蚀性能，同时也具有更好的抗氧化性能，这正是最新级别燃机所要求的。为了提高合金涂层性能，又研发了 GT–33 涂层，用于更高进气温度燃机（比如 7FA 和 9FA 燃机）的第 1 级叶片。该涂层的抗高温氧化性能甚至优于 GT–29+。GT33 涂层是覆盖涂层，在某一个方面与扩散涂层（比如铂铝涂层）不同。扩散涂层中至少一个主要元素（通常是镍）是来自基体金属。而覆盖涂层的所有组成元素都来自其自身。覆盖涂层的优点是可以使用更多不同的抗腐蚀成分，因为成分不受基体金属成分限制，而且也不受工艺要求的厚度限制。GT29 和 GT33 涂层等覆盖涂层，目前大量应用在 GE 公司的燃气轮机透平叶片、燃烧部件等热端部件上，通常采用低压等离子设备进行生产。在 2000 年以后，随着热喷涂设备的发展，GE 公司开始在燃气轮机部件上也开始采用制造成本较低的超音速火焰喷涂（HVOF）来制造高温合金覆盖涂层，图 6 为采用 HVOF 制备的 MCrAlY 高温合金覆盖涂层。

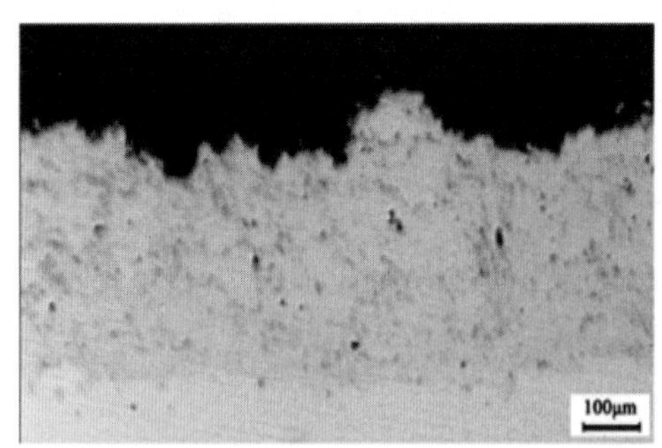

图 6　超音速火焰喷涂制备的 MCrAlY 覆盖涂层

4　下一代涂层技术

燃气轮机发达国家，如美国、德国、日本等，持续不断投入资金进行基础研究、工艺开发、实验验证、工程应用。而先进涂层技术是燃气轮机发展的基础和必须掌握突破的核心技术，燃气轮机制造强国及燃气轮机制造厂家，一般都是通过 10 ～ 20 年的技术积累和不断投入，开发新材料和工艺，进一步提高燃气轮机热端部件涂层的抗氧化、抗热疲劳性能及热障涂层长寿命和高隔热性能。

热喷涂技术在我国纺织机械行业中的应用

伍建华　吴朝军　倪立勇　陈峰　孙景和

摘要：热喷涂是表面工程领域中一项重要工艺技术。本文简要概述了热喷涂技术的原理和其制备涂层的工艺过程，重点介绍了热喷涂技术在我国纺织机械行业中的应用情况。

1　前言

纺织工业是我国国民经济的传统支柱产业和重要的民生产业，也是国际竞争优势明显的产业，在繁荣市场、扩大出口、吸纳就业、增加农民收入、促进城镇化发展等方面发挥着重要作用。目前我国化纤、纱、布、呢绒、丝织品、麻纺织品、服装等产量均居世界第一。

纺织机械是纺织工业的生产手段和物质基础，它的技术水平、质量和制造成本，都直接关系到纺织工业的发展。现代纺织机械的一个主要发展特征是不断提高机器的运转速度，从而获得高产量，以减少设备的配台数，缩减厂房面积，节省投资和劳动力，以较少的资金取得较大的效果。随着纤维运转速度大幅提高，纺织机械零件与丝束之间的磨擦磨损问题愈来愈突出，各种过丝、导丝机械零部件均要求采用各种表面强化技术以提高其表面硬度，从而改善其耐磨性，达到延长零件使用寿命的目的。

目前国内外普遍采用热喷涂陶瓷涂层来解决纺织机械零件的磨损问题，尤其是化纤设备上的过丝零件。热喷涂技术的应用不仅使纺织厂节省了大量的资金，而且还通过过丝零件表面状态的改善使得成纱质量得到了大幅度提高。

2　热喷涂技术

2.1　热喷涂技术原理

热喷涂技术是利用热源将喷涂材料加热至熔化或半熔化状态，并以一定的速度喷射沉积到经过预处理的基体表面形成涂层的方法。热喷涂有多种工艺方法，如等离子喷涂、电弧喷涂、火焰喷涂和爆炸喷涂等。涂层形成原理如图 1 所示。

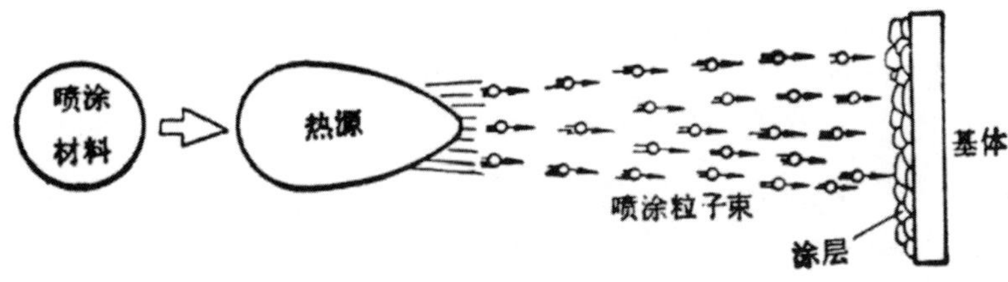

图 1　热喷涂涂层形成原理

热喷涂技术应用十分广泛，选择不同性能的涂层材料和喷涂工艺方法，可制备减摩耐磨、耐腐蚀、抗高温氧化、热障功能、电磁屏蔽吸收、导电、绝缘等多种功能涂层。涂层材料几乎涉及到所有固态工程材料，包括金属、合金、陶瓷、塑料、及它们的复合材料和其他非金属无机材料，广泛应用于航空航天、冶金、能源、石油化工、机械制造、交通运输、生物工程等领域。

2.2 常用陶瓷涂层材料

纺织机械中热喷涂陶瓷涂层材料主要以金属氧化物为主，按用量由大到小依次为：Al_2O_3 / TiO_2 复合粉末、Cr2O_3 粉末、Al_2O_3 粉末等。

（1）Al_2O_3 用于制备耐磨粒磨损、硬面磨损、气蚀、颗粒侵蚀和纤维磨损涂层。

Al_2O_3 价格便宜，涂层耐磨性佳，但因其熔点较高所以涂层制备难度较大，而且要达到较高的光洁度其涂层的研磨加工难度也大，所以 Al_2O_3 涂层在纺织机械上的应用不是很多。

（2）Al_2O_3 / TiO_2 用于制备耐气蚀和颗粒冲蚀、耐磨料磨损、硬面磨损以及纤维磨损涂层，该类涂层在纺织机械上应用最为广泛。Al_2O_3 / TiO_2 材料中 TiO_2 的含量为 13% ～ 40%，随着 TiO_2 含量的增加，涂层的硬度和耐磨性逐渐降低，涂层韧性和粗糙度逐渐提高。一般；Al_2O_3+13%TiO_2 用于制备 540℃以下使用的耐磨料磨损、硬面磨损、微震磨损、化纤以及纱线磨损涂层；Al_2O_3+20%TiO_2 和 Al_2O_3+40%TiO_2 用于制备 540℃以下使用的耐硬面磨损、耐化纤以及纱线磨损涂层、耐微震磨损及耐颗粒冲蚀涂层。

（3）Cr_2O_3 用于制备耐气蚀、耐磨料磨损、硬面磨损以及纤维磨损涂层。Cr_2O_3 粉末的喷涂工艺规范宽，局部过热涂层亦不易开裂，喷涂涂层致密，与基体结合强度高，表面磨削加工后，粗糙度可达到 0.2μm 以下，摩擦系数低，涂层具有优良的抗磨损、自配合及耐腐蚀等综合性能。Cr_2O_3 涂层在耐磨和耐蚀性上都优于 Al_2O_3、Al_2O_3 / TiO_2 涂层，但粉末价格高，喷涂时烟尘污染严重．一般用在合成纤维牵伸或加捻等关键零件上，能承受强烈磨损。

2.3 热喷涂陶瓷涂层工艺流程

热喷涂涂层工艺流程如图 2 所示。

图 2　热喷涂涂层工艺流程图

（1）对喷涂零件进行表面净化。表面净化是实施热喷涂前基体表面制备的第一步，主要用于除去所有喷涂表面的污垢，包括氧化皮、油渍、油脂和油漆等。

（2）保护不喷涂表面。常见保护方法：①工装保护，根据零件特点对非喷涂部位预先设计保护工装，在粗化和喷涂前使用，同时合适的工装还可以提高生产效率；②在非喷涂部位捆扎薄铜皮或薄铁皮；③在喷涂表面附近刷涂涂层防粘材料；④采用木塞、石墨棒或其它耐热非金属材料堵塞喷涂表面的键槽、油孔或螺纹孔，堵塞块要高出基体表面约 1.5mm，以利喷涂完毕后进行清除。

（3）对喷涂面进行喷砂处理。喷砂时应选择合适的喷砂距离、喷砂压力、喷砂角度、砂粒粒度等。对于薄涂层，特别是用于薄基体，则应选用粒度较细的砂粒（粒度 60 ~ 100 目）；对于厚涂层（大于 0.25 毫米），为了获得最好的结合强度，则应选用粒度较粗的砂粒（粒度 24 ~ 60 目），以便产生较粗糙的表面。

（4）涂层制备。喷涂是最重要的一道工序。对等离子喷涂陶瓷涂层来说，影响喷涂质量的工艺参数很多，如主气流量、喷涂电流、喷涂距离、次气流量、送粉速率等。因此必须通过工艺优化实验，确定最佳工艺参数，达到涂层要求的性能指标。大多数纺机零件均需要制备表面极平整、细腻、均匀的薄型陶瓷涂层表面，涂层厚度一般为 0.15–0.20mm。

（5）涂层后处理。纺织零部件的加工精度要求都较高，一般需对喷涂表面进行磨削和研磨处理。对于有特殊要求的涂层（如接触有害气体或酸碱盐等液体）还必须进行封孔处理，以增强涂层耐蚀性延长涂层使用寿命。

2.4 典型涂层性能指标

一般，等离子喷涂 Al_2O_3 和 Cr_2O_3 涂层，其显微硬度 ≥ HV_{300}1000，孔隙率 3 ~ 6%，结合强度 ≥ 35MPa，表面粗糙度 ≤ Ra0.2（磨削并研磨后）。

一般，等离子喷涂 Al_2O_3 / TiO_2 复合涂层，其显微硬度 ≥ HV_{300}800，孔隙率 2 ~ 5%，结合强度 ≥ 35MPa，表面粗糙度 ≤ Ra0.2（磨削并研磨后）。

3 热喷涂技术在纺织机械行业的应用

目前，许多耗能的高速运动零部件一般尽可能采用铝合金基体 + 陶瓷涂层的结构方式以避免使用钢质材料，这样能显著提高纺机零件的转速，从而提高产量，节约能源，降低维修部件和备件的消耗；应用陶瓷涂层能有效地改善纺织纤维的物理性能和力学性能，从而提高纺丝和织品的品质。纺织机械采用热喷涂陶瓷涂层，其使用寿命比镀铬件或热处理技术生产的零件可提高 5~20 倍。

热喷涂陶瓷涂层应用于典型的纺织机械设备有：涤纶设备、腈纶设备、黄化机、清洗机、喷水织机、针织机、熔融纺丝机、整编机、倍捻机等。典型零件有罗拉、导丝钩、剑杆织布机选纬指，疏面机大压辊、小压辊、锡林轴铸铁外盘、轧辊表面、给棉罗拉轴、上斩刀传动轴、道夫轴；浆纱机通气阀、烘房边轴平面结合处、浸没花蓝轴、上浆滚轴头、主轴轴颈、导纱辊、压浆辊、回潮测湿辊、经轴轴颈、布纱机轴颈；加捻机和拉断机罗拉、大辊、整经机罗拉、导丝机罗拉、热滚及分丝辊、导布辊、印花辊辊面及轴颈、摩擦盘。图 3~ 图 13 为典型热喷涂零件。

图 3　槽筒

图 4　罗拉

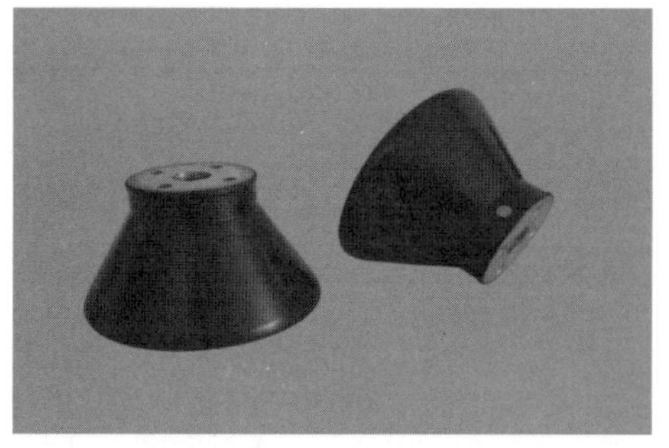

图 5　锭杯

图 6　加捻盘

图 7　导丝轮

图 8　过线轮

图 9　喂入轮

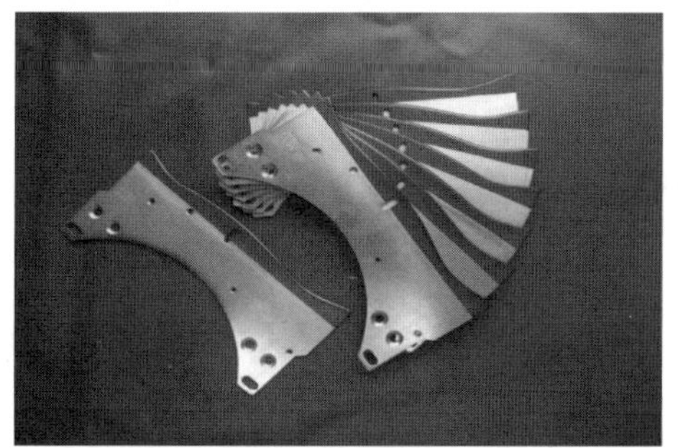

图 10　成型板

图 11　塔轮

图 12　上油压盖

图 13　上油轮

下面重点介绍两种喷涂产品：成型板、锭杯。

（1）成型板。

成型板广泛应用于纺织机械，其表面遭受很细的高速化纤丝（达 700~1000m/s）的磨损而形成沟槽，影响零件的使用。

采用等离子喷涂 Al_2O_3/TiO_2 涂层或 Cr_2O_3 涂层，可显著提高涂层的耐磨损性能，延长零件使用寿命。成型板基材为钢基体，外表面镀镍处理。喷砂时要注意喷砂压力及砂粒粒度，避免损伤镀镍层。喷涂过程完全自动化，喷枪由六轴机械手操控，成型板固定于专用工装上旋转，既可以保障涂层质量的稳定性，还可以大幅提高生产效率。成型板涂层表面粗糙度≤ Ra0.3，要求较高，涂层必须经过磨削和研磨加工才能满足要求，涂层后加工目前采用机械和手工结合的方式进行。

（2）锭杯。

锭杯是倍捻机上的关键零部件，其外圆表面采用等离子喷涂制备 Al_2O_3 / TiO_2 涂层，可起到耐磨减摩、导静电的作用。近几年由于我国倍捻机的需求量很大，每台倍捻机需装配 256 件锭杯，我国每年锭杯的需求量大约在 800 万件左右。所以锭杯的热喷涂生产需求量很大，主要集中在浙江的德清地区，几家大的企业，每天喷涂生产量在 5000 件以上，有的甚至在 10000 件以上。

锭杯的涂层由“Ni/Al 底层 + Al_2O_3 / $40TiO_2$ 工作层”构成，涂层厚度≥ 0.15mm，涂层最终粗糙度应优于 Ra0.8。锭杯的喷涂过程自动化程度较高，喷枪由六轴机械手操控，锭杯固定于图 14 所示意的专用工装上，等离子喷涂设备和工件的装卸均是不间断连续运行，所以生产效率极高。

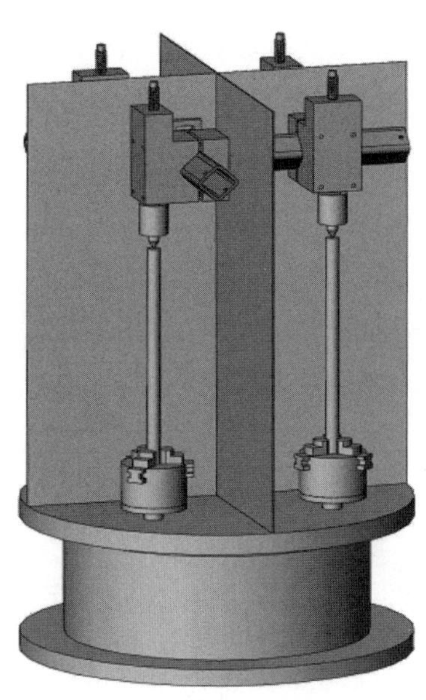

图 14　锭杯喷涂专用工装

4　展望

（1）随着热喷涂技术的不断发展进步，新工艺技术如高速火焰喷涂、超音速等离子喷涂等技术将会在纺织机械设备中得到更广泛的应用。同时，新工艺技术所涉及的涂层材料也会应用于纺织零部件上，如钴－碳化钨、钴－铬－碳化钨、氧化锆等。

（2）随着国外技术的逐步引进吸收、纺织品质量要求的不断提高，热喷涂涂层质量会进一步得到改善和提高。比如等离子喷涂 Al_2O_3 / TiO_2 涂层或 Cr_2O_3 涂层，同国外进口产品相比较，目前国内产品在涂层致密性、结合强度、涂层厚度等方面均存在差距。

（3）目前国内从事纺织机械零部件热喷涂的厂家之间竞争非常激烈，产品定价普遍偏低，部分产品价格甚至低于正常价值，使得生产企业很难在产品质量方面主动做出改进和提高；企业生产劳动条件和环境保护措施也难以改善，这些都不利于企业的持续稳定发展，希望引起有关方面特别是业内人士的注意。

超低压等离子喷涂技术及应用

倪立勇，杨震晓，马康智，文波，杨杰，吴朝军
（航天材料及工艺研究所，北京，100076）

摘要： 超低压等离子喷涂技术是热喷涂领域出现的一项新技术。该技术融合了传统等离子喷涂技术以凝固为主形成涂层和气相沉积技术以气 / 固方式沉积薄膜的特征。该技术适合快速大面积薄涂层制备，可实现涂层微结构控制（层状结构、柱状结构及混合结构涂层）。本文主要介绍了超低压等离子喷涂技术的特点、分类、设备组成，重点介绍了该技术的潜在应用。

关键词： 超低压等离子喷涂技术；柱状晶结构涂层；热障涂层

中图分类号： TG174.4　　文献标识码：A

Application and Development of Low Pressure Plasma Spray–Thin Film

NI Li–yong, QI Peng, YANG Zhen–xiao,YANG Jie, WU Chao–jun
(Aerospace Research Institute of Materials and Processing Technology,
Beijing 100076, China)

Abstract: Low Pressure Plasma Spray–Thin Film (LPPS–TF) is a novel emerging technology of thermal spraying. The technology combines the traditional plasma spraying technology to solidify of the coating and vapor deposition technology for gas/solid characteristic of thin film. It is suitable for rapid large–area thin coating preparation, and also can be deposited different microstructure coating (lamellar, columnar or mixed structured coatings) . This paper describes the characteristics, classification, equipment components of LPPS–TF, focusing on the potential applications of the technology.

Key words: Low Pressure Plasma Spray–Thin Film, columnar structure coating, Thermal Barrier coating

1 引言

大气等离子喷涂技术（Air Plasma Spray，APS）是将金属（或非金属）粉末送入刚性非转移弧型等离子弧焰流中加热到熔融状态，并随同等离子焰流高速喷射并沉积到预先处理过的工件表面，形成涂层的一种工艺过程。大气等离子喷涂组织为层状堆积，涂层内存在大量界面和气孔等缺陷。低压等离子喷涂技术（Lower Pressure Plasma Spray，LPPS）是 20 世纪 70 年代末才开始在工业推广应用的一项技术，它是将等离子喷涂工艺在低压保护性气氛中进行操作，从而获得成分不受污染、结合强度高、结构致密涂层的一种工艺方法。低压等离子喷涂的动态工作压力范围在 5000 ~ 8000Pa，喷涂组织与大气等离子喷涂基本相同，仍然呈层状结构[1]。

超低压等离子喷涂技术是近些年来在低压等离子喷涂（LPPS）的基础上发展起来的一种新型涂层制备技术[2]，其动态工作压力降到100Pa以下。该技术由Sulzer Metco AG和法国蒙贝利亚 – 贝尔福特技术大学LERMPS实验室首先发表，Sulzer Metco AG公司命名为LPPS–TF（Low Pressure Plasma Spray–Thin Film）。传统薄膜制备技术物理气相沉积（Physical Vapor Deposition，PVD）和化学气相沉积CVD（Chemical Vapor Deposition）因其膜层生长速度慢，约0.3~1μm/h，所以主要是制备5μm以下的膜层。而热喷涂技术主要是制备100μm以上厚度的涂层。超低压等离子喷涂技术的出现填补了5~100μm厚度之间涂层制备技术的空缺。因其具有快速、高效、高质的特点，可使薄涂层的成本比气相沉积技术制备薄膜要低一半以上。因此，它将成为一种非常有前途的功能涂层制备技术。目前国际上只有Sulzer Metco AG、法国蒙贝利亚 – 贝尔福特技术大学LERMPS实验室、美国Sandia国家实验室和德国Julich能源所等少数几个研究机构在开展相关的研究工作。国内，航天材料及工艺研究所率先引进该设备，北京航空航天大学、广州有色金属研究总院等单位也相继引进。

2 超低压等离子喷涂技术特点

2.1 等离子焰流

当等离子焰流进入低真空环境时，其形态和特性都将发生变化，射流比大气等离子射流体积膨胀，密度变小，射流速度提高，弧柱和射流显著拉长。如超低等离子焰流可长达2m，直径可达200~400mm，而一般LPPS过程中等离子焰流直径为50mm[3]。图1为不同压力下等离子焰流形貌。

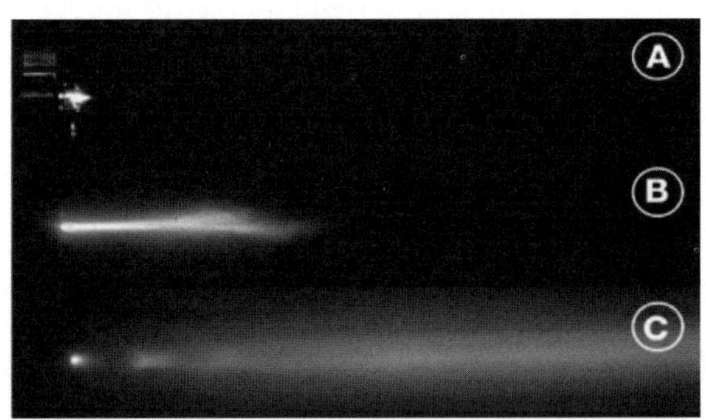

图1 等离子焰流形貌（A）大气（B）低压/5000Pa（C）超低压/100Pa

Fig.1 Images of the plasma jets（A）APS（B）LPPS/5000Pa（C）LPPS–TF/100Pa

2.2 大面积薄涂层制备

由于超低压等离子喷涂焰流的温度和速度分布均比LPPS状态更均匀，而且覆盖面积大，同时喷枪可以通过快速移动的机械手控制，能高速沉积出大面积高质量的薄涂层，每道次沉积的厚度可控制在<0.5μm以下，沉积速度10μm/min/m^2，涂层中的应力可以减到最小，这可保证涂层有高的内聚强度和与基体之间有良好的结合强度。因此适于快速制备大面积、致密均质薄涂层。

2.3 涂层组织结构可控

超低压等离子喷涂技术工艺参数调节范围大，可在不同真空度下制备涂层。既可以实现由液相→固相的沉积，也可实现由气相→固相的沉积，也就是说既可得到层状的组织结构，又可得到柱状的组织结构。此外，在同一工艺过程中调节相关参数，还可以制备出组织结构交叉的特殊功能涂层，如层状组织与柱状组织混合结构。

3 超低压等离子喷涂技术分类

超低压等离子喷涂技术按工作压力以及喂料方式不同，大致可分为三类[4]，如表 1 所示。

表 1 超低压等离子喷涂技术分类

Table 1 Classification of LPPS-TF

分类	工作压力 /Pa	喂料方式	沉积状态	涂层结构
低压等离子喷涂（LPPS）	5000	金属、陶瓷粉末	液态	层状
超低压等离子喷涂 - 薄膜技术（LLPS-TF）	100	金属、陶瓷粉末	液态	层状
等离子喷涂物理气相沉积（PS-PVD）	100	陶瓷粉末	气态	柱状晶
等离子喷涂化学气相沉积（PS-CVD）	50	液体、气体	气态	/

4 超低压等离子喷涂设备

超低压等离子喷涂设备与低压等离子喷涂设备组成基本相同，主要区别在于真空系统及喷枪。真空系统采用大功率罗茨泵，以获得超低压状态；喷枪一般采用大功率等离子喷枪，提高等离子焰流能量。

典型的超低压等离子喷涂设备主要由真空系统、等离子喷枪系统、送粉系统、控制系统、沉积室、抽风除尘系统等组成。图 2 为 Sulzer Metco AG 公司超低压等离子喷涂系统，该系统采用直流大功率等离子喷枪，垂直方向喷射。在进气量为 200 SLPM 下，动态工作压力达到 100Pa 以下。该系统主要有以下特点[5]：

（1）真空系统：容积大于 4000L；

（2）喷枪系统：配备 180 kW 大功率 O3CP 等离子喷枪，电弧电流可以达到 2500A，如图 3 所示；

（3）行走机构：四轴行走结构，可水平、上下移动，最大限度地利用了真空室空间，喷涂距离最大可达 1.3m；

（4）工件尺寸：最大可喷涂 700 × 700mm 尺寸的平板，可实现不同型面涂层制备，如管状、圆片状等；

（5）控制系统完全由“PLC+PC”进行闭环控制，可以操作并显示等离子喷涂工艺和真空室状态，能自动监控及显示喷涂参数；

（6）红外测温装置：配备最高温度为 2000℃的红外测温仪，可实时显示工件温度。

图 2 Sulzer Metco AG 公司超低压等离子喷涂设备

Fig.2 LPPS-TF system of Sulzer Metco AG

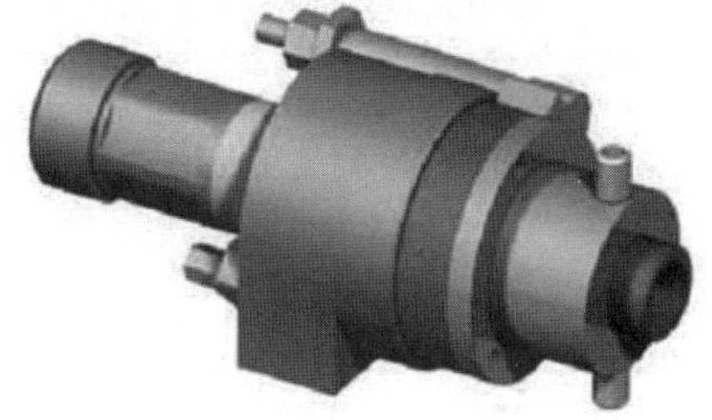

图 3 O3CP 大功率等离子喷枪

Fig.3 O3CP plasma spray gun

(max. power level: 180 kW)

5 超低压等离子喷涂技术应用

超低压等离子喷涂技术虽然出现时间不长，但越来越受到各个国家的关注，其潜在应用领域也在不断扩展，如热障涂层技术、固体氧化物燃料电池和纯氧的制备等。

5.1 热障涂层（Thermal Barrier Coatings，TBCs）[6]

热障涂层是现代航空发动机的关键技术之一，它是指由金属粘结底层和隔热性能优良的陶瓷涂层组成的复合涂层体系，仅 200~400μm 的热障涂层，就能使零件表面温度降低 200~300℃。粘结层材料多为 MCrAlY，陶瓷层材料为氧化钇稳定氧化锆 YSZ。目前，制备热障涂层粘结层的工艺为大气等离子或低压等离子喷涂，陶瓷层多采用大气等离子或电子束物理气相沉积（EB-PVD）。相对于大气等离子体喷涂，EB-PVD 制造出的柱状结构使涂层具有更高的应变容限，热循环寿命提高数倍，涂层致密、表面粗糙度低。而其缺点也较为明显，设备系统复杂，造价高，耗能大，涂层热导率较大气等离子偏高，沉积效率较低。

5.1.1 MCrAlY 粘结层

采用超低压等离子喷涂技术制备 MCrAlY 粘结层，涂层组织结构致密、基本不含氧化物，涂层结合强度高（> 75MPa）。图 4 为通过低压和超低压等离子喷涂技术制备的 MCrAlY 涂层。

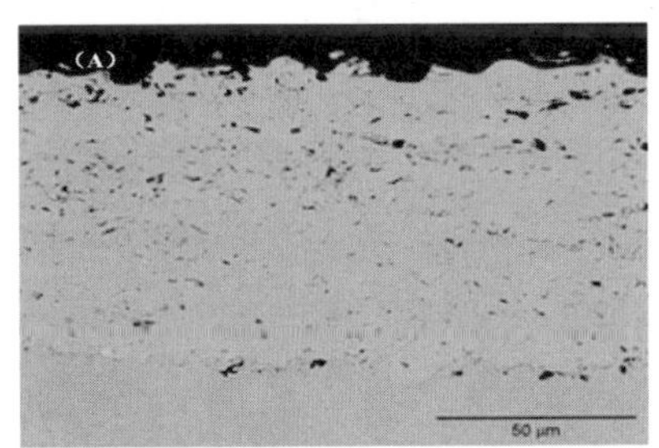

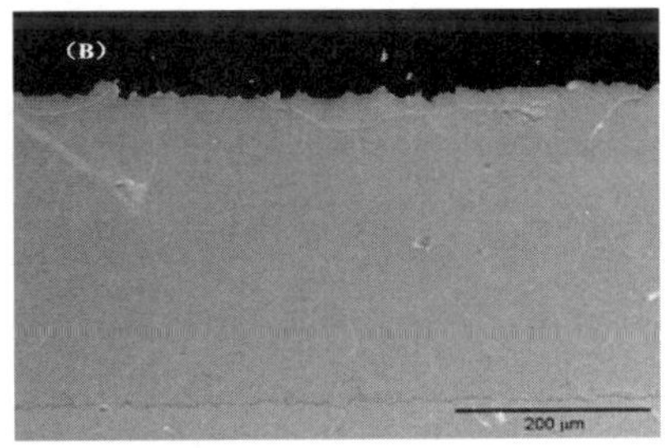

图 4　MCrAlY 涂层（A）低压等离子喷涂 LPPS（B）超低压等离子喷涂
Fig.4　Microstructure of MCrAlY coating（A）LPPS（B）LPPS-TF

5.1.2 YSZ 陶瓷层

图 5 为通过三种工艺制备的 YSZ 涂层，可以看出大气等离子喷涂 YSZ 涂层为典型的层状结构，EB-PVD 涂层为柱状晶结构，超低压等离子喷涂 YSZ 同样呈现出柱状晶结构。

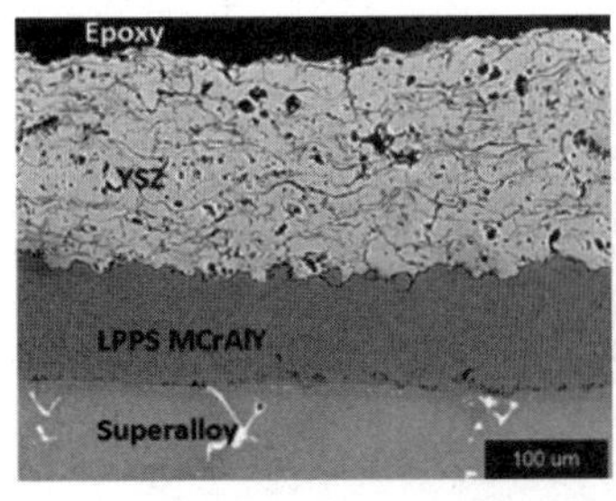

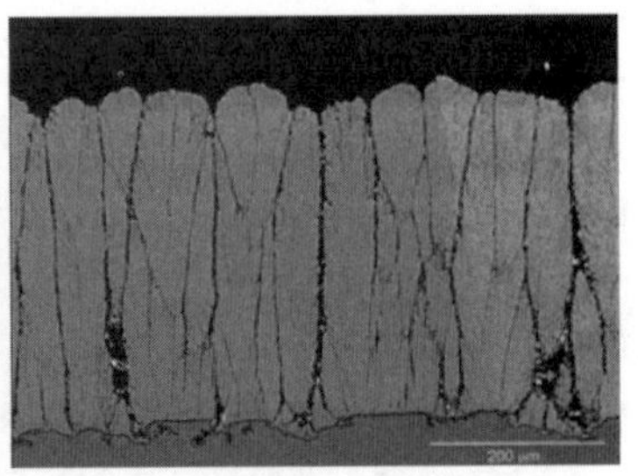

图 5　热障涂层结构图（A）大气等离子喷涂（B）电子束物理气相沉积（C）超低压等离子喷涂 YSZ 柱状晶结构涂层
Fig.5　Microstructure of TBCs (A) APS (B) EB-PVD (C) LPPS-TF

研究结果表明：超低压等离子喷涂 YSZ 涂层热导率为 0.8 W/m · K，低于大气等离子喷涂涂层（约 1.2 W/m · K），抗热震性能及抗冲蚀性能均优于 EB–PVD 涂层。从导热率和耐热震性，以及涂层的制备速度，超低压等离子喷涂制备柱状晶结构的热障涂层有着潜在应用性。

采用超低压等离子喷涂技术制备热障涂层主要有以下优势 ：涂层沉积效率高于 EB–PVD；涂层厚度均一；不存在“遮蔽效应”，可实现复杂型面涂层制备。从图 6 可以看出，叶片迎风面和背风面涂层厚度均匀。

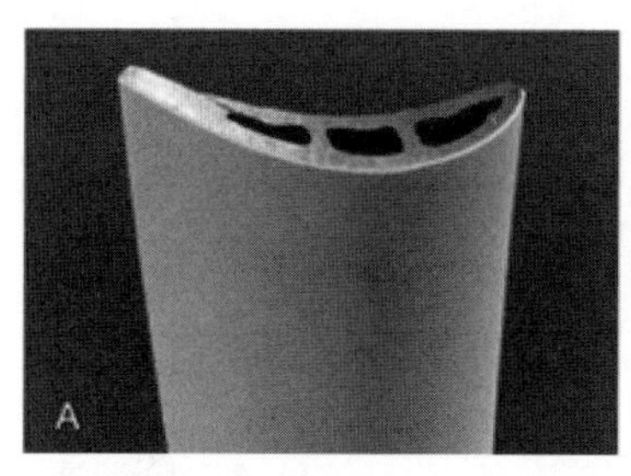

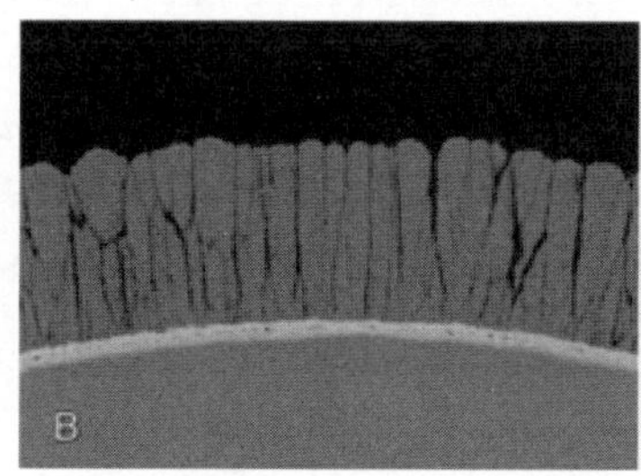

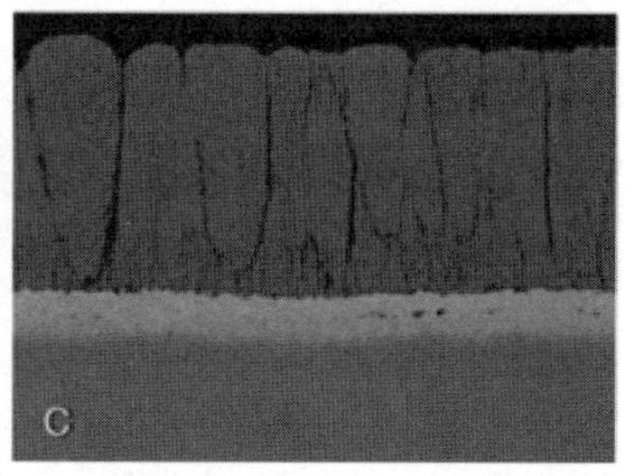

图 6　柱状晶结构涂层（A）叶片形貌（B）迎风面（C）背风面

Fig.6　Columnar TBCs coatings (A) A turbine blade (B) Microstructure of this coating on the pressure (compression) surface of the blade (C) Microstructure of the coating on the leading edge of the blade

5.2　固体氧化物燃料电池 [7]

固体氧化物燃料电池（SOFC）可以直接将燃料的化学能转化为电能，转换效率高、无噪音，转化过程中的污染气体接近零排放，是一种清洁的能量转换系统。SOFC 的发电效率可达 50%，燃料选择范围非常广泛，如可以使用氢气、天然气、水煤气、生物质气化混合气体等。

固体氧化物燃料电池单电池主要由阳极、阴极、电解质层组成。为防止电极中毒，一般在电极与支撑体之间制备扩散障涂层。每层组织结构和涂层厚度均一性至关重要，阴阳极为多孔陶瓷涂层，电解质层为致密结构离子透过层。

采用超低压等离子喷涂技术制备 SOFC 具有以下优势：

（1）可以制备 10~50 μ m 致密薄涂层；

（2）可实现大面积厚度均一涂层制备，基体不产生变形；

（3）可制备非常致密的 LSM 扩散障涂层，涂层厚度 20~30 μ m；

（4）可制备致密的 YSZ 薄电解质层，涂层厚度 10~40 μ m，涂层无贯穿孔隙，涂层不需要后处理就可以达到固体氧化物燃料电池对电解质的要求，较薄的电解质层对于提高高温电导率也是非常明显的；

（5）可在多孔金属和陶瓷支撑体上制备 YSZ 电解质层，涂层结合良好，可实现全表面覆盖；

（6）与其他热喷涂技术相比，涂层气体泄漏率低；

（7）可以在一台设备上获得固体氧化物燃料电池所需要的阴、阳极，电解质和绝缘层等，大大提高电池生产效率，如图 7 所示。

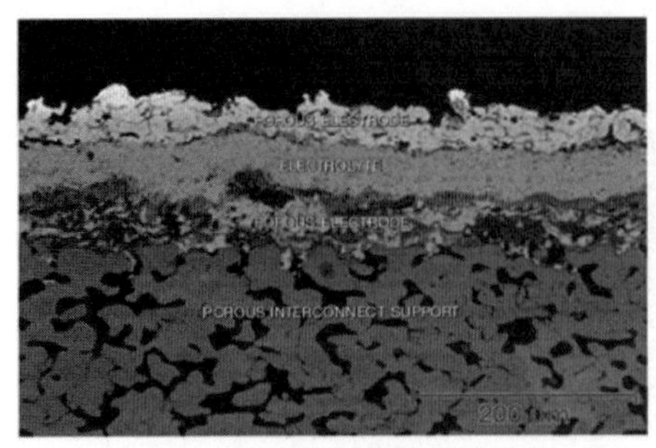

图 7　固体燃料电池涂层

Fig.7　Microstructure of SOFC multilayered coating

5.3　航天工业

法国 LERMPS 实验室多年来致力于超低压等离子喷射铜合金制备火箭发动机零部件。图 8 为工作压力 50Pa 下喷射铜合金的涂层组织，明显区别与大气等离子喷涂的层片状组织，其机械性能已达到锻造铜合金水平 [8]。

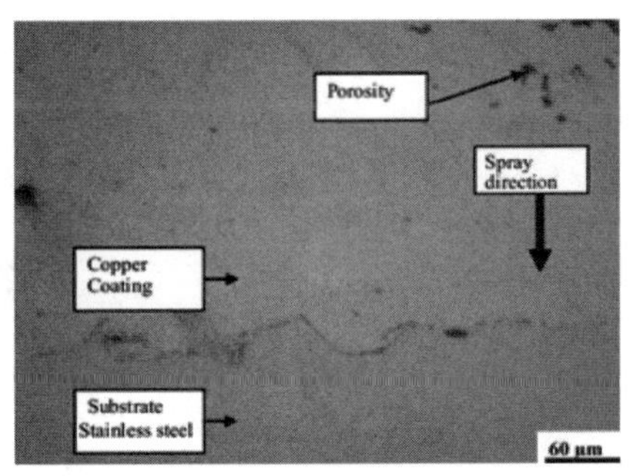

图 8　超低压等离子喷涂 Cu 涂层（A）腐蚀前（B）腐蚀后

Fig.8　Cu coating deposited by LPPS–TF (A)Before corrosion (B) After corrosion

近年来，欧美发达国家采用超低压等离子喷涂技术在 C/C 等复合材料基体表面制备高温抗氧化涂层也取得了一系列成果。涂层制备过程中，一方面可以避免复合材料基材发生氧化，同时还可以喷涂超高温陶瓷等易氧化粉末。此外，对基材碳纤维无损伤，有效地保持了基材的结构完整性。

5.4　其他应用

5.4.1　制氧工业 [9]

制氧工业主要利用选择性气体透过膜过滤空气中的氧气，用于煤炭及天然气行业，提高燃烧效率。图 9 为通过 PS–PVD 技术在多孔金属支撑体上制备的 LSCF（La–Sr–Co–Fe–O）涂层，涂层致密均匀，厚度在 40~50 μm 之间，氧气透过率为 0.3ml・cm^{-2}・min^{-1}（885℃）。该结构一方面增加了气体吸附面积，同时加快了气体吸附速率。

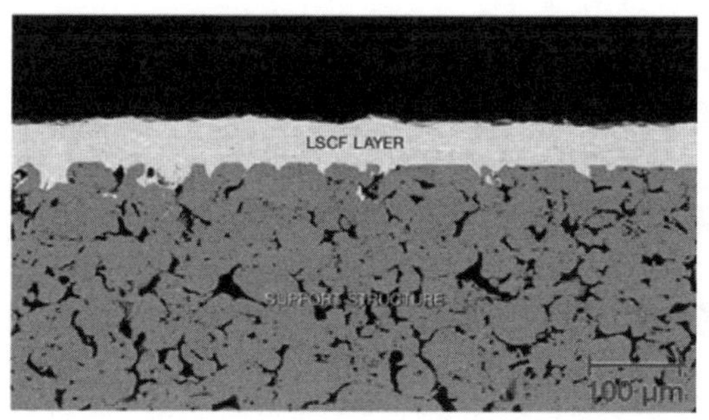

图 9　超低压等离子喷涂 LSCF 涂层
Fig.9　LSCF coating deposited by LPPS–TF

5.4.2　微电子、光电子行业 [10]

图 10 采用 PS–CVD 技术制备 SiOx 薄膜，该薄膜致密、化学稳定性好、光透过能力强、与 Si 基材具有良好的相容性。可用于微电子和光电子行业。薄膜沉积速度 35nm/s，沉积效率可达 50%，沉积速度高于传统 CVD 技术。在钢和锌表面沉积 SiOx 薄膜，经 3000h 盐雾试验薄膜未发生腐蚀，该技术有望应用于太阳能电池板。

此外，还可以利用 PS–CVD 技术在银、铜、铝表面沉积薄膜，如沉积 Al_2O_3 薄膜用于电绝缘，ZnO 薄膜用作透明导电氧化物（TCO）。

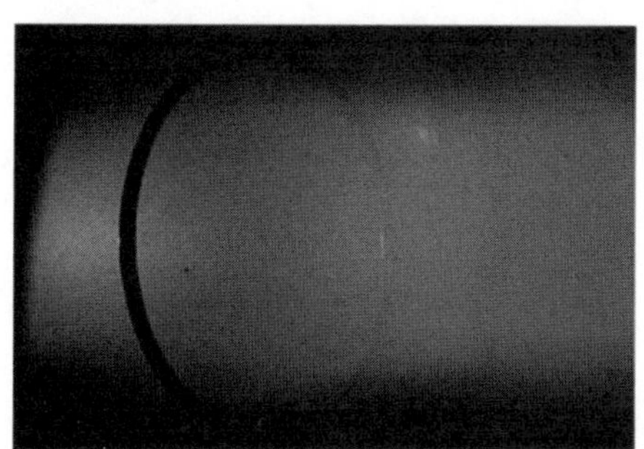

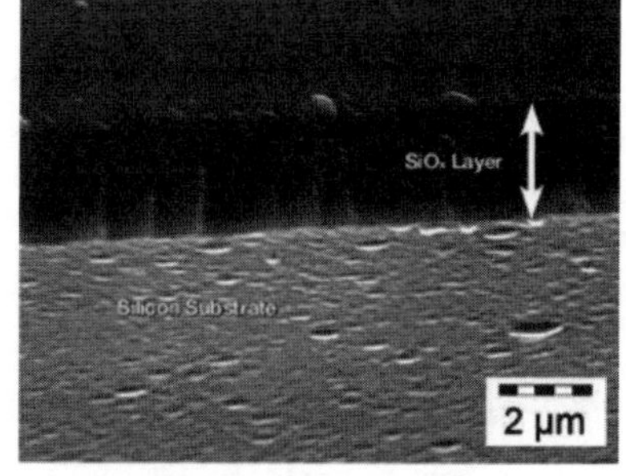

图 10　PS–CVD 技术制备 SiO_x 薄膜
Fig.10　SiO_x thin film deposited by LPPS–TF

6　展望

超低压等离子喷涂作为一项新兴技术，越来越受到航空航天领域的关注，欧美很多国家投入大量人力和物力利用该技术开发新涂层，今后将在以下几个方面重点研究。

（1）相关理论有待于进一步完善，如等离子焰流形成机制、等离子焰流与喷涂材料的作用机理、粒子气化对焰流影响规律等；

（2）喷涂材料的制备，超低压状态下喷涂要求粉末粒度较细，一般 20~40 μ m，同时要求粉末流动性要好，探索合适的粉末制备工艺对涂层制备十分重要；

（3）涂层成型工艺研究，影响涂层组织结构的因素较多，如喷涂功率、送粉量、喷涂距离等，如何做到涂层微结构可控需深入研究；

（4）涂层在线检测技术，采用焓探针及光谱仪在线检测等离子焰流，对工艺进行在线控制。

参考文献

[1] 高阳 . 超低压等离子喷涂与沉积技术的发展动态 [J]. 热喷涂技术 .,2010,3:13–17.

[2] 尹志坚 , 王树保 , 傅卫 , 等 . 热喷涂技术的演化与展望 [J]. 无机材料学报 , 2011,3:225–232.

[3] Mark F. S, Aaron C. H., James D. F., et al. Very Low Pressure Plasma Spray–A Review of an Emerging Technology in the Thermal Spray Community[J]. Coatings, 2011,1,117–132.

[4] Georg Mauer, Andreas Hospach, Robert Vaßen. Process development and coating characteristics of plasma spray–PVD[J]. Journal of Thermal Spray Technology, 2010, 19（1–2）,502–508.

[5] Konstantin von Niessen, Malko Gindrat. Plasma Spray–PVD: A New Thermal Spray Process to Deposit Out of the Vapor Phase[J]. Journal of Thermal Spray Technology, 2011, 20（4）,736–743.

[6] K. von Niessen, M. Gindrat, A. Refk. Vapor Phase Deposition Using Plasma Spray–PVD[J]. Journal of Thermal Spray Technology, 2010,19（1–2）,502–509.

[7] Georg Mauer, Robert Vaßen, Detlev Stover. Thin and Dense Ceramic Coatings by Plasma Spraying at Very Low Pressure[J]. Journal of Thermal Spray Technology, 2010,19（1–2）, 495–501.

[8] Zhang N., Sun F., Zhu. Characteristics of Cu film deposited using VLPPS[J]. Journal of Thermal Spray Technology, 2011,20,351–357.

[9] N. Zotov, S. Baumann, W.A Meulenberg, et al. La–Sr–Fe–Co oxygen transport membranes on metal supports deposited by low pressure plasma spraying–physical vapour deposition[J]. Journal of Membrane Science, 2013,442, 119–123.

倪立勇（1982–），男（汉），山东人，高级工程师，博士

电话：010–68383587　　　　电子邮箱：niliyong621156@163.com

等离子喷涂 $NiCoCrAlTaY/Sc_2O_3-Y_2O_3-ZrO_2$ 热障涂层的高温氧化行为研究

李其连，杨伟华，李淑青
北京航空制造工程研究所，高能束流加工技术重点实验室，北京 100024

摘要： 本文研究了等离子喷涂 NiCoCrAlTaY / $Sc_2O_3-Y_2O_3-ZrO_2$ 热障涂层的高温氧化行为，重点探讨了粘结底层氧化过程、界面热生长氧化物状态及涂层氧化失效机理。试验结果表明，界面热生长氧化物由 NiO、Al_2O_3、（Ni,Co）Cr_2O_4 等氧化物及尖晶石组成，尖晶石脆性颗粒的形成，在氧化过程极易脱落，脱落处形成孔洞和裂纹，促进陶瓷层剥落失效。

关键词： 热障涂层；氧化行为；热生长氧化物

High Temperature Oxidation Behavior of Plasma Sprayed NiCoCrAlTaY / $Sc_2O_3-Y_2O_3-ZrO_2$ TBCs

Qilian Li, Shuqing Li, Weihua Yang
Science and Technology on Power Beam Processes Laboratory, Beijing Aeronautical Manufacturing Technology Research Institute, Beijing 100024, China

Abstract: High temperature oxidation behavior of plasma sprayed NiCoCrAlTaY/ $Sc_2O_3-Y_2O_3-ZrO_2$ TBCs was investigated in this paper. The Oxidation kinetics of NiCoCrAlTaY bond coating, thermal growth oxides and the oxidation failure mechanism of the TBCs were analysed by means of scanning electron microscope and X-ray diffraction. The results indicated that thermally grown oxides formed at the interface of bond coating/top coating mainly consist of NiO、Al_2O_3、（Ni,Co）Cr_2O_4 and some spinel phases as $CoCr_2O_4$ and $NiCr_2O_4$ The spinel may cause TBCs to form voids, to crack and to fail finally.

Key words: thermal barrier coatings; oxidation behavior; thermally grown oxide

1 前言

热障涂层（TBCs）广泛用于航空发动机及地面燃气轮机，保护发动机高温部件，如燃烧室、涡轮叶片、火焰喷管等，可大幅度提高部件寿命、改进发动机效率、降低部件温度或提高燃气温度。热障涂层是一般是由合金粘结层和陶瓷面层构成的双层结构体系，通常采用大气等离子喷涂或 EB-PVD 工艺制备。 粘结层材料一般为 MCrAlY 合金（M 代表 Ni、Co 或 NiCo），厚度为 100 ~ 150μm。陶瓷层起隔热的作用，而合金粘结层起到抗氧化、耐腐蚀和提高陶瓷层与合金基体界面结合强度的作用。

热障涂层使用过程中最大的问题是陶瓷层的脱落[1]。在热循环过程中，引起热障涂层体系失效的主要因素包括：1）粘结层氧化及粘结底层/陶瓷层界面处生成的热生长氧化物（TGO）；2）陶瓷层与金属基体之间热膨胀不匹配；3）陶瓷层相变体积变化；4）高温熔盐腐蚀作用。

等离子喷涂热障涂层氧化失效大多发生在陶瓷层与TGO层之间，TGO中的应力主要包括生长应力（在TGO生长中产生）和热应力（由于TGO与陶瓷层及粘结层的热膨胀系数不同而产生）两种，当TGO层中的应力超过TGO本身的强度或涂层结合强度时均会引起涂层开裂和剥落。本实验主要研究粘结层氧化过程及粘结底层/陶瓷层界面处TGO组成特征。

2 试验方法

2.1 试样制备

试样基体为Φ25mm×5mm Ni_3Al为基的高温合金（牌号为IC10）。热障涂层中粘结层材料为Ni25Co20Cr8Al4Ta0.6Y合金粉末（简称NiCoCrAlTaY），粉末形貌见图1，涂层厚度0.11mm ~ 0.12mm。热障涂层中陶瓷面层材料为7.1mol%Sc_2O_3-0.53mol%Y_2O_3-ZrO_2，原粉采用化学共沉淀-煅烧法制备，原粉经团聚烧结后用于等离子喷涂（喷涂粉末简称SYSZ），粉末形貌见图2，陶瓷层厚度0.25mm ~ 0.26mm。涂层制备采用APS2000型大气等离子喷涂系统。等离子喷涂工艺参数见表1。

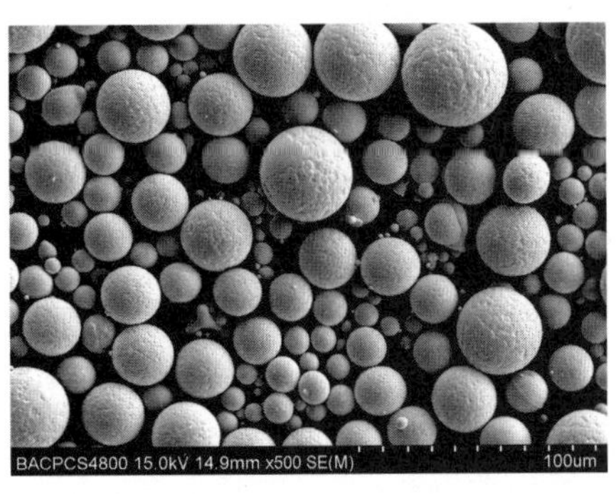

图1 NiCoCrAlTaY合金粉末形貌

图2 SYSZ复合陶瓷粉末形貌

表1 等离子喷涂工艺参数

参数	NiCoCrAlTaY	SYSZ
电流(A)	500	600
电压（V）	70	75
主气，(Ar，L/min)	60	40
次气，(H_2，L/min)	7	10
送粉速率（g/min）	40	30
喷涂距离（mm）	150	80

2.2 热障涂层抗氧化性能试验

将 NiCoCrAlTaY / SYSZ 热障涂层试样置于氧化铝坩埚中分别在 1000℃，1100℃和 1150℃进行氧化试验，试样尺寸为 Φ25mm × 5mm。每 10 小时取出称重（精度为 0.1mg），累积氧化时间为 100 小时，绘制氧化动力学曲线，利用光学金相显微镜、X 射线衍射（D8 advance 型，Ni 过滤 CuKα 辐射，λ = 0.1542nm）、S4800冷场发射扫描电子显微镜和能谱分析，进行粘结层组织结构、相组成测试分析，分析涂层氧化失效机理。

3 结果与讨论

3.1 涂层实验前的微观结构及相组成

图 3 为所制备热障涂层的截面金相照片，可以看出，陶瓷层和粘结层均呈现典型的热喷涂涂层状结构，界面结合良好。图 4 为陶瓷面层抛光表面状况，涂层中存在较多的孔隙，这有利于提高涂层的隔热能力，并且还可以分散涂层中的应力，改善其抗热冲击性能。

图 5 陶瓷层断面形貌，从微观上看，涂层由多个微叠层组成，单个微叠层呈柱状晶生长，这是由于喷涂沉积过程中晶粒沿热量传递快的方向生长造成的。图 6 为设计组成的 Sc_2O_3-Y_2O_3-ZrO_2 陶瓷层 X 射线衍射图谱，陶瓷涂层由单一的四方相 t′ 组成。

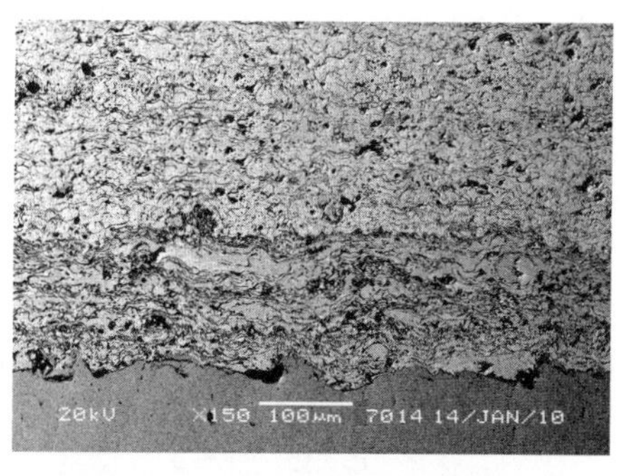

图 3　涂层的截面金相照片

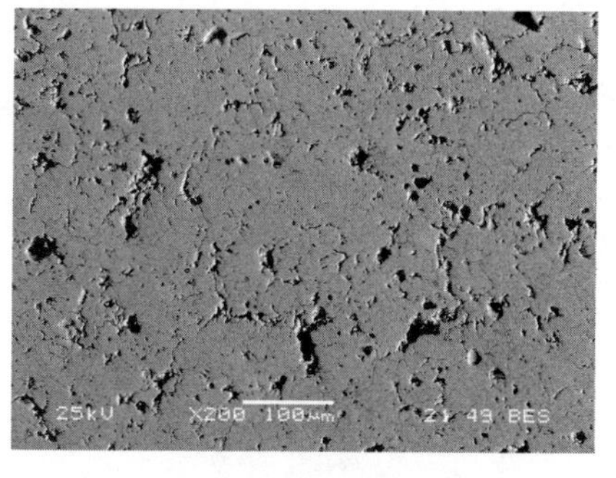

图 4　SYSZ 陶瓷层抛光表面状况

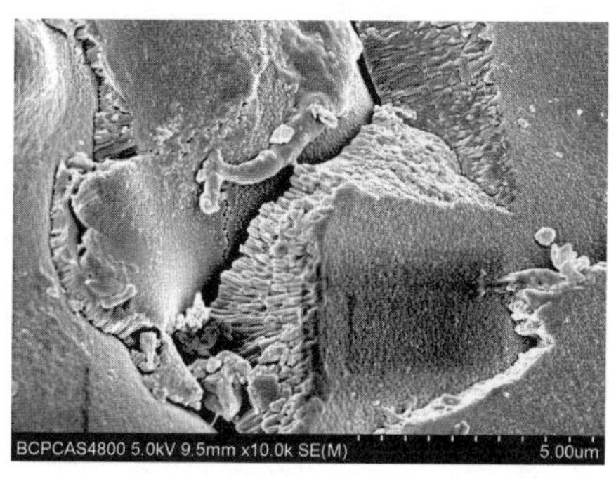

图 5　陶瓷面层断面形貌

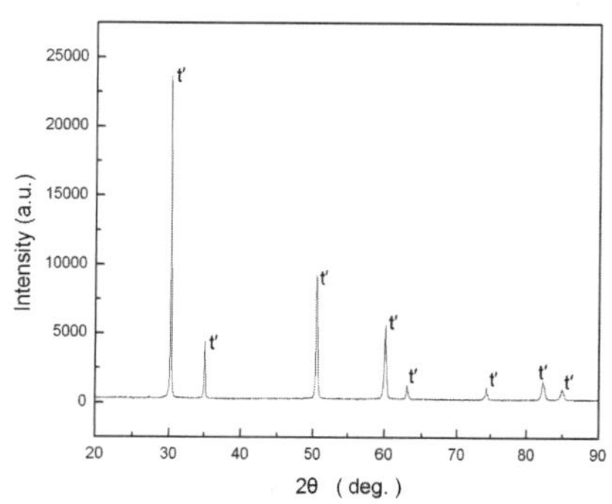

图 6　陶瓷面层 X 射线衍射图谱

3.2 热障涂层的氧化过程分析

图 7 为等离子喷涂 NiCoCrAlTaY / SYSZ 涂层在不同温度氧化的单位面积增重曲线。从图中看出，随温度升高，氧化增重速率增大，三种温度下氧化增重曲线特征相同，即在氧化初始 30h 为快速增重阶段，30h 之后由于氧化膜的阻氧作用，增重速率减小。高温下氧化锆基陶瓷涂层中存在高浓度的氧空位，它们是氧的高速输送通道，多孔涂层甚至会导致氧的贯穿直接达到界面，与粘结层中金属元素反应，因此氧化锆基陶瓷层对粘结层的氧化速率影响很小。图 8 为未沉积陶瓷层的 NiCoCrAlTaY 粘结层在 1150℃恒温氧化的单位面积增重曲线，可以看出陶瓷层对 NiCoCrAlTaY 粘结层的氧化速率几乎没有影响。

图 9 为 NiCoCrAlTaY / SYSZ 涂层在 1100℃氧化 100h 后陶瓷层（TC）与粘结底层（BC）界面微观形貌，可以看出，TC 与 BC 界面出现了热生长氧化物层（TGO）。

在氧化初期，粘结底层内 Al 优先氧化形成 Al_2O_3；在浓度梯度的作用下，距离界面稍远的 Al 向界面扩散，此阶段氧化速率较快；随着氧化的不断进行，粘结层中的 Al 逐渐被消耗，但致密的 Al_2O_3 膜层的形成可以阻止氧向涂层内扩散，从而氧化速率减慢 [2]。当粘结底层内部的 Al 不足以提供完全生成 Al_2O_3 膜层所需的 Al 时，粘结层内的 Ni、Cr、Co 和 Ta 就会被氧化，从而形成（Cr,Al）$_2O_3$、NiO、（Co,Ni）（Cr,Al）$_2O_4$、Ni（Cr,Al）$_2O_4$ 等氧化物及尖晶石 [3]。

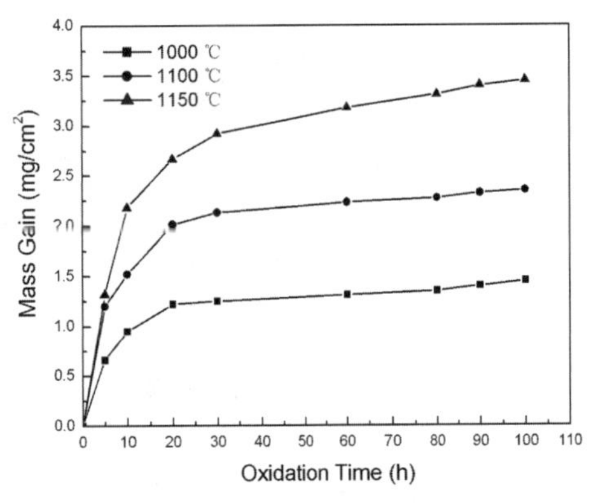

图 7　热障涂层氧化增重曲线图

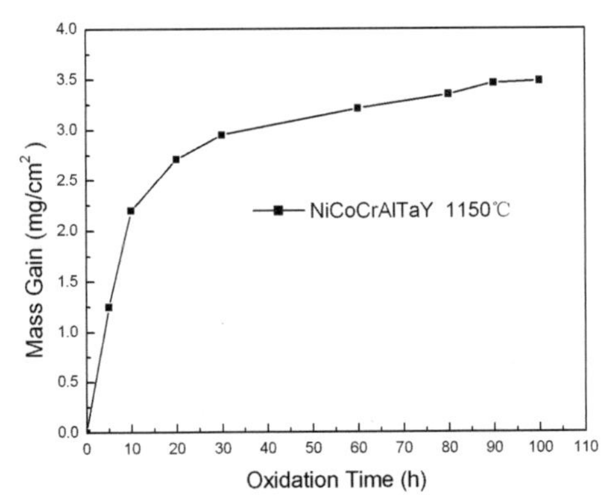

图 8　单独粘结层氧化增重曲线

图 10 为 NiCoCrAlTaY / SYSZ 热障涂层在 1150℃氧化 400h 后陶瓷层剥落后表面的 XRD 图谱，从图中可以看出，氧化失效后粘结底层表面主要有 NiO、Al_2O_3、$CoCrO_4$ 和 $NiCr_2O_4$ 等氧化产物，ZrO_2 为陶瓷面层残留物。

尖晶石结构化合物大致通过如下反应生成：

$$NiO+Cr_2O_3 \rightarrow NiCr_2O_4$$

$$CoO+Cr_2O_3 \rightarrow CoCr_2O_4$$

$$NiO+Al_2O_3 \rightarrow NiAl_2O_4$$

$$CoO+Al_2O_3 \rightarrow CoAl_2O_4$$

由于 Cr_2O_3 与 CoO 或 NiO 反应生成（Co,Ni）Cr_2O_4，并且在 900℃以上 Cr_2O_3 就会进一步化生成挥发性的 CrO_3 形成孔洞，因此，在氧化产物中很少有 Cr_2O_3 存在。尖晶石形成伴随着较大体积变化，脆性的尖晶石易开裂成为裂纹源，在热循环过程中将促进热障涂层剥落失效，如图 11、图 12、图 13 及图 14 所示。

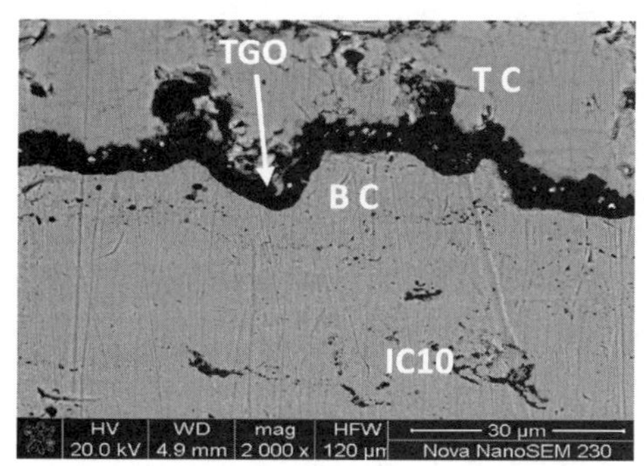

图 9　1100℃氧化 100h 后界面状况

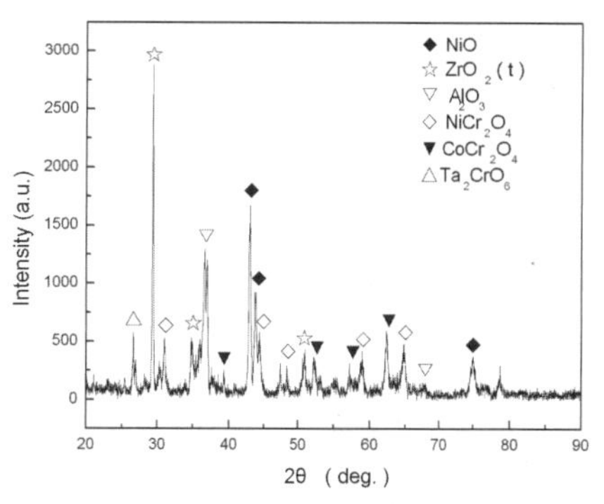

图 10　陶瓷层剥落后粘结层的 XRD 图谱

图 11　TGO 中的孔洞

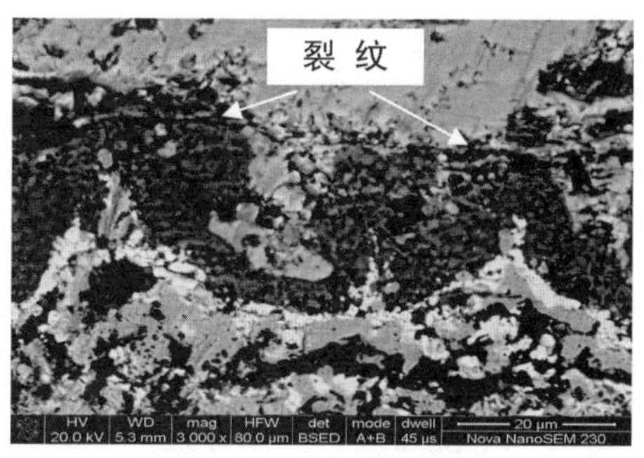

图 12　TGO 中的裂纹

图 13　热障涂层高温氧化剥落失效

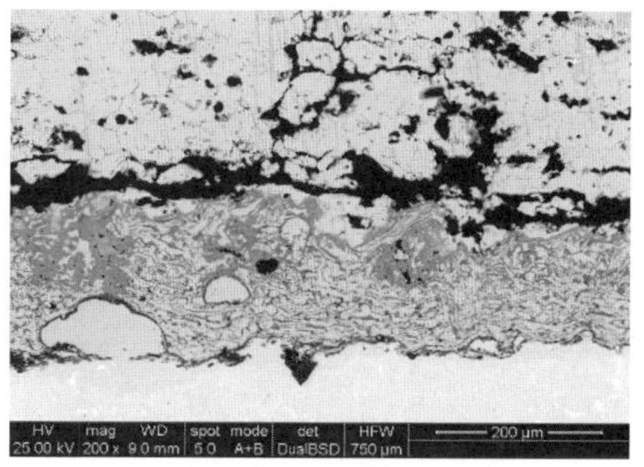

图 14　TGO 处开裂导致陶瓷层分离

试验表明 TGO 厚度随氧化温度的升高而增大。SYSZ / NiCoCrAlTaY 涂层分别在 1000℃、1100℃和 1150℃氧化 100h 后，TGO 层的厚度分别为 3μm，6μm 和 12μm 左右。粘结层的氧化速率主要取决于两个方面：①界面反应速率，包括粘结层 / TGO 界面、TGO / 氧气界面上的反应速率；②粘结层中金属元素通过 TGO 层的扩散速率。在氧化初期，陶瓷层的疏松多孔结构对阻止氧的扩散作用相对较小，氧可透过陶瓷层与粘结层中的金属元素直接接触，因此，氧化初期起主要作用的是界面反应；随着 TGO 逐渐增厚，TGO 对粘结层的氧化起到了保护作用，其保护性取决于 TGO 层的致密性、TGO 动力学生长速率、金属原子在 TGO

层中扩散速率等，此时，金属离子和氧需要通过已经形成的TGO层进行扩散，因此，氧化速率取决于金属元素在TGO层的扩散速率。当TGO层出现孔洞及裂纹时，其保护性降低，特别是涂层中形成贯穿裂纹时，氧化速率将迅速增大[4, 5]。

4 结论

NiCoCrAlTaY / SYSZ热障涂层高温氧化过程中，陶瓷层和粘结层之间出现热生长氧化物（TGO），TGO主要由Al_2O_3、NiO氧化物及$CoCr_2O_4$、$NiCr_2O_4$尖晶石组成。脆性的尖晶石易开裂成为裂纹源，在高温氧化环境中将促进热障涂层剥落失效。氧化锆基陶瓷层对粘结层的氧化速率影响很小，更不能阻止粘结层高温氧化，开发抗高温氧化粘结层新材料和在粘结层界面制备元素扩散阻挡层对提高热障涂层抗高温氧化性能、延长服役寿命具有重要意义。

参考文献

[1] Schilbe J E. Substrate alloy element diffusion in thermal barrier coatings. Surface and Coatings Technology, 2000, 133–134（1）: 35–39.

[2] Karadge M, Zhao X, Preuss M, et al. Microstructure of the thermally grown alumina in commercial thermal barrier coatings. Script Materialia, 2006, 54（4）: 639–644.

[3] Richer P, Yandouzi. M, Beauvais L, et al. Oxidation behavior of CoNiCrAlY bond coats produced by plasma, HVOF and cold gas dynamic spraying. Surface and Coatings Technology, 2010, 204（24）: 3962–3974.

[4] Subanovia M, Song P, Wessel E, et al. Effect of exposure conditions on the oxidation of MCrAlY–bondcoats and lifetime of thermal barrier coatings. Surface and Coatings Technology, 2009, 204（6–7）:820–823.

[5] Chen W R, Wu X, Marple B R, et al. TGO growth behavior in TBCs with APS and HVOF bond coats. Surface & Coatings Technology, 2008, 202（12）:2677–2683.

粉芯丝材在表面与再制造技术中的应用

贺定勇[1]，周正，蒋建敏
(北京工业大学 材料科学与工程学院，北京 100124)

摘要： 粉芯丝材是材料表面工程和装备再制造技术中常用的一类耗材，通过用金属带材包裹不同类型的填充粉末(如：金属、合金、碳化物、氧化物等)构成，大大扩展了粉芯丝材的成分和应用，也可提高沉积金属层的质量，在许多抗磨、耐蚀热喷涂和焊接工程应用中得到成功应用，其中铁基粉芯丝材由于其较好的经济性应用最广。本文对粉芯丝在热喷涂和堆焊工程中的典型应用进行简介，实际工程中正确地选择粉芯丝材和再制造技术，对提高技术水平和产品性能具有重要的意义。

关键词： 粉芯丝材，再制造技术，热喷涂，堆焊

中图分类号： TG174.4　　文献标识码：　　文章编号：

Application of Cored Wires for Surface Engineering and Remanufacturing Technology

HE Ding-yong, ZHOU Zheng, JIANG Jian-min
(College of Materials Science and Engineering, Beijing University of Technology, Beijing 100124, China)

Abstract: Cored wires are the common types of consumable materials used for surface engineering and remanufacturing technology. A metal sheath combined with various types of fillers (metals, alloys, carbides, oxides, etc.) makes it possible to widen the capabilities of cored wires with regard to the compositions and the applications, as well as the deposited metals quality. The varied demands of maintenance thermal spraying and welding make cored wires the ideal choice for many applications. Iron-based cored wires are the most economical alloys available for wide range of wear and/or corrosion resistance applications. In this article, typical applications of cored wires are discussed on thermal spraying and hardfacing. The correct selection of cored wires and remanufacturing methods for engineering applications is an important part of both technological advancement and high quality products.

Key words: cored wire; remanufacturing technology; thermal spraying; hardfacing

1　前言

1 作者简介：贺定勇 (1970—)，男，贵州锦屏人，教授，博士，主要从事工程材料表面改性理论与技术和高性能焊接材料设计与评价方面的研究及教学工作。

应用表面工程技术将机械产品中易损零件表面进行强化，以延长产品的使用寿命取得了很多成功的应用。特别是再制造过程中所表现的节约能源、节约材料、环境友好等作用，使再制造工程得到大力的支持和发展[1]。

表面再制造加工技术中的堆焊和热喷涂技术常用到不同成分和规格的丝材，包含实心丝材和粉芯丝材两种。通常，实心丝材的生产工艺流程为：铸锭熔炼、锻造、轧制、拉拔、热处理和表面处理等。使用时操作方便，效率高，存在的主要问题是丝材成分受限，有些特殊成分的合金硬而脆，不能轧或拔丝，或生产过程中为保证丝材的成品率，使生产成本大大提高。因此实心丝的应用范围受到一定的限制。而粉芯丝材具有成分调节容易、调节范围广，可获得特殊合金成分等独特的优势，在国内外已得到成功应用。粉芯丝材的缺点是丝材轧制设备投入成本较高。受金属外皮可加工性能的限制。合金元素的加入量，受到粉末粒度、比重以及加粉系数的影响，粉芯丝材加粉系数一般为 18 ～ 60% 左右，一些高合金的丝轧制困难，有效成分受到一定的限制。使用过程中可能还存在漏粉、吸潮等问题。

粉芯丝材是由金属外皮包裹一定量的粉芯构成。按用途分主要有：焊接用药芯焊丝，热喷涂用粉芯丝以及炼钢用包芯丝等。焊接和热喷涂用粉芯丝材的直径通常为 1.0、1.2、1.6、2.0、2.4、3.0、3.2、4.0mm 等。金属外皮一般采用易于轧制、拉拔成形的低碳钢、不锈钢、镍、镍铬、铝、锌等。冷轧带钢轧 – 拔法所用钢带厚度一般为 0.3 ～ 0.8mm，宽度 8 ～ 16mm。粉芯丝材中的粉芯可由一定粒度的金属、合金、陶瓷、矿物粉等组成，也可用一定尺寸的金属丝材替换粉芯，与金属外皮轧制成丝材。通过组合金属外皮与粉芯，可制造出无数种粉芯丝材。

粉芯丝材的制造工艺主要有以下几种：按所使用原材料分为冷轧带钢法、盘圆法、钢管拔制法和在线焊合法；按产品的结构分为有缝和无缝型；按成形工艺分为轧 – 拔法、模拔法和全连轧法[2]。目前有缝型粉芯丝材主要以技术相对成熟的冷轧带钢轧 – 拔法为主。无缝型粉芯丝由于不吸潮、导电性好和送丝流畅等优点，在某些特定场合 (低氢、高韧性要求) 具有应用前景。

2 热喷涂粉芯丝材的研究及工程应用

热喷涂粉芯丝材主要有 Fe 基、Ni 基和 Al 基等类型，可用于双丝电弧喷涂、单丝火焰喷涂和等离子喷涂等方法中，工程中电弧喷涂丝用量远大于火焰喷涂，并具有相对高的结合强度、低孔隙率和高效率。电弧喷涂中常用直径 2.0mm 和 1.6mm 的丝材，国内以 2.0mm 为主，国外则以 1.6mm 为主。前期研究研究结果表明[3]：同样成分情况下，采用直径 1.6mm 粉芯丝喷涂粒子的雾化效果优于直径 2.0mm 的丝材。有关喷涂粒子的氧化、合金化、涂层性能等对比试验研究还在进行中。

目前电弧喷涂工程中以 Fe 基粉芯丝材涂层用于抗高温冲蚀磨损、抗高温氧化和腐蚀应用为主，大量热喷涂粉芯丝材在燃煤电站锅炉和垃圾焚烧炉“四管”防护中得到成功应用。此外，钢厂的转炉烟罩、轴类零件、曲轴等防护或修复也使用粉芯丝材。

北京工业大学是国内最早从事粉芯丝材研究和生产的单位之一，在粉芯丝材的研究方面取得大量的科研成果，已获得授权中国发明专利近 50 件，发表科研论文 200 余篇，以及省、部级科技进步奖 5 项，根据生产实际需求所研制生产的 50 多种丝材在工程中得到大量使用。典型的几种热喷涂粉芯丝材产品如下：

含非晶高硬度高耐磨粉芯丝材（牌号：KM99/KM99BC/KM100）。采用不锈钢带为外皮包覆一定量的 Cr_3C_2 或 WC 或 BC_4 陶瓷粉末及其它合金粉等构成。喷涂层结合强度高（大于 55MPa）、高硬度（显微硬度

900 ~ 1200HV$_{0.1}$），耐磨性好等特点。已应用于循环流化床电站锅炉管道、风机叶片、烟罩的耐磨防护，垃圾焚烧炉过热器防护。并可用于液压柱塞中替代镀硬铬涂层。

KM90 型高硬度耐磨粉芯丝材。研制的高硬度耐磨材料主要为 Fe-B 及 Fe-Cr-B-Si 系粉芯丝材，喷涂层具有结合强度高（大于 50MPa）、高硬度（显微硬度 800 ~ 980HV$_{0.1}$），耐磨性好等特点，耐蚀性差。主要应用于电站锅炉管道、风机叶片、烟道以及油田钻杆的强化和修复。

DD40 型高结合强度耐磨粉芯丝材。电弧喷涂层具有高结合强度，可取代铝青铜以及价格昂贵的镍铝、钼等打底用丝材，低成本，并具有一定耐磨性。成功应用于发动机曲轴、轴承座再制造，以及零件表面恢复尺寸，大量用于电站锅炉管道和造纸烘缸喷涂的打底涂层。

耐磨、耐蚀，抗高温氧化粉芯丝材（牌号：MS50/MS60/MS70/MS80）。涂层以 Fe 基高铬合金为主，通过添加 Ni，Mo，Al，Si，稀土等元素可提高涂层的抗高温氧化、腐蚀性能。丝材在煤粉炉、生物质炉“四管”抗高温冲蚀磨损、抗硫腐蚀；造纸烘缸；印刷辊等耐磨、耐蚀涂层方面应用。

NiCrB 系高温耐蚀耐磨电弧喷涂粉芯丝材。丝材采用 Ni 或 NiCr 带为外皮，添加 Cr、B、Al、Mo、Si 等金属粉或 Cr_3C_2、WC、BC_4 陶瓷粉末硬质相，提高涂层的抗高温氧化腐蚀磨损性能，制备的涂层抗高温冲蚀、腐蚀性能优于常用的 Ni-Cr-Ti 涂层。在垃圾焚烧发电、生物质发电锅炉中得到应用。

图 1 为电弧喷涂粉芯丝材工程应用的典型图片。

燃煤电站锅炉“四管”喷涂

转炉烟罩喷涂

发动机曲轴喷涂

耐磨零部件的喷涂

图 1 电弧喷涂技术工程应用

3 堆焊药芯丝材的研究及工程应用

堆焊药芯焊丝中最常用的有 Fe 基、Ni 基和 Co 基等类型，广泛用于气保焊、埋弧焊和明弧自保焊等工艺制备耐磨、耐蚀、耐高温氧化堆焊层。堆焊用药芯焊丝直径一般为 1.2mm ~ 4.0mm。Fe 基药芯焊丝由于其经济性，目前在工程中使用最多。Ni 基和 Co 基堆焊丝主要用于磨损伴随腐蚀的环境，以及高温磨损、腐蚀的工况下。

耐磨堆焊用药芯焊丝成分体系复杂，国内至今还未建立统一的国家标准，如何选用堆焊药芯焊丝，应考虑如下几个方面：

零部件 (基体) 材质。工程中常用的基体材料有碳钢、合金钢、锰钢，以及铸钢、铸铁等。每种基材的焊接性能有很大的区别，可根据基体材质选择合适的打底层或恢复尺寸的焊材；

磨损工况。工程中的磨损类型主要有磨粒磨损、金属 - 金属间摩擦磨损、冲蚀磨损等。同一种焊材可能在不同磨损类型中所表现出的耐磨性能差别很大。只有对具体的磨损工况分析正确才能选择合适的耐磨工作层焊材。

堆焊方法。不同的焊接方法对焊丝的设计、规格以及工装卡具等提出不同要求。

北京工业大学近几年关注行业发展的需求，研制的耐磨堆焊用药芯焊丝及工程应用情况如下：

以解决严重磨粒磨损工况的高铬铸铁 (Fe-Cr-C) 耐磨合金体系。为提高 Fe-Cr-C 系堆焊层的使用性能，需添加一定量的 Nb、Mo、V、B、Ni、Ti 等合金元素。Fe-Cr-C 系列耐磨堆焊丝材在磨辊、磨盘、辊压机、单齿辊、耐磨风机等制造和再制造，以及耐磨复合钢板明弧堆焊中得到成功应用。

针对地铁盾构机刀具受强烈冲击和磨粒磨损的工况，开发 Fe-Cr-Ni-Mn-Mo 系堆焊药芯焊丝。在国内多个城市地铁盾构施工中发挥了作用。该合金体系丝材还可用于大型齿轮堆焊修复；煤炭、矿石等装载机料斗和刃口堆焊修复；有套管的石油钻杆耐磨带堆焊等，可有效解决有冲击载荷作用下的高应力磨粒磨损。

低合金热强钢用于热作模具的制造和再制造。主要以 Fe-Cr-Mo　Ni 合金体系为主，解决热作模具的高温耐磨、抗氧化和疲劳性能等。

针对石油钻杆接头耐磨带堆焊用丝材，研发了 Fe-Nb-Mo-B-C、Fe-Cr-Ni-B 系等新一代堆焊焊丝，解决钻杆接头与套管的磨损匹配等问题。

此外，在钢厂连铸辊、开坯辊、支撑辊；中温高压阀门；破碎机锤头；采煤机中部槽；锅炉水冷壁；风机叶轮耐磨堆焊等方面进行了药芯焊丝的开发和研制。

图 2 为堆焊技术在工程中应用的图片。

立磨堆焊

单齿辊破碎机堆焊

耐磨堆焊复合板制造

地铁盾构刀具

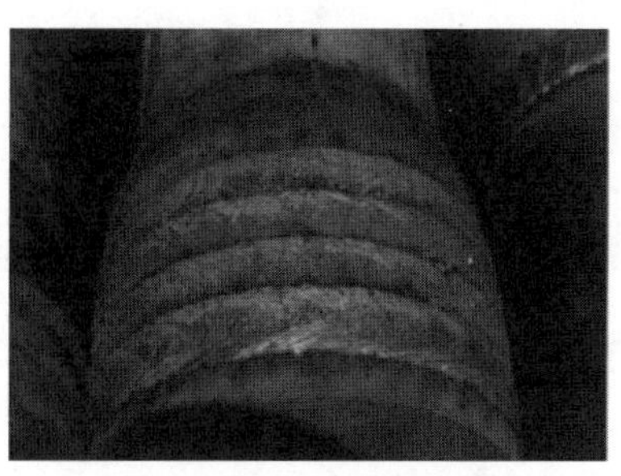
石油钻杆耐磨带堆焊

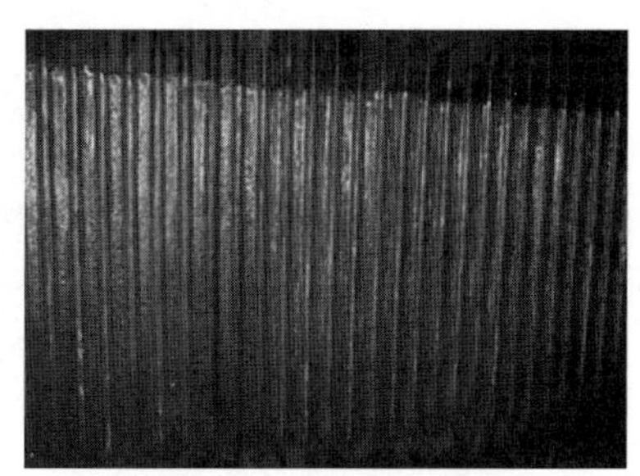
锅炉水冷壁耐磨堆焊

图 2　堆焊技术在工程中的应用

4 结语

热喷涂和堆焊用粉芯丝材可广泛用于材料表面工程和装备再制造技术中，针对不 同的工况需求，设计适宜的合金体系，通过堆焊或热喷涂技术对机械产品中易损零件表面进行强化，可延长产品的使用寿命，是一种有发展、应用前景的材料。

参考文献

[1] 徐滨士等著 . 装备再制造工程的理论与技术 [M]. 北京 : 国防工业出版社 ,2007.

[2] 陈邦固，金立鸿，刘继元，等 . 国内外药芯焊丝制造工艺、设备现状及发展趋势 [C]. 高效化焊接国际论坛论文集，北京，2002:48-64.

[3] 张关震 . FeCrBCSi 系非晶 / 纳米晶电弧喷涂层组织和性能的研究 [D]. 北京工业大学硕士学位论文，2011.

Novel Thermal Barrier Coatings Produced by Axial Suspension Plasma Spray

轴向悬浮液等离子喷涂形成的新型隔热涂层

Z. Tang, H. Kim, I. Yaroslavski, G. Masindo, Z. Celler, D. Ellsworth
Northwest Mettech Corp., 467 Mountain Highway, North Vancouver, BC, Canada
北京东方润鹏科技有限公司译文及供稿

ABSTRACT 摘要

Ceramic Thermal Barrier Coatings （TBCs）on superalloy components are being used successfully in land-based gas turbine and aircraft engines. These coatings are generally made by either air plasma spraying（APS） or electron beam physical vapour deposition（EB-PVD）. In general, EB-PVD TBCs have superior durability due to the columnar structure, but they are very expensive compared to APS TBCs. EB-PVD TBCs are used primarily in the most severe applications such as turbine blades and vanes in aircraft engines. This paper presents an economical process to make durable TBCs, called Axial Suspension Plasma Spray （ASPS）. This technology combines Mettech' s axial injection plasma process and automatic suspension feed system. The resulting TBCs exhibit columnar structures with vertical cracks, similar to EB-PVD coatings. Such structures allow the TBC to compensate for thermal expansion differences between it and the base material. The ASPS process presents an economical alternative to EB-PVD to produce durable columnar TBCs.

在高温合金部件上喷涂的陶瓷热障涂层（TBCs）已被成功应用于地面燃气轮机和航空发动机上。这种涂层通常是采用大气等离子喷涂（APS）或电子束物理气相沉积（EB-PVD）来制备的。一般说来，电子束物理气相沉积（EB-PVD）制备的热障涂层（TBCs）由于其独特的柱状晶结构而具有较高的耐用性，但比起利用大气等离子喷涂（APS）制备的热障涂层（ TBCs）而言就非常昂贵了。EB-PVD TBCs 主要应用在燃气轮机叶片和航空发动机叶片等十分重要的领域。本论文介绍了制造耐用 TBCs 的一种经济的工艺方法，叫作轴向悬浮液等离子喷涂（ASPS）。这一技术将 Mettech 公司的轴向送粉等离子工艺和自动悬浮液送粉系统得以完美结合。形成的 TBCs 显示出了带有垂直裂缝的柱形结构，类似于 EB-PVD 涂层。TBC 涂层的这种结构可以弥补它与基底材料之间热膨胀系数的差异。ASPS 工艺提供了一种比使用 EB-PVD 制备长寿命柱形 TBCs 涂层更为经济的工艺选择。

1 Introduction 介绍

Thermal barrier coatings（TBCs）have been employed for many years to protect the metallic components of the hot sections of aerospace and land-based gas turbines against the high temperature environment. A typical TBC consists of two key layers: an oxidation resistant bond coat such as diffusion aluminide or MCrAlY coating, and a ceramic top layer, typically 7-8 weight% Y_2O_3-stabilized Z_rO_2, to reduce the heat flux into the component. The typical thicknesses of TBCs vary between 100 and 500 μm, and they can provide a major reduction in the surface temperature of the metallic components of up to 300℃ when combined with the use of internal air cooling of the underlying metallic component. Therefore, TBCs enable an increase in the efficiency and performance, and a reduction in the pollution levels of these engines [1,2].

热障涂层（TBCs）对航空与航天领域和地面燃气轮机在耐高温环境中热端部分的金属部件的防护上已有多年的应用。一个典型的 TBC 由两个关键的涂层组成：一个是高温抗氧化结合涂层，例如扩散铝化物涂层或 MCrAlY 涂层，一个陶瓷面层，通常为百分之 7-8 重量比的氧化钇（Y_2O_3）稳定的氧化锆（Z_rO_2）涂层，减少对部件的热通量。典型的 TBCs 厚度一般在 100 到 500μm 之间变化，当与基体金属部件内部的空气冷却应用相结合时，他们可以提供将金属部件的表面温度减低 300℃。因此，TBCs 提高了发动机的效率和性能，同时减少了发动机的污染排放等级。

The top ceramic coating is usually applied either by air plasma spray（APS）or electron-beam physical vapour deposition（EB-PVD）process. Although EB-PVD process offers better coating mechanical properties due to the presence of columnar structure, its application is limited to critical turbine components such as first stage of rotor blades due to the disproportionately high cost and low deposition rate. Plasma spraying is, in contrast, a more cost effective process with higher deposition rate and wider composition flexibility than EB-PVD process [3]. Two important targets of new TBC development are property improvement and cost reduction.

热障涂层中的陶瓷面层由大气等离子喷涂（APS）或电子束物理气相沉积（EB-PVD）的工艺来完成。EB-PVD 工艺虽然由于其存在的柱状晶结构提供了更好的涂层机械力学性能，但其应用在关键性的气轮机部件上受到限制，例如在发动机的一级动叶上，由于不相称的高成本和较低的沉积效率而受到限制。相比之下，等离子喷涂由于其更高的沉积率和更宽泛灵活的材料成分比 EB-PVD 工艺具有了更好的成本优势 [3]。新型 TBC 发展的两个重要目标就是改进性能和降低成本。

Mettech developed an industry-ready process called Axial Suspension Plasma Spray（ASPS） [4] to solve the problem of delivering sub-micron size particle to a plasma torch for production of novel coatings. This technology combines Mettech's axial injection plasma process and automatic suspension feed system. By suspending fine powders in liquid and injecting the fine powder suspension into the plasma plume axially, a reliable delivery mechanism to spray fine particles is obtained, and this technology has demonstrated capability to deliver consistent quality coatings for different applications [5, 6]. This paper presents a novel process to make economical columnar TBCs using ASPS technology.

Mettech 发展了一种已经具备工业化应用基础的工艺叫做轴向悬浮液等离子喷涂（ASPS）[4] 以解决新型涂层生产中将亚微米级颗粒输送到等离子喷枪的问题。这一技术完美结合了 Mettech 公司轴向送粉等离子喷涂工艺和自动悬浮液送粉系统。通过在液体中悬浮精细粉末，将精细粉末悬浮液轴向注入等离子体羽流，就获得了一个喷涂精细颗粒的可靠输送装置，并且该项技术已经演示了在不同应用中连续输送高质量涂层的能力 [5，6]。该论本介绍了使用 ASPS 技术制造经济节约型柱状 TBCs 的新型工艺。

2 Experimental 试验

The coatings were applied using the Axial III ™ plasma torch with a modified injector for suspension atomization and the NanoFeed ™ suspension feeder,（Northwest Mettech Corp., North Vancouver, Canada）. The Axial III ™ injects the atomized suspension feedstock axially to the direction of spray into the central core of the plasma. Axial injection overcomes the injection difficulties that arise when attempting to penetrate the plasma radially with fine particles or droplets. The NanoFeed is designed to feed submicron suspensions using mass flow control of both suspension and atomizing gas to provide uniform atomizing dynamics at the injector. An overview of the ASPS process is shown in Fig. 1.

该涂层使用 Axial III ™等离子喷枪（即一种已改进的悬浮液雾化喷枪）和 NanoFeed ™悬浮液送粉器的应用来完成，（Northwest Mettech Corp., North Vancouver, Canada）。Axial III ™向进入等离子核心区域的喷涂方向轴向注入雾化悬浮给料。Axail 送粉克服了在试图将精细颗粒或微粒径向穿过等离子时产生的送粉困难。NanoFeed 是为输送亚微粉悬浮液而设计的，即通过悬浮液和雾化气体两者的大流量控制的使用来对喷枪提供一致的雾化力度。下图显示了 ASPS 工艺的概述。

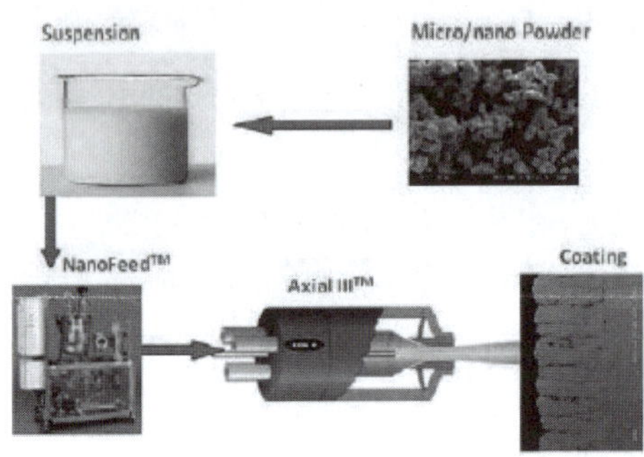

Fig.1　ASPS process overview

Deposition was carried out onto sandblasted INC718 substrates. Typical plasma parameters with a power level of 90kW were optimized for TBCs. A submicron yttria stabilized zirconia（8YSZ）powder was used in the preparation of the suspension. The surface and cross section of the coatings were examined by optical microscopy（OM）, X–ray diffraction（XRD）and scanning electron microscopy（SEM）.

沉积在喷砂 INC718 基体上得到应用。一个 90 kW 功率电平的典型等离子参数对 TBCs 进行了优化。一个亚微米级氧化钇稳定氧化锆（8YSZ）粉被用于悬浮液的准备上。我们通过光学显微镜（OM），X 射线衍射（XRD）和扫描电子显微镜（SEM）对涂层的表面和横截面进行了检查。

3 Results 结果

3.1 Columnar Structures 柱状结构

The structure of a typical ASPS coating optimized for TBC is shown in Figs. 2 and 3. Compared to other APS coatings, this structure shows a distinct difference. The coating surface is broccoli–like, which is typical for columnar structure. The coating density is above 90% within the columns, while between the columns the density is around 60%. A high magnification of structure（Fig. 3c）discloses that the coating doesn't have the typical splat structure with flattened particles; instead, the grain is substantially equiaxed with submicron scale porosity. The width of the column is in the range of 20–50 μm, which is larger than that of most EB–PVD column widths [3]. The columns impart strain tolerance to the TBC because they can separate at high temperatures, accommodating CTE stresses, thus producing excellent durability like EB–PVD TBCs.

一个优化于 TBC 的典型的 ASPS 涂层结构显示在图 2 和 3 中。相比其它 APS 涂层，这一结构显出了明显的不同。涂层结构像西兰花一样，这就是典型的柱状结构。在柱状内部涂层密度高于 90%，柱与柱之间的密度大约在 60%。高放大结构（图 3）表明了涂层没有典型的扁平颗粒的层状结构；相反，颗粒被大幅等分成亚微米尺度孔隙。柱状宽度是在 20–50 μm 的范围，比大多数 EB- PVD 柱状宽度要大一些 [3]。柱状表明了 TBC 的应力耐受性，因为他们可以在高温，可容纳 CTE 压力下分开，从而产生类似于 EB–PVD TBCs 的优良耐久性。

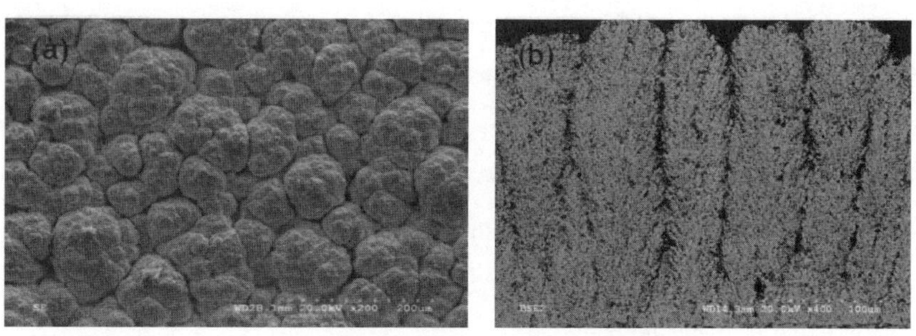

Fig.2　Columnar TBCs by ASPS,(a)surface morphology,(b)polished cross section

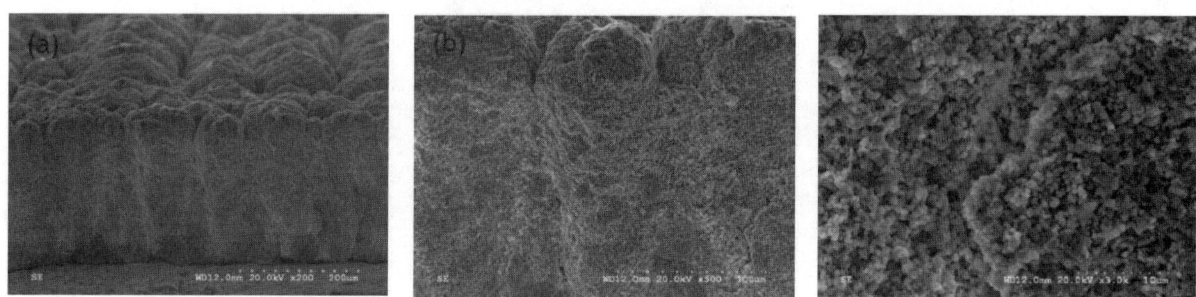

Fig.3　Fractured cross section of ASPS TBCs with different magnification,(a)200x,(b)500x and (c)2000x

3.2　Coating phases 涂层晶相

Fig.4 shows the XRD spectra of the YSZ powder used, and the resulting ASPS coating. Even though the powder has a little monoclinic phase, the coatings are primarily t' tetragonal with no indication of monoclinic phases, which is the most desired phase for TBC applications.

图 4 显示了 YSZ 粉末的 X 射线衍射（XRD）范围的使用，和产生的 ASPS 涂层。虽然粉末有少量的单斜晶系的晶相，但涂层主要是没有单斜晶相显示的四角形，对 TBC 应用而言是最想得到的晶相。

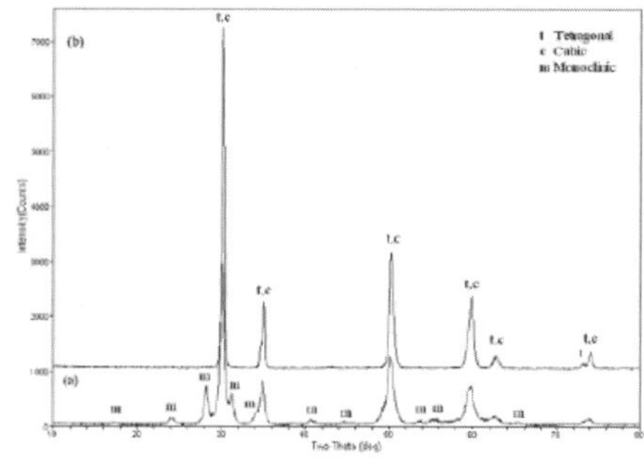

Fig.4　XRD spectra of YSZ powder and ASPS coatings,(a)As received powder,(b)ASPS TBC

3.3 Coating performance 涂层性能

A TBC system includes a superalloy substrate, metallic bond coat and ceramic top coats. The performance of TBC system is related to the design of the TBC system, and its operating environments, which is different for different hot section parts and engines. Mettech has applied ASPS TBCs on a variety of substrates including MCrAlY bond coat, and diffusion Al and PtAl coatings. The coating properties, combined with the data from SURFTEC reports [7, 8], were summarized in Table 1 and compared to APS and EB–PVD data referenced from literature [2, 3]. The bond strength and thermal conductivity of ASPS TBCs are in the same range as that of EB–PVD TBCs. It is reasonable to conclude that the thermal conductivity of ASPS TBCs is higher than that of APS TBCs, as the column boundary serves as channels for heat flow. It is interesting to note that bond strength of the ASPS TBCs is significantly higher than that of traditional APS TBCs, even on smooth bond coat surface. This is a high merit for TBC applications as a smoother bond coat surface will reduce the out of plane stress, which is the primarily cause for TBC spallation and failure. From these properties it is believed the ASPS TBCs could be a potential alternative to EB–PVD TBCs.

TBC 系统包括一个超耐热合金基体，金属结合涂层和陶瓷顶端涂层。TBC 系统的性能与 TBC 系统的设计和它的操作环境有关，与不同受热区域部件和发动机不同。Mettech 已将 ASPS TBCs 应用在各种基体上，包括 MCrAlY 结合涂层，和扩散铝及 PtAl 涂层。结合 SURFTEC 报告 [7，8] 的数据，涂层性能在表 1 中作了总结，并且与来自文献 [2，3] 的 APS 数据和 EB–PVD 数据作了比较。ASPS TBCs 的结合强度和热导率与 EB–PVD TBCs 的在同一范围。得出 ASPS TBCs 的热导率高于 APS TBCs 的热导率的合理结论，因此柱状边界为加热流充当渠道。也很有趣的注意到 ASPS TBCs 的结合强度远比传统的 APS TBCs 要高很多，即使在光滑的结合涂层表面。这对于 TBC 应用来说具有很高的价值，因为结合层表面会更顺畅减少平面压力，这是 TBC 分裂和失败的主要原因。从这些性能中可以相信，相对于 EB–PVD TBCs 而言，ASPS TBCs 是一个很有潜力的竞争对手。

Table 1 Summarized ASPS TBC Properties

Properties	APS	ASPS	EB–PVD
Bond Strength, MPa	20–40	50–82	65–75
Thermal Conductivity, W/mk	0.9–1.5	1–2	1.7–2

3.4 Effect of key variables on coating structures 涂层结构主要变量效果

The targeted application for ASPS TBCs is on rotating blades and high–pressure turbine section vanes, which have complex shapes. A broad processing window is necessary to get uniform coatings on the entire airfoil surface. Among the process parameters, the key processing variables for this application are stand–off distance（SOD）and spraying angle. The bond coat surface roughness could be very different depending on the bond coat type and process. In addition, TBC is used in combination with internal air cooling of the metallic components. Cooling holes perforate the surface of many parts and the holes need to be clog free, which is an issue of most spraying processes.

ASPS TBCs 的应用目标是在旋转叶片的高压气轮机叶片上，它们具有很复杂的形状。必须有一个宽敞的操作窗口以在整个机翼表面上获得一致的涂层效果。在这一工艺参数中，这一应用的关键加工变量是保持一定的距离（SOD）和喷涂角度。根据结合涂层类型及加工方法，结合涂层表面的粗糙度可能会有很大差异。除此之外，TBC 与金属部件内部空气冷却系统结合使用。冷却孔穿过许多部件的表面，并且被自由堵塞，这也是多数喷涂加工中的一个问题。

Fig.5 shows ASPS TBCs on two surface roughness, which are corresponding to aluminde coatings（lower roughness, Ra 1.4 μm）, and MCrAlY bond coats（higher roughness, Ra 3.8 μm）. Columnar structures are formed on both rough and smooth surfaces. However, the coating on rougher surface are denser and with wider columns.

图 5 显示了 ASPS TBCs 在两个表面上的粗糙度，相当于铝涂层（低粗糙度，Ra 1.4 μm）和 MCrAlY 结合涂层（高粗糙度，Ra 3.8 μm）。在粗糙和光滑的表面都可以形成柱状结构。不过，在粗糙表面上的涂层密度更大，并有较宽的柱状。

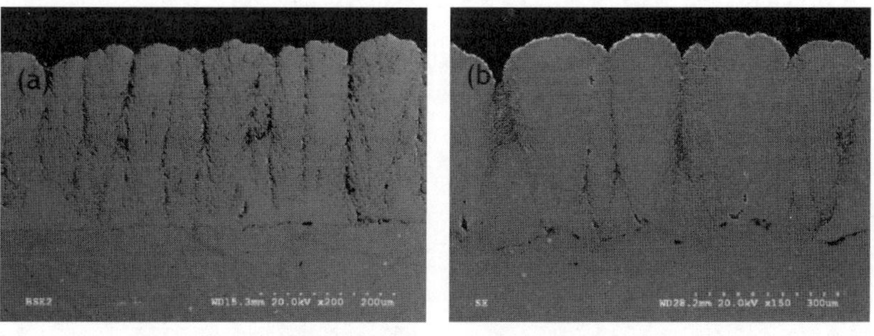

Fig.5　ASPS TBC on bond coat with different roughness Ra(a)1.4 μm,(b)3.8 μm

Fig. 6 shows ASPS TBCs sprayed with longer and shorter than standard SOD（75 mm）. At a SOD of 50mm, the coating is dense and exhibits columnar structures mixed with some vertical cracks. The dense, vertically segmented structure is also favoured for TBC as it provides tolerance of the ceramic layer to the strain caused by the coefficient of thermal expansion（CTE）mismatch of the ceramic and bond coat. At a longer SOD of 100mm, the coating is columnar structured but much more porous.

图 6 显示了 ASPS TBCs 使用比标准的 SOD（75mm）更长一些和更短一些的喷涂效果。在 50mm 的 SOD 时，涂层密集并且显示了与一些垂直裂缝相混合的柱状结构。密集，垂直裂缝的结构也有利于 TBC，因为它给由热膨胀系数（CTE）与陶瓷和结合层不匹配所造成的应力提供陶瓷层的耐受力。

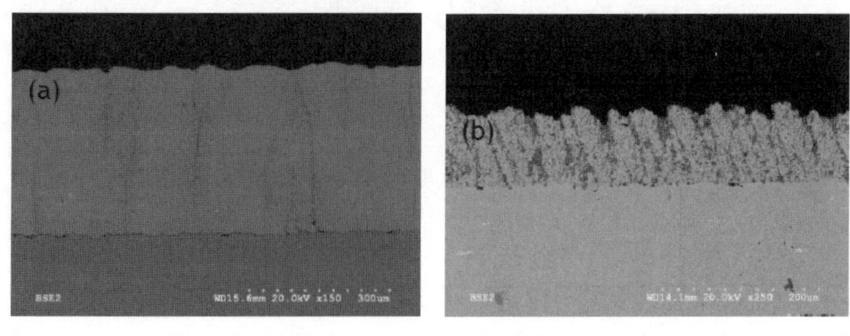

Fig.6　ASPS TBC sprayed with different stand-off distance,(a)50mm,(b)100mm

Columns grow perpendicular to the substrate surface in coatings sprayed at 90° . When spraying off perpendicular, the coatings still show good columnar structure, but the columns grow at an angle. Figure 7 shows the coatings sprayed at 45° . It appears as though the columns grow toward the plasma plume, no matter what the spraying angle is.

在 90° 时柱状生长垂直于基体表面的喷涂涂层。关闭垂直喷涂时，涂层仍然呈现出良好的柱状结构，但柱状在一个角度生长。图 7 显示了在 45° 时的喷涂涂层。无论是什么喷涂角度，好像柱状成长都朝向等离子流羽。

To investigate the impact the coating has on airfoil cooling holes, a substrate with a hole of diameter of 0.5mm was sprayed producing a 250 μm thick coating. Fig. 8 shows the hole remains open, but becomes slightly restricted. After removing the coating, it can be seen that the coating thickness within the hole is around 25 μm.

调查机翼冷却孔涂层的影响，喷涂带有直径 0.5 毫米的孔基体，产生 250 微米厚的涂层。图 8 显示了孔仍然开放，但变得稍微被限制。去除涂层后，可以看出孔内涂层厚度为 25 微米左右。

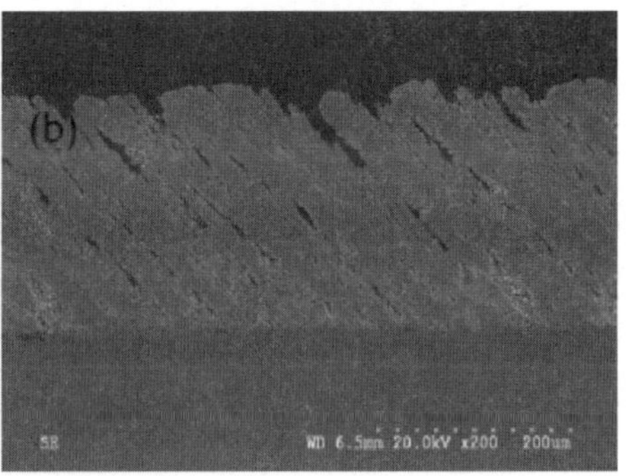

Fig.7 ASPS TBC sprayed at 45° ,(a) surface morphology,(b)cross section

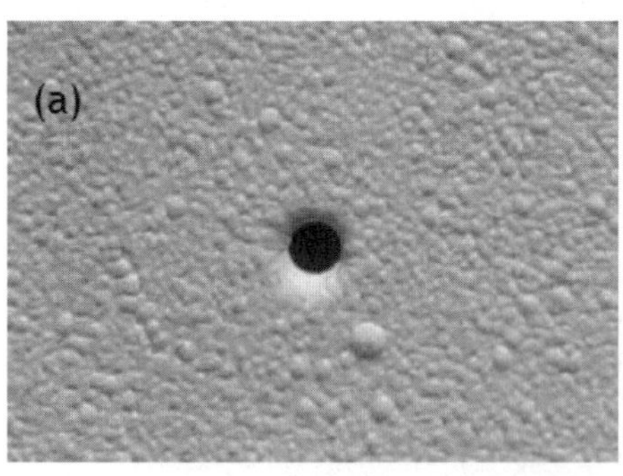

Fig.8 ASPS TBCs around the cooling hole, (a) after spraying,(b)after remoning the coating

3.5 Coating on parts 部件涂层

A turbine blade was sprayed with ASPS to produce a TBC. As shown in Fig. 9, a uniform and well adherent coating was produced on the whole surface. Furthermore, the blade was cut and polished to investigate the cross section microstructure. It is found that good columnar structure was formed on both the concave and convex faces as shown in Fig. 10. The coatings on the leading edge and trailing edge are denser and exhibit a mixture of columns and vertical cracks, which corresponds to a shorter SOD.

使用 ASPS 在气轮机叶片上生成 TBC。如图 9 所示，在整个表面生成了一种统一的、具有良好附粘性的涂层。此外，叶片被分割和抛光以调查其横截面的微观结构。发现在凹处和凸处斧刃面都形成了良好的柱状结构，如图 10 所示。在前缘和拖尾的涂层都相对密集，并显示出了一个柱状和垂直裂缝的混合，相当于一个较短的 SOD。

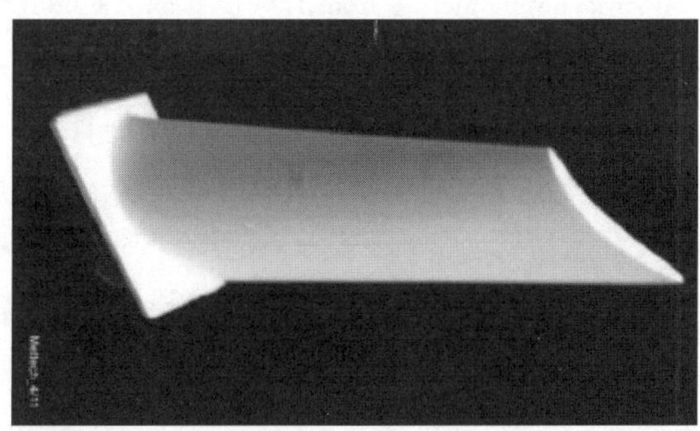

Fig.9　Pictrue of ASPS TBC coated blade

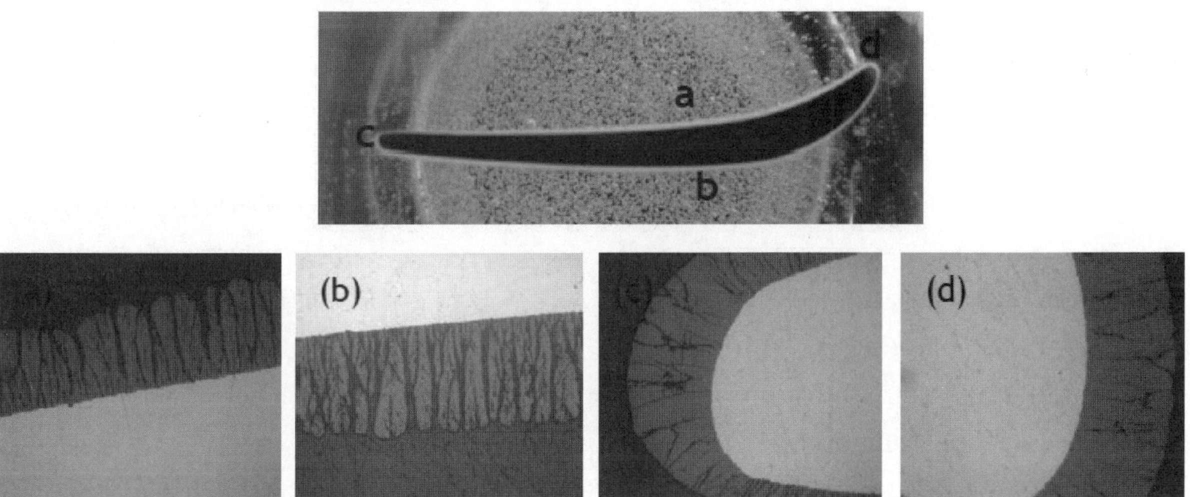

Fig.10　Cross section of coatings on blades at different locations
(a)concave surface,(b)convex surface,(c)trailing edge,(d)leading edge

4 Summary 总结

1）ASPS TBCs exhibit a columnar structure with substantially equiaxed grains, instead of the typical lamellar structure with flattened particles for APS TBCs. Such structures allow the TBC to compensate for thermal expansion differences between it and the base material, resulting in excellent durability.

ASPS TBCs 表现出大幅度的等轴晶柱状结构，而不是典型的 APS TBCs 扁平颗粒的层状结构。这种结构允许 TBC 弥补它与基体材料之间的热膨胀系数的差异，形成优良的耐久性。

2）The bond strength and thermal conductivity of ASPS TBCs are in the same range as of EB–PVD TBCs. Particularly the bond strength of the ASPS TBCs is significantly higher than that of traditional APS TBCs, even on smooth bond coat surface.

ASPS TBCs 的结合强度和热导率是与 EB–PVD TBCs 的在同一范围内。尤其即使在光滑的结合涂层表面，ASPS TBCs 的结合强度比传统的 APS TBCs 的还要高很多。

3）Columnar structures can be achieved within the range of a few key variables: SODs from 50 to100mm, spraying angles from 45° to 90° , and bond coat surface roughness's from 1.4–3.8 μ m. A uniform and well adhering coating was obtained onto the whole turbine blade surface.

在几个关键变量的范围内可以实现柱状结构：50 到 100mm 的 SOD s 距离，从 45° ~ 90° 的喷涂角度，和从 1.4–3.8 μm 的结合层表面粗糙度。在整个气轮机叶片表面得以实现了一种统一的、具有良好的附粘性的涂层。

4）The ASPS process presents a significant potential to replace EB–PVD for aircraft turbine parts and offers an economical method to deposit durable columnar TBCs.

ASPS 工艺呈现出的巨大潜力足以取代 EB–PVD 在飞机气轮机部件上的应用，并且提供了一种沉积持久柱状 TBCs 的更为经济的方法。

References 参考文献

1）R. A. Miller, Thermal Barrier Coatings for Aircraft Engines: History and Directions, Surf. Coat. Technol. 30, 1（1987）.

2）N.P. Padture, M. Gell, E.H. Jordan, Thermal Barrier COatigns for Gas–Turbines Engine Applications, Science, 296（2002）280 284.

3）Feuerstein, J. Knapp, T. Taylor, A. Ashary, A. Bolcavage, N. Hitchman, Journal of Thermal SprayTechnology, 17（2）, 199（2008）

4）Z. Tang, P. Hartell, G. Masindo, I. Yaroslavski, and A. Burgess, Duration and Reliability of Axial Suspension Plasma Spray Process, ITSC 2010.

5）Z. Tang, A. Burgess, O. Kesler, B. White, and N. Ben–Oved, Manufacturing Solid Oxide Fuel Cells with an Axial–Injection Plasam Spray System, , ITSC 2007

6）J. Kitamura, H. Ibe, F. Yuasa, Z. Tang, A. Burgess, Structural, Mechanical and Erosion Properties of Plasma Sprayed Yttrium Oxide Coatings by Axial Injection of Fine Powder slurries for Semiconductor and Flat–Panel–Display Applications, ITSC 2009

7）J. Oberste–Berghaus, J. Legoux, C. Moreau, SURFTEC report #24, June 2007

8）J. Oberste–Berghaus, J. Legoux, C. Moreau, SURFTEC report#25, May 2008

镍基合金在阀门行业中的应用

浙江亚恩材料工程技术有限公司 陈建忠

摘要 国内阀门行业中碳钢、不锈钢、表面镀铬的传统工艺使用寿命短，不耐磨，给生产作业带来了严重影响。国外进口阀体抗温耐磨，使用寿命是国内产品的几倍，有的甚至几十倍。采用了喷涂、喷焊、真空熔结工艺制得了耐磨、耐温、耐腐蚀硬面涂（焊）工作层，镍基及其碳化钨合金的应用，大大提高了阀门的使用寿命，从产品维修向产品预防护跨出了新的一步，经济效益显著。

关键词：球阀喷焊、镍基合金、耐磨、耐蚀、硬面技术

引言

球体喷焊是硬面技术里一项新兴的高科技产业，因其具有高效、使用寿命长、耐磨耐蚀，并符合绿色环保节约资源等优势，在国际上得到广泛应用。近几年来在国内被广泛应用，高新技术的应用使阀门行业得到更好的发展，产生了显著的经济效益和社会效益。

球体喷焊是在球体的表面喷涂（焊）一层硬面材料，以达到耐磨损、耐腐蚀、耐高温性能的目的，能几倍甚至几十倍的提高阀门使用寿命。自行研发的 20 寸以上球体的 Ni/WC 自熔合金喷焊和 22 寸以上阀座 Ni55 自熔合金的正反两面热喷涂，填补了国内同行的空白。多年来一直为国内外知名阀门企业做配套加工。

一、镍基合金 Ni60 喷焊层性能分析

1.1 Ni60 自熔合金粉末

Ni60 自熔合金粉末化学组成为 0.9C、4.5Si、3.5B、16Cr、≤ 5Fe、镍余，具有优良的耐磨、耐蚀、耐高温性能。

1.2 组织结构

经 X 光分析，基体为 Ni-Cr 固溶体，硬质相为 Ni_3B 和 Cr_2C_3。

图 1 ×800 Ni60 合金焊层显微组织

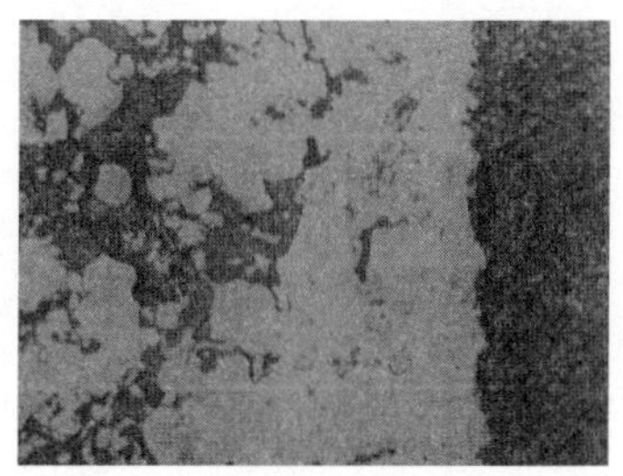

图 2 ×800 Ni60 合金喷焊过渡层显微组织

试样经高氯酸甘油酒精电解浸蚀加苦味酸钠水溶液热染，分析结果得出：

a. 焊层母体：白色块状的含硅镍铬固溶体 γ 相，黑色细小点状的（CrFe）$23C_6$ 灰色块状的 Ni、B 和细小白色块的 δ -CrB 组成。

b. 过渡区：除焊层母材外，有少量的 S-CrB。

c. 球体材料：珠光体。

瑞士 12496 喷焊层的组织相与 Ni60 一样，仅在大小和数量上有些差异。见图 3。

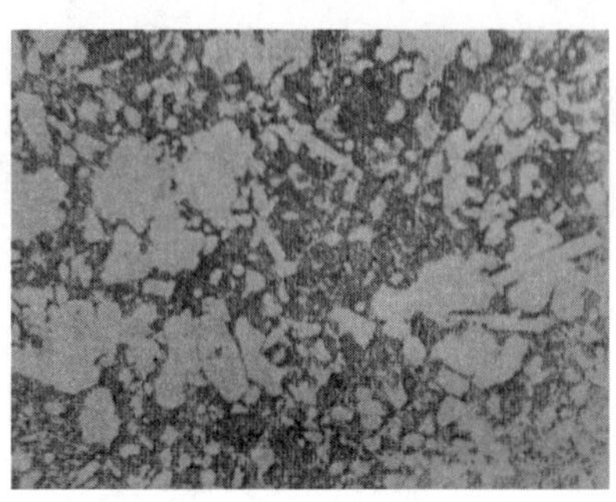

图 3　×800　12496 合金焊层显微组织

1.3　硬度

硬度是检测产品是否合格的项目之一，硬度值的体现除原化学成分设计值因素外，与喷焊工艺有直接关系，操作不当将会影响硬度的正确体现，Ni60 自熔合金粉末通常 HRC58 以上为宜。

镍基合金是在高温下仍具有较高的强度与一定的抗氧化腐蚀等综合性能的合金材料。高温硬度测试数据见表 1、图 4。由表 1、图 4 可知，Ni60 合金具有良好的高温硬度，500℃时 HRC50 以上，600℃时 HRC30 以上。瑞士 12496 高温硬度处于相同水平，铁含量对高温硬度无明显影响。

表 1　Ni60、12496 高温硬度（HV）

温度 炉号	100℃	200℃	300℃	400℃	500℃	600℃	700℃	室温（HRC）
635	792	775	746	661	537	385	194	64
633	792	780	715	657	571	353	162	62
636	710	644	602	618	505	331	193	60
12496	763	700	675	590	537	344	181	60

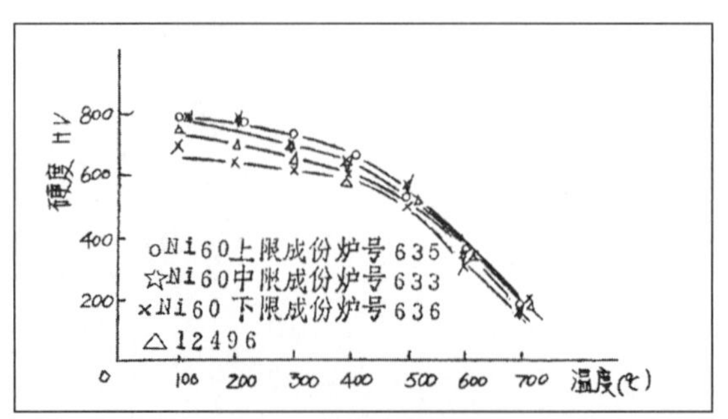

图 4　Ni60、12496 喷焊层高温硬度

1.4 耐磨性

Ni60 合金组织结构特点是在较软的镍铬固溶体基体上弥散分布着高硬度的硼化物和碳化铬硬质相。因此合金具有低摩擦系统、耐金属间磨损和低应力磨粒磨损的特性。

表 2 Ni60、12496、GCr15、45# 钢金属间磨损试验结果

编号 \ 磨损量 \ 载荷	5kg	10kg	15kg	20kg	硬 度 (HRC)
635	2.1	3.7	5.1	6.7	64
633	3.3	4.7	6.6	11.0	62
636	1.9	5.1	8.0	/	60
12496	3.3	3.8	5.5	7.9	60
1-1	12.1	18.2	25.6	32.1	
2-1	11.9	19.5	26.3	33.5	

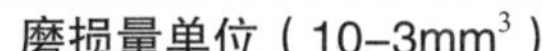
磨损量单位（10-3mm^3）

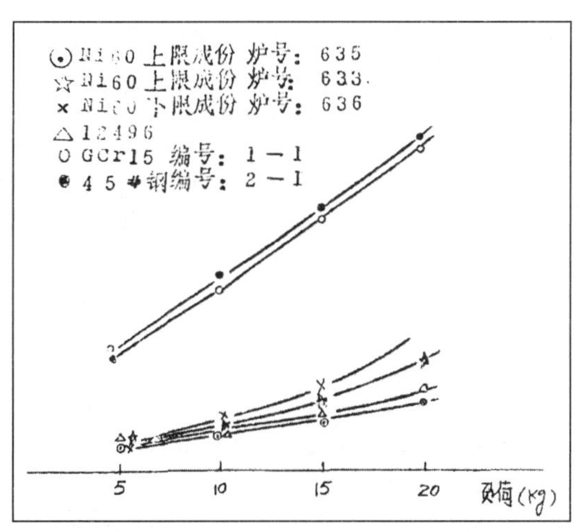

图 5 Ni60、12496、GCr15、45# 钢耐磨性比较曲线

表 3 Ni60、CoCr-3、Cr-1、35CrMoA 和 16Mn 磨料磨损试验结果

材料名称	试样号	砂纸规格		载荷 (kg)	磨失重量（克）		备 注
		磨料	粒度		每片试样	平均	
Ni60	1 2	新会产石英砂 新会产石英砂	40 ~ 70 目 40 ~ 70 目	1 1	0.0104 0.0066	0.0085	HRC：60，60，58.5，63.6
CoCr-3	1 2	新会产石英砂 新会产石英砂	40 ~ 70 目 40 ~ 70 目	1 1	0.0438 0.0181	0.0309	HRC：56，
Cr-1	1 2	新会产石英砂 新会产石英砂	40 ~ 70 目 40 ~ 70 目	1 1	0.0328 0.0342	0.0335	

接上表

35CrMoA	1 2	新会产石英砂 新会产石英砂	40 ~ 70 目 40 ~ 70 目	1 1	0.1794 0.1808	0.17015	HRC：50 ~ 53
16Mn	1 2	新会产石英砂 新会产石英砂	40 ~ 70 目 40 ~ 70 目	1 1	0.2382 0.2586	0.2484	HRC：38 ~ 45
Ni60	1 2	新会产石英砂 新会产石英砂	40 ~ 70 目 40 ~ 70 目	5 5	0.0249 0.0167	0.0208	
CoCr–3	1 2	新会产石英砂 新会产石英砂	40 ~ 70 目 40 ~ 70 目	5 5	0.0894 0.0381	0.06375	Co–Cr–W 合金
Cr–1	1 2	新会产石英砂 新会产石英砂	40 ~ 70 目 40 ~ 70 目	5 5	0.0763 0.0812	0.07875	高 Cr 铸铁
35CrMoA	1 2	新会产石英砂 新会产石英砂	40 ~ 70 目 40 ~ 70 目	5 5	0.6102 0.6601	0.063515	
16Mn	1 2	新会产石英砂 新会产石英砂	40 ~ 70 目 40 ~ 70 目	5 5	0.9404 1.0487	0.9946	

由表 2、图 5、表 3 试验结果表明，合金粉末喷焊层硬度与一般合金和钢材硬度基本相当的情况下，它们的耐磨性差异很大，这是由于耐磨性机理不同引起的，一种是依靠合金中硬质相提高耐磨性，一种是依靠合金元素强化作用和改变钢材组织提高耐磨性，显然前者效果显著。

1.5 耐蚀性能

Ni60 与 18–8 型不锈钢耐蚀试验结果由表 4 可知，Ni60 在 10%HCl 溶液里耐蚀性较好，是 18–8 不锈钢的 4 倍。在 10%NaOH 溶液里，两种材料的耐蚀性看不出差别，耐蚀性都很好。在 10%NaCl 溶液里，Ni60 耐蚀性不如 18–8 不锈钢，但仍是一种很好的耐蚀材料。结果说明 Ni60 合金具有较好的耐蚀性能。

表 4　Ni60 与 18–8 型不锈钢浸渍耐蚀试验结果

试验介质	10%HCl	10%NaOH	10%NaCl
试验温度	40℃ ±1℃	40℃ ±1℃	40℃ ±1℃
试验时间	50 小时	50 小时	50 小时
腐蚀量 / 试验材料	g/ 米 ^{2} 小时	g/ 米 ^{2} 小时	g/ 米 ^{2} 小时
Ni60–1	2.38	< 0.001	0.02
–2	3.06	< 0.001	0.04
8–8 型不锈钢 –1	11.17	< 0.001	< 0.001
–2	11.45	< 0.001	< 0.001

二、镍基合金球体热喷涂规范

2.1 清洗原料：6# 抽提溶剂油

2.2 毛化处理：WAF20

2.3 马达转速：80 转 / 分钟

2.4 预热温度：200℃ ±10℃

2.5 喷粉设备：TVPE CP-2

2.6 上粉速度：6kg/n

2.7 保温时间：12 ~ 20 小时

2.8 出炉温度：100℃ Max 缓冷

并在阀门球体上通过其特殊的粉末成分配方，对碳钢 F51、不锈钢 316、316L 等基体球体表面的喷涂，使其结合强度可达到 400MPA，硬度在 HRC58 ~ 62 之间，同时磨加工后保证单边 0.5 ~ 0.8mm 的厚度，球体表面呈镜面状，圆度通过三座标检测后控制在 0.005 ~ 0.01mm。

结论：

将 Ni60 自熔合金及 Ni/WC 通过热喷涂（焊）工艺在阀门球体、阀座、半球体、副阀体、轨道球体的应用，使其具有耐磨、耐温、耐蚀，减磨抗氧化等高性能，达到节约材料、节约资源的目的。

实践结果证明：在合理的工艺条件下，镍基合金可获得高综合性能的硬面工作层，特别是 Ni/WC 在镍基自熔合金中的应用不但硬度高，耐磨性能好，而且还具有良好的耐腐蚀、耐高温、抗氧化等性能，可显著延长阀门的使用寿命。

参考文献：

上海钢铁研究所《自熔镍基自熔合金粉末的研究》

Cavitation erosion resistance characteristics of HVOF and HVAF processed 86WC-10Co4Cr hydro turbine coatings

HVOF 和 HVAF 工艺喷涂水力发电机 86WC-10Co4Cr 涂层的抗气蚀性能比较

R.K.Kumar[1], M.Kamaraj[2], S.Seetharamu[1]

北京东方润鹏科技有限公司译文及供稿

[1] Materials Technology Division, Central Power Research Institute, Bengaluru 560 080, India

[2] Department of Metallurgical and Materials Engineering, Indian Institute of Technology -Madras, Chennai 600 036, India

Abstract 摘要

The hydro plants utilizing silt-laden water for power generation suffers from severe metal wastage due to both particle induced erosion and cavitation. High Velocity Oxy-Fuel process （HVOF） based coatings is widely adopted to improve the erosion life. The High velocity Air Fuel （HVAF） technology, provides higher particle velocities and lower spray temperatures and gives dense and substantially non-oxidized coating. The cavitation resistance of 86WC-10Co4Cr type HVOF coating processed at 740m/s spray particle velocity has been compared with two HVAF coatings made at 895m/s and 1010m/s. The mechanical properties such as porosity, hardness, indentation toughness and cavitation resistance were investigated. The progress in the surface damage morphology during cavitation was analysed in SEM. The weight loss of cavitated surface was measured at different intervals. The homogeneity of the cohesion between different layers has been examined qualitatively through the measurement of scratch depth across the cross section. The HVAF coatings have shown lower porosity level, higher hardness and improved cavitation resistance. Both delamination and complete detachment of the WC grains was observed in HVOF coating while the volume of the affected area is considerably low in HVAF coating.

现今，水力发电厂利用淤泥水发电多会遭遇严重的金属损耗，这多是由于粒子引起的侵蚀和气蚀造成的。利用 HVOF（氧气助燃）超音速火焰喷涂工艺生产的涂层已被广泛应用，用以提高设备的侵蚀寿命。 HVAF（ 空气助燃）超音速火焰喷涂技术，提供更高的粒子速度和较低的喷涂温度，因此可获得更加致密的非氧化涂层。在 HVOF 粒子速度达到 740m/s 、HVAF 粒子速度在 895m/s 和 1010m/s 时喷涂 86WC-10Co4Cr，并对 2 个工艺喷涂涂层做机械性能对比，包括孔隙率、硬度、压痕韧性、耐气蚀等在内的机械性能都进行了检测。在扫描电子显微镜（SEM）下分析气蚀过程中涂层的表面破坏情况。在不同时间段测试受侵蚀涂层表面的重量损耗。通过横截面划痕深度的测量来定性检测各个涂层的粘结强度的均匀性。HVAF 涂层显示出了较低的孔隙率、较高的硬度和优秀的耐气蚀性能。在 HVOF 喷涂涂层中可以观测到碳化钨颗粒的起皮和脱落现象，此现象在 HVAF 涂层的受害区域出现相对较少。

1 Introduction 介绍

The components of hydro plants utilizing silt-laden water for power generation suffers from severe metal wastage due to high velocity particle induced erosion and cavitation. Most of the service failures are attributed to the combined effect of cavitation and silt assisted erosion [1-2]. The phenomenon of cavitation erosion gets aggravated under high turbulent conditions of fluid flow containing the suspended particles [3-5]. The application of WC based hard coatings processed through HVOF is widely adopted to achieve improved service life. The cavitation resistance performance is readily affected by their hardness and toughness properties. The spray particles get heated up to a relatively higher temperatures and thus occurrence of W_2C phases due to decarburization is well known in HVOF coatings. The HVAF technology utilizes air-fuel mix combustion rather than oxygen-fuel mix, provides higher particle velocities coupled with lower spray temperatures... The potential of HVAF technology in terms of superior abrasion and slurry wear resistance has been well reported [6,7]. However, the cavitation resistance of WC-CoCr coatings is not widely reported.

现今，水力发电厂利用淤泥水发电多会遭遇严重的金属损耗，这多是由于粒子引起的侵蚀和气蚀造成的。多数服役设备故障都归咎于气蚀和淤泥侵蚀的综合影响 [1-2]。在含有悬浮粒子的水流湍急的情况下气蚀现象会更加恶化 [3-5]。利用 HVOF 工艺喷涂碳化钨类的硬质涂层已被广泛应用，来提升设备服役质量。涂层的耐气蚀性能基本受其硬度和强度的影响。众所周知，使用 HVOF 喷涂经常会出现喷涂粒子在较热温度下脱碳造成的 W_2C 相。HVAF 工艺使用空气混合燃料而不是 HVOF 的氧气混合燃料，这样可以在更低的喷涂温度下提供更快的粒子速度。HVAF 技术喷涂的涂层应对泥浆工况具有更好的耐磨和耐侵蚀性已被广泛报道 [6,7]。但 WC-CoCr 涂层的耐气蚀性还不为业界广泛熟知。

2 Experimental program 实验项目

2.1 Materials and coating preparation 材料和涂层准备

Two HVAF coatings of 86WC-10Cr-4Co processed at particle velocities of 1010 m/s and 895 m/s and one HVOF coating at particle velocity of 740 m/s were made onto stainless steel substrate. The sintered and agglomerated type spray powder of 1.2 μm carbide grain was used. The coating morphology, porosity, hardness and the indentation toughness of coatings was evaluated at a test load of 10 kg on the coating cross section. The cavitation erosion resistance was evaluated using a vibratory type cavitation test rig for duration of 10 hours. The diamond polished specimen of size 15x15x7 mm^3 was used.

在不锈钢基体上分别用 HVAF 和 HVOF 喷涂 86WC-10Cr-4Co 涂层，前者以 1010 m/s 和 895 m/s 两种粒子速度、后者以 740 m/s 的粒子速度喷涂。粉末使用碳化颗粒在 1.2 μm 的烧结凝聚型粉末。并在涂层的横截面上以 10kg 的负荷试验评估涂层的形态学、孔隙率、硬度和压痕韧性。涂层的耐气蚀性试验则是使用振动型气蚀试验仪器历时 10 小时测量获得。测试对象是经金刚石抛光过尺寸 15x15x7 mm^3 的工件。

2.2 Mechanical properties 机械特性

The Vickers hardness of the coating was measured on the cross section at a test load of 300gm and the porosity was measured on the polished surface of the coatings by metallography. The average of eight hardness readings was reported. The toughness of coatings were measured based on the crack length appeared under the test load of 10kg on the cross section and the fracture toughness was calculated according to Evans and Wilshaw equation.

在涂层横截面使用 300gm 负荷测量维氏硬度，用金相技术测量抛光涂层截面的孔隙率。平均读取了 8 组数据。涂层硬度值是基于横截面负荷 10kg 试验下出现的裂痕长度而测量的，断裂韧度则是通过 EW 公式（ Evans and Wilshaw ）计算的。

Table 1: Mechanical properties of coatings

表 1：涂层机械性能

Coating 涂层	Spray gun / Nozzle 喷枪 / 喷嘴	Hardness (HV0.3) 硬度	Porosity 孔隙率	Fracture toughness 断裂韧度 (MPaVm)
HVOF	JP-5000	1180 ± 70	0.98	3.34 ± 0.7
HVAF-1	AK-06/5L	1320 ± 40	0.46	6.1 ± 0.6
HVAF-2	AK06/5O	1473 ± 40	0.42	7.1 ± 0.5

The hardness of the HVAF coatings was comparatively higher than that of the HVOF coatings. The porosity of the coatings is also comparatively lower than that of HVOF.

HVAF 喷涂的涂层硬度相对要高于 HVOF 涂层的，孔隙率也相对低于 HVOF 涂层。

2.2.1 Cavitation Erosion Resistance 耐气蚀性

The cavitation erosion test was conducted using a commercial ultrasonic processor as per ASTM G32-03 [8]. Tap water was used as the solution. The test specimen of size 15 × 15 mm^2 was secured below the oscillating horn tip with a gap of 1 mm. The frequency of the oscillator was 20 kHz and the peak to peak amplitude was 100 μm. The weight loss of coatings was recorded after every 1hr using an analytical balance with 0.01 mg resolution. Multiple specimens were used for varied exposure tests. The tests were continued upto10 hours until a steady rate of erosion loss was achieved. Fig.1 shows cumulative weight loss of all three coatings. All the coatings have shown progressive metal loss with cavitation time. The reduction in mass loss of HVAF coatings after 10 hr. cavitation is observed to be in the range of 4 to 8. The steady rate of metal loss due to cavitation of HVAF is observed to be much lower (0.23 to 0.78mg/h) compared to 2.96 mg/h in HVOF coatings.

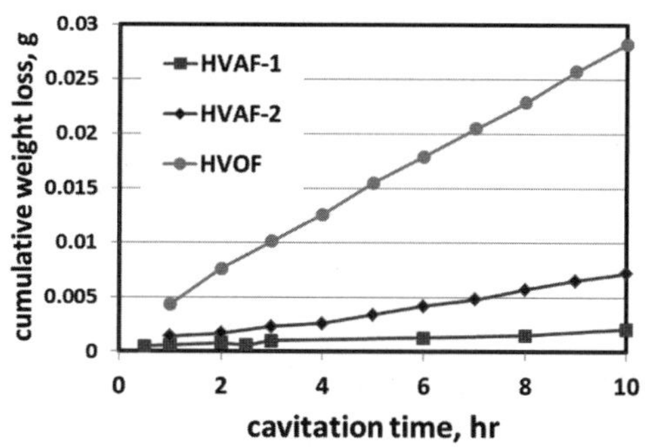

Fig. 1　Weight loss of coating with cavitation time

图 1　随气蚀时间增加，涂层重量损耗

通过使用 ASTM G32-03 超声波装置进行气蚀侵蚀试验 [8]。测试液体为自来水，大小为 15 × 15 mm^2 的测量工件被固定在距离振荡超声波焊头焊嘴 1mm 处。振子频率 20kHz，最高峰值为 100 μm。使用 0.01mg 的电子分析天平每小时来测量涂层的重量损耗。在暴露试验中使用多个工件测试。试验持续多达 10 小时，直到出现稳定的侵蚀损耗。图 1 显示了 3 个涂层的累积重量损失。随着气蚀时间增加所有涂层的都继续出现金属损耗。在 4–8 的范围内显示 HVAF 涂层在 10 小时气蚀试验后重量损耗开始减少。通过观察发现，HVAF 涂层（0.23 至 0.78mg/h）由气蚀造成的持续金属损耗率要大大低于 HVOF 涂层（2.96 mg/h）。

2.2.2　Scratch resistance measurements 抗划痕测量

The measurement of interfacial cohesive strength of both HVOF and HVAF coatings was attempted qualitatively through scratch testing of the coatings on the cross section, under max. load of 200mN and the scratch velocity of 10 μm/s in a G200 Nano Indenter. The Berkovich indentor was traversed from the interface to the surface as well as from surface to the interface and the scratch depth was monitored. Fig.2 shows the results of the scratch depth measurements.

通过使用纳米测量仪 G200 Nano Indenter，在涂层横截面进行最大负载 200mN 和划痕速度 10 μm/s 的定性划痕测试，以获得 HVAF 和 HVOF 涂层的交界面结合强度。Berkovich 压头在涂层交界面和涂层表面间进行往复双向移动来监测划痕深度。图 2 显示了测量的划痕深度。

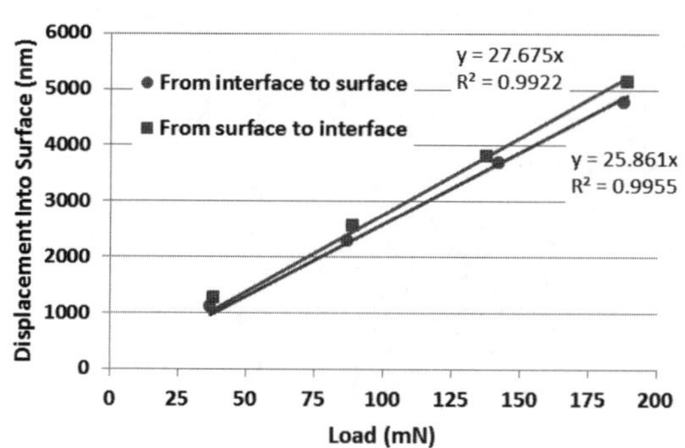

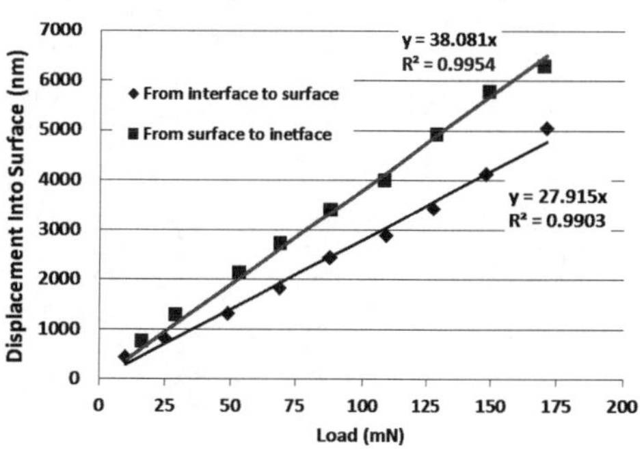

Fig. 2　Scratch depth measurements of coatings

图 2　测量的涂层划痕深度

It has been observed that the HVAF coatings show nearly a uniform increase in depth during both directional movements of the indenter. However, HVOF coatings show varied scratch depth with load indicating that the varied cohesive properties particularly at increased loads.

通过观察，测试探头在涂层交界面和涂层表面进行双向移动时，HVAF 涂层密度趋近一致，而 HVOF 涂层的划痕深度变化不一，这说明随试验负荷增加 HVOF 涂层的结合强度也发生改变。

2.2.3 Surface damage profiles 表面划痕分布

The evolution of surface damage during cavitation is observed through SEM and results are shown in Fig.3. The damage is observed to be initiated in the regions of porosity and progresses during continued exposure resulting in large craters in the affected areas. The HVOF coatings have shown formation of deep pits with evidence of delamination of coating layer. The HVAF coatings have exhibited comparatively flat macro-eroded surface with absence of deep pits and the volume of the affected area is considerably low.

通过金相技术观测随气蚀时间增加涂层表面破坏的演变过程，如图 3 所示。通过观察，涂层破坏最初出现在多孔区域，随着暴露时间增加受损害区域出现大的环状坑。HVOF 涂层出现较深的麻点凹陷结构是喷涂层要起皮的迹象。HVAF 涂层显示出了较为扁平的宏观侵蚀表面，并未出现深麻点坑，受破害区域也相对较少。

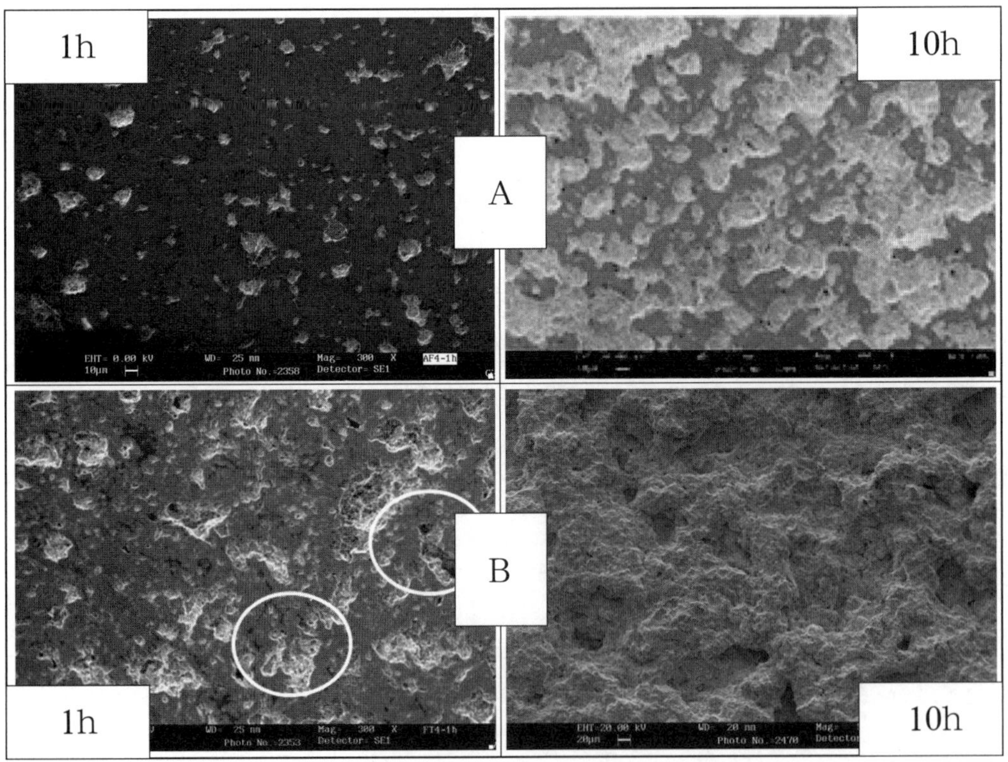

Fig.3 Surface damage profiles of HVAF-1 (A) and HVOF Coatings (B) after 1h and 10h exposure
图 3 HVAF-1 涂层 (A) 和 HVOF Coatings 涂层 (B) 在 1 小时和 10 小时暴露试验后的涂层破坏分布情况

Under the conditions of low cohesive strength of built-up layers in the coating coupled with localized bubble implosion pressures, delamination of the layers becomes the mode of metal removal giving rise to increased rate of metal loss. The higher particle impaction velocities achieved during the HVAF process provides improved cohesion properties and hence the cavitation resistance.

结合强度低的喷涂涂层在局部气蚀泡沫破裂压力影响的情况下，涂层起皮必然会造成金属损耗，并加速金属损耗率。HVAF 超音速火焰喷涂工艺提供了更高速的粒子冲击速度，从而改进涂层的粘合性能，增强了涂层的耐气蚀性能。

3 Conclusions 结论

The systematic study on the comparative cavitation resistance of both HVOF and HVAF processed tungsten carbide coatings indicate the following.

对超音速火焰喷涂 HVOF 和 HVAF 喷涂的碳化钨涂层的的耐气蚀性能进行系统的比较研究，表明如下：

· HVAF coatings exhibit lower porosity, higher hardness and improved cavitation resistance compared to HVOF coatings. The higher toughness values and consistency in scratch depth results in HVAF coatings support this finding.

· 比起 HVOF 涂层来，HVAF 涂层具有较低的孔隙率，较高的硬度和更强的耐气蚀性能。HVAF 涂层的高韧度值和涂层划痕深度的一致性结果支持了这一发现。

· Both delamination and complete detachment of the WC grains is observed in HVOF and the improvement factor in cavitation resistance of HVAF is up to 4.0.

· 观测到 HVOF 涂层的 WC 粒子相继出现起皮和完全脱落的现象，HVAF 涂层的耐气蚀值提高到了 4.0.

· The particle velocity appears to play an important role achieving dense coating with lower porosity, improved cohesive strength and cavitation resistance in thermal spraying of 86WC-10Co4Cr powders

· 在喷涂 86WC-10Co4Cr 粉末时，喷涂中的粒子速度对于形成具有较低孔隙率、较强结合强度和较高耐气蚀性的致密热障涂层具有重要意义。

· Coating with combination of higher toughness and lower porosity are considered important for achieving improved cavitation resistance.

· 涂层若具有较高的韧性和较低的孔隙率，也增强涂层的耐气蚀性能。

References 参考

1）R.Singh,S.K.Tiwari, and S.K.Mishra,J.Mat.Engg.and Perf.21.7（2012）, 1539-1551.

2）H.K.Sharma,J.K.Sharma,R.S.Chauhan,3rd Intl. Conf.on Silting Problems in Hydro Power Projects,（2008）, 27-28 Feb.2008, New Delhi

3）T.Okada,Y.Iwai,K.Awazu, Wear 133（1989）, 219–232

4）Y.Iwai,T.Okada,S.Tanaka, Wear 133 （1989）, 233–243

5）C.Haosheng,L.Shihan, Wear 266.1 （2009）, 69–75

6）L.Jacobs,M.Hyland,and M.De Bonte, J.Therm.Spray Technol., Vol.7（No.2）, 1998,213–219.

7）Robert. J.K. Wood, Intl.Jl. of Refractory metals,28（2010）, 82–94

8）ASTM Std.G32, Annual Book of AST Stds V3,（2003）

热喷涂行业标准

（部分）

热喷涂　术语、分类

前言

本标准修改采用 ISO 14917：1999《热喷涂　术语、分类》（英文版）。

根据热喷涂技术在我国应用的基本情况，本标准对 ISO 14917 做如下修改：

——取消了国际标准的前言；

——增加了目次；

——用“本标准”代替“本国际标准”；

——引用了采用国际标准的我国标准；

——将按英文直译的 4.3.6.2“室中等离子喷涂”术语，根据解释定义为“可控气氛等离子喷涂”；

——增加了部分术语，对 ISO 14917 第 5 章“一般术语”的内容，本标准按热喷涂材料、涂层、工艺进行了分类和补充；其中，“热喷涂材料”增加了 6 条术语，“热喷涂涂层”增加了 10 条术语，“热喷涂工艺”增加了 5 条术语；术语“喷涂枪”编入第 6 章“热喷涂设备　术语”中；

本标准由中国机械工业联合会提出。

本标准由全国金属与非金属覆盖层标准化技术委员会归口。

本标准起草单位：武汉材料保护研究所、北京钢铁研究总院、西安交通大学。

本标准主要起草人：吴子健、曹庆、苏启、李长久。

1　范围

本标准规定了热喷涂工艺和常用热喷涂术语的定义。按喷涂材料、喷涂操作方法以及热源的种类对热喷涂工艺进行了分类。

本标准适用于热喷涂处理过程中所用术语和分类。

2　规范性引用文件

下列文件中的条款通过本标准的引用而成为本标准的条款。凡是注日期的引用文件，其随后所有的修改单（不包括勘误的内容）或修订版均不适用于本标准，然而，鼓励根据本标准达到协议的各方研究是否可使用这些文件的最新版本。凡是不注日期的引用文件，其最新版本适用于本标准。

GB/T 230　金属洛氏硬度试验方法 (neq ISO 6508)

GB/T 5030　金属小负荷维氏硬度试验方法 (eqv ISO 6507)

GB/T 8642　热喷涂　抗拉结合强度的测定 (eqv ISO 14916)

3　术语和定义

3.1　热喷涂　thermal spraying

在喷涂枪内或外将喷涂材料加热到塑性或熔化状态，然后喷射于经预处理的基体表面上，基体保持未熔状态形成涂层的方法。

注 1：液态或塑性膏态材料也可得到喷涂层。

注 2：为获得特殊的涂层性能，可以采用喷涂后的热处理、机械处理或封闭处理等方法。

4 工艺种类

4.1 按热喷涂材料类型分类

可分为以下各类：

——线材喷涂 wire spraying；

——棒材喷涂 rod spraying；

——芯材喷涂 cord spraying；

——粉末喷涂 powder spraying；

——熔液喷涂 molten bath spraying。

4.2 按操作方法分类

4.2.1 手工喷涂 manual spraying

喷涂工艺所特有的全部操作均使用手工完成。

4.2.2 机械化喷涂 mechanized spraying

喷涂工艺所特有的全部操作均使用机械完成。

4.2.3 自动化喷涂 automatic spraying

喷涂工艺所特有的全部操作包括所有装卸，例如上、下工件均完全机械化并集成于一个程序系统自动完成。

4.3 按热源分类

4.3.1 熔液喷涂 molten- bath spraying

喷涂材料被加热到熔化状态并被预热的雾化气体（例如压缩空气或其他混合气体）雾化加速并喷到经预处理的基体表面的一种喷涂方法。大多数情况下，喷涂材料是在容器内被加热熔化的。

4.3.2 火焰喷涂 flame spraying

喷涂材料在氧—燃气焰中被加热，然后以雾化状喷向经预处理的基体表面的喷涂方法。初始喷涂材料可呈粉末状、棒状、柔性复合丝状或线状。可以只利用氧—燃气射流，也可以同时使用附加的雾化气体（例如压缩空气），将被加热的材料喷向基体。

4.3.2.1 线材火焰喷涂 wire flame spraying

线材火焰喷涂是将要沉积的线状材料不断输送给喷涂枪，利用氧—燃气焰将其加热到熔化状态，并借助于雾化气体（例如压缩空气）喷射到经预处理的基体表面的喷涂方法。

使用的主要燃料气体有：乙炔、丙烷、氢气和液化石油气等。

线材火焰喷涂还包括：棒材火焰喷涂、柔性复合丝火焰喷涂等。

4.3.2.2 粉末火焰喷涂 powder flame spraying

粉末火焰喷涂是将要喷涂的材料以粉末状输送给喷涂枪，在氧—燃气焰中将其加热到塑性或熔化状态，并利用膨胀燃气流喷射于经预处理的基体表面上的喷涂方法；有时可利用附加的气体射流加速；粉末粒子。

4.3.3 高速火焰喷涂 high velocity flame spraying

高速火焰喷涂时，助燃气体与燃烧气体在燃烧室中连续燃烧，燃烧的火焰在燃烧室内产生高压并通过与燃烧室出口联接的膨胀喷嘴产生高速焰流，喷涂材料送入高速射流中被加热，加速喷射到经预处理的基体表面上形成涂层的方法。

可使用乙炔、丙烷、丙烯、氢气等燃气，也可使用柴油或煤油等液体燃料。

4.3.4 爆炸喷涂 detonation spraying

爆炸喷涂是将一定量的粉末注入喷枪的燃爆室中，燃爆室中的气体混合物发生时间间隔可控的爆炸燃烧，所产生的高速热气流将粉末粒子加热到塑性或熔化状态并使粉末粒子获得加速，喷射到经预处理的基体表面上形成涂层的方法。

爆炸喷涂的喷涂枪由枪管和燃爆室所组成，利用电火花引爆注入的气体产生冲击波加速和加热输入枪管中的粉末粒子，直射到经预处理的基体表面上。每次爆喷后，用氮气冲洗燃爆室和枪管。

4.3.5 电弧喷涂 arc spraying

电弧喷涂是利用两根金属丝之间产生的电弧熔化丝的顶端，两根金属丝的成分可以相同，也可以不相同，经一束或多束气体射流（一般为压缩空气）雾化将已熔化的金属熔滴喷射到经预处理的基体表面上形成涂层的工艺方法。

4.3.6 等离子喷涂 plasma spraying

4.3.6.1 大气等离子喷涂 plasma spraying in air

大气等离子喷涂简称等离子喷涂，是利用等离子射流将喷涂材料加热到塑性或熔化状态，再将它喷射到经预处理的基体表面形成涂层的方法。可用送粉气将粉末从喷嘴内（内送粉）或外（外送粉）送入等离子射流中。

利用电极（阴极）和喷嘴（阳极）之间形成的电弧使等离子体形成气体部分或全部电离，产生等离子体，气体热膨胀从喷嘴喷出高速等离子射流。常用的等离子气体有氩气、氢气、氦气、氮气或它们的混合物。

4.3.6.2 可控气氛等离子喷涂 plasma spraying in chambers

在含有特定气体气氛的密封室中完成的等离子喷涂。

常用的等离子气体有氩气、氦气、氢气、氮气或它们的混合物，利用适当的控制系统操纵喷枪和工件，同时由符合规定条件喷涂室外的送粉器将粉末连续送入喷枪。

真空等离子喷涂是一种特殊方式，密封室中的气压可以降低。在密封室的气压升高的情况下也可进行等离子喷涂。通过控制密封室的气氛向密封室内喷射细小液滴的液化气体，同时对基体和涂层兼有冷却的作用。

4.3.6.3 液稳等离子喷涂 liquid– stabilized plasma spraying

液稳等离子喷涂是以液体作为等离子体形成介质，例如水、乙醇或甲醇等。在石墨阴极和旋转水冷阳极之间产生电弧；液体以涡旋运动引入室内，以稳定电弧，并产生等离子射流；不断连续再生的液体罩与室壁形成绝缘、绝热，同时起冷却剂的作用。在室内高温的作用下，部分稳定电弧的液体发生蒸发离解产生等离子体。喷涂材料引入喷嘴外的高速等离子射流中，被加热到塑性或熔化状态，并喷射到经预处理的基体表面上形成涂层的方法。

4.3.7 激光喷涂 laser spraying

激光喷涂是用适当的送粉管将粉末注入激光束中，利用激光束将粉末熔化，并靠送粉气和重力喷到基体表面形成涂层的方法。喷涂时，可用屏蔽气体保护涂层。

5 一般术语

5.1 热喷涂材料 spray material

热喷涂材料具有不同的初始形态和（或）成分，以适应不同的工艺和应用类型。

5.1.1 喷砂介质或磨料 abrasive

使基体表面粗化和净化所使用的喷砂料。

5.1.2 柔性复合丝 cord

用塑料或金属包覆密实粉末的柔性线材。

5.1.3 包覆丝 wire clad

由一种金属将另一种金属丝包覆起来的线材。

5.1.4 陶瓷棒 ceramic rod

将陶瓷粉末加入粘结剂后，挤压成型，经烧结制成棒状的喷涂材料。

5.1.5 细粉 fine powder

一般指粒度为 5μm ~ 20μm 的喷涂粉末。

5.1.6 超细粉 superfine powder

极小的微细粉末，粒度通常小于 5μm。

5.1.7 合金粉末 alloyed powder

由两种或两种以上元素经合金化的金属粉末。

5.1.8 复合粉末 composite powder

两种或两种以上性质不同的材料结合为一体所组成的粉末。有包覆型、团聚型、烧结型等。

5.1.8.1 包覆粉末 cladding powder

由一种材料将另一种粉末颗粒包覆起来的粉末。

5.1.8.2 团聚粉末 agglomerated powder

利用粘结剂将两种或两种以上的粉末粘结为一体而形成的复合粉末。

5.1.8.3 烧结粉末 sinter powder

两种或两种以上的粉末混合经烧结破碎而成的粉末。

5.1.9 混合粉末 mixed powder

两种或两种以上的粉末，经机械混合后而成的粉末。

5.1. 10 自熔合金粉末 self- fluxing alloy powder

含有 B 和（或）Si 元素作为助熔剂，当加热到熔点时，合金本身就具有脱氧、造渣、除气和良好的浸润性等性能的合金粉末。

5.1. 11 雾化粉末 atomized powder

用熔炼雾化法生产出来的粉末。

5.1. 12 陶瓷粉末 ceramic powder

无机非金属粉末材料。

5.1.13 自粘结材料 self- bonding material

喷涂时能与基体表面产生良好粘结，能产生微区冶金结合特性的喷涂材料，如钼、镍包铝复合粉等。

5.1.14 自润滑涂层材料 self – lubrication coating material

含有固体润滑组分的涂层材料。

5.1.15 涂层封孔剂 coat sealer

用以渗入和封闭喷涂层孔隙的材料。

5.1.16 防粘剂 anti- bonding agent

用于防止喷涂层粘结的遮蔽材料。

5.2 热喷涂涂层 thermal sprayed coating

用热喷涂方法在基体表面制备的覆盖层，简称喷涂层或涂层。

5.2.1 基体 substrate

用来沉积热喷涂涂层的物体。

5.2.2 底层 undercoat

为了改善涂层与基体结合性能或其他性能，首先喷涂在基体表面的涂层。又称为粘结底层。

5.2.3 面层 surface coating

表面工作喷涂层。

5.2.4 中间层 interlayer，inter coating

处于面层与底层之间的喷涂层。

5.2.5 复合涂 composite coating

由两种或两种以上不同材料所组成的喷涂层。

5.2.6 梯度涂层 graduated coating

在厚度方向涂层材料的成分呈逐渐变化的复合涂层。

5.2.7 喷涂态涂层 as – sprayed coating

未进行后处理的喷涂层，又称为原始涂层。

5.2.8 喷熔层 Spraying and fusing coating

用喷涂重熔的方法在基体表面制备的涂层。

5.2.9 强化涂层 strengthened coating

增强基体材料抗环境损伤能力的喷涂层。如耐蚀涂层、耐磨涂层、耐磨蚀涂层等。

5.2.10 功能涂层 function coating

使基体材料表面增加某种功能作用的喷涂层。如自润滑涂层、绝缘涂层、导电涂层等。

5.3 热喷涂工艺 thermal spraying processes

热喷涂过程中所使用的处理方法及其参数。

5.3.1 表面预处理 surface preparation

喷涂前对基体待喷涂部位的表面进行净化、粗化等以形成所希望的或规定的表面状态而进行的工作，又称表面制备。

5.3.2 **喷涂距离** spray distance

喷嘴端面沿喷涂射流到工件表面间的距离。

5.3.3 **喷涂角度** spray angle

喷涂射流中心轴线与工件表面间的夹角。

5.3.4 **喷涂速率** spray rate

单位时间内喷枪喷出的涂层材料的质量。

5.3.5 **喷涂效率** spray efficiency

喷涂涂层的总重量与所喷涂的喷涂材料的总重量之比。

5.3.6 **送丝速度** wire feed speed

喷涂材料为线材时，单位时间内送进喷枪的线材长度，单位为 m/min。

5.3.7 **送粉速率** powder feed rate

喷涂材料为粉末时，单位时间内送入焰流粉末的质量，单位为 g/min。

5.3.8 **送粉气** carrier gas

输送粉末状喷涂材料的载运气体。

5.3.9 **雾化气** atomizing gas

对熔化状喷涂材料雾化并加速的气体。

5.3.10 **加速气** propellant gas

用于加速并推进喷涂粒子的气体。

5.3.11 **遮蔽** masking

对工件不需喷涂区域采取的保护措施。

5.3.12 **喷涂粒子** spray particles

喷枪喷出的塑性或熔化粒子。

5.3.13 **未熔粒子** unmelted particles

因加热不足等原因，未能产生变形而夹杂在涂层中的粒子。

5.3.14 **喷涂损失** spray losses

喷涂过程因蒸发、烧损，在所要求基体区域之外和反弹回所造成的喷涂材料的总损失，即与热源发生作用但未用于生产涂层的喷涂材料。

5.3.15 **热处理** thermal treatment

热喷涂操作之前、之中和（或）之后进行的受控热处理。

5.3.16 **喷涂涂层重熔** fusing of sprayed deposits

将喷涂态涂层（见 5.2.11）加热到熔化温度范围以得到均匀的涂层，并使喷涂涂层自身以及与基体之间形成扩散结合的处理。重熔主要用于自熔合金。

5.3.17 **喷涂射流** spray stream

喷枪喷出的喷涂粒子流。

6 热喷涂设备术语

6.1 喷涂枪 spray gun

用于将喷涂材料加热到塑性状态或熔化状态，使之加速并喷涂到经预处理的基体表面的装置。

6.2 喷嘴 spray nozzle

喷嘴是带有喷涂射流出孔的喷枪部件。

6.3 辅助喷嘴 supplementary nozzle

辅助喷嘴用于控制喷涂射流的形状和方向。可用于加宽喷涂层，或用于冷却。

6.4 导电嘴（管） contact tube

导电嘴（管）是电弧喷涂枪喷嘴系统的导电部件（电导线管），丝材通过接触管按所要求的角度沿电触点引向相交点并短路。

6.5 送丝机构 wire feed mechanism

送丝机构是用于控制线状喷涂材料送入的机械操作装置。

6.6 送粉器 powder feeder

送粉器是在喷涂过程中输送粉末状喷涂材料的系统。

6.7 送粉嘴 powder injector

送粉嘴是送给并导引喷涂粉末进入射流的装置，它们可为喷涂枪的组成部分，也可安装在喷涂枪的外部。

7 热喷涂涂层的性能术语

7.1 抗拉结合强度 tensile adhesive strength，R_H

抗拉结合强度 R_H 指涂层与基体之间的结合强度。由抗拉试验所获得的最大载荷 F_m 与试样在断裂表面的横截面积的商计算出。可按 GB/T 8642 测定抗拉结合强度。

7.2 硬度 hardness

确定热喷涂涂层硬度的试验方法优先推荐选用维氏硬度试验方法，见 GB/T 5030。极软涂层应选用 GB/T 230 中规定的洛氏表面硬度试验方法。

7.3 其他性能 other properties

热喷涂层的其他典型性能，例如有：

a） 耐腐蚀性 corrosion resistance；

b） 耐热性 heat resistance；

c） 减摩性 frictional resistance；

d） 耐磨性 wear resistance；

e） 隔热和电绝缘性 thernlal and electrical insulation；

f） 导热率和导电率 thermal and electrical conductivity；

g） 热膨胀性 thermal expansion；

h） 可磨耗性 ahradability；

i） 表面粗糙度 surface roughness；

中华人民共和国安全生产行业标准

AQ 5211－2011

电弧热喷涂设备安全技术条件

Safety techincal condition for arc thermal spraying equipment

国家安全生产监督管理总局 2011-07-12 发布　　2011-12-01 实施

前言

本标准为强制性标准。

本标准对电弧热喷涂设备技术设计、制造、安装方面的基本安全要求进行了规定。

本标准依据 GB/T 1.1—2009《标准化工作导则　第一部分：标准的结构和编写》的有关规定进行制定。

本标准由国家安全生产监督管理总局提出。

本标准由全国安全生产标准化技术委员会涂装作业分技术委员会（SAC / TC288/SC6）归口。

本标准起草单位：江苏中矿大正表面工程技术有限公司、江苏省安全生产科学研究院、河北中工防腐科技有限公司、上海康阜实业有限公司、徐州艾利浦电气设备有限公司。

本标准主要起草人：晁宇、沈亚郊、桑保华、邬克、李海文、舒俊、李东法。

本标准为首次发布。

1　范围

本标准规定了电弧热喷涂设备设计、制造、安装中安全技术的基本要求。

本标准适用于电弧热喷涂设备的设计、制造、安装、使用和维护。电弧热喷涂设备生产企业或电弧热喷涂施工企业的设备改造也可参照执行。

2　规范性引用文件

下列文件对于本文件的应用是必不可少的。凡是注日期的引用文件，仅注日期的版本适用于本文件。凡是不注日期的引用文件，其最新版本（包括所有的修改单）适用于本文件。

GB 1094.11—2007　电力变压器　第 11 部分：干式变压器（IEC 60076—11:2004，MOD）

GB/T 1186　压缩空气用织物增强橡胶软管（ISO 2398:1995，IDT）

GB 3883.1—2000　手持式电动工具的安全　第一部分：通用要求（IEC 60745—1:1997. IDT）

GB 4208—2008　外壳防护等级（IP 代码）(IEC 60029：2001，IDT)

GB 5083　生产设备安全卫生设计总则

GB 5226.1—2008　机械电气安全 机械电气设备 第 1 部分：通用技术条件（IEC 60204—1:2005，IDT）

GB/Z 6829　剩余电流动作保护电器的一般要求（IEC / TR 60755:2008，MOD）

GB/T 7932　气动系统通用技术条件（ISO 4414：1998，IDT）

GB/T 8196 机械安全 防护装置 固定式和活动式防护装置 设计与制造一般要求(ISO 14120:2002，MOD)

GB 11375 金属和其他无机覆盖层 热喷涂 操作安全

GB/T 13869 用电安全导则

GB/T 14315 电力电缆导体用压接型铜、铝接线端子和连接管

GB/T 15579.1 弧焊设备 第1部分：焊接电源(IEC 60974-1:2000，IDT)

GB/T 18719-2002 热喷涂 术语、分类(ISO 14917:1999，MOD)

GB/T 20019 热喷涂—热喷涂设备的验收检查(ISO 14231:2000，IDT)

GB 24390-2009 抛（喷）丸设备 安全要求

QB/T 2733 电线连接工具 手动机械压线钳

JB 6028 工程机械 安全标志和危险图示 通则(ISO 9244：1995，EQV)

JB/T 7536-1994 机械安全通用术语

JGJ 46-2005 施工现场临时用电安全技术规范

3 术语和定义

GB/T 18719-2002 界定的以及下列术语和定义适用于本文件。

3.1 热喷涂 thermal spraying

在喷枪内或外将喷涂材料加热到塑性或熔化状态，然后喷射于经预处理的基体表面上，基体保持未熔状态形成涂层的方法。

注：改写 GB/T 18719-2002，术语和定义 3.1。

3.2 电弧热喷涂 arc thermal spraying

电弧热喷涂是利用两根金属丝之间产生的电弧熔化金属丝的顶端，两根金属丝的成分可以相同，也可以不相同，经一束或多束气体射流（一般为压缩空气）将已熔化的金属雾化后喷射到经预处理的基体表面上形成涂层的工艺方法。

注：改写 GB/T 18719-2002，按热源分类 4.3.5。

3.3 电弧热喷涂设备 arc thermal spraying equipment

完成工件表面电弧热喷涂工序所使用的设备及辅助装置的总称。

注：电弧热喷涂设备通常是由下述三个部分组成：

a) 电弧喷枪——配备有送丝机构、送丝软管，可分为手持式和固定式两种。固定式电弧喷枪主要适用于机械化作业、厂内或生产线作业，体积和质量均较大，多为大功率电弧喷枪。手持式电弧喷枪的体积小，质量轻，操作灵活，更适合于现场施工和对不同形状表面的喷涂作业。根据电弧热喷涂时线材输送方式的不同，又可将电弧喷枪分为拉丝式电弧喷枪和推丝式电弧喷枪。

b) 控制装置——控制气、电及工作程序的装置。

c) 电源装置——专门用于电弧热喷涂设备的整流电源，具有平直的伏安特性。

3.4 基体 substrate

用来沉积热喷涂涂层的物体。

[GB/T 18719—2002，一般术语 5.2.1]

3.5 喷枪 spray gun

用于将喷涂材料加热到塑性状态或熔化状态，使之加速并喷涂到经预处理的基体表面的装置。

注：改写 GB/T 18719—2002，热喷涂设备术语 6.1。

3.6 喷嘴 spray nozzle

喷嘴是带有喷涂射流出孔的喷枪部件。

[GB/T 18719—2002，热喷涂设备术语 6.2]

3.7 导电嘴（管） contact tube

导电嘴（管）是电弧喷枪喷嘴系统中的导电部件（电导线管），金属丝材通过接触管按所要求的角度沿电触点引向相交点并短路。

注：改写 GB/T 18719—2002，热喷涂设备术语 6.4。

3.8 送丝机构 wire feed mechanism

送丝机构是用于控制线状喷涂材料送入的机械操作装置。

[GB/T 18719—2002，热喷涂设备术语 6.5]

3.9 外壳 enclosure

为防护某些外来影响和防止任何方向直接接触而提供的设备防护部件。

[GB/T 5226．1—2008，定义 3.20]

3.10 零机械状态 zero mechanical state

这是设备处于下列机械状态的状态：

a) 能产生机械运动的每个动力源都已被断开并锁定；

b) 压力流体的动力源被断开后，将部分压力介质释入大气或容器，消除因断开流体动力源而在设备上产生的压力；

c) 所有的压力容器都减压至大气压力；

d) 设备所有部分的机械势能都处于其最低实际值；

e) 滞留在设备管路、缸体或者其他部件内的压力流体在任何阀的动作下都不会使设备出现运动；

f) 已移动或松动的设备部件都被固定；

g) 使设备处于上述状态的每一个过程、步骤在将其锁定后，都应受到启动器的启动测试（如当切断电动机电源并锁定后，按压启动按钮可以验证电动机是否无法启动）。

[GB 24390—2009，术语和定义 3.4]

3.11 干式变压器 dry-type transformer

铁心和绕组均不浸于绝缘液体中的变压器。

[GB 1094.11—2007，术语和定义 3.1]

3.12 本质安全 intrinsic safety

依靠产品本身结构的安全设计保证其安全可靠，即使在使用过程中发生故障和误操作时也不会造成伤害事故。

[JB/T 7536—1994，基本术语 2.31]

3.13 IP 代码 IP code

表明外壳对人接近危险部件、防止固体异物或水进入的防护等级以及与这些防护有关的附加信息的代码系统。

[GB 4208—2008，术语 3.4]

3.14 安全防护装置 safety guard device

配置在生产设备上，起保障人员、生产过程和设备安全作用的附属物件或设施。

3.15 机械伤害 mechanical damage / mechanical injury

受设备或工具的机械运动所引起绞、辗、割、戳、切和碰撞等对人体的伤害事故。

[JB/T 7536—1994，基本术语 2.26]

3.16 Ⅱ类工具 class Ⅱ tool

指这样的一类工具：它防止触电保护不仅依靠基本绝缘，而且依靠提供的附加的安全保护措施，例如双重绝缘或加强绝强，但不提供保护接地或不依赖设备条件。

注 1：这样的工具可为下列型式之一：

a) 工具有坚固的、基本上连续的绝缘材料外壳，除了一些小零件，例如铭牌、螺钉和铆钉等外，外壳遮封了所有的金属部分，这些小零件由至少相当于加强绝缘的绝缘与带电部分隔开；这样的工具称为绝缘材料外壳 II 类工具。

b) 工具有基本上连续的金属外壳，除了因应用双重绝缘显然是行不通而使用加强绝缘的那些部分外，在这类工具中全部使用双重绝缘，这样的工具称为金属外壳 II 类工具。

c) 类型 a）和 b）组合的工具。

注 2：带绝缘外壳的Ⅱ类工具，其外壳可构成附加绝缘或加强绝缘的一部分，或可构成附加绝缘或加强绝缘的整体。

注 3：对整机绝缘为双重绝缘和（或）加强绝缘的工具，只要有一个接地端子或接地触头，即认为该工具是 I 类工具。

[GB 3883.1 2000，定义 3.4.6]

4 一般要求

4.1 电弧热喷涂设备及零部件的设计应符合 GB 5083、GB/T 8196、GB 5226.1—2008、GB/T 13869、GB/Z 6829、GB/T 20019 的规定。

4.2 设备应最大限度地通过设计减小风险，使其达到本质安全。通过设计不能适当地避免或充分限制的风险，应采用安全防护装置对操作者加以防护。

4.3 设备零部件的固定、连接应牢固可靠。

4.4 在不影响使用的条件下，易接近的机械零部件不应有可能引起人体损伤的锐边、尖角、粗糙的表面、凸缘，金属薄片的棱边应倒钝、折边或修边，可能引起刮伤的开口管端应包覆。

4.5 电气设备应符合 GB 5226.1—2008 中有关安全的要求。

4.6 压缩空气用胶管应符合 GB/T 1186 的规定。

4.7 电气设备防护应符合 JGJ 46—2005 中 4.2 条规定。

4.8 室内使用的电弧热喷涂设备外壳的最低防护等级应是 GB 4208—2008 规定的 IP21S 级；专门为户外使用而设计的电弧热喷涂设备外壳的防护等级应是 GB 4208—2008 规定的 IP23 级。

4.9 设备接地与防雷应符合 JGJ 416—2005 中第 5 章规定。

4.10 配电线路应符合 JGJ 46—2005 中 7.2、7.3 条规定。

4.11 配电箱及开关箱应符合 JGJ 46—2005 中第 8 章规定。

4.12 电气设备的额定工作电压应与电源电压等级相符。

4.13 不应利用大地及借用机械本身金属结构作工作零线。

4.14 在正常工况条件下，电弧热喷涂设备应可连续作业，并可承受瞬时短路电流冲击。

4.15 在调整、维修或维护时，电弧热喷涂设备系统应处于零机械状态，不应对操作者构成危险。

4.16 在进行电气设备检修时，应先切断电源，并在所操作的开关或空气开关把手上悬挂“禁止合闸，有人工作”的标识牌，检修时不应带电工作。

4.17 不应用湿手触摸开关以及其他电气设备。

4.18 保护零线上不应串接（串联）熔断器或断路设备。

4.19 所有电气设备的金属外壳均应有良好的接地装置。

4.20 电源开关外壳和电线绝缘有破损不完整或带电部分外露时，应立即找持证专业电工修好，否则不应投入使用。

4.21 遇电气装置跳闸时，不应强行合闸。应查明原因，排除故障后再行合闸。

4.22 电弧热喷涂设备的操作人员应遵守 GB 11375 中的有关规定。

5 电弧喷枪

5.1 电弧喷枪的基座应采用绝缘材料制作。

5.2 导电嘴应采用高导电性材料加工。

5.3 电弧喷枪所配直流电缆两端的接线端子应采用压接型铜接线端子（见 GB/T 14315），其与直流电缆的连接应使用手动机械压线钳（见 QB/T 2733）进行压接。

5.4 喷涂金属线材的电弧喷枪所配直流电缆的型号规格应根据电弧热喷涂设备的额定功率和负载持续率进行确定，其单根长度应视线损压降情况具体确定，配套直流电缆应能保证电弧热喷涂设备在额定负载和设计负载持续率条件下可正常工作。

5.5 电弧喷枪带电零件与外壳之间、送丝机构上的两个丝盘之间、送丝机构中的两组（两极）送丝齿轮之间、送丝齿轮与蜗轮蜗杆减速机构之间应相互绝缘，其绝缘电阻限值应不低于 II 类手持式电动工具的要求，即绝缘电阻限值应不低于 7MΩ。

5.6 送丝机构与送丝电机连接的联轴器之间应绝缘。

6 控制装置

6.1 设备的气动系统应符合 GB/T 7932 中有关安全的要求。

6.2 控制装置应有封闭的外壳。

6.3 控制系统中的暂停、停止装置复位后不应引发任何机械伤害和（或）其他伤害情况。

6.4 控制箱内控制线的插头、插座宜采用航空插头、插座。

7 电源装置

7.1 电源装置应符合 GB/T 15579.1 中有关安全的要求。

7 2 电源装置中主变压器的输入电压应为交流 380V，输出的电弧热喷涂用直流电压宜控制在 24 ~ 40V 之间，输出电压可分为 DC24V、DC26V、DC28V、DC30V、DC32V、DC34V、DC36V、DC38V、DC40V 等档级。

7.3 电源装置中小变压器的输入龟压应为交流 220V，小变压器应有二个输出端，其中一个输出端用于控制交流接触器动作，其电压为交流 36V；另一个输出端用于驱动送丝机构，其电压一般宜为交流 36V 或交流 110V，经整流后为直流 36V 或直流 110V，一般情况下，送丝机构的驱动电源电压应优先选用直流 36V。

7.4 电源装置的变压器应选用风冷干式变压器。

7.5 电源装置中采用的漏电断路器的选择应符合 GB/Z 6829 的要求，应按产品使用说明书进行安装、使用和定期检查，确保其动作灵敏、运行可靠、保护有效。一般情况下，开关箱中漏电断路器的额定漏电动作电流不应大于 30mA，额定漏电动作时间不应大于 0.1s；使用于潮湿或有腐蚀介质场所的漏电断路器应采用防溅型产品，其额定漏电动作电流不应大于 15mA，额定漏电动作时间不应大于 0.1s。

7.6 电源装置中主变压器用全波桥式整流装置中的二极管应具有耐压 400V、正常通过 500A 以上电流的性能。

7.7 整流二极管及风冷散热装置在正常工作时的表面温升不应超过 70℃。

7.8 电源装置的机壳应牢固可靠，具有足够的强度、刚度和稳定性，在工作和移动过程中不应产生影响结构安全的变形。

7.9 移动式电源装置所使用的轮子应转动灵活、便于移动。

7.10 电源装置应有封闭的机壳，在机壳上的适当位置应开有通风百叶窗。

8 安全标志与指示

8.1 电弧热喷涂设备的各种安全标志应在设备的相应部位上作出明显标志。

8.2 电弧热喷涂设备操作面板指示应有反映机器安全运行、工作状态、故障等有关信息。

8.3 电弧热喷涂设备存在事故风险的地方应有警告性标志。警告性标志应符合 JB 6028 的规定。

中华人民共和国国家标准

GB/T 29037—2012 / ISO 17834：2003

热喷涂　抗高温腐蚀和氧化的保护涂层

Thermal spraying—Coatings for protection against corrosion and oxidation at elevated temperatures

(ISO　17834:2003,IDT)

2012-12-31 批准　　　　2013-10-01 实施

前言

本标准按照 GB/T 1.1—2009 给出的规则起草。

本标准使用翻译法等同采用 ISO 17834：2003《热喷涂 抗高温腐蚀和氧化的保护涂层》。

与本标准中规范性引用的国际文件有一致性对应关系的我国文件见附录 NA。

本标准做了下列编辑性修改：

——取消了国际标准的前言，增加了我国国家标准前言；

——与本标准中规范性引用的国际文件有一致性对应关系的我国文件。

本标准由中国机械工业联合会提出。

本标准由全国金属与非金属覆盖层标准化技术委员会(SAC / TC 57)归口。

本标准起草单位：武汉材料保护研究所、江西恒大高新技术股份有限公司、北京焊博焊接材料有限公司。

本标准主要起草人：伍建华、李建敏、蒋建敏、李昆、陈惠国、汪洪生。

1　范围

本标准适用于温度 1000℃(1273K)以下作为抗腐蚀保护的金属热喷涂涂层。

保护钢铁耐大气腐蚀的热喷涂铝或锌涂层参照 GB/T 9793。

本标准不包括喷涂工艺制备的非金属材料涂层。

2　规范性引用文件

下列文件对于本标准的应用是必不可少的。凡是注日期的引用文件，仅注日期的版本适用于本标准。凡是不注日期的引用文件，其最新版本（包括所有的修改单）适用于本标准。

ISO 2063 金属和其他无机覆盖层　热喷涂　锌、铝及其合金(Thermal spraying Metallic and other inorganic coatings—Zinc,aluminum and their alloys)

ISO 14232　热喷涂　粉末　成分及供货技术条件(Thermal spraying—Powders—Composition—Technical supply conditions)

ISO 14919 热喷涂　火焰和电弧喷涂用线材、棒材和芯材　分类　供货技术条件(Thermal spraying—Wires, rods and cords for flame and arc spraying—Classification—Technical supply conditions)

EN 13507 热喷涂 热喷涂金属零部件的表面预处理(Thermal spraying Pre-treament of sur-faces of metallic parts and components for thermal spraying)

3 涂层材料和工艺

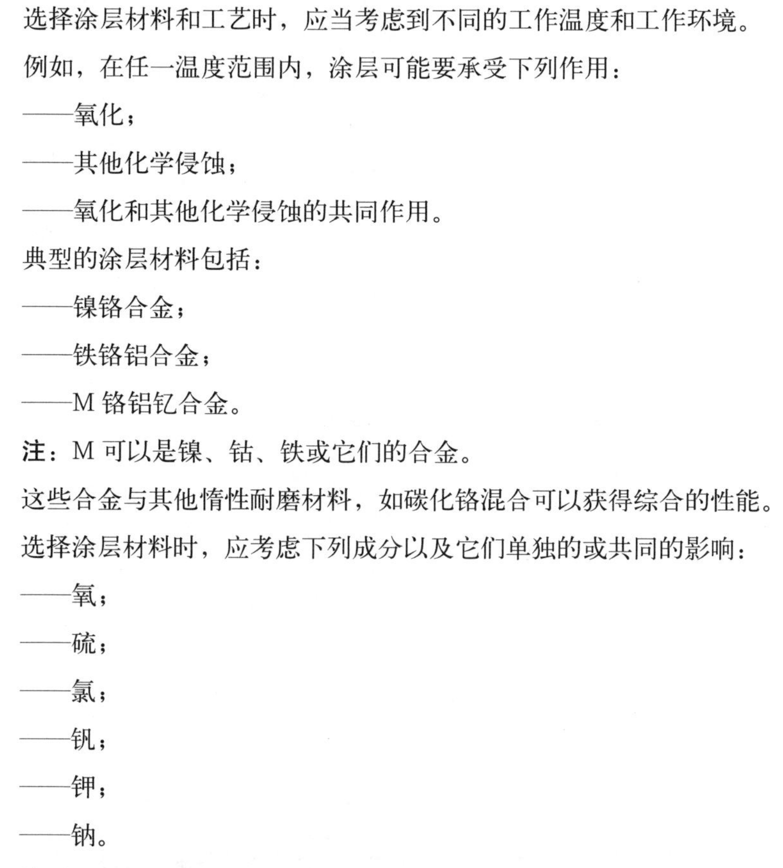

选择涂层材料和工艺时，应当考虑到不同的工作温度和工作环境。

例如，在任一温度范围内，涂层可能要承受下列作用：

——氧化；

——其他化学侵蚀；

——氧化和其他化学侵蚀的共同作用。

典型的涂层材料包括：

——镍铬合金；

——铁铬铝合金；

——M 铬铝钇合金。

注：M 可以是镍、钴、铁或它们的合金。

这些合金与其他惰性耐磨材料，如碳化铬混合可以获得综合的性能。

选择涂层材料时，应考虑下列成分以及它们单独的或共同的影响：

——氧；

——硫；

——氯；

——钒；

——钾；

——钠。

针对上述每一种，应当考虑以下几点：

a) 氧能显著改变腐蚀特性。纯粹氧化的环境下可以单独使用铝。

b) 在高硫含量（质量分数 >0.5%）的环境，宜使用铁基合金，或铬质量分数 >30% 的镍基合金。

c) 在高氯含量（质量分数 >0.5%）的环境，宜使用镍基合金，或铬质量分数 >30% 的铁基合金。

d) 在熔盐如钒酸钠或钒酸钾环境，应使用铬质量分数 >25%、铝质量分数 >0.5% 的铁基材料。

e) 通常铝的涂层厚度为 0.2 mm，其他材料厚度为 0.4 mm。

铬轴承合金的抗氧化性能与喷涂过程中形成氧化物而损耗的铬的数量和孔隙率成反比。因此，选择喷涂工艺时，氧化物和孔隙率较低的喷涂工艺效果更好。不过这应当使涂层的用途与经济性相适应。

4 涂层的应用

涂层应喷涂在根据 EN 13507 预处理后的清洁而干燥的表面上。

喷涂涂层应在表面预处理后、表面出现可见劣化前尽快进行。如果与相似材质材料刚预处理表面比较，已经出现可见的劣化，则应重新进行表面预处理。除非经制造方和订货方一致同意，并采取了特殊措施能确保一个合适控制的存放气氛，在表面预处理与喷涂之间不应超过 4h。

注：可先喷涂一层薄的金属涂层以保护预处理后的表面，见第 6 章的规定。

喷涂涂层的表面应为无结块、粗糙区域和松散结合颗粒的均匀结构。

在涂层涂敷的任何阶段都应避免喷涂涂层的污染或腐蚀，涂层应保持干燥、清洁的状态，直到根据第 5 章的要求进行后续处理。

5 要求的特性

5.1 涂层厚度

表 1 根据涂层种类给出了适合的额定涂层厚度。当用 ISO 2063 规定的方法判定时，涂层最小局部厚度应不小于额定涂层厚度的 75%，而最大局部厚度应不大于额定涂层厚度 0.1mm。

涂层厚度测量应在每种金属涂层喷涂后、后处理工艺应用之前进行。

5.2 工作温度、环境及后处理

表 1 给出了对工作温度，环境及后处理工艺的要求。

表 1 按工作条件分类的涂层的要求和处理方法

种类	工作温度[a] 及环境	喷涂涂层		后处理
		涂层材料	额定涂层厚度／mm	中间／最终处理
A[b]	350 ～ 550℃，氧化	1,2	>0.2	可用硅酮封闭剂封闭
B[b]	350 ～ 900℃，氧化	2	>0.2	可用硅酮封闭剂封闭
C	最高至 1 000℃ （不含硫气体或氯或熔盐）	3,4,5	>0.4	—
D	最高至 1 000℃ （含硫气体但不含氯）	4,5	>0.4	—
E	最高至 1 000℃ （含硫气体和氯）	5	>0.4	—
F	苛刻的腐蚀环境	6	>0.1	能在惰性气氛中作热扩散处理

[a] 如涂层工作温度高于表中所列温度时，将影响其工作寿命。工作寿命的减少程度将取决于在此高温下的持续时间。

[b] 在温度低于 350℃的纯粹氧化环境下，涂层材料的选择不是关键。

6 有缺陷区域的重新处理

在后处理前发现的任何有缺陷区域都应立刻重新喷涂，重新喷涂前应喷砂清理除却所有喷涂的金属涂层，如果仅是涂层太薄，而表面保持干燥，并且无可见污染，可直接喷涂增加相同材质的金属。

中华人民共和国机械行业标准

JB/T 6974—93

线材喷涂碳钢及不锈钢

中华人民共和国机械工业部 1993-07-27 批准　　1994-07-01 实施

1　主题内容与适用范围

本标准规定了线材火焰喷涂和电弧喷涂碳钢、低合金钢及不锈钢工艺，涂层主要技术要求及测试方法。

本标准适用于提高耐磨性、耐蚀性及恢复尺寸为目的的热喷涂碳钢及不锈钢。

2　引用标准

GB 231　金属布氏硬度试验法

GB 8641　金属热喷涂涂层抗拉强度的测定

GB 11373　热喷涂金属件表面预处理通则

GB 11374　热喷涂涂层厚度的无损测量方法

3　主要喷涂材料

3.1　工作层材料

工作层材料的选择应满足工件的使用要求及热喷涂的工艺性，或由供需双方商定。主要喷涂材料种类、钢号及应用范围见附录 A（补充件）中表 A1。

3.2　粘结底层材料

在需要提高涂层结合强度时可喷涂粘结底层。主要粘结层材料见附录 A 中表 A2。

4　喷涂工艺通则

4.1　工件预处理

喷涂件待喷涂面必须进行严格的净化和粗化处理。视具体工件表面状况可选择喷砂、镍拉毛、车螺纹一滚花等粗化方法，一般预处理应按 GB 11373 规定的要求进行。曲轴、机床导轨等特定工件，应采取相应的预处理工艺和遮蔽措施，使喷涂过程不损伤工件，确保涂层质量和便于涂层加工。

4.2　喷涂条件

4.2.1　压缩空气

喷涂用压缩空气必须经净化处理，防止油或水污染已预处理表面和涂层，在喷涂过程中发现压缩空气中含有油或水，应立即中止喷涂。

4.2.2　喷涂机具

喷涂前必须检查喷涂机具是否完好，确保喷涂工艺参数在要求的范围内控制和调节，保持调定规范的稳定性。应尽可能实现机械化喷涂操作。

4.2.3　喷涂部位应保持空气流通，排除未粘结的粉尘，风速一般控制在 1m/s ~ 2m/s 范围内，在喷涂大型工件时，应采用干燥的压缩空气吹风，排除工件表面未粘结的粉尘和防止局部过热。

4.3　喷涂

4.3.1　预处理至喷涂停留时间

工件预处理完毕后，一般应在 1h 之内开始喷涂，如超过此限制时间，工件待喷涂面应用干净的塑料薄膜保护或置于干燥箱内，即使在空气干燥的情况下，工件放置的时间也不应超过 4h。

4.3.2　预热及温度控制

喷涂件待喷涂表面应快速预热到 100 ~ 150℃，在预热过程中避免污染及过热。

在喷涂过程中，工件不能过热，温度控制在 100 ~ 200℃。

4.3.3　喷涂粘结底层

在需要喷涂粘结层时，应采用对提高底层结合强度和底层表面粗糙度的工艺参数连续喷涂完粘结底层。粘结层厚度一般控制在 0.1 ~ 0.2mm 范围内。

4.3.4　喷涂工作层

在喷涂完粘结层后 1h 之内开始喷涂工作层，在喷涂过程中应维持工艺参数稳定，控制每遍涂层的厚度及均匀性。当发现有粗颗粒粘结在涂层上，应用洁净有刃口的工具除去粗颗粒，连续不断出现粗颗粒时，应中止喷涂，排除故障后方可继续进行。在喷涂过程中，应避免表面有积尘，如有灰尘则应在喷涂下遍涂层之前用洁净的钢刷去除。

4.3.5　火焰喷涂工艺参数

一般采用中性焰喷涂。氧气—乙炔压力和流量，送丝速度应按喷枪使用要求调节，以粒束密集为准。操作参数应使每遍涂层均匀，不产生局部过热并应具有高的沉积效率，一般选择范围见表 1，雾化空气压力一般不低于 0.5MPa。

表 1　火焰喷钢工艺操作参数选择范围

喷涂距离 mm	喷涂角度	工件线速度 (m/min)	喷枪移动速度（mm/r）
120 ~ 150	⩾ 60°	7 ~ 12	7 ~ 10

4.3.6　电弧喷涂工艺参数

应选择适当的电弧电压和送丝速度，应具有足够的雾化空气压力，使粒束密集，颗粒细，以及避免过度氧化和合金元素烧损。一般电弧喷钢工艺参数选择范围见表 2。

表 2　电弧喷钢工艺参数选择范围

电弧电压 V	电弧电流 A	喷涂距离 mm	喷涂角度	工件线速度 (m/min)	喷枪移动速度 (mm/r)
35 ~ 38	120 ~ 200	150 ~ 200	⩾ 60°	10 ~ 15	10 ~ 15

5　涂层后处理加工

5.1　涂层后处理

5.1.1　渗油处理

需要渗油处理的喷钢涂层在喷涂完毕后，当涂层冷却到 40℃时，将工件浸入油中几小时，让润滑油渗入涂层孔隙中，最好在 80℃以上的热油中浸 8h 以上。大件可涂刷 2 ~ 3 层润滑油。

5.1.2 封孔处理

用于耐蚀的不锈钢涂层在喷涂完毕后，可立即涂刷封孔剂，使封孔剂渗入到涂层孔隙中，必要时，在涂层机械加工完毕后再次涂刷封孔剂。

5.2 涂层加工

针对不同的喷涂材料和涂层硬度，可对涂层进行切削和磨削加工。刀（磨）具选择及加工工艺，应避免因加工应力和局部过热损伤涂层。车削时，涂层不能产生掉块。磨削时，涂层表面不应变色和产生龟裂，在磨削过程中，要加强冷却和注意修整砂轮。

6 涂层技术要求

6.1 外观

涂层表面应平整，色泽一致，不允许有裂纹、粘附的粗大熔粒和过热的痕迹等缺陷。

6.2 涂层材料化学成分

涂层材料主要化学成分应与喷涂材料主要化学成分相吻合，对于火焰喷涂，主要合金元素的烧损量不应大于 15%。对于电弧喷涂，主要合金元素的烧损量不应大于 30%。

6.3 厚度

涂层最小厚度应满足涂层设计要求，涂层最大厚度不应超过最小厚度的 30%，对于轴类零件，涂层最小厚度应保证在机加工后的厚度不小于 0.3mm。

6.4 涂层结合强度

6.4.1 涂层与基体必须结合良好，不应出现剥离、翘皮的现象。

6.4.2 涂层的结合强度大于 10MPa，方为合格涂层，结合强度大于 15MPa 为良好涂层。拉伸强度大于 20MPa 为优质涂层。

6.5 涂层硬度

对于要求耐磨损的高碳钢、碳素工具钢、高碳合金钢、不锈钢涂层，涂层表面硬度应不低于表 3 的规定。

表 3 涂层表面硬度下限

喷涂材料		硬度 HB/10/3000
优质碳素结构钢	低碳钢	140
	中碳钢	200
	高碳钢	280
碳涂工具钢		290
低合金钢	低碳	200
	中碳	280
	高碳	300
Grl3 型不锈钢		300
18−8 型不锈钢		200

7 涂层性能试验方法

7.1 涂层厚度的测定

涂层厚度应在冷态下测定，可采用机械测量工具检测或按 GB 11374 无损测量方法进行。

7.2 涂层结合强度的拉伸试验

涂层结合强度拉伸试验按 GB 8641 规定进行。

7.3 涂层硬度试验方法

测定涂层的布氏硬度，按 GB 231 金属布氏硬度试验方法进行。制备试样时，涂层厚度一般应不小于 3mm。

中华人民共和国机械行业标准

JB/T 7703—95

热喷涂陶瓷涂层技术条件

机械工业部 1995-06-20 批准 　　1996-01-01 实施

1　主题内容与适用范围

本标准规定了热喷涂陶瓷粉末材料、工艺及涂层设计表示方法，陶瓷涂层质量检验，喷涂陶瓷涂层制品的包装与运输及喷涂安全操作规则。给出了热喷涂陶瓷涂层工艺流程的通用技术条件的指南。

本标准适用于等离子喷涂工艺喷涂陶瓷粉末材料，制备耐蚀、耐磨、耐热、绝热、热障、绝缘、辐射等表面功能涂层，以改善制品的性能。本标准对火焰喷涂、超音速火焰喷涂及爆炸喷涂制备陶瓷涂层，亦有指导作用。

2　引用标准

GB 6462　金属和氧化物覆盖层　横断面厚度显微镜测量方法

GB 8642　热喷涂层结合强度的测定

GB 9790　金属覆盖层及其他有关覆盖层　维氏和努氏显微硬度试验

GB 11373　热喷涂金属件表面预处理通则

GB 11374　热喷涂涂层厚度的无损测量方法

GB 11375　热喷涂操作安全

GB 12607　热喷涂涂层设计命名方法

GB 12608　热喷涂涂层材料命名方法

3　热喷涂陶瓷材料、工艺及涂层设计表示方法

3.1　热喷涂常用陶瓷涂层材料

根据 GB 12608 的规定，热喷涂陶瓷粉末材料以 PT××× 表示，7 为陶瓷涂层大类代号，第二位阿拉伯数字为分类代号，后两位阿拉伯数字为顺序号。

3.2 热喷涂陶瓷涂层的工艺方法

适用于陶瓷粉末材料的热喷涂工艺有六类，按 GB 12607 的规定。

3.3　热喷涂陶瓷涂层设计表示方法

热喷涂陶瓷涂层系统的设计表示方法，按 GB 12607 的规定执行。

以钢质基体上等离子喷涂 Al_2O_3+13%TiO_2，陶瓷复合粉末 (P7112)，喷砂预处理，NiCr 合金粉末 (P1501) 打底，封孔，磨削精加工的热喷涂涂层系统为例，其涂层设计表示方法如下：

4 热喷涂陶瓷涂层工艺通则

热喷涂陶瓷涂层是一个工艺流程系统。首先，应根据制品的服役条件或失效分析，确定对涂层的性能要求，据以选择恰当的热喷涂材料、设备及工艺。然后，实施热喷涂工序施工，包括：基体的表面预处理，热喷涂工艺，涂层封孔及精加工，涂层质量检验。每道工序都必须严格按操作规程进行，检验合格，方能进行下一道工序。

本标准只提供热喷涂陶瓷涂层的工艺通则。特定制品、特定涂层、特定工艺，其具体指标参数应由专项标准确定。

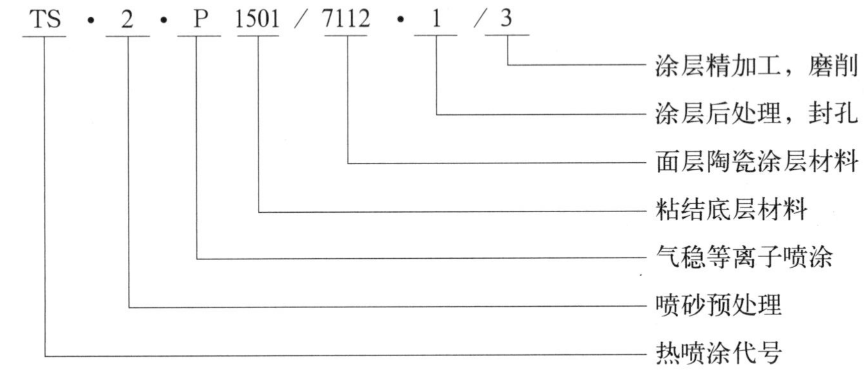

4.1 涂层系统设计

4.1.1 确定对涂层的功能要求

应确切了解欲喷涂制品的服役条件，或制品在使用过程中的失效原因，确定对涂层的功能要求。

4.1.2 涂层材料的选择

只有熟悉并掌握丰富、全面的材料科学知识，才能做到正确合理地进行涂层系统设计，选择涂层材料。有关这方面的资料，可参考“机械制造工艺材料技术手册”第九篇“热喷涂材料技术手册”（机械工业出版社，1993，第一版）。

4.1.2.1 陶瓷涂层材料的选择

某一特定用途的陶瓷涂层材料的选择，应根据涂层的服役条件所确定的对涂层功能的要求，综合考虑不同陶瓷材料的多种性能，如硬度、熔点、热导率、耐蚀性、耐磨性及电学性能等，加以比较选择。

4.1.2.2 打底涂层材料的选择

当被喷涂的基体材料与陶瓷涂层材料的粘附性能不好时，常用打底涂层来改善基体与涂层的结合性能。

打底涂层材料具有下述一个或多个特性：

a.“自粘结”效应——在热喷涂火焰的高温下，涂层材料不同组分能发生放热化学反应，使涂层与基体形成微区冶金结合。最典型和应用最广的“自粘结”打底涂层材料是镍铝复合粉末。

b.“粗化”效应——粘结底层的表面比喷砂粗化处理的基体表面更不规则，因而陶瓷涂层能与之形成更强的机械嵌合。

c.“帘栅屏蔽”效应——打底涂层具有比基体材料更好的抗氧化能力和耐蚀性能，在陶瓷涂层与基体之间起屏蔽帘栅作用，能将热喷涂陶瓷涂层固有的孔隙引起的基体氧化或腐蚀降至最小。

d.“缓冲”效应——打底涂层的热胀系数，介于基体和陶瓷涂层之间，且在机械及热负荷下具有足够的韧性，能对因基体与陶瓷涂层的膨胀系数不同而产生的应力起“缓冲”作用。

常用的“自粘结”打底涂层材料是Ni－Al复合粉末，此外，还有NiCrAl、NiCrAlY、CoCrAlY复合粉末。其他打底涂层材料有Mo（不适用于400℃以上氧化性气氛中工作），NiCr合金（在1000℃高温下满意地用作陶瓷涂层的粘结底层）。在塑料之类的低熔点材料上喷涂陶瓷涂层，常采用锡、锌、铝、铜作打底涂层材料。

4.1.2.3 阶梯涂层

当金属基体与陶瓷涂层界面间的物理性能，如韧性、热膨胀性及晶体结构等的差异很大时，可能导致陶瓷涂层的内应力增大，与基体的粘附性很差，引起涂层失效。解决这类难题的办法是采用阶梯涂层结构，以实现基体与面层陶瓷涂层间的成分配比及性能的逐渐过渡。

阶梯涂层系统示例如下：

a．约0.1mm厚的打底涂层；

b．按65/35比例，喷涂打底涂层材料／面层陶瓷材料的混合物，涂层厚度约0.1mm；

c．按35/65比例，喷涂打底涂层材料／面层陶瓷材料的混合物，涂层厚度约0.1mm；

d．0.1mm厚的面层陶瓷涂层。

此阶梯涂层系统亦可用三层来改进，采用50/50混合物涂层作中间层。

4.1.3 基体材料选择

作为热喷涂陶瓷涂层的基体材料，通常是金属基材料，如钢、铝、钛、铜、青铜及难熔金属等。然而，其他无机材料如陶瓷、金属陶瓷、甚至有机材料，简言之，几乎所有的固体材料都可作为基体，其性能均可通过喷涂陶瓷涂层加以改善。

4.1.4 热喷涂工艺及设备的选择

4.1.4.1 热喷涂工艺选择

适合于喷涂陶瓷涂层的热喷涂工艺有六种。喷涂工艺的确定，应根据陶瓷涂层材料的熔点、热导率、耐热震性及涂层与基体的结合强度要求，结合生产效率、成本等综合考虑。

气稳等离子喷涂工艺是喷涂各种陶瓷涂层最常用的工艺。粉末火焰喷涂工艺广泛用于零部件维修和少量产品生产。超音速火焰喷涂是正在兴起、发展迅速的工艺。

4.1.4.2 热喷涂设备的选择

根据对陶瓷涂层的功能要求，涂层材料及喷涂工艺选择，选定相应的热喷涂设备。设备的调节和操作须严格按照制造厂家的各项说明进行。

4.2 喷涂陶瓷的基本程序

4.3 基体表面的制备与预处理

4.3.1 基体表面的加工要求

具体制品对基体表面的设计加工要求（如表面粗糙度、形位公差、倒角、下切等），由特定制品的专项标准规定执行。

4.3.2 基体表面的预处理

基体表面预处理的质量，直接影响涂层与基体的结合性能，是整个热喷涂工艺过程成功的关键环节之一，应予高度重视。需要特别强调指出，喷砂及喷涂用压缩空气，必须是干燥、无油的；喷砂用磨料应是清洁、锐利的，以保证基体表面达到清洁、充分粗化、新鲜活化。预处理后表面不允许再被污染。

基体表面预处理按 GB 11373 的规定执行。欲喷涂陶瓷涂层的钢铁制件基体表面喷砂预处理，应达到最高级“出白”，即 Sa3 级。

4.4 热喷涂工艺

正确的热喷涂工艺，应使被喷涂的陶瓷粉末颗粒呈熔化或很软的状态高速喷射到经预处理的基体表面上，形成优质涂层。

影响热喷涂工艺的因素很多，主要包括涂层材料方面（陶瓷材料的熔点、热容、热导率及粉末的粒度与粒度分布）；热源方面（焰流的温度与温度分布、焰流速度及速度分布、焰流对陶瓷粒子的传热速率、粒子速度及粒子在焰流中的停留时间）；基体方面（基体的性质及几何尺寸、要求的涂层厚度）及涂层性能方面（涂层孔隙率要求等），应综合考虑。

4.4.1 基体的遮蔽及温度控制

4.4.1.1 基体的遮蔽

喷涂前，应对与喷涂部位邻接的区域进行遮蔽防护，以避免这些部位粘附喷涂粒子。

常用的遮蔽材料有钢带、铜带、热喷涂专用工程带或其他等效材料。在产品生产中，使用永久性的遮蔽件（如护罩）更经济。也可使用水基防粘遮蔽涂料均匀涂覆在不需喷涂的部位。

以等离子喷涂陶瓷涂层为例，其操作基本程序列于表 1。

表 1 喷涂陶瓷的基本程序

步骤	操作	说明
1	清洁工件	基体表面粗化处理前，根据要求，采用溶剂清洗、脱脂、加热等方式，除去待喷涂表面上的所有污物
2	遮盖工件	使用橡胶、钢、遮蔽带等合适的遮蔽方法，保护所有不需表面预处理的部位
3	基体表面预处理	使用清洁、锐利的适当磨料进行喷砂，达到要求的粗糙度。根据需要，亦可续喷粘结底层
4	陶瓷材料选择	根据对涂层的功能要求，选定陶瓷涂层材料，确定合适的粒度及粒度分布
5	工装	根据基体的形状和尺寸，选用夹具、机械转台及移动装置
6	装喷枪	根据需要选用直枪头、带角枪头或加长枪头，选用旋转或可移动式喷枪支架
7	调节水源系统	按设备使用说明书要求，调节水源及冷却系统。喷枪出口水温以下不高于 15℃为宜
8	调节气源系统	按程序打开主气、辅气及送粉气源， 调节至需要参数

9	装料	将粉末装入送粉器粉斗或喷头中
10	启动电气系统	启动电源，开动抽风机，调节各项电参数
11	点枪、调枪	按规程点枪、起弧、调节各项参数，达到射束稳定、集中，获得最佳焰流，使陶瓷粒子处于充分熔融或至少充分软化状态，具有最佳的粒子速度，形成最佳涂层质量
12	喷涂	尽可能保证喷枪行走速度均匀，保持喷涂距离不变。根据基体的热敏性、涂层特性及厚度，选择喷枪的行走速度和喷距，选择最佳送粉速率
13	封孔处理	对于耐蚀、绝缘之类涂层，喷涂后应即时进行封孔处理
14	精饰	如需要，可进行磨削加工，磨削加工前亦常进行封孔处理

4.4.1.2 基体的预热

在喷涂前，可以基体均匀预热至不小于 120℃，以除去湿气。但必须细心控制基体温度，不得超过 250℃，否则易导致基体表面的氧化而降低粘结性能。

4.4.1.3 基体过热的控制

在薄壁制件或易产生变形及组织变化的基体（如某些铝合金）上喷涂陶瓷涂层时，应小心避免基体过热。

当喷涂厚陶瓷涂层时，由于已喷涂涂层的隔热效应和涂层积集的温度梯度，都可能使涂层产生问题。

工件过热可能使其在冷却至室温后涂层产生层状裂纹或分层剥落。

调整喷枪至基体的距离，调节喷枪的移动速度及工件的线速度，使基体充分散热和冷却，有利于防止因基体过热而产生的失效出现。也可提供辅助的冷却空气以防止工件过热。

4.4.2 热喷涂工艺参数控制

4.4.2.1 喷涂设备

不同的热喷涂设备所产生的焰流的温度和速度不同；不同的喷枪结构甚至喷嘴型号，亦影响焰流的特性。因此，应根据选定的陶瓷涂层材料，选定相应的喷涂设备、喷枪及喷嘴结构。

4.4.2.2 电源功率

等离子喷涂工艺的电功率，直接影响等离子焰流的温度和速度，从而影响陶瓷粒子的熔化状态和粒子速度。调节主气及辅气的流量和压力，保证等离子体的电功率最佳化，对获得优质涂层至关重要。

4.4.2.3 喷涂距离

当喷射焰流中的陶瓷粒子处于最大速度时撞击到基体表面，此时喷嘴口与基体间的距离为最佳喷涂距离。等离子喷涂工艺的喷涂距离变化在 6 ~ 20cm 之间。喷距小，涂层致密，结合强度好，但基体易过热；喷距大，涂层孔隙率增加，结合强度下降。最佳喷涂距离，应经试验确定并保持。

尽可能采用机械装置进行喷涂，固定安装喷枪，有利于减少人为的影响，保持喷涂距离不变，喷枪移动速度均匀。

4.4.2.4 喷枪移动速度与工件线速度

喷枪移动速度与工件运动线速度的合理匹配，对于每道涂层的厚度、涂层的均匀性及基体的受热情况，有重要影响，应通过试验确定并保持。

4.4.2.5 送粉速率与涂层厚度控制

送粉速率应根据陶瓷粉末材料的密度、熔点、热容、热导率、粒度等因素而适当调整，总之，应以能使几乎所有的陶瓷颗粒能在等离子焰流中熔化的最大送粉量为宜。送粉速率过大，会产生一些未熔化的“生粒”，影响涂层质量；送粉速率过小，则降低沉积速率并易使基体过热。最佳送粉速率应由试验确定并保持。

等离子喷涂陶瓷涂层的厚度可在几十微米至数毫米之间调节。水稳等离子喷涂陶瓷涂层的厚度可达20mm。喷枪在基体表面走一单道一般以沉积 0.025mm 左右为宜，而要保证完全覆盖基体，最小平均厚度通常约为 0.075mm。对特定陶瓷涂层的厚度要求，应根据服役条件的要求由试验确定。

4.4.2.6 操作人员的经验

除了现代化的计算机控制的等离子喷涂机器人之外，热喷涂工艺还在很大程度上受操作人员的经验和技能的影响，而且陶瓷材料的热喷涂遇到到的问题与传统的金属喷涂不同。因此，应对有关人员进行比较系统的培训，充分熟悉工艺规程，方能上岗实际操作。

4.5 陶瓷涂层的封孔处理和精加工

4.5.1 封孔处理

所有热喷涂陶瓷涂层都多少有点气孔。气孔率的变化范围很大，爆炸喷涂和超音速火焰喷涂的气孔率仅占涂层体积的 1%，而特种多孔陶瓷涂层，气孔率可高达 30%。

这些孔隙的大多数是相互贯通的。因此涂层对液体和气体是可渗透的。要防止液体和气体对基体可能产生的渗透或腐蚀，就必须封闭这些孔隙。封孔剂的选择应根据涂层的使用条件（耐蚀、绝缘、耐热等）来确定。

对于不同服役温度的耐蚀涂层，有一系列封孔材料可供选择：低于 60℃的工况，可使用微晶石蜡封孔；60 ~ 250℃的使用工况，一些树脂基封孔剂是有效的；某些硅酮基树脂封孔剂，能在 450℃长期使用，温度超过 450℃，可试验用无机耐高温涂料封孔。要正确选择适于特定条件的封孔剂，最好向有关制造厂家咨询，获得所有相关的理化性能。

涂敷封孔剂的方法有真空浸渍法、喷涂法和刷涂法等。对于热喷涂陶瓷涂层中的孔隙，通常用喷涂和刷涂法即能有效地封闭。

4.5.2 精加工

热喷涂陶瓷涂层的表面粗糙度 R_a 值，一般超过 3.75μm。而许多应用要求更小的表面粗糙度，这可采用磨削精饰来达到。陶瓷涂层的磨削精饰，是喷涂陶瓷涂层制品工艺流程的最终关键环节，处理不当，就会前功尽弃。

由于陶瓷涂层具有质脆、与基体的结合强度较低、涂层薄、涂层含有一定的气孔等特点，因此，陶瓷涂层的磨削与整体材料的磨削有显著的区别：

4.5.2.1 磨削设备

传统的磨床都可用于陶瓷涂层的磨削，但更要求磨床刚性好，震动小。

4.5.2.2 磨料磨具

为了达到最佳磨削效率和经济性，最好采用金刚石砂轮粗磨，再用细绿碳化硅砂轮精磨。砂轮用磨料粒度、粘结剂，应根据具体用途选择。

4.5.2.3 磨削液

陶瓷涂层磨削时，为防止任何局部过热，应使用大流量的冷却液。最好选用含缓蚀剂的水作冷却液，不要使用水基乳化油冷却液，后者易使涂层污染变色。

4.5.2.4 磨削工艺参数

磨削陶瓷涂层时，应避免出现砂轮挤压涂层而产生微裂纹或发裂。因此，砂轮线速度和进给量都以较小为宜。具体参数应通过试验确定。

5 陶瓷涂层质量检验

5.1 检验项目及检验方法

5.1.1 外观

目检有效表面，应色调均一，不允许有龟裂、疙瘩、结合力不牢以及异物的附着或其他对使用上有害的缺陷。

5.1.2 厚度

采用量具直接测量涂层的厚度，或用金相法测量涂层横断面的厚度，或用无损测厚仪测量。按 GB 6462 或 GB 11374 的规定执行。厚度应满足协议要求。

5.1.3 结合强度

涂层与基体的结合强度，按 GB 8642 进行测试，应达到协议要求。

5.1.4 硬度

耐磨用陶瓷涂层的硬度，按 GB 9790 的规定测量，应符合协议要求。

5.1.5 孔隙率

耐腐蚀涂层经封孔后的涂层孔隙率，按铁试剂法进行检查，涂层表面应没有通向基体的气孔。

5.1.6 热震性

耐热涂层的抗热震性，按下述方法试验，涂层不允许有龟裂、剥离或翘起。

试验方法：用制品为试样，或采用同等材质，与制品同等条件制备试样。基体尺寸为长 50mm、宽 50mm、厚 5 ~ 6mm。调好试验温度，即氧化铝为 800℃，氧化锆为 900℃。然后，将试样和托架一起放入加热炉中加热，到温后保温 10min 取出，再一起放入常温的清水中激冷。观察试样表面涂层有无裂纹、剥离或翘起。加热炉用电阻炉，温度波动范围 ±5℃。托架最好用不锈钢作支架并用不锈钢丝网作支撑面。

5.1.7 其他性能

陶瓷涂层的其他性能，如摩擦系数、辐射率、介电系数、对显微组织的要求等，可按协议规定的方法进行检测。

5.2 要求检验的项目

所有的陶瓷喷涂层，除外观必须符合 5.1.1 条的要求外，依其应用的不同，建议按协议检验如下的有关项目。

5.2.1 用于耐磨的陶瓷涂层

要求检验厚度、结合强度和硬度。分别按5.1.2、5.1.3和5.1.4条的规定进行，并满足要求。

5.2.2 用于耐腐蚀的陶瓷涂层

要求检验厚度、结合强度和孔隙率。分别按5.1.2、5.1.3和5.1.5条的规定进行，并满足要求。

5.2.3 用于耐热的陶瓷涂层

要求检验厚度和耐热震性。分别按5.1.2和5.1.6条的规定进行，并满足要求。

6 热喷涂陶瓷涂层的操作安全

热喷涂陶瓷涂层是采用可燃气体或惰性气体进行高温喷涂作业的，必须严格按照高压、易燃、易气体的有关规定，储存、运输和使用。操作人员必须熟悉并掌握有关热喷涂设备、工艺的安全操作规程，取得合格证，方能实施作业。喷涂陶瓷涂层的安全作业按GB 11375的规定执行。

7 热喷涂陶瓷涂层制品的标志、包装与储运

7.1 标志

热喷涂陶瓷涂层制品，应有标志牌，至少有如下内容：制品名称、涂层设计代号、生产日期、生产批号、检验合格证、生产厂家。

7.2 包装与储运

热喷涂陶瓷涂层制品，应采用防震泡沫塑料等单件分隔包装，用木箱或集装箱运输。严禁摔打。包箱上应有“易碎”品标志。

中华人民共和国机械行业标准

JB/T 9191-1999

等离子喷焊枪技术条件

代替 ZB J64 01-89

Specification for plasma surfacing gun

国家机械工业局 1999-06-28 批准　　2000-01-01 实施

前言

本标准是对 ZB J64 014 89《等离子喷焊枪技术条件》进行的修订。修订时，对原标准作了编辑性修改，主要技术内容没有变化。

本标准自实施之日起代替 ZB J64 014-89。

本标准由全国金属与非金属覆盖层标准化技术委员会提出并归口。

本标准起草单位：武汉材料保护研究所。

本标准主要起草人：詹祖保　吴子健　童向阳

1 范围

本标准规定了等离子喷焊枪的型号、零部件的统一命名、技术要求、试验方法和验收规则。

本标准适用于粉末等离子喷焊枪，该枪供金属工件内、外表面熔敷粉末合金之用。

2 型号、结构名称

2.1 等离子喷焊枪的型号表示着其最大转移弧工作电流、送粉方式等。型号由下述部分顺序组成：

a) 等离子喷焊枪的代号 QL；

b) 等离子喷焊枪的系列品种序号由厂家自定 ；

c) 最大转移弧工作电流，安培数；

d) 等离子喷焊枪的类型代号，N 表示深孔或内圆等离子喷焊枪，省略表示平面或外圆等离子喷焊枪 ；

e) 等离子喷焊枪的送粉方式的代号，W 表示外送粉方式，省略表示内送粉方式。

例 1 9LA-400NW 代表最大转移弧工作电流为 400A，深孔或内圆式，外送粉方式的等离子喷枪，其产品系列品种序号由厂家定为 A。

例 2 QLB-600 代表最大转移弧工作电流为 600A，平面或外圆式、内送粉方式的等离子喷焊枪，其产品系列品种序号由厂家定为 B。

2.2 等离子喷焊枪的结构和零部件的统一命名如图 1 和表 1。

表 1 等离子喷焊枪的结构和零部件的统一命名表

序号	名称	序号	名称	序号	名称
1	喷嘴	5	阴极头	9	上压盖
2	下压盖	6	绝缘体	10	送粉管
3	下枪体	7	阴极杆	11	水电接头
4	分气环	8	调节螺母	12	离子气管

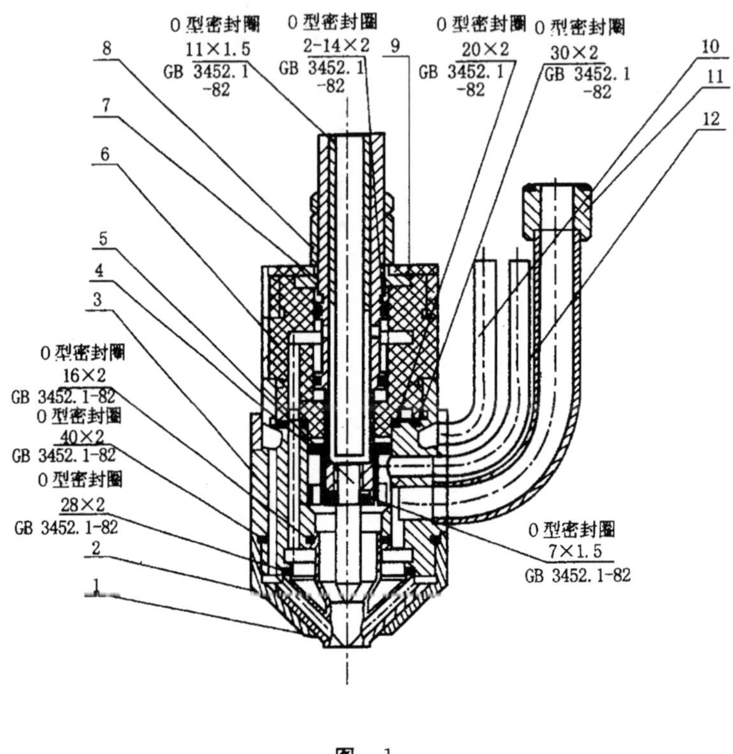

图 1

3 技术要求

喷焊枪的易损件应有互换性。喷焊枪水电接头螺纹必须在 M12×1、M16×1 螺纹中选用。氩气消耗指标规定于表 2。上、下压盖及可调零件必须滚花或铣防滑槽。

表 2 氩气消耗指标

最大允许转移弧电流 /A			100	200	300	400	500	600
氩气消耗量 L/h	送粉气	内送粉	180	250	330	380	400	480
		外送粉	250	350	400	500	550	600
	离子气		150	220	320	350	380	450

3.1 喷焊枪外表应美观整洁，焊接部位应均匀，无明显机械损伤和表面缺陷。

3.2 喷焊枪冷却水的水电接头处，在水压为 0.4MPa 表压时，用 4.1.2 方法检验，不得出现任何渗漏现象。

3.3 阴极头外圆与喷嘴孔径同轴度误差不得大于 0.3mm。

3.4 在离子气瓶低压表指示（输气管内径不小于 6mm，长度不大于 5m）大于或等于 0.15MPa 时，等离子喷焊枪的引弧与稳定电弧的最小电流列于表 3，引弧的电弧长度伸出喷嘴外不得短于 5mm。

表 3 等离子喷焊枪引弧与稳弧最小电流

喷焊枪最大转移弧工作电流	100	200	300	400	500	600
引弧最小电流	15	25	35	45	55	65
稳弧最小电流	10	20	30	40	50	60

3.5 喷焊枪在工作气体压力符合本标准 3.4 要求，工作气流量不超过本标准表 2“氩气消耗指标”要求下，额定工作电流范围内使用 −80 ～ +180 目自熔性合金粉末时，要求至少一小时中不堵枪、不出现滴珠，阴极头不得有明显烧损。

3.6 等离子喷焊枪的允许熔敷率规定于表 4。

表 4 喷焊枪允许溶敷率

喷焊枪最大转移弧工作电流 /A	100	200	300	400	500	600
允许熔敷率 /（kg/h）	1.5	2.7	4.5	6.0	9.0	12.0

3.7 自熔性合金粉末粒度为 −80 ～ +180 目时，内送粉式等离子喷焊枪沉积效率不得低于 95%，外送粉式等离子喷焊枪沉积效率不得低于 85%。

3.8 水电接头处的进水压力大于或等于 0.2MPa，进水水温不高于 30℃时，喷焊枪在允许的工作电流范围内工作 10min，冷却水进、出水温差不得超过 30℃。

3.9 喷焊枪装配之前，所有零件必须进行脱脂处理，装配完成后，阴、阳极之间的直流电阻应大于 5MΩ(用万用表测量)。

4 试验方法及验收规则

4.1 试验方法

4.1.1 外观质量检查见表 5

4.1.2 水密性试验

喷焊枪在水电接头处进水压力 0.4MPa 时，堵住出水，10min 内不得有渗漏。

4.1.3 阴极头与喷嘴孔道同轴度检查

喷焊枪在送入离子气时用反射镜观察高频火花，在孔道圆截面上分布不得少于 3/5。

4.1.4 引弧与稳弧性能检查

连续起弧衰减三次，其引弧与稳弧的电流值应符合表 3 规定。

4.1.5 允许熔敷率检查

在喷焊枪引弧后，在最大转移弧工作电流下，按本标准 3.6 表 4 规定的允许熔敷率，送入允许的最大送粉量形成正常焊层工作 15min 不堵枪，不滴珠。

4.1.6 沉积效率检查

在喷焊枪引弧后，送入允许的最大送粉量，在称重后的试样上喷焊成型工作 3min，则：

$$沉积效率 = \frac{焊层重量}{送粉重量} \times 100\%$$

表 5 外观质量要求及检查方法

序号	项目	内容	检查部位	质量要求	检查方法
1	机械损伤与碰伤	工件在加工和工艺流程中所产生的机械损伤和碰伤	加工及非加工表面	不允许有明显损伤和碰伤	目测
2	去毛刺	加工部位周围所形成的刺状物或飞边	全部表面和喷嘴压缩孔道内	不允许	目测
3	电镀或化学处理	处理后的零部件的表面色泽	零部件表面	表面应光洁、不许有花斑、瘤痕现象	目测
4	弯曲度	各电极管、工作气管与枪体焊接后管的弯不在，下陷程度	阴、阳电极送粉气离子气管	弯曲均匀，不得有任何下陷现象	目测

4.1.7 冷却水的进、出水温度检查

喷焊枪在允许的最大工作电流下连续工作 10min 后，直接测量冷却水的进出水口处水的温度。

4.2 验收规则

4.2.1 出厂产品必须附有产品合格证和使用说明书。

4.2.2 外观、水密性试验、同轴度、引弧性能应逐项检查。

4.2.3 用户有权对所交产品，按本标准所规定的试验方法和验收规则进行检查。

5 标志与包装

5.1 标志

喷焊枪应标明：制造厂名或商标、型号、制造年月以及有阴极、阳极、送粉气、离子气的进气部位的标志。

5.2 包装

供货时，内包装用塑料袋和纸盒，外包装用木箱或瓦楞纸箱，并标明品名、型号、数量、毛质量、体积、制造年月和厂名、字迹端正、清晰。

中华人民共和国机械行业标准

JB/T 9192—1999

等离子喷焊电源

代替 ZB J64 015—89

power for plasma surfacing

国家机械工业局 1999-06-28 批准　　2000-01-01 实施

前言

本标准是对 ZB J64 015—89 进行的修订。

本标准与 ZB J64 015—89 相比，主要技术内容改变如下：

——引用标准增加了 GB 15579；

——原引用标准 ZB J64 003—87 已废止，由 JB/T 7835—1995 取代；

——参照 JB/T 7835 第 5 章规定，修改了 4.2，4.3，5.1，5.2 的内容，参照 JB/T 7835 第 8 章规定，修改了 7.1 的内容。

——根据 JB/T 7835 的修订内容，删去了原标准的 6.8 条，和表 2 中原序号 4、11、12、13 的内容。

本标准自实施之日起代替 ZB J64 015—89。

本标准由全国金属与非金属覆盖层标准化技术委员会提出并归口。

本标准起草单位：武汉材料保护研究所。

本标准主要起草人：童向阳、詹祖保。

1 范围

本标准规定了等离子喷焊电源的技术性能要求及使用条件。

本标准适用于与等离子喷焊设备配套的专用硅整流弧焊电源，也适用于将整流弧焊机经改制后用作等离子喷焊的电源。其它类型的整流弧焊机，凡用于等离子喷焊的，亦应参照使用。

2 引用标准

下列标准所包含的条文，通过在本标准中引用而构成为本标准的条文。本标准出版时，所示版本均为有效。所有标准都会被修订，使用本标准的各方应探讨使用下列标准最新版本的可能性。

GB/T 8118—1995 电弧焊机通用技术条件

GB 15579—1995 弧焊设备安全要求第 1 部分：焊接电源

JB/T 7835—1995 弧焊整流器

3 电源规格、基本参数

电源规格及基本参数见表 1。

表 1

电源规格	基本对数			
	额定焊接电流 /A	额定工作电压 /V	电流调节范围 /A	
			min	max
100	100	32	≤ 10	≥ 100
160	160	34	≤ 16	≥ 160
200	200	36	≤ 20	≥ 200
250	250	38	≤ 25	≥ 250
315	315	40	≤ 30	≥ 315
400	100	44	≤ 40	≥ 400

空载电压：≤ 90V

负载持续率：100%

工作周期：连续

4 使用环境条件

4.1 海拔高度不超过 1000m。

4.2 空气相对湿度：在 40℃时≤ 50%，在 20℃时≤ 90%。

4.3 环境空气温度不得超过下列温度限制：

a) 在焊接时，−10 ～ 40℃；

b) 在运输和贮存过程中，−25 ～ 55℃。

4.4 电源的使用场所应无严重影响电源使用的蒸汽、化学沉积、尘垢、霉菌及其它腐蚀性物质，并无剧烈震动和颠簸。

5 供电要求

5.1 电源的供电网络应为额定频率 50Hz，单相或三相交流电。其额定电压为 220V 或 380V。

5.2 电网供电品质条件：

a) 三相电压不平衡率小于 5%；

b) 电网电压波动小于 ±10%；

c) 供电电压波形应为实际的正弦波，频率波动小于 ±2%。

6 技术条件

6.1 电源应有起动冷却风扇的开关。

6.2 电源在符合供电要求下应能正常工作。

6.3 电源输入端三相电流不对称率，应满足如下要求：

在供电电网实际对称的条件下，对于额定焊接电流，每相电流与三相电流的平均值之差的绝对值不得大于平均值的 10%。

6.4 温升限值应符合 GB 15579 中 7.3 的规定。

6.5 电流调节及变化允差

6.5.1 焊接电流应保证在最大值与最小值范围内调节，最小焊接电流应不大于额定焊接电流的 10%，最大焊接电流应不小于额定焊接电流。

6.5.2 电流调节应为无级，能连续平滑地调节。

6.5.3 当初级电压为额定值，工作电压符合表 1 中相应的规定时，在电流调节范围内已调定的任一焊接电流，因温升或其它变异所引起的焊接电流冷热态变化率应不大于 ±5%。

6.5.4 在电流调节范围内已调定的任一焊接电流，当电网电压在 ±10% 额定电压内波动时，焊接电流变化应不大于 ±5%。

6.5.5 电流调节装置可置于电源内，亦可置于控制柜内。

6.5.6 电源应有可靠的焊接电流或电压指示装置，其电流或电压刻度指示正确度为刻度值的 ±10%，如装有焊接电流或电压表，其精度不低于 2.5 级。

6.6 电流递增与衰减调节

6.6.1 在电流调节装置中应有电流起始递增与熄弧时电流自动衰减的功能。

6.6.2 电流递增速率应在 50 ~ 300A/s 范围内连续调节；电流衰减速率应在 25 ~ 150A/s 范围内连续调节。

6.6.3 电流递增与电流衰减之速率以相对刻度值表示。

6.6.4 电流递增与电流衰减速率调节旋组可置于电源面板上，亦可置于控制柜面板上。

6.7 在用户提出要求的情况下，可设置起始电流陡升调节装置，但陡升幅值应能调节，最大陡升幅值不超过额定焊接电流的 1.5 倍。

6.8 电源中的主变压器空载电流应不大于额定初级电流的 10%。

6.9 当初级电压为额定值、在额定电流调节范围内，电源静外特性应呈陡降外特性曲线，其工作段上曲线的斜率应大于 7V100A，并应平滑连续。

其稳态短路电流 I_{wd}，与焊接电流 I_n 之比应符合式 (1)：

$$\frac{I_{wd}}{I_n}<2 \qquad \cdots\cdots (1)$$

6. 10 动特性

6.10.1 用作非转移弧电源，当电流调定在额定值的 50% 时，借助高频引燃电弧，其瞬态电流峰值不应超过额定值的 1.5 倍，持续时间小于 0.1s。

6.10.2 用作转移弧电源，当初级电压为额定值、工作电压符合表 1 的规定、电流调定值为额定值的 50% 时，借助非转移弧弧焰引燃电弧，其瞬态电流峰值不应超过额定值的 0.5 倍，当需要在引燃转移弧瞬间有电流冲击时，不受此限制，但必须在电源或控制柜面板上设置选择开关。

6.10.3 用作非转移弧电源，借助高频引弧，在等离子焊枪和工艺参数调整到正常值。高频火花正常的情况下，应能顺利地引燃电弧，10次引弧平均时间小于或等于0.5 s。

6.10.4 在规定的电流调节范围内，接入无感电阻时的稳态焊接电流脉动率应不大于25%。

a) 焊接电流脉动率按式(2)计算：

$$\frac{I_{2max}-I_{2min}}{I_{2max}+I_{2min}}\times 100\% \cdots\cdots (2)$$

式中 I_{2max} ——焊接电流波峰值，A；

I_{2min} ——焊接电流波谷值，A。

6.11 电源的控制操作的开关及控制按（旋）钮可装置在控制柜面板上，电源应设置遥控电缆插座并附插头。在电源上设置的控制开关及控制按（旋）钮应集中装在电源面板上。

电源的控制板上所有控制功能应有清晰可辨、永久性的标记，除焊接输出端外，所有电气接线端应置于壳体内部。

6.12 电源的结构应保证有足够的强度和刚度，并便于操作与维修。内部零件应安装牢固，所有紧固件应有防松措施。

6.13 电源应有可靠的吊运和搬移装置。吊运装置所能承受的重量应不小于电源重量的2.5倍。

6.14 安技防护应符合JB/T 7835中第6章规定。

6.15 产品漆层应平整光滑、厚度均匀、无裂纹、气泡及网痕脱皮现象。

7 试验方法及验收规定

7.1 仪表正确度与负载电阻选择

电流表、电压表和功率表：0.5级；

半导体点温计：±0.5K；

负载电阻，功率因素不小于0. 99。

7.2 仪表类型

应根据电流或电压的纹波因素正确地选用仪表。纹波因素大于10%的整流电流，用交流有效值电流表测量均方根值；纹波因数小于10%的整流电流，用直流电流表测量平均值。

7.3 试验分类

7.3.1 检查试验

每台电源制造后必须按7.4.1条中规定的项目试验，用以判明产品质量是否合格。

7.3.2 型式试验

同型号电源中选择代表性电源，应按7.4.2条规定进行全面性能试验，用以判明产品设计和制造质量是否符合全面技术性能要求。

凡属下列情况之一者应进行型式试验，每次不少于2台电源。

a) 试制的新电源；

b) 经较大改制的电源；

c) 电源在设计、工艺、使用材料上有重大变更；

d) 不经常生产的电源，再次生产时；

e) 电源的检查试验结果与以往的型式试验结果发生不允许的偏差者；

f) 批量生产进行定期抽验，每两年不少于一次。

7.4 试验项目及要求

7.4.1 检查试验

每台电源应按表2项目进行检查试验。其中除6～10项目外，应先在额定负载下（允许折合为连续负载）运行半小时，无异常情况发生后方可进行。

7.4.2 型式试验

型式试验除包括所有检查试验项目外，尚需进行表3所列的试验项目。

型式试验的每一个项目必须符合本标准要求，如初试不合格，应另抽加倍数量的产品复试。复试全部合格，则认为该批产品符合标准；复试中仍有一台产品不合格，则认为该批产品不符合标准。

7.5 试验方法

7.5.1 空载试验

电源的空载试验系指输入端接额定电压、额定频率，输出端不接负载，测量其整机的空载输出电压、空载输入电流和空载输入功率。

7.5.1.1 空载电压有效值测定：

外部焊接回路阻抗在5kΩ±5%的条件下用I级有效值表测量。

表2

序号	项目	要求
1	装配质量及标志检查	装配质量、各种标志及铭牌上的数据应符合图纸及GB 15579要求
2	绝缘电阻	符合GB 15579中6.1.2规定
3	介电强度	符合GB 15579中6.1.3规定
4	空载电压	符合产品设计要求
5	空载电流	符合6.9规定
6	电流调节范围和级差	符合6.5规定
7	电流指示精度	符合6.5.6规定
8	电流递增速率及电流衰减速率调节范围	符合6.6规定
9	输入端电流不对称率	符合6.3规定
10	引弧电源冲击值	符合6.11.1、6.11.2和6.7规定

表 3

序号	项目	要求
1	温升	符合 GB 15579 中 7.3 规定
2	效率	符合产品设计指标
3	功率因素	
4	静外特性	符合 6.10 条规定
5	动特性	符合 6.11 条规定
6	电流脉动	符合 6.11.4 条规定
7	引弧性能	符合 6.11.3 条规定
8	焊接电流冷热态变化率	符合 6.5.3 条规定
9	焊接电流稳定性	符合 6.5.3 和 4.5.4 条规定

注：电压表指示平均值正确度应达到 ±1%。选用的量程应尽可能接近空载电压实验值，电压表应有至少 1MΩ 的内阻，测量回路中各元件参数值的误差不得超过 ±5%。测量时，电位器在零至 5kΩ 之间变化，以获得在 0.2 ~ 5.2kΩ 负载下测量的最高峰值电压，转换极性重复测量。

7.5.1.3 其他空载参数的测定按照 GB 8118 中有关规定进行。

7.5.2 其他项目的试验方法，应符合 GB 8118 中有关规定。

8 标志、包装、运输及保管

8.1 标志

8.1.1 每台电源应在适当的明显位置固定产品铭牌，型式和内容应符合 GB 15579 规定，其内容应包括：

a) 制造厂名；

b) 产品名称；

c) 产品型号；

d) 初级电压，V；

e) 相数与接法；

f) 频率 Hz；

g) 空载电压，V；

h) 电流调节范围，A；

i) 额定负载持续率 %；

j) 额定工作电压，V；

k) 输入容量 kV · A；

l) 冷却方式；

m) 绝缘等级；

n) 重量 kg；

o) 产品编号；

p) 制造年月。

8.1.2 产品输出端标明“+”“−”极性，机壳口应装钉接地标牌，并需装置电源通断指示灯。如采用强迫风冷，除单相风机外，应表明风向或风扇转向。

8.1.3 产品铭牌、标志牌所用材质及制造方法，均应保证在使用时间内，具有清晰的字迹图象。

8.2 包装

8.2.1 产品中的附件、备件，在装箱时应加以包装保护、固定，以防在运输时损坏或丢失。

8.2.2 除在特殊情况下征得用户同意可以不装箱外，产品通常必须用箱罩包装，并适合露天存放及运输条件。

8.2.3 包装产品的箱罩上，应标出下列各项

a） 制造厂名及地址；

b） 收货单位名称及地址；

c） 产品名称、型号、工厂编号；

d） 净重、毛量、箱的外形尺寸以及注明“轻放”、“怕湿”、“不许倒置”等字样；

e） 装箱年、月。

8.2.4 随同产品供应的技术文件有：

a） 产品出厂合格证明书；

b） 产品使用说明书；

c） 装箱清单。

中华人民共和国机械行业标准

JB/T 4108-1999

热喷涂设备 分类及型号编制方法

代替 JB 4108-95

Equipment for thermal spraying—Cempile method for classification and model numder

国家机械工业部 1999-06-28 批准　　2000-01-01 实施

前言

本标准是对 JB 4108-85《热喷涂设备 分类及型号编制方法》进行的修订。

本标准与 JB 4108-85 相比，主要技术内容改变如下：

——热喷涂设备分类增加了“燃气爆炸喷涂”（见 2.2，2.3，2.4.1，2.4.3，表 2，表 3，表 5，表 7）；

——表 3 中对（序号 1 ～ 7）喷涂枪的第五字位增加了“高速喷枪”；

——表 6 的粉末输送装置增加了“混合式”。

本标准自实施之日起，代替 JB 4108-85。

本标准由全国金属与非金属覆盖层标准化技术委员会提出并归口。

本标准起草单位：武汉材料保护研究所。

本标准主要起草人：伍建华。

1　范围

本标准规定了热喷涂成套设备分类方法及热喷涂设备组成部分分类方法及其设备型号编制规则。

2　热喷涂设备分类方法

2.1　热喷涂设备定义

热喷涂设备系指利用不同热源，在工件表面上制备各种热喷涂层所用装置的总称。

2.2　适用范围

本方法所规定的热喷涂设备分类及其型号的编制规则适用于以下热喷涂工艺方法；

a） 火焰线材喷涂；

b） 火焰粉末喷涂；

c） 火焰粉末喷焊；

d） 电弧线材喷涂；

e） 等离子喷涂；

f） 等离子喷焊；

g） 燃气爆炸喷涂。

2.3 成套设备分类

成套设备分以下七类：

a）火焰线材喷涂成套设备；

b）火焰粉末喷涂成套设备；

c）火焰粉末喷焊成套设备；

d）电弧线材喷涂成套设备；

e）等离子喷涂成套设备；

f）等离子喷焊成套设备；

g）燃气爆炸喷涂成套设备。

2.4 热喷涂设备的组成分类

热喷涂设备组成部分按其作用可分为以下六类：

2.4.1 喷涂、喷焊枪

a）火焰线材喷涂枪；

b）电弧线材喷涂枪；

c）火焰粉末喷涂枪；

d）火焰粉末喷焊枪；

e）火焰加热重熔枪；

f）等离子喷涂枪；

g）等离子喷焊枪；

h）爆炸喷涂枪。

2.4.2 整流电源

2.4.3 控制装置

a）火焰线材喷涂控制装置；

b）电弧线材喷涂控制装置；

c）火焰粉末控制装置；

d）等离子喷涂控制装置；

e）等离子喷焊控制装置；

f）燃气爆炸喷涂控制装置。

2.4.4 材料输送装置

a）粉末输送装置；

b）线材输送装置。

2.4.5 机械装置

a）通用机械；

b）专用机械。

2.4.6 辅助装置

a）前处理装置；

b) 气体净化装置；

c) 增压水冷装置；

d) 防护装置；

e) 机械附件。

3 热喷涂设备型号编制方法

3.1 本标准适用的设备型号编制范围为本方法第 2 章中的七大类产品。

3.2 产品型号采用国务院正式颁布的汉语拼音字母和阿拉伯数字组成，分为首、尾两部分，中间以短横“–”隔开，型号诸元素的涵义、排列顺序及表示方法规定见本标准第 3.4.1 ～ 3.4.4 款。

3.3 汉语拼音字母的选用根据下列原则：

3.3.1 选用所代表产品第一个（或代表产品特征的）汉字的第一个字母。

3.3.2 如同一部位字母重复时，可选用所代表产品的非第一音节字母，必要时亦可采用其他拼音字母，以简明不重复为原则。

3.4 产品型号的编排次序

3.4.1 成套设备型号的编排次序

3.4.2 成套设备型号的表示方法

3.4.2.1 型号中1 4用汉语拼音字母表示。

3.4.2.2 型号中2 3用阿拉伯数字表示。

3.4.2.3 系列品种序号用于区别系列的不同品种，依生产先后编号。

3.4.2.4 附加特征用于代表同工艺类别的不同品种，代号暂时保留。

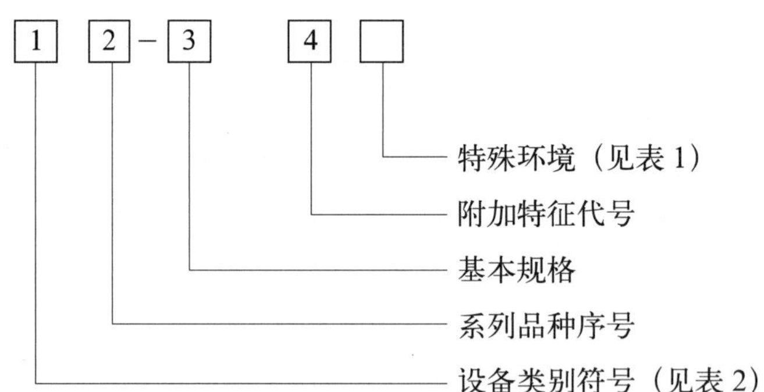

3.4.2.5 特殊环境的代表符号，按统一的电工产品规定，见表 1。非特殊环境则不标注。

表 1 特殊环境代表符号

特殊环境名称	代表符号
热　　带	T
温 热 带	TH
于 热 带	TA
高　　原	G

3.4.2.6　成套设备产品名称及工艺类别代号见表 2。

表 2　成套设备及工艺类别代号

序号	名称	工艺类别代号	基本规格
1	火焰线材喷涂成套设备	X	按枪的基本规格标注
2	火焰粉末喷涂成套设备	T	按枪的基本规格标注
3	火焰粉末喷焊成套设备	H	按枪的基本规格标注
4	电弧线材喷涂成套设备	D	按枪的基本规格标注
5	等离子喷涂成套设备	P	按枪的基本规格标注
6	等离子喷涂成套设备	L	按枪的基本规格标注
7	燃气爆炸喷涂成套设备	b	按枪的基本规格标注

3.4.3　设备的组成部分型号的编排次序。

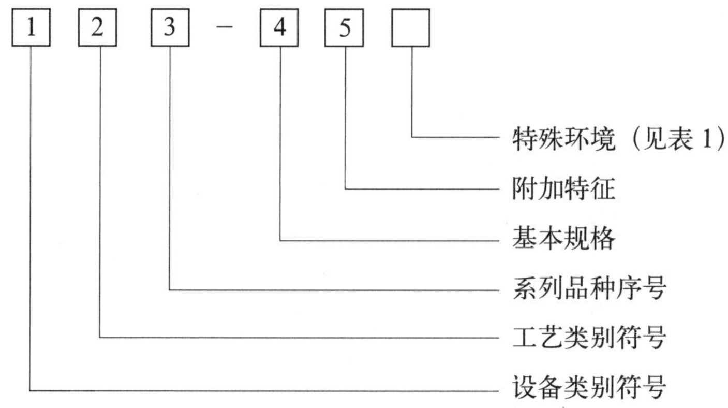

3.4.4　设备的组成部分型号的表示方法

3.4.4.1　[1][2][5]用汉语拼音字母表示。

3.4.4.2　[3]用阿拉伯数字表示，[4]除“火焰线材喷涂枪”、“电弧线材喷涂枪”采用Ⅰ、Ⅱ表示外，其余用阿拉伯数字表示。

3.4.4.3　型号中[3][4][5]项不用时其他各项紧排。

3.4.4.4　系列品种序号用于区别系列不同品种，依生产先后编号。

3.4.4.5　同 3.4.2.4。

3.4.4.6　同 3.4.2.5。

3.5　设备的组成部分产品型号的编制排列见表 3 ~ 表 8。

表 3　喷涂、喷焊枪

序号	第一字位		第二字位		第三字位		第四字位			第五字位		第六字位		全称
	代表字母	设备分类	代表字母	工艺类别	数字	系列品种序号	数字	基本规格	单位	代表字母	附加特征	代表字母	特殊环境	
1	Q	喷涂枪	X	火焰线材喷涂		厂家自定		每小时喷丝量	kg/h	省略 J G	手持式 机装式 高速喷枪			火焰线材喷涂枪
2	Q	喷涂枪	T	火焰线材喷涂		厂家自定		每小时送粉量(Ni 基粉)	kg/h	省略 P G	圆型枪 排型枪 高速喷枪			火焰粉末喷涂枪
3	Q	喷焊枪	H	火焰粉末焊喷		厂家自定		每小时送粉量(Ni 基粉)	kg/h	省略 P	圆型枪 排型枪			火焰粉末喷焊枪
4	Q	加热枪	R	火焰加热重熔		厂家自定		加热直径（或宽度）	mm	省略 P	圆型枪 排型枪			火焰加热重熔枪
5	Q	喷焊枪	L	等离子喷焊		厂家自定		额定工作电流	A	省略 N	外圆枪 内圆枪			等离子喷焊枪
6	Q	喷涂枪	P	等离子喷涂		厂家自定		额定功率	kW	省略 N J G	外圆枪 内圆枪 机装枪 高速喷枪			等离子喷涂枪
7	Q	喷涂枪	D	电弧线材喷涂		厂家自定		额定工作电流	A	省略 J G	手持式 机装式 高速喷枪			电弧线材喷涂枪
8	Q	加涂枪	b	燃气爆炸喷涂		厂家自定		每小时送粉量	kg/h	省略 N	外圆枪 内圆枪			燃气爆炸喷涂枪

表 4　整流电源

序号	第一字位		第二字位		第三字位		第四字位			第五字位		第六字位		全称
	代表字母	设备分类	代表字母	工艺类别	数字	系列品种序号	数字	基本规格	单位	代表字母	附加特征	代表字母	特殊环境	
1	Z	整流电源	D	电弧线材喷涂		厂家自定		额定电流	A	省略 K J	普通整流器 可控硅晶体管			整流电源
2	Z	整流电源	P	等离子喷涂		厂家自定		额定电流	A	省略 K J C	普通整流器 可控硅晶体管 抽头式			整流电源
3	Z	整流电源	L	等离子焊喷		厂家自定		额定电流	A	省略 K J C	普通整流器 可控硅晶体管 抽头式			整流电源

注：非热喷涂专用电源仍用电工局产品编号。

表 5　控制装置

序号	第一字位		第二字位		第三字位		第四字位			第五字位		第六字位		全称
	代表字母	设备分类	代表字母	工艺类别	数字	系列品种序号	数字	基本规格	单位	代表字母	附加特征	代表字母	特殊环境	
1	K	控制装置	X	火焰线材喷涂		厂家自定		按枪的基本规格标注		S Z W	手动 自动 多用			火焰线材喷涂控制装置
2	K	控制装置	H	火焰线材喷涂(焊)		厂家自定		按枪的基本规格标注		S Z W	手动 自动 多用			火焰粉末控制装置
3	K	控制装置	D	电弧线材喷涂		厂家自定		按枪的基本规格标注		S Z W	手动 自动 多用			电弧线材喷涂控制装置
4	K	控制装置	P	等离子喷涂		厂家自定		按枪的基本规格标注		S Z W	手动 自动 多用			等离子喷涂控制装置
5	K	控制装置	L	等离子焊喷		厂家自定		按枪的基本规格标注		S Z W	手动 自动 多用			等离子喷焊控制装置
6	K	控制装置	B	爆炸喷涂		厂家自定		按枪的基本规格标注		S Z W	手动 自动 多用			爆炸喷涂控制装置

表 6　输送装置

序号	第一字位		第二字位		第三字位		第四字位			第五字位		第六字位		全称
	代表字母	设备分类	代表字母	工艺类别	数字	系列品种序号	数字	基本规格	单位	代表字母	附加特征	代表字母	特殊环境	
1	S	输送装置	F	送粉器		厂家自定	—	—	—	B	刮板式			粉末输送器
2	S	输送装置	F	送粉器		厂家自定	—	—	—	C	电磁振动式			粉末输送器
3	S	输送装置	F	送粉器		厂家自定	—	—	—	J	机械振动式			粉末输送器
4	S	输送装置	F	送粉器		厂家自定	—	—	—	Q	气动式			粉末输送器
5	S	输送装置	F	送粉器		厂家自定	—	—	—	Z	转轮式			粉末输送器
6	S	输送装置	F	送粉器		厂家自定	—	—	—	H	混合式			粉末输送器
7	S	输送装置	X	线材装置		厂家自定	—	—	—	D	电动式			线材输送器
8	S	输送装置	X	线材装置		厂家自定	—	—	—	Q	气动式			线材输送器

表 7 机械装置

序号	第一字位		第二字位		第三字位		第四字位			第五字位		第六字位		全称
	代表字母	设备分类	代表字母	工艺类别	数字	系列品种序号	数字	基本规格	单位	代表字母	附加特征	代表字母	特殊环境	
1	J	机械装置	W	通用机械		厂家自定		最大回转直径或最大工件长度	mm	省略 L H	卧式 立式 回转式			能用机械
2	J	机械装置	X	火焰线材喷涂		厂家自定		最大回转直径或最大工件长度	mm	A	特殊			火焰线材喷涂机械装置
3	J	机械装置	T	火焰粉末喷涂		厂家自定		最大回转直径或最大工件长度	mm	A	特殊			火焰粉末喷涂机械装置
4	J	机械装置	H	火焰粉末焊喷		厂家自定		最大回转直径或最大工件长度	mm	A	特殊			火焰粉末喷焊机械装置
5	J	机械装置	D	电弧线材喷涂		厂家自定		最大回转直径或最大工件长度	mm	A	特殊			电弧线材喷涂机械装置
6	J	机械装置	P	等离子喷涂		厂家自定		最大回转直径或最大工件长度	mm	A	特殊			待离子喷涂机械装置
7	J	机械装置	L	等离子喷焊		厂家自定		最大回转直径或最大工件长度	mm	A	特殊			等离子焊喷机械装置
8	J	机械装置	b	爆炸喷涂		厂家自定		最大回转直径或最大工件长度	mm	A	特殊			爆炸喷涂机械装置

表 8　辅助装置

序号	第一字位		第二字位		第三字位		第四字位			第五字位		第六字位		全称
	代表字母	设备分类	代表字母	工艺类别	数字	系列品种序号	数字	基本规格	单位	代表字母	附加特征	代表字母	特殊环境	
1	F	辅助装置	D	电拉毛		厂家自定		电流	A					拉毛机
2	F	辅助装置	C	喷砂		厂家自定		喷嘴喉径	mm					喷砂机
3	F	辅助装置	U	换热排污		厂家自定		处理气体量	m^3/min					换热排污器
4	F	辅助装置	S	油水分离		厂家自定		处理空气量	m^3/min					油水分离器
5	F	辅助装置	Y	乙炔干燥		厂家自定		处理空气量	m^3/h					乙炔干燥器
6	F	辅助装置	R	热交换器		厂家自定		处理介质流量	m^3/h					热交换机
7	F	辅助装置	F	防护装置		厂家自定								
8	F	辅助装置	J	机械附件		厂家自定		按公称直径系列	mm	K Y	快速接头乙炔干式回火防止器			快速接头乙炔干式回火防止器

3.6 编制“统一型号”示例

3.6.1 成套设备“统一型号”编制示例。

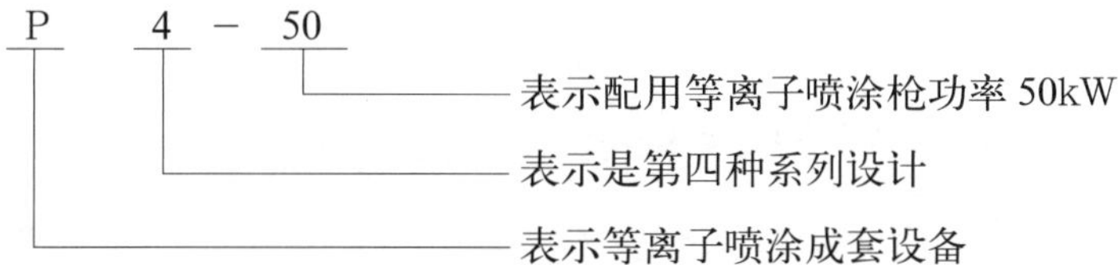

即是第四种系列设计功率为 50kW 的等离子喷涂设备

3.6.2 设备组成部分“统一型号”编制示例

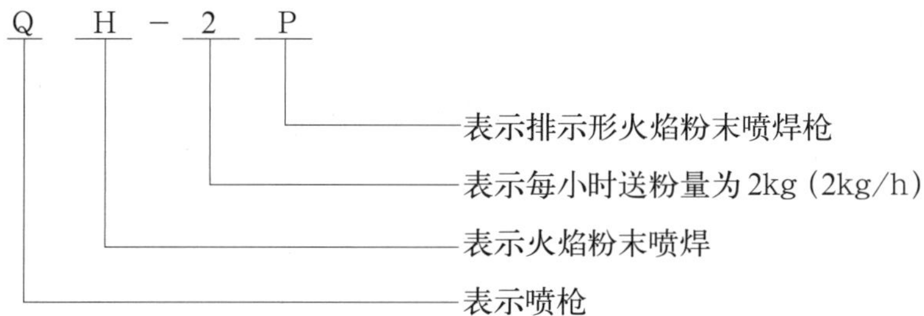

中华人民共和国国家标准

GB 11373—89

热喷涂金属件表面预处理通则

The general principle of surface preparation of metallic substrate for thermal spraying

国家技术监督局 1989-06-29 批准　　　　1990-01-01 实施

1 主题内容与适用范围

本标准规定了热喷涂前对金属基体作表面预处理的一些基本准则。

本标准适用于新件生产，也适用于旧件修复。

2 引用标准

GB 8923 涂装前钢材表面锈蚀等级和除锈等级

GB 1031 表面粗糙度参数及其数值

GB 11375 热喷涂操作安全

3 表面预处理的意义和要求

基体金属表面的预处理状况，决定着热喷涂涂层与基体的结合性能，因此对其使用寿命有决定性的影响。

表面预处理包括除去金属表面的油脂、其他污物、锈、氧化皮、旧涂层、焊接熔粒[1)]以及对表面的粗化处理。

待喷涂表面必须进行粗化。喷砂粗化，是最常用的粗化处理方法之一，它能达到符合技术要求的粗糙度，使涂层与基体很好地啮合，并可去除油污、锈、氧化皮、旧涂层等。其他常用的粗化处理方法，如车螺纹、滚花、电拉毛（亦称镍拉毛）、喷钼和镍包铝等或上述方法的综合使用均可提高涂层与基体的结合强度。

各种粗化方法，对基体材料的疲劳强度有一定的影响。喷砂对低强度材料及未经淬火的零部件，其疲劳强度影响不大，但对高强度的淬火材料就有不同程度的损害；车螺纹、滚花和电拉毛，由于基体材料表面缺口处应力集中，其疲劳强度降低；承载的截面积相应减小，其承载能力下降。在粗化处理中，应注意此问题。

在表面预处理过程中，工件必须保持干燥，在不利的气候条件下要采用必要的保护措施。

预处理与喷涂工序之间，工件停留时间应尽可能缩短。晴天或湿度不大的气候条件下，其停留时间不得超过 12h；雨天、潮湿、盐雾或含硫的气候环境下，其停留时间不得超过 2h。

工作环境的大气温度至少应高于气温 5℃或基体的温度至少高于大气露点 3℃。

必要时，还应采取其他有效措施，如遮盖，加热或输入净化、干燥的空气，以便满足工作环境的要求。

注：1）除去焊接熔粒不属于本标准的范围，但凡需热喷涂的工件必须除去焊渣和飞溅的熔粒。

4　预处理方法

根据涂层的应用目的、涂层材料的种类和基体表面的原始状况，推荐采用以下方法。

4.1　脱脂净化

当工件按4.2条～4.6条进行处理之前，必须按下述方法仔细地清除油脂等污物。

a．溶剂法　采用溶剂汽油、三氯乙烯或四氯化碳等擦洗、浸洗可有效地除去油脂。

b．蒸气清洗　该法通常采用三氯乙烯等卤代烃系溶剂在一定设备中作蒸气清洗，此法可以把金属表面的油脂有效地除去。但应注意铝和锌作此处理以前，应仔细除去加工时留下的碎屑，以免与溶剂发生激烈反应。

c．乳液清洗法　乳化清洗液通常由混有强乳化液和湿润剂的有机溶液配制而成，此法具有脱脂能力，且不会产生污染。可用热液浸洗工件，也可在冷态下应用，清洗后再用水漂洗去乳液。

d．碱性清洗剂法　此清洗剂常以氢氧化钠、磷酸钠、碳酸钠和钠的硅酸盐为主，浸洗时浓度为50～75g/L，温度为80℃，浸渍时间30min即可脱脂。亦可使用碱液作喷射清洗，浓度可低至10～20g/L，温度为80℃，喷射1～2min可得到清洁的表面。

碱液清洗后的工浸，如未自干，应即作干燥处理。

e.加热法　对于被油脂浸透了的铸铁或多孔隙的零部件，可用低温（约300℃）加热法将渗入的油脂驱除，表面的积炭可用细磨料（见4.2.3条）喷除。

4.2　喷砂粗化

喷砂处理后的清洁度应达到GB　8923第3章中规定的最高清洁度S_a3，即完全除去氧化皮、锈、污垢和旧涂层等附着物。

粗糙度应达到Ra25～100μm，即在取样长度内5个最大轮廓峰高与5个最大轮廓谷深的平均值之和应达到上述值。

喷砂使用的压缩空气必须干燥、无油。压力式喷砂机喷口处压力一般为0.34～0.52MPa，射吸式喷砂机压力一般为0.52～0.69MPa，但对于壁厚小于4mm的薄板件，压力可略低于下限；磨料的喷射方向与工作面法线之间的夹角一般取15°（不能超过30°），喷砂咀到工件的距离一般取100～300mm，这些参数视工件具体情况而定。

4.2.1　喷砂方法　热喷涂常用喷砂方法如下：

a．离心抛砂法　此法是采用装有回收磨料的循环抛射装置，可对工件连续进行离心抛射，效率最高。

b．压力式喷砂法　此法是利用空气压力将磨料送入喷枪高速喷出，而使工件粗化的方法。可在喷砂室或喷砂厅内进行自由喷射，也可使用回收磨料的循环装置，还可在现场对已安装的钢结构件或较大的工件进行自由喷射，喷射磨料一般只用一次。必要时也可人工回收、分筛、干燥后继续使用，效率较高。

c．射吸式喷砂法　此法是借助空气在喷砂枪内腔形成负压吸取磨料，高速喷出，使工件粗化。可在喷砂箱内连续喷射，效率不如上两法。

d．无尘喷砂法　此法系一种能回收磨料的特殊喷砂方法。仅用于较小喷砂面及特殊场合。

4.2.2　喷砂磨料　喷砂粗化用磨料必须保持清洁、干燥。在制备功能性涂层时，喷砂粗化不允许使用废旧涂层、氧化皮、或油脂等污染了的磨料。

喷砂用磨料还必须有尖锐的棱角，推荐优先选用4.2.2.1条和4.2.2.2条规定的磨料。

4.2.2.1 熔融刚玉和碳化硅 熔融刚玉（白刚玉、棕刚玉等）和碳化硅，这类磨料除了有较高的硬度和棱角外，还具有较好的耐用性和极好的粗化效果。

4.2.2.2 冷硬铸铁 棱角形冷硬铸铁磨料有较高的使用寿命，一直可用至棱角磨钝才更换，但在非铁金属如铝锌及其合金上易造成电位腐蚀。

4.2.2.3 其他磨料 炼钢炼铜的炉渣也可使用。尖锐有棱角的石英砂虽也具同样功能，但除非有良好劳动保护措施，我国是禁止在敞开条件下使用的。

4.2.3 磨料粒度

熔融刚玉，碳化硅和冷硬铸铁磨料等都有不同的粒度，应根据不同情况予以选用。

一般壁厚大于或等于4mm的构件，选用磨料粒度范围为0.5～1.5mm，若是矿渣则应选用0.5～2.0mm。

壁厚小于4mm的构件或白色金属如铝及其合金等，则应选用体积密度小的磨料。

对于轧制氧化皮的去除，可选用更细的磨料，喷射细磨料时，扫描面积大，效率也高。

4.2.4 喷砂表面的检验

清洁度 产品的清洁度检验，按有关标准制备基准样板进行目视比较，也可按GB 8923中规定的S_a3级标准片进行目视比较。

粗糙度 采用粗糙度样板与工件进行目视比较。粗糙度样板应通过光切显微镜检查，R_z值应符合GB 1031，以此作为基准样板。

4.2.5 喷砂的防护

喷砂处理的防护措施，系指工作场地和环境而言，尤其是对现场及周围人员的防护，具体措施按GB 11375实施。

4.3 下切

为了满足轴类或有公差配合的工件有足够的成型尺寸，保证涂层的均匀性及足够的强度，必须对工件进行下切加工。

下切角系指下切端部与轴线或平面的夹角，一般为30°～45°，下切深度应根据工件使用环境而定。

下切加工时，车刀或刨刀要锐脂净化。加工过程中不允许采用冷却剂和润滑剂。

4.4 车螺纹、滚花

车螺纹和滚花都是为了粗化工件表面，增加基体的表面积，给涂层提供良好的啮合面。在切削螺纹后，螺纹的尖角应切除。滚花后的工件也要尽量避免形成凸起的尖角。

一般螺距S和螺纹深度h，应根据工件尺寸、应用目的和基体材质而定，它们的关系为：

$$\frac{S}{H}=2 \text{ 或螺纹的啮合角为 } 90^\circ$$

上述粗化工序所用工具也应脱脂净化，且不允许采用冷却剂和润滑剂，以免污染净化的表面。

4.5 电拉毛

电拉毛是利用电弧熔化镍阳极，在经净化的有效表面上制备出一层均匀的、粗化的表面。它为涂层提供良好的啮合面，适用于厚壁工件和受静态应力的硬表面。

4.6 结合层

结合层亦称粘结层或打底层，在经净化和粗化处理的工件有效面上，先喷涂一层金属(如Mo、Ta)、合金(如M−Cr、Ni−Cr−Al或M[1]−Cr−A1−Y)或复合材料(如Ni/A1、A1/Ni)等自粘结材料，以提高涂层与基体的结合性能或增加其功能特性。

注：1）M代表Ni、Go等金属。

5 工件预热

由于工件与喷涂材料的热膨胀系数不同，或若气温低、湿度大，为了驱除潮气和消除应力，在热喷涂前，对工件预热是很有必要的，尤其是内腔部位更有必要。预热温度一般控制在95℃左右，火焰喷焊时，工件的预热温度可控制在300℃左右。

6 遮蔽与保护

6.1 喷砂前的遮蔽

喷砂前，采用遮蔽带、金属薄板、套环、硬木板或橡胶等对非有效表面进行遮蔽保护。

6.2 喷涂前的保护

预处理和喷涂工序之间，需中间停留时，应对经预处理的有效表面采用干净牛皮纸、塑料膜等进行保护。

6.3 喷涂前对特殊部位的遮蔽

喷涂前，对有效表面上的楔槽、沟槽、油孔及其类似的槽孔等均应用耐热材料堵塞，如碳精棒是很有效的遮蔽材料。喷涂件精加工后，再清理堵塞的孔槽。

对于非有效面的遮蔽，采用遮蔽剂，有理想的保护效果，且易除去，也不会影响工件的光洁度。还可用6.1条中遮蔽方法进行保护。

附加说明：

本标准由中华人民共和国机械电子工业部提出。

本标准由全国金属与非金属覆盖层标准化技术委员会归口。

本标准由武汉材料保护研究所负责起草。

本标准主要起草人胡有权。

中华人民共和国国家标准

GB/T 11374—2012
代替 GB/T 11374—1989

热喷涂涂层厚度的无损测量方法

Thermal spraying coating—Nondestructive methods for measurement of thickness

2012-09-03 发布　　2013-03-01 实施

前言

本标准按照 GB/T 1.1—2009 给出的规则起草。

本标准代替 GB/T 11374—1989《热喷涂涂层厚度的无损测量方法》。与 GB/T 11374—1989 相比主要变化如下：

——增加了第二章的引用文件；

——修改了第三章部分术语名称和解释；

——修改了第五章确定参比面的部分内容；

——修改了第六章局部厚度测量的部分内容。

本标准由中国机械工业联合会提出。

本标准由全国金属与非金属覆盖层标准化技术委员会（SAC/TC 57）归口。

本标准起草单位：武汉材料保护研究所，江苏中矿大正表面工程技术有限公司。

本标准主要起草人：汪洪生、严生贵、张冀蜀、洪伟。

本标准所代替标准的历次版本发布情况为：

——GB/T 11374—1989。

1　范围

本标准规定了热喷涂涂层厚度测量的术语、测量方法的选择、参比面的确定及局部厚度的测量。

本标准适用于所有热喷涂方法，包括火焰喷涂、电弧喷涂、等离子喷涂等所制备的各种磁性金属基体上非磁性涂层和非磁性金属基体上非导电涂层的厚度测量及评定。

2　规范性引用文件

下列文件对于本文件的应用是必不可少的。凡是注日期的引用文件，仅注日期的版本适用于本文件。凡是不注日期的引用文件，其最新版本（包括所有的修改单）适用于本文件。

GB/T 4956　磁性基体上非磁性覆盖层　覆盖层厚度测量　磁性法

GB/T 4957　非磁性基体金属上非导电覆盖层　覆盖层厚度测量　涡流法

GB/T 6463　金属和其他无机覆盖层厚度测量方法评述

GB/T 12334　金属和其他非有机覆盖层　关于厚度测量的定义和一般规则

GB/T 18719　热喷涂　术语、分类

3　术语和定义

GB/T 12334 和 GB/T 18719 界定的以及下列术语和定义适用于本文件。

3.1 主要表面 significant surface

工件上某些已涂覆或待涂覆覆盖层的表面，在该表面上覆盖层对其使用性能或外观是至关重要的。

3.2 测量面 measuring area

作单次测量的主要表面区域。

无损法的测量面为与探头接触的区域或影响读数的区域。

3.3 参比面 reference area

要求作规定次数单次测量的区域。

3.4 局部厚度 local thickness

在参比面内进行的规定次数厚度测量的平均值。

3.5 最小局部厚度 minimum local thickness

在单个工件的主要表面所测得的局部厚度中的最小值。

3.6 最大局部厚度 maximum local thickness

在单个工件的主要表面所测得的局部厚度中的最大值。

3.7 平均厚度 average thickness

在主要表面上均匀散布地进行规定次数的局部厚度测量得到的平均值。

4 测量方法的选择

4.1 测量方法的概述

测量方法应根据基体材料与涂层材料是否具有磁性与导电性选择测量方法 (见 GB/T 6463)。

4.2 磁性法

本方法适用于磁性金属基体上非磁性涂层的厚度测量，应用任何热喷涂工艺在磁性金属基体上制备的非磁性涂层均可采用此种方法进行无损测厚 (见 GB/T 4956)。

4.3 涡流法

本方法适用于非磁性金属基体上非导电涂层的厚度测量，应用任何热喷涂工艺在非磁性金属基体上制备的非导电涂层均可采用此种方法进行无损测厚 (见 GB/T 4957)。

5　参比面的确定

5.1 参比面的大小

5.1.1 主要表面小于 $1cm^2$ 的试件

用于测量局部厚度的参比面应是试件的整个主要表面。

5.1.2 主要表面大于 $1cm^2$ 的试件

用于测量局部厚度的每个参比面面积应取 1cm^2（尽可能取边长 1 cm 的正方形）。

5.1.3 主要表面大于 1cm^2 试件

用于测量局部厚度的每个参比面面积允许增大到 1dm^2。

5.2 参比面的个数与位置的确定

参比面个数的确定应使参比面的总面积不小于主要表面面积的 5%。参比面的位置应均匀分布在整个主要表面上。

6 局部厚度的测量

6.1 局部厚度测量的点数

6.1.1 对主要表面 $<$1cm^2 的试件，作 1 ~ 3 点测量。

6.1.2 对 1cm^2 $\leqslant$主要表面 $<$1cm^2 的试件，在选择的参比面内作 3 ~ 5 点测量。

6.1.3 对主要表面$\geqslant$ 1cm^2 的试件，选择的参比面 1dm^2 时，作 9 点 10 次测量，第 1 次与第 10 次测量点重合。

6.2 测量点的分布如下图：

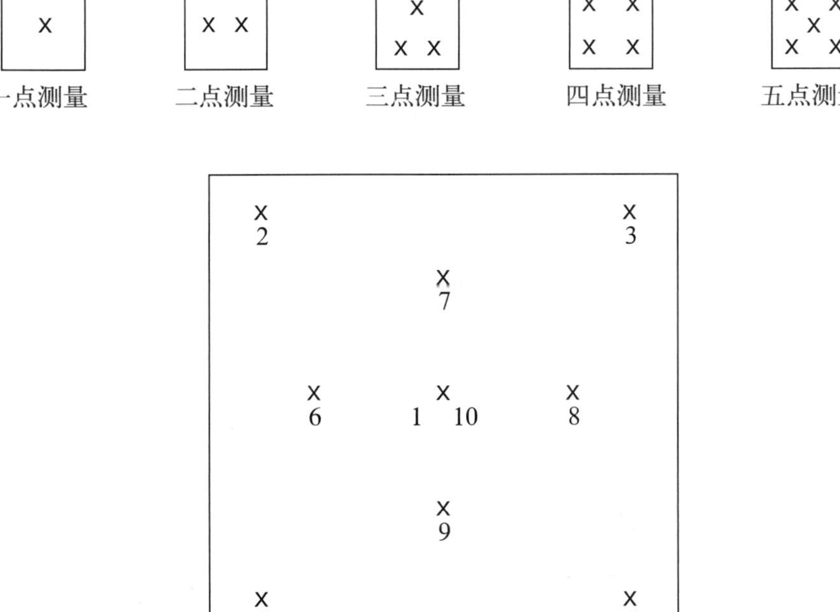

9 点 10 次测量

注：图中 × 为测量点，数字为测量次数和顺序。

图 1 测量点分布图

7 厚度的报告

7.1 对于不同用途的涂层，可根据用户要求报告平均厚度、最小局部厚度或最大局部厚度。

7.2 如无专门规定，热喷涂涂层的厚度应报告主要表面上测得的最小局部厚度。

中华人民共和国国家标准

GB/T 19356-2003

热喷涂 粉末 成分和供货技术条件

代替 GB/T 12608-1990

Thermal spraying-powders-Composition and technical supply conditions

2003-10-29 发布 2004-05-01 实施

前言

本标准修改采用 ISO 14232:2000“热喷涂 粉末 成分和供货技术条件”（英文版）。

本标准对 ISO 14232 进行了重新起草。根据热喷涂粉末技术在我国应用的基本情况，本标准对 ISO 14232 作了如下修改：

——取消了国际标准的前言和引言；

——用“本标准”代替“本国际标准”；

——引用了等效国际标准的我国标准；

ISO 3310-1 的最新版本为 ISO 3310-1:2000，由于我国尚未将其转化为国家标准，所以本标准仍引用这一国际标准。

GB/T 1479.1-1984 涵盖了 Scott 容量计法，用 GB/T 1479.1-1984 代替规定 Scott 容量计法的 ISO 3923-2:1981 在本标准中被引用。

本标准代替 GB/T 12608-1990《热喷涂涂层材料命名方法》。

本标准由中国机械工业联合会提出。

本标准由全国金属与非金属覆盖层标准化技术委员会归口。

本标准起草单位：武汉材料保护研究所、威霖热喷涂材料研究所、成都振兴金属粉末厂。

本标准主要起草人：曹庆、邝益壮、王春华、吴子健、宋燕。

1 范围

本标准规定了生产热喷涂涂层常用的粉末化学成分和物理性质。

2 规范性引用文件

下列文件中的条款通过本标准的引用而成为本标准的条款。凡是注日期的引用文件，其随后所有的修改单（不包括勘误的内容）或修订版均不适用于本标准，然而，鼓励根据本标准达成协议的各方研究是否可使用这些文件的最新版本。凡是不注日期的引用文件，其最新版本适用于本标准。

GB/T 1479 金属粉末松装密度的测定 第一部分：漏斗法(neq ISO 3923-2)

GB/T 1482 金属粉末流动性的测定 标准漏斗法（霍尔流速计）(neq ISO 4490)

GB/T 5314—1985　粉末冶金用粉末的取样方法(neq ISO 3954：)

ISO 3310—1[1]　试验筛　要求和试验　第 1 部分：金属丝布筛

3　热喷涂粉末性质及其测定

3.1　样本和取样

样本和取样应是粒度均匀的混合物，相应的抽取样本和取样的操作方法和设备指南应符合 GB/T 5314。

3.2　化学成分

可采用任何适当的试验方法测定化学成分，例如：原子吸收光谱、火焰发射光谱、X 射线荧光分析、化学分析等。

3.3　粒度范围

典型的粒度范围适用于热喷涂送粉装置。

用符合 ISO　3310—1 的粒度测量法测定粒度分布时，细筛分的变化范围不超过 2%，粗筛分的变化范围不超过 5%。表观粒度取决于测量技术，因此，粒度上下限最大允许公差也取决于测定方法。

测定方法、粒度范围、粒度上下限最大允许公差应由粉末生产厂家与热喷涂涂层生产厂家协定，以保证热喷涂工艺的重现性。

供应的粉末应适合热喷涂工艺，热喷涂工艺可用的典型粒度范围（以 μm 计）举例如下：

——22/5；

——45/22；

——90/45；

——45/5；

——63/16；

——106/32。

3.4　粒度分布

为准确表示粒度范围，必须测定粒度及其分布。优先选用 X 射线吸收法和激光束散射法，因其重现性、快速性和分辨力都比传统筛选法高。

粒度和粒度分布的测定结果取决于所采用的方法，而团聚粉末还受粘结剂溶解度的影响。因此，必[①]须证实被测的粉末适于所选择的方法，粉末检验证书除说明粒度分布测定结果之外，还要说明所用的试验方法。

3.5　制造工艺一颗粒形态

粉末生产工艺应标明，例如熔化法、粘结法、团聚法、雾化法等。

可用扫描电子显微镜和体现显微镜提示颗粒形状和表面形貌，其图象可与生产厂家提供的货样进行对比而确定其相似程度。制造工艺和颗粒形态之间的关系举例见附录 A。

3.6　松装密度

粉末的松装密度应按 GB/T　1479 的规定进行测定，并以 g/cm^3 表示。

---

①将出版（ISO　3310—1：1990 的修订）。

3.7 流动性

粉末流动性应按 GB/T 1482 的规定进行测定，并以 s/50g 表示。

3.8 显微结构

可制备粉末颗粒的横截面金相试样来测定其显微结构。由于制样方法是关键的，应由生产厂家和用户协定。

3.9 相的测定

可用 X 射线衍射分析、显微探针或金相以及定量图象公析测定多相粉末中相的种类、数量、形状、构造、成分和尺寸。

3.10 概要

针对不同热喷涂工艺和材料，热喷涂末各项性质的相对重要性见表 1

表 1　在各种热喷涂工艺和材料中热喷涂粉末各项性质的相对重要性

	化学成分	粒度	颗粒形状	松装密度	流动性	显微结构	相成分	熔化范围
粉末种类								
纯金属	+++	+++	++	+	+	−	−	−
金属合金	+++	+++	++	+	+	−	+	++[a]
碳化物，磷化物同金属，碳化物同金属合金	+++	+++	++	+	+	++	++	−
氧化物，磷配盐和其他非碳化物类陶瓷	+++	+++	++	+	+	+	+	−
有机材料	+++	+++	+	+	++	−	−	+++[b]
不同的热喷涂工艺								
等离子喷涂	++	+++	++	−	+	−	++[c]	−
火焰喷涂	++	+++	+	−	+++	−	−	+++[a]
高速火焰喷涂	++	+++	+++	++	+	−	++[c]	+

注：+++ 表示此性质是强制性的／要求严格的性质。

++ 表示此性质是推荐性的／重要性质。

+ 补充细节。

− 不重要。

a　对自熔性合金。

b　有机材料喷涂中，熔化材料的耐氧化性和加热分解性及毒性是重要的。

c　对喷涂碳化物和氧化物，必须详细规定，例如，$ZrO_2-Y_2O_3$

4　粉末类型

4.1 碳化物、碳化物同金属、碳化物同金属合金和复合材料

4.2 氧化物、磷酸盐和非碳化物陶瓷

4.3 有机材料

一些有机喷涂材料（化学合成物）目前正在评价中。最常用的有机喷涂材料是乙烯—乙烯醇共聚物和聚脂，它们都用于粉末火焰喷涂。

中华人民共和国机械行业标准

GB/T 12608-2003

热喷涂 火焰和电弧喷涂用线材、棒材和芯材 分类和供货技术条件

代替 GB/T 12608-1990

Thermal spraying-Wires, rods and cords for flame and arc spraying-Classification amd technical supply condition

2003-10-29 发布　　2004-05-01 实施

前言

本标准修改采用ISO 14919：2001《热喷涂 火焰和电弧喷涂用线材、棒材和芯材 分类和供货技术条件》（英文版）。

根据我国国情，将ISO 14919:2001中引用欧洲标准EN 10204:1991《金属产品 检验文件的类型》的部分内容，修改为引用国家标准GB/T 14436-1993《工业产品保证文件总则》中的相关内容；增加了直径2.0 mm规格的芯材。删除国际标准的前言。

本标准和GB/T 19356-2003《热喷涂 粉末 分类和供货技术条件》一起代替GB/T 12608-1990《热喷涂涂层材料命名方法》。

本标准与GB/T 12608-1990相比有如下变化：

——改变了材料的分类方法，完全采用了国际标准的分类方法；

——改变了材料的标记方法，完全采用了国际标准的标记方法；

——删除了原标准中第4章“材料的分类及命名的编制和管理”的内容；

——增加了材料的供货技术条件，规定了各种材料共有的一些技术条件。

本标准由中国机械工业联合会提出。

本标准由全国金属与非金属覆盖层标准化技术委员会归口。

本标准起草单位：武汉材料保护研究所、上海瑞法喷涂机械有限公司。

本标准主要起草人：汪洪生、陈惠国、左丹江、刘子刚。

1　范围

本标准规定了用于热喷涂，特别是用于电弧和火焰喷涂的金属和非金属线材（实芯和有芯）、棒材、芯材的分类要求。

2　规范性引用文件

下列文件中的条款通过本标准的引用而成为本标准的条款。凡是注日期的引用文件，其随后所有的修改单（不包括勘误的内容）或修订版均不适用于本标准，然而，鼓励根据本标准达成协议的各方研究是否

可使用这些文件的最新版本。凡是不注日期的引用文件，其最新版本适用于本标准。

GB/T 14436—1993 工业产品保证文件 总则

3 分类

3.1 根据制造方法和产品结构分类

热喷涂材料按制造方法和产品结构分类见表 1。

表 1 热喷涂材料和产品结构分类

编号	类型	制造方法	结构
1	实心线材 / 棒材	冶金法制造与成形	成分均匀
2	实心线材 / 棒材	粉末冶金法制造与成形	成分均匀
3	有芯线材（管状线材）	充填于金属管并于成形时压实	粉末充填于无焊缝金属壳中
4	有芯线材 （折迭型线材）	金属壳用粉末充填、粘结并于拉制时压实	粉末充填于金属壳间
5	芯材	粉末、粘结剂与有机材料壳同时挤压成形	粉末充填于朔料壳中
6	陶瓷棒	陶瓷材料挤压烧结成形	陶瓷颗粒粘结而成的棒材

3.2 根据材料种类和化学成分分类

材料的种类见表 2，化学成分应如表 3 ～表 10 所列。

表 2 按材料种类分类

编 号	种类
1	锡和锡合金
2	锌和锌合金
3	铝和铝合金
4	铜和铜合金
5	铁和铁合金
6	镍和镍合金
7	钼
8	氧化物陶瓷

3.2.1 锡和锡合金

表 3　锡和锡合金

编号	标记	合金元素 质量分数 / %	其他元素 质量分数 / %	制造方法
1.1	Sn99	Sn ≥ 99. 95	总量 ≤ 0.5 Sb ≤ 0.02 As ≤ 0.01 Bi ≤ 0.002 Cu ≤ 0.01 Fe ≤ 0.01 Pb ≤ 0.02 A1+Cd+Zn ≤ 0.002	1
1.2	SnSbCu 84	Sb 7 ~ 8 Cu 3 ~ 4 Sn 余量	Pb ≤ 0.35 Ag ≤ 0.1 Bi ≤ 0.08 Fe ≤ 0.1 Al ≤ 0.01 Zn ≤ 0.01 其他 ： 总量 ≤ 0.2	1

3.2.2 锌和锌合金

表 4　锌和锌合金

编号	标记	合金元素 质量分数 / %	其他元素 质量分数 / %	制造方法
2.1	Zn 99.99	Zn ≥ 99. 99	总量 ≤ 0.010 Pb ≤ 0.005 Cd ≤ 0.005 Pb+Cd ≤ 0.006 Su ≤ 0.001 Fe ≤ 0.003 Cu ≤ 0.002 其他： 总量 ≤ 0.12	1

续表 4

编号	标记	合金元素 质量分数／%	其他元素 质量分数／%	制造方法
2.2	Zn 99	Zn ≥99	总量 ≤1.0 Pb ≤0.005 Cd ≤0.005 Pb+Cd ≤0.006 Sn ≤0.001 Fe ≤0.01 Cu ≤0.7 Mo ≤0.01 Ti ≤0.16 Mg ≤0.01 Al ≤0.01 其他： 总量 ≤0.12	1
2.3	ZnAl 15	Zn 84～86 Al 14～16	总量 ≤0.17 Pb ≤0.005 Cd ≤0.005 Pb+Cd ≤0.006 Su ≤0.001 Fe ≤0.05 Cu ≤0.01 Si ≤0.12	1

3.2.3 铝和锃合金

表 5 铝和铝合金

编号	标记	合金元素 质量分数／%	其他元素 质量分数／%	制造方法
3.1	Al99.98	Al ≥99.98	总量 ≤0.02 Si ≤0.01 Zn ≤0.01 Fe ≤0.006 Cu ≤0.003 Ti ≤0.003 其他： 分别 ≤0.003	1

续表 5

编号	标记	合金元素 质量分数 / %	其他元素 质量分数 / %	制造方法
3.2	Al 99.5	Al ≥ 99.5	总量 ≤ 0.5 Si ≤ 0.3 Fe ≤ 0.4 Ti ≤ 0.05 Cu ≤ 0.05 Zn ≤ 0.07 Mn ≤ 0.05 其他： 分别 ≤ 0.03	1
3.3	AlMg 5	Mg 4.5 ~ 5.0 Mn 0 ~ 0.5 Cr 0 ~ 0.3 Ti 0.10 ~ 0.25 Al 余量	总量 ≤ 0.9 Si ≤ 0.25 Fe ≤ 0.40 Cu ≤ 0.05 Zn ≤ 0.20 其他： 分别 ≤ 0.05	1
3.4	AlZn 5	Zn 4.5 ~ 5.1 Al 余量	总量 ≤ 1 Si ≤ 0.30 Fe ≤ 0.40 Cu ≤ 0.05 Sn ≤ 0.20 其他： 分别 ≤ 0. 05	1
3.5	AlSi 5	Si 4.5 ~ 5.5 Al 余量	总量 ≤ 1 Si ≤ 0.30 Fe ≤ 0.40 Cu ≤ 0.05 Sn ≤ 0.20 其他： 分别 ≤ 0.05	1

3.2.4 铜和铜合金

表 6 铜和铜合金

编号	标记	合金元素 质量分数 / %	其他元素 质量分数 / %	制造方法
4.1	Cu 99	Cu ≥ 99.9	其他 ≤ 0. 01	1
4.2	CuZn 37	Cu 62.0 ~ 64 Zn 余量	Al ≤ 0. 03 Fe ≤ 0. 1 Mn ≤ 0. 1 Ni ≤ 0. 3 Pb ≤ 0. 1 Sb ≤ 0. 01 Sn ≤ 0. 1 其他： 分别 ≤ 0. 5	1

续表 6

4.3	CuZn 39	Cu 56 ~ 62 Sn 0.5 ~ 1. 5 Si 0.1 ~ 0.5 Zn 余量	Ni ≤ 1. 5 Mn ≤ 1. 0 Fe ≤ 0. 5 Al ≤ 0. 01 Pb ≤ 0. 03 其他 ： 总量 ≤ 0. 2	1
4.4	CuSn 6	Sn 5.0 ~ 8.0 Cu 余量	Fe ≤ 0.1 Al ≤ 0. 01 Zn ≤ 0. 1 Pb ≤ 0. 02 P 0.01 ~ 0.4 其他 ： 总量 ≤ 0. 4	1
4.5	CuSn 12	Sn 11.0 ~ 13.0 Cu 余量	Fe ≤ 0. 1 Al ≤ 0. 01 Zn ≤ 0. 1 Pb ≤ 0. 02 P 0. 01 ~ 0.4 其他 ： 总量 ≤ 0.4	1
4.6	CuA 18	Al 7.5 ~ 9.5 Cu 余量	Mn ≤ 1.8 Ni ≤ 0.8 Fe ≤ 0.5 Si ≤ 0.2 Zn ≤ 0.2 其他： 总量 ≤ 0.5	1
4.7	CuA 10	Al 9. 0 ~ 11. 0 Fe 2. 0 ~ 4. 0 Mn 1. 5 ~ 3. 5 Cu 余量	Ni ≤ 1.0 Pb ≤ 0.05 Si ≤ 0.2 Zn ≤ 0.5 其他： 总量 ≤ 0.3	1

3.2.5 铁和铁合金

表 7 铁和铁合金

编号	标记	合金元素 质量分数 / %	其他元素 质量分数 / %	制造方法
5.1	10 Mn	C 0.04 ~ 0.12 Mn 0.42 ~ 0.68 Fe 余量	Si 痕量 Cr ≤ 0.15 Cu ≤ 0.20 Ni ≤ 0.15 P ≤ 0.030 S ≤ 0.030	1

续表 7

编号	标记	合金元素 质量分数／%	其他元素 质量分数／%	制造方法
5.2	10 MnSi 4	C 0.07 ~ 0.14 Si 0.07 ~ 0.14 Mn 1.3 ~ 1.6 Fe 余量	Cr ≤ 0.15 Cu ≤ 0.20 Mo ≤ 0.15 Ni ≤ 0.15 P ≤ 0.025 S ≤ 0.025	1
5.3	80 MnSi	C 0.8 ~ 0.85 Si 0.15 ~ 0.35 Mn 0.50 ~ 0.70 Fe 余量	P ≤ 0.035 S ≤ 0.035	1
5.4	150 Cr 4	C 1.4 ~ 1.6 Si 0.15 ~ 0.30 Mn 0.50 ~ 0.70 Cr 1.3 ~ 1.5 Fe 余量	P ≤ 0.035 S ≤ 0.035	1
5.5	110 Cr 3	C 0.9 ~ 1.2 Si 0.20 ~ 0.40 Mn 0.20 ~ 0.40 Cr 0.9 ~ 1.1 Fe 余量	P ≤ 0.030 S ≤ 0.030	1
5.6	110 MnCrTi 55	C 0.97 ~ 1.23 Si 0.12 ~ 0.38 Mn 1.76 ~ 2.27 Cr 1.65 ~ 1.95 Fe 余量	Ti 0.13 ~ 0.35 P ≤ 0.025 S ≤ 0.025	1
5.7	X 45 Cr 13 a) 有铜镀层 b) 无铜镀层	C 0.3 ~ 0.50 Si ≤ 1.0 Mn ≤ 1.0 Cr 12 ~ 14 Fe 余量	P ≤ 0.045 S ≤ 0.030	1
5.8	X20 CrMo 13 1	C 0.17 ~ 0.22 Si ≤ 1.0 Mn ≤ 1.0 Cr 12 ~ 14 Mo 0.9 ~ 1.3 Fe 余量	Ni ≤ 1. 0 P ≤ 0. 045 S ≤ 0. 030	1
5.9	X6 CrAl 22 4	C ≤ 0.055 Si ≤ 0.65 Mn ≤ 0.45 Al 3.5 ~ 5.5 Cr 21 ~ 23 Fe 余量	P ≤ 0. 040 S ≤ 0. 025	1

续表 7

编号	标记	合金元素 质量分数／%	其他元素 质量分数／%	制造方法
5.10	X6 CrNi 19 9	C ≤0.6 Si ≤1.5 Mn ≤2.0 Cr 18～20 Ni 8.5～10.5 Fe 余量	P ≤0. 030 S ≤0. 020	1
5.11	X5 CrNiMo 17 12 2	C ≤0.07 Si ≤1.0 Mn ≤2.0 Cr 16.5～18.5 Mo 2～2.5 Ni 10.5～13.5 Fe 余量	P ≤0. 045 S ≤0. 030	1
5.12	X12 CrNiMn 18 8 6	C ≤0.20 Si ≤1.0 Mn 5.5～8.0 Cr 17～20 Ni 7.5～9.5 Fe 余量	P ≤0. 040 S ≤0. 025	1
5.13	X12 CrNi25 20	C ≤0.15 Si ≤1.5 Mn 1.5～3.5 Cr 24～27 Ni 19～22 Fe 余量	P ≤0. 025 S ≤0. 020	1
5.14	X24 CrCuB26 3 3	C ≤0.3 Cr ≤26 Mn ≤1 Si ≤0.3 Cu ≤3 B ≤3 Fe 余量	其他 ≤1	1
5.15	X25 MnAlSi7 5	C ≤0.3 Al 4～5 Mn 6～8 Si ≤1.0 Fe 余量	其他 ≤1	1

3.2.6 镍和镍合金

表 8 镍和镍合金

编号	标记	合金元素 质量分数 / %	其他元素 质量分数 / %	制造方法
6.1	NiCu 30	Ni ≥ 62.0 Cu 27.0 ~ 35.0 Mn 1.0 ~ 4.0 Fe 1.0 ~ 2.5	Al ≤ 0.5 C ≤ 0.15 Si ≤ 1.0 S ≤ 0.02 Ti ≤ 1.0 Nb ≤ 2.5 其他 ： 总量 ≤ 0.5	1
6.2	Ni 99	Ni ≥ 99.2	Cu ≤ 0.1 C ≤ 0.25 Fe ≤ 0.4 Mg ≤ 0.15 Mn ≤ 0.3 S ≤ 0.005 Si ≤ 0. 2	1
6.3	NiCrFe 15 20	Cr 14 ~ 19 Fe 19 ~ 25 Ni ≥ 59	Cu ≤ 0.5 C ≤ 0.15 Mn ≤ 2.5 Si ≤ 2.0	1
6.4	NiCr 20	Cr 18 ~ 21 Ni 余量	Cu ≤ 0.5 C ≤ 0.25 Fe ≤ 0.5 Mn ≤ 1.2 Si ≤ 0.5 S ≤ 0.015	1
6.5	NiAl 5	Al 4.5 ~ 5.5 Ni 余量	Mn ≤ 0.3 Ti ≤ 0.4 Si ≤ 0.5 Fe ≤ 0.3 Cu ≤ 0.08 C ≤ 0.005	1，3，4，5
6.6	NiAl 20	Al 18 ~ 22 Ni 余量	Fe ≤ 0.3 Mn ≤ 0.3 Si ≤ 0.5 Cu ≤ 0.1 C ≤ 0.25	3，4[a]
6.7	NiAlMo 5 5	Al 4.5 ~ 5.5 Mo ≤ 15 Ni 余量	其他 ≤ 1	3，4

续表 8

编号	标记	合金元素 质量分数 / %	其他元素 质量分数 / %	制造方法
6.8	NiCrAl 20 6	Al 6 ~ 7 Cr 18 ~ 21 Mo ≤ 5 Ni 余量	其他 ≤ 1	3，4
6.9	NiFeAlCr 20 14 3	Al 14 ~ 15 Cr 3 ~ 5 Fe 17 ~ 23 Ni 余量	其他 ≤ 1	3，4
6.10	NiCrBSi	Cr ≤ 9 Fe ≤ 3 Si ≤ 3.2 B ≤ 1.6 C ≤ 0.3 Ni 余量	其他 ≤ 1	5
a 用实心线材充填				

3.2.7 钼

表 9 钼

编号	标记	合金元素 质量分数 / %	其他元素 质量分数 / %	制造方法
7.1	Mo	Mo ≥ 99.95	其他 ≤ 0.05	2

3.2.8 陶瓷

表 10 氧化物陶瓷

编号	标记	合金元素 质量分数 / %	其他元素 质量分数 / %	制造方法
8.1	ZrO_2/CaO95/5	ZrO_2 ≥ 92 CaO 5 ~ 7	Al_2O_3 ≤ 0.7 SiO_2 ≤ 0.4 Fe_2O_3 ≤ 0.04 TiO_2 ≤ 0.4 Na_2O ≤ 0.02 MgO ≤ 0.07	6
8.2	ZrO_2/CaO 70/30	ZrO_2 ≥ 68 CaO 28 ~ 31	Al_2O_3 ≤ 0.7 TiO_2 ≤ 0.4 Na_2O ≤ 0.02 MgO ≤ 0.07	5

续表 10

编号	标记	合金元素 质量分数 / %	其他元素 质量分数 / %	制造方法
8.3	Cr_2O_3	Cr_2O_3 ≥ 90.0	Al_2O_3 ≤ 4 CaO ≤ 0.2 SiO_2 ≤ 5 Fe_2O_3 ≤ 0.3 TiO_2 ≤ 0.3 MgO ≤ 0.1	5，6
8.4	Al_2O_3	Al_2O_3 ≥ 98	CaO ≤ 0.2 SiO_2 ≤ 0.8 Fe_2O_3 ≤ 0.09 TiO_2 ≤ 0.03 Na_2O ≤ 0.06 MgO ≤ 0.3	5，6
8.5	Al_2O_3/TiO_2 97/3	Al_2O_3 ≥ 94 TiO_2 ≥ 3	CaO ≤ 0.2 SiO_2 ≤ 1 Fe_2O_3 ≤ 0.5 Na_2O ≤ 0.04 MgO ≤ 0.5 Mn_3O_4 ≤ 0.05	5，6
8.6	Al_2O_3/TiO_2 87/13	Al_2O_3 85 ~ 87 TiO_2 13 ~ 15	CaO ≤ 0.2 SiO_2 ≤ 0.5 Fe_2O_3 ≤ 0.3 Na_2O ≤ 0.2 MgO ≤ 0.3	6
8.7	Al_2O_3/TiO_2 60/40	Al_2O_3 58 ~ 60 TiO_2 40 ~ 12	CaO ≤ 0.2 SiO_2 ≤ 0.5 Fe_2O_3 ≤ 0.3 Na_2O ≤ 0.2 MgO ≤ 0.3	6
8.8	Al_2O_3/SiO_2 70/30	Al_2O_3 72 ~ 78 SiO_2 22 ~ 28	CaO ≤ 0.2 SiO_2 ≤ 0.5 Fe_2O_3 ≤ 0.3 Na_2O ≤ 0.2 MgO ≤ 0.3	5
8.9	Al_2O_3/MgO 70/30	Al_2O_3 76 ~ 82 MgO 18 ~ 24	CaO ≤ 0.2 SiO_2 ≤ 0.5 Fe_2O_3 ≤ 0.3 Na_2O ≤ 0.2 MgO ≤ 0.3	5.6

4 尺寸和公差

热喷涂用的线材、棒材和芯材直径的标准尺寸和公差见表 11、表 12 和表 13。如有必要，也可经用户与生产厂家或供应商协商，规定更小的公差范围。棒材的直线度必须好，使材料在送进时不会折断。

表 11　线材直径

尺寸 /mm	公差 /mm	
1.6	+0；	−0.05
1.62	+0；	−0.05
2.0	+0；	−0.06
2.3	+0；	−0.06
2.5	+0；	−0.06
3.0	+0；	−0.07
3.17	+0；	−0.07
3.48	+0；	−0.07
4.0	+0；	−0.07
4.76	+0；	−0.07

表 12　棒材直径

尺寸 /mm	公差 /mm	
4.8	+0.05；	−0.2
6.3	+0.05；	−0.2
7.9	+0.05；	−0.2

表 13　芯材直径

尺寸 /mm	公差 /mm
2.0	±0.05
3.17	±0.1
4.75	±0.1

5　性能

5.1 力学性能

线材的力学性能应使线材在送进和喷涂中不出现问题。如有必要，应由生产厂家、供应商和用户商定线材的力学性能。

注：热喷涂线材的回火处理应使线材适合于在热喷涂设备上的连续送进。回火不足、太硬的热喷涂线

材难以操纵，难以校直，并引起喷枪的重要零件，如送线轮、导管、导电管或喷嘴过快磨损。另一方面，过软的热喷涂线材（如铝、锡、锌等）可造成送进困难。

5.2 表面性能

热喷涂线材的表面一定要光滑，没有腐蚀产物、毛刺和开裂、缩孔、搭接和鳞片以及颈缩、焊缝和卷边等缺陷。此外，应除去影响热喷涂材料性能或热喷涂涂层性能的异物。

用于电弧喷涂的马氏体和铁素体钢线材，应镀铜以防止在储存期间腐蚀。镀层应覆盖线材所有表面而无明显缺陷。

编号5.7的合金线材（见表7）有两种：5．7a)为有铜镀层的线材，而5.7b）为有其他适合镀层的线材。在不使喷涂涂层降级的前提下，可在这类热喷涂线材上涂上极少量的润滑剂，使线材能平滑地、低摩擦力地通过热喷涂设备。

注：按第3章表1中的方法制造的有芯线材不能使用任何液体进行润滑或处理。芯材表面必须光滑，不得有颈缩。棒材表面不得有颈缩和划伤。棒材头部应无扭曲和头对头的翘曲，这会影响棒材的送进。

5.3 可使用性：线材的缠绕

线材应以一整根缠绕在线轴、线盘上，或绕成线卷，或嵌入桶中。应避免扭绞或急剧的弯曲。线材头部应扎牢，防止散开。线材的起端应作标记以便于找到。线轴上线材的最外层距离线轴凸缘的边缘至少应有3 mm。任一放松的单圈线材的直径，应不大于线轴外直径的1.2倍，且应不小于线轴的内直径。线材应该没有扭绞。散开后的线卷放在地上应保持平展。线卷散开不影响正常使用。

6 取样和测试

热喷涂材料的任何测试都应在热喷涂材料包装开始时取样进行。

为了评价一种热喷涂材料，可在供应商和用户间安排一次喷涂性能测试。

所有类型的分析方法都适用于测定热喷涂材料的成分，只要在其已证实的测量范围之内。

7 标记

应按下例给出的原则进行标记。

符合表7中编号为5．10的含18%Cr、8%Ni、6%Mn和0.15%C，直径为1.6 mm，用冶金法制造和成形（见表1，编号1）的铁合金热喷涂材料标记为：

热喷涂材料 GB/T 12608-5.10-1.6-1

8 供货技术要求

8.1 供货的形式

材料供货的形式为线盘、线卷、线轴或桶装。棒材以50或100根为一束供货。

8.2 标识线轴、筐状线轴、线盘、线卷和桶装的线材以及每一包装的陶瓷棒都必须有一耐久的标签，以提供下列信息：

——按第7章要求制作的标记；

——生产厂家/供应商的名称和商标；

——标号；

——净重；

——线轴和筐状线轴含有上述信息的标签应可靠地贴在线轴的内表面或至少一个凸缘外侧的明显位置上；

——线盘含有上述信息的标签应可靠地贴在线盘的内表面上；

——线卷含有上述信息的标签应可靠地贴在包装的明显位置上；

——桶装材料含有上述信息的标签应可靠地贴在桶顶部的明显位置，而桶的侧面也应有标签；

——陶瓷棒材含有上述信息的标签应可靠地贴在包装外部的明显位置上；

——如果热喷涂材料有外包装，在外包装上也应标明上述信息。

8.3 包装和储存

如果无另外的协议，热喷涂材料应包装供货。包装应足以保护材料不受损伤、污染和腐蚀。

陶瓷棒材应包装在耐冲击的管状容器中以防止装运中损坏。

带包装的热喷涂材料应室温下储存于干燥室内。

9 证书

9.1 产品质量保证书

应随热喷涂材料提供一个符合 GB/T 14436—1993 中 4.2 要求的产品质量保证书。

9.2 产品合格证

如果用户和供应商／生产厂家之间有协议，还应提供一个符合 GB/T 14436—1993 中 4 条要求的产品合格证。

根据用户与供应商／生产厂家之间的规定，除了化学分析和机械性能测试结果外，产品合格证上还应标明供应商的产品标记和批号。

中华人民共和国国家标准

GB/T 19352.1—2003

热喷涂 热喷涂结构的质量要求
第1部分：选择和使用指南

Thermal spraying— Quality requirements of thermally sprayed structures
—Part 1:Guidance for selection and use

2003-10-29发布 2004-05-01实施

前言

GB/T 19352《热喷涂 热喷涂结构的质量要求》分为如下四部分：

——第1部分：选择和使用指南；

——第2部分：全面的质量要求；

——第3部分：标准的质量要求；

——第4部分：基本的质量要求。

本部分为GB/T 19352的第1部分。

本部分等同采用ISO 14922-1:1999《热喷涂 热喷涂结构的质量要求第1部分：选择和使用指南》（英文版）。本部分做了下列编辑性修改：

——“本指南”一词改为“本部分”；

——用小数点“．”代替作为小数点的逗号“，”；

——删除国际标准的前言。

本部分由中国机械工业联合会提出。

本部分由全国金属与非金属覆盖层标准化技术委员会归口。

本部分起草单位：武汉材料保护研究所、钢铁研究总院、上海瑞法喷涂机械有限公司、中国航天科技集团总公司703所。

本部分主要起草人：汪洪生、吴子健、陈惠国、伍建华、吴朝军、刘子刚。

热喷涂工艺已广泛地应用于工业产品的生产中。热喷涂在制造、维护和修理等工业应用中已变得越来越重要。例如，它已成为汽车工业、航空燃气轮机、机械结构、印刷工业和化学工业中一些要求耐腐蚀、耐磨、高温保护和防化学侵蚀的结构制造不可少的工序。

因而，热喷涂工艺对生产的成本和制品的完善有很大的影响。为此，采用有效的方法实施热喷涂工艺，在生产的每个环节进行质量管理和保障是非常重要的。

在有关质量管理体系的ISO 9000及ISO 9000族标准中，诸如表面保护这样的工艺归于特殊工艺类，因为大多数表面保护工艺不能通过在生产过程中进行无损检测和控制来达到质量标准的要求。

质量不能由事后的测试来赋予产品，但应由制造过程的质量保证来产生。即使再先进完善的无损检测举措，也不能在热喷涂涂层涂覆之后，来提高涂层的质量，而仅能就涂层的质量提出报告。

为了正确应用热喷涂涂层，避免生产操作时的严重问题，控制和监督是必须的，这包括构件的状态、材料的选择、生产过程和随后的测试过程。

为保证完善的热喷涂生产过程并识别问题产生的根源，制造商的管理中应引入足够的质量管理。

1 范围

GB/T 19352 的本部分规定了描述热喷涂质量要求的指南，这些质量要求适用于采用热喷涂工艺涂覆新零件、进行修理或维护的制造商。这些质量要求以可普遍适用于任何类型的热喷涂结构的方式构成。这些指南仅涉及最终的热喷涂结构中受热喷涂和与其相关的工艺（前处理和后处理等）影响的那些质量方面。

本部分规定了达到热喷涂零件质量要求的各种方法，包括在车间内和在现场进行的热喷涂零件；还规定了描述制造商生产规定质量的热喷涂构件能力的各种方法。这些指南也可成为任何有利害关系的方面评估制造商的热喷涂质量准备的基础。

本部分的目的是指导编制规章制度或起草合同要求，指导制造厂的管理者制定与热喷涂结构类型有关的质量体系的热喷涂要求。本部分并不孤立地构成为任何制度的、合同的或管理的要求的一部分。

本部分用于下列目的：

a）提供对 GB/T 19000—1994 族标准中的要求的解释，指导将热喷涂作为质量体系中“特殊工艺”部分来建立和说明；

b）当质量体系不符合 GB/T 19001—1994 和 GB/T 19002—1994 时，指导建立热喷涂的质量要求和施工细则；

c）评估上述 a）和 b）中热喷涂的质量要求。

本部分的典型应用情况如下：

——在合同中：规定质量体系中对热喷涂的要求；

——对生产者：建立并保持热喷涂的质量要求；

——对制定结构规范和其他采用标准的委员会：说明热喷涂的要求；

——对有利害关系的各方，如第三方、顾客或制造厂的管理者：评估热喷涂的要求。

2 规范性引用文件

下列文件中的条款通过 GB/T 19352 的本部分的引用而成为本部分的条款。凡是注日期的引用文件，其随后所有的修改单（不包括勘误的内容）或修订版均不适用于本部分，然而，鼓励根据本部分达成协议的各方研究是否可使用这些文件的最新版本。凡是不注日期的引用文件，其最新版本适用于本部分。

GB/T 6583—1994 质量管理和质量保证　术语 (idt ISO 8402:1994)

GB/T 19000.1—1994 质量管理和质量保证标准　第 1 部分：选择和使用指南 (idt ISO 9000—1:1994)

GB/T 19001—1994 质量体系设计、开发、生产、安装和服务的质量保证模式 (idr ISO 9001:1994)

GB/T 19002—1994 质量体系生产、安装和服务的质量保证模式 (idt ISO 9002:1994)

GB/T 19352.2—2003 热喷涂　热喷涂结构的质量要求　第 2 部分：全面的质量要求 (idt ISO 14922—

2:1999)

GB/T 19352.3—2003 热喷涂 热喷涂结构的质量要求 第 3 部分：标准的质量要求 (idt ISO 14922-3:1999)

GB/T 19352.4—2003 热喷涂 热喷涂结构的质量要求 第 4 部分：基本的质量要求 (idt ISO 14922-4:1999)

3 定义

GB/T 19352 的本部分采用以下定义。

3.1 合同（用于热喷涂）

关于热喷涂构件的，或者关于用户定制涂层的协义要求；或者当设计和生产时尚无明确用户的情况下，由制造商提出的为众多用户成批生产的构件的基本要求。

在此两种情况下，都假定合同包括了对所有相关规定要求参照。

注：一个独立法人在合同中的角色由签订合同的各方和（或）适用的标准所决定

3.2 特殊工艺

一类工艺，其过程的结果不能通过其随后的检查和其制品的试验来完全验证，其缺陷只有在其制品投入使用后才可能显现出来。因而需要进行连续的监控和（或）经过工艺认证，以保证满足规定的要求（参见 GB/T 19001—1994 中 4.9）。

3.3 生产组织

一种组织，其热喷涂车间和（或）热喷涂现场处于同一技术管理和质量管理之下。

3.4 合格人员（用于热喷涂）

经过教育、训练和（或）有关实践经验取得了相关能力的知识的个人。

3.5 结构（用于热喷涂）

制品、构件或任何其他应用热喷涂的系统的同义语。

3.6 质量管理体系

按 GB/T 6583—1994。

4 热喷涂质量要求的选择

使用 GB/T 19352 的本部分可从下列该标准的其他部分中选择适合所涉及的热喷涂结构类型的热喷涂质量要求：

——热喷涂结构的质量要求 第 2 部分：全面的质量要求 (GB/T 19352.2)；

——热喷涂结构的质量要求 第 3 部分：标准的质量要求 (GT/T 19352.3)；

——热喷涂结构的质量要求 第 4 部分：基本的质量要求 (GB/T 19352.4)；

5 质量保证体系的要求

控制和测试是避免质量不足的构件在现场使用的手段。建立质量保证体系是批量制造和保证按时完成构件或零件，而不出现难以预料的时间延误、返修和其他补充测量的前提。

中华人民共和国国家标准

GB/T 19352.2—2003

热喷涂 热喷涂结构的质量要求 第2部分：全面的质量要求

Thermal spraying—Quality requirements of thermally sprayed structures—
Part 2:Comprehensive qualityrequirements

2003-10-29发布 2004-05-01实施

前言

GB/T 19352《热喷涂热 喷涂结构的质量要求》分为如下四部分：

——第1部分：选择和使用指南；

——第2部分：全面的质量要求；

——第3部分：标准的质量要求；

——第4部分：基本的质量要求。

本部分为GB/T 19352的第2部分。

本部分等同采用ISO 14922—2:1999《热喷涂热喷涂结构的质量要求第2部分：全面的质量要求》（英文版）。本部分做了下列编辑性修改：

a）“本标准”一词改为“本部分”；

b） 用小数点“.”代替作为小数点的逗号“，”；

c） 删除国际标准的前言；

d） 删除国际标准的附录。

本部分由中国机械工业联合会提出。

本部分由全国金属与非金属覆盖层标准化技术委员会归口。

本部分起草单位：武汉材料保护研究所、钢铁研究总院、上海瑞法喷涂机械有限公司、中国航天科技集团总公司703所。

本部分主要起草人：汪洪生、吴子健、陈惠国、伍建华、吴朝军、刘子刚。

1 范围

GB/T 19352的本部分这样规定质量要求：

——它不依赖于热喷涂结构的类型。

——它不仅对在车间的热喷涂质量要求，也对在现场的热喷涂质量要求下定义。

——它提供描述制造商生产符合规定要求的热喷涂构件能力的指南。

——它也可作为评估制造商热喷涂能力的基础。

当在下列的一个或几个文件中详述制造商按承诺的质量要求生产热喷涂构件的能力时，适用本部分：

——由有关各方签定的合同；

——采用的标准；

——规章的要求。

本部分中的要求可以全部采纳，如果有关构件不能适用，制造商可选择性地删除一部分。在下列情况下，这些要求为热喷涂控制提供一个能变通的框架：

——情况一

当合同要求制造商有一个符合 GB/T 19001-1994 或 GB/T 19002-1994 的质量体系时，明确提供合同中的热喷涂要求。

——情况二

当合同要求制造商有一个不同于 GB/T 19001-1994 或 GB/T 19002-1994 的质量体系时，

明确提供合同中的热喷涂要求。

——情况三

当合同要求制造商建立一个质量体系时，明确提供合同中的热喷涂要求。

——情况四

当采用的标准将热喷涂当作其要求的一部分时，明确提供采用的标准中的热喷涂要求：或者在由有关各方签定的合同中明确规定热喷涂要求。在这种情况下本标准的第 3 部分或第 4 部分可能更加适用。

2 规范性引用文件

下列文件中的条款通过 GB/T 19352 的本部分的引用而成为本部分的条款。凡是注日期的引用文件，其随后所有的修改单（不包括勘误的内容）或修订版均不适用于本部分，然而，鼓励根据本部分达成协议的各方研究是否可使用这些文件的最新版本。凡是不注日期的引用文件，其最新版本适用于本部分。

GB/T 6583-1994 质量管理和质量保证　术语 (idt ISO 8402:1994)

GB/T 8642-2002 热喷涂　抗拉结合强度的测定 (idt ISO 14916:1999)

GB/T 9445-1999 无损检测人员的资格鉴定与认证 (idt ISO 9712:1992)

GB/T 12608-2003 热喷涂　火焰和电弧喷涂用线材、棒材和芯材　分类和供货技术条件 (idt ISO 14919：2001)

GB/T 18719-2002 热喷涂术语、分类 (idt ISO 14917:1999)

GB/T 19001-1994 质量体系　设计、开发、生产、安装和服务的质量保证模式 (idt ISO 9001:1994)

GB/T 19002-1994 质量体系　生产、安装和服务的质量保证模式 (idt ISO 9002:1994)

GB/T 19352.1-2003 热喷涂 热喷涂　结构的质量要求　第 1 部分：选择和使用指南 (idt

ISO 14922-I:1999)

GB/T 19356-2003 热喷涂　粉末　成分和供货技术条件 (idt ISO 14232:2000)

ISO 14231:2000 热喷涂　热喷涂设备的检查验收

ISO 14918:1999 热喷涂　热喷涂人员的资格考核

ISO/CD 17833 热喷涂　热喷涂协调　任务和职责

3 定义

本部分采用GB/T 6583—1994、GB/T 18719—2002和GB/T 19352第1部分的定义

4 合同和设计的评审

4.1 总则

制造商应该对买方提供的合同要求和设计数据或制造商设计的构件内部数据进行评审。这样可确保在工作开始之前。获得工程进行所必需的资料。制造商应该确认其有能力满足热喷涂合同的所有要求，并落实所有与质量有关活动的完善计划。

制造商进行合同评审以核实合同要求确实处于其履约能力之内，有足够的资源支持达到交货进度，以及合同文本的内容清楚而且无歧义。制造商应确证合同与先前的投标文件之间的任何变化都得到了澄清，以及买方已将可能发生的任何程序的、费用的或工程量的变化能告给自己。4.2中的条款是在合同评审时或评审前特别要考虑的。4.3中的条款能常是设计评审的组成部分；如果制造商不承担设计，这些条款应在合同评审时加以考虑。应确保买方提供了所有的有关资料。

当不存在合同或者合同条款已固定时，制造商在进行其设计评审(4.3)时要考虑4.2的要求。

4.2 合同评审

须考虑到的合同要求应包括：

a) 采用的标准，以及所有的补充要求；

b) 热喷涂、无损检测和热处理的工艺规范；

c) 对所采用的热喷涂工艺方法进行的认可；

d) 人员的认可；

e) 后处理；

f) 检查和测试；

g) 对材料、热喷涂人员和热喷涂涂层等的选择、标记和（或）可追溯性（见16）；

h) 质量控制准备，包括独立检查机构的任何介入；

i) 热喷涂的其他要求，如：耗材的粒度、粒度分布、形貌和成分的批次试验；

j) 热喷涂现场的有关环境条件；

k) 分承包；

l) 不合格的处置。

4.3 设计评审

须考虑到的设计要求应包括：

a) 所有涂层的位置、可达性和次序；

b) 涂层表面修饰；

c) 基体材料的技术条件和涂层的性能；

d) 基体表面预处理的细节和尺寸，喷涂层的细节和尺寸；

e) 涂层质量和验收要求；

f) 其他的特殊要求，如：喷丸强化、热处理、冷却、遮蔽等的可接受性。

5　分承包

当制造商要采用分承包服务（如，检查、无损检测、后处理）时，制造商应向分承包商提供所有有关的技术条件和要求。分承包商应提供制造商可能要求的关于分承包商业绩的文件和记录。

任何分承包商都应在制造商的指令和职责下工作，并应该完全满足本部分的有关要求。

制造商应保证分承包商能遵守合同的质量要求。

制造商提供给分承包商的资料应包括合同评审（见 4.2）和设计评审（见 4.3）的所有有关数据。如果结构设计要进行分承包，则可能要详述附加要求。

6　热喷涂人员

6.1 总则

制造商应安排足够的有资格的人员按规定的要求进行热喷涂生产的计划、实施、监督和检查。

6.2 热喷涂人员鉴定

所有的热喷涂人员都应按 ISO 14918：1999 通过相应的资格考核得到认可。所有的认可记录应在有效期内。

6.3 热喷涂协调人员

制造商应当配置适当的热喷涂协调人员，以向热喷涂人员提供必需的工作和热喷涂的指导，使工作能顺利实施并受到控制。这些对质量活动负有责任的人员，应当拥有足够的权力来采取必要的行动。应当明确规定这些人员的责任、相互关系、职责范围，见 ISO/CD 17833。

7　质量测试人员

7.1 总则

制造商应当配备足够的有资格的人员按照规定的要求对热喷涂生产进行计划和实施、监督和检查、测试和验收。

7.2 无损检测

无损检测人员的资格应当按 GB/T 9445—1999 得到认可。

8 设备

8.1 制造用设备

必要时应当备有下列设备：

——车间，一般为有屋顶的工作场地；

——妥善存放基体材料（需涂覆的零件）、耗材和其他热喷涂辅助材料的库房；

——用于干燥热喷涂粉末的设备；

——处理和加工待热喷涂零件的设备和机械工具（如：除油设备，喷砂室）；

——喷涂设备，包括送料、调节和控制设备；

——运转系统（如：转台、旋转机械、机器人系统）；

——抽风系统，除尘器，防噪声和辐射设备；

——对喷涂前后的零件进行热处理的设备；

——冷却设备；

——对热喷涂涂层进行后处理的机床、工具和设备（如：磨削、车削）；

——测试热喷涂涂层和材料的设备和工具；

——现场喷涂所应有的适当条件。

8.2 设备的描述

制造商应当保持一张用于热喷涂生产的基本设备清单。清单中应列入主要设备和用于评估车间的最大生产能力和潜在能力的关键参数的细目，如下列内容：

——起重机的最大能力；

——能喷涂构件的尺寸；

——喷砂和喷涂间的容量。

8.3 设备的适用性

设备能力对于有关的用途应是足够的。除非合同中有规定(其要求按ISO 14231：2000)，热喷涂和前处理、后处理设备一般不需要认可。

8.4 新设备

在新设备（或大修后的设备）安装之后（见 9.1），应按 ISO 14231：2000 进行相应的设备试验。试验应证明设备的功能正常。无论何时进行设备试验，都应当按照相应的标准进行。试验的记录应当保留。

8.5 维修

制造商应当有一个设备维修的计划文件。该计划应保证通过检查维护使设备的状态波动控制在相关的热喷涂工艺技术规范规定的范围之内。这类计划可能只涉及那些对保证热喷涂构件质量是不可缺少的设备状态（波动）。

例如如下状态：

——机械化的热喷涂设备的导向机构状况；

——热喷涂机操作用的安培表、伏特表和流量表的状况；

——电缆、软管、接头的状况；

——机械化和（或）自动化热喷涂中控制系统的状况；

——热电偶和其他测温仪表的状况；

——送粉器、送丝机和导管的状况。

有缺陷的设备不应使用。

8.6 健康、安全和环境问题

保护健康、安全和环境所必需的设备必须适用。所有落实健康和安全标准以及防光、热辐射标准的活动都必须得到保证。

9 热喷涂的实施

9.1 生产计划

制造商应制定完善的生产计划并调配 8.1 中或现场的适用设备。至少应包括：

——构件制造工序的规定，例如单个零件或组件以及随后的最终组装次序；

——构件制造中特殊工艺要求的标记；

——与热喷涂和相关过程有关的适当的工艺规范；

——涂层的制作次序，如果这有意义；

——各个工艺的实施次序和时间；

——检查和测试的规范，包括任何独立检查机构的介入；

——环境条件，如防风和防雨（在现场或车间内喷涂）；

——批次，构件或零件标识的条款。

9.2 热喷涂工艺规范

制造商应当制定热喷涂工艺规范，并且保证在生产中正确实施。其他工序，如前处理或后处理工序，只要按合同的规定进行工艺认可。

9.3 工作说明

制造商可在车间直接用热喷涂工艺规范对热喷涂人员进行工作说明。也可采用示范性的工作说明方法。但这种示范性的工作说明应采用经过认可的热喷涂工艺规范进行，而不必分别认可。

9.4 前处理和后处理

制造商应当全权负责所有前处理和后处理的规范和实施。处理工艺应当与基体材料、涂层结构等相适应。如有必要，应当在处理过程中作工艺记录。记录应证明工艺规范得到了遵守，并且应对实际的处理过程有可追溯性。

9.5 文件依据

制造商应当制定并保持对有关的质量文件，例如热喷涂工艺规范和热喷涂人员证书进行控制的程序。

10 热喷涂耗材

10.1 总则

热喷涂耗材控制中的责任和程序应由制造商规定。

10.2 批次试验

合同明文规定时才对耗材进行批次试验。

10.3 贮存和搬运

制造商应当按照供货方的规定，制定并实施耗材的贮存、搬运和使用程序，防止受潮结块、氧化和损伤等。

11 基体材料的贮存和搬运

贮存中应当不使材料受损。贮存中应当保持标识。

12 与热喷涂相关的检查和试验

12.1 总则

检查和试验应当在生产过程的适当环节进行，以保证与合同的要求相符。应当根据合同和（或）采用的标准、热喷涂的工艺方法以及构件的类型来确定检查和（或）试验的位置和频率（见4.2和4.3）。

制造商可不受限制地进行一些非正式试验。这样的试验不要求报告。

12.2 热喷涂之前的检查和试验

如有必要，在热喷涂开始之前应当进行下列查验：

——热喷涂人员证书的适用性和有效性，见 ISO 14918：1999；

——热喷涂工艺规范的适用性；

——基体材料的标识；

——耗材的标识，例如，符合 GB/T 19356-2003 或 GB/T 12608-2003；

——表面预处理，外形和尺寸；

——表面预处理后应尽快进行喷涂；

——安装、夹持和定位；

——热喷涂工艺规范中的任何特殊要求，如预防变形；

——任何生产试验的安排；

——热喷涂工作条件的适应性，包括环境。

12.3 热喷涂之中的检查和试验

如有必要，在热喷涂过程之中，应以适当间隔或连续方式进行下列检查：

——基本的热喷涂参数（如，气体流量、喷涂电流、喷涂电压、移动速度）；

——表面温度；

——耗材的正确使用和搬运；

——扭曲 / 变形的控制；

——任何中间检查，如尺寸检查。

12.4 热喷涂之后的检查和试验

如有必要，热喷涂之后，应根据有关验收标准进行检查：

——目测检查；

——按有关标准进行无损检测；

——按有关标准，如 GB/T 8642 进行破坏性试验；

——喷涂构件的外貌、形状和尺寸；

——前处理或后处理的结果和记录，如磨削、后续热处理。

12.5 检查和试验的状态

应采用适当的办法标记热喷涂过的构件的检查和试验的状态，例如，用项目标记或流程卡。

13 不合格与纠正措施

应当采取办法以控制不符合规定要求的项目，以防止它们被非有意地使用。当由制造商返修和（或）重喷时，所适用的工艺应在进行这项工作的所有工作点都是有效的。在进行返修或重喷时，各项目应当按原要求重新检查、试验和验收。还应采取措施以保证迅速确认不利于热喷涂构件质量的状态并纠正之。

14 校准

制造商应当负责对检查、测量和试验仪器进行适当的校准。所有用于评估热喷涂构件质量的仪器应当适当受控，并应按规定的期限校准。

15 标识和可追溯性

在整个制造过程中，应当适当保持标识和可追溯性。

如有必要，保证热喷涂运行的标识和可追溯性的文件体系应包括：

——生产计划；

——构件上喷涂位置的记录；

——涂层标记、标签等；

——特殊涂层的可追溯性（用于包括喷涂人员在内的全机械化和自动化喷涂设备）；

——喷涂人员和工艺认可；

——无损检测方法和人员；

——喷涂耗材，如类型、批号等；

——基体材料。

16 质量记录

如有必要，符合合同要求的质量记录应当包括：

——合同／设计评审记录；

——材料证书；

——耗材证书；

——热喷涂工艺规范；

——热喷涂工艺认可试验记录；

——热喷涂人员认可证书；

——返修和重新热喷涂记录。

若无任何其他的规定，质量记录至少应当保存 5 年。

中华人民共和国国家标准

GB/T 19352.3—2003

热喷涂　热喷涂结构的质量要求
第3部分：标准的质量要求

Thermal spraying— Quality requirements of thermally sprayed structures—
Part 3:Standard quality requirements

2003-10-29发布　　　　2004-05-01实施

前言

GB/T 19352《热喷涂　热喷涂结构的质量要求》分为如下四部分：

——第1部分：选择和使用指南；

——第2部分：全面的质量要求；

——第3部分：标准的质量要求；

——第4部分：基本的质量要求。

本部分为GB/T 19352的第3部分。

本部分等同采用ISO 14922—3：1999《热喷涂　热喷涂结构的质量要求　第3部分：标准的质量要求》（英文版）。本部分做了下列编辑性修改：

a)“本标准”一词改为“本部分”；

b)用小数点“.”代替作为小数点的逗号“，”；

c)删除国际标准的前言；

d)删除国际标准的附录。

本部分由中国机械工业联合会提出。

本部分由全国金属与非金属覆盖层标准化技术委员会归口。

本部分起草单位：武汉材料保护研究所、钢铁研究总院、上海瑞法喷涂机械有限公司、中国航天科技集团总公司703所。

本部分主要起草人：汪洪生、吴子健、陈惠国、伍建华、吴朝军、刘子刚。

1　范围

GB/T 19352的本部分这样规定质量要求：

——它不依赖于热喷涂结构的类型。

——它不仅对在车间的热喷涂质量要求，也对在现场的热喷涂质量要求下定义。

——它提供描述制造商生产符合规定要求的热喷涂构件能力的指南。

——它也可作为评估制造商热喷涂能力的基础。

当在下列的一个或几个文件中详述制造商按承诺的质量要求生产热喷涂构件的能力时，适用本部分：

——由有关各方签定的合同；

——采用的标准；

——规章的要求。

本部分中的要求可以全部采纳 ；如果有关构件不能适用，制造商可选择性地删除一部分。在下列情况下，这些要求为热喷涂控制提供一个能变通的框架：

——情况一

当合同要求制造商有一个符合 GB/T 19001-1994 或 GB/T 19002-1994 的质量体系时，明确提供合同中的热喷涂要求。

——情况二

当合同要求制造商建立一个质量体系时，明确提供合同中的热喷涂要求。

——情况三

当采用的标准将热喷涂当作其要求的一部分时，明确提供采用的标准中的热喷涂要求；或者在由有关各方签定的合同中明确规定热喷涂要求。在这种情况下本标准的第 4 部分可能更加适用。

2 规范性引用文件

下列文件中的条款通过 GB/T 19352 的本部分的引用而成为本部分的条款。凡是注日期的引用文件，其随后所有的修改单（不包括勘误的内容）或修订版均不适用于本部分，然而，鼓励根据本部分达成协议的各方研究是否可使用这些文件的最新版本。凡是不注日期的引用文件，其最新版本适用于本部分。

GB/T 6583-1994 质量管理和质量保证 术语 (idt ISO 8402：1994)

GB/T 8642-2002 热喷涂 抗拉结合强度的测定 (idt ISO 14916：1999)

GB/T 9445-1999 无损检测人员的资格鉴定与认证 (idt ISO 9712：1992)

GB/T 12608-2003 热喷 火焰和电弧喷涂用线材、棒材和芯材分类供货技术条件 (idt ISO 14919：2001)

GB/T 18719-2002 热喷涂 术语、分类 (idt ISO 14917：1999)

GB/T 19001-1994 质量体系 设计、开发、生产、安装和服务的质量保证模式 (idt ISO 9001:1994)

GB/T 19002-1994 质量体系 生产、安装和服务的质量保证模式 (idt ISO 9002：1994)

GB/T 19352.1-2003 热喷涂 热喷涂结构的质量要求第 1 部分：选择和使用指南 (idt ISO 14922-1:1999)

GB/T 19356-2003 热喷涂 粉末 成分和供货技术条件 (idt ISO 14232：2000)

ISO 14918：1999 热喷涂 热喷涂人员的资格考核

ISO/CD 17833 热喷涂 热喷涂协调任务和职责

3 定义

本部分采用 GB/T 6583-1994、GB/T 1879-2002 和本标准第 1 部分的定义。

4 合同和设计的评审

4.1 总则

制造商应该对买方提供的合同要求和设计数据或制造商设计的构件内部数据进行评审。这样可确保在工作开始之前，获得工程进行所必需的资料。制造商应该确认其有能力满足热喷涂合同的所有要求，并落实所有与质量有关的活动 4.2 中的条款是在合同评审时或评审前特别要考虑的。4.3 中的条款通常是设计评审的组成部分；如果制造商不承担设计，这些条款应在合同评审时加以考虑。应确保买方提供了所有的有关资料。

当不存在合同或者合同条款已固定时，制造商在进行其设计评审 (4.3) 时要考虑 4.2 的要求。

4.2 合同评审

须考虑到的合同要求应包括：

a) 采用的标准，以及所有的补充要求；

b) 热喷涂、无损检测和热处理的工艺规范；

c) 如合同同意，进行人员认可；

d) 检查和测试；

e) 质量控制准备，包括独立检查机构的任何介入；

f) 标记；

g) 热喷涂现场的有关环境条件；

h) 分承包；

i) 不合格的处置。

4.3 设计评审

须考虑到的设计要求应包括；

a) 所有涂层的位置、可达性和次序；

b) 涂层表面修饰；

c) 基体材料的技术条件和涂层的性能；

d) 基体表面预处理的细节和尺寸，喷涂层的细节和尺寸；

e) 涂层质量和验收要求；

f) 其他的特殊要求，如：喷丸强化、热处理、冷却、遮蔽等的可接受性。

5 分承包

当制造商要采用分承包服务（如检查、无损检测、后处理）时，制造商应向分承包商提供所有有关的技术条件和要求。分承包商应提供制造商可能要求的关于分承包商业绩的文件和记录。

任何分承包商应在制造商的指令和职责下工作，并应该完全满足本部分的有关要求。

制造商提供给分承包商的资料应包括合同评审（见 4.2）和设计评审（见 4.3）的所有有关数据。如果结构设计要进行分承包，则可能要详述附加要求。

6 热喷涂人员

6.1 总则

制造商应安排足够的有资格的人员按规定的要求进行热喷涂生产的计划、实施、监督和检查。

6.2 热喷涂人员鉴定

所有的热喷涂人员都应按 ISO 14918：1999 通过相应的资格考核得到认可。所有的认可记录应在有效期内。

6.3 热喷涂协调人员

制造商应当配置适当的热喷涂协调人员，使工作能顺利实施并受到控制。这些对质量活动负责的人员，应当拥有足够的权力来采取必要的行动。应当明确规定这些人员的责任、相互关系、职责范围，见 ISO/CD 17833。

7 质量测试人员

7.1 总则

制造商应当配备足够的有资格的人员按照规定的要求对热喷热生产进行计划和实施、监督和检查、测试和验收。

7.2 无损检测

无损检测人员的资格应当按 GT/T 9445-1999 得到认可。

8 设备

8.1 制造用设备；

必要时应当备有下列设备

——车间，一般为有屋顶的工作场地；

——妥善存放基体材料（需涂覆的零件）、耗材和其他热喷涂辅助材料的库房；

——用于干燥热喷涂粉末的设备；

——处理和加工待热喷涂零件的设备和机械工具（如：除油设备、喷砂室）；

——喷涂设备，包括送料、调节和控制设备；

——运转系统（如：转台、旋转机械、机器人系统）；

——抽风系统，除尘器，防噪声和辐射设备；

——对喷涂前后的零件进行热处理的设备；

——冷却设备；

——对热喷涂涂层进行后处理的机床、工具和设备（如：磨削、车削）；

——测试热喷涂涂层和材料的设备和工具；

——现场喷涂所应有的适当条件。

8.2 设备的描述

制造商应当保持一张用于热喷涂生产的基本设备清单。清单中应列入主要设备和用于评估车间的最大生产能力和潜在能力的关键参数的细目，如下列内容：

——起重机的最大能力；

——能喷涂构件的尺寸；

——喷砂和喷涂间的容量。

8.3 设备的适用性

设备能力对于有关的用途应是足够的。除非合同中有规定，热喷涂和前处理、后处理设备一般不需要认可。

8.4 维修

制造商应当保证设备维修。

例如如下状态：

——机械的热喷涂设备的导向机构状况；

——热喷涂机操作用的安培表、伏特表和流量表的状况；

——电缆、软管、接头的状况；

——机械化和（或）自动化热喷涂中控制系统的状况；

——热电偶和其他测温仪表的状况；

——送粉器、送丝机和导管的状况。

8.5 健康、安全和环境问题

保护健康、安全和环境所必需的设备必须适用。所有落实健康和安全标准以及防光、热辐射标准的活动都必须得到保证。

9 热喷涂的实施

9.1 生产计划

制造商应制定完善的生产计划并调配 8.1 中或现场的适用设备。至少应包括：

——构件制造工序的规定，例如单个零件或组件以及随后的最终组装次序；

——构件制造中特殊工艺要求的标记；

——与热喷涂和相关过程有关的适当的工艺规范；

——检查和测试的规范，包括任何独立检查机构的介入；

——环境条件，如防风和防雨。

9.2 热喷涂工艺规范

制造商应当制定热喷涂工艺规范，并且保证在生产中正确实施。

9.3 工作说明

制造商可在车间直接用热喷涂工艺规范对热喷涂人员进行工作说明。也可采用示范性的工作说明方法。但这种示范性的工作说明应采用经过认可的热喷涂工艺规范进行，而不必分别认可。

9.4 前处理和后处理

制造商应当全权负责所有前处理和后处理的规范和实施。处理工艺应当与基体材料、涂层结构等相适应。如有必要，应当在处理过程中作工艺记录。记录应证明工艺规范得到了遵守，并且应对实际的处理过程有可追溯性。

9.5 文件依据

制造商应当制定并保持对有关的质量文件，例如热喷涂工艺规范和热喷涂人员证书进行控制的程序。

10 热喷涂耗材

10.1 总则

热喷涂耗材控制中的责任和程序应由制造商规定。

10.2 批次试验

合同明文规定时才对耗材进行批次试验。

10.3 贮存和搬运

制造商应当按照供货方的规定，制定并实施耗材的贮存、搬运和使用程序，防止受潮结块、氧化和损伤等。

11 基体材料的贮存和搬运

贮存中应当不使材料受损。贮存中应当保持标识。

12 与热喷涂相关的检查和试验

12.1 总则

检查和试验应当在生产过程的适当环节进行，以保证与合同的要求相符。应当根据合同和（或）采用的标准、热喷涂的工艺方法以及构件的类型来确定检查和（或）试验的位置和频率（见 4.2 和 4.3）。

制造商可不受限制地进行一些非正式试验。这样的试验不要求报告。

12.2 热喷涂之前的检查和试验

如有必要，在热喷涂开始之前应当进行下列查验：

——热喷涂人员证书的适用性和有效性，见 ISO 14918:1999；

——热喷涂工艺规范的适用性；

——基体材料的标识；

——耗材的标识，例如，符合 GB/T 19356-2003 或 GB/T 12608-2003；

——表面预处理，外形和尺寸；

——表面预处理后应尽快进行喷涂；

——安装、夹持和定位；

——热喷涂工艺规范中的任何特殊要求，如预防变形；

——任何生产试验的安排；

——热喷涂工作条件的适应性，包括环境。

12.3 热喷涂之中的检查和试验

如有必要，在热喷涂过程之中，应以适当间隔或连续方式进行下列检查：

——基本的热喷涂参数（如：气体流量、喷涂电流、喷涂电压、移动速度）；

——表面温度；

——正确使用和搬运耗材；

——扭曲／变形的控制；

——任何中间检查，如尺寸检查。

12.4 热喷涂之后的检查和试验

如有必要，热喷涂之后，应根据有关验收标准进行检查：

——目测检查；

——无损检测；

——按有关标准，如GB/T 8642进行破坏性试验；

——喷涂构件的外形结构和几何尺寸；

——前处理或后处理的结果和记录，如磨削、后续热处理。

12.5 检查和试验的状态

应采用适当的办法标记热喷涂过的构件的检查和试验的状态，例如，用项目标记或流程卡。

13 不合格与纠正措施

应当采取办法以控制不符合规定要求的项目，以防止它们被非有意地使用。当由制造商返修和（或）重喷时，所适用的工艺应在进行这项工作的所有工作点都是有效的。在进行返修或重喷时，各项目应当按原要求重新检查、试验和验收。还应采取措施以保证迅速确认不利于热喷涂构件质量的状态并纠正之。

14 校准

制造商应当负责对检查、测量和试验仪器进行适当的校准。所有用于评估热喷涂构件质量的仪器应当适当受控，并应按规定的期限校准。

15 标识和可追溯性

在整个制造过程中，应当适当保持标识和可追溯性。

如有必要，保证热喷涂运行的标识和可追溯性的文件体系应包括：

——生产计划；

——构件上喷涂位置的记录；

——涂层标记、标签等；

——特殊涂层的可追溯性（用于包括喷涂人员在内的全机械化和自动化喷涂设备）；

——喷涂人员和工艺认可；

——无损检测方法和人员；

——喷涂耗材，如类型、批号等；

——基体材料。

16 质量记录

如有必要，符合合同要求的质量记录应当包括：

——合同／设计评审记录；

——材料证书；

——耗材证书；

——热喷涂工艺规范；

——热喷涂工艺认可试验记录；

——热喷涂人员认可证书；

——无损检测人员证书；

——前处理、后处理和工艺规范记录；

——无损检测和破坏性试验的过程和报告；

——尺寸报告；

——返修和重新热喷涂记录。

若无任何其他的规定，质量记录至少应当保存 5 年。

中华人民共和国国家标准

GB/T 19352.4—2003

热喷涂　热喷涂结构的质量要求
第4部分：基本的质量要求

Thermal spraying— Quality requirements of thermally sprayed structures—
Part 4:Elementary quality requirements

2003-10-29发布　　2004-05-01实施

前言

GB/T 19352《热喷涂　热喷涂结构的质量要求》分为如下四部分：

——第1部分：选择和使用指南；

——第2部分：全面的质量要求；

——第3部分：标准的质量要求；

——第4部分：基本的质量要求。

本部分为GB/T 19352的第4部分。

本部分等同采用ISO 14922-4：1999《热喷涂　热喷涂结构的质量要求　第4部分：基本的质量要求》（英文版）。本部分做了下列编辑性修改：

a)“本标准”一词改为“本部分”；

b)用小数点“．”代替作为小数点的逗号“，”；

c)删除国际标准的前言；

d)删除国际标准的附录。

本部分由中国机械工业联合会提出。

本部分由全国金属与非金属覆盖层标准化技术委员会归口。

本部分起草单位：武汉材料保护研究所、钢铁研究总院、上海瑞法喷涂机械有限公司、中国航天科技集团总公司703所。

本部分主要起草人：汪洪生、吴子健、陈惠国、伍建华、吴朝军、刘子刚。

1　范围

GB/T 19352的本部分这样规定质量要求：

——它不依赖于热喷涂结构的类型。

——它不仅对在车间的热喷涂质量要求，也对在现场的热喷涂质量要求下定义。

——它提供描述制造商生产符合规定要求的热喷涂构件能力的指南。

——它也可作为评估制造商热喷涂能力的基础。

当在下列的一个或几个文件中详述制造商按承诺的质量要求生产热喷涂构件的能力时，适用本部分：

——由有关各方签定的合同；

——采用的标准；

——规章的要求。

本部分中的要求可以全部采纳；如果有关构件不能适用，制造商可选择性地删除一部分。在下列情况下，这些要求为热喷涂控制提供一个能变通的框架：

——情况一

当合同要求制造商有一个符合 GB/T 19001—1994 或 GB/T 19002—1994 的质量体系时，明确提供合同中的热喷涂要求

——情况二

当合同要求制造商建立一个质量体系时，明确提供合同中的热喷涂要求

——情况三

当采用的标准将热喷涂当作其要求的一部分时，明确提供采用的标准中的热喷涂要求：或者在由有关各方签定的合同中明确规定热喷涂要求。

2 规范性引用文件

下列文件中的条款通过 GT/T 19352 的本部分的引用而成为本部分的条款。凡是注日期的引用文件，其随后所有的修改单（不包括勘误的内容）或修订版均不适用于本部分，然而，鼓励根据本部分达成协议的各方研究是否可使用这些文件的最新版本。凡是不注日期的引用文件，其最新版本适用于本部分。

GB/T 6583—1994 质量管理和质量保证 术语 (idt ISO 8402：1994)

GB/T 8642—2002 热喷涂 抗拉结合强度的测定 (idt ISO 14916：1999)

GB/T 9445—1999 无损检测人员的资格鉴定与认证 (idt ISO 9712：1992)

GB/T 12608—2003 热喷涂 火焰和电弧喷涂用线材、棒材和芯材 分类 供货技术条件 (idt ISO 14919：2001)

GB/T 18719—2002 热喷涂术语、分类 (idt ISO 14917：1999)

GB/T 19001—1994 质量体系设计、开发、生产、安装和服务的质量保证模式 (idt ISO 9001：1994)

GB/T 19002—1994 质量体系生产、安装和服务的质量保证模式 (idt ISO 9002：1994)

GB/T 19352.1—2003 热喷涂 热喷涂结构的质量要求第 1 部分：选择和使用指南 (idtISO 14922-1:1999)

GB/T 19356—2003 热喷涂 粉末 成分和供货技术条件 (idt ISO 14232：2000)

3 定义

本部分采用 GB/T 6583—1994、GB/T 18719—2002 和本标准第 1 部分的定义。

4 合同和设计的评审

4.1 总则

制造商应该对买方提供的合同要求和设计数据或制造商设计的构件内部数据进行评审。这样可确保在工作开始之前，获得工程进行所必需的资料。制造商应该确认其有能力满足热喷涂合同的所有要求，并落实所有与质量有关的活动。

4.2 合同评审

须考虑到的合同要求应包括：

a) 采用的标准，以及所有的补充要求；

b) 检查和测试；

c) 最后的测试；

d) 热喷涂现场的有关环境条件；

e) 分承包；

f) 不合格的处置。

4.3 设计评审

须考虑到的设计要求应包括：

a) 所有涂层的位置、可达性和次序；

b) 涂层表面修饰；

c) 基体材料的技术条件和涂层的性能；

d) 基体表面预处理的细节和尺寸，喷涂层的细节和尺寸；

e) 涂层质量和验收要求。

5 分承包

任何分承包商应在制造商的指令和职责下工作，并应该完全满足本部分的有关要求。

6 热喷涂人员

6.1 总则

制造商应安排足够的有资格的人员按规定的要求进行热喷涂生产的计划、实施、监督和检查。

6.2 热喷涂人员鉴定

所有的热喷涂人员都必须接受指导和教育。

6.3 热喷涂协调人员

制造商应当配置人员，使工作顺利实施并受到控制。

7 质量测试人员

7.1 总则

制造商应当配备足够的有资格的人员实施质量测试。

7.2 无损检测

无损检测人员的资格应当按 GB/T 9445—1999 得到认可。

8 设备

8.1 制造用设备

必要时应当备有下列设备：

——车间，一般为有屋顶的工作场地；

——妥善存放基体材料（需涂覆的零件）、耗材和其他热喷涂辅助材料的库房；

——用于干燥热喷涂粉末的设备；

——处理和加工待热喷涂零件的设备和机械工具（如：除油设备，喷砂室）；

——喷涂设备，包括送料、调节和控制设备；

——运转系统（如：转台、旋转机械、机器人系统）；

——抽风系统，除尘器，防噪声和辐射设备；

——对喷涂前后的零件进行热处理的设备；

——冷却设备；

——对热喷涂涂层进行后处理的机床、工具和设备（如：磨削、车削）；

——测试热喷涂涂层和材料的设备和工具。

8.2 健康、安全和环境问题

保护健康、安全和环境所必需的设备必须适用。所有落实健康和安全标准以及防光、热辐射标准的活动都必须得到保证。

9 热喷涂的实施

热喷涂应按适当的喷涂工艺来实施。

10 热喷涂耗材

热喷涂耗材控制中的责任和程序应由制造商规定。

11 基体材料的贮存和搬运

贮存中应当不使材料受损。贮存中应当保持标识。

12 与热喷涂相关的检查和试验

12.1 热喷涂之前的检查和试验如有必要，在热喷涂开始之前应当进行下列查验：

——热喷涂人员证书的适用性和有效性；

——热喷涂工艺规范的适用性；

——基体材料的标识；

——耗材的标识，例如，符合 GB/T 19356—2003 或 GB/T 12608—2003；

——表面预处理，外形和尺寸；

——安装、夹持和定位；

——热喷涂工艺规范中的任何特殊要求，如预防变形；

——任何生产试验的安排；

——热喷涂工作条件的适应性，包括环境。

12.2 热喷涂之后的检查和试验如有必要，热喷涂之后，应根据有关验收标准进行检查。

13 不合格与纠正措施

应当采取办法以控制不符合规定要求的项目，以防止它们被非有意地使用。当由制造商返修和（或）重喷时，所适用的工艺应在进行这项工作的所有工作点都是有效的。在进行返修或重喷时，各项目应当按原要求重新检查、试验和验收。还应采取措施以保证迅速确认不利于热喷涂构件质量的状态并纠正之。

14 校准

制造商应当负责对检查、测量和试验仪器进行适当的校准。所有用于评估热喷涂构件质量的仪器应当适当受控，并应按规定的期限校准。

15 标识和可追溯性

在整个制造过程中，应当适当保持标识和可追溯性。

16 质量记录

若无任何其他的规定，质量记录至少应当保存 5 年。

中华人民共和国国家标准

GB/T 19823—2005

热喷涂工程零件热喷涂涂层的应用步骤

Thermal spraying procedures for the application of thermally sprayed coating for engineering components

机械工业部 2005-06-23 批准　　2005-12-01 实施

前言

本标准等同采用 ISO 14921:2001《热喷涂　工程零件热喷涂涂层的应用步骤》（英文版）。

本标准根据 ISO 14921:2001 翻译起草，本标准对应 ISO 14921 作如下修改：

——取消了国际标准的前言，增加了我国国家标准前言；

——为便于使用，引用了采用国际标准的我国标准；

——用本标准代替本国际标准。

本标准由中国机械工业联合会提出。

本标准由全国金属与非金属覆盖层标准化技术委员会归口。

本标准主要起草单位：钢铁研究总院、武汉材料保护研究所。

本标准主要起草人：吴子健、伍建华、张虎寅、堵新心。

1　范围

本标准与 GB/T 18719 中定义热喷涂涂层应用的通用方法有关。这些涂层用于尺寸超差和磨损零件的再生，或者用于增强特殊用途零件的表面性能。

例如：提供耐磨、低摩擦系数、导电导热、绝缘和热障以及耐腐蚀等性能。

本标准不准备为具体工作规定明确的方法，但应注意正确选择工艺、材料和 GB/T 19824 中所规定的热喷涂工作人员的技能。

此外，本标准既不包括 GB/T 9793 中钢结构保护的要求，也不包括 GB/T 16744 喷涂重熔自熔性合金涂层的应用。

2　规范性引用文件

下列文件中的条款通过本标准的引用而成为本标准的条款。凡是注明日期的引用文件，其随后所有的修改单（不包括勘误表的内容）或修订版均不适用于本标准。然而，鼓励根据本标准达成协议的各方研究是否可使用这些文件的最新版本。凡是不注日期的引用文件，其最新版本适用于本标准。

GB/T 9793 金属和其他无机覆盖层热喷涂锌、铝及其合金(eqv ISO 2063)

GB/T 11373 热喷涂金属件表面预处理通则

GB/T 16744 热喷涂　自熔合金的喷涂及重熔 (ISO 14920，MOD)

GB/T 18719 热喷涂　术语、分类 (ISO 14917．MOD)

GB/T 19824 热喷涂　热喷涂工作人员的资格考试 (ISO 14919，MOD)

3　零件和涂层设计根据

3.1　零件和涂层设计根据应考虑的因素以所示流程说明。如果下列任何条件不能满足，则不能进行热喷涂施工。

3.1.1　预检

任何热喷涂工序进行前必须检查零件，确定是否适宜喷涂。应注意：

——对旋转或往复运动零件，应检查其同心度，必要时进行校正；

——确定是否存在可能影响性能的裂纹或损伤，如果有不能消除的任何缺陷，则不能进行喷涂施工；

——确定喷涂区域和范围；

——确定是否存在残留涂层的痕迹。

3.1.2　零件基体

热喷涂涂层能否适应预期用途，应考虑下列因素：

——需要特别检查基体材料；

——喷涂涂层不会明显增加零件的强度，应考虑原零件尺寸的减少对强度影响；

——疲劳强度可能受到表面处理方法及涂层材料的影响；

——特定表面硬化处理工艺例如渗氮处理残留的气体可能对涂层的结合强度和孔隙率产生影响；

——当硬化层妨碍正常的表面处理时，必须充分考虑它对涂层系统应用的限制和对其后所得到的涂层性能的影响；

——待喷涂表面必须便于满足合适的预处理及喷涂工艺。

3.1.3　涂层

GB/T 18719 定义的，不同的喷涂工艺和不同的喷涂材料将导致涂层性能的不同。为了确定最适合的涂层系统，需要考虑以下因素：

——结合强度要求；

——厚度要求；

——表面要求；

——表面载荷，热喷涂涂层不适宜用于对点载荷敏感的零件；

——最终涂层性能要求，例如耐不同类型机械磨损、腐蚀、化学侵蚀、温度及其他环境条件的性能；

——当涂层孔隙率不符合要求时应，使用适当的封闭剂时行封闭处理；

——氧含量，必要时可通过工艺参数和材料选择来控制。

4 预加工

除去所有残留涂层，应考虑已进行的预处理对特殊要求涂层影响的可能性，例如疲劳强度。

进行预切削加工，切除磨损轮廓并确保最终涂层厚度均匀。新零件喷涂时待喷涂区域应进行下切处理，下切量为涂层厚度，涂层应尽可能嵌入基体，经处理后的区域形态或边缘应符合喷涂工艺。

对于轴类零件，确保被加工表面与相关轴线的同心度，使涂层厚度均匀是十分重要的。应尽可能除去尖锐的边缘。

预加工应尽可能在不使用润滑剂条件下进行。特别是多孔基体材料尤为重要。务必确保预加工期间基体不产生加工应力，加工应力可能对喷涂零件的性能产生不利的影响。

注意，加工后零件进行脱脂处理是十分必要的。

5 遮蔽

不需喷涂的表面用适当的材料遮蔽。理想的材料是既能抗喷砂又能防喷涂的材料。否则在喷砂和喷涂时应采用合适的材料分别进行遮蔽操作。

任何时候都应采取措施确保遮蔽材料不会污染待喷涂表面。

6 表面预处理方法

在第 4 章条件下发现残留的污染时，在表面预处理前必须直接清洁表面清除污染。

良好的表面活化处理可实现涂层与金属基体最大的结合强度。喷砂是实现该目的常用的方法。其他表面预处理方法都应得到缔约各方的同意。

表面预处理应按照 GB/T 11373 进行。

7 喷涂

在表面预处理后，应尽快采用热喷涂工艺规程提供的参数进行喷涂。采取有效的措施防止喷砂后与喷涂前之间产生污染。

喷涂前适当地直接预热待喷涂表面，应避免经预处理表面的污染或局部过热。

喷涂前和喷涂期间，表面应充分加热以防止潮气凝结。预热将除去待喷涂表面凝结的所有潮气。

喷涂期间，控制涂层的温度以避免过大的残余应力是十分必要的，残余应力能决定涂层的性能。

涂层中粉尘夹杂应减至最小。

所有设备都应按照制造商说明书操作。

8 喷涂后检验

喷涂涂层冷却至室温后通过以下方法对涂层进行检验：

——目测检查外观缺陷；

——测量验证涂层已达到要求的尺寸。若发现如结合不良、裂纹或其他不合格的任何缺陷，涂层都应除去并重新进行预处理及喷涂。

9 封闭

必要时对热喷涂涂层可作封闭处理，封闭应在喷涂后尽快进行。如果封闭剂含有某种溶剂，则封闭应在涂层冷却至室温后进行。

材料范围和工艺应适当。

10 精加工

涂层精加工可采用切削或磨削加工技术。但是，由于热喷涂涂层的特性，为达到涂层所规定的技术要求，需要采用不同的加工工具和精加工参数。

11 最终检验

涂层检验项目如下：

——尺寸精度在规定公差范围内；

——达到规定的表面粗糙度；

——涂层无缺陷，例如空洞、划痕、裂纹或涂层起皮；

——清除所有喷溅；

——清洁，尤其是油路；

——其他规定的要求。

中华人民共和国国家标准

GB/T 19824—2005

热喷涂　热喷涂操作人员考核要求

Thermal spraying—Approval testing of thermal sprayers

2005-06-23 发布　　2005-12-01 实施

前言

本标准修改采用 ISO 14918：1998《热喷涂　热喷涂操作人员考核要求》（英文版）。

本标准根据 ISO 14918：1998 重新起草。本标准对 ISO 14918：1998 作了下列修改：

——取消了 ISO 14918 的前言；

——取消了 ISO 14918 的附录 ZA（资料性附录）“与参考的欧洲标准相对应的国际标准”；

——用“本标准”代替“本国际标准”；

——引用了部分采用国际标准的我国国家标准。

本标准附录 A、附录 B 均是规范性附录，附录 C 是资料性附录。

本标准由中国机械工业联合会提出。

本标准由全国金属与非金属覆盖层标准化技术委员会归口。

本标准负责起草单位：武汉材料保护研究所。

本标准主要起草人：李秉忠、张海成、董志红、胡有权、周新制、胡箭星。

1　范围

本标准提出了热喷涂操作人员资格考核的程序。规定了热喷涂操作人员资格考核的基本要求、考核范围、考核条件、认可要求和资格证书。

资格考核中，要求热喷涂操作人员对热喷涂工艺、材料及安全性具备一定的实践经验和专业知识，相关资料见附录 A。

当标准、厂家、检验当局或其他组织要求审查热喷涂人员操作资格时采用本标准。

本标准涉及的热喷涂工艺涵盖手工操作和机械化施工。

由于热喷涂自动化装置的多样性与专业化，在那些热喷涂操作人员对热喷涂过程没有直接影响的场合，本标准不适用。

资格证书由专职的考官或考核机构颁发。

2　规范性引用文件

下列文件中的条款通过本标准的引用而成为本标准的条款。凡是注日期的引用文件，其随后所有的修改单（不包括勘误的内容）或修订版均不适用于本标准，然而，鼓励根据本标准达成协议的各方研究是否可使用这些文件的最新版本。凡是不注日期的引用文件，其最新版本适用于本标准。

GB/T 230.1 ~ 230.3 金属洛氏硬度试验 (ISO 6508，MOD)

GB/T 4340.1 金属维氏硬度试验　第 1 部分：试验方法 (eqv ISO 6507-1)

GB/T 8642 热喷涂　抗拉结合强度的测定 (ISO 14916，MOD)

GB/T 8923 涂装前钢材表面锈蚀等级和除锈等级 (eqv ISO 8501-1)

GB/T 9793 金属和其他无机覆盖层热喷涂　锌、铝及其合金 (eqv ISO 2063)

GB/T 18719 热喷涂　术语、分类 (ISO 14917，MOD)

GB/T 19356 热喷涂　粉末　成分和供货技术条件 (ISO 14232，MOD)

3　术语和定义

GB/T 18719 中确立的以及下列术语和定义适用于本标准。

3.1

热喷涂操作人员 thermal sprayer

用手工或机械化装置进行热喷涂作业的人员。

3.1.1

手工热喷涂 manual thermal spraying

手工操作喷枪或焊炬。

3.1.2

机械化热喷涂 mechanized thermal spraying

工艺的一些过程采用机械化，喷枪或焊炬不用手工操作。

3.1.3

自动化热喷涂 automatic thermal spraying

热喷涂工艺的所有典型操作全部采用机械化装置并实现程序化控制，其中包括工件的转运和装卸。手工、机械化、自动化热喷涂术语简列于表 1。

表 1　热喷涂术语

术语	喷枪移动	工件移动	工件装／卸
手工	手工	手工／机械化	手工／机械化
机械化	机械化	机械化	手工
自动化	机械化	机械化	机械化

3.2　考官或考核机构　examlner or examining body

检查验证是否符合标准规定的个人或机构。

3.3　认可标准细则　specific acceptance criteria

特定热喷涂技术或应用领域的热喷涂操作人员资格考核的详细文件。

3.4　试件　test piece

在本标准中，是指用于资格考试的热喷涂工作。

3.5 试样 test specimen

在本标准中，是指为进行指定的分析试验而从试件上切取的部分。

3.6 测验 test

在本标准中，是指一系列的操作，包括热喷涂试件的制备、其后的破坏性或非破坏性试验及其结果的评价。

4 资格考试基本要求

4.1 通则

为鉴定热喷涂操作人员在这些领域的能力，应按本章细则进行考核。

热喷涂操作人员资格考试在试件上进行，且与结构类型无关。

所有热喷涂操作人员都应进行与热喷涂工艺和操作相关的基础业务知识和专业知识的考核，见附录 A。

4.2 设备操作

应考核确定热喷涂操作人员具备的设备知识，详见附录 A 中 A.4.3。

4.3 遮蔽工序

应考核确定热喷涂操作人员在表面预处理和喷涂中合理遮蔽方面所具备的知识。

4.4 表面预处理

热喷涂操作人员应能判断用于资格考试的热喷涂试样表面是否合格，他还应能在资格考试过程中对已进行适当表面处理后的试样表面进行维护。

4.5 环境条件

热喷涂操作人员应能判断试件喷涂的环境条件是否合适，如：温度、湿度、露点。

4.6 应用的设备

用于热喷涂操作人员考核的试验结果，应采样于那些用实际生产设备或考核机构认可并与实际生产设备性能指标一致的相似设备所制备的试件。

5 资格考试范围

5.1 通则

热喷涂操作人员应按照特定的涂层制备工艺和应用方式进行资格考核，某一资格考核仅对特定的涂层制备工艺和应用方式有效。本标准涵盖的热喷涂工艺和应用方式见 5.2。

5.2 热喷涂工艺

5.2.1 热喷涂工艺类别

根据 GB/T 18719 所述，本标准包括以下热喷涂工艺：

——火焰喷涂；

——电弧喷涂；

——等离子喷涂；

——高速火焰喷涂；

——粉末喷涂；

——线材喷涂／棒材喷涂／芯材喷涂。

5.2.2 应用方式

——手工；

——机械化。

5.2.3 材料

附录 B 给出的材料是资格考试的专用材料。以下给出每种工艺所适用的材料，仅作为参考。

a) 火焰喷涂／电弧喷涂：

——金属及合金（工程用）；

——锌、铝及其合金（防腐用）。

b) 火焰喷涂：

——自熔合金。

c) 等离子喷涂：

——金属及合金；

——陶瓷；

——金属陶瓷／碳化物。

d) 高速火焰喷涂：

——金属及合金；

——金属陶瓷。

5.3 资格审查范围

热喷涂操作人员首次资格考核要求的分类与以上 5.2 中的分类有所不同。获得某种类型工艺及应用方法的资格并不代表具有其他专业类型的热喷涂操作技能或经验。

热喷涂操作人员资格等级标示方法为：热喷涂工艺一应用方法，如手工操作等离子喷涂设备应写为“等离子—手工”。另外还包括那些源自本标准的资格审查用喷涂材料类型 (5.2.3) 资料。

5.4 监督

对试件进行热喷涂和试验时均应有审核机构的人员在场。

5.5 试件的形状和尺寸

试件和试样的形状和尺寸详见每种热喷涂工艺的认可标准细则 (见附录 B)。

5.6 试验方法

详见认可标准细则。进行金相检查的试样应与同时用同种方法镶嵌和抛光的符合要求的标准试件进行比较，以避免金相制备上的差异。

5.7 试件验收要求

试件验收要求详见认可标准细则。试件应按认可标准细则中每种喷涂工艺及材料所规定的验收要求进行评估打分。

5.8 考核用喷涂材料

对于 5.2.1 所列的每种工艺设备，5.2.3 都详细给出了不同种类的耗材。热喷涂操作人员可从中任选一种类型的材料进行考核，但具体使用哪一种则必须是认可标准中指定的材料。

例如一等离子喷涂操作人员可以选择考核喷陶瓷操作，在这类材料里认可标准细则规定使用 Al_2O_3/TiO_2(87/13)（喷涂粉末 GB/T 19356-12.3-45/22- 混合粉）作为实际考查材料。

6 考试和测验

热喷涂操作人员考试分两步进行，首先应通过业务知识考试以确定其工艺知识，随后进行操作实践测试以验证其在相应领域的技能。

6.1 业务知识考试

热喷涂操作人员应较好地完成涵盖适当涂层工艺、应用方法和材料的考试，笔试卷应由发证机构负责准备，考试具体内容见附录 A。

6.2 操作实践考试

应考核确定热喷涂操作人员是否具备热喷涂工序所需要的技能，详细内容见认可标准细则（参见附录 A 和附录 B)。

7 复试

7.1 通则

如果热喷涂操作人员未能通过本标准的考核要求，可由考官按认可细则酌情安排复试，但是未经再培训或离上次考试超过 3 个月者不得参加复试。

7.2 追加测试

如果在喷涂过程中，由于外在原因使得操作人员无法喷涂合格试样，故障排除后可重新测试一次。

8 有效期

8.1 初审认定

热喷涂操作人员资格认定从所有规定考试均合格之日起开始生效，这个日期可能与证书上的发布日期有所不同。

热喷涂操作人员资格认定的有效期为 3 年，其间雇主 / 协调人每隔 6 个月需提供一份相关证明，同时满足下列所述条件。

8.2 延长期限

8.2.1 期限

热喷涂操作人员资格需每 3 年复审一次。

8.2.2 热喷涂操作人员和喷涂生产

热喷涂操作人员从事热喷涂生产离岗间隔时间不得达到或超过 6 个月。

8.2.3 热喷涂工作的中断期限

6 个月未从事热喷涂作业的热喷涂操作人员应按首次资格考核程序重新进行资格认定。

8.3 要求

资格正常到期后，重新申请考核要求制备合格的热喷涂试样，如果在重新申请资格后 6 个月内达到上述要求，则不需进行业务知识考试。

8.4 时间安排

热喷涂操作人员和雇主有责任保证按期进行资格复审。

8.5 热喷涂资格的期满或注销

热喷涂操作人员资格期满或注销后，将不允许从事本标准涵盖的热喷涂作业。

9 证书

9.1 终审认定

热喷涂操作人员资格最终审定取决于其是否具有正确熟练地操作设备和喷涂合格试件的能力。

9.2 记录

合格证记录和考试结果应由发证机构保存 10 年。

10 标示

热喷涂操作人员资格考试标示应包括以下内容：

——标准号；

——热喷涂工艺；

——应用方式。

示例：热喷涂操作人员考核要求 GB/T 19824 火焰喷涂—手工。

附录 A
（规范性附录）
业务知识

A.1 通则

首次申请热喷涂操作资格的人员必须参加业务知识考核。

本附录概述了热喷涂操作人员应掌握的业务知识，这些都是保证工序顺利进行及正常操作所必须遵守的规程。

热喷涂操作人员业务知识实际考核可采取下列方法的任何一种或几种方法同时进行：

——笔试；

——口试；

——计算机考试；

——表演／观察考试。

业务知识考核仅限于考核中所用的热喷涂工艺方面的内容。

A.2 要求

热喷涂操作人员业务知识应注重考核下述内容。

A.2.1 热喷涂设备

要点：包括热喷涂操作人员将进行资格考试的具体工艺所用的气／电能量供应设备、基本构件、冷却系统。

A.2.2 热喷涂工艺

要点：包括工件的表面预处理、几何形状、遮蔽、喷涂中的测量方法、参数控制、工件存放和后处理。

A.2.3 基体材料和耗材

包括鉴别、存放、管理。

A.2.4 安全和事故预防

要点：欲取资格相应工艺中安全装置的开启与关闭程序和步骤、个人防护、火灾危害、粉尘爆炸、电气危害、回火、泄漏检测、辐射、噪音。

A.2.5 热喷涂涂层试验方法

目视检测；结合强度、涂层结构和涂层缺陷的基本知识。

A.3 资格考试中的表面预处理

热喷涂操作人员应证明其对清洗、除脂、各种表面机械毛化方法、预热和存放的作用有所了解，这样他就能对基体表面的预处理质量进行评价。

热喷涂操作人员应能判断表面状况是否适应设计的涂层体系。

热喷涂操作人员应证明其知道喷砂清洁度和轮廓的影响以及不同类型的涂层对表面预处理等级的要求。

考试中，应将如下不适当的、适当的及较好的试件表面提交给热喷涂操作人员：

a) 抛丸制备的清洁但没有尖锐轮廓的表面；

b) 喷砂时间太短，脏污过多的表面；

c) 喷砂时间太长，轮廓被打平的表面；

d) 被油或灰尘污染的表面；

e) 正确的喷砂制备的具有较好的尖锐轮廓、适于喷涂的清洁金属表面。喷砂处理后的表面应远离其他喷涂操作产生的灰尘、破碎的砂粒等。

热喷涂操作人员应被询问哪一种试件合格及为什么，也应询问不合格的原因，如污染等的影响。热喷涂操作人员还应了解可能造成喷涂表面质量等级降低的其他因素。

A.4 资格考试中应考的其他要点

A.4.1 材料存放

热喷涂操作人员须证明其具有喷涂材料（耗材）贮存条件和管理及其对涂层质量的影响方面的知识。

A.4.2 遮蔽工序

应考核确定热喷涂操作人员在表面预处理和喷涂两工序中是否具有适当遮蔽方法方面的知识。一个工件的某一区域不喷涂，通常将之遮蔽起来，可采用不同的方法，根据工件的几何形状和待喷涂层的类型确定哪一种方法是最适宜的。例如：纸带能用于喷锌时的遮蔽，但不能用于高熔点材料或喷砂遮蔽保护。

热喷涂操作人员应显示出对手头的工作有正确的认识方法。

A.4.3 设备操作

应考核确定热喷涂操作人员设备方面的知识。他应按热喷涂设备制造商提供的步骤和操作指南操作设备。热喷涂操作人员的知识不应只局限于正常操作，相反，当设备运行不正常时他应能足够熟练地辨析。

A.4.4 涂层应用

热喷涂操作人员应能评价待喷零件的表面预处理状况，考虑像孔、扣件等几何因素，能够安装操作设备、制备涂层及评价涂层质量的好坏。

A.4.5 安全方面：有关个人健康、全部设备的安全操作及环境安全要求

热喷涂操作人员在实际考核期间须显示出具有这些领域的知识，尤其应该注意电、燃气、空气的所有连接处理是否适当，因为历史上绝大多数事故（包括金属喷涂设备）都因这些连接不当而引起。

附录 B
（规范性附录）
认可标准细则

B.1 火焰或电弧喷涂：防腐用锌、铝及其合金材料

B.1.1 说明

无论哪种类型的设备，热喷涂操作人员都应按设备说明书的要求安装使用。特别需要注意的是：喷枪与基体表面间的距离应遵循厂家的建议，且尽可能垂直于基体表面，制备的涂层无大颗粒、灰尘粘附，涂层表观细密，厚度均匀。

B.1.2 试件的制备

试件尺寸如图 B.1 所示。它是由轧制低碳钢等边角钢制备，角钢尺寸为 8 mm（厚）×500 mm（长）×150 mm(单边宽)。喷涂之前，应对其进行喷砂预处理，如果表面预处理未达到 GB/T 8923 中规定的要求以及环境条件不符合要求，不允许进行热喷涂。预处理合格后的试件两内表面喷涂 Al 涂层，涂层厚度 ≥ 0.15 mm。

B.1.3 涂层检测

B.1.3.1 涂层厚度

应向热喷涂操作人员提供测厚仪，他有不超过 3 次机会来测量涂层厚度。随后评审人员再使用同一台仪器按 GB/T 9793 规定全面检测板材的涂层厚度及厚度均匀性。如果所有测试点的涂层厚度都在 0.15 mm ~ 0.25mm 之间，则认为该热喷涂操作人员通过了该项考核。

B.1.3.2 喷涂表观

考官应采用同一喷涂试样来检查涂层表观，有无大颗粒粘附、夹杂和鼓泡。如果没有这类缺陷，则认为该热喷涂操作人员通过该项考试。

B.1.3.3 涂层结合力

结合力试验应按 GB/T 9793 进行。

B.2 火焰或电弧喷涂：工程用金属及合金材料

B.2.1 说明

无论哪种类型的设备，热喷涂操作人员都应按设备说明书的要求安装使用。特别需要注意的是：喷枪与基体表面间的距离应遵循厂家的建议，且尽可能垂直于基体表面，制备的涂层无大颗粒、灰尘粘附，涂层表观细密，厚度均匀。

B.2.2 试件的制备

它是由低碳钢圆棒制备，圆棒尺寸为 ϕ 75mm × 250mm(长)，在其中部下切 0.5mmm(深)× 150mm(长)的环槽。热喷涂操作人员在环槽中喷涂留有足够厚度加工余量的不锈钢（喷涂粉末 GB/T 19356-6.5-45/22 雾化粉或相同材质的线材）涂层，然后采用适当的机加工方式，将其加工至 ϕ 75mm 尺寸。

B.2.3 涂层检测

B.2.3.1 涂层厚度

确定涂层应该达到的厚度是热喷涂操作人员的职责，但无论如何涂层厚度都不应超过 1.0mm，借助机械旋转获得的涂层厚度应不超过 0.8mm，至少应沿棒材轴向检测 4 个位置的涂层厚度。

B.2.3.2 喷涂表观

考官应采用同一喷涂试样来检查涂层表观，有无大颗粒粘附和夹杂、裂纹和鼓泡。如果没有这类缺陷，则认为该热喷涂操作人员通过该项考试。

B.2.3.3 机械加工

目视检查后，应将试棒加工至 ϕ 75mm 以进一步检查涂层厚度是否满足要求。如果按规定尺寸加工后未超过涂层范围，且所有涂层表面都被加工，则认为该热喷涂操作人员已通过了厚度考查。

应检查机加工面是否有过热、过多的孔隙、裂纹及脱落，注意区分喷涂和机加工对涂层影响的不同之处。

B.2.3.4 涂层结合力

每次结合力试验应按 GB/T 8642 规定采用 6 个试件进行，检测结果最大误差应小于 20%。

B.3 火焰喷涂：工程用自熔性合金材料

B.3.1 说明

无论哪种类型的设备，热喷涂操作人员都应按设备说明书的要求安装使用。特别需要注意的是：喷枪与基体表面间隔为 100mm ~ 150mm，且尽可能与基体保持垂直，制备的涂层无大颗粒、灰尘粘附，涂层表观细密，厚度均匀。

B.3.2 试件的制备

ϕ 75mm × 250mm（长）的普通低碳钢圆棒，在其两端 75 mm 处下切至 ϕ 50 mm。热喷涂操作人员喷涂硬度为 40HRC 的 Ni 基自熔合金（喷涂粉末 GB/T 19356—2.10—106/53 雾化粉）到适当的厚度后再进行重熔，最后，采取适当的机加工方法将其分别加工至 ϕ 77mm 和 ϕ 52mm 尺寸。热喷涂操作人员应该知道涂层应达到的厚度，并对喷涂层进行重熔。

B.3.3 喷涂和重熔涂层检测

B.3.3.1 喷涂和重熔表观

考官应采用同一喷涂和重熔试样来检查涂层表观，有无大颗粒粘附、裂纹和鼓泡。如果没有这类缺陷，则认为该热喷涂操作人员通过该项考试。

B.3.3.2 机械加工

目视检查后，应用单头刀具将试棒分别加工至 ϕ 77mm 和 ϕ 52mm，以进一步检查涂层厚度是否满足要求。如果按规定尺寸加工后未超过涂层厚度范围，且所有涂层表面都被加工，则认为该热喷涂操作人员已通过了厚度考查。

应检查机加工面是否有过热、过多的孔隙、裂纹及脱落，注意区分喷涂和机加工对涂层影响的不同之处。

B.3.3.3 硬度试验

应按 GB/T 230.1 ~ 230.3 规定进行洛氏硬度试验，硬度应在 38 HRC ~ 42 HRC 的范围内。

B.4 等离子喷涂：工程用金属及合金材料

B.4.1 说明

无论哪种类型的设备，热喷涂操作人员都应按设备说明书的要求安装使用。

B.4.2 试件的制备

圆棒尺寸为 ϕ50 mm×250 mm(长)，在其中部下切0.5mm（深）×150mm（长）的环槽。热喷涂操作人员在环槽中喷涂留有足够厚度加工余量的Ni/Cr80/20合金(喷涂粉末GB/T 19356-3.1-45/5雾化粉)涂层，然后采用适当的机加工方式，将其加工至庐50 mm尺寸。

B.4.3 涂层检测

B.4.3.1 涂层厚度

确定涂层应该达到的厚度是热喷涂操作人员的职责，但无论如何涂层厚度都不应超过1.0mm，借助机械旋转涂层厚度应不超过0.8mm，至少应沿棒材轴向检测4个位置的涂层厚度。

B.4.3.2 喷涂表观

考官应采用同一喷涂试样来检查涂层表观，有无大颗粒粘附、夹杂、裂纹和鼓泡。如果没有这类缺陷，则认为该热喷涂操作人员通过该项考试。

B.4.3.3 机械加工

目视检查后，应将试棒加工至 ϕ50mm 以进一步检查涂层厚度是否满足要求。如果按规定尺寸加工后未超过涂层厚度范围，且所有涂层表面都被加工，则认为该热喷涂操作人员已通过了厚度考查。

应检查机加工面是否有过热、过多的孔隙、裂纹及脱落，注意区分喷涂和机加工对涂层影响的不同之处。

B.4.3.4 涂层结合力

每次结合力试验应按GB/T 8642规定采用6个试件进行，检测结果最大误差应小于20%。

B.5 等离子喷涂：工程用金属陶瓷/碳化物材料

B.5.1 说明

无论哪种类型的设备，热喷涂操作人员都应按设备说明书的要求安装使用。

B.5.2 试件的制备

尺寸为 ϕ50 mm×5 mm（壁厚）×150 mm（管长）。热喷涂操作人员喷涂留有足够厚度加工余量的WC/Co 83/17（喷涂粉末GB/T 19356-11.13-45/10团聚烧结粉）涂层，涂层厚度最小0.2 mm，且不大于0.5 mm。

B.5.3 涂层检测

B.5.3.1 喷涂表观

考官应采用同一喷涂试样来检查涂层表观，有无大颗粒粘附、裂纹和鼓泡。如果没有这类缺陷，则认为该热喷涂操作人员通过该项考试。

B.5.3.2 机械加工

目视检查后，应将管件磨削消除喷涂纹理，检查磨削面是否有过多的孔隙、裂纹及脱落，注意区分喷涂和机加工对涂层影响的不同之处。

B.5.3.3 涂层结合力

每次结合力试验应按 GB/T 8642 规定采用 6 个试件进行，检测结果最大误差应小于 20%。

B.5.3.4 显微硬度

微硬度按 GB/T 4340.1 规定对涂层的断面进行维氏硬度 HV0.3 值的测定，取 10 点（≥ 900HV0.3）平均值为测量值，压痕角处应无裂纹。

B.5.3.5 金相检测

涂层金相检测，应无过多的横向裂纹、分层、基体与涂层界面孔穴。

B.6 等离子喷涂：工程用陶瓷材料

B.6.1 说明

无论哪种类型的设备，热喷涂操作人员都应按设备说明书的要求安装使用。

B.6.2 试件的制备

它是一根低碳钢管，尺寸为 ϕ50 mm×5 mm（壁厚）×150 mm（管长）。热喷涂操作人员喷涂留有足够厚度加工余量的 $A1_2O_3$。/$TiO_2$87/13（喷涂粉末 GB/T 19356-12.3-45/22 混合粉）涂层，涂层厚度最小 0.3 mm，且不大于 0.5 mm。

B.6.3 涂层检测

B.6.3.1 喷涂表观

考官应采用同一喷涂试样采检查涂层表观，有无大颗粒粘附、裂纹和鼓泡。如果没有这类缺陷，则认为该热喷涂操作人员通过该项考试。

B.6.3.2 机械加工

目视检查后，应将管件磨削消除喷涂纹理，检查磨削面是否有过多的孔隙、裂纹及脱落，注意区分喷涂和机加工对涂层影响的不同之处。

B.6.3.3 涂层结合力

每次结合力试验应按 GB/T 8642 规定采用 6 个试件进行，检测结果最大误差应小于 20%。

B.6.3.4 显微硬度

显微硬度按 GB/T 4340.1 对涂层断面进行维氏硬度 HV0.3 的测定，取 10 点（≥ 700 HV0.3）平均值为测量值。

B.6.3.5 金相检测

涂层金相检测，应无横向裂纹、分层、基体与涂层界面孔穴。

B.7 高速火焰喷涂：工程用金属及合金材料

B.7.1 说明

无论哪种类型的设备，热喷涂操作人员都应按设备说明书的要求安装使用

B.7.2 试件的制备

它是一根低碳钢管，尺寸为 ϕ50mm×5mm（壁厚）×150mm（管长）。热喷涂操作人员喷涂留有足够厚度加工余量的 316L（喷涂粉末 GB/T 19356-65-45/22 雾化粉）涂层，涂层厚度最小 0.3mm 且不大于 0.5mm。

注：如果设备不适于该级粒度粉末，可采用其他粒度替代。

B.7.3 涂层检测

B.7.3.1 喷涂表观

考官应采用同一喷涂试样来检查涂层表观，有无大颗粒粘附、裂纹和鼓泡。如果没有这类缺陷，则认为该热喷涂操作人员通过该项考试。

B.7.3.2 机械加工

目视检查后，应将管件磨削消除喷涂纹理，检查磨削面是否有过多的孔隙、裂纹及脱落，注意区分喷涂和机加工对涂层影响的不同之处。

B.7.3.3 涂层结合力

每次结合力试验应按 GB/T 8642 规定采用 6 个试件进行。检测结果最大误差应小于 20%。

B.7.3.4 金相检测

涂层金相检测，应无横向裂纹、分层、基体与涂层界面孔穴。

B.8 高速火焰喷涂：工程用金属陶瓷材料

B.8.1 说明

无论哪种类型的设备，热喷涂操作人员都应按设备说明书的要求安装使用。

B.8.2 试件的制备

它是一根低碳钢管，尺寸为 ϕ 50mm × 5mm(壁厚) × 150mm（管长）。热喷涂操作人员喷涂留有足够厚度加工余量的 WC/Co 83/17（喷涂粉末 GB/T 19356-11．13-45/10 团聚烧结粉）涂层，涂层厚度最小 0.3mm，且不大于 0.5mm。

B.8.3 喷涂涂层测试

B.8.3.1 喷涂表观

考官应采用同一喷涂试样来检查涂层表观，有无大颗粒粘附、裂纹和鼓泡。如果没有这类缺陷，则认为该热喷涂操作人员通过该项考试。

B.8.3.2 机械加工

目视检查后，应将管件磨削消除喷涂纹理，检查磨削面是否有过多的孔隙、裂纹及脱落，注意区分喷涂和机加工对涂层影响的不同之处。

B.8.3.3 涂层结合力

每次结合力试验应按 GB/T 8642 规定采用 6 个试件进行，检测结果最大误差应小于 20%，最小结合强度为 60MPa。

B.8.3.4 显微硬度

显微硬度按 GB/T 4340.1 规定对涂层断面进行维氏硬度 HV0.3 的测定，取 10 点 (≥ 1000HV0.3) 平均值为测量值，压痕角处应无裂纹。

B.8.3.5 金相检测

涂层金相检测，应无横向裂纹、分层、基体与涂层界面孔穴。

B.9. 认可标准细则一览表（表 B.1）

表 B.1

工艺	火焰喷涂／（粉末、线材或棒材）电弧喷涂			等离子喷涂			高速火焰涂	
材料种类	锌／铝及合金	金属及合金	自熔性合金	金属及合金	金属陶瓷／碳化物	陶瓷	金属及合金	金属陶瓷
喷涂材料牌号料径范围(GB/T 19356)	锌、铝及其合金	不锈钢 6.5−45/2 雾化粉或同种线材	Ni 基合金 40HRC−2.10−106/53 雾化粉	Ni/Cr80/203.1−45/5 雾化粉	WC/Co 83/1711.13−45/10 团聚烧结粉	Al_2O_3/TiO_2 87/13 12.3−45/22 混合粉	316L6.5−45/22 雾化粉	WC/Co 83/17 11. 13 − 45/10 团聚烧结粉
试件形状	带直角的平板 150mm × 500mm × 8mm 图 B．1	直径 75mm 的圆棒中部下切图 B．2	直径 75mm 的圆棒两端下切图 B．3	直径 50mm 的圆棒中部下切图 B．4	管 50mm × 5mm × 150mm 图 B.5	管 50mm × 5mm × 150mm 图 B.5	管 50mm × 5mm × 150mm 图 B.5	管 50mm × 5mm × 150mm 图 B.5
要求的涂层厚度	＞ 0.15mm 且 ⩽ 0.25mm	<1.0mm（手工），<0.8 mm（机械）		<1.0 mm(手工)，<0.8 mm(机械)	⩾ 0.2mm 且 <0.5mm	⩾ 0.3mm 且 <0.5mm	⩾ 0.3mm 且 <0.5mm	⩾ 0.3mm 且 <0.5mm
目视检查：不得有 一大熔滴 一夹尘 一鼓泡 一裂纹	× × × —	× × × —	× — × ×	× × × ×	× × × ×	× — × ×	× — × ×	× × × ×
机加工试验	—	×	×	×	×	×	×	×
结合力试验 (GB/T 9793	×	—	—	—	—	—	—	—
结合力试验 (GB/T 8642	—	×	—	×	×		×	⩾ 60 MPa
硬度试验	—	—	38HRC ~ 42HRC	—	⩾ 900 HV0.3	⩾ 700 HV0.3	—	⩾ 1000 HV0.3
金相检查	—	—	—	—	×	×	×	×

附 录 C
（资料性附录）
热喷涂操作人员资格考核证书

厂家热喷涂程序规范　　　　　　　　　　　　考官或考试机构（盖章）

参考号（若适用）________　　　　　　参考号________

热喷涂操作人员姓名________

证件号码________

出生日期和出生地________

考核法规／考核标准________

业务知识（只要求初次参加资格考试者）：合格／不合格

	热喷涂操作人员编号	热喷涂考核细目
热喷涂工艺		
应用方法		
参考资料		
喷涂材料（类型／牌号）		

适用的附表和／或热喷涂程序规范方面附加资料：

考核类型	不需要	完成和认可情况
目视检查		
机加工试验		
依照 GB/T 9793 进行的结合力试验		
依照 GB/T 8642 进行的结合力试验		
硬度试验		
金相试样		
附加考试（如果需要单独附上表格）		

姓名、日期和签名________

考官或考试机构________

发布日期________

地址________

资格有效期至________

中华人民共和国国家标准

GB/T 20019—2005

热喷涂　热喷涂设备的验收检查

Thermal spraying–Acceptance inspection of thermal spraying equipment

2005-10-12 发布　　2006-04-01 实施

前言

本标准等同采用 ISO 14231：2000《热喷涂　热喷涂设备的验收检查》（英文版）。

为便于使用，本标准做了下列编辑性修改：

——用小数点“.”代替作为小数点的逗号“，”；

——删除国际标准的前言。

本标准的附录 A、附录 B、附录 C、附录 D 为资料性附录。

本标准由机械工业联合会提出。

本标准由全国金属与非金属覆盖层标准化技术委员会归口。

本标准起草单位：武汉材料保护研究所、上海瑞法喷涂机械有限公司、成都市长诚热喷涂技术有限责任公司。

本标准主要起草人：汪洪生、陈惠国、陈加印、刘子刚。

本标准首次发布。

1　范围

本标准规定了热喷涂设备验收检查的技术要求，包括能制备高质量热喷涂涂层的等离子喷涂设备，电弧和火焰喷涂设备。

2　规范性引用文件

下列文件中的条款通过本标准的引用而成为本标准的条款。凡是注日期的引用文件，其随后所有的修改单（不包括勘误的内容）或修订版均不适用于本标准，然而，鼓励根据本标准达成协议的各方研究是否可使用这些文件的最新版本。凡是不注日期的引用文件，其最新版本适用于本标准。

GB/T 19356 热喷涂　粉末　成分和供货技术条件（GB/T　19356–2003，ISO 14232：2000，MOD）

3　目的

作为全面质量保证体系的一部分，验收检查在于证明设备适合于制备满足本标准要求的、质量均匀的热喷涂涂层。

本标准可提供一个交货技术条件的依据。

在交付热喷涂设备时，首先供货方应提供热喷涂设备适用性的证明，用户也可按第6条进行检验。由此得出的评价和决定设备适用性的任何重要数据都应记录于附录A、附录B、附录C、附录D所示的检查报告中。如果在第7条所述的试验中能达到第6条规定的所有要求，则可认为热喷涂设备达到设计要求。

4 验收检查的条件

热喷涂设备应符合所有有关的安全规范。热喷涂设备的安装应使喷涂过程不受其他生产设备或环境条件的不利影响。

提供气体的气量和纯度应适当。

应注意保证设定的电参数不受电网波动的干扰。每台设备都应提供一本操作和维护说明手册。

设备验收试验时，热喷涂枪固定的位置和方式应由买方与生产方商定。

5 标记

热喷涂设备的验收检查应标记如下：

按GB/T 20019验收检查。

6 验收检查的原则

6.1 等离子喷涂设备

6.1.1 电源

喷涂枪符合设计要求时，等离子喷涂设备应能在最大功率水平下连续工作。

6.1.2 高压引弧装置

高压引弧装置工作时应不影响喷涂设备的其他部件和其他功能。

6.1.3 冷却水路

冷却水路应有足够的尺寸，并具有保持和控制水质、水温和水流量的装置。

6.1.4 气体

等离子喷涂设备应能按用户要求，采用单一气体或混合气体进行喷涂。

6.1.5 等离子喷嘴

在喷涂粉末过程中，喷嘴中或喷嘴上不应产生任何妨碍喷涂的沉积物。

6.1.6 送粉器

送粉器应满足下列要求：

a) 送粉器应是一独立设备，即使它由几个部件组成也应如此，其功能与气体体积流量的设定和喷涂设备的控制电路类型无关。

b) 送粉器应能控制粉末流量，设定值应稳定，并可重现。应采用有关各方所确定的粉末进行试验。

c) 按供方的规范处理粉末时，送粉器应能均匀地输送混合粉末而不产生分层现象。

d) 应能输送细颗粒粉末见(GB/T19356)。

6.1.7 监控系统

在喷涂过程中，气体的压力、气体的体积流量、粉末的输送速率、电弧电流和电弧电压与设定值之间的偏差，借助于可清晰正确地读出数据的仪表，应能进行监视与控制。在验收检查中应记录这些数值。所有设定值的测量仪器极限误差应不超过5%，压力表和电测量装置的最大允许误差为量程的2.5%（见7.2.7）。

在缺水或参数过分偏离预选的运行参数时，系统应确保设备能自动关闭。

6.2 电弧喷涂设备

6.2.1 电源

当使用适当直径的喷涂线材，并且喷涂头部是按此功率级别设计时，电弧喷涂设备应能以最大功率连续工作。

6.2.2 雾化气输入

雾化气管路和控制装置的设计应确保不影响操作。

6.2.3 喷嘴系统

喷嘴系统（导电管和空气喷嘴）应能维持稳定的电弧并进行雾化，而不产生可能干扰工作的沉积物。

6.2.4 喷涂线材输送装置

当压缩空气压力和电力的供应恒定适当时，线材输送装置应能连续可控和可重现地输送线材。

6.2.5 监控

在喷涂过程中，雾化气压、电流、电压与设定值之间的偏差，借助于可清晰正确地读出数据的仪表，应能进行监视与控制。在验收检查中应记录这些数值。测量仪器极限误差应不超过所有设定值的5%，压力表和电测量装置的最大允许误差为量程的2.5%。

6.3 粉末、线材、棒材和芯材火焰喷涂设备

6.3.1 气体

火焰喷涂设备应能使用设计的可燃气体，以及必需的雾化气和送粉气进行喷涂。

6.3.2 喷嘴

在喷涂材料的过程中，燃烧喷嘴和空气喷嘴上不能形成妨碍喷涂工作的沉积物。

6.3.3 喷涂材料输送装置

喷涂材料输送装置应满足下列条件：

a) 装置应能均匀地输送规定的材料；

b) 喷涂材料的输送速率应能调节；

c) 当送粉气压、驱动气压或供电保持在恒定和可控制的水平时，则设定的参数应稳定并可重现。

6.3.4 监控

在喷涂过程中，气体的压力、气体的体积流量与设定值之间的偏差，借助于可清晰正确地读出数据的仪表，应能进行监视与控制。在验收检查中应记录这些数值。测量仪器极限误差应不超过所有设定值的5%，压力表和电测量装置的最大允许误差为量程的2.5%（见7.4.5）。

7 验收检查的程序

7.1 总则

如果符合7.2～7.4的要求，则可认为热喷涂设备能适用于有关的热喷涂工作，以及使用常用热喷涂材料实施喷涂的要求。

7.2 等离子喷涂设备

7.2.1 电源

用设备制造商推荐的参数，喷涂氧化铝 20 min 以验证设备的额定功率。

在试验过程中检查下列项目：

a）气体控制；

b）电控制；

c）冷却温度。

稳定后，电压（可变参数）与设定值的偏差应不超过 3%（A 级）、6%（B 级）、12%（C 级）。应记录电压达到稳定所需的时间。

7.2.2 高压引弧装置

若在 7.2.1 规定的试验中，喷涂设备的任何部分和功能都不受高压引弧装置的干扰，则可认为符合 6.1.2 的要求。

7.2.3 冷却水路

应通过测量冷却水的流量检验冷却水路。应保证能达到设备制造商标明的最低体积流量。

7.2.4 等离子气体

在 20min 的喷涂过程中，气体的压力和体积流量与设定值的偏差不超过下列值，则应认为该系统符合 6.1.4 规定的要求：A 级 ±1.5%；B 级 ±3%；C 级 ±5%。如果辅气是可调的，其稳定后的值与设定值的偏差 A 级应不大于 3%；B 级应不大于 6%；C 级应不大于 12%。

7.2.5 喷嘴

经 7.2.1 规定的试验，如果没有干扰喷涂的沉积物，则可认为喷嘴符合 6.1.5 的要求。

7.2.6 送粉器

通过下述试验确认送粉器是否符合 6.1.6 的要求：

a）改变控制面板上指示的主气流量，应不影响送粉气的流量。

b）为确定给定时间内的送粉量，设备应在冷态，即不起弧的状态下运行至少 1min。试验应重复二遍以上，送粉量的变化 A 级应不大于 ±5%，B 级应不大于 ±10%，C 级应不大于 ±15%。试验粉末粒度应由有关各方协商选择（见 GB/T 19356）。为检查重现性，应在设备关闭至少 6h 以后，用同型和同量的粉末重新试验，并应达到相同的送粉量和偏差。

c）本试验应采用由有关各方协商选择；符合 GB/T 19356 的粉末进行。从混合均匀的粉末中取出 6.4 kg 样品，分成等量的 4 份，取出一份。然后，重复上述混合和取四分之一等分的程序，直至得到一份 100 g 的样品。在送粉之前应对这个样品进行化学分析和粒度测定。在粉末容器中应装入 1000g 喷涂粉末，按生产厂说明的方法，冷态输送 900g 粉末，剩下的约 10% 的粉末进行化学分析和粒度测定，化学分析仅限于测定主要元素。粉末分层所引起的偏差不应大于原始值的 3%。

7.2.7 监控

所有设定值的控制装置和测量仪表的极限误差应不超过 5%，最大允许误差应为量程的 2.5%。设定值的重现性必须得到验证。

7.2.8 检查报告

7.3 电弧喷涂设备

7.3.1 电源和线材输送装置

当电源的额定功率按照6.2.1的要求，线材输送装置按照6.2.4的要求持续工作时，设定电参数的偏差应不超过 ±5%。当设备在20min内以最大功率喷涂适合的涂层材料，如纯金属或低合金钢丝，由于热载荷增加导致其他波动时，这些要求也应得到满足。

7.3.2 雾化气

在20 min的喷涂时间中，如果雾化气压的指示值与设定值的偏差不大于 ±5%则应认为设备符合6.2.2的要求。

7.3.3 喷嘴系统

经7.3.1进行试验后，电弧无异常，喷嘴系统没有熔化后的喷涂材料沉积，则应认为喷嘴系统符合6.2.3的要求。

7.3.4 监控

对于所有的设定值，测量仪器的极限误差应不超过5%，最大允许误差应为量程的2.5%。还应验证设定值的重现性。

7.3.5 检查报告

7.4 粉末、线材、棒材、芯材火焰喷涂设备

7.4.1 气体

在20min的喷涂时间内，如果气体的压力和体积流量与设定值之间的偏差A级不大于2%、B级不大于5%，则应认为火焰喷涂设备符合6.3.1的要求。

7.4.2 喷嘴

以最大的喷涂速率，连续喷涂与喷嘴相适应的材料20min，如果不产生干扰喷涂的沉积物，则应认为喷嘴符合6.3.2规定的要求。

7.4.3 喷涂材料输送装置

7.4.3.1 总则

应由下列试验确定是否符合6.3.3的要求：

7.4.3.2 粉末火焰喷涂

此试验应采用由有关各方协商选择的，符合GB/T 19356的粉末进行。从混合均匀的粉末中取出6.4 kg样品并分成均匀的4份，重复混合和取四分之一等分的程序，直到得到100g的样品。在送粉试验之前，此样品应进行化学分析和粒度测定。采用冷态送粉试验，送粉气的体积流量按设备制造商的规定。应测定1min的试验粉末送出量。此测定要重复二遍以上，送粉量的变化应不大于5%。使用独立的送粉器时，送粉试验应按7.2.6进行。送粉器中剩下的粉末应用于化学分析和粒度测定，粉末分层引起的偏差应不大于原始值的3%。

7.4.3.3 线材火焰喷涂

设备的适应性应进行点火燃烧试验，测量1min输送线材的长度。测试应重复2次以上，输送长度的变化应不大于5%。此试验应使用商定直径的钼线或铝线。

7.4.3.4 棒材或芯材火焰喷涂

应采用商定直径的 $A1_2O_3$ 棒材或芯材进行 1min 试验。

7.4.4 火焰回火

当按照制造商的说明操作喷涂设备时，氧／燃气火焰不允许出现回火现象。

7.4.5 监控

所有设定值的测量和控制装置的极限误差应不超过 5%，最大允许误差应为量程的 2.5%。并且还应验证设定值的重现性。

7.4.6 检查报告

8 检查报告的有效性和复验

8.1 检查报告的有效性

只要检查报告全部符合本标准的所有规定，则应认为设备是合格的。

8.2 复验

8.2.1 修理工作

热喷涂设备验收检查中，如果数值因修正或修理而改变时，则应复验那些受到影响的数据。

8.2.2 复验程序

复验应和本标准所规定的初验一样进行。

<table>
<tr><td colspan="10">送粉设备检查（冷态）</td></tr>
<tr><td colspan="10">试验用喷涂粉末：</td></tr>
<tr><td colspan="10">粒度：　　（按 GB/T 19356）</td></tr>
<tr><td colspan="10">送粉时间：　　min</td></tr>
<tr><td></td><td rowspan="3">设定值</td><td rowspan="3">第一次试验</td><td rowspan="3">第二次试验</td><td rowspan="3">第三次试验</td><td colspan="2">允许偏差 %</td><td rowspan="2">实际偏差 %</td><td colspan="2" rowspan="2">评价</td></tr>
<tr><td rowspan="2">送粉量
(g/min)</td><td>A 级</td><td>B 级</td></tr>
<tr><td>±5</td><td>±10</td><td></td><td>合格</td><td>不合格</td></tr>
</table>

<table>
<tr><td colspan="6">粉末分层试验（冷态）</td></tr>
<tr><td colspan="6">由有关各方协商选择的试验用喷涂粉末：</td></tr>
<tr><td colspan="6">粒度：根据 GB/T 19356：</td></tr>
<tr><td colspan="2" rowspan="2"></td><td colspan="2">分层</td><td colspan="2">评价</td></tr>
<tr><td>允许偏差 %</td><td>实际偏差 %</td><td>合格</td><td>不合格</td></tr>
<tr><td>原始质量
1000g</td><td>原始粉化学分析 %</td><td>±3</td><td></td><td></td><td></td></tr>
<tr><td>剩余质量约
100g</td><td>剩余粉化学分析 %</td><td>±3</td><td></td><td></td><td></td></tr>
</table>

<table>
<tr><td colspan="7">粉末粒度分析</td></tr>
<tr><td rowspan="2">粉末粒度</td><td rowspan="2">原始质量</td><td rowspan="2">剩余质量</td><td colspan="2">分层</td><td colspan="2">评价</td></tr>
<tr><td>允许偏差 %</td><td>实际偏差 %</td><td>合格</td><td>不合格</td></tr>
<tr><td>μm</td><td>g　　%</td><td>g　　%</td><td>±3</td><td></td><td></td><td></td></tr>
<tr><td>μm</td><td>g　　%</td><td>g　　%</td><td>±3</td><td></td><td></td><td></td></tr>
</table>

评价：

日期：＿＿＿＿＿＿＿＿＿＿ 检查人签名：＿＿＿＿＿＿＿＿＿＿

中华人民共和国国家标准

GB 11375—1999

金属和其他无机覆盖层 热喷涂 操作安全

代替 GB 11375—1989

Metallic amd other inorganic coatings—
Thermal spraying— Safe practices

国家质量技术监督局 1999-08-10 批准　　2000-03-01 实施

前言

本标准根据 GB/T 15706—1995 中的原则和概念，对 GB 11375—1989 进行了技术修订，并取代第一版。

本标准在以下重要技术内容上有所改变：

——在范围中增加了火焰喷焊、等离子喷焊、高速火焰喷涂和爆炸喷涂等新的内容；

——在引用标准中，凡与本标准技术要素相关的内容引用了国家标准和劳动部、电力部以及职业安全与卫生等权威机构制订的具有法律效应的规程、规范、规则及规定；

——增加了预防、管理及监督的内容；

——增加了附录。

本标准的附录 A、附录 B 和附录 C 是标准的附录，附录 D 是提示的附录。

本标准从实施之日起，同时代替 GB 11375—1989。

本标准由国家机械工业局提出。

本标准由全国金属与非金属覆盖层标准化技术委员会归口。

本标准负责起草单位：武汉材料保护研究所。

本标准参加起草单位：国家冶金工业局钢铁研究总院、北京矿冶研究总院、航空工业总公司 625 所、上海喷涂机械厂。

本标准主要起草人：胡有权、苏启、李秉忠、贾永昌、刘会刚、陈惠国、张海成。

引言

本标准采用了 GB/T 15706.2—1995 中所确定的原则和概念，并符合有关法规规定。本标准所覆盖的危险范围，已表明于本标准范围。

1 范围

本标准规定了热喷涂的安全操作方法，其中包括对热喷涂设备安装、使用、维修的具体规定及对火灾、人身安全和工作环境污染的防范措施。

本标准所涉及的热喷涂设备包括：线（棒）材火焰喷涂、粉末火焰喷涂、火焰喷焊、爆炸喷涂、高速火焰喷涂、电弧喷涂、等离子喷涂及等离子喷焊等设备。

塑料火焰喷涂的操作安全也可参照本标准。

2 引用标准

下列标准所包含的条文，通过在本标准中引用而构成为本标准的条文。本标准出版时，所示版本均为有效。所有标准都会被修订，使用本标准的各方应探讨使用下列标准最新版本的可能性。

GB/T 1186—1992 压缩空气用橡胶软管（2.5 MPa 以下）

GB/T 2550—1992 焊接及切割用橡胶软管　氧气橡胶软管

GB/T 2551—1992 焊接及切割用橡胶软管　乙炔橡胶软管

GB/T 2626—1992 自吸过滤式防尘口罩通用技术条件

GB/T 3609.1—1994 焊接眼面防护具

GB 4674—1984 磨削机械安全规程

GB 4962—1985 氢气使用安全技术规程

GB 5083—1999 生产设备安全卫生设计总则

GB 5842—1996 液化石油气钢瓶

GB/T 7899—1987 焊接、切割及类似工艺用气瓶减压器

GB/T 8162—1987 结构用无缝钢管

GB 9448—1988 焊接与切割安全

GB 10892—1989 固定的空气压缩机安全规则和操作规程

GB/T 10893—1989 压缩空气干燥器规范与试验

GB/T 1 1651—1989 劳动防护用品选用规则

GB 12136—1989 溶解乙炔气瓶用回火防止器

GB/T 13869—1992 用电安全导则

GB 14193—1993 液化气体气瓶充装规定

GB/T 15190—1994 城市区域环境噪声适用区划分技术规范

GB 15577—1995 粉尘防爆安全规程

GB 15579—1995 弧焊设备安全要求第 1 部分：焊接电源

GB 15579.12 —1998 弧焊设备安全要求第 12 部分：焊接电缆耦合装置

GB/T 15706.2—1995 机械安全基本概念与设计通则第 2 部分：技术原则与规范

GB J16—87 建筑设计防火规范

GB 50028—1993 城镇燃气设计规范

GB 50030—1991 氧气站设计规范

GB 50031—1991 乙炔站设计规范

GB 50034—1992 工业企业照明设计标准

JB/T 5070—1991 热喷涂常用术语

JB/T 6973—1993 热喷涂操作人员考核要求

JB/T 9192—1999 等离子喷焊电源

3 定义

本标准除了采用 JB/T 5070 的术语外，还明确以下含义：

3.1 “必须”、“严禁”、“只允许”、“不允许”等均表示强制性的条款。

3.2 “应该”或“建议”不属强制性条文，仅作为推荐性的良好措施。

3.3 “认可”或“批准”等词句，均指有关权威机构的具有法律效力的认可或批准。如经国家劳动部及其授权的职业安全与健康管理部门；国家卫生部及其授权的职业安全与卫生防疫部门；国家公安部及其授权的预防机构及其他由法律授权的职业安全与培训部门等的认可或批准。

3.4 “热喷涂操作者”、“喷涂工”和“喷砂工”系指热喷涂或喷砂的具体操作者。

3.5 “有限空间”系指一种相对狭小或受限制的空间，如锅炉内腔，压力容器及贮罐（柜）、船舱等，由于其尺寸和空间形状而导致通风条件恶劣，并非指人员出入受限制。

3.6 “备用气瓶”系指在施工现场直立的各种备用压缩气体钢瓶（不含正在使用或接好气管待用的气体钢瓶）。

4 预防、管理及监督

4.1 热喷涂工程承包商必须对其施工人员进行严格的热喷涂操作培训，特别是操作安全培训，经培训合格者方可上岗施工。而且，委托方必须提醒承包商随时注意有关易燃、易爆及有毒物品的危害。

4.2 所有热喷涂设备必须保持良好的可随时启动的备用状态。为此，需加强检查与保养。当操作中发现可靠性不足时，必须立即停止使用并由合格的人员进行修理。

4.3 所有热喷涂设备的操作必须符合本标准的有关规定，或按制造商的使用说明进行，并且符合本标准的有关规定。

4.4 应明确规定热喷涂管理者、安检员和操作者的安全责任。

4.4.1 管理者的责任

4.4.1.1 管理者必须确保所有上岗的喷涂工、喷砂工及安检人员均已通过全面培训，并取得上岗资格。

4.4.1.2 管理者必须将设备制造商及材料制造商在使用说明书中给出的所有安全信息通告给有关人员。

4.4.1.3 管理者必须按热喷涂工序制订预处理区（含除油、喷砂工序）、喷涂区及后处理区（含封闭工序或精整工序）安全操作规程。确保每个有关人员对其所涉及的危害有清醒的认识，并且熟知要采取的相应的预防措施。

4.4.1.4 管理者必须确保所有使用的热喷涂设备（如各类喷枪、控制设备、电源及电气设备、汇流排、流量计、调节器、调压阀、乙炔发生器、喷砂罐、空气净化设备以及热喷涂操作人员使用的防护装置等）都经过认可。

4.4.2 安检员的责任

安检员必须从指定的管理机构获得监督热喷涂操作安全的许可证。必须对热喷涂设备的安全管理及热喷涂工艺的安全使用负责。

4.4.2.1 安检员必须对易燃、易爆物品采取以下一种或多种安全措施以确保工作区不会出现安全事故：

a) 将工件移至无易燃品的安全区进行清洗；

b) 如果工件不能移动，则将易燃品移至离开工件的安全距离或以适当的方式加以保护以免着火；

c）适当地安排热喷涂作业区，使其易燃品不致于在操作过程中着火或爆炸。

4.4.2.2 安检员必须事先检查确认热喷涂工上岗资格。必须对进入不同工区的操作人员进行安全检查。检查包括以下内容：配戴并使用相应的防护用品，眼睛保护见7.2、呼吸保护见7.3、听力保护见7.4、工作服见7.5、有限空间保护见7.6。

4.4.2.3 安检员必须确认工作区内的环境安全。检查各工区现场配置的适当通风装置，普通热喷涂、喷砂见8.2。必须指派火灾警戒人员，并得到警戒人员检查、核准后才可开工。

当不需要火灾警戒人员时，安检员必须在热喷涂作业完成半小时后作最终检查，以扑灭暗火消除火灾隐患。

4.4.3 热喷涂操作者（含喷砂工、喷涂工）的责任

4.4.3.1 热喷涂操作者必须清楚不安全操作的危害性以及控制危害的程序，保证安全地使用设备，以防止对生命及财产构成的危害。

4.4.3.2 在开始操作之前，喷涂工、喷砂工必须获得安检员的操作允许，在获得允许的条件没有改变的前提下，热喷涂操作者可以继续其操作。

4.4.3.3 热喷涂操作者只有在已严格听从安全警告的情况下才可进行热喷涂作业。

4.4.3.4 在其他人员可能接触热喷涂的有毒材料、操作及设备的场所或施工现场，热喷涂操作者必须张贴警告或警告标志以示提醒。

5 热喷涂设备的安全操作

5.1 氧气和燃气瓶的储运和使用

5.1.1 总则

热喷涂容器的保管必须遵照劳动部《压力容器安全技术监察规程》、《溶解乙炔气瓶安全监察规程》、《气瓶安全监察规程》以及GB 4962、GB 5842、GB J16、GB 50030、GB 50031、GB 50034的有关规定。

5.1.1.1 氧气气瓶的储运和使用必须符合劳动部《气瓶安全监察规程》的规定。

5.1.1.2 氧气装置不允许接触油和油脂，只允许使用特殊的抗氧化润滑剂。若有问题，应向具有一定使用资格的专业人员或氧气装置制造厂的专业人员咨询。

5.1.2 多路使用

在热喷涂作业时，有时需要多个容器集中汇流，多路使用。汇流排的安全使用应符合以下规定。

5.1.2.1 汇流排的钢管必须符合GB 8162的规定，其安装必须按照GB 9448执行。

5.1.2.2 氧气汇流排必须符合GB 50030的有关规定。

5.1.2.3 乙炔汇流排必须符合GB 50031的有关规定。

5.1.2.4 液化石油气汇流排必须符合GB J16的有关规定。

5.1.2.5 低压汇流排不允许连接高压气瓶，应在低压汇流排上显著部位设置相应警示标志。

5.1.3 连结减压器与气瓶的出口阀，必须使用适当扳手。

5.1.3.1 氧气减压器不允许接触油和油脂。氧气、可燃气的减压器不允许混用。

5.1.4 流量计流量计按GB 9448规定安装和使用

5.1.4.1 为了避免不安全操作和保持火焰稳定状态，应按5.3.9条在流量计上同时安装回火防止器（见GB

12136）与逆流防止器。

5.1.5 软管与软管的连接

5.1.5.1 软管应按照GB/T 1186、GB/T 2550、GB/T 2551和GB 9448的规定，必须根据用途分别采用压缩空气用橡胶管，氧气橡胶管和乙炔橡胶管。

5.1.5.2 软管的连接应符合GB 9448的相应规定，必须防止软管的损坏。不允许使用非专用软管。

5.2 压缩气体钢瓶（氮气、氩气和氦气）的储运和使用

5.2.1 从事现场热喷涂作业的每一个人必须遵守劳动部有关容器储藏、搬运和使用方法的规定。

5.2.2 现场备用的各种充满压缩气体的钢瓶必须分类储存，严禁混放。储存备用钢瓶的地点必须远离电梯、楼梯和过道，以避免备用钢瓶被其他物体碰倒或损坏。

5.3 热喷涂设备的安装

5.3.1 氧气和燃气瓶上的减压器和流量计的连接螺母要拧紧，但不能过紧，以免损坏螺纹和突出的密封件。如果接头配件不能很好的密封，则应更换。

5.3.2 在开启任何气阀之前，必须先对作业场地进行适当通风。

5.3.3 在开启钢瓶总阀之前应先对减压器进行排气，同时，必须完全旋松减压器的调节螺栓。

5.3.4 缓慢开启钢瓶总阀，同时操作者必须站在减压器的一侧。

5.3.5 为了防止流量计的玻璃管遭受高压气流的冲击，必须缓慢旋动压力调节器的调节螺栓。对软管吹气，以吹除残留在软管中的粉尘。对软管吹气时，必须避开火源。

5.3.6 将软管与喷枪连接，并且对该系统供给压缩空气，同时用肥皂水检验所有连接部位的气密性。严禁用明火检查漏气。

5.3.7 若发现连接处漏气，应按下列顺序操作，即：减压—松开接头—取出密封件并擦净—吹净软管、拧紧接头、再试压；如果仍然漏气，就应再减压，更换漏气的热喷涂装置，在有故障的装置上标记“危险——不许使用”的警示。

5.3.8 若仪表数据显示不正常，则表示气路系统有故障，必须立即停机，并迅速进行设备检修。

5.3.9 在回火保护和逆流保护装置与玻璃流量计同时使用时，回火保护装置必须安装在流量计和喷枪之间。

5.4 压缩空气

5.4.1 为了防止压缩空气与氧气和燃气混淆必须使用确切的名称。如氧气不应称空气或气体；可燃气（如乙炔、丙烷、天然气等）不应称气体。

5.4.2 不允许使用喷砂用的压缩空气清理工作服。亦不允许用氧气和燃气清理工作服。

5.4.3 空气压缩机的操作必须遵守GB 10892中的规定，若压缩空气的压力与设备制造厂推荐的压力不相符时，则不允许用其进行喷涂和喷砂作业。

5.4.4 压缩空气管路中必须配备适当的过滤器和冷凝器，并按设备制造厂的建议进行净化，以保证压缩空气中不含油和水。

5.5 火焰喷涂、火焰喷焊、高速火焰喷涂和爆炸喷涂装置

5.5.1 火焰喷枪、高速火焰喷枪和爆炸喷枪均应按制造厂建议进行保养。在每天工作前，应先对各种气体软管进行一次通气检查，以排除软管内的杂物。

5.5.2 热喷涂操作者，必须按JB/T 6973中的规定进行培训并熟悉操作规程后才能上岗操作。启用新喷枪

前必须先熟悉喷枪制造厂的说明书。

5.5.3 喷枪上所有的气阀，都应能灵活开启和可靠关断。阀的润滑见 5.5.9。

5.5.4 为了防止烧伤手，不应用火柴给喷枪点火，而应用摩擦点火器或电弧点火器点火。

5.5.5 当喷枪发生回火或熄火时，应迅速关枪，并切断气源。在未查明原因之前，不允许重新点火。

5.5.6 不允许把喷枪或其软管挂在减压器或钢瓶的阀上，以免引起火灾和爆炸。

5.5.7 喷涂结束后，设备关闭、暂停使用或需拆卸时，应放出压力调节器和软管中的压缩气体。并按下列顺序操作：

a) 关闭喷枪总阀；

b) 关闭气瓶总阀；

c) 开启喷枪的总阀；

d) 将压力调节器的手柄旋松；

e) 关闭喷枪总阀；

f) 关闭减压器前面的汇流排总进气阀和所有分流阀。

5.5.8 在清洗火焰喷枪时，不得让油进入喷枪的气体混合室。

5.5.9 不允许使用普通润滑油和润滑脂润滑喷枪的阀类及其他与氧气或氧气与可燃气的混合气相接触的任何部位，只允许使用设备制造厂家推荐的特殊防氧化润滑脂。

5.5.10 与乙炔接触的零部件，不允许用含铜 70% 以上的铜合金制造。推荐用低合金钢、不锈钢或含铜 70% 以下的铜合金制造。

5.6 等离子喷涂、等离子喷焊和电弧喷涂装置

5.6.1 等离子喷涂、等离子喷焊和电弧喷涂中的高电压和大电流电气设备是火焰喷涂所不具备的，另有新的安全问题。操作者上岗操作前，必须按 JB/T 6973 的规定接受全面的培训，必须遵守制造厂说明书中的操作安全规定，还必须按 GB/T 13869 中的要求，实施电气设备的安全措施。使用氢气的安全规程参见 GB 4962。

5.6.2 等离子喷涂、等离子喷焊和电弧喷涂设备的电源必须满足 GB 15579、JB/T 9192 的安全操作条件，并按现行电力设备接地设计技术规程中的规定接地和适当绝缘。大功率工业用电钮、指示灯、插头和电缆等必须符合 GB 15579．12 规定的安全要求。

5.6.3 应定期检查电源线、绝缘物、软管和气路管线，有故障的设备应立即维修或更换。

5.6.4 在没有关掉整个系统，包括切断电源的情况下，不允许清洗和修理控制台或喷枪。

5.6.5 电弧喷枪应经常清扫，避免集积金属粉尘。

5.6.6 电弧喷涂设备线材调速装置应当接地。

5.6.7 等离子喷枪和电弧喷枪的金属吊具应绝缘。

5.6.8 等离子喷枪和电弧喷枪的非接地部分应避免与金属制作的喷涂操作室接触。

5.7 喷砂机

5.7.1 压力式喷砂机属压力容器，生产厂必须持有国家劳动部门颁发的压力容器生产许可证，其产品也必须经劳动部门认可，检验合格后才能出厂。

5.7.2 使用者应按设备制造厂的规定保养和检修，易损件也应按制造厂的规定修理或更新。

5.7.3 喷砂机和喷砂场地之间的喷砂软管应尽量放直。弯曲或成锐角状的软管会引起单边过度磨损，很快磨穿。如果必须弯曲绕过某物体时，也应使软管弯曲的曲率尽量小。

5.7.4 喷砂软管应存放在阴凉干燥之外，避免其迅速老化。

5.7.5 不允许将喷砂嘴对着自己和他人。若喷砂嘴堵塞时应关闭气源并排除余气后方可进行清理。

5.7.6 喷砂罐内的空气压力不允许超过制造厂规定的工作压力。

5.7.7 喷砂软管的控制

操作者应通过活动阀杆使空气压力持续保持在要求的范围内，一旦压力下降，设备就自动调节停止工作。

6 防火

6.1 责任

热喷涂作业时的高温、高速（含熔融微粒）射流产生过热环境，所有从事热喷涂作业的操作人员、安检员、监理人员（包括承包商）及管理人员都必须执行以下防火安全要求，明确各自的防火安全责任。

6.2 热喷涂作业区

6.2.1 热喷涂作业区必须符合 GB J16 中规定的防火规范。

6.2.2 热喷涂作业必须在消除火灾隐患的区域内进行。

6.2.3 不允许将正在进行喷涂作业的喷枪对着人或易燃物。

6.3 有易燃物存在的区域

6.3.1 热喷涂作业场地内的纸、木柴、油布等可能引起火灾的易燃物必须清除。

6.3.2 有条件时，将工件移至指定的安全位置进行喷涂。

6.3.3 当工件不能转移时，必须对易燃物采取妥善的保护措施，将高温、高速射流限制在安全的范围内。

6.3.4 空气中漂浮的固体微粒或其他类似的物质蓄积后有爆炸危险，特别是一些有爆炸危险的特殊金属粉尘。必须遵守 GB 15577 中的规定，严格执行粉尘防爆安全规程。在喷涂工作间内必须提供有效的通风设备，推荐用水洗型湿式吸尘器收集喷涂粉尘，工作场地要妥善管理，要特别注意检查并清除房椽、房顶和地缝中的粉尘，防止蓄积。

6.4 灭火

6.4.1 灭火器及喷水器。

6.4.2 在热喷涂作业区可能引发火灾的地点以及在下述条件下应派专职火灾警戒人员：

a) 靠近易燃物的区域，如建筑结构材料中的易燃物距离作业点 10m 以内；

b) 在门、窗或地板等开口 10m 范围内存放易燃物的区域；

c) 在金属墙板、天花板及屋顶的另一侧受热辐射或热传导而可能引起火灾的区域；

d) 在船上作业时舱壁背面是油箱或存放易燃物，由于热传导而可能引发火灾的区域。

6.4.3 火灾警戒人员必须履行以下职责：

a) 必须进行灭火器使用培训，熟悉灭火器的使用和保养；

b) 必须熟悉火灾报警设施的使用和维护；

c) 必须监视所有暴露区域的火灾隐情，并且在现有灭火设备条件下，有能力组织扑灭火灾；

d) 必须在喷涂作业完成半小时后撤离现场，以便检查并扑灭可能存在的火灾隐患；

c） 如果被指定担任灭火警戒的人员另有兼职，则其兼职不得影响或干扰火灾警戒任务。

6.5 非固定地点热喷涂作业许可

在非固定地点进行热喷涂作业时，如现场施工及高空作业等，在开始作业前，必须由指定的人员进行防火安全检查，并经其核准后才可进行热喷涂作业。

6.6 装有易燃物容器及管道的热喷涂作业

当对装有易燃物的容器进行热喷涂时，存在着爆炸、火灾及毒气泄漏的危险。应按 7.6.2 中规定进行。

7 人身安全

7.1 总则

喷涂工的普通安全防护应按 GB/T 11651、GB/T 3609.1 和 GB/T 2626 中的规定选用眼、面及呼吸系统保护用品；用劳动部门认可的生产厂家生产的护耳器或耳罩进行听力保护。

7.2 眼睛的安全防护

7.2.1 在热喷涂或喷砂作业中热喷涂操作人员始终要用头盔、面罩以及护目镜保护头部和眼睛。参见 GB/T 3609.1 和 GB/T 11651 的有关规定。为了防止邻近作业中产生的光辐射或飞溅粒子的伤害。在喷涂和喷砂作业时，操作人员、辅助人员及所有进入现场的人员都必须对头部及眼睛进行防护。

7.2.2 在喷涂作业中，使用的头盔、面罩和护目镜均必须配以适当程度的滤光镜片，以保护眼睛不受强烈紫外线、红外线以及强烈的可见光线伤害。

7.2.3 在敞开状态或在有足够通风的车床上进行热喷涂作业时，不必使用附加呼吸系统防护用品，戴上护目镜即可。在等离子喷涂和电弧喷涂时，应使用头盔式面罩代替护目镜，可同时防护面部、下颌和颈部，防止作业中产生的紫外线和红外线的伤害。

7.2.4 在喷砂作业时，应戴防尘面罩防止飞溅粒子对眼睛、面部、下颌和颈部伤害，应按 7.3.1 和 7.3.2 使用带呼吸系统防护装置的保护面罩防止喷砂粉尘的危害。

7.3 呼吸系统的安全防护

7.3.1 进行喷涂和喷砂作业时，操作者必须使用带呼吸系统的防护用具，并应根据热喷涂材料蒸发物和排放气体的状态、性质和量的大小选用。这些用具应符合 GB 2629 的规定。所有选用的用具都应是经劳动部及其授权的权威部门批准的劳动保护用品。这些用具的选择应符合 GB/T 11651 中的规定。

7.3.2 在敞开状态喷砂作业时，应使用 7.3.4 中所述的带机械过滤器的面罩，保护面部和呼吸系统。也可选用 7.3.3 中所述带空气输送管道的保护面具。

7.3.3 在有限空间进行喷砂作业时，必须使用由管道连续供给新鲜空气的呼吸器，它由带空气呼吸系统的面罩或防护头盔以及标准的空气管道组成，可以保护操作者的头部和颈部不受粉尘和磨料的伤害。防尘罩中要求至少通入流量为 $0.11m^3/min$ 的新鲜空气，防尘头盔中至少应通入流量为 $0.17m^3/min$ 的新鲜空气。气源应包括一个带空气过滤装置的空气压缩机或鼓风机，以便将压缩空气中的油雾、水雾和水锈粒子分离去除，确保供给呼吸器的空气无污染。为了防止空气的污染，如 CO 的污染，还要使用符合 GB/T 10893 中规定的压缩空气干燥器来提供净化的新鲜空气。

7.3.4 在敞开状态或抽风条件好的车床上进行热喷涂操作时，不必另外再用呼吸器。在某些条件下，如果只在短时间内接触非毒性物质和粉尘时，应使用机械式空气过滤器。

7.3.5 在有限空间进行喷涂作业时，应采用带空气管供气的防护装置。

7.3.6 喷涂大多数普通的热喷涂材料，要采用一个带管道连续供给空气的呼吸器。如果空气呼吸系统的空气源被堵，空气流量不足，在空间的污染物还不致于立即危害健康的情况下，喷涂工可以拔出气源管，直接呼吸空气管中送来的新鲜空气。但在有限空间内有污染，直接呼吸对健康有损害时，不能进行直接呼吸；在喷涂有剧毒材料时，如果空气源堵塞，喷涂作业者需要去掉头盔时，污染的空气对健康危害极大，也不能进行直接呼吸；在这种情况下，头盔必须事先和紧急辅助呼吸用气瓶相连接。当空气源发生故障时，喷涂作业者就能摘除空气供应管路，启用辅助空气源以呼吸新鲜空气。喷涂剧毒材料时，还可用空压机的空气软管通入急需时使用的呼吸保护气体。

7.4 听力保护

7.4.1 间断的喷涂或短时间的作业，或者是在使用盔式防护面罩时，可暂不用听力保护。但当长时间喷涂时，由于喷枪发出强烈的噪音，为防止操作者丧失听力，必须使用符合 7.1 要求的护耳器或耳罩，不允许用棉花球堵塞耳道，因为棉质物不能有效地隔离高分贝噪音。

7.4.2 所提供的耳部保护应能使每天 8 小时的噪音强度降低到 GB/T 15190 中规定的安全水平，如果护耳器不能达到这样的要求，就应停止喷涂操作，直到噪音被控制在 GB/T 15190 中所规定的安全水平，才可重新开始喷涂操作。

7.5 安全服

7.5.1 根据喷涂工作的轻重、性质、施工地点来选择适当的喷涂服和喷砂服。

7.5.2 在有限空间施工，应穿防火服，戴皮革、橡皮或石棉长手套。手腕和脚踝处的衣服应扎牢，避免有毒害的热喷涂材料和磨料损伤皮肤。

7.5.3 在室外施工，允许穿着非化纤材料制造的普通工作服，但不允许穿开襟衬衫或不扣紧封领钮扣。

7.5.4 应穿长筒鞋，裤脚应无翻边并要遮住鞋筒。

7.5.5 在有限空间喷涂铅或其他高毒性材料时，操作工应每天更换衣服和呼吸系统保护用具。已用过的衣服和呼吸系统保护用具，必须彻底清洗并彻底清除铅粉尘或其他有毒材料后才能再使用。

8 防护通风

8.1 总则

8.1.1 热喷涂和喷砂工人的工作环境及污染情况由下列因素决定：

a) 喷涂场地的大小；

b) 现场喷涂工和喷砂工的人数；

c) 有害烟气、气体或粉尘（由所用的磨料和所用的喷涂材料所决定）的量；

d) 喷涂工人本身和喷涂过程产生的热量；

e) 挥发性溶剂。

为了保护操作者的健康，为了给各种喷涂工作提供通风条件，要考虑上述各种因素。并采取相应的防护措施。

8.1.2 应提供局部抽风或总体通风系统，以控制操作现场毒性烟气、气体或粉尘，并且把这些物质从工作区排除，以保护操作者的健康。

8.1.3 在加工作业区内设有喷涂作业时，由于喷涂操作仅在局部范围内进行，这时生产设备的安全卫生应符合 GB 5083，主要是要防止作业区污染，故喷涂场所需使用局部抽风设备。

8.1.4 要细心保养个人使用的呼吸系统防护用具。未经清洁、消毒不要使用，更不要互相交换使用。

8.2 普通热喷涂和喷砂的通风

8.2.1 如果喷涂和喷砂操作不是在室外也不是在特殊设计和有通风条件的室内进行，则要求采用机械式通风设施。否则，在很短时间内粉尘会充满操作室或车间或局限性较大的空间。在某些情况下，室外也要采用机械式通风设施。

8.2.2 每个热喷涂操作程序的通风都应单独处理，并应考虑 8.1 中所列的影响因素。

8.2.3 在敞开条件下的热喷涂和喷砂工作现场的通风设备，由引擎或马达驱动的带挠性管路或导管的便携抽风器组成，以便工作区能尽快地清除粉尘。这种设备不妨碍操作者的工作视线。这时操作者需佩戴 7.3 所述的呼吸系统保护用具。

用便携式抽风吸尘器，应在抽风器上安装一个粉尘收集器（类似大的过滤器）以收集粉尘和防止周围环境的污染。收集喷涂粉尘，推荐使用 6.3.4 中的水洗型湿式吸尘器。收集喷砂粉尘，或喷涂非爆炸性金属和陶瓷粉末时，可选用布袋集尘器；当粉尘降低通风系统的效率时，要更换袋子。

8.2.4 如果在机床和车床上喷涂机械零件，则吸尘罩应装在托架的对面，并与托架相连。喷枪应对准吸尘罩。罩子的开口大小平均约为 0.16m^2。进入开口的空气速度应为 60 ～ 90 m/min。罩子的开口应设计成能消除罩子边缘的涡流，以防粉尘进入喷涂工的呼吸区。在某些长期使用的结构上，除了正面操作的部位以外，车床转台或机械工具都应封闭起来。进入封闭空间的空气速度通常是 25 ～ 30 m/min。封闭罩的顶板应做成可吊开的，以便起重机装夹。自动化喷涂作业的整个机械装置应完全封闭，把粉尘抽入粉尘清洗或收集系统中。

8.2.5 干磨和研磨喷涂后的涂层时，应提供合适的抽风设备，执行 GB 4674 的安全规程。同时也要注意挡砂罩、磨料、砂轮及其转速和护目镜的选用。

8.2.6 用于中小尺寸零部件喷涂作业的喷涂柜应装备排气通风装置，进入罩子的空气流速为 45 ～ 120m/min，热喷涂设备应对准罩子的正面进行操作。喷涂柜应能消除粉尘的涡流。喷涂毒性材料时，空气流速应达 120m/min。

8.2.7 喷砂房的照明设计应符合 GB 50034 的要求。通风设计应满足从下方抽风的要求，下方气流和纵向通风速度应为 25 ～ 30m/min。喷砂房应装备粉尘集收系统，使直接排入大气的污染物达到有关法规规定排放标准。喷砂房应尽量避免用来进行喷涂作业。偶尔在喷砂房进行热喷涂时，喷涂粉尘可很快填满喷砂房用的大多数布袋粉尘集收器，因此，应经常保养、更换粉尘集收器。在保养时应小心防止粉尘引起的爆炸和引起火灾（见 6.3.4）。喷砂房工作的人员应提供 7.3 中所述的呼吸系统保护用具。

8.2.8 给有限空间通风时，换进的空气要清洁，可呼吸。如果使用便携式汽油机或柴油机驱动的通风机或空压机进行通风，应妥善安置这些设备，不允许使发动机中排出的废气进入通风系统。同样，不允许排出的废气进入压缩机的入口。

8.2.9 如果使用集尘器，则要求所有的封闭式集收器都要有出气窗或溢流板。通风管道应有出气道。

8.2.10 风机、管道、吸尘器和马达等均应先经运行检验，确认其正常后才安装于合格地基上。不允许将燃气或氧气的管道安装在地上。

8.2.11 在打扫工作间、管道等时，应开启通风机使之保持在工作状态，以免系统中集聚粉尘或烟气。铝和镁的粉尘有爆炸的危险，应特别注意收集。这两种金属的粉尘应选用合适的湿式集收器，并注意，这些金属的粉尘在水中能产生氢气，这种抽风系统应能防止氢气在其中的聚集。应经常进行清除工作，减少铝和镁的残留物。

8.2.12 在修理各种通风机械或集尘器时，未经彻底清除金属粉尘的修理设备，不允许进行焊接和切割。

9 毒性物质

9.1 总则

所有喷涂材料的微细粉尘都有害于呼吸系统，大多数粉尘对健康的危害很难立即显现或感觉，因此必须采取相应的防护措施。此外，还要随时清除地面、工作台、座椅和工作间等可能蓄积粉尘的区域或部位的粉尘，消除可能的危险因素。喷涂毒性材料的人员必须接受上岗培训和考核，设备和材料制造厂必须按本标准附录 A 对其产品提供警告标签。

9.2 喷涂毒性材料

9.2.1 经测量发现喷涂毒性材料作业区大气中的毒物浓度超过 9.4 中的最大允许的范围时，则无论室内、外或有限空间的作业，例如，喷涂铍及铍化合物、镉、铅及铅合金、铬和碲等，都应使用局部抽风器和空气管路呼吸器。通风机的废气应进行安全管理，直接排入安全地区。邻近的人亦应使用局部抽风器和空气管路呼吸器（见 7.3 和 8.2）。

一些材料（例如：锡和锌）目前虽未发现其明显毒性，但其经常存在的氧化物（例如：氧化锌）会导致突发性疾病和身体的各种不适，亦应随时注意，并予以预防。例如：适当通风，配带适当的面罩呼吸器。一旦发现不适感觉，甚至采取适当防护措施后仍不能消除者，应暂停其工作，查明原因，作出适当处治。

9.2.2 进行毒性材料作业时，除应遵守相应的规定之外，还可向有关专家和部门进行咨询，接受他们提出的建议。

9.3 有害气体

必须认真注意，并采取措施防止喷涂过程中可能产生的有害气体的危害。例如，等离子喷涂和电弧喷涂的弧光会使有机溶剂迅速分解而产生有害气体（例如：三氯乙烯、过氯乙烯可能分解为碳酰氯），加剧溶剂对环境和健康的危害，应采取特别的措施，不让清洗溶剂载入喷涂作业区。等离子喷涂和电弧喷涂的紫外线辐射会产生臭氧，在有限空间，甚至会超过 9.4 中的最大允许浓度，必须予以注意和防范。

9.4 工作区间的有害材料积累不得超过规定的阈值或最大允许浓度。

附 录 A

（标准的附录）

热喷涂警告标签

A.1 警告标签

A1.1 总则

热喷涂作业中的高压气体、高温射流、烟尘、烟气、弧光、噪声、热辐射及电等均会产生直接或潜在的危害。在实施热喷涂作业的地方，必须通过使用警告标签给出信息，使人们对这些危害有清楚的了解，下列章节给出了最基本的标签示例。

A1.2 线（棒）材及粉末火焰喷涂、火焰喷焊、高速火焰喷涂、爆炸喷涂、材料及设备的标签图 A1 中所示的最基本的信息或与之等效的内容必须标志在火焰喷涂用线（棒）材及粉末材料的包装上或线（棒）材火焰喷涂、粉末火焰喷涂、火焰喷焊、高速火焰喷涂、爆炸喷涂的主要工艺设备上。这些信息必须清晰可读，可以制成标签、卡片或其他印刷表格。

已确认的危害内容按以下顺序排列：

a） 高温、高速射流可烧伤人体，引起火灾；

b） 热辐射（火焰或熔融金属及其他无机材料）可伤害眼睛和皮肤；

c） 烟尘和烟气损害呼吸系统，对你的健康有害；

d） 噪声可损伤你的听力和身心健康。

对于特殊要求或新技术需加以说明时，可以适当增加警告内容。

急救信息可有可无，一般仅对危害反应快、危害程度严重的生产工艺推荐急救信息。该信息应放在警告措施之后。

公司、企业名称及地址必须出现在标签上，或者在产品的显眼部位，并清晰可读。

标签上还必须有辨别条码。

A1.3 电弧喷涂、等离子喷涂、等离子喷焊材料及设备的标签图 A2 中显示的最基本的信息或与之等效的内容必须标志在电弧喷涂用线材、等离子喷涂用粉末和等离子喷焊用粉末的外包装上，或者此类设备的电源、送丝机、送粉器上，或者与喷涂、喷焊相关的工艺控制台等主要设备上。这些内容必须清晰可读，可以制成标签、卡片或其他印刷表格。

已确认的危害内容按以下顺序排列：

a） 高温、高速射流可烧伤人体，引起火灾；

b） 弧光可灼伤你的眼睛和皮肤；

c） 烟尘和气体可损害呼吸系统，对你的健康有害；

d） 噪声可损伤你的听力和身心健康；

e) 电击会致命。

对于特殊要求或者新技术需加以说明时，可以增加警告内容。

急救信息可有可无，一般仅对那些危害反应快、危害程度严重的生产工艺推荐急救信息。该信息应放在警告措施之后。

公司、企业名称及地址必须出现在标签上，或者在产品的显眼部位，并清晰可读。

标签上还必须有辨别条码。

A1.4 A1.2 和 A1.3 所涉及的警告标签，必要时也可标志在相应工作场所的醒目位置。

A1.5 危险材料标签

在热喷涂材料中使用了一些具有潜在危害的材料，如第 9 章中所列举的材料，在喷涂时这些材料烟气和烟尘会释放到周围的大气中，当其烟气的浓度超过 9.4 中的阈值是危险的。该阈值应在材料安全数据单上易于识别。这些材料也不局限于 9.4 中所列的材料。

A1.6 镉是剧毒的危险材料，若是含镉的线材应在丝盘及其包装上以标签的形式提供图 A3 所示的信息或其等效内容；若是含镉的粉末则标签应贴在盒子及其包装上。

A1.7 含铅的喷涂材料，其烟气有剧毒，应在其包装上以标签的形式提供图 A4 所示的信息或其等效内容。

A1.8 材料安全数据单

热喷涂材料供货商必须提供该公司生产的热喷涂材料在喷涂或喷焊时可能产生的任何危险及材料使用的安全数据单或其等效物。

A1.9 标签上的图示符号

标签上的图示符号是警告信息的辅助部分。

A1.10 危害性的信息通知

业主或管理者必须确保将本章规定的内容无遗漏地通知到产品的最终使用者（见 4.4.2）。

中华人民共和国国家标准

GB/T 9793—2012/ISO 2063:2005
代替 GB/T 9793—1997

热喷涂 金属和其他无机覆盖层 锌、铝及其合金

Thermal spraying—Metallic and other inorganic coatings—
Zinc, aluminum and their alloys
(ISO 2063:2005, IDT)

2012-11-05 发布　　2013-03-01 实施

前言

本标准按照 GB/T 1.1—2009 给出的规则起草。

本标准代替 GB/T 9793—1997《金属和其他无机覆盖层 热喷涂 锌、铝及其合金》。本标准与 GB/T 9793—1997 相比主要变化如下：

——更新了所有引用文件；

——删除了 GB/T 9793—1997 引用的部分国家标准和机械行业标准；

——删除了“术语和定义”中“测量面”“基准面”和“局部厚度”的解释；

——6.1 中增加“铜精炼渣”和“煤炉渣”两种预处理磨料；

——删除了附录 A. 1.4 的“结果解释”；

——增加了附录 A.2“拉伸试验”的部分内容。

本标准使用翻译法等同采用 ISO 2063：2005《热喷涂 金属和其他无机覆盖层 锌、铝及其合金》。

与本标准中规范性引用的国际文件有一致性对应关系的我国文件见附录 NA。

本标准做了下列编辑性修改：

增加了资料性附录 NA，与本标准中规范性引用的国际文件有一致性对应关系的我国文件。

本标准由中国机械工业联合会提出。

本标准由全国金属与非金属覆盖层标准化技术委员会(SAC/TC 57)归口。

本标准起草单位：武汉材料保护研究所、江苏中矿大正表面工程技术有限公司、中咨（武汉）桥隧设计研究院有限公司。

本标准主要起草人：李秉忠、安云岐、董志红、易春龙、杨华振。

本标准所代替标准的历次版本发布情况为：

——GB/T 9793—1997。

引言

热喷涂金属涂层的制备是将涂层金属加热到熔融状态，然后借助一股气流将其喷射到经过预处理后的基体表面而形成涂层的一种方法。

需方应明确涂层金属或合金材料及相关涂层厚度，无此相关资料，仅按本标准来进行热喷涂金属涂层施工是不够的。

工件的设计应便于涂层施工。

1 范围

本标准适用于对钢铁材料提供防腐蚀保护，而在其表面热喷涂锌、铝及其合金涂层。

本标准涉及用于常规防腐蚀保护目的的热喷涂锌、铝及其合金涂层的性能表征和相关试验方法。

本标准首先给出了相关定义、分类和与厚度相关联的标记代号；然后涉及表面预处理、涂层应用及厚度、外观和附着力等特性；最后给出了检测这些特性的试验方法。

若供需双方协商认可，本标准的条款对其他金属涂层也有效。

2 规范性引用文件

下列文件对于本文件的应用是必不可少的。凡是注日期的引用文件，仅注日期的版本适用于本文件。凡是不注日期的引用文件，其最新版本（包括所有的修改单）适用于本文件。

ISO 1463 金属和氧化物覆盖层 厚度测量 显微镜法(Metallic and oxide coatings–Measurement of coating thickness–Microscopical method)

ISO 2064:1996 金属和其他无机覆盖层 关于厚度测量的定义和一般规则(Metallic and other inorganic coatings–Definitions and conventions concerning the measurement of thickness)

ISO 2178 磁性基体上非磁性覆盖层 覆盖层厚度测量 磁性法(Non–magnetic coatings on magnetic substrates–Measurement of coating thickness–Magnetic method)

ISO 8501–1 涂覆涂料前钢材表面处理。表面清洁度的目视评定 第1部分：未涂覆过的钢材表面和全面清除原有涂层后的钢材表面的锈蚀等级和处理等级(Preparation of steel substrates before application of paints and related products–Visual assessment of surface cleanliness–Part 1: Rust grades and preparation grades of uncoated steel substrates and of steel substrates after overall removal of previous coatings)

ISO 11124–2 应用涂装及其他相关产品前钢材表面预处理 喷砂用金属磨料的技术要求 第2部分：冷硬铸铁砂(Preparation of steel substrates before application of paints and related products–Specifications for metallic blast–cleaning abrasives–Part 2:Chilled–iron grit)

ISO 11126–3 应用涂装及其他相关产品前钢材表面预处理 喷砂用非金属磨料的技术要求 第3部分：铜精炼渣(Preparation of steel substrates before application of paints and related products–Specifications for non–metallic blast–cleaning abrasives–Part 3:Copper refinery slag)

ISO 11126–4 应用涂装及其他相关产品前钢材表面预处理 喷砂用非金属磨料的技术要求 第4部分：煤炉渣(Preparation of steel substrates before application of paints and related products–Specifi–

cations for non-metallic blast-cleaning abrasives-Part 4:Coal furnace slag)

ISO 11126-7 应用涂装及其他相关产品前钢材表面预处理 喷砂用非金属磨料技术要求 第7部分：混合氧化铝(Preparation of steel substrates before application of paints and related products-Specifications for non-metallic blast-cleaning abrasives-Part 7:Fused aluminium oxide)

ISO 12944-1 色漆和清漆 防护涂料体系对钢结构的防腐蚀保护 第1部分：综述(Paints and varnishes-Corrosion protection of steel structures by protective paint systems——Part 1：General in-troduction)

ISO 12944-2 色漆和清漆 防护涂料体系对钢结构的防腐蚀保护 第2部分：环境分类(Paints and varnishes-Corrosion protection of steel structures by protective paint systems-Part 2:Classifi-cation of environments)

ISO 12944-3 色漆和清漆 防护涂料体系对钢结构的防腐蚀保护 第3部分：设计要素(Paints and varnishes-Corrosion protection of steel structures by protective paint systems-Part 3:Design considerations)

ISO 12944-4 色漆和清漆 防护涂料体系对钢结构的防腐蚀保护 第4部分：表面类型及表面预处理(Paints and varnishes-Corrosion protection of steel structures by protective paint systems-Part 4:Types of surface and surface preparation)

ISO 12944-5:1998 色漆和清漆 防护涂料体系对钢结构的防腐蚀保护 第5部分：防护涂料体系(Paints and varnishes-Corrosion protection of steel structures by protective paint systems-Part 5:Protective paint systems)

ISO 12944-6 色漆和清漆 防护涂料体系对钢结构的防腐蚀保护 第6部分：实验室性能试验方法(Paints and varnishes-Corrosion protection of steel structures by protective paint systems-Part 6:Laboratory performance test methods)

ISO 12944-7 色漆和清漆 防护涂料体系对钢结构的防腐蚀保护 第7部分：涂装作业与监督(Paints and varnishes-Corrosion protection of steel structures by protective paint systems-Part 7:Execution and supervision of paint work)

ISO 12944-8 色漆和清漆 防护涂料体系对钢结构的防腐蚀保护 第8部分：新件和维护涂装的规范要求(Paints and varnishes-Corrosion protection of steel structures by protective paint systems-Part 8:Development of specifications for new work and maintenance)

ISO 14919:2001 热喷涂 火焰和电弧喷涂用线材、棒材和芯材 分类和供货技术条件(Thermal spraying-Wires,rods and cords for flame and arc spraying-Classification-Technical supply conditions)

3 术语和定义

ISO 2064:1996 给出的以及下列术语和定义适用于本文件。

3.1 主要表面 significant surface

按使用和（或）外观要求必须喷涂的表面，包括已喷涂和待喷涂的表面。

3.2 最小局部厚度 minimum local thickness

在一个工件主要表面上所测得各局部厚度中的最小值。

4 拟定技术规范要求的样式

当要求工件按照本标准进行热喷涂时，用户除应提出本标准的标准号外，还应该提出金属喷涂层的主要表面及涂层厚度，并要与表 1 中所示的代号相一致。

5 分类

本标准推荐的 Zn、Al 及其合金涂层是按其厚度范围进行分类的。

6 涂层制备

6.1 待喷涂工件表面预处理[1)]

用适当的磨料采用喷砂的方式，使工件表面达到充分清洁和粗化的目的，喷砂应连续进行直至工件表面达到 ISO 8501-1 中 Sa3 级所规定要求的金属外观和均匀纹理。

喷涂前，工件表面应干燥，无灰尘、油脂、氧化皮、铁锈及其他污物。

在所有的场合下，都要用参比样片对照检验喷砂处理后工件表面的粗糙度。参比样片的材质应与工件一致，并按供需双方协商的要求制备。

除非另有规定，应采用下述磨料对工件表面进行预处理：

——低磷冷硬铸铁砂，应符合 ISO 11124-2 的要求；

——铜精炼渣，应符合 ISO 11126-3 的要求；

——煤炉渣，应符合 ISO 11126-4 的要求；

——刚玉砂，应符合 ISO 11126-7 的要求。

在某些场合[2)]，经双方协商亦可选用其他磨料，但注意一定要能达到足够的清洁度与粗糙度，以保证喷涂材料的附着力。

磨料颗粒尺寸一般为 0.5mm ~ 1.5mm。

无论采用哪种类型的磨料，磨料都应该清洁、干燥，无污染；用于喷砂处理的压缩空气也应清洁、干燥，以免污染磨料和待喷涂工件表面。

6.2 涂层材料

热喷涂用的锌、铝及其合金材料应符合 ISO 14919 的要求，尤其是：

——Zn99.99，应符合 ISO 14919：2001 中 2.1 的要求；

——ZnAl15，应符合 ISO 14919：2001 中 2.3 的要求；

——Al99.5，应符合 ISO 14919：2001 中 3.2 的要求；

——AlMg5，应符合 ISO 14919：2001 中 3.3 的要求。

6.3 热喷涂

热喷涂应在工件表面喷砂后尽快进行，应保证在喷涂开始时，工件表面仍然保持清洁、干燥和无肉眼

---

1) 该分条款指定了热喷涂锌、铝及其合金前表面预处理最重要的元素，更详细的叙述见 EN 13507。

2) 在我国，干燥硅质磨料（如石英砂）的使用受到法规限制。

可见的氧化。

喷砂后等待喷涂的时间应尽可能短，一般不超过 4 小时，依当地情况而定。

当待喷涂工件表面处在凝露状态下，不能进行喷涂。为避免涂层起泡，待喷涂工件表面的温度应保持在至少比露点温度高 3℃以上。

如果待喷涂表面有变质的迹象，应对有问题的区域重新预处理以达到规定的质量要求（见 6.1）。

6.4 封闭

封闭的目的是减少喷涂层固有的孔隙。

金属涂层暴露在正常环境中会因氧化而使其涂层孔隙自然封闭，但前提条件是，所生成的氧化物、氢氧化物和（或）碱式盐在该环境中不会溶解。

人工封闭是通过金属喷涂层表面化学转化（磷化、活性涂料涂装等）或选用适当的封闭剂来封闭孔隙。无论哪种封闭方法都应在金属涂层开始吸潮前进行。

6.5 涂装

在已经封闭过的金属喷涂层上涂装不但可以增加其美观性还能延长防护体系的寿命。当用于钢结构防腐蚀的时候，防护漆体系的涂装应符合 ISO 12944—5：1998 中表 A.10 的要求。

涂装施工应参照 ISO 12944—1 ～ 12944—8。

7 性能要求

7.1 厚度

7.1.1 通则

金属热喷涂层厚度是由其涂层的最小局部厚度来定义的（见 3.2）。

热喷涂层厚度的测量方法以及在整个处理表面确定测量点数量和位置分布应依照 7.1.2 和 7.1.3 进行。

7.1.2 面积为 1cm^2 至 1m^2 之间的涂层

当涂层面积为 1cm^2 至 1m^2 之间时，任何给定点的局部厚度都应当是在大约 1cm^2 区域内 3 次测量结果的算术平均值。

如果工件的几何形状不允许，经双方同意可以在相同条件下同时制备适当的参比样片，用金相法或物理方法来测量。

7.1.3 面积大于 1m^2 的涂层

涂层面积大于 1m^2 时，任何给定点的涂层局部厚度都应当是在约 1dm^2 的基准面上测量。

涂层局部厚度应分布在 1dm^2 基准面内 10 次测量的算术平均值。

7.1.4 厚度测量位置

为了确定涂层的最小局部厚度，应在涂层厚度可能最薄的部位测量涂层的局部厚度。测量的位置和次数，可以由有关各方协商认可，并在协议中规定。建议测量位置应尽量按照有关产品标准中的规定选取。当有关各方没有任何规定时，则测量位置和次数由用户自行斟酌选定。

7.1.5 测量方法

任何场合都可采用磁性法来测量涂层的厚度（见 8.1.2），除非技术文件规定了测量结果的数量，习惯上是取其算术平均值。

当有争议时，可以用横断面显微镜法进行验证（见 8.1.3）。

7.2 外观

涂层外观应均匀一致，无起泡或底材裸露的斑点，没有未附着或附着不牢固的金属熔融颗粒以及影响涂层使用寿命和防腐应用的一切缺陷。

7.3 附着力

按附录 A 试验后，如果没有出现涂层从基体上剥离或金属涂层层间分离，则认为涂层的附着力试验合格。

结合强度大小应按照 A.2 的方法获得。结合强度的最小值应获得供需双方的认可。

8 检测方法

8.1 厚度测量

8.1.1 厚度测量方法的应用范围

8.1.1.1 磁性测量法具有无损、快速以及对待测表面上的任意部位均能直接测量的优点。此外，喷涂在铁基金属上涂层（Zn、Al）的性质及其标准涂层厚度范围值，都有利于该方法获得令人满意的测量精度。因此，对于给定样件，只要按照本标准的规定和供需双方协议，正确校准磁性测厚仪，磁性测量法可以提供有效、准确的验收检查结果。

8.1.1.2 横截面显微镜法可以作为检验金属喷涂层厚度的参考方法，但是，要准确地对金属喷涂层进行显微测量是困难的。因此，这种方法仅在供需双方事先约定后才使用，试验按照 8.1.3 的要求实施。

8.1.2 磁性测量法

按 ISO 2178 规定进行试验。

8.1.3 横断面显微镜测量法

8.1.3.1 原则

按 ISO 1463 规定，对试样涂层进行横断面厚度显微镜测量。

8.1.3.2 说明

为避免涂层从基体和边缘剥离，试样必须采用合适的固定材料，如：用塑料或某种低熔点合金固定。检查面必须用合适的抛光剂仔细抛光。

每个试样应测 10 次，测量点须沿试样的一个边均匀分布，并在边长约 20mm 的横截面上进行测量，取其算术平均值。

8.2 附着力性能试验

按供需双方协议选择结合强度试验方法和整理试验结果。具体方法解释见附录 A。

热喷涂　自熔合金喷涂与重熔

前言

本标准修改采用 ISO 14920：1999《热喷涂 自熔合金的喷涂和重熔》（英文版）。

本标准根据 ISO 14920：1999 重新起草，本标准与 ISO 14920 相比主要差异如下：

——取消 ISO 14920 的前言；

——直接引用了国际标准（ISO 14920 中引用的是相对应的欧洲标准）；

——在 7.5.2 中，将原 ISO 14920 的“每读数之间相距 8 mm”删去，因为在 10 mm×10 mm 面上，不能按标准要求读出相距 8 mm 的 7 个读数，而且 ISO 6508 中另有规定；

——附录 A 增加了名称“镍基自熔合金重熔涂层近似硬度指南”；用“镍基自熔合金代号及预期硬度”代替“自熔合金和预期的硬度”；

——删去 ISO 14920 中附录 ZA（资料性附录）引用标准中与欧洲标准对应的国际标准；

——根据 GB/1.1 的要求，分别将 ISO 14920 中 3.1 和 7.5.1 的悬置段改为本标准的 3.1（原则）和 7.5.1，分别将 ISO 14920 中的原 3.1 和 7.5.1 改为本标准的 3.2 和 7.5.2；

——在附录 A 表 A.1 中增加了“对应的国内代号”一栏。

本标准代替 GB/T 16744—1997《热喷涂 自熔合金涂层》，但根据我国实情，将其第 3 章内容缩写成本标准附录 B（资料性附录）。

本标准附录 A、附录 B 为资料性附录。

本标准由中国机械工业联合会提出。

本标准由全国金属与非金属覆盖层标准化技术委员会归口。

本标准起草单位：武汉材料保护研究所。

本标准主要起草人：伍建华。

1　范围

本标准规定了为获得均匀扩散结合的涂层而采用边喷边熔或先喷后熔的自熔合金热喷涂方法。

2　规范性引用文件

下列标准中的条款通过本标准的引用而成为本标准的条款。凡是注日期的引用文件，其随后所有的修改单（不包括勘误的内容）或修订版均不适用于本标准，然而，鼓励根据本标准达成协议的各方研究是否可使用这些文件的最新版本。凡是不注日期的引用文件，其最新版本适用于本标准。

ISO 6508 金属材料硬度试验　洛氏硬度试验（A、B、C、D、E、F、G、H、K 标尺）

ISO 14232:2000 热喷涂　粉末　成分　供货技术条件

3 设计考虑

3.1 原则

设计时应考虑下列各因素，以确定喷涂重熔的合金涂层是否适合所确定的工程应用。

3.2 基体金属

3.2.1 当对涂层进行重熔时，应考虑加热过程对基体的热影响，包括：

——变形；

——氧化；

——产生应力；

——力学性能和（或）冶金性能的不可逆变化。

马氏体钢易产生应力开裂。碳、铝、钛、镁、硫、硫化物、磷和氮含量较高的合金可在涂层中产生孔隙，并可能使基体产生应力开裂倾向。

3.2.2 需喷涂重熔涂层处理的工件通常要减小设计尺寸，应考虑设计尺寸减小对所要求的物理性能的影响，同时还应考虑所制备的喷涂加重熔涂层可能具有不同的物理性能。

3.2.3 喷涂重熔涂层可能会影响工件的疲劳强度，耐冲击性和其他性能。

4 自熔合金选择

4.1 选择

涂层合金的选择将决定最终涂层的性能，例如：

——硬度；

——耐磨性和耐腐蚀性；

——机械加工性；

——适用性；

4.2 成分

涂层成分将决定最终涂层的性能，应考虑应力在使用中的影响。

经受马氏体相变的基体需要韧性高的涂层合金，应考虑随后热处理的需要。

镍基自熔合金重熔涂层的近似硬度指南见附录 A。

4.3 最后机械加工

4.3.1 在选择自熔合金时，应考虑其机械加工性能。

4.3.2 许多自熔合金涂层尤其是高硬度喷涂重熔涂层不能用标准切削刀具加工，只能采用合适的砂轮进行磨削。选择适用的机械加工工具，应征求制造者的意见。

4.3.3 当加热重熔时，对可能受加热影响的其他区域应在完成喷涂工序后再进行最后的机械加工。

5 工件预处理

5.1 准备工作

5.1.1 所有要处理的工件表面都应无油、脂等污染物。应特别注意多孔性工件孔隙中的油和脂可能会在预热或喷涂过程中渗出。

5.1.2 要进行热喷涂的表面上任何原来的表面处理层，例如氮化层、电镀层或其他防护涂层都应先除去之后才可进行表面预处理。

5.1.3 当把表面机械加工作为工件表面预处理的一部分时，该机械加工表面以及经这样预处理的区域的端部和边缘的轮廓应适合喷涂工艺。

若要求喷涂层的终止处不是工件端部或边缘，应将该处凹切的边缘机械加工成 30° ~ 40° 的角度，并与邻近表面均匀平滑过渡。

在涂层应精加工为方角边缘的部分，相关边缘应比建议的精加工总尺寸大，并在喷涂结束后，机械加工到最后尺寸。

5.2 表面预处理方法

5.2.1 表面应采用标准的棱角砂粒喷砂或其他相应的预处理方法处理。

5.2.2 喷砂操作应只限于要进行喷涂的区域，其邻接区应以最适合具体工件的方法进行遮蔽，采用的遮蔽材料应耐喷砂粒子冲击，并不污染已经预处理的邻近表面。

5.2.3 遮蔽材料应耐喷涂温度，必要时还要耐重熔温度，而且不污染要喷涂的表面。

5.2.4 要求不被外来物污染的孔和其他开口应堵塞起来。建议用钢塞或橡皮塞，塞子的形状和定位要使其不致遮蔽任何要进行预处理的表面。经过喷砂处理之后，应取出塞子，并换之以适当形状的碳棒，以防止涂层材料进入，碳棒要充分突出，以便在后续机械加工中露出其顶部表面。

5.3 清洁度

经过预处理后，要喷涂的表面不得再受污染。应确保经预处理的表面不再受油、脂、水或指印污染，若受到污染，则表面应重新进行预处理。

6 工艺

6.1 边喷边熔

这是采用氧—乙炔火焰喷焊枪的手工工艺。

将适用的自熔合金粉末由粉斗送入气流，通过火焰喷涂于工件上，同时在工件上原位熔化。这是利用火焰连续预热工件、供入并熔化粉末产生涂层的工艺。涂层的性能取决于所选择的自熔合金粉末。

6.1.1 粉末粒度范围

粉末粒度范围由喷焊枪制造厂选择和设计的送粉参数决定。为了避免送粉不畅或堵塞，应按喷焊枪制造厂推荐的粒度范围购置粉末。

6.1.2 涂层厚度

涂层厚度的限制取决于所选择的合金、所要求的涂层质量、以及可接受的残余应力水平，残余应力会随涂层厚度增加而增大，涂层越厚对操作人员的技术要求越高。

6.2 先喷后熔

利用粉末火焰喷涂枪或其他适合的喷涂方法将涂层材料喷涂于工件上，并达到所需厚度，然后对此喷涂层进行重熔。

涂层的重熔是独立操作工序，在喷涂之后应尽快采用以下方法完成：

——利用氧—乙炔火焰进行重熔；

——感应重熔；

——加热炉重熔（真空或惰性气体）；

——激光重熔；

——其他加热工艺。

6.2.1 粉末粒度范围

粉末粒度范围由火焰喷涂枪制造厂选择和设计的送粉参数决定。为了避免送粉不畅或堵塞，应按其推荐的粒度范围购置粉末。

6.2.2 涂层厚度

通常涂层厚度限为1.6 mm，最好为1 mm。喷涂态的涂层可能要加厚25%，以考虑重熔过程中发生的收缩。

6.3 喷涂方法

6.3.1 总则

经过表面预处理之后，应在表面发生任何肉眼可见的劣化之前尽快进行喷涂。

6.3.2 预热

要喷涂的表面应在喷涂前进行预热，预热温度取决于基体成分。进行预热操作时要避免表面污染或局部过热。

6.3.3 喷涂

喷涂应连续进行直到涂层达到足够的厚度，以考虑重熔过程中涂层的收缩。喷涂之后，不应出现涂层从基体上明显起皮或涂层开裂的情况。若发现此类缺陷，应除去涂层，重新进行预处理和喷涂工序。

6.3.4 重熔涂层

应将涂层加热到所选自熔合金熔化温度范围内进行重熔。应充分加热使涂层与基体金属界面达到此温度以确保发生扩散。可利用氧—燃料火焰，例如氧—乙炔火焰、感应加热、激光或加热炉（真空或惰性气体）进行重熔。

加热速度、时间及温度范围是重熔的关键，而且它们将随涂层合金成分、工件的尺寸和复杂程度而变化。应避免在熔化温度范围长时间加热，以防止涂层与基体金属之间的过度扩散、涂层变形和材料烧损。

合适的重熔温度可通过涂层呈现出通常称之为“镜面”的涂层外观变化来指示。喷涂表面的各部分都应呈现这种“镜面”，但用焊枪或感应圈加热时，“镜面”逐渐呈现；加热炉重熔时则同时呈现。重熔过程中发生的局部“热斑”外观是局部丧失附着力的结果，此涂层应予报废。

6.3.5 冷却

重熔之后，为避免不均匀应力产生裂纹和（或）变形，应将工件置于保温材料中或置于可控温度加热炉中延缓冷却。

易发生马氏体相变的基体喷涂重熔后，需采取特殊冷却程序，可能要进行后续热处理，以保持基体金属的设计性能。应采用膨胀系数低，延性高的粉末喷涂这类基体金属。

7 供粉状态和质量要求

7.1 化学成分

采用适当的试验方法确定自熔合金粉末的化学成分。

7.2 粉末粒度范围（见 6.2.1）

典型粒度范围（见 ISO 14232：2000 的 3.3）覆盖了适于自熔合金粉末喷涂的各种设备规范。当进行测定时，其粒度分布(PSD) 最大可有 2% 数量的粉末粒度超过上限，它们的最大值可达到最接近上限值的上一号标准筛孔尺寸；同时可有 5% 数量的粉末粒度低于下限。

7.3 供货状态

粉末应干燥，无杂质。

粉末应盛于密封容器中。特殊包装要与粉末制造厂协商。

应根据相应的安全规定在粉末容器上标明“使用前拌匀”字样，粉末容器上还应明确标出粉末成分、重量和批号。

7.4 证书

制造厂应提供检验合格证以证明其每批产品都符合其说明书的技术要求。

7.5 硬度

7.5.1 通常认为符合规定的硬度范围比自熔合金准确的化学成分更重要。供需双方应通过协议来明确购货技术要求。在可能条件下，应用喷涂于待喷基体金属试样上的试验涂层进行硬度试验；若不可能，则应利用标准硬度试验程序对按特定硬度范围选用的粉末进行试验。

7.5.2 标准硬度试验

——试验试样：50 mm × 50 mm × (6.0 ～ 6.5)mm 的碳钢。

——试验试样制备：

a) 喷涂重熔涂层试样制备按 ISO 6508 进行；

b) 试样边缘应具 2 mm 倒角。

粉末样品在所选择批次中应具有代表性。

——喷涂：采用喷涂枪的标准工艺规范，喷涂 1.0 mm ～ 2.0 mm 厚的均匀涂层。

——重熔：喷涂涂层的重熔应采用最佳的方法进行（见 6.3.4）。

——冷却：允许自然冷却到至少 500℃。

——硬度试验准备：

a) 磨试片的底面；

b) 磨试验面，以准备至少 10mm × 10mm 的面积，而且保证重熔涂层厚度至少有 1mm。

最少读取 7 个读数，去除读数的最高值和最低值，取余下 5 个读数值的平均值，所得结果将构成产品证书（见 7.4）的一部分。

附录 A

（资料性附录）

镍基自熔合金重熔涂层近似硬度指南

镍基自熔合金涂层的近似硬度见表 A.1。

注：若硬度是购货技术要求的必要部分，则需方应提出所要求的自熔合金涂层硬度范围，以及所采用的喷涂设备种类。

为了满足需方要求，可提出与 ISO 14232 所规定的成分允差不同的成分允差。

表 A.1　镍基自熔合金代号及预期硬度

符合 ISO 14232 的自熔合金代号	对应的国内代号	自熔合金涂层预期硬度 HRC
2.8 2.9 2.10 2.11	Ni30 ~ Ni40	30 ~ 40
2.12	Ni40 ~ Ni50	40 ~ 50
2.16 2.17 2.18 2.19 2.21	Ni50 ~ Ni60	50 ~ 60

热喷涂　低压等离子喷涂
镍—钴—铬—铝—钇—钽合金涂层

前言

本标准的附录 A 是资料性的附录。

本标准由中国机械工业联合会提出。

本标准由全国金属与非金属覆盖层标准化技术委员会归口。

本标准负责起草单位：广州有色金属研究院、中国南方航空动力机械公司。

本标准主要起草人：洪瑞江、周克崧、吴颖、刁楚鹏、戴达煌。

1　范围

本标准规定了低压等离子喷涂镍—钴—铬—铝—钇—钽（ NiCoCrAlYTa) 合金涂层的技术要求及其试验方法。

本标准适用于航空发动机高温零部件抗高温氧化和热腐蚀的低压等离子喷涂的 NiCoCrAlY−Ta 涂层。

本标准也适用于 MCrAlY(M 代表 Ni，Co，NiCo 等) 类低压等离子喷涂涂层。

2　规范性引用文件

下列文件中的条款通过本标准的引用而成为本标准的条款。凡是注日期的引用文件，其随后所有的修改单（不包括勘误的内容）或修订版均不适用于本标准，然而，鼓励根据本标准达成协议的各方研究是否可使用这些文件的最新版本。凡是不注日期的引用文件，其最新版本适用于本标准。

GB/T 6462 金属和氧化物覆盖层横断面厚度显微镜测量方法 (eqv ISO 1463)

GB/T 6524 金属粉末粒度分布的测定——光透法 (neq ASTM B430)

GB/T 8642 热喷涂层结合强度的测定

GB/T 9790 金属覆盖层及其他有关覆盖层维氏和努氏显微硬度试验 (neq ISO 4516)

GB/T 13277 一般用压缩空气质量等级

GB/T 16545 金属和合金的腐蚀 腐蚀试样上腐蚀产物的清除 (idt ISO 8407)

HB 5258 钢及高温合金的抗氧化性能测定试验方法

3 术语和定义

3.1 低压等离子喷涂 low pressure plasma spraying(LPPS)

在低压隔离室内进行的等离子喷涂。

3.2 转移弧清理 transferred are cleaning

采用转移型电弧对工件表面进行清理处理，使其清洁和活化，并将工件预热到喷涂所需的温度。

3.3 检验批（简称：批）

为实施抽样检查汇集起来的粉末或工件。

在粉末检验时，指一次购回的总量。

在工件检验时，指一次的交货量。

4 设备

低压等离子喷涂设备应具备以下基本条件：

4.1 真空室压力应可以自动控制，以保证真空室压力的稳定；真空管道应配有粉尘过滤器，以减少粉尘对真空机组和大气环境的污染。

4.2 喷枪操作系统应具备三自由度的操作机；对于形状复杂的工件，如涡轮发动机叶片的喷涂，则必须具备六自由度的机器人。

5 粉末

NiCoCrAlYTa 粉末的化学成分及粒度要求见表 1。对购入的每一批（次）粉末，在喷涂前应进行复验，满足要求的粉末方可用于喷涂，其化学成分可采用 ICP 方法（电感耦合等离子体—原子发射光谱法）确认，粉末的粒度分布按 GB/T 6524 测定。

表 1 NiCoCrAlYTa 粉末成分及粒度

化学成分	Co	Cr	Al	Y	Ta	Ni
质量分数 (%)	22 ~ 24	19 ~ 21	4.5 ~ 8.5	0.4 ~ 0.8	3.5 ~ 5.5	余量
粒度范围 / μm	5 ~ 44					

6 工件预处理

6.1 喷涂前工件表面状态

待喷涂工件的表面必须无灰尘、油污及氧化皮，其粗糙度应与喷涂态涂层表面粗糙度要求相匹配，如有特殊需要须经供需双方协商确定。

6.2 清洁工件

用氯溶剂或其他除油剂浸泡，超声波清洗去油 5min ~ 10min。以零件表面水膜连续，油除净为准，然后用无水酒精清洗。

6.3 喷砂粗化

6.3.1 对非喷涂区表面进行遮蔽保护。

6.3.2 根据粗糙度要求，选择 100 号～ 140 号粒度的清洁、干燥的白刚玉作喷射磨料。

6.3.3 压缩空气的油、水含量符合 GB/T 13277 规定的第三等级规定。空气压力 0.2MPa ~ 0.3MPa，如有特殊需要须经供需双方协商确定。

6.3.4 喷砂角度为 60° ～ 90° ，喷砂距离为 50mm ～ 100mm。

6.3.5 用干净压缩空气吹掉粘附在基体表面的尘埃或磨料。

6.4 工件标记

按照工件编号进行登记。对于厚度及增重要求严格的工件，如涡轮发动机一、二级叶片，应逐一进行称重，并作登记。

6.5 遮蔽及防护

将工件装入喷涂工装中，对非喷涂部位及工装进行遮蔽及防护。

7 转移弧清理

7.1 预真空度

工件装好后，合上真空室，启动真空系统，使真空室内压力≤ 6.7 Pa。

7.2 真空室工作压力

当真空室达到预真空度后，关闭抽气阀门，向真空室内充入氩气，使压力增至 6kPa ～ 10kPa。

7.3 喷枪功率

启动喷枪，并使电弧功率控制在 15 kW ～ 30 kW，视转移弧电流的大小进行调节。

7.4 转移弧电流

调节转移弧电源，使其电流达到一定的水平，以工件棱角不产生烧损为原则。

7.5 工件预热温度

工件经转移弧清理后，其温度应达到 700℃ ～ 900℃。

7.6 待喷涂时间

工件经转移弧清理后，应尽快进行喷涂，间隙时间最长不超过 15s。

8 喷涂工艺

8.1 真空室工作压力

转移弧清理完毕，应继续向真空室充入氩气，使真空室压力增至 8kPa ～ 12kPa。

8.2 喷涂工艺参数

应选用合适的喷涂参数，这些参数包括电弧电流、电弧电压、喷涂距离、喷嘴类型、等离子气压力和流量、送粉速率等。通过金相分析，以涂层中所包含的未熔颗粒数量、微裂纹、孔隙率以及界面处的第二相或夹杂的数量最少时所对应的参数为准。

8.3 工件冷却

工件喷涂后，真空室应继续持惰性气氛，工件随炉自然冷却。

9 工件拆卸

工件和工装应能很方便地拆开，操作过程中不允许有任何撞击，如发生上述情况，应由技术人员和质量管理人员研究处理。

10 涂层返修

10.1 去除涂层。

10.1.1 去除涂层的槽液：盐酸（化学纯）、水（去离子水）以体积比 1：1 混合。

10.1.2 槽液温度：50℃（用于末扩散的涂层）；

槽液温度：70℃（用于扩散的涂层）。

10.1.3 浸泡时间：1.5 h ~ 2.5 h。

10.1.4 对非喷涂区的关键部位进行遮蔽保护。

10.1.5 连续搅拌槽液，使温度均匀。

10.2 去除涂层后，对零件进行冲洗、刷洗、干燥。

10.3 重新进行表面处理和喷涂涂层。

按 6、7、8 章规定进行。

11 涂层后处理

11.1 扩散处理

喷涂后，经初步检验合格的涂层应进行扩散处理。扩散处理条件见表 2。其他材料的扩散处理，参照该合金的热处理条件。

表 2 扩散处理条件

工作材料牌号	处理温度及时间	真空室压力
DZ22B	1080℃ +5℃ ,4h 和 870℃ +5℃ ,32h	1.33×10^{-2} Pa ~ 1.33×10^{-1} Pa
K417	1080℃ ±5℃ ,4h	
DD402	1080℃ ±5℃，4h 和 870℃ ±5℃，32h	
DD3	1020℃ ±5℃，2h 和 980℃ ±5℃ ,2h	

11.2 后加工

在大多数情况下，由于尺寸要求或者表面粗糙度要求，涂层在喷涂及热处理完成后，需要进行精加工。可通过磨削加工达到所需的尺寸，加工参数见表 3；可通过液体喷砂或振动光饰处理使涂层达到所要求的表面粗糙度，液体喷砂工艺见表 4；振动光饰处理条件可以根据零件的具体形状和大小，由技术部门参考表 4 制定。

表 3 NiCoCrAlYTa 涂层磨削加工参数

砂轮	零件速度 /(m/min)	砂轮速度 /（m/s)	润滑剂	粗糙度 Ra/μm
60 号 SiC 砂轮	60 ~ 150	35	水混合液	0.8

表 4 NiCoCrAlYTa 涂层液体喷砂工艺参数

使用磨料	空气压力 /MPa	喷砂距离 /mm	时间 /s
120 号刚玉砂	0.4	80 ~ 100	25 ~ 30

12　涂层技术要求

12.1 外观

喷涂态涂层应具有均匀的外观，涂层上应无裂纹、分层、剥落或起泡，无不当遮蔽。

12.2 厚度

涂层厚度符合设计图纸要求。

12.3 增重

对于有增重要求的零件，应根据试验结果，由供需双方讨论确定增重范围。由于增重值与涂层的厚度分布有一定的对应关系，所以，增重值也可作为涂层验收的根据。

12.4 结合强度

喷涂态涂层的平均结合强度应大于 50 MPa。

12.5 杯突试验

在试片上进行，未经扩散处理的涂层应不产生脱层。试验区附近涂层的毛细裂纹或龟裂是允许的。

12.6 金相组织

涂层组织均匀，涂层与基体应结合良好，界面无裂纹、空洞等缺陷。孔隙率<2%，未熔颗粒数量<2%，最大颗粒直径 ϕ_{max}<10μm。经扩散处理后，在涂层／基体界面处应有明显的扩散带。

12.7 硬度

涂层的显微硬度：喷涂状态为 530 HV0.2 ~ 580 HV0.2，扩散处理后为≥ 420 HV0.2。

12.8 涂层化学成分

目的是检验所用粉末的正确性，涂层材料的化学成分应与粉末材料的化学成分相吻合。

12.9 抗氧化／腐蚀性能

涂层抗氧化／腐蚀性能应满足设计要求。

13　涂层质量检验方法

13.1 外观检验

可用目察或 10 倍以下的放大镜对涂层表面进行观察，100% 检查。着重检查涂层边缘部分，观察是否存在涂层起皮或漏喷。

13.2 涂层厚度检查

13.2.1　在每批零件喷涂前后各喷涂检验用试片或试件一件。

13.2.2　根据供检验用试片或试件的大小和形状，确定其解剖的部位和方向。

13.2.3　按 GB/T 6462 进行涂层厚度显微镜检查。

13.3　增重测量

对喷涂后的零件进行称重，并与原始重量比较，算出工件的增重，精确到 1mg，100% 检查。

13.4　涂层结合强度测量

在每批零件正式喷涂前，按 GB/T 8642 对供检验用试片或试件进行结合强度试验。

13.5　杯突试验方法

在每批零件喷涂前进行。采用 100mm × 70mm × 1.3mm 试片，试片材料为 GH3030 或 1Cr18Ni9Ti。

在试片的一面喷涂涂层，涂层厚度为 50μm ~ 100μm，喷涂面积最小应为 45 mm×45mm。试验时，用 φ22mm 钢球压头，从无涂层的一面压下，压头压下深度为 5 mm。杯突试验后，在变形区域目察或用 10 倍以下放大镜检查涂层。

13.6 金相检查

13.6.1 在每批零件喷涂前后各喷涂检验用试片或试件一件。

13.6.2 根据供检验用试片或试件的大小和形状确定其解剖部位和方向。

13.6.3 夹持（镶嵌）试样，依次用预磨盘和砂纸轻磨，磨削方向与涂层约成 45°，每换一道砂纸将试样旋转 90°。

13.6.4 用涂层侵蚀剂显示涂层显微组织，侵蚀剂组成为：

硝酸：乙酸：水：氢氟酸 =33:33:33:1（体积比）或硝酸：盐酸：甘油 =1:3:5（体积比） 以上所用试剂均为化学纯，水为去离子水。随配随用。

13.6.5 观察涂层组织、界面状态、测量孔隙率、未熔颗粒大小及数量。

13.7 涂层硬度

与金相检查同步进行。按 GB/T 9790 测量。

13.8 涂层化学成分检测

每批零件喷涂完成后，在试件上进行。采用 X 射线荧光光谱法或电子探针分析法或扫描电镜能镨分析法测量，确认所用粉末是否准确。

13.9 涂层的抗氧化性能测试

涂层的抗氧化性能测试按 HB 5258 进行。

13.10 涂层的抗高温燃气腐蚀性能测试

在燃气腐蚀试验器上进行。1h 为一个循环，其中在试验器中加热 55min，炉外压缩空气冷却 5min。

13.10.1 试验温度：90℃ ±10℃。

13.10.2 燃油流量：0.2 L/h。

13.10.3 油气比：1/45。

13.10.4 海水浓度：10^{-5}，如有需要可以增加到 5×10^{-5}

13.10.5 试验时间：150 h，如有需要试验时间可以增加到 200h 以上。

13.10.6 涂层试验后，按 GB/T 16545 去除试样表面所形成的腐蚀产物，清除腐蚀产物后应保证目察或用十倍放大镜检查不能发现腐蚀产物痕迹为止。检查涂层的失重量、腐蚀前后外观和金相，记录试验结果。

附录 A
（资料性附录）
参考文献

涂层的抗高温燃气腐蚀性能的试验方法，参考了中国航空工业总公司航空材料研究院企业标准：Q/6S 365—1983 高温燃气腐蚀试验方法。

中华人民共和国有色金属行业标准

YS/T 57—93

热喷涂用 Fe-Cr-B-Si 系合金粉

机械工业部 1993-03-17 批准　　1994-04-01 实施

1　主题内容与适用范围

本标准规定了热喷涂用Fe-Cr-B-Si系合金粉的术语、产品分类、技术要求、试验方法、检验规则、标志、包装、运输和贮存。

本标准适用于氧—乙炔和等离子喷涂用 Fe-Cr-B-Si 系合金粉。

2　引用标准

GB 223 钢铁及合金化学分析方法

GB 231 金属布氏硬度试验方法

GB 1479 金属粉末松装密度的测定　第一部分：漏斗法

GB 1480 金属粉末粒度组成的测定　干筛分法

GB 1482 金属粉末流动性的测定　标准漏斗法（霍尔流速计）

GB 5314 粉末冶金用粉末的取样方法

GB 6526 自熔合金粉末固—液相线温度区间的测定方法

3　术语

等离子喷涂 plasma spraying

以等离子弧为热源．将合金粉经弧区后呈熔融或半熔融态喷射到工件表面上，形成以机械结合为主的涂层的表面强化与修复技术。

4　产品分类

4.1 热喷涂用 Fe-Cr-13-Si 系合金粉按化学成分和性能分成 10 个牌号，见表 1。

表 1

序号	牌号	熔融温度 ℃	涂层硬度 HB	化学成分，%							
				C	Ni	Cr	B	si	Mo	O	Fe
1	FPTFCr 15-250	1200～1250	230～260	0.2～0.5	0.8～10	13～16	1.5～2.0	10～2.5	—	≤0.12	余量
2	FPTFCr 18-250	1150～1250	230～260	0.1～0.4	0.8～10	16～20	1.5～2.0	1.0～2.5	—	≤0.12	余量

续表 1

序号	牌号	熔融温度 ℃	涂层硬度 HB	化学成分 ,%							
				C	Ni	Cr	B	si	Mo	O	Fe
3	FPTFCr 13–280	1150 ~ 1250	260 ~ 300	02 ~ 0.5	30 ~ 40	12 ~ 14	1.2 ~ 2.0	2.0 ~ 3.0	3.0 ~ 6.0	≤ 0. 12	余量
4	FPTFCr 15–280	1200 ~ 1250	260 ~ 300	0.1 ~ 0.4		14 ~ 17	1.0 ~ 2.5	1.0 ~ 2.5	–	≤ 0. 12	余量
5	FPTFCr 23–280	1150 ~ 1200	260 ~ 300	0.1 ~ 0.3	13 ~ 15	21 ~ 25	2.0 ~ 3.0	2.5 ~ 3.5	1.5 ~ 2.0	≤ 0. 12	余量
6	FPTFCr 15–320	1100 ~ 1250	300 ~ 350	0.1 ~ 0.3	4.0 ~ 5.0	14 ~ 16	1.0 ~ 2.5	1.0 ~ 3.0	–	≤ 0. 12	余量
7	FPTFCr 18–320	1150 ~ 1250	300 ~ 350	0.1 ~ 0.3	5.0 ~ 10	15 ~ 19	1.5 ~ 2.5	1.0 ~ 1.5	–	≤ 0. 12	余量
8	FPTFCr 22–320	1150 ~ 1200	300 ~ 350	0.1 ~ 0.3	13 ~ 18	22 ~ 25	2.0 ~ 3.0	2.5 ~ 3.5	–	≤ 0. 12	余量
9	FPTFCr 15–450	1100 ~ 1200	400 ~ 460	0.1 ~ 0.2	12 ~ 15	14 ~ 17	1.0 ~ 2.5	1.5 ~ 3.5	3.0 ~ 5.0	≤ 0. 12	余量
10	FPTFCr 30–450	1150 ~ 1200	400 ~ 460	2.0 ~ 3.0		27 ~ 33	2.5 ~ 3.5	3.0 ~ 4.0	–	≤ 0. 12	余量

4.2　牌号表示方法示例

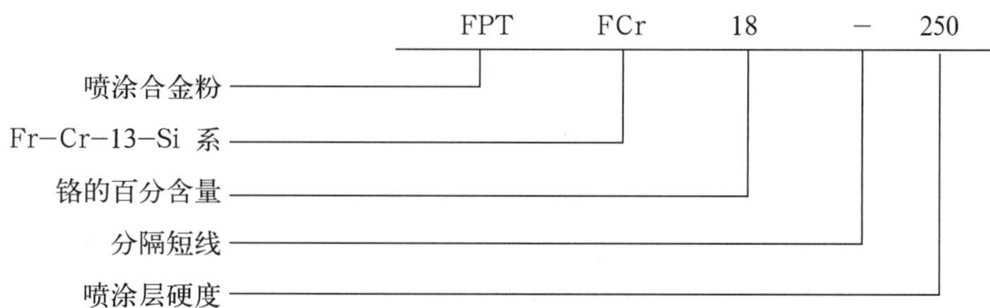

5　技术要求

5.1　粉末的化学成分应符合表 1 中的规定。

5.2　粉末的粒度范围应符合下面规定：

a．氧—乙炔焰喷涂用粉末粒度范围为 106 ~ 38μm。106 ~ 125μm 范围的粉末不大于 3%；不允许有大于 125μm 的粉末颗粒存在；小于 38μm 的粉末不大于 5%。

b．等离子喷涂用粉末粒度范围为 250 ~ 75μm。250 ~ 300μm 范围的粉末不大于 2%；不允许有大于 300μm 的粉末颗粒存在；小于 75μm 的粉末不大于 5%。

c．其他的粉末粒度范围由供需双方协商。

5.3　粉末流动性不大于 25/50g。

5.4　粉末松装密度不小于 3.5g/cm^3。

5.5　粉末的熔融温度范围应符合 4.1 条表中的规定。

5.6　粉末喷涂层的硬度应符合 4.1 条表中的规定。

5.7　粉末不得有肉眼可见的外来夹杂物。

6　试验方法

6.1　粉末的化学成分分析按 GB 223 中的有关规定进行。

6.2　粉末粒度范围的测定按 GB 1480 的规定进行。

6.3　粉末流动性的测定按 GB 1482 的规定进行。

6.4　粉末松装密度的测定按 GB 1479 的规定进行。

6.5　定期抽检的粉末熔融温度范围的测定按 GB 6526 的规定进行。

6.6　粉末喷涂层硬度的测定按 GB　231 的规定进行。其试样的制备按 GB 231 和表 2 的规定进行。

备按 GB　231 和表 2 的规定进行。

表 2

喷涂条件	基材	试样尺寸	喷涂层厚度，mm	
		mm	加工前	加工后
氧乙炔和等离子喷涂	低中碳素钢	ϕ20 ～ 30×20	>1.5	1 ～ 1.5

7　检验规则

7.1　产品由供方技术监督部门进行检验，保证产品质量符合本标准要求，并填写质量证明书。

7.2　需方收到产品后应及时检验，如检验结果与本标准规定不符时，从收到产品之日起 3 个月内向供方提出，供需双方协商解决。如需仲裁时，应由供需双方在需方共同取样。

7.3　产品应成批提交检验，每批应由同一牌号的粉末组成，批重不大于 400kg。

7.4　抽检取样方法按 GB 5314 的规定进行。

7.5　检验结果不符合本标准规定时，则在该批中对不合格的项目加倍取样复检。如其中仍有 1 个结果不符合本标准要求时，则该批产品为不合格。

8　标志、包装、运输和贮存

8.1　产品装入硬质容器前必须是干燥的。包装要严密，防止受潮、散漏。

8.2　每个容器内产品的净重不大于 30kg。

8.3　包装容器上应标明供方名称和商标、产品名称、牌号及“防潮”字样或标志。

8.4　每批产品应附有产品质量证明书，注明：

a．供方名称和商标；

b．产品名称；

c．牌号；

d．批号；

e．净重；

f．各项检验结果及技术监督部门印记；

g．包装日期；

h．本标准编号。

8.5 产品运输时应注意防潮。

8.6 产品应存放在干燥，通风和无酸，严防氧化。

附加说明：

本标准由中国有色金属工业总公司提出。

本标准由冶金工业部钢铁研究总院负责起草。

本标准主要起草人艾宝仁、朱瑞珍、姜振春、柳春兰、李忠全。

中华人民共和国有色金属行业标准

YS/T 59—93

热喷焊用 Ni–Cr–B–Si 系 +WC 自熔合金粉

1993-03-17 发布　　　　1994-04-01 实施

1 主题内容与适用范围

本标准规定了热喷焊用 Ni– Cr– B– Si 系 +WC 自熔合金粉的产品分类、技术要求、试验方法、检验规则、标志、包装、运输和贮存。

本标准适用于氧—乙炔和等离子喷焊用 Ni– Cr– B– Si 系 +WC 自熔合金粉。

2 引用标准

GB 223.1 钢铁及合金中碳量的测定

GB 230 金属洛氏硬度试验方法

GB 1479 金属粉末松装密度的测定第一部分：漏斗法

GB 1480 金属粉末粒度组成的测定干筛分法

GB 1482 金属粉末流动性的测定标准漏斗法（霍尔流速计）

GB 5314 粉末冶金用粉末的取样方法

GB 6526 自熔合金粉末固—液相线温度区间的测定方法

GB 8638 镍基合金粉化学分析方法

GB 8640 金属热喷涂层表面洛氏硬度试验方法

3 产品分类

3.1 热喷焊用 Ni– Cr– B– Si 系 +WC 自熔合金粉按化学成分和性能分成 16 个牌号，见表 1

表 1

序号	牌号	基体粉熔融温度℃	基体粉喷焊层硬度 HRC	喷焊层特性
1 2 3 4	FPHNCr15–55A–20 WC FPHNCrl5–55A–25 WC FPHNCr15–55A–35 WC FPHNCr15–55A–50 WC	970 ~ 1070	50 ~ 60	基体具有良好的韧性

续表 1

序号	牌号	基体粉熔融温度℃	基体粉喷焊层硬度 HRC	喷焊层 特性
5 6 7 8	FPHNCr15-55B-20 WC FPHNCr15-55B-25 WC FPHNCr15-55B-35 WC FPHNCr15-55B-50 WC	970 ~ 1070	50 ~ 60	基体具有良好的韧性
9 10 11 12	FPHNCr18-60A-20 WC FPHNCr18-60A-25 WC FPHNCr18-60A-35 WC FPHNCr18-60A-50 WC	970 ~ 1040	55 ~ 65	耐磨、耐蚀性优秀
13 14 15 16	FPHFCr18-60B-20 WC FPHFCr18-60B-25 WC FPHFCr18-60B-35 WC FPHFCr18-60B-50 WC	970 ~ 1040	55 ~ 65	耐磨、耐蚀性优秀

3.2 牌号表示方法示例

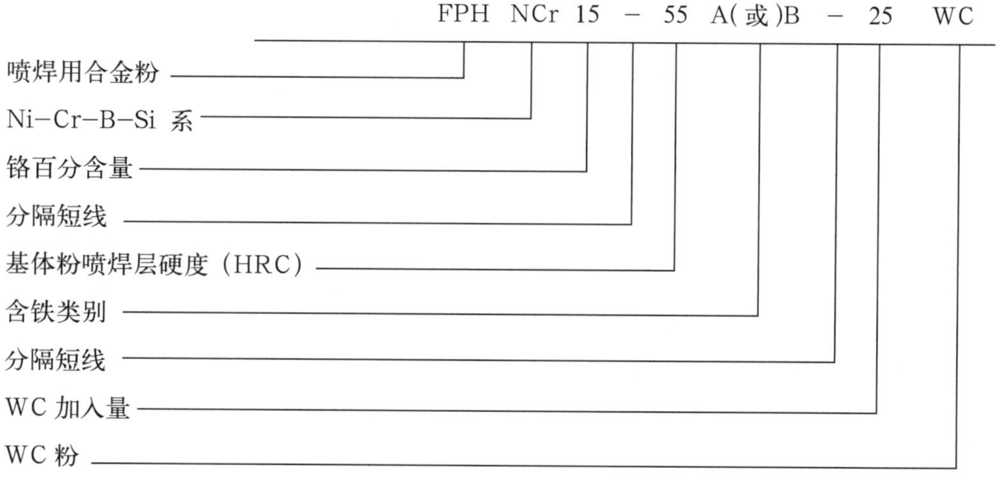

4 技术要求

4.1 粉末的化学成分应符合表 2 的规定

表 2

序号	牌号	基体粉末化学成分，%									WC 加入量 %
		Cr	B	Si	Fe	Mo	Cn	C	O	Ni	
1 2 3 4	FPHNCr15-55A-20 WC FPHNCrl5-55A-25 WC FPHNCr15-55A-35 WC FPHNCr15-55A-50 WC	14 ~ 17	2.5 ~ 4.0	3.5 ~ 5.0	≤ 5.0	2.0 ~ 4.0	2.0 ~ 4.0	0.5 ~ 0.9	≤ 0.08	余量	20 25 35 50
5 6 7 8	FPHNCr15-55B-20 WC FPHNCrl5-55B-25 WC FPHNCr15-55B-35 WC FPHNCr15-55B-50 WC	14 ~ 17	2.5 ~ 4.0	3.5 ~ 5.0	≤ 17	2. 0 ~ 4.0	2.0 ~ 4.0	0.5 ~ 0.9	≤ 0.08	余量	20 25 35 50

续表 2

序号	牌号	基体粉末化学成分，%									WC 加入量 %
		Cr	B	Si	Fe	Mo	Cn	C	O	Ni	
9 10 11 12	FPHNCr18-60A-20 WC FPHNCr18-60A-25 WC FPHNCr18-60A-35 WC FPHNCr18-60A-50 WC	15 ~ 20	3.0 ~ 4.5	3.5 ~ 5.5	≤ 5.0	—	—	0.7 ~ 1.1	≤ 0.08	余量	20 25 35 50
13 14 15 16	FPHNCr18-60B-20 WC FPHNCr18-60B-25 WC FPHNCr18-60B-35 WC FPHNCr18-60B-50 WC	15 ~ 20	3.0 ~ 4.5	3.5 ~ 5.5	≤ 17	—	—	0.7 ~ 1.1	≤ 0.08	余量	20 25 35 50

注：B 级的铁是根据需方要求采用硼铁合金生产允许的含量。

4.2 粉末的粒度范围应合下面规定：

a．氧—乙炔焰喷焊用粉末粒度范围为 106 ~ 38 μm。106 ~ 125 μm 范围的粉末不大于 3%；不允许有大于 125 μm 的粉末颗粒存在；小于 38 μm 的粉末不大于 5%。

b．等离子喷焊用粉末粒度范围为 75 ~ 250 μm。250 ~ 300 μm 范围的粉末不大于 2% 不允许有大于 300 μm 的粉末颗粒存在；小于 75 μm 的粉末不大于 5%。

4.3 粉末流动性不大于 25s/50g。

4.4 粉末松装密度不小于 4.0g/cm^3。

4.5 基体粉末的熔融温度范围应符合表 1 的规定。

4.6 粉末不得有肉眼可见的外来夹杂物。

4.7 如用户有特殊要求时，可由供需双方协商。

5 试验方法

5.1 粉末中碳的化学分析按 GB 223.1 的规定进行。

5.2 粉末中其他成分化学分析按 GB 8638 的规定进行。

5.3 粉末粒度范围的测定按 GB 1480 的规定进行。

5.4 粉末流动性的测定按 GB 1482 的规定进行。

5.5 粉末松装密度的测定按 GB 1479 的规定进行。

5.6 定期抽检的基体粉末粉熔融温度范围的测定按 GB 6526 的规定进行。

5.7 基体粉末喷焊层硬度的测定按 GB8640 或 GB230 的规定进行。其试样的制备按 GB 8640 的规定进行。

6 检验规则

6.1 产品由供方技术监督部门进行检验，保证产品质量符合本标准要求，并填写质量证明书。

6.2 需方收到产品后应及时检验，如检验结果与本标准规定不符时，从收到产品之日起 3 个月内向供方提出，由供需双方协商解决。如需仲裁时，应由供需双方在需方共同取样。

6.3 产品应成批提交检验，每批应由同一牌号的粉末组成，批重不大于 400 kg。

6.4 抽检取样方法按 GB 5314 的规定进行。

6.5　检验结果不符合本标准规定时，则在该批中对不符合的项目加倍取样复验。如其中仍有 1 个结果不符合本标准要求时，则该批产品为不合格。

7　标志、包装、运输、贮存

7.1　产品装入硬质容器前必须是干燥的。包装要严密，防止受潮、散漏。

7.2　每个容器内产品的净重不大于 30 kg。

7.3　包装容器上应标明供方名称和商标、产品名称、牌号及“防潮”字样或标志。

7.4　每批产品应附有产品质量证明书，注明：

a．供方名称和商标；

b．产品名称；

c．牌号；

d．批号；

e．净重；

f．各项检验结果及技术监督部门印记；

g．包装日期；

h．本标准编号。

7.5　产品运输时应注意防潮。

7.6　产品应存放在干燥，通风和无酸、碱气氛处，严防氧化。

附加说明：

本标准由中国有色金属工业总公司提出。

本标准由冶金工业部钢铁研究总院负责起草。

本标准主要起草人艾宝仁、朱瑞珍、姜振春、柳春兰、李忠全。

中华人民共和国国家标准

GB 30039—2013

碳化钨粉安全生产规程

Safety specification for tungsten carbide powder producing

203-12-17 发布　　　　2014-11-01 实施

前言

本标准第 4 章、第 5 章、第 6 章、第 7 章内容是强制性的，其余内容是推荐性的。

本标准按照 GB/T 1.1/2009 给出的规则起草。

本标准由全国有色金属标准化技术委员会（SAC/TC 243）归口。

本标准起草单位：厦门金鹭特种合金有限公司、深圳市格林美高新技术股份有限公司。

本标准主要起草人：吴冲浒、吴高潮、张守全、谢屹峰、樊智锐、高观金、邹建平、闫梨、魏余　、刘咏良、晏平。

1　范围

本标准规定了碳化钨粉生产的基本安全要求、生产工序、设备的安全作业要求、事故应急预案及应急措施。

本标准适用于碳化钨粉的安全生产。

2　规范性引用文件

下列文件对于本文件的应用是必不可少的。凡是注日期的引用文件，仅注日期的版本适用于本文件。凡是不注日期的引用文件，其最新版本（包括所有的修改单）适用于本文件。

GB 3095　环境空气质量标准

GB 3096　声环境质量标准

GB/T 3608　高处作业分级

GB 4962　氢气使用安全技术规程

GB/T 11651　个体防护装备选用规范

GB/T 12801　生产过程安全卫生要求总则

GB/T 13861　生产过程危险和有害因素分类与代码

GB/T 13869　用电安全导则

GB 15630　消防安全标志设置要求

GB　18218　危险化学品重大危险源辨识

GB/T 28001　职业健康安全管理体系　要求

GB/T 28002　职业健康安全管理体系　实施指南

GB 50011 建筑抗震设计规范

GB 50016 建筑设计防火规范

GB 50019 采暖通风与空气调节设计规范

GB 50029 压缩空气站设计规范

GB 50033 建筑采光设计标准

GB 50034 建筑照明设计标准

GB 50052 供配电系统设计规范

GB 50053 10 kV 及以下变电所设计规范

GB 50057 建筑物防雷设计规范

GB 50058 爆炸和火灾危险环境电力装置设计规范

GB 50140 建筑灭火器配置设计规范

GB 50177 氢气站设计规范

GB 50187 工业企业总平面设计规范

GB 50191 构筑物抗震设计规范

GBZ 1 工业企业设计卫生标准

GBZ 2.1 工作场所有害因素职业接触限值 第1部分：化学有害因素

GBZ 2.2 工作场所有害因素职业接触限值 第2部分：物理因素

AQ 8001 安全评价通则

AQ/T 9002 生产经营单位安全生产事故应急预案编制导则

GA 95 灭火器维修与报废规程

JB 9009 钢丝绳电动葫芦 安全规则

JGJ 80 建筑施工高处作业安全技术规范

3 术语和定义

GB/T 28001、AQ/T 9002 界定的以及下列术语和定义适用于本文件。为了方便，下列重复列出了 GB/T 28001、AQ/T 9002 中的某些术语和定义。

3.1 安全 safety

免除了不可接受的损害风险的状态。

[GB/T 28001/2001，定义 3.16]

3.2 事故 accident

造成死亡、疾病、伤害、损坏或其他损失的意外情况。

[GB/T 28001/2001，定义 3.1]

3.3 危险源 hazard

可能导致伤害或疾病、财产损失、工作环境破坏或这些情况组合的根源或状态。

[GB/T 28001/2001，定义 3.4]

3.4 危险源辨识 hazard identification

识别危险源的存在并确定其特性的过程。

[GB/T 28001/2001，定义 3.5]

3.5 应急预案 emergency response plan

针对可能发生的事故，为迅速、有序地开展应急行动面预先制定的行动方案。

[AQ / T 9002/2006，定义 2.1]

4 一般规定

4.1 厂房建设

新建、改建、扩建的生产建设项目，应符合国家相关审批制度。项目建设应符合 GB 3095、GB 3096、GB 15630、GB 50011、GB 50016、GB 50019、GB 50029、GB 50033、GB 50034、GB 50052、GB 50053、GB 50057、GB 50187、GB 50191、GB/T 12801、GBZ 1 等标准的规定。

4.2 生产设备和计量器具

碳化钨粉生产企业的生产设备应保证完好的情况下才能投入使用。设备按要求进行保养，相关记录应及时、完整。计量器具相关记录应完整，按要求及时送检。现场仪器应有检定标识，以防误用。保证计量器具的管理有效，符合要求。

4.3 危险源辨识、评价、控制

企业应按照 GB/T 13861、GB 18218、GB/T 28001、GB/T 28002 和 AQ 8001 的有关规定对作业场所进行危险源及职业危害因素辨识、评估，确定危险危害因素的类型、危险程度，制定控制措施。应对重要危险源做出明显标识。对重大危险源还应登记建档，并进行定期检测、评估、监控。

4.4 安全教育

企业员工应定期进行安全培训教育。新员工在入厂时应接受“三级安全教育”，普及碳化钨粉安全知识和安全操作规程。特种作业人员和安全管理人员应经专门的安全培训教育，特种作业人员应持证上岗。

4.5 安全检查和考评

企业应结合碳化钨粉企业的生产特点，制定本企业安全检查实施细则。企业应按细则要求定期进行安全检查和考评，并做好相应记录。

4.6 安全纠正与预防

企业应建立安全事故调查与处理程序，调查所有的事故和过失，记录在案并跟踪整改，有效纠正和预防同类事故的再次发生。

4.7 职业健康检查

企业应按照《中华人民共和国职业病防治法》《职业性健康检查管理规定》对从事有职业危害或对健康有特殊要求的作业人员定期进行健康检查。

5 基本要求

5.1 劳动防护

碳化钨粉生产应按 GB/T 11651 为作业人员配备劳动防护用品，并教育员工正确使用。生产人员应按 GB/T 11651 的有关规定使用劳动保护用品，未穿戴防护用品的人员禁止靠近作业区域。

5.2 防尘

碳化钨粉生产车间粉尘浓度应符合 GBZ 2.1 的相关规定，碳化钨粉生产企业应加强防尘、除尘，预防尘肺危害。员工在有粉尘的岗位进行操作时，应事先佩戴好防尘口罩。

5.3 噪声

碳化钨生产企业噪声排放应符合 GBZ 2.2 的相关规定。对风机、球磨机、大型混合及鼓风机等噪声大的设备应采取隔音、消音或改进结构等措施。在高噪声车间操作，员工应佩戴相应的保护耳塞。

5.4 高温

钨粉生产环境温度应符合 GBZ 2.2 的相关规定。

5.5 采光

碳化钨粉生产企业车间采光应符合 GB 50033、GB 50034 的相关要求，天然光照度不足的应用照明补充。

5.6 高处作业

依据 GB/T 3608 的规定，当碳化钨粉生产员工进行 2m 以上有坠落危险的高处作业时，应符合 JGJ 80 的相关规定。

5.7 明火作业

车间内除工艺用火外不得使用明火，如确实需要进行明火作业时，须经专业人员检测空气中氢气含量，检测合格确认安全并签批后方可作业，作业期间需由专人监控，作业完成后要将现场处理妥当，不遗留安全隐患。

5.8 供电线路

车间电气装置应符合 GB/T 13869、GB 50058 的有关规定，易燃易爆场所应使用防爆电气设备，车间内所有供电线路、按钮开关等都应绝缘良好，不得裸露，电气连接处应紧密牢固无腐蚀。供电母线、电路连接板等不使用绝缘材料包扎的应有完好的保护网或防护罩装置，配电盘、配电箱、接线盒等应保持良好。

5.9 通风

厂房的通风设计应符合 GB 50019 的有关规定。易燃易爆厂房内应设置氢气含量检测报警装置。

5.10 氢气使用

氢气的使用应符合 GB 4962 的相关规定。若钨粉生产企业通过自建供氢站及供氢管道供氢的，其供氢站及供氢管道应符合 GB 50177 的有关要求。

5.11 灭火器使用

灭火器的管理、使用、配置应符合 GB 50140 和 GA 95 的有关规定。

6 工序、设备安全作业要求

6.1 物料搬运

6.1.1 物料搬运时应有必要的安全防护措施，根据物料的实际情况选择合适的搬运方式，大于 50 kg 的物料应借助液压拖车、手推车以及动力叉车等相应设备进行搬运。

6.1,2 动力叉车搬运

6.1.2.1 使用动力叉车搬运时，动力叉车应由经培训合格取得特种作业操作证的人员操作。

6.1.2.2 将货叉插入托盘或物料起吊时，物料重心应落在两货叉之间，货叉升降应缓慢，以防物料倾倒。

6.1.2.3 使用动力叉车搬运时，物料重心一定要位于货叉范围之内，防止物料倾倒。

6.1.2.4 动力叉车运输物料时物料重心应尽量放低，车速不宜过大，转弯不宜过急，不得超载或搭乘他人。

6.1.2.5 动力叉车作业时，不得站在货叉的周围，以防被叉车或物料压伤或碰伤。

6.2 电动葫芦

6.2.1 电动葫芦操作应符合 JB 9009 的有关规定。

6.2.2 使用前应对电动葫芦进行检查，发现 6.2.2.1 ~ 6.2.2.4 情况之一，不得使用。

6.2.2.1 超载或物体重量不清，如吊拔埋置物及斜拉、斜吊等。

6.2.2.2 电动葫芦有影响安全工作的缺陷或损伤，如制动器、限位器失灵，吊钩螺母防松装置损坏，钢丝绳损伤达到报废标准等。

6.2.2.3 捆绑吊挂不牢或不平衡而可能滑动，重物棱角处与钢丝绳之间未加衬垫等。

6.2.2.4 作业地点昏暗，无法看清场地和被吊物情况等。

6.2.3 每班作业前应对电动葫芦做日常检查。

6.2.4 不得利用限位器停车。

6.2.5 不得在吊起重物的情况下调整制动器。

6.2.6 吊重运行时，吊物不得从人的上方通过。

6.2.7 工作时不得进行检查与维修。

6.2.8 重物接近或到达额定载荷时，先应做小高度、短行程试吊后再平稳地吊运。

6.2.9 无下降限位器的电动葫芦，在吊钩处于最低工作位置时，卷筒上的钢丝绳必须有设计规定的安全圈数。

6.2.10 不得随意拆改电动葫芦上的任何安全装置。

6.2.11 电动葫芦在使用过程中，若发生开关失灵、自动跑车、滑落或开关打火等，应立即停止使用，并通报相关人员到场处理。

6.3 混合器（合批器）

6.3.1 混合器（合批器）传动部位应安装防护罩或安全栏网。

6.3.2 混合器（合批器）无外壳保护，靠操作台方向应装安全栏网。

6.3.3 混合器（合批器）须有制动装置，防止操作过程筒体摇摆发生意外事故。

6.3.4 启动混合器（合批器）前应清除一切可能妨碍混合器（合批器）运转的物体和放在混合器（合批器）上面的工具，作业时需围上护栏。

6.3.5 启动混合器（合批器）时人的任何部位不得超过防护栏，混合器（合批器）下面不能站人。

6.3.6 混合器（合批器）未停稳时，不能以人力帮助制动。

6.3.7 混合器（合批器）运行过程中，发现马达温升过高、响声异常或闻到焦臭味时，应立即停机报相关人员处理。

6.4 碳管炉

6.4.1 碳化车间作业时应保持车间通风良好，车间排风设施工作正常。

6.4.2 碳管炉开机前，各主要组件如水套、铜套、出料端等应经过试水、试压等检验，检验合格后方可开机。

6.4.3 炉子升温之前，应先向各冷却水套送冷却水。

6.4.4 在炉子加热和作业期间，不得接触、清理或擦拭导电板，不得碰触炉体外壁，避免烫伤。

6.4.5 炉子处于工作状态时，不得同时打开两端炉门，以防空气进入炉内引起放炮或炉管氧化。

6.4.6 通过观察镜观察炉温时应使用防护眼镜，防止眼睛被强光灼伤。

6.4,7 打开炉门进行进出料操作时，人应站在炉门侧面，以防可燃气体放炮伤人。

6.4.8 在进出料过程中，应防止被舟皿或大块碳化钨砸伤．防止被料刀砍伤；在物料转移过程注意避免被转移车碰伤。

6.5 钼丝碳化炉

6.5.1 碳化车间作业时应保持车间通风良好，车间排风设施工作正常。

6.5.2 在通入氮气、氢气吹洗炉子的过程中应检查气密性，确定无漏气后才能通电升温。

6.5.3 作业中钼丝碳化炉排出的氢气尾气应用明火火焰点燃，应确保明火火焰处于燃烧状态，若火焰突然熄灭，应及时复点。

6.5.4 在舟皿返回轨道上，不得放置其他杂物或工具，以免影响机械动作，产生安全隐患。

6.5.5 在进出料过程中，应防止被舟皿或大块碳化钨砸伤，防止被料刀砍伤；在物料转移过程注意避免被转移车碰伤。

6.6 球磨机

6.6.1 球磨机传动部位应安装防护罩。

6.6.2 球磨机操作台边缘应安装防护栏，其工具架应有防护板，不得把工具随意放在易掉落的位置。

6.6.3 操作台应保持牢靠，出现晃动应及时处理，不得站在球磨机上操作。

6.6.4 向球磨机内装料时，吊钩不能脱离电葫芦和装料桶。

6.6.5 装料过程中，料桶侧下方不得站人，注意避免工器具从操作台掉落。

6.6.6 操作过程中，不得将料桶长时间悬挂在空中。

6.6.7 停止作业，球磨筒体还未停稳时，不得人工制动。

6.6.8 控制线路故障，电机升温过高、有异常响声或有焦臭味时，应立即停机报相关人员处理。

6.7 过筛机

6.7.1 过筛机的操作台应安装防护栏或防护板，其偏心块、传动轮和传动电机应安装防护罩，防护罩松动或脱落应及时处理。

6.7.2 固定下料溜槽的钢丝绳应定期检查，若有裂痕或磨损应及时更换，以防出现漏料、伤人事故。

6.7.3 安装过筛机储料斗时，其底座应牢靠、平稳，避免产生移位或倾斜。

6.7.4 过筛机筛盘须加防尘罩，过筛机工作时，如果密闭效果不好，粉尘较大，则应开启除尘设备。

6.7.5 过筛机的振幅和振动频率不得超过设计规定的最高上限，不得随意加大振动筛偏心块。

6.7.6 加料时，料桶侧下方不得站人；注意避免工器具从操作台上掉落。

6.7.7 操作过程中，不得将料桶长时间悬挂在空中。

6.7.8 过筛机出现异常状况，如控制线路故障，筛机移位，电机运行声音异常，筛盘振动异常，应立即停机并报相关人员处理。

6.8 气瓶搬运、更换

6.8.1 气瓶在车间、仓库、装卸场地内短距离（≤ 5 m）搬运时，可用徒手滚动（一手托住瓶帽，使瓶身倾斜，另一手推动瓶身沿地面转动）。

6.8.2 气瓶在车间内长距离（>5 m）搬运时，应用专用的搬运车运输，以免发生安全事故。

6.8.3 气瓶在装卸，搬运过程中应戴好瓶帽，轻装轻卸。

6.8.4 放置气瓶的地表要平整，气瓶运到目的地后，放置时竖起放稳并固定好，方可松手，以防气瓶倾倒，发生事故。

6.8.5 操作气瓶时应站在气体出口的侧面，气瓶的出口不得对准自己或他人。

6.8.6 所有气瓶阀门应用手缓慢打开，不得用扳手等工具、加润滑油等办法强行打开。对于氢气气瓶，在缓慢开启阀门的同时，还应控制流速不可过快。应防止旋开过快时产生的静电将气体点燃，引发危险。

6.8.7 不得使油脂同充装氧或强氧化性介质的气瓶接触，搬运时所用手套，工器具不得沾有油脂，若充装氧或强氧化性介质的气瓶上沾有油脂，应用相应清洗剂清除干净。

6.8.8 车间内不得将气瓶悬空使用。

6.8.9 所有的气瓶都不得在高温或烈日爆晒环境下使用。

7 应急预案

7.1 碳化钨粉生产企业应按照《中华人民共和国安全生产法》《中华人民共和国消防法》《中华人民共和国职业病防治法》《生产安全事故应急预案管理办法》、AQ/T 9002 等国家法律法规、标准要求，结合企业具体情况，制修订相关应急预案，并报县级以上安全生产监督管理部门及相关上级部门进行评审备案。

7.2 碳化钨粉生产企业应当组织开展本企业的应急预案培训活动，使有关人员了解应急预案内容，熟悉应急职责、应急程序和岗位应急处置方案。

7.3 碳化钨粉生产企业应当制定本企业的应急预案演练计划，根据本企业的事故预防重点，每年至少组织次综合应急预案演练或者专项应急预案演练，每半年至少组织一次现场处置方案演练。

7.4 应急预案演练结束后，应当对应急预案演练效果进行评估，撰写应急预案演练评估报告，分析存在的问题，并对应急预案提出修订意见。

7.5 碳化钨粉生产企业制定的应急预案应当至少每三年修订一次，预案修订情况应有记录并归档。

中华人民共和国有色金属行业标准

YS/T 822—2012

镍铬—碳化铬复合粉末

NiCr—Cr_3C_2 composite powders

2012-11-07 发布　　　　2013-03-01 实施

前言

本标准按照 GB/T 1.1—2009 给出的规则起草。

本标准由全国有色金属标准化技术委员会(SAC/TC 243)归口。

本标准起草单位：北京矿冶研究总院、西安宝德粉末冶金有限责任公司、中国有色金属工业标准计量质量研究所。

本标准主要起草人：万伟伟、于月光、任先京、李振铎、周恒、董领峰、杨晓剑、张宪铭、张江峰。

1　范围

本标准规定了镍铬—碳化铬复合粉末的要求、试验方法、检验规则及标志、包装、运输、贮存、质量证明书和合同（或订货单）内容。

本标准适用于热喷涂用制粒—烧结法生产的镍铬—碳化铬复合粉末。

2　规范性引用文件

下列文件对于本文件的应用是必不可少的。凡是注日期的引用文件，仅注日期的版本适用于本文件。凡是不注日期的引用文件，其最新版本（包括所有的修改单）适用于本文件。

GB/T 223.5　钢铁　酸溶硅和全硅含量的测定　还原型硅钼酸盐分光光度法

GB/T 223.25　钢铁及合金化学分析方法　丁二酮肟重量法测定镍量

GB/T 1479.1　金属粉末　松装密度的测定　第1部分：漏斗法

GB/T 1480　金属粉末粒度组成的测定　干筛分法

GB/T 1482　金属粉末　流动性的测定　标准漏斗法（霍尔流速计）

GB/T 5314　粉末冶金　用粉末　取样方法

GB/T 8647.9　镍化学分析方法　碳量的测定　高频感应炉燃烧红外吸收法

GB/T 19077.1　粒度分析　激光衍射法　第1部分：通则

YS/T 539.6　镍基合金粉化学分析方法　第6部分：铁量的测定　三氯化钛—重铬酸钾滴定法

3　要求

3.1　产品分类

镍铬—碳化铬复合粉末按化学成分分为三个牌号，分别为 20NiCr−Cr_3C_2、25NiCr−Cr_3C_2 和 30 NiCr−Cr_3C_2。

3.2 化学成分

镍铬—碳化铬复合粉末的化学成分应符合表 1 的规定。

表 1 镍铬—碳化铬复合粉末的化学成分

牌号	化学成分（质量分数）/ %				
	Cr	Ni	c	Fe	Si
20NiCr−Cr_3C_2	余量	14.5 ~ 17.5	8.5 ~ 12.5	≤ 1.2	≤ 1.0
25NiCr−Cr_3C_2	余量	17.5 ~ 21.5	7.7 ~ 11.2	≤ 1.2	≤ 1.0
30NiCr−Cr_3C_2	余量	22.5 ~ 26.5	7.0 ~ 10.5	≤ 1.2	≤ 1.0

3.3 物理性能

镍铬—碳化铬复合粉末的物理性能应符合表 2 的规定。

表 2 镍铬—碳化铬复合粉末物理性能

牌号	粒度组成		松装密度 g / cm^3	流动性 s/50 g
	μm	%		
20NiCr−Cr_3C_2	≤ 10 10 ~ 45 ≥ 45	≤ 10 余量 ≤ 5	≥ 2.0	—
25NiCr−Cr_3C_2	≤ 15 15 ~ 75 ≥ 75	≤ 10 余量 ≤ 5	≥ 1.8	≤ 45
30NiCr−Cr_3C_2	≤ 15 15 ~ 75 ≥ 75	≤ 5 余量 ≤ 5	≥ 1.8	≤ 45
注：粉末其他粒度规格可由供需双方协商规定				

3.4 外观质量

镍铬—碳化铬复合粉末外观呈深灰色或灰色，无目视可见的外来夹杂物。

4 试验方法

4.1 粉末中镍含量的分析方法按 GB/T 223.25 的规定进行。

4.2 粉末中碳含量的分析方法按 GB/T 8647.9 的规定进行。

4.3 粉末中硅含量的分析方法按 GB/T 223.5 的规定进行。

4.4 粉末中铁含量的分析方法按 YS/T 539.6 的规定进行。

4.5 粉末的粒度组成的测定按 GB/T 1480 和 GB/T 19077.1 的规定进行。

4.6 粉末的松装密度的测定按 GB/T 1479.1 的规定进行。

4.7 粉末的流动性的测定按 GB/T 1482 的规定进行。

4.8 粉末的外观质量用目视检测。

5 检验规则

5.1 检查和验收

5.1.1 产品应由供方进行检验，保证产品质量符合本标准及合同（或订货单）的规定，并填写质量证明书。

5.1.2 需方应对收到的产品按本标准的规定进行检验，如检验结果与本标准及合同（或订货单）的规定不符时，应在收到产品之日起 60 d 内向供方提出，由供需双方协商解决。如需仲裁，仲裁取样在需方由供需双方共同进行。

5.2 组批

产品应成批提交验收，每批产品由同一生产工艺制取的、同一牌号的粉末混合组成。每批重量不超过 1t。

5.3 检验项目及取样

产品检验项目及取样应符合表 3 的规定。

表 3 产品的检验项目及取样

检验项目	取样规定	要求的章条号	试验方法的章条号
化学成分	按 GB/T 5314 规定进行	3.2	4.1、4.2、4.3、4.4
物理性能	按 GB/T 5314 规定进行	3.3	4.5、4.6、4.7
外观质量	按 GB/T 5314 规定进行	3.4	4.8

5.4 检验结果判定

5.4.1 化学成分检验不合格，则在该批产品中另取双倍试样对该不合格项进行重复试验，若重复试验结果仍有一项不符合本标准规定时，则判该批产品为不合格。

5.4.2 物理性能检验不合格，则在该批产品中另取双倍试样对该不合格项进行重复试验，若重复试验结果仍有一项不符合本标准规定时，则判该批产品为不合格。

5.4.3 外观质量检验不合格，判该批产品不合格。

6 标志、包装、运输、贮存和质量证明书

6.1 标志

包装表面应标明：供方名称、产品名称、牌号、批号、重量及“防潮”字样的标志。

6.2 包装

产品用密闭的塑料容器密封包装，分 1kg、2kg、5kg、10kg 四种。必要时，可将包装件置于木箱内，然后将其四周固紧。

6.3 运输

产品运输时，应防止受潮。

6.4 贮存

产品应存放在干燥、通风和无酸碱气氛处，严防氧化。

6.5 质量证明书

每批产品应附有质量证明书，其中注明：

a) 供方名称、地址、电话、传真；

b) 产品名称和牌号；

c) 产品批号；

d) 净重和数量；

e) 各项检验结果和供方技术监督部门印记；

f) 本标准编号；

g) 出厂日期。

7 合同（或订货单）内容

订购本标准所列产品的合同（或订货单）应包括下列内容：

a) 产品名称；

b) 牌号；

c) 重量；

d) 本标准编号；

e) 其他。

中华人民和国国家标准

GB/T 26725—2011

超细碳化钨粉

Superfine tungsten carbide powder

2011-06-16 发布　　2012-02-01 实施

前言

本标准由全国有色金属标准化技术委员会(SAC/TC 243)归口。

本标准起草单位：厦门金鹭特种合金有限公司、国家钨材料工程技术研究中心。

本标准主要起草人：吴冲浒、吴其山、林高安、邹建平、晏平、高观金、吴高潮、黄家明、谢屹峰。

1　范围

本标准规定了超细碳化钨粉的要求、试验方法、检验规则、标志、包装、运输、贮存、质量证明书及合同(或订货单)内容。

本标准适用于生产硬质合金等粉末冶金产品用的超细碳化钨粉。

2　规范性引用文件

下列文件对于本文件的应用是必不可少的。凡是注日期的引用文件，仅注日期的版本适用于本文件。凡是不注日期的引用文件，其最新版本（包括所有的修改单）适用于本文件。

GB/T 4324（所有部分）　钨化学分析方法

GB/T 5124.1　硬质合金化学分析方法　总碳量的测定　重量法

GB/T 5124.2　硬质合金化学分析方法　不溶（游离）碳量的测定　重量法

GB/T 5314　粉末冶金用粉末的取样方法

GB/T 19587　气体吸附 BET 法测定固态物质比表面积

YS/T 559　钨的发射光谱分析方法

3　要求

3.1　产品分类

超细碳化钨粉产品按其平均粒度分为 FWCN30、FWCN60、FWCN90、FWCN150 四个牌号。

3.2　化学成分

超细碳化钨粉的化学成分应符合表 1 规定。

表 1　　质量分数／%

主成分	杂质含量，不大于								
WC 含量	Al	Ca	Fe	K	Mg	Mo	Na	S	si
余量	0.001 0	0.001 0	0.008 0	0.001 0	0.001 0	0.004 0	0.001 0	0.000 8	0.001 0
注：wc 含量按 100% 减去表中所列杂质总含量计算									

3.3 平均粒度、比表面、总碳、游离碳、化合碳、氧含量

超细碳化钨粉的平均粒度、比表面、总碳、游离碳、化合碳、氧含量应符合表 2 规定。

表 2

牌号	平均粒度／nm[a]	比表面／(m^2/g)	氧含量／%	总碳／%	游离碳／%	化合碳／%
FWCN30	<50	>7.60	≤ 0.70	6.25±0.05	≤ 0.20	≥ 6.07
FWCN60	50 ~ 80	4.77 ~ 7.60	≤ 0.60	6.25±0.05	≤ 0.20	≥ 6.07
FWCN90	80 ~ 100	3.80 ~ 4.77	≤ 0.50	6.20±0.05	≤ 0.15	≥ 6.07
FWCN150	>100 ~ 200	1.90 ~ 3.80	≤ 0.40	6.18±0.05	≤ 0.10	≥ 6.07
[a] 平均粒度是按 GB/T 19587 的规定通过比表面计算所得						

3.4 外观质量

超细碳化钨粉的外观呈深灰色，颜色应均匀一致，无目视可见的夹杂物。

3.5 其他

当需方有特殊要求时，可以由供需双方协商确定。

4 试验方法

4.1 超细碳化钨粉的化学成分按 GB/T 4324 和 YS/T 559 的规定进行。仲裁分析方法由供需双方协商确定。

4.2 超细碳化钨粉的平均粒度和比表面按 GB/T 19587 的规定进行。总碳、游离碳按 GB/T 5124.1、GB/T 5124.2 的规定进行。化合碳按总碳减去游离碳之差计算。氧含量按 GB/T 4324 的规定进行。

4.3 产品的外观质量用目视检查。

5 检验规则

5.1 检查和验收

5.1.1 产品应由供方进行检验，保证产品符合本标准及合同（或订货单）规定，并填写产品质量证明书。

5.1.2 需方可对收到的产品按本标准的规定进行检验，如检验结果与本标准规定及合同（或订货单）不符合时，应在收到产品之日起一个月内向供方提出，由供需双方协商解决。如需仲裁，仲裁取样由供需双方共同在需方进行。

5.2 组批

产品应成批提交验收，每批应由同一牌号的超细碳化钨粉组成，每批重量由供需双方协商确定。

5.3 检验项目

每批产品均应进行化学成分、平均粒度、比表面、总碳、游离碳、化合碳、氧含量及外观质量检验。

5.4 取样数量

每批产品的取样数量应符合表 3 规定。

表 3

检验项目	取样数量	要求的章条号	试验方法的章条号
化学成分	按 GB/T 5314 的规定进行	3.2	4.1
平均粒度、比表面、总碳、游离碳、化合碳、氧含量		3.3	4.2
外观质量		3.4	4.3

5.5 检验结果判定

5.5.1 产品的化学成分检验结果如有一项不合格，应在该批产品中加倍取样对该不符合项进行重复试验，若重复试验结果仍有一个不合格，判该批产品不合格。

5.5.2 产品的比表面、总碳、游离碳、化合碳、氧含量检验结果如有一项不合格，应在该批产品中加倍取样对该不符合项进行重复试验，若重复试验结果仍有一个不合格，判该批产品不合格。

5.5.3 产品的外观质量不合格时，判该批产品不合格。

6 标志、包装、运输、贮存和产品质量证明书

6.1 标志

产品外包装上应注明：供方名称、产品名称和牌号、批号、净重，并附有“防潮”、“向上”等字样或标志。

6.2 包装

外包装用铁桶，内包装用双层聚乙烯塑料袋，先抽真空再充氮气或氩气保护，严密封口。或采用供需双方确定的方法包装。每件重量由供需双方协商确定。

6.3 运输和贮存

产品运输时，应防止产品潮湿，在运输过程中应轻拿、轻放、不得滚动、倒置及剧烈碰撞。产品应该贮存于干燥、通风、无酸碱气氛的仓库内；仓库应通风、阴凉。产品不得与易燃易爆产品混贮。存放期不超过 6 个月。

6.4 产品质量证明书

每批产品应提供产品质量证明书，其上注明下列内容：

a) 供方名称、地址、邮编；

b) 产品名称和牌号；

c) 批号；

d) 净重；

e) 各项分析检验结果和质量监督部门印记；

f) 本标准编号；

g) 检验员号；

h） 检验日期。

7　合同（或订货单）内容

订购本标准所列产品的合同（或订货单）应包括下列内容：

a） 产品名称；

b） 产品牌号；

c） 技术要求；

d） 产品净重；

e） 本标准编号；

f） 其他。

中华人民共和国机械行业标准

JB/T 11424—2013

超硬磨料制品用预混合金属粉末

Pre-mixed metal powders for superabrasive products

2013-04-25 发布　　　　2013-09-01 实施

前言

本标准按照 GB/T 1.1—2009 给出的规则起草。

本标准由中国机械工业联合会提出。

本标准由全国磨料磨具标准化技术委员会（SAC/TC139）归口。

本标准起草单位：河南卡斯通科技股份有限公司。

本标准主要起草人：吴志英、雷军、王君、李营光。

本标准为首次发布。

1　范围

本标准规定了超硬磨料制品用预混合金属粉末的术语和定义、代号和标记、技术要求、试验方法、检验规则、标志、包装、运输和贮存。

本标准适用于超硬磨料制品用预混合金属粉末产品（以下简称预混合金属粉末）。

2　规范性引用文件

下列文件对于本文件的应用是必不可少的。凡是注日期的引用文件，仅注日期的版本适用于本文件。凡是不注日期的引用文件，其最新版本（包括所有的修改单）适用于本文件。

GB/T 223.4　钢铁及合金　锰含量的测定　电位滴定或可视滴定法

GB/T 223.20　钢铁及合金化学分析方法　电位滴定法测定钴量

GB/T 223.22　钢铁及合金化学分析方法　亚硝酸基 R 盐分光光度法测定钴量

GB/T 223.23　钢铁及合金　镍含量的测定　丁二酮肟分光光度法

GB/T 223.25　钢铁及合金化学分析方法　丁二酮肟重量法测定镍量

GB/T 223.43　钢铁及合金　钨含量的测定　重量法和分光光度法

GB/T 223.64　钢铁及合金　锰含量的测定　火焰原子吸收光谱法

GB/T 223.68　钢铁及合金　化学分析方法　管式炉内燃烧后碘酸钾滴定法测定硫含量

GB/T 223.69　钢铁及合金　碳含量的测定　管式炉内燃烧后气体容量法

GB/T 223.73　钢铁及合金　铁含量的测定　三氯化钛—重铬酸钾滴定法

GB/T 1479.1　金属粉末　松装密度的测定　第 1 部分：漏斗法

GB/T 1480　金属粉末　干筛分法测定粒度

GB/T 1482　金属粉末　流动性的测定　标准漏斗法（霍尔流速计）

GB/T 4295　碳化钨粉

GB/T 5121.11　铜及铜合金化学分析方法　第Ⅱ部分：锌含量的测定

GB/T 5158.2　金属粉末　还原法测定氧含量　第2部分：氢还原时的质量损失（氢损）

GB/T 5314　粉末冶金用粉末　取样方法

JB/T 3064　粉末冶金摩擦材料化学分析方法

JB/T 8063.5　粉末冶金材料与制品化学分析方法　第5部分：铜基材料与制品中锡的测定（次磷酸钠还原—碘酸钾滴定法）

JB/T 8063.7　粉末冶金材料与制品化学分析方法　第7部分：铜基材料与制品中锌的测定（硫酸铅钡共沉淀 -EDTA 滴定法）

3　术语和定义

下列术语和定义适用于本文件。

3.1　预混合金属粉末　pre-mixed metal powders

由不同化学成分的金属粉末混合而成的粉末。

4　代号、标记

4.1　代号

4.1.1　产品代号

预混合金属粉末的产品代号为：Y。

4.1.2　成分代号

预混合金属粉末的主要成分代号见表1。

表1　预混合金属粉末主要成分代号

主要成分名称	铁	铜	钴	镍	钨	碳化钨	锡	锌	锰
主要成分代号	Fe	Cu	Co	Ni	W	WC	Sn	Zn	Mn
未规定的成分代号以其化学元素符号表示									

4.1.3　粒度代号

预混合金属粉末的粒度代号见表2。

表2　预混合金属粉末粒度代号

粒度代号	200	300
粒度范围	≤ 74 μm	≤ 48 μm

4.2 标记

4.2.1 标记方法

4.2.1.1 预混合金属粉末的完整标记应包括以下内容：

——产品代号；

——主要成分代号；

——主要成分质量百分含量；

——粒度代号。

4.2.1.2 主要成分代号为预混合金属粉末中质量分数最多的四种成分代号，按含量高低顺序排列；成分不足四种的预混合金属粉末按成分质量分数高低顺序排列。

4.2.1.3 若预混合金属粉末成分中有两种或两种以上主要成分的质量分数相同时，按主要成分代号英文字母首字母顺序排列，若首字母仍相同，则按次字母顺序排列。

4.2.1.4 预混合金属粉末主要成分代号后应注明预混合金属粉末主要成分质量分数（取整数）。

4.2.2 标记示例

产品标记示例如下：

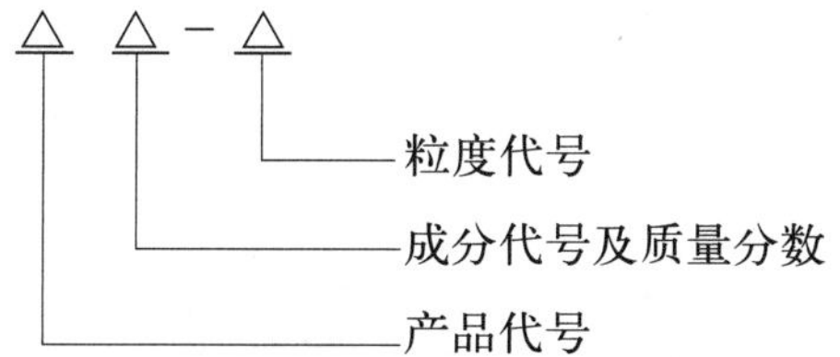

示例 1：预混合金属粉末中主要成分及其质量分数为：铜 42%，钴 20%，铁 18%，锡 10%；粒度范围 >74 μ m；该预混合金属粉末产品标记为：YCu42Co20Fe18Sn10—200。

示例 2：预混合金属粉末中主要成分及其质量分数为：钴 90%，铜 10%；粒度范围 ≤ 48 μ m；该预混合金属粉末产品标记为：YCo90Cu10—300。

示例 3：预混合金属粉末中主要成分及其质量分数为：铁 33%，铜 33%，钴 33%，钨 1%；粒度范围 >74 μ m；该预混合粉末产品标记为：YCo33Cu33Fe33W1—200。

5 技术要求

5.1 预混合金属粉末各成分质量分数及允许误差应符合表 3、表 4 的规定。

表 3 成分质量分数

成分	有效金属成分	C	S	O
质量分数 %	≥ 98.00	≤ 1.00	≤ 0.05	≤ 0.75

表 4　各成分质量分数允许误差

成分代号	质量分数 / %	允许误差 / %
Fe	8.00 以下	±0.50
	8.01 ~ 20.00	±1.00
	20.01 ~ 60.00	±1.50
	60.00 以上	±2.00
Ni	2.00 以下	±0.20
	2.01 ~ 5.00	±0.30
	5.01 ~ 10.00	±0.50
	10.00 以上	±1.00
Mn	2.00 以下	±0.30
	2.01 ~ 8.00	±0.40
	8.01 ~ 25.00	±0.50
	25.00 以上	±0.70
Co	3.00 以下	±0.20
	3.01 ~ 10.00	±0.30
	10.01 ~ 20.00	±0.50
	20.00 以上	±1.00
WC	1.00 ~ 5.00	±0.30
	5.01 ~ 10.00	±0.80
	10.01 ~ 30.00	±1.00
	30.00 以上	±1.50
Cu	1.00 ~ 5.00	±0.30
	5.01 ~ 10.00	±0.50
	10.01 ~ 60.00	±1.00
	60.00 以上	±1.50
W	0.05 ~ 3.00	±0.20
	3.01 ~ 8.00	±0.30
	8.01 ~ 15.00	±0.50
	15.00 以上	±1.00
Sn	1.00 ~ 2.00	±0.20
	2.01 ~ 6.00	±0.30
	6.01 ~ 10.00	±0.50
	10.00 以上	±0.80
Zn	2.00 以下	±0.20
	2.01 ~ 4.00	±0.30
	4.01 ~ 7.00	±0.50
	7.00 以上	±0.60

5.2　预混合金属粉末中应无粉块和机械夹杂物。

5.3　预混合金属粉末粒度及粒度组成应符合表 5 的规定。

表 5 粒度及粒度组成

粒度代号	200			300		
粒度范围 μm	≤ 74	74 ~ 48	≤ 48	≤ 48	48 ~ 38	≤ 38
质量分数 /%	≥ 95	≥ 70	≤ 30	≥ 95	≥ 70	≤ 30

5.4 预混合金属粉末松装密度应符合表 6 的规定。

表 6 松装密度

单位为克每立方厘米

粒度代号	松装密度	允许误差
200	0.20 ~ 1.00	±0.10
200	>1.00 ~ 2.00	±0.15
200	>2.00 ~ 3.50	±0.20
200	>3.50 ~ 5.00	±0.30
200	>5.00	±0.40
300	0.20 ~ 1.00	±0.10
300	>1.00 ~ 2.00	±0.20
300	>2.00 ~ 3.00	±0.30
300	>3.00 ~ 4.00	±0.35
300	>4.00	±0.40

5.5 预混合金属粉末流动性应符合表 7 的规定。

表 7 流动性

粒度代号	流动性 s/50g	允许误差范围 s/50g
	1 ~ 10	±1.0
200	>10 ~ 25	±1.5
200	>25 ~ 35	±2.0
200	>35 ~ 45	±2.5
200	>45	±3.0
300	1 ~ 10	±1.0
300	>10 ~ 20	±2.0
300	>20 ~ 30	±2.5
300	>30 ~ 40	±3.0
300	>40	±3.5

6 试验方法

6.1 预混合金属粉末碳含量测定按 GB/T 223.69 的规定进行。

6.2 预混合金属粉末硫含量测定按照 GB/T 223.68 的规定进行。

6.3 预混合金属粉末氧含量测定按照 GB/T 5158 的规定进行。

6.4 预混合金属粉末主要成分含量的测定按表 8 的规定进行。

表 8 主要成分含量测定方法

成分名称	质量分数 /%	试验方法
铁	8.00 以下	按照 GB/T 223.73 的规定
	8.01 以上	按照 JB/T 3064 的规定
镍	2.00 以下	按照 GB/T 223.23 的规定
	2.01 以上	按照 GB/T 223.25 的规定
锰	2.00 以下	按照 GB/T 223.64 的规定
	2.01 以上	按照 GB/T 223.4 的规定
钴	3.00 以下	按照 GB/T 223.22 的规定
	3.01 以上	按照 GB/T 223.20 的规定
铜	1.00 以上	按照 JB/T 3064 的规定
钨	0.05 以上	按照 GB/T 223.43 的规定
锡	1.00 以上	按照 JB/T 8063.5 的规定
锌	2.00 以下	按照 GB/T 5121.11 的规定
	2.01 以上	按照 JB/T 8063.7 的规定
碳化钨	1.00 以上	按照 GB/T 4295 的规定

6.5 预混合金属粉末外观质量用目视检查。

6.6 预混合金属粉末粒度及粒度组成测定按照 GB/T 1480 的规定进行。

6.7 预混合金属粉末松装密度测定按照 GB/T 1479.1 的规定进行。

6.8 预混合金属粉末流动性测定按照 GB/T 1482 的规定进行。

7 检验规则

7.1 出厂检验

7.1.1 预混合金属粉末应按本标准技术要求进行检验。

7.1.2 预混合金属粉末取样按 GB/T 5314 的规定进行。

7.1.3 检验项目全部符合本标准技术要求时，则判定该批产品为合格。若检验项目中有一项或多项不符合本标准的技术要求，则应按 GB/T 5314 规定在该批产品中取双倍数量的样品对不符合本标准技术要求的项目进行复检，若复检项目均符合本标准技术要求，则判定该批产品为合格；若复检项目仍然有一项或多项不符合本标准技术要求，则判定该批产品为不合格。

7.2 仲裁检验

7.2.1 仲裁取样按 GB/T 5314 的规定。

7.2.2 检验项目全部符合本标准技术要求时，则判定该批产品为合格。若检验项目中有一项或多项不符合本标准的技术要求，则应按 GB/T 5314 的规定在该批产品中取双倍数量的样品对不符合本标准技术要求的项目进行复检。若复检项目均符合本标准技术要求，则判定该批产品为合格；若复检项目仍然有一项或多项不符合本标准技术要求，则判定该批产品为不合格。

8 标志、包装、运输和贮存

8.1 标 志

8.1.1 外包装标志

产品外包装上应有牢固标志标明：产品名称、牌号、批号、净重、生产日期、供方名称、地址，并有“防潮”“轻放”“向上”字样或标志。

8.1.2 内包装标志

产品内包装袋上应有标志标明：产品名称、牌号、批号、净重、生产日期、松装密度、流动性、供方名称、地址。

8.1.3 质量证明书

每批产品应提供质量证明书，其上注明：

a） 供方名称；

b） 产品名称、牌号；

c） 产品批号；

d） 产品净重；

e） 检验结果；

f） 生产日期；

g） 有效期；

h） 本标准编号。

8.2 包装

预混合金属粉末装入包装袋内，并对其进行防氧化处理。或采用供需双方协商确定的方法包装。每件重量由供需双方协商确定。

8.3 运输和贮存

8.3.1 产品运输时，应防止产品潮湿；搬运过程中应轻拿、轻放、不得滚动、倒置及剧烈碰撞，并防止产品的密封包装损坏。

8.3.2 预混合金属粉末在贮存时，应存放在干燥、通风的仓库内，产品不得与酸、碱、油类和化学品贮存在一起，严防氧化、受潮、腐蚀。在满足上述贮存条件，且包装完好情况下，产品有效期一年。

中华人民共和国国家标准

GB/T 3461—2006
代替 GB/T 3461—1982

钼 粉

Molydbenum powder

2006-07-18 发布　　2006-11-01 实施

前言

本标准是对 GB/T 3461—1982《钼粉技术条件》的修订。

本标准与 GB/T 3461—1982 相比，主要有如下变动：

——根据不同粒度，将钼粉划分为五个粒度等级；

——FMo -1 增加了 Pb、Bi、Sn、Sb、Cd、N 等杂质元素指标，FMo-2 增加了 N 杂质元素指标，对两个牌号的其他杂质元素指标进行了调整；

——修订了过筛网目数要求；

——产品外观质量检查方法作了改进。

本标准由中国有色金属工业协会提出。

本标准由全国有色金属标准化技术委员会归口。

本标准由株洲硬质合金集团有限公司负责起草。

本标准主要起草人：李宪平、易小明、刘铁梅、杨建国、何国新、张江峰。

本标准由全国有色金属标准化技术委员会负责解释。

本标准所代替标准的历次版本发布情况为：

——GB/T 3461—1982。

1　范围

本标准规定了钼粉的要求、试验方法、检验规则、标志、包装、运输、贮存及合同内容。

本标准适用于氢气还原氧化钼或钼酸铵制取的钼粉

2　规范性引用文件

下列文件中的条款通过本标准的引用而成为本标准的条款。凡是注日期的引用文件，其随后所有的修改单（不包括勘误的内容）或修订版均不适用于本标准，然而，鼓励根据本标准达成协议的各方研究是否可使用这些文件的最新版本。凡是不注日期的引用文件，其最新版本适用于本标准。

GB/T 1479 金属粉末松装密度的测定　第 1 部分　漏斗法

GB/T 3249 难熔金属及化合物粉末粒度的测定方法　费氏法

GB/T 4325（所有部分）钼化学分析方法

GB/ 5314 粉末冶金用粉末的取样方法

3 要求

3.1 产品分类

3.1.1 钼粉按化学成分不同，分为 FMo−1FMo−2 二个牌号。FMo−1、主要用作大型板坯、硅化钼电热元件原料；FMo−2 主要用作可控硅圆片、钼顶头等原料。

3.1.2 钼粉按不同粒度划分为 05 型、10 型、20 型、40 型、60 型 5 个规格。

3.2 化学成分

钼粉化学成分应符合表 1 规定。

表 1

产品牌品		FMo−1	FMo−2
主含量，不小于		99.90	99.50
杂质质量分数，不大于	Pb	0.0005	0.0005
	Bi	0.0005	0.0005
	Sn	0.0005	0.0005
	Sb	0.0010	0.0010
	Cd	0.0005	0.0005
	Fe	0.0050	0.020
	Al	0.0015	0.0050
	Si	0.0020	0.0050
	Mg	0.0020	0.0040
	Ni	0.0030	0.0050
	Cu	0.0010	0.0010
	Ca	0.0015	0.0030
	P	0.0010	0.0030
	C	0.0050	0.010
	N	0.015	0.020
注 1：主含量按表中所列分析元素差减，气体元素除外			

3.3 钼粉的平均粒度范围及氧含量应符合表 2 规定。

表 2

型号	平均粒度范围 / μm	氧质量分数 / %　不大于
05	0.5 ~ 1	0.30
10	>1 ~ 2	0.25
20	>2 ~ 4	0.20
40	>4 ~ 6	0.15
60	>6 ~ 10	0.10

3.4 钼粉的松装密度、粒度分布由供需双方协商确定。

3.5 外观

3.5.1 产品外观呈灰色，颜色应均匀一致。

3.5.2 无目视可见的夹杂物。

3.6 需方如有特殊要求时，供需双方协商确定。

4 试验方法

4.1 钼粉的化学成分分析按 GB/T 4325 的规定进行。

4.2 钼粉的费氏平均粒度测定按 GB/T 3249 的规定进行。

4.3 钼粉的松装密度按 GB/T 1479 的规定进行。

4.4 钼粉的外观颜色用目视检查；产品过 17μm（80 目）筛后，用目视检查夹杂物。

5 检验规则

5.1 检查和验收

5.1.1 产品应由供方质量监督部门进行检验，保证产品符合本标准规定，并填写产品质量证明书。

5.1.2 需方对收到的产品按本标准的规定进行检验，如检验结果与本标准规定不符合时，应在收到产品之日起 3 个月内向供方提出，由供需双方协商解决。如需仲裁，仲裁取样在需方由供需双方共同进行。

5.2 组批

产品应成批提交验收。每批产品由同一原料、同一工艺、同一混合料组成，每批产品重量由供需双方协商确定。

5.3 取样和制样

取样和制样方法按 GB/T 5314 的规定进行。

5.4 检验结果判定

5.4.1 产品的化学成分和物理性能检验结果如有一项不符合本标准的规定时，则在该批产品中加倍取样对该不符合项进行重复试验。若重复试验结果有一个不符合本标准规定，则判该批产品为不合格。若重复试验结果都符合本标准规定，则判该批产品为合格。

5.4.2 产品的外观质量逐桶检查，不合格者单独报废。产品的过筛检查不合格时，加倍取样进行重复试验，若重复试验仍不合格，则判整批产品不合格，若重复试验结果合格，则判该批产品为合格。

6 标志、包装、运输、贮存

6.1 产品采用铁桶包装，内衬聚乙烯塑料袋密封，每件重量由供需双方协商确定。

6.2 产品外包装上应注明：供方名称、产品名称和牌号、规格、批号、净重，并附有“防潮”、“向上”等字样或标志。

6.3 每批产品应附有产品质量证明书，其上注明：

a) 供方名称、地址、邮编；

b) 产品名称、牌号和规格；

c) 批号；

d) 净重；

e) 本标准编号；

f） 分析检验结果和质量监督部门印记；

g） 检验员号；

h） 检验日期。

6.4 产品运输时，应防止潮湿，不得剧烈碰撞。

6.5 产品应存放于干燥、通风和无酸碱气氛之处，存放期不超过 6 个月。

7 合同（或订货单）内容

合同（或订货单）应包括下列内容：

a) 产品名称；

b) 产品牌号、规格；

c) 技术要求；

d) 产品净重；

e) 本标准编号。

中华人民共和国国家标准

GB/T 3458—2006

钨 粉

Tungsten powder

2006-07-18 发布　　2006-11-01 实施

前言

本标准是对 GB/T 3458—1982《钨粉技术条件》的修订。

本标准与 GB/T 3458—1982 相比，主要有如下变动：

——根据粒度不同，将钨粉划分成 14 个规格；

——FW—1 增加了 Pb、Bi、Sn、As、Sb、Mn 等杂质元素指标，FW—1 和 FWP—1

增加了 Cu 杂质元素指标；降低了三个牌号的部分杂质元素的含量，FW—1、FW—2 两个牌号的氧含量指标则根据粒度的不同而进行了调整；

——取消了 FW—1、FW—2 的网目数要求；

——对 FWP—1 的筛分和松装密度进行了调整。

本标准由中国有色金属工业协会提出。

本标准由全国有色金属标准化技术委员会归口。

本标准由株洲硬质合金集团有限公司负责起草。

本标准主要起草人：刘铁梅、阳冬元、李宪平、杨建国、何国新、张江峰。

本标准由全国有色金属标准化技术委员会负责解释。

本标准所代替标准的历次版本发布情况为：

——GB/T 3458—1982、YB 1570—1978。

1　范围

本标准规定了钨粉的要求、试验方法、检验规则、标志、包装、运输、贮存及合同内容。

本标准适用于氢气还原氧化钨制取的钨粉。

2　规范性引用文件

下列文件中的条款通过本标准的引用而成为本标准的条款。凡是注日期的引用文件，其随后所有的修改单（不包括勘误的内容）或修订版均不适用于本标准，然而，鼓励根据本标准达成协议的各方研究是否可使用这些文件的最新版本。凡是不注日期的引用文件，其最新版本适用于本标准。

GB/T 1480 金属粉末粒度组成的测定　干筛分法

GB/T 2596 钨粉　碳化钨粉比表面积（平均粒度）测定（简化氮吸附法）

GB/T 3249　难熔金属及化合物粉末粒度的测定方法　费氏法

GB/T 4324　（所有部分）钨化学分析方法

GB/T 5314　粉末冶金用粉末的取样方法

3　要求

3.1　产品分类

3.1.1　钨粉按公学成分和用途不同，分为 FW−1、FW−2、FWP−1 三个牌号。FW−1 适用于碳化钨粉用原料、大型板坯、加工用材等；FW−2 适用于触头合金、高密度屏蔽材料；FWP−1 适用于等离子喷镀材料。

3.1.2　钨粉按粒度范围不同分为 14 个规格。

3.2 化学成分

钨粉杂质含量就符合表 1 的规定。

表 1

产品牌号		FW−1	FW−2	FWP−1
杂质质量分数不大于	Fe	粒度小于 10μm：0.0050 粒度大于等于 10μm:0.010	0.030	0.030
	Al	0.0010	0.0040	0.0050
	Si	0.0020	0.0050	0.010
	Mg	0.0010	0.0040	0.0040
	Mn	0.0010	0.0020	0.0040
	Ni	0.0030	0.0040	0.0050
	As	0.0015	0.0020	0.0020
	Pb	0.0001	0.0005	0.0007
	Bi	0.0001	0.0005	0.0007
	Sn	0.0003	0.0005	0.0007
	Sb	0.0010	0.0010	0.0010
	Cu	0.0007	0.0010	0.0020
	Ca	0.0020	0.0040	0.0040
	Mo	0.0050	0.010	0.010
	K+Na	0.0030	0.0030	0.0030
	P	0.0010	0.0040	0.0040
	C	0.0050	0.010	0.010
	O	见表 2		0.20

3.3 FW−1、FW−2 的平均粒度范围及氧含量应符合表 2 规定。

表 2

产品规格	平均粒度范围 / μm	氧质量分数 / % 不大于
04	BET：<0.10	0.80
06	BET：0.10 ~ 0.20	0.50
08	Fsss：≥ 0.8 ~ 1.0	0.40
10	Fsss：>1.0 ~ 1.5	0.30
15	Fsss：>1.5 ~ 2.0	0.30
20	Fsss：>2.0 ~ 3.0	0.25
30	Fsss：>3.0 ~ 4.0	0.25
40	Fsss：>4.0 ~ 5.0	0.25
50	Fsss：>5.0 ~ 7.0	0.25
70	Fsss：>7 0 ~ 10.0	0.20
100	Fsss：>10.0 ~ 15.0	0.20
150	Fsss：>15.0 ~ 20.0	0.10
200	Fsss：>20.0 ~ 3.0	0.10
300	Fsss：>30.0	0.10
注 1：BET 是按 GB/T 2596 比表面积（平均粒度）测定（简化氮吸附法）。 注 2：Fsss 是按 GB/T 3249 难熔金属及碳化物粉末粒度测定方法——费氏法测定		

3.4 FW-1、FW-2 的松装密度、粒度分布等物理性能由供需双方协商确定。

3.5 FWP-1 粒度在 0.075 mm（-200 目）~ 0.045 mm（+325 目）之间的粉末重量不少于 80%，松装密度为 $(4.0 \sim 8.0)g/cm^3$。

3.6 外观

3.6.1 FW-1、FW-2 外观呈浅灰色或深灰色，FWP-1 外观呈亮灰色，各种钨粉颜色应均匀一致。

3.6.2 产品无目视可见的夹杂物。

4 试验方法

4.1 钨粉的化学成分分析方法按 GB/T 4324 的规定进行。

4.2 钨粉的费氏平均粒度测定按 GB/T 3249 的规定进行。

4.3 钨粉的比表面积（平均粒度）测定按 GB/T 2596 的规定进行。

4.4 FW-1、FW-2 的松装密度和粒度分布测定按供需双方商定的方法进行。

4.5 FWP-1 的粒度检验按 GB/T 1480 的规定进行，用户有特殊要求时，按供需双方协商要求进行。

4.6 钨粉的外观质量用目视检查。

5 检验规则

5.1 检查和验收

5.1.1 产品应由供方质量监督部门进行检验，保证产品符合本标准的规定，并填写质量证明书。

5.1.2 需方可对收到的产品按本标准的规定进行检验，如检验结果与本标准的规定不符时，应在收到产品之日起 3 个月内向供方提出，由供需双方协商解决。如需仲裁，仲裁取样在需方由供需双方共同进行。

5.2 组批

产品应成批提交验收。每批重量由供需双方协商确定。

5.3 取样和制样

取样和制样方法按 GB/T 5314 的有关规定进行。

5.4 检验结果判定

5.4.1 产品的化学成分检验结果如有一项不符合本标准的规定时，则在该批产品中对该项加倍取样进行重复试验。重复试验结果有一个不符合本标准规定，则判该批产品为不合格。

5.4.2 产品的松装密度、粒度分布检验结果如有一项不符合本标准的规定，则在该批产品中对该项加倍取样进行重复试验。重复试验结果有一个不符合本标准规定时，则判该批产品为不合格。

5.4.3 产品的外观质量逐桶检查，不合格者单桶报废。

5.4.4 FWP-1 的筛分检验不合格时，加倍取样进行重复试验，若重复试验仍不合格，则判整批产品不合格，若重复试验结果合格，则该判批产品为合格。

6 标志、包装、运输、贮存

6.1 产品采用铁桶包装，内衬聚乙烯塑料袋密封，每件重量由供需双方协商确定。

6.2 产品外包装上应注明：供方名称、产品名称和牌号、规格、批号、净重，并附有“防潮”、“向上”等字样或标志。

6.3 每批产品应附有产品质量证明书，其上注明：

a) 供方名称、地址、邮编；

b) 产品名称、牌号和规格；

c) 批号；

d) 净重；

e) 本标准编号；

f) 各项分析检验结果和质量监督部门印记；

g) 检验员号；

h) 检验日期。

6.4 产品运输时，应防止潮湿，不得剧烈碰撞。

6.5 产品应存放于干燥、通风和无酸碱气氛之处，严防氧化，FW-1、FW-2 存放期不宜超过 6 个月，FWP-1 粉存放期不宜超过 12 个月。

中华人民共和国国家标准

GB/T 4295—2006
代替 GB/T 4295—1993

碳化钨粉

Tungsten carbide powder

2008-03-31 发布　　2008-09-01 实施

前言

本标准代替 GB/T 4295—1993《碳化钨粉》。

本标准与 GB/T 4295—1993 相比，主要有如下变动：

——取消了 FWCB 类的 12 个牌号；

——增加了 FWC02—04、FWC04—06、FWC06—08 和 FWC260—350 四个牌号。

本标准由中国有色金属工业协会提出。

本标准由全国有色金属标准化技术委员会归口。

本标准由自贡硬质合金有限公司负责起草。

本标准由厦门金鹭特种合金有限公司参加起草。

本标准主要起草人：戴晋、邹建平。

本标准所代替标准的历次版本发布情况为：

——GB/T 4295—1984、GB/T 4295—1993。

1 范围

本标准规定了碳化钨粉的要求、试验方法、检验规则、标志、包装、运输、贮存及订货单（或合同）内容。

本标准适用于生产硬质合金等用的碳化钨粉。

2 规范性引用文件

下列文件中的条款通过本标准的引用而成为本标准的条款。凡是注日期的引用文件，其随后所有的修改单（不包括勘误的内容）或修订版均不适用于本标准，然而，鼓励根据本标准达成协议的各方研究是否可使用这些文件的最新版本。凡是不注日期的引用文件，其最新版本适用于本标准。

GB/T 3249　难熔金属及化合物粉末粒度的测定方法　费氏法

GB/T 4324　（所有部分）钨化学分析方法

GB/T 5124　（所有部分）硬质合金分析方法

GB/T 5314　粉末冶金用粉末的取样方法

GB/T 13390　金属粉末比表面积的测定　氮吸附法

3 要求

3.1 产品分类

碳化钨粉按其平均粒度范围分为16个牌号，其表示方法如下：

示例：

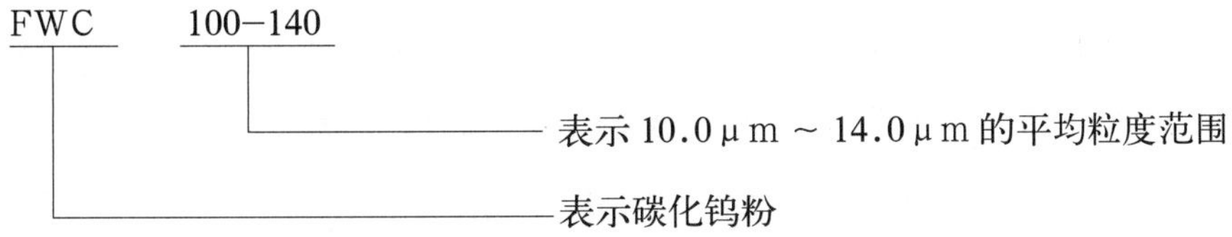

3.2 化学成分

碳化钨粉的化学成分应符合表1的规定。

表1　　质量分数／%

主含量	杂质含量，不大于							
WC	Al	Ca	Fe*	K	Mg	Mo	Na	S	Si
≥99.8	0.002	0.002	0.02	0.0015	0.002	0. 01	0.0015	0.002	0.003
＊对于平均粒度不小于14μm的粗颗粒碳化钨粉，要求Fe≤0.05%									

3.3 粒度、比表面积和碳、氧含量

碳化钨粉的费氏平均粒度、比表面积、总碳、游离碳、化合碳、氧含量应符合表2的规定。

3.4 过筛

碳化钨粉应过筛。费氏平均粒度<2μm的粉末，筛网孔径不得>150μm；费氏平均粒度2μm～10μm的粉末，筛网孔径不得>75μm；费氏平均粒度>10μm的粉末，筛网孔径不得>180μm。

表2

牌号	比表面积／(m^2/g)	平均粒度范围／μm	氧含量／%不大于	总碳／%	游离碳／%不大于	化合碳／%不小于
FWC02−04	>2.5	—	0.35	6.20～6.30	0.20	6.07
FWC04−06	1.5～2.5	—	0.30	6.15～6.25	0.15	6.07
FWC06−08	–	≥0.60～0.80	0.20	6.13～6.23	0.12	6.07
FWC08−10	–	>0.80～1.00	0.18	6.08～6.18	0.08	6.07
FWCI0−14	–	>1.00～1.40	0.15	6.08～6.18	0.06	6.07
FWC14−18	–	>1.40～1.80	0.15	6.08～6.18	0.06	6.07
FWC18−24	–	>1.80～2.40	0.12	6.08～6.18	0.06	6.07
FWC24−30	–	>2.40～3.00	0.10	6.08～6.18	0.06	6.07
FWC30−40	–	>3.00～4.00	0.08	6.08～6.18	0.06	6.07
FWC40−50	–	>4.00～5.00	0.08	6.08～6.18	0.06	6.07
FWC50−70	–	>5.00～7.00	0.08	6.08～6.18	0.06	6.07
FWC70−100	–	>7.00～10.00	0.05	6.08～6.18	0.06	6.07
FWC100−140	–	>10.00～14.00	0.05	6.08～6.18	0.06	6.07
FWC140−200	–	>14.00～20.00	0.05	6.08～6.18	0.06	6.07
FWC200−260	–	>20.00～26.00	0.05	6.08～6.18	0.06	6.07
FWC260−350	–	>26.00～35.00	0.05	6.08～6.18	0.06	6.07

3.5 外观质量

碳化钨粉的外观呈灰色，随产品粒度增加，颜色由深到浅。颜色应均匀一致，无目视可见的夹杂物。

4 试验方法

4.1 主含量按杂质减量法计算。杂质含量分析按 GB/T 4324 的规定进行。

4.2 总碳、游离碳按 GB/T 5124 的规定进行。化合碳按总碳减去游离碳之差计算。氧含量按 GB/T 4324 的规定进行。碳化钨粉的平均粒度按 GB/T 3249 的规定进行。碳化钨粉的比表面积按 GB/T 13390 的规定进行。

4.3 产品的过筛按供需双方认同的方式进行。

4.4 产品的外观质量用目视检查。

5 检验规则

5.1 检查和验收

5.1.1 产品应由供方质量监督部门进行检验，保证产品质量符合本标准规定，并填写产品质量证明书。

5.1.2 需方可对收到的产品按本标准的规定进行检验，如检验结果与本标准规定不符合时，应在收到产品之日起 1 个月内向供方提出，由供需双方协商解决。如需仲裁，仲裁取样在需方由供需双方共同进行。

5.2 组批

产品应成批提交验收，每批由同一牌号的碳化钨粉组成，每批重量由供需双方协商确定。

5.3 检验项目及取样数量

产品检验项目及取样数量见表 3。

表 3

检验项目	取样数量	要求的章条号	试验方法的章条号
化学成分	每批按 GB/T 5314 的规定进行	3.2	4.1
粒度、比表面积及碳、氧含量	每批按 GB/T 5314 的规定进行	3.3	4.2
过筛	逐批	3.4	4.3
外观质量	逐批	3.5	4.4

5.4 检验结果判定

5.4.1 产品的化学成分结果如有一项不合格，应在该批产品中对该不合格项加倍取样进行重复试验。若试验结果仍有一个不合格，则该批产品判为不合格。

5.4.2 产品的粒度、比表面积、总碳、游离碳、化合碳和氧含量的检验结果如有一项不合格，应在该批产品中对该不合格项加倍取样进行重复试验。若试验结果仍有一个不合格，则该批产品判为不合格。

5.4.3 产品的过筛不合格，判该批产品不合格。

5.4.4 产品的外观质量不合格，判该批产品不合格。

6 标志、包装、运输和贮存

6.1 标志

产品外包装上应注明：供方名称、产品名称和牌号、批号、净重，并附有“防潮”、“向上”等字样或标志。

6.2 包装

产品外包装用铁桶，内包装用聚乙烯塑料袋，严密封口。或采用供需双方确定的方法包装。每件重量由供需双方协商确定。

6.3 运输

产品运输时，应防止潮湿，不得剧烈碰撞。

6.4 贮存

产品贮存时，应存放于干燥、通风、无酸碱气氛之处，严防氧化。存放期不宜超过半年。

6.5 质量证明书

每批产品应提供产品质量证明书，其上注明：

a） 供方名称、地址、邮编；

b） 产品名称、牌号；

c） 批号；

d） 净重；

e） 本标准编号；

f） 各项分析检验结果和质量监督部门印记；

g） 检验员号；

h） 检验日期。

7 订货单（或合同）内容

订货单（或合同）应包括下列内容：

a） 产品名称；

b） 产品牌号；

c） 产品净重；

b） 本标准编号；

e） 其他。

中华人民共和国国家标准

GB 3989—83

镍包铝复合粉

Nickel—coated aluminum composite powders

国家标准局 1983-12-12 发布　　　　1984-11-01 实施

本标准适用于供火焰喷涂和等离子喷涂用镍包铝复合粉。

1　名词术语

镍包铝复合粉是以铝粉为核心，周围为镍的包覆层所组成的粉末。

2　品种和规格

2.1　镍包铝复合粉按化学成分和物理性能分为四种牌号：FF 01 · 01、FF 01 · 02、FF 01 · 03、FF01 · 04。

2.2　牌号表示法

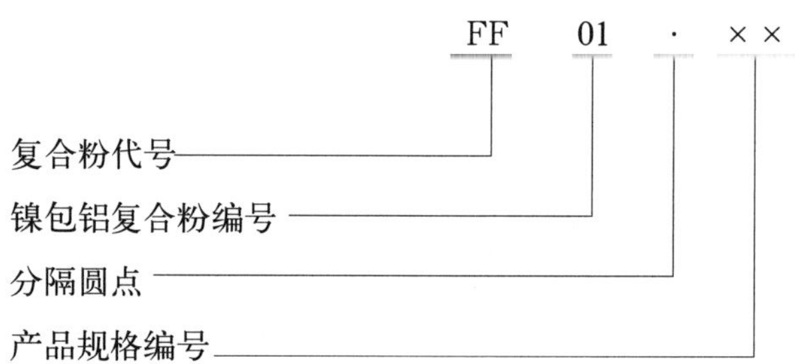

3　技术要求

3.1 镍包铝复合粉化学成分应符合表 1 的规定。

表 1

产品牌号	化学成分，%			
	Al	Ni	杂质	
			Fe+Cu+C+S+O	总量
FF01 · 01	9.00 ~ 11.00	余量	<0.80	<1.00
FF01 · 02	17.00 ~ 20.00	余量	<0.80	<1.00
FF01 · 03	17.00 ~ 20.00	余量	<0.08	<1.00
FF01 · 04	17.00 ~ 20.00	余量	<0.08	<1.00
注：钴量计入镍内				

3.2　镍包铝复合粉物理、工艺性能应符合表 2 的规定。

表 2

产品牌号	粒度范围		包覆层完整程度 %	流动时间 s/50g	松装密度 g/cm^3
	目	%			
FF01 · 01	+140 +160 +320	<0.5 <10 >95	⩾ 95	<30	>3.2
FF01 · 02	+140 +160 +260	<0.5 <5 >93	⩾ 95	<35	>2.9
FF01 · 03	+200 +320	<2 >93	⩾ 90	<37	>2.6
FF01 · 04	+140 +160 +320	<0.5 <10 >95	⩾ 90	<37	>2.7

3.3 镍包铝复合粉外观呈银灰色或灰色，无肉眼可见的夹杂物。

3.4 镍包铝复合粉在 550 ～ 700℃产生放热反应。

4 试验方法

4.1 镍包铝复合粉化学成分分析方法由供需双方商定。

4.2 镍包铝复合粉松装密度测量方法按 GB 1479—83《金属粉末松装密度的测定第一部分：漏斗法》进行。

4.3 镍包铝复合粉粒度组成测量方法按 GB 1480—83《金属粉末粒度组成的测定 – 干筛分法》进行。

4.4 镍包铝复合粉流动时间测量方法按 GB 1482—83《金属粉末流动性的测定 标准漏斗法（霍尔流速计）》进行。

4.5 镍包铝复合粉放热反应测量方法由供需双方商定。

4.6 镍包铝复合粉包覆层完整程度的测量方法由供需双方商定。

5 检验规则

5.1 镍包铝复合粉由供方技术监督部门进行质量检验，保证产品质量符合本标准要求，并填写质量证明书。

5.2 需方在收到镍包铝复合粉后，可按本标准规定进行检验。如检验结果与本标准的规定不符时，应在收到产品之日起三个月内，向供方提出，由供需双方协商解决。如需仲裁时，应由供需双方在需方共同取样，到双方确认的部门进行检验。

5.3 镍包铝复合粉应成批提交验收，每批由同一生产方法制取的、同一牌号粉混合组成。

5.4 取样规则和数量。

5.4.1 每批镍包铝复合粉应于包装前进行取样检验。试样应具有代表性。试样重量为批重的 0.5 ～ 1%，但不少于 500g。

5.4.2 从包装件（瓶或筒）中取样：每批在两件以内，取样件数为 100%，两件以上时，取样件数不少于两件。将所取的各件试样混合均匀后，多点取出约 500g，然后按四分法缩分至试样所需重量。

5.5　检验结果如有一项不符合本标准的规定，则在该批镍包铝复合粉中对该项加倍取样复验，复验结果仍不符合本标准规定时，则该批镍包铝复合粉为不合格。

6　标志、包装、运输和贮存

6.1　镍包铝复合粉装入加盖的圆塑料瓶或内有塑料袋密封的铁筒内。每瓶（筒）净重分1kg、2kg、5kg三种。

6.2　包装瓶（筒）表面应标明：供方名称、产品名称、牌号、批号、重量及“防潮”字样或标志。

6.3　每批镍包铝复合粉应附有质量证明书，其中注明：

a．供方名称；

b．产品名称；

c．产品牌号、批号；

d．各项分析检验结果；

e．检验日期；

f．本标准编号。

6.4　产品运输时，应防止受潮。必要时，可将包装瓶（筒）置于木箱内，并在木箱外注明：产品名称、牌号、重量、收件人（或单位）。

6.5　产品应存放在干燥、通风和无酸、碱气氛处，严防氧化。

附加说明：

本标准由中国有色金属工业总公司提出。

本标准由冶金部矿冶研究总院负责起草。

本标准主要起草人肖全贵。

中华人民共和国国家标准

GB/T 5158.1—2011/ISO 4491-1：1989

金属粉末 还原法测定氧含量
第1部分：总则

Metallic powders—
Determination of oxygen content by reduction methods—
Part 1：General guidelines
(ISO 4491-1:1989,IDT)

2011-05-12 发布 2012-02-01 实施

前言

GB/T 5158《金属粉末 还原法测定氧含量》分为四个部分：

——第1部分：总则；

——第2部分：氢还原时的质量损失（氢损）；

——第3部分：可被氢还原的氧；

——第4部分：还原—提取法测定总氧量。

本部分为GB/T 5158的第1部分。

本部分等同采用ISO 4491-1：1989《金属粉末 还原法测定氧含量 第1部分：总则》。

为便于使用，本部分做了下列编辑性修改：

a) “本国际标准”一词改为“本部分”；

b) 用小数点“.”代替作为小数点的逗号“，”；

c) 删除国际标准的前言。

本部分由中国有色金属工业协会提出。

本部分由全国有色金属标准化技术委员会归口。

本部分由深圳市弘海实业有限公司、山东揽月科技有限公司、中国有色金属工业标准计量质量研究所起草。

本部分主要起草人：马志平、王世宏、康俊、张舸、王华锋、张江峰。

1 范围

GB/T 5158的本部分规定了还原法测定金属粉末中氧含量的总则，给出了正确解释所获得结果的建议。

本部分的试验方法通常可用于所有的金属、合金、硬质合金及其混合物粉末。在测试条件下粉末的组成应无挥发性物质，应去除润滑剂或有机粘结剂。

然而，所存的某些限定取决于所分析的金属的性质，这些限定见第4章。

2 规范性引用文件

下列文件对于本文件的应用是必不可少的。凡是注日期的引用文件，仅注日期的版本适用于本文件。凡是不注日期的引用文件，其最新版本（包括所有的修改单）适用于本文件。

GB/T 5158.2 金属粉末 还原法测定氧含量 第 2 部分：氢还原时的质量损失（氢损）(ISO 4491-2：1997,IDT)

GB/T 5158.3 金属粉末 还原法测定氧含量 第 3 部分：可被氢还原的氧 (ISO 4491-3：1997，IDT)

GB/T 5158.4 金属粉末 还原法测定氧含量 第 4 部分：还原—提取法测定总氧量 (ISO 4491-4：1989 ,IDT)

GB/T 5314 粉末冶金用粉末的取样方法 (ISO 3954：1977，IDT)

3 取样

粉末的取样方法见 GB/T 5314。

粉末应以接收状态进行测试。金属粉末通常是易于与空气和湿气反应的物质，因此，对于其受检样品的处理和贮存应特别注意。取出试料要马上分析。

4 根据所用的测试方法得到的结果的含义

4.1 氢为还原剂

4.1.1 在测试时，在规定试验温度下，只有下列金属的氧化物可被氢全部还原：Fe、Ni、Co、Cu、Ag、Sn、Pb、W、Mo、Re。

所有其他的常见氧化物是不可被氢还原的，特别是 Al_2O_3、SiO_2、ZrO_2 和其他的碱金属、碱土金属及大多数稀土金属的氧化物。铬、锰、钛和钒的氧化物可被部分还原。

4.1.2 在还原过程中还有与粉末的组成发生的其他反应：

a) 样品中存在的水蒸气和碳氢化合物及在粉末中吸附的其他气体在加热过程的释出。

b) 游离或化合在粉末中的碳、氮、硫、磷等元素可以完全或部分的消除，这是由于它们是可挥发物质或与粉末中的氢和氧反应形成可挥发性化合物。

c) 存在于粉末中的某些元素如铅、锡、镉、锌，可部分或完全的挥发，这取决于试验条件。

d) 粉末中的碳在特定的试验条件下也可还原氧化物；通常不被还原或只部分被氢还原的氧化物如铬、锰和钒的氧化物可被碳还原。

e) 合金粉末中的金属元素如铬、锰、硅、铝和钛与氧有较高的亲和力，在测试时，与大气或低熔点的氧化物反应被氧化，导致所测的氧含量明显的减少。

4.1.3 在 GB/T 5158.2 规定的氢损法中，在氢中进行特定的热处理时，可测出试料的质量损失。最初曾考虑在这种试验中对金属粉末的氧含量及可被氢还原的氧化物给出一个评估。然而随着粉末合金化的多元性，4.1.2 中的各种反应都可能对质量损失的测定产生影响。因此这种试验方法纯粹是习惯性方法，其操作过程的再现性需格外注意。这种方法通常是用于 GB/T 5158.2 中所说的某些确定的金属粉末的常规控制。

4.1.4 在 GB/T 5158.3 规定的可被氢还原的氧化物的氧含量测定方法中，由氢还原这些氧化物所形成的水量，可由滴定法测量。与氢损法相比，这种方法由于以下原因而更为特殊。

——湿气和所吸的气体的干扰可通过低温预处理予以预防，在操作过程中稍加改进，就可以确定样品中的水含量。

——非金属和挥发性金属的干扰是可以避免的。

然而，样品中碳的干扰必须考虑。某些被氢还原的金属氧化物，又被碳还原，产生的一氧化碳或二氧化碳都不能用滴定法测定，所以测试的结果会较低。因此，对两个替换方法作了规定：

——方法 1：与可被氢还原的氧化物相当的氧含量，未考虑碳的影响。当已知所取的粉末样品中的碳几乎都是游离碳 [例如 C<0.02%（质量分数）] 或碳是以不反应的形式存在时，这种方法实际上是可用的。其测试结果表示的是可被氢还原的氧化物的氧含量。

——方法 2：与可被氢还原的氧化物相当的氧含量，考虑碳的影响。本方法中由于碳还原的某些氧化物所释放的 $CO+CO_2$ 气体和氢气所携带的气体在 380℃镍的催化作用下，会定量地转化为甲烷和水。所测定的总水量表示由可被氢还原的氧化物的氧含量，而不考虑其实际被氢或碳的还原反应是否发生。

注：参照 4.1.2d)，某些氧化物可部分被碳还原，即有些氧化物未被氢还原。在这种情况下，测试条件应有一个特别的约定，而且其结果的说明应格外的谨慎。

4.2 碳为还原剂（还原 提取法）

GB/T 5158.4 规定的方法是基于很高的温度（2000℃ ~ 3000℃）下，在真空或纯的惰性气体（例如氩气）中，通过石墨来还原样品。所选择的操作条件取决于所分析的金属，以使所有的氧化物即使是最难熔的化合物都能被全部还原。由于任何干扰都能被完全地去除，其结果精确地表示了样品中总氧含量。

5 标准方法的实际应用

表 1 简要地给出了可使用的测试方法，其取决于所分析的粉末类型和被测的氧的性质。应该强调的是几个方法的组合能给出准确的信息，例如：

——“可被氢还原的”和“不可被氢还原的”氧，即在“可被氢还原”的金属中有难熔氧化物的存在；

——当出现碳的作用时，说明了其对可还原氧化物产生了影响。

选择其中一个方法对已被氢还原的试料（通过氢损试验或可被氢还原的氧试验）来进行总氧含量的测定。用这种方法可以确定在氢还原条件下未被氢还原（或碳还原）的氧含量。

6 还原法测定氧含量的方法提要

分两种情况考虑：

a) 可被氢还原并可能含有碳的金属氧化物，例如：Fe、Ni、Co、Cu、Ag、Sn、Pb、W、Mo、Re。当某一金属被氢还原时，其氧和碳含量的情况可由下列分析结果表示：

氧含量
- 可被氢还原的氧化物的氧含量 O_H
- 可被碳还原的氧化物的氧含量 O_c
- 残留（来被还原）的氧化物的氧含量 O_r
- 已反应的碳含量 C_o

b) 任何金属（含或不含碳）当全部被石墨（还原——提取法）还原时，其测定的是总氧含量（O_t）。

表 1　不同的方法测定的氧含量

粉　末	方　法				
	氢损	可被氢还原的氧		还原—提取法	
		直接法	对碳的修正	初始样品	被氢还原的样品
含可被氢还原的氧化物的金属：					
不含碳	O_H	O_H	O_H	$O_t = O_H - O_Y$	O_r
含碳	$O_H+O_C+C_0$	O_H	O_H+O_C	$O_t = O_H+O_C+O_Y$	O_r
其他金属				O_t	
注：表中水汽、吸附的气体、挥发物质和可再氧化的金属假定不存在					

中华人民共和国国家标准

GB/T 5158.2—2011/ISO 4491—2：1997
代替 GB/T 5158—1999

金属粉末 还原法测定氧含量
第2部分：氢还原时的质量损失（氢损）

Metallic powders—Determination of
oxygen content by reduction methods—
Part 2：Loss of mass on hydrogen reduction(hydrogen loss)
(ISO 4491—2：1997,IDT)

2011-05-12发布　　2012-02-01实施

前言

GB/T 5158《金属粉末 还原法测定氧含量》分为四个部分：

——第1部分：总则；

——第2部分：氢还原时的质量损失（氢损）；

——第3部分：可被氢还原的氧；

——第4部分：还原——提取法测定总氧量。

本部分为GB/T 5158的第2部分。

本部分等同采用ISO 4491—2:1997《金属粉末 还原法测定氧含量 第2部分:氢还原时的质量损失(氢损)》。

为便于使用，本部分做了下列编辑性修改：

a）“本国际标准”一词改为“本部分”；

b）用小数点“.”代替作为小数点的逗号“,”；

c）删除国际标准的前言。

本部分代替GB/T 5158—1999《金属粉末 在氢还原中的质量损失（氢损）的测定》。

本部分与GB/T 5158—1999相比，主要变化如下：

——删除了ISO前言；

——增加了规范性引用文件；

——将原标准中与ISO 4491—2：1997有差异的部分修改为一致。

本部分的附录A是规范性附录。

本部分由中国有色金属工业协会提出。

本部分由全国有色金属标准化技术委员会归口。

本部分由中南大学粉末冶金研究院、山东揽月科技有限公司、中国有色金属工业标准计量质量研究所起草。

本部分主要起草人：廖寄乔、郑灵芝、王世宏、奉冬文。

本部分所代替标准的历次版本发布情况为：

——GB/T 5158-1999。

1 范围

GB/T 5158的本部分规定了在一定条件下，金属粉末在干燥纯净的氢气气流中加热时，质量相对损失的测定方法。

本部分的目的是评定粉末的化学性能，该方法所测定的化学性能在粉末冶金工业中是非常重要的。

本部分不是用作测量特定元素含量的方法（见附录A和GB/T 5158.1）。

本部分适用于表1中所列的非合金化的、部分合金化的和完全合金化的金属粉末。不适用于含有润滑剂的粉末或金属粉末的混合物。由于存在还原性的、氧化性的或挥发性的金属或化合物(见附录A)，所得结果会受到影响。对这一类粉末，应用其结果时需谨慎，供需双方对结果的认识应取得一致。

2 规范性引用文件

下列文件对于本文件的应用是必不可少的。凡是注日期的引用文件，仅注日期的版本适用于本文件。凡是不注日期的引用文件，其最新版本（包括所有的修改单）适用于本文件。

GB/T 5158.1 金属粉末 还原法测定氧含量 第1部分：总则(ISO 4491-1:1989，IDT)

3 试剂

3.1 氢气，氧含量不大于0.005%(质量分数)，露点不高于-45℃。

3.2 氮气（或氩气），氧含量不大于0.005%（质量分数），露点不高于-45℃。

4 仪器

4.1 天平

天平应具有足够的量程，称重精度至0.0001g。

4.2 管状电炉

管状电炉可以在表1中规定的温度下连续操作，控温系统应保持管内舟皿部分的温度在表1所规定的温度范围之内。

注：当试验磁性粉末时，推荐线绕电炉采用无感应缠绕。

4.3 气密管

气密管由石英或耐火材料（如致密氧化铝）制成。管子内径在φ25 mm～φ40 mm之间，管子长度应使在炉子的每端伸出200 mm。

当进行大量氢损测定时，只要在满足表1所给定的温度和时间，所获得的结果与用推荐的装置得到的结果一致，可以使用比本部分中所规定大一些的能同时测定几个试样的炉子。

4.4 测温装置

测温装置由全封闭式热电偶（如铂／铂铑热电偶）和显示记录仪器组成，能使测量温度精确到±5℃。

若将热电偶放置于还原炉管外，必须事先用另一热电偶放于管内进行标定，确保试样的还原温度与表1

中的规定值一致。

4.5 舟皿

舟皿最好是表面抛光的高氧化铝陶瓷舟皿。当试验条件允许时，可以使用其他材料（如石英或镍）。

舟皿的尺寸(例如长75 mm，宽12 mm)应满足粉末均匀分布，其厚度不大于3 mm。

新舟皿应在试验温度下的氢气气流中预处理，并存放在干燥器内。

若一个舟皿总是用来试验同样的或同类的金属粉末，在每次测定之后应仔细清理，并存放在干燥器中，则该舟皿可使用多次。

4.6 供氢气、氮气(或氩气)装置

供氢气、氮气（或氩气）装置应配有压力表和流量计，用以控制气体的流量。

表1　还原温度和时间

金属粉末	还原温度／℃	还原时间[a] ／ min	金属粉末	还原温度／℃	还原时间[a]/min
锡青铜[b]	775±15	30	铁和合金钢	1 100±15	60
锡	425±10	30	钴	1 000±20	60
银	550±10	30	镍	1 000±20	60
铜	850±15	30	钨	1 100±20	60
铅铜[b]	600±10	10	钼	1 100±20	60
铅青铜[b]	600±10	10	铼	1 150±20	60

[a] 所给出的还原时间只是一个参考。只要有经验证明，某套装置和某种粉末足以保证完成氧损反应，就可以缩短反应时间。

[b] 结果应谨慎解释，见附录A中的A.6

5 取样

5.1 粉末应以收样状态进行试验。

5.2 试验应取两份试料进行测定。

5.3 除低松装密度的粉末外，均可按4.5和6.2的要求进行还原，称取试料的质量约为5g。

6 步骤

每个试样测定两次，其步骤如下：

6.1 在试验前，将炉子和石英管加热到表1规定的还原温度。

6.2 称量舟皿，应精确到0.0001g；将试样均匀分布在整个舟皿中，厚度不大于3 mm；称量盛有试样的舟皿，应精确到0.0001g。

6.3 通入氮气，调节通过炉管的平稳氮气流，用转子流量计控制气体流速不小于25 mm/s，且冷管通氮气时间不少于1min。将称重后盛有试样的舟皿从入口端缓慢地推入均温区中部，以防样品在高气流中溅出。继续通氮气1min。

如果难以防止舟皿内的粉末喷溅，可以把粉末（不加润滑剂）压制成低密度的压胚。如果这样的压胚强度很低，则可用无氧铜箔包住。只有试验温度超过铜的熔点时，才能使用铜箔。

当试验粉末易于与氮化合时（例如含铬的合金钢粉末）应用氩气代替氮气（见 6.5 和 6.6）。

6.4 开始实验时，关闭氮气，通氢气，保持一定的气流量使管中气流速度不低于 25 mm/s。这就相当于在 25 mm 直径管中大概流量为 50 L/h，在 40 mm 直径管中大概流量为 110 L/h。按表 1 的还原时间保持一定的氢气流量，在还原过程中炉温的变化应控制在规定的范围内。

6.5 当规定时间达到后，再开始通氮气同时关闭氢气，2 min ~ 3 min 后将盛有试样的舟皿拉到冷却区。

6.6 让盛有试样的舟皿在氮气流下冷却到 35℃以下，再移到干燥器内，冷却至室温。

6.7 称量装有还原试样的舟皿，精确到 0.0001g。

7 结果表示

7.1 氢损（HL）以质量分数表示，由式（1）计算：

$$HL=\frac{m_2-m_3}{m_2-m_1}\times 100 \qquad (1)$$

式中：

m_1 空舟的质量，单位为克（g）；

m_2 试验前，盛有试样的舟皿的质量，单位为克（g）；

m_3 试验后，盛有试样的舟皿的质量，单位为克（g）。

7.2 以两次测量结果的算术平均值报出最终结果。试验结果的计算和表示应符合表 2 规定。

表 2

氢损的质量分数 / %	计算结果精确到 / %	两次结果间最大允许偏差	报出结果精确到 / %
≤ 0.2	0.01	0.01%（绝对值）	0.01
>0.2 ~ 0.5	0.01	平均值的 5%	0.02
>0.5 ~ 1.0	0.01	平均值的 5%	0.05
>1.0	0.01	平均值的 5%	0.1

8 试验报告：

应包括以下内容

a）本标准编号；

b）鉴别试样的必要说明；

c）试验结果；

d）本标准未作规定的操作；

e）可能影响结果的任何说明。

附 录 A

（规范性附录）

测试结果的说明

A.1　氢还原过程中粉末的质量损失，通常叫作氢损，为粉末的一种特性，在粉末冶金材料生产中已证明是有用的。氢损最初被认为是可被氢还原的氧化物的氧含量的估计，但是，随着更复杂的合金粉末的出现，现在认为其他化学变化也可以或正或负的影响测量的质量损失，因此，在解释实验结果时，应考虑如下因素。

A.2　诸如 SiO_2、$A1_2O_3$、MgO、CaO、BeO 和 TiO_2 等氧化物在试验条件下是不可还原的，所以测定的质量损失不包括上述氧化物的氧含量。

A.3　质量损失包括存在于粉末中的水蒸气和碳氢化合物。

A.4　质量损失包括由于吸附或封留于粉末中的并在加热时释放出来的气体，这些气体的总质量通常是很少的。

A.5　质量损失包括那些除氧以外存在于粉末中的，在规定实验条件下能部分或全部被除去的元素，这些元素可能是挥发性的，也可能是与氢或粉末中氧化物起反应生成挥发性化合物，例如碳、氮、磷和硫。

A.6　质量损失包括存在于粉末中的在试验时部分或全部被除去的金属。它们在规定试验条件下是挥发性的，例如铅、锌和镉。

A.7　如果碳存在于粉末中，质量损失可以包括在规定试验条件下被碳还原的氧化物中的氧。例如 Cr_2O_3 和 MnO，当其存在于含碳的钢粉中，在规定试验条件下可被碳还原。

A.8　试验粉末含有锰、铬或其他对氧有高亲合力的元素，在试验中可以被气氛氧化或者通过还原低难熔氧化物而被氧化，在这种特殊情况下，可能得出负的氢损值（即在试验中质量增加了）。

中华人民和国国家标准

GB/T 5158.3—2011 / ISO 4491—3 :1997

金属粉末 还原法测定氧含量 第3部分：可被氢还原的氧

Metallic powders—
Determination of oxygen content by reduction methods—
Part 3 :Hydrogen—reducible oxygen
(ISO 4491—3 :1997,IDT)

2011-05-12发布 2012-02-01实施

前言

GB/T 5158《金属粉末 还原法测定氧含量》分为四个部分：

——第1部分：总则；

——第2部分：氢还原时的质量损失（氢损）；

——第3部分：可被氢还原的氧；

——第4部分：还原—提取法测定总氧量。

本部分为GB/T 5158的第3部分。

本部分等同采用ISO 4491-3：1997《金属粉末 还原法测定氧含量 第3部分：可被氢还原的氧》。

为便于使用，本部分做了下列编辑性修改：

a) “本国际标准”一词改为“本部分”；

b) 用小数点“.”代替作为小数点的逗号“，”；

c) 删除国际标准的前言。

本部分由中国有色金属工业协会提出。

本部分由全国有色金属标准化技术委员会归口。

本部分由深圳市弘海实业有限公司、山东揽月科技有限公司、中国有色金属工业标准计量质量研究所起草。

本部分主要起草人：马志平、康俊、王世宏、张舸、王华锋、张江峰。

1 范围

GB/T 5158的本部分规定了金属粉末中可被氢还原氧含量的测定方法，氧含量范围为0.05% ~ 3%（质量分数）。

本部分适用于各种金属、部分合金化或完全合金化的金属粉末、碳化物(硬质合金)和粘结金属的混合料。本方法不适用于含有润滑剂或有机粘结剂的粉末。

本部分也可适用于特殊的催化装置制取的含碳的粉末。

本部分应结合 GB/T 5158.1 和 ISO 760 使用。

2 规范性引用文件

下列文件对于本文件的应用是必不可少的。凡是注日期的引用文件，仅注日期的版本适用于本文件。凡是不注日期的引用文件，其最新版本（包括所有的修改单）适用于本文件。

GB/T 5158.1 金属粉末 还原法测定氧含量 第 1 部分：总则(ISO 4491-1:1989，IDT)

ISO 760:1978 水的测定 Karl Fischer 法（通用方法）

3 方法原理

在干燥的氮气或氩气中于低温(170℃)以下对试料进行预处理。应在给定的温度下于纯净干燥的氢气中还原。由氢和氧化物反应形成的水被甲醇吸收。用 Karl Fischer 试剂滴定，可通过目视颜色的变化或两个电极（恒定的端点）的电势来确定端点。

对于含碳的粉末，在 380℃用镍触媒将一氧化碳和二氧化碳转化为甲烷和水。

4 试剂

在分析中仅使用确认为分析级的试剂和蒸馏水或相当纯度的水。

警告：Karl Fischer 试剂含有 4 种有毒化合物：碘、二氧化硫、吡啶和甲醇。要注意避免与其直接接触，特别是避免吸入。如有意外溅出，须用大量水冲洗。

4.1 无水甲醇。

4.2 Karl Fischer 试剂，每毫升相当于 1 毫克氧。

用下列任一方法确定 Karl Fischer 试剂的滴定度：

a) 往滴定瓶内加入 20mg ~ 30mg 的水，称量精确到 0.1mg。

b) 加入 100mg ~ 200mg 的二水酒石酸钠[其理论上含有 15.66% 的水的标准物质，相当于 13.92% 的氧]，称重精确到 0.1mg。二水酒石酸钠应预先研磨成细粉，并在 105℃ ±5℃干燥至恒量。

c) 按第 7 章的要求，取 100mg ~ 200mg 的纯二水酒石酸钠，称量精确到 0.1mg 作为试料，但对在 170℃的干燥步骤及后续滴定有限制。详细的标定步骤见 ISO 760。

4.3 氢，其氧含量≤ 0.005%，露点不超过 -45℃。

4.4 氮或氩，其氧含量≤ 0.005%，露点不超过 -45℃。

4.5 干燥剂，由粒状的无水硅酸钠锂，活性硅胶或高氯酸镁组成。

5 设备

5.1 供氢装置，装有调压阀，流量控制阀和流量计。

5.2 氢净化器，装有催化脱氧剂和干燥剂。

5.3 供氮（或氩）装置，装有调压阀，流量控制阀和流量计。

5.4　气体转换阀。

5.5　气体干燥装置，装有干燥剂。

5.6　还原管，装有气封，由石英或耐火材料（如致密刚玉）制成，应满足下列规定的两个条件之一：

a）管子的一端开口，管子的内径为27mm ~ 30mm，长度为400mm，其内有两根直径为5mm ~ 6mm，长度分别为60mm ~ 80mm和200mm ~ 240mm的小石英管，小石英管的连接方式是其中一端插入干燥炉，另一端插入还原炉。

b）管子的两端开口，内径为20mm，长度为1m，一端为进气口，另一端为出气口。这种管子要永久插入两个加热炉子内。

5.7　两台加热刻，其中一个是用于干燥试料，另一个是用于氧化物的还原。加热炉应具有控温系统，能保持管内放载舟部位的温度在规定的温差内。

注：如果可能，可使用一个炉子来实现上述功能。

5.8　载舟，最好是由表面抛光的高铝陶瓷制成，其尺寸要合适，试样填装不到一半的样子。载舟应在氢气中于900℃ ~ 1100℃下至少放置1h，使用前应在干燥器内保存。

5.9　催化转换器，由装有镍触媒的玻璃管和加热炉组成，炉子具有控温系统，能保持玻璃管的温度在380℃。触媒应固定在氢气内。

5.10　气流旁路，当不需要催化转换器时，用于避免气流通过触媒。

5.11　滴定瓶，其容积为200mL ~ 300mL，具有磁力搅拌器或类似的装置。如果要用电势滴定来测定终点，需装两支铂电极。

5.12　端点检测器，用于确定电势滴定的端点。

5.13　滴定管，其容积为25mL，细头的刻度间隔为0.05mL，并用装有干燥剂（4.5）的护管来阻隔大气中的水分。

5.11、5.12和5.13的要求可以变动，只要满足ISO 760的要求，任何市场上可买到的Karl Fischer和滴定装置都可使用。

6　取样

粉末应在接收状态下进行测试。

7　步骤

7.1　试料

称重，精确到0.1mg，试料的质量应与预计的可被氢还原的氧含量对应，见表1

表 1

预计可被氢还原的氧含量 /%	试料的质量 /g
0.05 ~ 0.5	5
＞0.5 ~ 2.0	2
＞2.0 ~ 3.0	1

7.2 试验条件

所用的还原温度见表 2。

表 2

金属粉末	还原温度 /℃
锡青铜	750±15
铅青铜	600±10
铅铜	600±10
铅	500±10
锡	425±10
银	550±10
铜	850±15
钢铁	1100±20
钴	1100±20
镍	1100±20
钨	1100±20
钼	1100±20
铼	1150±20
硬质合金混合料	1100±20

在相应温度下的还原时间大约 20min，对于不同的设备和不同的粉末来说，使其充分还原的最佳还原时间应由实验确定。

7.3 设备的准备

7.3.1 按（方法 1）或（方法 2）来连接设备。设定还原炉（见 5.7）的温度。对方法 1 来说，还原管 [5.a）] 可以放在炉外。

7.3.2 用 Karl Fischer 试剂(4.2)冲洗滴定管(5.13)，以确保其内没有水分(因为水分会改变试剂的滴定度)。倒掉冲洗液，将 Karl Fischer 试剂加入滴定管。

7.3.3 将甲醇（4.1）加入滴定瓶（5.11），小心的调整液面，使插入管（或电极）置于液面之下。启动搅拌器，用 Karl Fischer 试剂滴定，到可见端点，以中和甲醇中的少量水。

7.3.4 如果使用电势来测端点，应合上电势端点测量器（5.12）的开关 S 将电极短接并调整可变电阻 R，在微安计 N 上示出 120μA 的电流，然后再打开开关 S。

7.3.5 对于上述测试方法来说，氮气的流量至少要调到 30L/h 并保持 10min，可通过气体切换阀（5.4）将氮气切换为氢气，其流量大约应调为 25L/h。

对方法 1 来说，将还原管 [5.6a）] 插入还原炉内，并放置 10min，切换回氮气。然后将还原管抽出还原炉冷却至室温。

7.3.6 再次滴定甲醇至可见端点，以中和试验过程中释出的水。

7.3.7 通过 7.4 规定的空白试验检查设备的状况，包括仪器的气密性。

警告：当还原管仍热时，除非切换回氮气，否则不要切断氢气。

7.4 空白试验

对于每一组测定，都应用空载舟（5.8）做空白试验，其步骤与试料怕试验步骤相同。

注：在良好条件下的仪器应给出加热氧含量接近 1mg 的空白试验的结果。如果结果太高，或结果不稳定，则应检查仪器是否泄漏。

7.5 测定

在两种测定方法中，如果必须要考虑到碳的影响，应开启催化装置（5.9），预热到 380℃ ±10℃，并在载舟置于还原区之前接入系统。

在控制装置的端部，在将氢气切换为氮气之前要确保催化装置是处于旁路。

注：如有需要，可通过测定用于滴定干燥过程中释出的水的 Karl Fischer 试剂的容积来确定试样中的水分含量。

7.5.1 方法 1：单端开口还原管

打开管口 [5.6a)]，插入装有已称重试料的载舟。关好管口，以至少 30L/h 的流量通入干燥的氮气，来消除试料带入的空气。如果通入氮气的时间预先尚未确定，允许通入氮气的时间定为 10min。

滴定甲醇至可见端点，将氮气流量调至25L/h，并在170℃ ±10℃时将反应管插入炉内。在干燥期结束时，滴定甲醇到可见端点。用可视法或用电势法来测定端点。如果用电势法测定端点，应预先按 7.3.4 的要求调整检测器。记录滴定管中 Karl Fischer 试剂的容积和干燥时间。用气体切换阀，将氮气切换为氢气，将氢气流量调至 25L/h，将管子插入还原炉内，在还原温度下保温。在还原期结束时，按前述同样的端点检测方法滴定甲醇至端点，记录滴定管的读数和滴定剂的容积 $V1$（单位：mL），记录反应时间。将氢气切换为氮气并将管子从炉内抽出。将管子冷却到室温（如果需要可用吹风机），然后打开管口，取出载舟。

7.5.2 方法 2：两端开口反应管

要确保炉温设置正确，通入干燥的氮气。然后打开管口 [5.6a)] 插入装有试料的载舟。用不锈钢钩将载舟推入干燥区，然后用气密塞封好管口。在干燥期结束时，用 Karl Fischer 试剂滴定，记录容积 $V1$（单位：mL）。

将氢气切换为氮气，将载舟移至低温区，1min 后，将载舟从炉管内移出。

7.6 至少要重复一次测定。

8 试验结果的计算和表述

8.1 可被氢还原氧含量，以质量分数表示，按下式计算：

$$O_{red}=100n\frac{V_1-V_2}{m}$$

式中：

V_1——试料使用的 Karl Fischer 试剂容积，单位毫升（mL）；

V_2——空白试验使用的 Karl Fischer 试剂容积，单位毫升 (mL)；

m——试料质量，单位为毫克 (mg)；

n——Karl Fischer 试剂的标准液，氧含量的单位为毫克每毫升 (mg/mL)。

8.2 试验结果的计算和表达按表 3 的规定进行。

表 3

可被氢还原的氧含量 /%	测试结果计算的精确至 /%	两次测试值的最大允许偏差	表达结果的精确至 /%
≤ 0.2	0.01	0.01%(绝对值)	0.01
> 0.2 ~ ≤ 0.5	0.01	平均值的 5%	0.02
> 0.5 ~ ≤ 1.0	0.01	平均值的 5%	0.05
> 1.0	0.01	平均值的 5%	0.1

9 试验报告

试验报告应包括下列信息：

a) 本标准号；

b) 鉴别试样所需的细节；

c) 干燥时间和温度；

d) 还原时间和温度；

e) 是否使用催化装置；

f) 所得的结果；

g) 本标准中未规定的或作为参考的以及选项操作；

h) 可能影响试验结果的任务情况。

中华人民共和国国家标准

GB/T 5158.4-2011 / ISO 4491-4:1989
代替 GB/T 5158.4-2001

金属粉末 还原法测定氧含量 第4部分：还原—提取法测定总氧量

Metallic powders——Determination of oxygen content by reduction methods——Part 4:Total oxygen by reduction-extraction
(ISO 4491-4:1989, IDT)

2011-05-12 发布　　2012-02-01 实施

前言

GB/T 5158《金属粉末 还原法测定氧含量》分为四个部分：

——第1部分：总则；

——第2部分：氢还原时的质量损失（氢损）；

——第3部分：可被氢还原的氧；

——第4部分：还原—提取法测定总氧量。

本部分为GB/T 5158的第4部分。

本部分等同采用ISO 4491-4:1989《金属粉末 还原法测定氧含量 第4部分：还原—提取法测定总氧量》。

为便于使用，本部分做了下列编辑性修改：

a) "本国际标准"一词改为"本部分"；

b) 用小数点"."代替作为小数点的逗号","；

c) 删除国际标准的前言。

本部分代替GB/T 5158.4-2001《金属粉末 总氧含量的测定 还原—提取法》。

本部分与GB/T 5158.4-2001相比，主要变化如下：

——删除了ISO前言；

——增加了规范性引用文件；

——将原标准中与ISO 4491-4:1989有差异的部分修改为一致。

本部分的附录A是资料性附录。

本部分由中国有色金属工业协会提出。

本部分由全国有色金属标准化技术委员会归口。

本部分由中南大学粉末冶金研究院、山东揽月科技有限公司、中国有色金属工业标准计量质量研究所。

本部分主要起草人：郑灵芝、廖寄乔、奉冬文、王世宏、周萍。

本部分所代替标准的历次版本发布情况为：

——GB/T 5158.4-2001。

1 范围

GB/T 5158的本部分规定了高温还原—提取法测定金属粉末中不大于2%（质量分数）的总氧含量的方法。

经协商同意，也可以用于测定烧结金属材料中的总氧含量。

本部分适用于各种金属、合金、碳化物（硬质合金）以及在测试条件下无挥发性组分的混合物粉末。样品可以是粉末状，也可以是压块状。

粉末按供给状态进行分析。本方法不适合于含有润滑剂或粘结剂的粉末。如果样品中含有润滑剂或粘结剂，只有在首先采用某方法能完全除去这些物质而又不影响氧含量的情况下可以使用本方法。

本部分应结合 GB/T 5158.1 使用。

2 规范性引用文件

下列文件对于本文件的应用是必不可少的。凡是注日期的引用文件，仅注日期的版本适用于本文件。凡是不注日期的引用文件，其最新版本（包括所有的修改单）适用于本文件。

GB/T 5158.1 金属粉末 还原法测定氧含量 第1部分：总则(ISO 4491-4:1989, IDT)

3 原理

总氧含量的测定是将试料置于高温石墨坩埚中于真空或惰性气氛下加热，使试料中的氧转化为碳的氧化物。这些碳的氧化物被提取出来并完全转化为一氧化碳或二氧化碳，再通过用合适的气体分析方法测定。

实际采用的测定总氧含量的方法具有以下特点：

a) 反应室的环境

——真空或惰性气流（氮气、氩气、氦气）。

b) 石墨坩埚

——单个的（即仅用于一份试料的测定）或叠加的（即同一坩埚用于连续几份试料的测定）。

c) 反应介质

——固体，即试料倒入石墨坩埚中，待测金属没有熔化即还在固态就已发生了还原反应。

——金属浴，即为了加速某些金属的还原反应，可采取首先制备一种能溶解试料中的碳和金属的易熔金属（如铂、锡、铁、镍）浴。

d) 加热

——连续加热，即试料装入预先加热至反应温度的石墨坩埚中，还原反应持续为一固定的时间，大约为几分钟。

——脉冲加热，即将有试样的冷坩埚进入炉中加热，持续几秒高功率脉冲，还原反应在脉冲产生的高峰温度下（高达3 000℃）非常快速地进行。

e) 氧的测定

检测一氧化碳或二氧化碳有几种方法可以采用。这两种情况均采用一种化学转化装置，将被测氧完全转化为一氧化碳或二氧化碳。普遍采用的分析方法有：

——容量法（检测一氧化碳）；

——色谱法（检测一氧化碳）；

——红外吸收法（检测二氧化碳）；

——热导法（检测一氧化碳和二氧化碳）；

——库仑法（检测二氧化碳）。

4 仪器和材料

适于测定金属粉末中氧含量的仪器由以下主要部件组成：

a) 坩埚，由高纯石墨加工而成；

b) 高温下对石墨坩埚脱气的装置；

c) 室温下真空或惰性气氛中进样和脱气的装置；

d) 与预测温度相匹配的气体提取装置；

e) 除水纯化装置；

f) 测定一氧化碳或二氧化碳的检测装置。

所需材料将取决于所用设备的类型，如高纯载气（氦气或氩气）。

必要时，检测装置要用高纯气体（一氧化碳、二氧化碳）或经检定合格的金属参考标准样品进行校准。

5 试料

称取两份试料进行分析。试料进入仪器之前可选用下述几种方法制备：

a) 直接称取试料投入脱气后的坩埚。

b) 取适量粉末样品于一小圆柱模具中，不加任何润滑剂或粘结剂，以 100 mN/mm^2 ~ 200 mN/mm^2 的压力单轴压制，并测得压坯质量。

c) 取适量粉末样品包在一已知质量的由高纯铂、锡、镍或铁—镍箔制成的小囊中，然后称取试料和囊的合量，箔的氧含量可预先测得。

d) 在样品压实的情况下，则取样品的合适碎块称重作为试料。

所有试料称重应精确至 0.1mg。

如果使用金属箔囊只是为了便于试料的投入，那么囊的质量应尽量轻。但是，当制作囊的材料（某种金属）可用于形成某种便于气体的提取所需的金属浴时，囊的质量则要根据针对某特定分析所推荐的金属浴与试料的质量之比来确定。

当石墨坩埚与金属浴用于几次连续的分析时，每次提取气体之前要先对金属浴脱气。

应保持金属浴与试料之质量比大于推荐的最小值。必要时，在金属浴脱气之后定时加入金属碎片。

试料量的选择取决于仪器的灵敏度和预期的氧含量，通常，试料量选择在 0.1g ~ 1g。

6 步骤

6.1 通则

对于使用的各种不同类型仪器以及待测的各种不同类型金属、合金和碳化物（硬质合金），将氧的测定条件规定出来是不现实的。应该指出，特别当还原反应以固相进行且连续加热时，反应会慢，氧化物达到完全还原的时间将取决于氧的含量。

对于测试某一特定类型的材料和某一给定的氧含量范围，推荐通过预先试验确定最佳条件。一般采用对同一样品进行系列化（条件）试验。提高还原程度（升温或延长反应时间）直到氧含量测试值达到最大并恒定。其他试验条件（或参数）（如金属浴的采用）也可作相应的变化。

特别建议采用与样品同类的有证标准物质来验证或校正所选的工作条件。

6.2 空白试验和校正

通常，空白试验是在与测定样品所选定的条件相同的测试条件下进行，但不含试料。必要时，按仪器制造厂家提供的说明书来校准、验证仪器是否处于正常工作状态。一般用纯气（一氧化碳，二氧化碳）或经检定氧含量的标准物质进行校正。

6.3 测试

按仪器使用说明书结合所选用的试验条件（见 6.1）进行测试。

7 结果的表述

7.1 允许差

两次测定的差值应不超过表 1 中所列值。

7.2 最终结果

报出两次测定的算术平均值，并按表 1 进行修约。

表 1

氧的质量分数 / %	两次测定结果的最大允许差	结果精确至 / %
≤ 0.005	平均值的 20%	0.000 5
>0.005 ~ 0.01	平均值的 10%	0.001
>0.01 ~ 0.02	平均值的 10%	0.002
>0.02 ~ 0.05	平均值的 5%	0.002
>0.05 ~ 0.1	平均值的 5%	0.005
>0.1 ~ 0.2	平均值的 5%	0.01
>0.2 ~ 0.5	平均值的 5%	0.02
>0.5 ~ 1.0	平均值的 5%	0.05
>1.0 ~ 2.0	平均值的 5%	0.1

8 试验报告

试验报告应包括下列信息：

a） 本标准编号；

b） 鉴别试样所需的细节；

c） 有关润滑剂和粘接剂的去除方法；

d） 所用设备的型号；

e） 有关的试验条件（温度、时间、是否采用金属浴或金属囊等）；

f） 所得的结果（见 7.2）；

g） 本标准中未规定的操作和选项；

h） 可能影响试验结果的任何情况。

中华人民共和国国家标准

GB/T 1481—2012 / ISO 3927:2011
代替 GB/T 1481—1998

金属粉末（不包括硬质合金粉末）在单轴压制中压缩性的测定

Metallic powders(excluding powders for hardmetals)—Determination of compressibility in uniaxial compression
(ISO 3927:2011,IDT)

2012-12-31发布 2013-10-01实施

前言

本标准按照 GB/T 1.1—2009 给出的规则起草。

本标准代替 GB/T 1481—1998《金属粉末（不包括硬质合金粉末）在单轴压制中压缩性的测定》。

本标准与 GB/T 1481—1998 相比主要变化如下：

——将压强单位由 MPa 改为 N/mm^2；

——4.1 中增加了矩形模具的要求及图；

——4.2 中的“试验机的压制力为 300 ~ 600 kN，力值精度不低于 ±2%”改为“压制力约 500 kN，精度 ±1%”；

——4.3 中对称量粉末和压坯用的天平精度的要求统一到 ±0.01 g；

——6.1 中删除挥发性溶剂乙醇；

——增加了 6.3.1，其后条款的序号顺延；

——6.3.3（1998 年版的 6.3.2）中增加了固体润滑剂合成蜡；

——将 6.4 中的“施加预负荷 (5 ~ 20 kN)”改为“施加大约 20 kN 的预负载”；

——将 6.5 中的“应施加压力 300、400、500、600、700、800 MPa”改为“宜施加 200 N/mm^2、400 N/mm^2、500 N/mm^2、600 N/mm^2 和 800 N/mm^2 的压力”；

——增加了第 8 章，原第 8 章顺延为第 9 章；

——删除原图 1，增加了图 2，其他图示也有技术性改变。

本标准采用翻译法等同采用 ISO 3927:2011《金属粉末（不包括硬质合金粉末）在单轴压制中压缩性的测定》。

为便于使用，本标准做了下列编辑性修改：

——在第 4 章中增加了条款的标题。

本标准由全国有色金属标准化技术委员会 (SAC/TC 243) 归口。

本标准负责起草单位：莱芜钢铁集团粉末冶金有限公司、西安宝德粉末冶金有限责任公司、钢铁研究总院。

本标准主要起草人：李普明、刘增林、张德金、于永亮、董领峰、李红云。

本标准所代替标准的历次版本发布情况为：

——GB/T 1481-1998；

——GB/T 1481-1984。

1 范围

本标准规定了金属粉末在规定条件下，在封闭的模具中，受到单向压制时，测定其压缩性的方法。

本标准不适用于硬质合金粉末。

2 符号

本标准所使用的符号见表1。

表1 符号

符号	定义	单位
P_p	压缩性 [a]	g/cm³
m	压坯质量	g
v	压坯体积	cm³
a 如果压缩性是在某一压力下测定，例如在400 N/mm²，则符号写为$P_{p(400)}$。		

3 原理

粉末在密闭的模具内受双向压力的单轴压制。粉末试样可以在规定的单一压力下压制，也可以在规定的一组压力下压制。从模具内取出压坯后，应测定压坯的密度。

在单一压制压力下所获得的密度值，表示在规定的压力下粉末的压缩性；在一组压制压力下所获得的一组密度值，可用来绘制粉末压缩性曲线，即密度与压制力函数关系曲线。

4 设备

4.1 模具

模具材料采用硬质合金或工具钢，模冲分为圆柱形模冲和矩形模冲。圆柱形模冲可压出直径20mm～26mm，高径比为0.8～1.0的压坯。矩形模冲可压出30mm×12mm×(5mm～7mm)的压坯。配件应装配好。

4.2 压机

压制力约500kN，精度±1%，可调控压力以不大于50kN/s的速度加压。

4.3 天平

量程至少100g，精度为±0.01g。

4.4 测量工具

用千分尺或其他的测量工具，用于测量压坯的尺寸，精度为±0.01mm。

5 取样

选取的试样，尺寸应符合 4.1 中的要求，数量应符合第 7 章的要求。如有必要，应通过做预先试验，确定所需粉末的量，以满足上述要求。

6 步骤

6.1 模具的清理

用软而清洁的软布，蘸上适量挥发性溶剂（如丙酮），擦净模腔和模冲。

6.2 粉末试验条件

注意：在高压制压力下试验，可能出现卡模和模具磨损现象。

6.2.1 不含润滑剂的粉末有以下压制方法：

a) 干模压制；

b) 模壁润滑压制（见 6.3.2）；

c) 粉末中掺入润滑剂（见 6.3.3）后干模压制。

6.2.2 含润滑剂的粉末有以下压制方法：

a) 干模压制；

b) 粉末中再加入润滑剂（见 6.3.3）后干模压制。

6.3 润滑

6.3.1 一般要求

使用下列两种润滑方法之一。

6.3.2 模壁润滑

将掺有润滑剂的混合物或掺有润滑剂的挥发性有机溶液（如 $1000cm^3$ 的丙酮中加入 100g 的硬脂酸锌）涂于模壁上。待多余的液体挥发后，让附着在模壁上的溶液形成一层很薄的润滑膜。

6.3.3 粉末润滑

在粉末中混入适量（如 0.5% ~ 1.5%）的固体润滑剂（如硬脂酸锌或合成蜡）。

6.4 压制和脱模

将下模冲插入模腔内，用支垫调整下模冲与模腔内的填充高度。将粉末倒入模腔内，要注意确保模腔内的粉末分布均匀。对准上模冲并把模具置于压机的平台上。施加大约 20kN 的预负载，然后卸载。撤出支垫。如果模具是用弹簧或类似的方式支撑，则没有必要施加预负载。

以不超过 50 kN/s 的恒定速度施加压力，当压力达到预定的压力值时，卸载。通过下模冲将压坯从模具中脱出。脱模后，压坯如有毛刺，可去除。称量压坯的重量精确至 0.01g。测量压坯的尺寸，精确至 0.01mm。

6.5 压制压力

为确定一组压力下的粉末压缩性曲线，宜施加 $200N/mm^2$、$400N/mm^2$、$500N/mm^2$、$600N/mm^2$ 和 $800N/mm^2$ 的压力。如果只在某一压力下测定粉末压缩性，最好是采用上述的某一压力或由双方协商确定。

7 结果的表示

7.1 压坯的密度由以下公式求出：

$$\rho_{\mathrm{p}}=\frac{m}{V}$$

求出的密度值精确至 0.01g/cm³。

7.2 在规定的压制压力下得到 3 个压坯的密度的平均值表示粉末的压缩性，计算结果精确至 0.01g/cm³。

7.3 粉末的压缩性曲线是通过在一组规定的压制压力下，所测得对应 ρ_{p} 值的点绘制的。

8 精确度

8.1 8.2 及 8.3 中所规定的精确度数值引自 ASTM B331-1995。ASTM B331-1995 中所规定试样的直径为 25.4mm、高度为 6.9mm ~ 7.4mm。尽管与本标准所述试样的尺寸存在差别，但该精确度值仍被视为适用于本标准。

8.2 对金属粉末来讲，密度测定方法的重复性 γ 为 0.025g/cm³。在同一试验室对同一材料所测定的各个试验结果的绝对误差超过 0.025g/cm³ 的应不大于 5%。

8.3 对金属粉末来讲，本方法的再现性 R 为 0.07g/cm³。在两个试验室对同一材料所测定的各个试验结果的绝对误差超过 R 的应不大于 5%。因此，如果出现较大偏差，则有理由对其试验结果进行质疑。

9 试验报告

试验报告应包括下列内容：

a) 本标准编号；

b) 监别试样的必要说明；

c) 试件的类型；

d) 如果在粉末中加入润滑剂，则标明润滑剂的类型、性质和数量（在某些情况下，可在报告中说明其是如何加入的）；

e) 压制压力；

f) 计算结果；

g) 本标准未作规定的操作或选项；

h) 任何可能影响试验结果的情况。

中华人民共和国国家标准

GB/T 1479.1—2011/ISO 3923—1:2008
代替 GB/T 1479—1984

金属粉末 松装密度的测定
第1部分：漏斗法

Metallic powders—Determination of apparent density
Part 1 :Funnal method
(ISO 3923—1：2008,IDT)

2011-05-12发布　　　　2012-02-01实施

前言

GB/T 1479《金属粉末　松装密度的测定》分为两个部分：

——第1部分：漏斗法；

——第2部分：斯柯特容量计法。

本部分为GB/T 1479的第1部分。

本部分等同采用ISO 3923—1：2008《金属粉末　松装密度的测定　第1部分：漏斗法》。

为便于使用，本部分做了下列编辑性修改：

a) “本国际标准”一词改为“本部分”；

b) 用小数点“·”代替作为小数点的逗号“，”；

c) 删除国际标准的前言。

本部分代替GB/T 1479—1984《金属粉末　松装密度的测定　第1部分漏斗法》。

本部分与GB/T 1479—1984相比，主要变化如下：

——范围中增加了“但是如果粉末难以通过直径为2.5mm的孔，但能自由流过5.0mm的孔，该方法也可以使用。”；

——增加了“符号和定义”；

本部分由中国有色金属工业协会提出。

本部分由全国有色金属标准化技术委员会归口。

本部分由钢铁研究总院、山东揽月科技有限公司、中国有色金属工业标准计量质量研究所起草。

本部分主要起草人：朱黎冉、赵鹏、王世宏、李忠全。

本部分所代替标准的历次版本发布情况为：

——GB/T 1479—1984。

1 范围

GB/T 1479的本部分规定了在标准条件下用漏斗测量金属粉末松装密度的方法。

本部分适用于自由流过孔径为2.5mm漏斗的金属粉末。如果粉末难以通过直径为2.5mm的孔，但能自由流过5.0mm的孔，该方法也可以使用。

在本标准中的第2部分（见GB/T 1479.2）中规定了不能通过5.0mm孔径的粉末的松装密度测量方法。

2 规范性引用文件

下列文件对于本文件的应用是必不可少的。凡是注日期的引用文件，仅注日期的版本适用于本文件。凡是不注日期的引用文件，其最新版本（包括所有的修改单）适用于本文件。

GB/T 1479.2 金属粉末 松装密度的测定 第2部分：斯柯特容量计法(ISO 3923-2：1981，IDT)

3 原理

在松装状态下完全充满已知量杯的粉末质量，将漏斗置于量杯上部确定距离处，使粉末从漏斗自由落入量杯，以获得松装状态。

4 符号及定义

本标准中涉及的符号和定义见表1。

表1 符号及定义

符 号	定 义	单 位
ρ_a	金属粉末松装密度（一般术语）	g/cm^3
ρ_{ac}	漏斗法测定的松装密度	g/cm^3
m	粉末质量	g
V	量杯体积	cm^3

5 仪器

5.1 漏斗

漏斗分两种孔径，一种孔径为2.5mm，另一孔径为5.0mm。

5.2 量杯

量杯容积为$25cm^3 \pm 0.03cm^3$，内径为28mm±0.5mm。容积相同但内径为30mm±1mm的量杯也可以使用。但生产新量杯时，其内径为28mm±0.5mm的为首选量杯。

量杯和漏斗应由无磁性、耐腐蚀的金属材料制成，应具有足够的壁厚和硬度，以避免变形和过度磨损，量杯和漏斗的内表面应抛光。

5.3 天平

天平要有足够的量程，称量试样的精确度为±0.01g。

5.4 支架和水平无振动的底座

支架和水平无振动的底座用以支撑漏斗和量杯，漏斗小孔底部和量杯上表面之间的距离为 25 mm，两者要同心。

6 试样

6.1 至少要取 100 cm^3 的试样，允许分成三份，进行测量。

6.2 通常，粉末按接收状态测定。在某些情况下，粉末应进行烘干。但如果粉末容易氧化，应在真空或惰性气氛保护下进行烘干。若粉末含有易挥发性物质，则不允许烘干。

7 步骤

7.1 将粉末倒入孔径为 2.5 mm 的漏斗让粉末直接从小孔流入量杯，直到量杯完全被充满且溢出。用一个非磁性的直板尺刮平粉末，但不要挤压粉末并且注意不要摇动和震动量杯。

7.2 如果粉末不能流过漏斗，应选择 5 mm 孔径的漏斗。如果粉末仍不能流过，允许用直径为 1 mm 的金属丝从漏斗上面捅一次粉末，但是要注意该金属丝不能插入量杯中。

7.3 刮平粉末后轻敲量杯，使其振实一些，以免在挪动过程中粉末溢出并确保杯子外部不粘有粉末。

7.4 测量粉末的质量精确到 0.01g。

7.5 取三次测量的平均值。

8 结果表示

松装密度由下式给出：

$$\rho_{ac}=m/V=m/25$$

取三次测量结果的算术平均值报出最终结果，精确到 0.01g/cm^3。当三次测量结果之间的差值超过平均值的 1% 时，其最大值和最小值也要随结果报出。

9 精密度

9.1 重复性

同一台仪器，同一个操作者，同一批粉末，其两次测量结果，如果在 95% 的置信度下，其差值超过 0.03g/cm^3，结果是不可信的。

9.2 再现性

同一批粉末在两个不同的实验室被测量，在 95% 的置信度下，其测量结果差值超过 0.05g/cm^3，结果是不可信的。

10 检验报告

检验报告应包括以下内容：

a) 本标准号；

b) 鉴定试样所需的详细说明；

c) 如果粉末被烘干，要注明烘干的过程；

d) 注明孔径的标称尺寸，如果使用金属丝，要注明；

中华人民和国国家标准

GB/T 1479.2-2011 / ISO 3923-2:1981
代替 GB/T 5060-1985

金属粉末 松装密度的测定 第2部分：斯柯特容量计法

Metallic powders-Determination of apparent density-
Part 2:Scott volumeter method
(ISO 3923-2:1981,IDT)

2011-05-12 发布　　2012-02-01 实施

前言

GB/T 1479《金属粉末　松装密度的测定》分为两个部分：

——第1部分：漏斗法；

——第2部分：斯柯特容量计法。

本部分为GB/T 1479的第2部分。

本部分等同采用ISO 3923-2:1981《金属粉末　松装密度的测定　第2部分：斯柯特容量计法》。

为便于使用，本部分做了下列编辑性修改：

a) “本国际标准”一词改为“本部分”；

b) 用小数点“·”代替作为小数点的逗号“，”；

c) 删除国际标准的前言。

本部分代替GB/T 5060-1985《金属粉末　松装密度的测定　第2部分：斯柯特容量计法》。

本部分与GB/T 5060-1985相比，主要变化如下：

——增加了“规范性引用文件”；

——增加了“符号和定义”。

本部分由中国有色金属工业协会提出。

本部分由全国有色金属标准化技术委员会归口。

本部分由钢铁研究总院、山东揽月科技有限公司、中国有色金属工业标准计量质量研究所起草。

本部分主要起草人：朱黎冉、赵鹏、王世宏、李忠全。

本部分所代替标准的历次版本发布情况为：

——GB/T 5060-1985。

1　范围

GB/T　1479 的本部分规定了用斯科特容量计法测量粉末的松装密度。本部分适用于不能自由流过漏斗孔径为 5.0mm 的粉末（见 GB/T　1479.1）。

2　规范性引用文件

下列文件对于本文件的应用是必不可少的。凡是注日期的引用文件，仅注日期的版本适用于本文件。凡是不注日期的引用文件，其最新版本（包括所有的修改单）适用于本文件。

GB/T　1479.1 金属粉末　松装密度的测定　第 1 部分：漏斗法 (ISO　3923−1:2008，IDT)

3　原理

本部分是测量粉末在松装状态下完全充满已知量杯的粉末质量。让粉末通过斯科特容量计中一系列倾斜挡板充满杯子，从而使粉末呈松装状态（见图 1 和图 2）。用质量与体积之比来表示松装密度。

4　符号及定义

符号及定义见表 1。

表 1　符号及定义

符　号	定　义	单　位
ρ_a	金属粉末松装密度（一般术语）	g/cm^3
ρ_{as}	斯科特容量计测定的松装密度	g/cm^3
m	粉末质量	g
V	量杯体积	cm^3

5　仪器

5.1 斯科特容量计

5.1.1 漏斗

由大小两个锥形漏斗装配而成，其间放入一个孔径为 1.18mm 的黄铜筛网。

5.1.2 挡板箱

挡板箱为方形断面，内有四块玻璃挡板，借助沟槽被固定在箱子的侧面上，可容易地移出清洗。安装挡板的目的在于使粉末依次落在每块挡板上，并因此破坏了落差，从而减缓了粉末的流动速度。重要的是，玻璃挡板的上边缘和箱子之间不能有粉末通过，这些玻璃挡板下边缘从垂直面上看应在一条直线上或稍有重叠。

典型的斯柯特容量计见图 1 和图 2。带有公差的尺寸应必须遵守，其他的尺寸是多数情况下所采用的尺寸，可以稍加改变，但要保留前面描述的条件。

5.1.3 支架和水平无振动底座

用于支撑量杯、挡板箱和漏斗，按图 1 和图 2 中给出的尺寸固定并保持同心。

5.2 量杯

容积为 $25cm^3 \pm 0.05cm^3$，内径为 30mm±1mm。

注意：杯子和漏斗应由无磁性、耐腐蚀的金属材料制成，应具有足够的壁厚和硬度以避免变形和过度磨损，杯子和漏斗的内表面应抛光。

5.3 天平

天平要有足够的量程，称量精确到 ±0.05g。

6 取样

6.1 测定每一种金属粉末松装密度时，应至少取 $100cm^3$ 体积的试样，允许分三份进行测量。

6.2 通常，金属粉末按接收状态测定，在某些情况下，金属粉末应进行烘干。但如果粉末容易氧化，应在真空或惰性气氛保护下进行烘干。若金属粉末含有易挥发性物质，则不允许烘干。

7 步骤

7.1 用勺将粉末放在漏斗的筛网上，经过挡板箱，流入量杯中，直到充满，并有粉末溢出为止。

7.2 如果粉末不能自由通过筛网，可以用软刷子刷一刷，使金属粉末通过筛网。

注：如果无效，则该种金属粉末就不适用于斯科特容量计法测定松装密度。

7.3 量杯有粉末溢出后，用不锈钢板尺刮平。但不要使杯内的粉末压缩或带出，更不要使杯子摇晃或振动。

7.4 刮平后，轻轻敲打杯子，使粉末下沉，避免在挪动过程中粉末散失，在杯子的外表面上也不能沾有粉末。

7.5 称量杯内的金属粉末，精确到 0.05g。测量在三份试样上进行。

8 结果表示

松装密度由下式给出：

$$\rho_{as}=m / V = m/25$$

取三次测量结果的算术平均值报出最终结果，精确到 $0.01g/cm^3$。当三次测量结果之间的差值超过平均值的 1% 时，其最大值和最小值也要随结果报出。

9 试验报告

试验报告应包括以下内容：

a) 本标准号；

b) 鉴别试样的必要说明；

c) 如果烘干粉末，要注明烘干过程；

d) 试验所得结果；

e) 在本部分中未规定的或任选的其他操作；

f) 任何可能影响到结果的因素。

单位为毫米

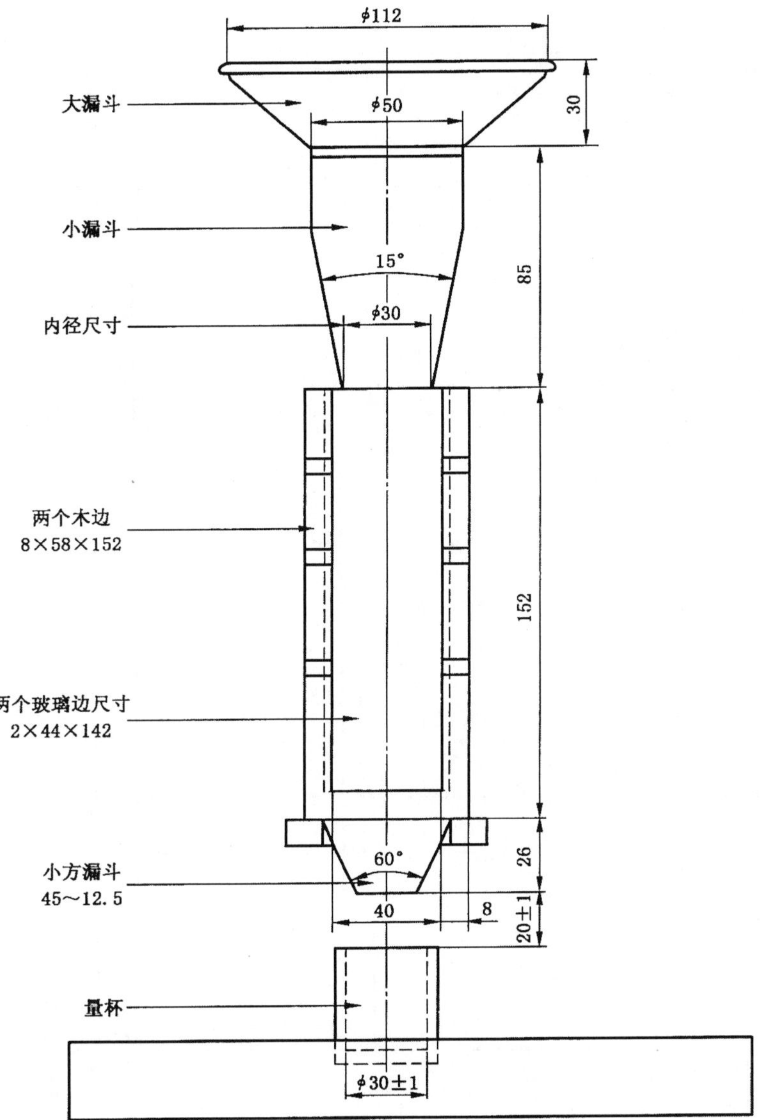

图1　测量装置正视图

单位为毫米

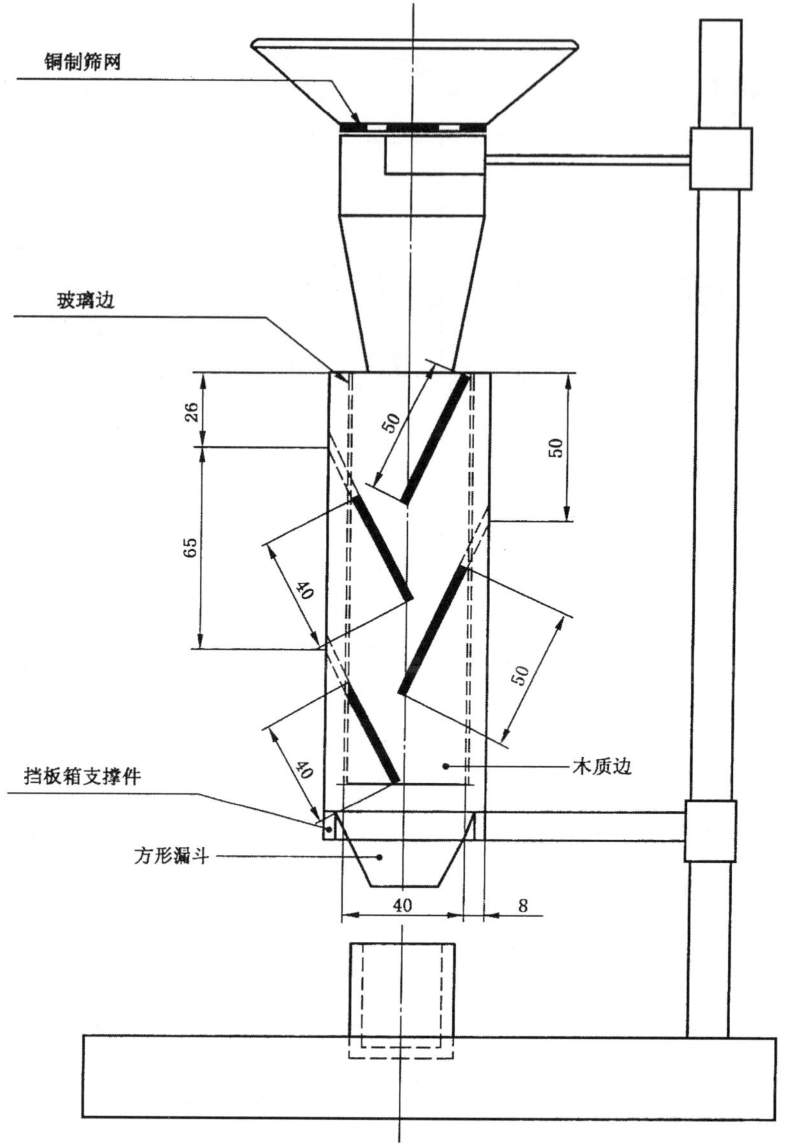

图2 测量装置侧视图

中华人民共和国国家标准

GB/T 6524—2003/ISO 10076：1991

金属粉末 粒度分布的测量 重力沉降光透法

Metallic powders—Determination of particle size distridution by gravitational sedimentation in a liquid attenuation measurement

2003-11-03 发布　　　　2004-05-01 实施

前言

本标准等同采用 ISO 10076：1991《金属粉末　粒度分布的测量　重力沉降光透法》。

本标准代替 GB/T 6524—1986《金属粉末粒度分布的测定——光透法》。

本标准与 GB/T 6524—1986 相比，作了如下修改：在原标准的基础上增加了 X 射线吸收沉降法。

本标准由中国有色金属工业协会提出。

本标准由全国有色金属标准化技术委员会归口。

本标准起草单位：中南大学粉末冶金研究院。

本标准主要起草人：廖寄乔、王华、黄志锋、张宪铭。

本标准由全国有色金属标准化技术委员会负责解释。

本标准所代替标准的历次版本发布情况为：

——GB/T 6524—1986。

引言

用沉降法来测定颗粒大小得到了广泛的应用，该方法主要是根据在重力作用下一定质量的颗粒均匀分散于静态溶液中的沉降行为。利用斯托克斯公式，由沉降速度测定颗粒的粒度大小。由此得到的颗粒直径，即斯托克斯直径是指在已知密度和粘度的流体中具有与球体相同密度和自由落速的颗粒的粒径。应使悬浮液中颗粒浓度足够低，从而可以忽略颗粒间的相互作用；且应使雷诺数足够低，而满足层流条件。

在已知液面深度下，观测初始均匀的悬浊液的粒子浓度，可得到粒径与测量面积或质量的分布函数。

在该标准中，必须考虑浓度测定的两个衰减方式：

——光吸收；

——X 射线吸收。

尽管两种衰减方式都是间接的，但这些沉降衰减方式常用于粉末冶金。并且当悬浊液制备条件和测量参数严格确定的情况下可以得到重现性很好的结果。

1　范围

本标准规定了金属粉末在悬浮液中由于重力作用沉降时，通过测量光束穿过悬浮液时的衰减量来计算颗粒粒度分布的方法。

本方法适用于满足斯托克斯方程的情况，即雷诺数小于 0.25 的层流条件，同时颗粒沉降速度不受布朗运动影响。本方法适用于全部颗粒粒径在 1μm ~ 100μm 之间的金属粉末包括硬质合金用粉末。

但本方法不适用于以下情况：

a) 颗粒形状偏离等轴体太远的金属粉末，如片状、纤维状及其他形状复杂的金属粉末；

b) 混合粉末；

c) 含有润滑剂或粘结剂的粉末；

d) 不能在液体中分散的粉末。

沉降法测量颗粒粒径存在上限和下限（见 5.1）。

如果样品中的最大颗粒超出了这个范围，则液体的粘度应当增加到符合要求为止。

通常，粉末在液体中的初始的浓度小于 0.5%（体积分数）时斯托克斯定律是有效的。在一些情况下，当浓度大于 1%（体积分数）时仍可以得出正确的结果，但对每一种材料必须测试其有效性。

2　规范性引用文件

下列文件中的条款通过本标准的引用而成为本标准的条款。凡是注日期的引用文件，其随后所有的修改单（不包括勘误的内容）或修订版均不适用于本标准，然而，鼓励根据本标准达成协议的各方研究是否可使用这些文件的最新版本。凡是不注日期的引用文件，其最新版本适用于本标准。

GB/T 3500 粉末冶金　术语 (GB/T 3500-1998，ISO 3252：1996，IDT)

GB/T 5314 粉末冶金用粉末的取样方法 (GB/T 5314-1985，ISO 3954：1977，MOD)

3　定义

以下的定义适用于本标准。

3.1

斯托克斯直径 stokes diameter

在已知密度和粘度的液体中，与粉末颗粒有着相同密度和自由沉降速度的球形颗粒的当量粒径。

3.2

有效密度 effective density

粉末的质量和利用比重瓶法测量出的粉末的有效体积之比。

3.3

沉降高度 sedimentation height

悬浮液的表面到测量层面的垂直距离。

3.4

累积质量分数 cumulative undersize by mass

斯托克斯直径小于一个已知直径的所有颗粒的质量。这可以表示为占全部颗粒的质量分数。

3.5

质量分数 mass fraction

斯托克斯直径在两个已知值之间的所有颗粒质量。该质量分数可以表示为占全部颗粒的质量分数。

3.6

入射光强 blank intensity

穿过沉降槽中纯溶剂的出射光的强度。

3.7

透过光强 suspensionintensity

沉降时穿过悬浮液的出射光的强度。

4 符号

表 1 本标准中使用符号的含义

符 号	定 义	单 位	备 注
g	重力加速度	m/s^2	g=9.81m/s^2
L	吸收长度	m	白光或 X 光光束穿过悬浮液路径的长度
h	沉降高度	m	
c_0	初始浓度	kg/m^3	
c	浓度	kg/m^3	
ρ_l	液体密度	kg/m^3	
ρ_e	粉末的有效密度	kg/m^3	
η	液体粘度	$N \cdot s/m^2$	
I_o	入射光强		
I	透过光强		
D	光密度		$D=\lg\frac{I_o}{I}$
K_m	消光系数	m^2/kg	
A_w	颗粒在随机方向的单位投影面积	m^2/kg	
S_w	粉末的质量比表面积		
μ_a	原子吸收系数	s	
t	沉降时间		
q	质量分数	%	$q=\frac{\Delta M}{\sum_{d=0}^{d=d_{st}}\Delta M}\times 100$
ΔM	两个给定直径之间的颗粒质量	kg	
d_{st}	斯托克斯直径	m	
Q	累积质量分数	%	$Q=\frac{\sum_{d=0}^{d=d_{st}}\Delta M}{\sum_{d=0}^{d=d_{st}}\Delta M}\times 100$
d_m	悬浮液中最大颗粒的斯托克斯直径	m	

5 原理

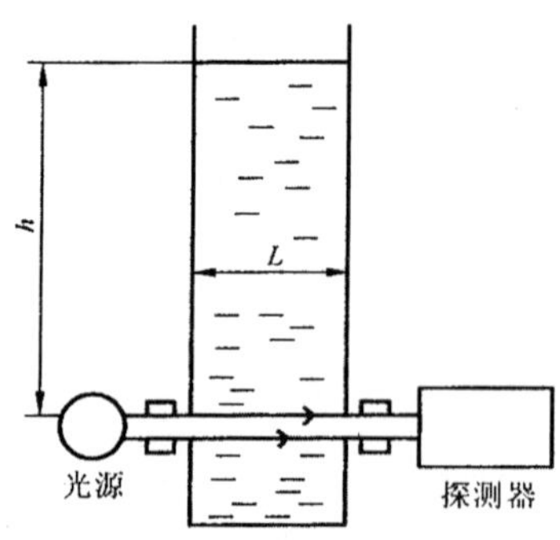

图 1 沉降装置原理图

在液面下的一个已知深度 h 处，一束平行的白光或 X 光穿过悬浮液（见图 1）。

假设在沉降开始时刻 (t=0)，粉末悬浮液处于均匀状态，其质量浓度为 c_0。颗粒在重力的作用下产生沉降现象。在沉降初期，光束所处平面溶质颗粒动态平衡，即离开该平面与从上层沉降到此的颗粒数相同。所以，在该处的浓度是保持不变的。当悬浮液中存在的最大颗粒（粒径为 d_m）平面穿过光束平面后，该平面上就不再有相同大小的颗粒来替代，这个平面的浓度也开始随之减少。因此，在时刻 t 和深度 h 处的悬浮液浓度中只含有小于 d_{st} 的颗粒。d_{st} 由斯托克斯公式所决定，斯托克斯直径 d_{st} 在时间 t 时为：

$$d_{st}=\sqrt{\frac{18\eta h}{(\rho_e-\rho_1)gt}} \quad \cdots\cdots (1)$$

对于可见光和 X 光，光束的衰减机理是不同的。对于可见光，光密度的变化间接反映了粉末的表面积，而对于 X 光，测量浓度直接与累积质量分布成正比关系。

5.1 粒度范围

雷诺数的定义：

$$R_e=\frac{\rho_1 \upsilon d_{st}}{\eta} \quad \cdots\cdots (2)$$

合并公式 (1) 和 (2) 以及 $R_e<0.25$ 的条件，可以推测出本系统的最大测量颗粒粒度：

$$(d_{st})_{max}=\sqrt[3]{\frac{4.5\eta^2}{\rho_1 g(\rho_e-\rho_1)}}$$

例如：对于青铜（ρ_1=8900 kg/m^3），在水中沉降时（η=0.001 N · s/m^2，ρ_1=1000kg/m^3），则颗粒的测量上限约为 40μm。

由于存在布朗运动，亚微米颗粒的平均位移常常超出沉降范围。另外，细颗粒需要非常长的沉降时间或很小的沉降高度，而前者缺乏实际意义，后者导致分布曲线精确度低。因此，对于铜和铁，重力沉降法仅适用于斯托克斯直径大于 0.5/μm 左右的颗粒，或斯托克斯直径大于 1μm 的轻金属。

5.2 颗粒密度

对于多孔和海绵状颗粒，沉降时要确定它的有效密度是非常困难的，这是由于在这个状态下开孔可能被液体部分地填充，而闭孔中为空气。所以在斯托克斯公式中，粉末颗粒的有效密度 ρ_e 要比它的固体理论密度小。

在合适的液体中利用比重瓶法测量颗粒的密度是非常必要的，其测量值比固体理论密度更接近于有效密度。

在任何情况下，都应对所采用的密度值进行说明。

5.3 光吸收（光沉降法）

通过简化，悬浮液中的光吸收满足兰伯特—比尔定律：

$$1\text{n}(I_{。}/I)=A_{w}cLK_{m} \quad\cdots\cdots (3)$$

通常假设：

——颗粒是不透明且外凸的（满足理论要求：外表面积是随机方向投影面积的 4 倍）；

——最初的光密度小于 0.7（可以得到一个好的分辨率）；

——消光系数恒定（通常 K_m 假定为 1）。

则方程 (3) 可以写成：

$$1\text{n}(I_{。}/I)=S_{w}cLK_{m}/4=S_{w}cL/4\ (K_{m}=1) \quad\cdots\cdots (4)$$

上述假设在实际中是不合理的，因为 K_m 取决于颗粒的粒度大小、粒度分布以及颗粒的透光能力。

所以，衰减不直接取决于 S_w，也就是说本方法只适用于比较相似的粉末。K_m 值与光束形状有关，因此它必须指明使用仪器。

测得的光密度正比于颗粒的累积比表面积。然后通过方程 (4) 或图形计算可以转换得到颗粒质量分布

依照光密度 D，方程 (4) 可以写成：

$$D=0.434\times\frac{A}{4s}\ \text{或}\ D=a\text{A} \quad\cdots\cdots (5)$$

式中：

A– 在体积中所有颗粒的表面积，该体积由横截面为 s 的光束所决定。

a– 比例常数。

考虑到在经过一个很短的时间间隔 $\Delta t=t_2-t_1$ 后，悬浮液在光束面的状态已改变，通过方程 (1) 可知，t_1 和 t_2 对应的斯托克斯直径分别为 d_1 和 d_2 在时刻 t_1 和 t_2 之间所有粒径在 d_1d_2 之间的颗粒将沉降到光束平面下，这部分颗粒质量为 ΔM。在光束区，颗粒的总表面积将会减少 ΔA（颗粒的表面积从这平面消失），可计算：

$$\Delta A=S_{1-2}\times\Delta M=\frac{6}{\rho_{e}d}\times\Delta M \quad\cdots\cdots (6)$$

这里，S_{1-2} 为这部分颗粒的质量比表面积。并设该部分颗粒的平均斯托克斯直径为 $\bar{d}$：

$$\bar{d}=\frac{d_1+d_2}{2}=\frac{6}{\rho_{e}S_{1-2}}$$

代入方程 (6)，得到：

$$\Delta M=\frac{\rho_{e}}{6}\bar{d}\Delta A$$

由方程 (5)，测量的光密度的改变量为：

$$\Delta D=\alpha\ \Delta A$$

最后，这个方程可用于计算任何颗大小在 d_1–d_2 之间的质量分布：

$$\Delta M=\overline{\beta d}\,\Delta D \quad\cdots\cdots (7)$$

其中 β 为常数。

5.4 X 光吸收（X 光沉降法）

在连续的 X 射线照射下，光吸收正比于光区中粉末的质量。所以有：

$$\ln\left(\frac{I_o}{I}\right)=\mu_a cL$$

浓度直接与粉末累积质量分数成正比。所以有：

$$\frac{Q}{100}=\frac{c}{c_o}$$

6 步骤

6.1 制样

6.1.1 粉末于接收态进行测量，且取样应按照 GB/T 5314 进行，除非相关各方同意，否则不能对粉末进行分解、碾磨或其他的加工处理，如加工处理时，应详细记录或者参照有关规程。

6.1.2 当被测粉末含有较多粗颗粒时（例如粒径大于 100 μm 的粉末），这些颗粒在进行沉降实验前应通过筛分分离，并记录该过程。

6.2 悬浮液制备

6.2.1 选择悬浮液液体

液体的选择应满足下列要求：

——液体的密度应小于所测颗粒固体的理论密度；

——固体不溶解于液体且不与其发生反应；

——液体要有良好的润湿性，不会导致颗粒产生团聚；

——液体的粘度要合适，既不能使实验时间过长，也不能让粗大颗粒沉降太快。

通常，在纯的液体中颗粒不能产生好的分散状态，在这种情况下有必要加入分散剂，添加时既可以直接加到液体中，也可以混入粉体中。

6.2.2 分散测试

以下是测试悬浮液中颗粒是否团聚的几种方法。

6.2.2.1 显微镜观察

滴一滴待测悬浮液放在显微镜的载物片上，小心覆盖玻璃。在合适的放大倍数下，观察颗粒是否完全分散，是否聚集为链状或团状。

6.2.2.2 定性沉降

进行沉降时，分散很好的悬浮液一般比絮凝物沉降得慢，在透明液体层和浑浊层之间不存在明显的界限，产生的沉降物比较结实、紧密。

6.2.2.3 光学测量下的定量沉降

选择不同的悬浮介质、在相同粉末浓度下，摇匀后立即进行衰减测量，最大光密度值为最好的分散系统。

6.2.2.4 X 光吸收下的定量沉降

从低浓度开始（如体积分数为 0.1%），对不同的悬浮液体、不同浓度下的悬浮液进行定量测试，微小粒子比例最高的即为最好的分散系统。

6.2.3 悬浮液制备

6.2.3.1 已知或者测定测试温度下液体的粘度和密度，制备时，可先根据浓度秤取合适量的粉末，加入到液体中得到悬浮液；或者先将悬浮液液体慢慢地加入和粉末混合成膏状，然后再稀释成悬浮液。如果悬浮液液体不能很好地润湿粉末，可以在液体或粉体中加入一滴润湿剂。最后取合适体积的悬浮液。

6.2.3.2 可以振动悬浮液或在沉降容器中搅拌将其分散。必要时，在分散皿或沉降槽中进行超声波处理或在负压下排气。选择分散处理的时间和强度，使团粒分散，同时不使颗粒破碎。

6.3 沉降测试

6.3.1 正确测试一般要求如下：

——沉降槽必须严格垂直放置，不能振动；

——沉降槽必须有隔热套层或置于恒温环境，使槽保持在已知温度，波动在 ±1℃以内；而对于持续很久的分析（大于 1 h），温度变化率则应≤ 0.01℃ / min；

——注意必须避免在液体中产生对流现象（例如蒸发或外部加热）以及质量迁移（由于悬浮液中密度变化）。

6.3.2 在分析开始（t=0）前，应一直搅拌悬浮液（利用机械搅拌或磁性搅拌）。

6.3.3 大多数仪器都会记录悬浮液的初始光密度或 X 射线吸收值，该值对应于 100% 累积粉末。开始测试之前，应将仪器调零，使光密度或 X 射线吸收值在纯液体情况下对应于 0。

注：建议采用有证标准物质对仪器进行标定。

7 结果的表示

7.1 对于光沉降，光密度测试得到粉末表面的累积值，对每一时刻 t_i 及对应的斯托克斯粒度 d_i，这些值分别可以转换成累积质量分数。

7.2 在 X 线沉降中，X 线吸收值直接取决于质量浓度即累积质量分数。在某些情况下，利用图和曲线能方便的表现出从 0% 到 100% 累积质量与斯托克斯直径的对数的函数关系。可将结果表示在专门的图表中，比如有关各方认可的对数正态曲线或双对数坐标图。

8 测试报告

测试报告应包含以下内容：

a) 本标准号；

b) 关于测试样品细节及详细说明；

c) 所使用的方法和仪器；

d) 如果存在粗颗粒，记录其比例及分离方法；

e) 被测样品的处理方法（干燥，分散）；

f) 悬浮液的制备方法：液体，所加分散剂，分散过程，浓度；

g) 所采用的有效密度值；

h) 所得结果；

中华人民共和国国家标准

GB/T 1480—2012/ISO 4497:1983
代替 GB/T 1480—1995

金属粉末 干筛分法测定粒度

Metallic powders—Determination of particle size by dry sieving
(ISO 4497:1983,IDT)

2012-12-31 发布　　　　2013-10-01 实施

前言

本标准按照 GB/T 1.1—2009 给出的规则起草。

本标准代替 GB/T 1480—1995《金属粉末粒度组成的测定 干筛分法》。

本标准与 GB/T 1480—1995 相比，主要变化如下：

——增加了对筛子进行校正的要求；

——增加了机械筛分机的要求；

——将天平的称量精度从 ±0.1 g 提高至 ±0.05 g；

——删除了附录 A；

——对标准的部分章节内容做了改动。

本标准采用翻译法等同采用 ISO 4497:1983《金属粉末 干筛分法测定粒度》。

本标准由全国有色金属标准化技术委员会(SAC/TC 243)归口。

本标准起草单位：济宁市无界科技有限公司、钢铁研究总院。

本标准主要起草人：蒋永善、贺兆书、李俊峰。

本标准所代替标准的历次版本发布情况为：

——GB/T 1480—1995；

——GB/T 1480—1984。

1 范围

本标准规定了用干筛分法测定金属粉末粒度的分布。

本标准适用于干的、不含润滑剂的金属粉末。

本标准不适用于形状明显不等轴的(如片状)金属粉末及颗粒尺寸全部或大部分小于45 μm的金属粉末。

2 规范性引用文件

下列文件对于本文件的应用是必不可少的。凡是注日期的引用文件，仅注日期的版本适用于本文件。凡是不注日期的引用文件，其最新版本（包括所有的修改单）适用于本文件。

ISO 565 试验筛 金属丝编织网、穿孔板及电成型薄板 筛孔的公称尺寸(Test sieves—woven metal wire cloth, perforated and electroformed sheet—Nominal sizes of openings

ISO 2591 筛分试验 (Test sieving)

3 原理

通过震动按筛孔尺寸大小依次组合的一套试验筛，将金属粉末分成不同的筛分粒级。称量每层筛子上和底盘上的粉末组分量。

4 设备

4.1 非磁性金属丝网标准套筛

4.1.1 该套筛具有不同的公称孔径，每个筛网均装在非磁性的金属筛框上，筛框的公称直径为 200mm，公称深度为 25mm ~ 50mm。

注：ISO 2591 中规定的公称深度为 50mm。

4.1.2 试验筛由彼此能够紧密地套在一起的筛框、顶盖和底筛下面的底盘组成。筛子的校正应按 ISO 2591 中的相关要求进行。

4.1.3 试验筛的孔径尺寸应从 ISO 565 中选取主要尺寸系列 (R20/3)，如果不合适，可以部分或全部从补充尺寸系列 (R40/3 或 R20) 中任选一种尺寸系列取代。试验筛孔径的选择要能保证测定试料的粒度分布（见第 7 章）。

注：若供需双方同意，可以部分或全部选择标准中未规定的试验筛。

4.2 机械筛分机

如使用机械筛分见 6.2。

4.3 天平

所用天平的量程应大于 100g，精确度 ±0.05g。

4.4 软毛刷

软毛刷无特别要求

5 试料的制备

5.1 粉末通常按接收状态进行试验。必要的话，可对粉末进行干燥处理；若粉末易于氧化，则干燥处理应在真空或惰性气氛下进行。

5.2 对于松装密度大于 1.50g/cm^3 的粉末，其试料量为 100g ；松装密度等于或小于 1.50g/cm^3 的粉末，其试料量为 50g。

6 步骤

6.1 将选好的一套试验筛，按孔径尺寸的大小顺序将筛框套在一起，底盘套在最下层，试料放在顶部最大孔径的筛子内并用盖子盖紧。

6.2 可用手工筛分也可用机械筛分机进行筛分。

注：在筛子相同、粉末相同的条件下，用不同类型的筛分机筛分时，会得到不同的结果。因此，对某

一特定粉末而言，通常可确定出不同筛分机之间的这种对应关系。

6.3　筛分过程可继续到筛分的终点，也可进行到供需双方协商同意的时间。当筛分进行到每分钟通过最大组份的筛面上的数量小于试料量的 0.1% 时，即为达到筛分终点（见 ISO 2591 规定）。

6.4　筛分完后，称量每个筛面和底盘的粉末。用 100g 试料情况下，称量精确到 0.1g；用 50g 试料的情况下，称量精确到 0.05g。

按最粗的组份到底盘上的组份的顺序，按以下方法收集每个筛面上的粉末组份以供称量之用：

从筛套中取出一个筛子，将里面的粉末倾倒至光洁的纸上。再将贴附在筛网和筛框底部的粉末用软毛刷扫到下一个较细的筛子中。然后将筛子反扣在光洁的纸上，轻轻地敲打筛框，清出筛子中所有的粉末。底盘上的粉末组份也按上述方法收集。

6.5　所收集的全部组份量的总和应不小于试料量的 98%。

7　结果的表示

用每个筛子上和底盘上的组份量除以全部组份量总和的百分数表示，以精确至 0.1% 的结果报出。小于 0.1% 的任何组份应以“痕量”报出。筛分结果的示例见表 1。

表 1

筛孔尺寸范围 μm	筛分组份量	
	g	质量分数 /%
⩾ 180	痕量	痕量
<180 ~ ⩾ 150	0.2	0.2
<150 ~ ⩾ 106	21.3	21.6
<106 ~ ⩾ 75	25.5	25.9
<75 ~ ⩾ 63	11.6	11.8
<63 ~ ⩾ 45	14.1	14.3
<45	25.8	26.2
总量	98.5	100.0
试料量	99.9	—
损失量	1.4	

8　试验报告

试验报告应包括以下内容：

a）本标准编号；

b）识别试样的所有必要细节；

c）干燥工艺（如粉末是否已经干燥）；

d）筛分方法以及筛分机（如使用）；

e）筛分时间；

f）所得结果；

中华人民和国国家标准

GB/T 11105—2012
代替 GB/T 11105—1989

金属粉末 压坯的拉托拉试验

Metallic powders—Rattle test for the green compacts

2012-12-31 发布　　　　2013-10-01 实施

前言

本标准按照 GB/T 1.1—2009 给出的规则起草。

本标准代替 GB/T 11105—1989《金属粉末　压坯的拉托拉试验》。本标准与 GB/T 11105—1989 相比，主要变化如下：

——增加了第 2 章中引用文件的内容；

——第 4 章中删除“14 目”；

——5.1 中“试样尺寸”改为“试样数量及试样尺寸”；

——5.1 中“试样高度与直径 11.3 mm 相当”改为“试样的高度为 11.3 mm±0.2 mm，试样的直径为 11.3 mm±0.2 mm”；

——5.2.1 中增加了固体润滑剂合成蜡的推荐；

——6.3 中“87±10 r / min”改为“87 r / min±10 r / min”；

——7.2 中“按偶数修约规则”修改为“按 GB/T 8170 的规定，对数值进行修约”。

本标准由全国有色金属标准化技术委员会(SAC/TC 243)归口。

本标准起草单位：莱芜钢铁集团粉末冶金有限公司、西安宝德粉末冶金有限责任公司、钢铁研究总院。

本标准主要起草人：陈建华、袁勇、赵晶、李霆、董领峰、朱黎冉。

1　范围

本标准规定了测定金属粉末成形性的拉托拉试验方法。

本标准适用于粉末压坯的耐磨性和端角部分的耐撞击性的测定。

2　规范性引用文件

下列文件对于本文件的应用是必不可少的。凡是注日期的引用文件，仅注日期的版本适用于本文件。凡是不注日期的引用文件，其最新版本（包括所有的修改单）适用于本文件。

GB/T 8170　数值修约规则与极限数值的表示和判定

3　原理

将在规定条件下冷压成形的粉末压坯，置于拉托拉试验装置里，启动马达，使金属丝网编制的圆筒形笼子转动，让压坯与网笼碰撞及压坯之间相互摩擦碰撞，求出固定转数下的试样失重。

4 设备

本设备是由网孔为1190μm青铜网制成的圆形转筒及驱动该转筒的马达和自动控制转数的装置组成的。该转筒的形状和主要尺寸见附录A。

5 试样

5.1 试样数量及试样尺寸

试样的数量为5个，试样为圆柱形，试样的高度为11.3mm±0.2mm，试样的直径为11.3mm±0.2mm。

5.2 试样制备

5.2.1 根据用户需要或粉末的技术条件可确定如下润滑方式：

a) 模壁润滑：将掺有润滑剂的混合物或掺有润滑剂的挥发性有机溶液（如：1 000 cm^3的丙酮中加入100 g的硬脂酸锌）涂于模壁上。让多余的液体沥干，附着在模壁上的溶液挥发后形成一层很薄的润滑膜。

b) 粉末润滑：粉末中均匀地混入规定数量的固体润滑剂（如：硬脂酸锌或合成蜡等）。

5.2.2 成形模具工作面的粗糙度 *Ra* 应不大于0.16μm。

5.2.3 以单向或双向压制的方式将一定量的粉末压制成形。压制压力可采用一组压力或由双方协商确定。

6 步骤

6.1 测量试样的直径和高度，量具精度为0.02 mm。

6.2 称量在相同压力下成形的5个试样，精确到0.01 g。

6.3 将称量的5个试样，装入滚筒里，启动马达，以87 r / min±10 r / min的转数转动1000转。取出试样，并称量，精确到0.01 g。

7 结果的表示

7.1 按式 (1) 计算拉托拉值：

$$W=\frac{(A-B)}{A}\times 100\% \quad \cdots\cdots (1)$$

式中：

W——拉托拉值（试验前后试样质量的损失率），%；

A——试验前的试样质量，单位为克 (g)；

B——试验后的试样质量，单位为克 (g)。

7.2 按 GB/T 8170 的规定，对数值进行修约

8 试验报告

试验报告应包括以下内容：

a) 本标准编号；

b) 识别试样的所有必要细节；

c) 根据粉末的技术条件或用户的需求，报出在某一成形压力下的拉托拉值 (W)，或绘制出成形压力或密度与拉托拉值的关系内容；

d) 润滑方式和润滑剂类型；

e) 成形压力和成形方式；

f) 所得结果；

g) 本标准或参与的标准中未规定的所有细节，或自规定的所有细节；

h) 可能已影响结果的任何情况的细节。

中华人民共和国有色金属行业标准

YS/T 56—2012
代替 YS/T 56—1993

金属粉末 自然坡度角的测定

Metallic powders—Determination of the angle of repose

2012-12-28发布　　2013-06-01实施

前言

本标准按照GB/T 1.1—2009给出的规则起草。

本标准代替YS/T 56—1993《金属粉末——自然坡度角的测定》。本标准与YS/T 56—1993相比，主要变化如下：

——增加了第2章；

——第3章中，重新给出了自然坡度角的标准定义；

——第4章中，对自然坡度角的测定原理进行了重新阐述；

——第5章中，删除“漏斗下端有快速开闭的闸门”，增加了条款5.3定位块；

——对条款7.3、7.4、7.5、7.6作了修订；

——第8章中，增加了自然坡度角的算术平均值公式；

——第9章中，增加了“如试验过程中使用振动器，请注明”的要求；

——附录A.3中，将“待真空度达到90%时启动加热电源”改为“待真空度达到10 kPa时启动加热电源”。

本标准由全国有色金属标准化技术委员会(SAC/TC 243)归口。

本标准负责起草单位：钢铁研究总院、深圳市格林美高新技术股份有限公司、西北有色金属研究院。

本标准主要起草人：李红云、朱黎冉、闫梨、程文武、艾建玲、董领峰

1 范围

本标准规定了金属粉末自然坡度角的测定方法。

本标准适用于能够自由流过或借助于振动流过孔径7.5 mm漏斗的金属粉末。

本标准不适用于容易吸潮或严重团聚的粉末。

2 规范性引用文件

下列文件对于本文件的应用是必不可少的。凡是注日期的引用文件，仅注日期的版本适用于本文件。凡是不注日期的引用文件，其最新版本（包括所有的修改单）适用于本文件。

GB/T 3500—2008 / ISO 3252:1999 粉末冶金 术语

3 术语和定义

GB/T 3500界定的术语和定义适用于本文件。为了便于使用，以下重复列出了GB/T 3500中的术语和定义。

自然坡度角 angle of repose

粉末自然堆积时形成的角锥体的斜面与水平面之间的夹角。

[GB/T 3500—2008 / ISO 3252:1999，定义1501]

4 原理

金属粉末从一定高度通过漏斗堆积在水平圆台上，直至有金属粉末从圆台周边溢出，形成一稳定的角锥体，用量角器量出粉末锥体的斜面与底面的夹角，即为自然坡度角。

5 装置

5.1 自然坡度角的测定装置

自然坡度角的测定装置。

5.2 漏斗

材料为黄铜，漏斗上端内径50.8 mm，下端内径7.5 mm，锥角60°。

5.3 定位块

材料为不锈钢，高度50 mm。

5.4 圆台

材料为不锈钢，圆台直径为50.8 mm。

5.5 振动器

振动器交流电源220 V，频率50 Hz，振幅50μm～100μm。

5.6 量角器

最小分刻度1°。

5.7 水平仪

精确度0.5 mm/m。

5.8 筛网

外径50 mm，筛网孔径为1 mm。置于漏斗上端口。

6 取样

提取100 mL～150 mL的粉末试样，分3份进行重复性试验。试样如需干燥，方法参见附录A。

7 步骤

7.1 调整支架底座下的脚螺钉，使漏斗的圆端面成水平。

7.2 调整平台下的脚螺钉使平台成水平。

7.3 把定位块置于平台上，调整3个脚螺钉使平台和漏斗之间的距离为50 mm。漏斗与定位块应保持同轴。

如不同轴，移动平台下面的脚螺钉的位置，使其同轴。再用水平仪校验平台是否仍然保持水平，否则按 7.2 调整。

7.4 用手指堵住漏斗小孔。将准备好的 30 mL ~ 50 mL 粉末试样放在筛上，用牛角勺或毛刷仔细拨动粉末，使其落入漏斗中。对于分散好的易流动的粉末可直接倾卸到漏斗中。

7.5 松开手指，让粉末自由落到圆台上。如果粉末不能自由地落到圆台上，可启动振动器使粉末流下。直到有金属粉末从圆台周边溢出，形成稳定的粉末锥体。

7.6 用量角器测量出粉末锥体的底角。测量尺应尽量与锥面平行，每份选取 3 个平滑部位进行角度测量，计算出平均值，精确到 0.1°。

8 结果表示

按上述操作方法重复试验 3 次。取 3 次的算术平均值作为最终结果，精确到 0.1°。必要时给出 3 次试验结果的极大、极小值。

自然坡度角 θ 按式 (1) 计算：

$$\theta=\frac{\theta_1+\theta_2+\theta_3}{3} \qquad (1)$$

式中：

θ ——自然坡度角，单位为度(°)；

θ_1、θ_2、θ_3——分别为 3 次试验测得的值，单位为度(°)。

9 试验报告

试验报告应包括下列内容：

a) 本标准编号；

b) 鉴别试样的必要说明；

c) 试样处理情况，如经干燥，则说明干燥过程；

d) 如试验过程中使用振动器，请注明；

e) 试验结果；

f) 本标准未作规定的操作或选项；

g) 任何可能影响试验结果的情况。

附 录 A

（资料性附录）

金属粉末干燥处理的方法

粉末试样一般应在接收状态下检验。对于有些粉末试样，尤其是亚微级的细粉末比表面积大，容易吸潮，吸潮后的粉末不能代表粉末自身的流动性或为了检验其他状态下的粉末性能，在进行试验之前，应进行干燥处理。干燥处理的方法如下：

A.1 常压干燥

干燥温度 100 ℃～106 ℃，保持 1 h，取出放在干燥器内冷却至室温，备用。

A.2 保护气氛干燥

如果粉末容易氧化，干燥处理要在保护氛下进行。保护气氛有氮气，氢气和氩气等。选用何种保护气体，以不与粉末起物理化学反应为准。操作方法与常压干燥相同。

A.3 真空干燥

真空干燥是一种有效的干燥方法，在同样的加势温度下可以缩短加热时间。其干燥步骤如下：粉末试样置于一个既能排气又能防止细粉末被抽出的杯子中，缓慢排气，待真空度达到 10 kPa 时启动加热电源，在 100 ℃～106 ℃，保持 0.5 h，切断加热电源，在真空中冷却至室温，缓慢把空气放入真空系统中，取出试样，放在干燥器中备用。

中华人民共和国有色金属行业标准

YS/T 513—2013
代替 YS/T 513—2006

镍包铜复合粉

Nickel-coated copper composite powder

2013-10-17发布　　2014-03-01实施

前言

本标准按照GB/T 1.1—2009给出的规则起草。

本标准代替YS/T 513—2006《镍包铜复合粉》。本标准与YS/T 513—2006相比，主要变化如下：

——修改了牌号的表示方法；

——新增了FF-Cu97-Ni-01牌号；

——规定了主成分与杂质元素的含量及相应的检测方法；

——将粒度范围的单位由“目”调整为“微米”；

——删除了“包覆层完整程度”的规定。

本标准由全国有色金属标准化技术委员会(SAC/TC 243)归口。

本标准负责起草单位：深圳市格林美高新技术股份有限公司、佛山市邦普循环科技有限公司、荆门市格林美新材料有限公司。

本标准主要起草人：李智专、闫梨、李长东、余海军、李和敏、许开华。

本标准所代替标准的历次版本发布情况为：

——YS/T 513—2006。

1　范围

本标准规定了镍包铜复合粉的要求、试验方法、检验规则及标志、包装、运输、贮存、质量证明书和合同(或订货单)内容。

本标准适用于火焰喷涂及等离子喷涂、硅橡胶导电填充材料、导热填充材料、耐磨材料、电磁屏障材料、催化剂、电子工业、导电导热材料等用镍包铜复合粉。

2　规范性引用文件

下列文件对于本文件的应用是必不可少的。凡是注日期的引用文件，仅注日期的版本适用于本文件。凡是不注日期的引用文件，其最新版本（包括所有的修改单）适用于本文件。

GB/T 1479.1　金属粉末　松装密度的测定　第1部分：漏斗法

GB/T 1482　金属粉末　流动性的测定　标准漏斗法（霍尔流速计）

GB/T 5158.3　金属粉末　还原法测定氧含量　第3部分：可被氢还原的氧

GB/T 5314　粉末冶金用粉末　取样方法

GB/T 13748.9　镁及镁合金化学分析方法　铁含量的测定　邻二氮杂菲分光光度法

GB/T 21779　金属粉末和相关化合物粒度分布的光散射试验方法

GB/T 21931.1　镍、镍铁和镍合金　碳含量的测定　高频燃烧红外吸收法

GB/T 21931.2　镍、镍铁和镍合金　硫含量的测定　高频燃烧红外吸收法

YS/T 325.2　镍铜合金化学分析方法　第2部分：铜量的测定　电解重量法

3　要求

3.1　产品分类

3.1.1　牌号

产品按化学成分和物理性能分为FF-Cu97-Ni-01、FF-Cu70-Ni-02、FF-Cu31-Ni-03、FF-Cu31-N1-04四个牌号。

3.1.2　牌号表示规则

产品的牌号以FF-Cu××-Ni-0×表示，其中：

FF表示复合粉；

Cu××表示铜含量；

Ni表示包覆层成分为镍；

0×表示顺序号。

3.2　化学成分

产品的化学成分应符合表1的规定。

表1　产品的化学成分

产品牌号	化学成分（质量分数）/%					
	Cu	Ni	杂质含量，不大于			
			Fe	C	S	O
FF-Cu97-Ni-01	95.0 ~ 99.0	余量	0.1	0.1	0.1	0.5
FF-Cu70-Ni-02	68.0 ~ 72.0		0.1	0.1	0.1	1.0
FF-Cu31-Ni-03	30.0 ~ 33.0		0.1	0.1	0.1	1.0
FF-Cu31-Ni-04	30.0 ~ 33.0		0.1	0.1	0.1	1.0

3.3　产品的物理性能

产品的粒度组成、流动性、松装密度应符合表2的规定。

表 2 产品的物理性能

产品牌号	粒度组成		流动性 /(s/50g)	松装密度 /(g/cm³)
	粒度范围	含量 /%		
FF-Cu97-Ni-01	<150μm	≥ 90	<50	1.5 ~ 3.0
FF-Cu70-Ni-02	>109μm	<5	<40	>2.0
	109μm ~ 45μm	≥ 85		
	<45μm	<10		
FF-Cu31-Ni-03	>109μm	<5	<30	>3.0
	109μm ~ 45μm	≥ 85		
	<45μm	<10		
FF-Cu31-Ni-04	>75μm	<5	<40	>2.0
	75μm ~ 38μm	≥ 85		
	<38μm	<10		
注：如需方对物理性能有特殊要求，由供需双方协商确定，并在合同中注明				

3.4 外观质量

产品应呈银灰色粉末状，无其他颜色混杂；产品应洁净、干燥、均匀、不得有结块及目视可见的外来夹杂物。

4 试验方法

4.1 产品的化学成分检验方法

4.1.1 产品中铜含量的测定按照 YS/T 325.2 的规定进行。

4.1.2 产品中铁含量的测定按照 GB/T 13748.9 的规定进行。

4.1.3 产品中碳含量的分析方法按 GB/T 21931.1 的规定进行。

4.1.4 产品中硫含量的分析方法按 GB/T 21931.2 的规定进行。

4.1.5 产品中氧含量的分析方法按 GB/T 5158.3 的规定进行。

4.2 产品的物理性能检验方法

4.2.1 产品的粒度组成的测定按 GB/T 21779 的规定进行。

4.2.2 产品的流动性的测定按 GB/T 1482 的规定进行。

4.2.3 产品的松装密度的测定按 GB/T 1479.1 的规定进行。

4.3 产品的外观质量检验方法

产品的外观质量用目视进行检查。

5 检验规则

5.1 检查和验收

5.1.1 产品应由供方进行检验，保证产品质量符合本标准及合同（或订货单）的规定，并填写质量证明书。

5.1.2 需方可对收到的产品按本标准的规定进行检验。如检验结果与本标准的规定及合同（或订货单）不符时，应在收到产品之日起60日内向供方提出，由供需双方协商解决；如需仲裁，仲裁取样在需方，由供需双方共同进行。

5.2 组批

每批产品应由同一生产周期、同一牌号和同一规格的产品组成，单批重量不大于1t。

5.3 检验项目及取样

每批产品的检验项目及取样应符合表3的规定。

表3 检验项目及取样

检验项目	取样规定	要求章条号	试验方法章条号
化学成分	按GB/T 5314的规定	3.2	4.1
物理性能		3.3	4.2
外观质量	逐桶	3.4	4.3

5.4 检验结果的判定

5.4.1 产品的化学成分不符合本标准规定时，则应按GB/T 5314的规定在该批产品中对不符合本标准规定的项目取双倍数量的样品进行重复检验。如仍有一个结果不符合本标准的规定，则判该批产品不合格。

5.4.2 产品的物理性能不符合本标准规定时，则应按GB/T 5314的规定在该批产品中对不符合本标准规定的项目取双倍数量的样品进行重复检验。如仍有一个结果不符合本标准的规定，则判该批产品不合格。

5.4.3 产品的外观质量不符合本标准的规定，则判该桶产品不合格。

6 标志、包装、运输、贮存及质量证明书

6.1 标志

6.1.1 产品的塑料包装袋上应打印（或贴标签）如下标志：

a) 供方技术监督部门的印记；

b) 供方名称；

c) 产品名称、牌号；

d) 产品批号；

e) 净重。

6.1.2 产品的包装桶上应注明：供方名称、地址、产品名称、商标、牌号、批号、毛重和生产日期，并注明“防潮”、“轻放”、“向上”等字样或标志。

6.2 包装

产品经检验合格后，采用包装袋充保护性气体包装或真空包装，并放于包装桶中加盖密封存放，每桶净重25 kg。

6.3 运输

运输时防止产品受雨、受潮，在搬运过程中应轻拿轻放，不得滚动、倒置及剧烈碰撞，并防止产品的密封包装损坏。

6.4 贮存

产品应存放于干燥、通风、无腐蚀性气氛中，防止受潮、腐蚀。

6.5 质量证明书

每批产品应附有产品质量证明书，其上注明：

a) 供方名称、地址、电话、传真；

b) 产品名称、牌号；

c) 产品批号；

d) 净质量和件数；

e) 各项分析检验结果和技术监督部门的印记；

f) 本标准编号；

g) 生产日期。

7 合同（或订货单）内容

本标准所列产品的合同（或订货单）应包括下列内容：

a) 产品名称；

b) 产品牌号；

c) 产品数量；

d) 本标准编号；

e) 其他特殊要求。

中华人民共和国有色金属行业标准

YS/T 512-2013
代替 YS/T 512-2006

镍包铬复合粉

Nickel-coated chromium composite powders

2013-04-25 发布　　　　2013-09-01 实施

前言

本标准按照 GB/T 1.1-2009 给出的规则起草。

本标准代替 YS/T 512-2006《镍包铬复合粉》。本标准与 YS/T 512-2006《镍包铬复合粉》相比主要技术变化如下：

——修改了牌号表示方法；

——增加了杂质元素含量的检测；

——修改了粒度范围；

——删除了包覆层完整程度的检测；

——修改了取样规则。

本标准由全国有色金属标准化技术委员会(SAC/TC 243)归口。

本标准起草单位：北京矿冶研究总院、西安宝德粉末冶金有限责任公司。

本标准主要起草人：万伟伟、周恒、于月光、任先京、董领峰、章德铭、侯伟骜、国俊丰。

本标准所代替标准的历次版本发布情况为：

——GB/T 3992-1983；

——YS/T 512-2006。

1　范围

本标准规定了镍包铬复合粉的要求、试验方法、检验规则及标志、包装、运输、贮存、质量证明书和合同(或订货单）内容。

本标准适用于热喷涂用加压氢还原法生产的镍包铬复合粉。

2　规范性引用文件

下列文件对于本文件的应用是必不可少的。凡是注日期的引用文件，仅注日期的版本适用于本文件。凡是不注日期的引用文件，其最新版本（包括所有的修改单）适用于本文件。

GB/T 223.70　钢铁及合金　铁含量的测定　邻二氮杂菲分光光度法

GB/T 1479.1　金属粉末　松装密度的测定　第 1 部分：漏斗法

GB/T 1480　金属粉末粒度组成的测定　干筛分法

GB/T 1482　金属粉末　流动性的测定　标准漏斗法（霍尔流速计）

GB/T 4699.2　铬铁和硅铬合金　铬含量的测定　过硫酸铵氧化滴定法和电位滴定法

GB/T 5158.3　金属粉末　还原法测定氧含量　第 3 部分：可被氢还原的氧

GB/T 5314　粉末冶金用粉末　取样方法

GB/T 6326.2　镍铬及镍铬铁合金化学分析方法　第 2 部分：铬的测定

GB/T 6987.3　铝及铝合金化学分析方法　第 3 部分：铜含量的测定

GB/T 21931.1　镍、镍铁和镍合金　碳含量的测定　高频燃烧红外吸收法

GB/T 21931.2　镍、镍铁和镍合金　硫含量的测定　高频燃烧红外吸收法

3　要求

3.1　产品分类

3.1.1　牌号

镍包铬复合粉根据化学成分及粒度范围分为三个牌号 FF−Cr20−Ni−01、FF−Cr20−Ni−02、FF−Cr60−Ni−03。

3.1.2　牌号表示规则

产品的牌号以 FF−Cr××−Ni−0× 表示，其中：

FF——表示复合粉；

Cr××——表示不同铬含量；

Ni——表示包覆成分为镍；

0×——表示产品粒度规格。

3.2　化学成分

镍包铬复合粉的化学成分应符合表 1 的规定。

表 1　镍包铬复合粉化学成分

质量分数 / %

产品牌号	化学成分						
	Cr	Ni	杂质含量，不大于				
			Fe	Cu	C	S	O
FF−Cr20−Ni−01	18.0 ~ 22.0	余量	0.1	0.1	0.1	0.1	1.0
FF−Cr20−Ni−02							
FF−Cr60−Ni−03	58.0 ~ 62.0						

3.3　物理性能

镍包铬复合粉的物理性能应符合表 2 的规定。

表 2　镍包铬复合粉物理性能

产品牌号	粒度组成		流动性 / (s/50g)	松装密度 /(g/cm^3)
	粒度范围 / μm	含量 / %		
FF-Cr20-Ni-01	>109	<5	<40	>3.0
	109 ~ 45	⩾ 85		
	<45	<10		
FF-Cr20-Ni-02	>75	<5	<45	>2.9
	75 ~ 38	⩾ 85		
	<38	<10		
FF-Cr60-Ni-03	>109	<5	<50	>2.4
	109 ~ 45	⩾ 85		
	<45	<10		

3.4 外观质量

镍包铬复合粉外观应呈灰色，无目视可见的夹杂物。

4 试验方法

4.1 化学成分

4.1.1 粉末中氧含量的分析按 GB/T 5158.3 的规定进行。

4.1.2 粉末中铬含量的分析按 GB/T 4699.2 和 GB/T 6326.2 的规定进行。

4.1.3 粉末中铜含量的分析按 GB/T 6987.3 的规定进行。

4.1.4 粉末中铁含量的分析按 GB/T 223. 70 的规定进行。

4.1.5 粉末中碳含量的分析按 GB/T 21931.1 的规定进行。

4.1.6 粉末中硫含量的分析按 GB/T 21931.2 的规定进行。

4.2 物理性能

4.2.1 粉末粒度组成的测定按 GB/T 1480 的规定进行。

4.2.2 粉末松装密度的测定按 GB/T 1479.1 的规定进行。

4.2.3 粉末流动性的测定按 GB/T 1482 的规定进行。

4.3 外观质量

粉末外观质量用目视检测。

5 检验规则

5.1 检查和验收

5.1.1 产品应由供方进行检验，保证产品质量符合本标准及合同（或订货单）的规定，并填写质量证明书。

5.1.2 需方应对收到的产品按本标准的规定进行检验，如检验结果与本标准及合同（或订货单）的规定不符时，应在收到产品之日起 60 天内向供方提出，由供需双方协商解决。如需仲裁，仲裁取样在需方由供需双方共同进行。

5.2 组批

产品应成批提交验收，每批产品由同一生产工艺制取的、同一牌号的粉末混合组成。每批质量不大于1t。

5.3 检验项目及取样

产品检验项目及取样应符合表3的规定。

表3 产品的检验项目及取样规定

检验项目	取样规定	要求的章节号	试验方法的章节号
化学成分	按GB/T 5314规定进行	3.2	4.1
物理性能		3.3	4.2
外观质量		3.4	4.3

5.4 检验结果的判定

5.4.1 化学成分检验不合格，则在该批产品中另取双倍试样对该不合格项进行重复检验，若重复检验仍有结果不合格时，则判该批产品为不合格。

5.4.2 物理性能检验不合格，则在该批产品中另取双倍试样对该不合格项进行重复检验，若重复检验仍有结果不合格时，则判该批产品为不合格。

5.4.3 外观质量检验若有一桶不合格，判该批产品为不合格。

6 标志、包装、运输、贮存和质量证明书

6.1 标志

包装容器表面应标明：供方名称、产品名称、牌号、批号、重量及“防潮”字样或标志。

6.2 包装

产品用密闭的塑料容器（桶）密封包装，分1 kg、2 kg、5 kg、10 kg四种。

6.3 运输

产品运输时，应防止受潮。

6.4 贮存

产品应存放在干燥、通风和无酸碱气氛处，防止氧化。

6.5 质量证明书

每批产品应附有质量证明书，其中注明：

a) 供方名称、地址；

b) 产品名称和牌号；

c) 产品批号；

d) 净重和数量；

e) 各项检验结果和供方技术监督部门印记；

f) 本标准编号；

g) 出厂日期。

7 合同（或订货单）内容

订购本标准所列产品的合同（或订货单）应包括下列内容：

a) 产品名称；

b) 牌号；

c) 重量；

d) 本标准编号；

e) 其他。

中华人民共和国有色金属行业标准

YS/T 510—2012
代替 YS/T 510—2006

镍包氧化铝复合粉

Nickel—coated alumina composite powders

2012-12-28发布　　2013-06-01实施

前言

本标准按照GB/T 1.1—2009给出的规则起草。

本标准代替YS/T 510—2006《镍包氧化铝复合粉》。本标准与YS/T 510—2006相比，主要技术变化如下：

——减少了牌号种类，修改了牌号表示方法；

——增加了各种杂质元素各自含量的检测；

——增加了镍含量的检测，删除了氧化铝的成分检测；

——修改了粒度范围；

——删除了包覆层完整程度的检测。

本标准由全国有色金属标准化技术委员会(SAC/TC 243)归口。

本标准起草单位：北京矿冶研究总院、西安宝德粉末冶金有限责任公司。

本标准主要起草人：李振铎、万伟伟、周恒、于月光、任先京、董领峰、章德铭。

本标准所代替标准的历次版本发布情况为：

——GB/T 3990—1983；

——YS/T 510—2006。

1　范围

本标准规定了镍包氧化铝复合粉的要求、试验方法、检验规则及标志、包装、运输、贮存、质量证明书和合同（或订货单）内容。

本标准适用于热喷涂用加压氢还原法生产的镍包氧化铝复合粉。

2　规范性引用文件

下列文件对于本文件的应用是必不可少的。凡是注日期的引用文件，仅注日期的版本适用于本文件。凡是不注日期的引用文件，其最新版本（包括所有的修改单）适用于本文件。

GB/T 223.5　钢铁　酸溶硅和全硅含量的测定　还原型硅钼酸盐分光光度法

GB/T 223.25　钢铁及合金化学分析方法　丁二酮肟重量法测定镍量

GB/T 223.70　钢铁及合金　铁含量的测定　邻二氮杂菲分光光度法

GB/T 1479.1　金属粉末　松装密度的测定　第1部分：漏斗法

GB/T 1480　金属粉末　干筛分法测定粒度

GB/T 1482　金属粉末　流动性的测定　标准漏斗法（霍尔流速计）

GB/T 5314　粉末冶金用粉末　取样方法

GB/T 20975.3　铝及铝合金化学分析方法　第 3 部分：铜含量的测定

GB/T 21931.1　镍、镍铁和镍合金　碳含量的测定　高频燃烧红外吸收法

GB/T 21931.2　镍、镍铁和镍合金　硫含量的测定　高频燃烧红外吸收法

3　要求

3.1　产品分类

3.1.1　牌号

镍包氧化铝复合粉根据镍含量分为三个牌号 FF−Al_2O_3−Ni75、FF−$A1_2O_3$−Ni55、FF−$A1_2O_3$−Ni35。

3.1.2　牌号表示规则

FF 表示复合粉；

Al_2O_3 表示氧化铝；

Ni75、Ni55、Ni35 表示镍含量。

3.2 化学成分

镍包氧化铝复合粉的化学成分应符合表 1 的规定。

表 1　镍包氧化铝复合粉化学成分

产品牌号	化学成分（质量分数）/%						
	Al_2O_3	Ni	杂质含量，不大于				
			Fe	Cu	C	S	Si
FF−Al_2O_3 −Ni75	余量	75 ～ 80	0.5	0.1	0.3	0.1	0.1
FF−Al_2O_3−Ni55	余量	55 ～ 60	0.5	0.1	0.3	0.1	0.1
FF−Al_2O_3−Ni35	余量	35 ～ 40	0.5	0.1	0.3	0.1	0.1

3.3 物理性能

镍包氧化铝复合粉的物理性能应符合表 2 的规定。

表 2　镍包氧化铝复合粉物理性能

产品牌号	粒度组成 /%			流动性 /(s/50g)	松装密度 /(g/cm^3)
	＞ 106 μm	106 μm ～ 45 μm	＜ 45 μm		
FF−Al_2O_3−Ni75	<5	⩾ 85	<10	<35	>2.3
FF−Al_2O_3−Ni55	<5	⩾ 85	<10	<40	>1.4
FF−Al_2O_3−Ni35	<5	⩾ 85	<10	<45	>1.2

3.4 外观质量

镍包氧化铝复合粉外观应呈灰色或浅灰色，无目视可见的夹杂物。

4 试验方法

4.1 产品中硅含量的分析方法按 GB/T 223.5 的规定进行。

4.2 产品中镍含量的分析方法按 GB/T 223. 25 的规定进行。

4.3 产品中铜含量的分析方法按 GB/T 20975.3 的规定进行。

4.4 产品中铁含量的分析方法按 GB/T 223. 70 的规定进行。

4.5 产品中碳含量的分析方法按 GB/T 219 31.1 的规定进行。

4.6 产品中硫含量的分析方法按 GB/T 21931.2 的规定进行。

4.7 产品粒度组成的测定按 GB/T 1480 的规定进行。

4.8 产品松装密度的测定按 GB/T 1479.1 的规定进行。

4.9 产品流动性的测定按 GB/T 1482 的规定进行。

4. 10 产品外观质量用目视检测。

5 检验规则

5.1 检查和验收

5.1.1 产品应由供方进行检验，保证产品质量符合本标准及合同（或订货单）的规定，并填写质量证明书。

5.1.2 需方应对收到的产品按本标准的规定进行检验，如检验结果与本标准及合同（或订货单）的规定不符时，应在收到产品之日起 60 天内向供方提出，由供需双方协商解决。如需仲裁，仲裁取样在需方由供需双方共同进行。

5.2 组批

产品应成批提交验收，每批产品由同一生产工艺制取的、同一牌号的粉末混合组成。每批重量不超过 1t。

5.3 检验项目及取样

产品的检验项目及取样应符合表 3 的规定。

表 3 产品的检验项目及取样规定

检验项目	取样规定	要求的章节号	试验方法的章节号
化学成分	按 GB/T 5314 规定进行	3.2	4.1、4.2、4.3、4.4、4.5、4.6
物理性能	按 GB/T 5314 规定进行	3.3	4. 7、4. 8、4. 9
外观质量	按 GB/T 5314 规定进行	3.4	4.10

5.4 检验结果判定

5.4.1 化学成分检验不合格，则在该批产品中另取双倍试样对该不合格项进行重复检验，若重复检验仍有结果不合格时，则判该批产品为不合格。

5.4.2 物理性能检验不合格，则在该批产品中另取双倍试样对该不合格项进行重复检验，若重复检验仍有结果不合格时，则判该批产品为不合格。

5.4.3 外观质量检验若有一桶不合格，判该批产品为不合格。

6 标志、包装、运输、贮存和质量证明书

6.1 标志

包装容器表面应标明：供方名称、产品名称、牌号、批号、重量及“防潮”字样或标志。

6.2 包装

产品用密闭的塑料容器（桶）密封包装，分 1 kg、2 kg、5 kg、10 kg 四种。

6.3 运输

产品运输时，应防止受潮。

6.4 贮存

产品应存放在干燥、通风和无酸碱气氛处，防止氧化。

6.5 质量证明书

每批产品应附有质量证明书，其中注明：

a) 供方名称、地址；

b) 产品名称和牌号；

c) 产品批号；

d) 净重和数量；

e) 各项检验结果和供方技术监督部门印记；

f) 本标准编号；

g) 出厂日期。

7 合同（或订货单）内容

订购本标准所列产品的合同（或订货单）应包括下列内容：

a) 产品名称；

b) 牌号；

c) 重量；

d) 本标准编号；

e) 其他。

中华人民共和国机械行业标准

JB/T 11614—2013

带钢连续退火炉辊热喷涂涂层　技术条件

Specifications of thermal spray coatings for
hearth roll of continuous annealing line

2013-12-31 发布　　2014-07-01 实施

前言

本标准按照 GB/T 1.1—2009 给出的规则起草。

本标准由中国机械工业联合会提出。

本标准由全国金属与非金属覆盖层标准化技术委员会（SAC/TC57）归口。

本标准起草单位：上海宝钢工业技术服务有限公司、北京华德星科技有限责任公司。

本标准主要起草人：谭兴海、蒋振华、李益明、黄小鸥。

本标准为首次发布。

1　范围

本标准规定了带钢连续退火炉辊热喷涂涂层加工与修复的技术要求，以及炉辊的包装运输和贮存要求。

本标准适用于带钢连续退火炉辊热喷涂涂层。

2　规范性引用文件

下列文件对于本文件的应用是必不可少的。凡是注日期的引用文件，仅注日期的版本适用于本文件。凡是不注日期的引用文件，其最新版本（包括所有的修改单）适用于本文件。

GB/T 983 不锈钢焊条

GB/T 1220 不锈钢棒

GB/T 1221 耐热钢棒

GB/T 6557 挠性转子的机械平衡的方法和准则

GB/T 8642 热喷涂　抗拉结合强度的测定

GB/T 9790 金属覆盖层及其他有关覆盖层　维氏和努氏显微硬度试验

GB/T 11373 热喷涂金属件表面预处理通则

GB/T 11374 热喷涂涂层厚度的无损测量方法

GB/T 17721 金属覆盖层　孔隙率试验　铁试剂试验

GB/T 19356 热喷涂　粉末　成分和供货技术条件

JB/T 9218 无损检测　渗透检测

3 术语和定义

下列术语和定义适用于本文件。

3.1 炉辊 hearth roll

在带钢连续退火生产线和连续热镀锌生产线上退火炉中工作的辊，主要由轴头、辊身和喇叭口组成。高温炉辊工作温度在 850℃ ~ 1000℃范围，中温炉辊工作温度则低于 850℃。

3.2 轴头 shaft head

处于辊子两侧用于支撑辊子的部位。

3.3 辊身 the barrel of roll

处于辊子中间用于支撑和传输带钢的部位。

3.4 喇叭口 conical part

处于辊身和轴头之间用于连接辊身和轴头的部位。

3.5 辊面 the surface of roll

指炉辊的表面，辊面是与带钢直接接触的部位，也是工件喷涂的主要区域。

4 炉辊热喷涂前加工与修复要求

4.1 炉辊制造材料

制造炉辊所采用不锈钢材料和更换材料应符合 GB/T 1220 和 GB/T 1221 的规定。用户有特定要求的按用户要求。

4.2 轴头及轴头焊缝喷涂前加工要求

炉辊辊体与喇叭口、喇叭口与轴头通常采用焊接方式结合。在修复过程中应对损坏的轴头进行堆焊以恢复轴头的尺寸精度，达到图样所规定的尺寸精度和几何公差要求。

尺寸不符合图样设计或用户要求的轴头，必须进行堆焊修复以满足图样要求的尺寸精度和几何公差要求。堆焊或焊接所用材料须符合 GB/T 983 的标准规定，焊丝符合 AWS A5.9 的标准规定；焊接过程操作安全及参与施工人员应符合国家相关规定。

轴头和焊缝按 JB/T 9218 规定的着色检测或超声检测进行检查。焊缝外观表面必须经目测检查，不允许存在任何凹坑、气孔、夹渣、未熔合、锈蚀、划痕等表面缺陷。

4.3 辊面喷涂前技术要求

喷涂前辊面技术要求如下：

——辊面尺寸精度和几何公差要求符合设计图样要求。

——辊面非焊接区域按 JB/T 9218 进行检测，应无裂纹；辊面焊接区域缺陷的一般规定：线性缺陷长度必须小于 3mm 及点状缺陷最大尺寸必须小于 ϕ1mm。

——辊面铸造缺陷一般规定：表面针孔最大尺寸在 0.1mm ~ 0.3mm 范围内的单个缺陷，$10 \times 10cm^2$ 面积内不得多于 3 个及整个辊面不得超过 20 个；整个辊面不允许有最大尺寸大于 0.3mm 的单个表面针孔缺陷；用户有特殊规定的，由供需双方协商确定。

——炉辊辊面喷砂粗化前表面粗糙度 *Ra* 应不大于 0.8μm

——辊面无磨痕（砂轮导程印或振动纹）、擦伤、凹坑等缺陷，辊子无油脂污物等。

——用户规定的其他技术要求。

5 炉辊热喷涂涂层及后处理要求

5.1 热喷涂材料

炉辊热喷涂涂层应能够满足带钢连续退火炉辊的工况需要，热喷涂粉末应符合 GB/T 19356 的规定。通常中温炉辊可采用 $75Cr_3C_2$–25NiCr 系列，高温炉辊可采用 MCrA1Y+n%Al_2O_3 系列（按不同机组的需求，n=10 ~ 50 之间选用）。用户有特殊要求的按用户要求选用。

5.2 热喷涂前表面预处理要求

喷涂前表面预处理要求符合 GB/T 11373。

5.3 热喷涂施工要求

喷涂过程操作安全及喷涂操作人员应符合国家相关规定。

5.4 热喷涂涂层技术要求

炉辊热喷涂涂层及性能应符合以下技术要求：

——目检有效表面，应色调均一，不允许有龟裂、结瘤（节状或粒状颗粒物）、结合力不牢（起皮等）及异物的附着或其他对使用上有害的缺陷；

——辊面尺寸精度和几何公差应符合设计图样要求（检验方法见 6.6）；

——涂层封孔处理后，孔隙率≤ 1.5%（试验方法见 6.4）；

——涂层厚度应满足图样要求，原则上不超过 0.2 mm（试验方法见 6.1）；

——涂层结合强度≥ 50 MPa（试验方法见 6.2）；

——高温炉辊涂层硬度不低于 $700HV_{0.3}$，中温炉辊涂层硬度不低于 $800HV_{0.3}$（试验方法见 6.5）；

——涂层表面粗糙度应达到设计图样要求或需方的规定要求（检验方法见 6.6）；

——良好的抗热震性能：热震试验 20 次，喷涂层不允许有龟裂、剥落或翘起等缺陷（试验方法见 6.3）；

——用户规定的其他要求，由供需双方协商确定。

5.5 炉辊喷涂后处理加工要求

5.5.1 辊面抛磨或研磨

炉辊喷涂后涂层表面通常应进行抛磨或研磨加工，其要求是去除涂层表面尖峰粒子、控制辊面粗糙度以达到设计图样要求或需方的规定要求。

5.5.2 涂层封闭

炉辊经喷涂后加工，可对涂层进行封孔处理，封孔剂应具有足够的渗透性和高温稳定性。通常可采用陶瓷类材料对涂层进行封闭处理，即在常温状态下，将封孔剂均匀涂敷已喷涂辊面，在空气中晾干后，随后进炉进行热处理。

5.5.3 动／静平衡

炉辊按 GB/T 6557 的规定进行动／静平衡试验，控制精度≤ G2.5。如有特殊要求，应按图样或用户要求执行。

注： 配重材料应选用与工件相同的材料，补偿位置应根据辊子的结构合理布置。不允许堵塞辊子出气孔，对较大的配重，中间应该有气孔。

5.5.4 工序间转运要求

炉辊在整个修复过程的工序间转运中，必须对辊面与轴头进行工艺性保护。特别是在预处理后，工艺性保护必须考虑保持辊面清洁，以防油脂、灰尘等污物粘附辊面，影响辊面质量。吊装时，应使用尼龙吊索，在吊索处用橡胶垫保护，不允许吊索直接或间接吊辊面部位，以防止吊索上油污粘附辊面。辊子应放置在有橡胶防护的转运架上，橡胶表面不得有铁屑等杂物。在运输、转运过程中，要使用专用转运架，防止在整个吊装、转运过程中发生磕碰伤、擦伤等情况。

6 试验方法

6.1 热喷涂层厚度

测量热喷涂涂层厚度的试样必须与所喷涂工件在相同的设备和工艺条件下或随工件进行喷涂，采用 GB/T 11374 规定的方法测量。

6.2 结合强度

按照 GB/T 8642 的规定制作试样，并按照 GB/T 8642 规定的方法进行检测。

6.3 热震性能

用制品为试样，或采用同等材质，与制品同等工艺的条件下制备试样。试样尺寸为 50mm × 50mm × 5mm，进行热震试验。加热炉为温度波动范围 ±5% 的电阻炉。将试样放置在不锈钢支架或网上，一起放入加热炉加热，到设定温度（试验温度为 1000℃）后保温 10min，然后取出，置于常温(20℃ ±5℃)下的清水中急冷。目测或用 40 倍放大镜观察试样表面状况，要求无涂层脱落或裂纹等热震损伤。

6.4 孔隙率

对与喷涂工件同步处理的试片显微金相照相，采用图像面积法来获得孔隙率，或者按 GB/T 17721 规定的孔隙率铁试剂试验进行测量。

6.5 显微硬度

按照 GB/T 9790 的规定进行试验。

6.6 辊面尺寸精度、几何公差及粗糙度检查

辊面尺寸精度测量方法：辊面长度方向均分 5 个截面，每截面取两相互垂直直径进行测量，测量结果必须满足图样要求。

辊面几何公差测量方法：辊面长度方向均分 3 个或 5 个截面，测量每截面的跳动值，测量结果必须满足图样要求。

辊面粗糙度测量方法：辊面长度方向均分 5 个截面，每截面均分取三点进行测量，测量结果必须满足图样要求。

注：本标准给出的以上测量方法为一般性要求，实际施工时可与用户协商而定。

7 包装、运输、贮存和质量证明书

7.1 质量证明书

每批产品应附有质量证明书，应用塑料袋封装，以防损坏，并装入箱内。质量证明书上注明：

a) 执行本标准号；

b) 用户名称或代号；

c) 产品名称及合同号；

d) 产品牌号、规格和状态；

e) 批号；

f) 数量（件数或净重）；

g) 产品标准牌号；

h) 供方名称或编号；

i) 本标准中第 6 章规定的各项分析检验结果；

j) 生产日期（或包装日期）。

7.2 标志牌

每个包装箱上都应有明显牢固的标志牌，内容包括：

a) 执行本标准编号；

b) 产品名称；

c) 制造厂名；

d) 产品外形尺寸，单位为毫米 (mm)；

e) 喷涂层主要成分；

f) 批号；

g) 产品重量；

h) 数量（或件数）；

i) 生产日期。

7.3 包装、运输和贮存

7.3.1 防划伤包装

7.3.1.1 第一层用牛皮纸包装，毛面向内，光面朝外，用粘性胶带纸固定。

7.3.1.2 第二层用毛毯或类似柔性软包装并固定。

7.3.1.3 包装箱内必须单件分隔包装后固定好，箱上应有“易碎”品标志。无法用木箱和集装箱保护的工件，必须单独做固定架。

7.3.1.4 包装好的工件放置时，不允许任何硬物接触工件涂层表面，以防止工件表面磨损或压伤。

7.3.2 运输

运输用木箱或集装箱运输，如无法用木箱和集装箱保护的工件，必须固定，并防止异物碰伤涂层。

7.3.3 贮存

包装好的工件，应放置在不会被污染、碰伤的地方。用户有特殊要求时，在订货协议中注明，并按订货协议执行。

中华人民共和国机械行业标准

JB/T 11615—2013

锅炉炉管电弧喷涂技术规范

The technology specification of arc spraying for boiler’s tubes

2013-12-31 发布　　2014-07-01 实施

前言

本标准按照 GB/T 1.1—2009 给出的规则起草。

本标准由中国机械工业联合会提出。

本标准由全国金属与非金属覆盖层标准化技术委员会（SAC/TC57）归口。

本标准起草单位：江西恒大高新技术股份有限公司、武汉材料保护研究所、北京工业大学、北京矿冶研究总院。

本标准主要起草人：李建敏、陈丽、伍建华、蒋建敏、宋希建、贾建新、段智、赵韩飞、陈惠国。

本标准为首次发布。

1　范围

本标准规定了锅炉炉管（如煤粉锅炉和循环流化床锅炉装置中的水冷壁管、过热器管、再热器管、省煤器管等受热面）在高温环境下工作的管表面热喷涂施工技术要求和检测方法。

本标准适用于锅炉炉管的管表面热喷涂。

2　规范性引用文件

下列文件对于本文件的应用是必不可少的。凡是注日期的引用文件，仅注日期的版本适用于本文件。凡是不注日期的引用文件，其最新版本（包括所有的修改单）适用于本文件。

GB/T 223.9　钢铁及合金　铝含量测定　铬天青 S 分光光度法

GB/T 223.11　钢铁及合金　铬含量测定　可视滴定或电位滴定法

GB/T 1031—2009　产品几何技术规范(GPS)表面结构轮　廓法表　面粗糙度参数及其数值

GB/T 6060.3—2008　表面粗糙度比较样块　第 3 部分：电火花、抛（喷）丸、喷砂、研磨、锉、抛光加工表面

GB/T 8642　热喷涂　抗拉结合强度的测定

GB/T 8923.1—2011　涂覆涂料前钢材表面处理　表面清洁度的目视评定　第 1 部分：未涂覆过的钢材表面和全面清除原有涂层后的钢材表面的锈蚀等级和处理等级

GB/T 9790　金属覆盖层及其他有关覆盖层　维氏和努氏显微硬度试验

GB/T 11373　热喷涂金属件表面预处理通则

GB/T 11374　热喷涂涂层厚度的无损测量方法

GB 11375—1999　金属与其他无机覆盖层　热喷涂　操作安全

GB/T 12608　热喷涂火焰和电弧喷涂用线材、棒材和芯材　分类和供货技术条件

GB/T 13277.1—2008　压缩空气　第1部分：污染物净化等级

GB 15579.1—2004　弧焊设备　第1部分：焊接电源

GB/T 17850.1　涂覆涂料前钢材表面处理　喷射清理用非金属磨料的技术要求导则和分类

GB/T 18719　热喷涂　术语、分类

GB/T 18838.3　涂覆涂料前钢材表面处理　喷射清理用金属磨料的技术要求　第3部分：高碳铸钢丸、铸钢砂

GB/T 18838.4　涂覆涂料前钢材表面处理　喷射清理用金属磨料的技术要求　第4部分：低碳铸钢丸

GB/T 19824　热喷涂　热喷涂操作人员考核要求

GB/T 20019　热喷涂　热喷涂设备的验收检查

GB/T 29037—2012　热喷涂　抗高温腐蚀和氧化的保护涂层

DL/T 1035.2—2006　循环流化床锅炉检修导则　第2部分：锅炉本体检修

DL/T 1035.5—2006　循环流化床锅炉检修导则　第5部分：耐火防磨层检修

3　术语和定义

GB/T 18719界定的术语和定义适用于本文件。

4　基本要求

4.1　外部条件

4.1.1　基体

喷涂防护的部位，可参照DL/T 1035.2—2006、DL/T 1035.5—2006中表1和表2的要求，做好检查和准备工作。更换钢管的焊接部位需满足相关的焊接质量要求，同时要清理表面残留的焊接飞溅物、焊渣或其他对防护涂层有影响的缺陷。

4.1.2　装备

进入施工现场的施工机械，必须满足GB 15579.1、GB/T 20019对设备基本性能的要求。确保能在要求的范围内控制和调节喷涂工艺参数，保证喷涂过程的稳定性。特殊装备的性能由供需双方协商确定。

4.1.3　人员

参与热喷涂涂层施工的人员要满足GB/T 19824规定的条件要求，同时具备良好的身体素质。

4.2　磨料

喷砂磨料种类应符合GB/T 17850.1、GB/T 18838.3和GB/T 18838.4的要求。

4.3　喷涂丝材

电弧喷涂使用的涂层材料应符合GB/T 12608的规定，在特殊腐蚀环境下涂层材料的选择可参照GB/T 29037—2012中表1的要求和处理方法进行。

本标准未包含的其他特殊情况下喷涂材料选择由供需双方协商确定。

4.4 压缩空气

喷涂用压缩空气应清洁、干燥、无油；压缩空气应符合 GB/T 13277.1—2008 规定的湿度等级 3 级、含油等级 1 级水平。喷枪入口端压力不得小于 0.5 MPa。

4.5 施工环境

管受热面喷砂或喷涂作业时，管基体表面温度应高于其露点 3℃以上，空气湿度小于 80%，管表面为干燥状态方可进行喷砂工作。在环境空气湿度大于 80%，应采用供暖或输入净化干燥的空气等措施改善管表面温度和空气湿度，以满足施工环境的要求。

在有雨、雾、雪、风沙和较大的灰尘时，禁止户外喷砂、喷涂作业。

电弧喷涂作业时，必须保证施工区域具有良好通风，防止粉尘对喷涂涂层的污染。

4.6 喷砂操作

喷砂操作工应按 GB/T 19824 的要求进行考核，合格后方可进行喷砂作业。

喷砂时枪头与工作部位应保持 60 °～ 80 °夹角，距离在 100 mm ～ 300 mm 之间。为避免喷砂对管壁损伤或过量磨损；喷砂时不允许将喷砂枪头近距离和长时间对准管壁的一个部位。

4.7 喷涂操作

按喷涂丝材来选择相应的喷涂工艺参数，在对需防护部位喷涂之前，应进行试喷涂，并确定优化的喷涂工艺参数。

电弧喷涂时喷枪尽可能垂直于需喷涂的管壁表面。喷涂距离为 150mm ～ 250mm；喷枪移动速度为 0.3m/s ～ 0.5m/s。

喷涂作业过程中应保持喷涂工艺参数的稳定性，当喷涂粒束出现间断或其他可能影响涂层质量的情况时应停止喷涂，待排除故障后再继续喷涂。

喷涂作业中涂层如出现起皮或开裂现象，应停止喷涂，查清原因。若为喷涂工艺造成的起皮、开裂，调整工艺，并对起皮、裂纹部位用打磨机打磨好过渡坡度后重新喷砂处理，再继续喷涂。

5 过程质量要求

5.1 喷砂后基体表面

5.1.1 清理等级

喷砂后表面应呈现一致的金属本色，其除锈等级应达到 GB/T 8923.1 规定的 Sa3 级要求。

5.1.2 粗糙度

喷砂表面粗糙度采用标准喷砂样块进行对比检测，工件表面粗糙度应达到标准样块的粗糙度水平。或用粗糙度仪测量，粗糙度应达到 GB/T 1031—2009 中规定的 *Rz*（25 μm ～ 100 μm）要求。

制作的样块按照 GB/T 8923.1 进行等级划分、按 GB/T 6060.5 的规定确定样块的粗糙度。

5.1.3 喷砂后停留时间

管面喷砂后应尽快进行电弧喷涂，在环境空气湿度低于 80% 时，其停留时间不得超过 9h；在有盐雾或含硫气氛的环境下，其停留时间不得超过 2h。

5.2 涂层及性能

5.2.1 打底涂层

当工作涂层与管壁表面结合能力无法满足设计要求时，可使用自粘接金属丝进行电弧喷涂打底层，打底层应均匀覆盖需喷涂的基体表面、且无大颗粒飞溅物，打底层厚度为0.08 mm ~ 0.12 mm。

5.2.2 工作涂层

工作涂层材料成分及要求遵循GB/T 12608和GB/T 29037的说明，或供需双方依据实际情况确定喷涂丝材，工作涂层厚度可参考附录A的提示或供需双方的协商确定。

喷涂的工作涂层性能见表1。

表1 喷涂工作涂层的技术要求

项目	技术要求		试验方法或标准
外观	面层表面色泽基本一致，且平整无凹凸现象，不允许有龟裂、脱皮及粗大的熔粒，涂层与管壁边沿过渡应平滑无凸台		目测
厚度	0.2 mm ~ 1.2 mm(厚度选择参见附录A)		见6.1
结合强度	≥ 30 MPa		见6.3
耐磨涂层硬度	≥ 600 $HV_{0.3}$		见6.4
孔隙率	3% ~ 8%		见6.5
耐蚀涂层成分	参照GB/T 29037说明测定铬、铝含量		见6.6
涂层的热震次数	抗磨损涂层	≥ 5次	见6.7
	抗腐蚀涂层	≥ 15次	

5.2.3 喷涂层封闭

工作涂层喷涂完毕后，根据供需双方协商约定涂刷封孔剂，其涂料涂层厚度除双方特别约定外，一般可选择控制在0.1 mm ~ 0.8 mm之间(见附录A)。

6 涂层检测与试验方法

6.1 厚度

在磁性基体上喷涂的非磁性涂层厚度按GB/T 11374规定的方法进行测量，磁性材料涂层使用超声波法测量厚度。

6.2 检测样块的制备

样块的规格和数量，按照相关检测标准的要求确定。

样块的喷砂和喷涂的工艺参数应与现场管壁的喷涂工艺参数一致。

6.3 结合强度

按照GB/T 8642的规定进行涂层结合强度的测量。其样块材料与GB/T 8642不一致时，由供需双方协商约定。

6.4 显微硬度

按GB/T 9790的规定进行检测。

6.5 孔隙率

通过该涂层同步试样显微金相照片，采用图像面积法来获得涂层孔隙率。

6.6 涂层材料铬与铝成分测量

按照GB/T 223.9的规定对喷涂丝材进行铝含量测定。

按照 GB/T 223.11 的规定对喷涂丝材进行铬含量测定。

其测得的铝、铬含量应不小于 GB/T 29037 提示的腐蚀环境下要求的喷涂材料铝、铬含量要求。

6.7 涂层抗热震试验

涂层的抗热震试验按照下述方法进行试验，其中耐蚀涂层的试验次数为 15 次、耐磨涂层的试验次数为 5 次。完成相应的试验次数后，涂层不允许有裂纹、剥落和起皮等现象。

试验方法：用与炉管一致的基板和现场喷涂工艺参数一致的条件制备样块，样块的规格为 100mm × 50mm × 5mm。样块涂层厚度与炉管的涂层厚度一致，厚度偏差 ±0.05mm。加热炉为温度波动范围 ±5% 的电阻炉。将样块放置在不锈钢支架或网上，一起放入电阻炉内加热，到设定温度（试验温度设定为 750℃）后保温 10min 后取出，置于常温 (20℃ ±5℃) 清水中急冷，重复试验规定的次数后，目测或使用 40 倍放大镜观察试样表面状态，要求涂层不脱落、不起翘、无可见裂纹。

7 作业安全提示

炉内炉管受热面电弧喷涂的施工，必须遵循符合当地法律法规的要求。

进入炉内的施工设备电气性能符合行业的技术规范，并遵守需方的各项安全规定。

附录 A

（资料性附录）

锅炉炉管（受热面）电弧喷涂涂层厚度参考值

本附录给出了锅炉炉管（受热面部分）电弧喷涂涂层厚度参考值（见表 A.1）。

表 A.1 锅炉炉管（受热面）电弧喷涂涂层厚度参考值

厚度 \ 程度 / 环境	轻度（腐蚀或磨损）	中度（腐蚀或磨损）	重度（腐蚀或磨损）
腐蚀环境下工作涂层厚度	0.2 mm	0.3 mm	0.4 mm
磨损环境下工作涂层厚度	0.4 mm	0.6 mm	0.8 mm

优秀企事业单位
工艺、设备、材料介绍

中国科学院上海硅酸盐研究所

中国科学院上海硅酸盐研究所等离子体喷涂实验室在丁传贤院士指导下，研究、开发、应用热喷涂技术与涂层已有50余年历史。拥有国外引进的大气、真空等离子体喷涂设备，可在真空或气氛条件下进行喷涂，同时配备六轴机械手，可喷涂形状复杂的部件和批量制备涂层。先后研制成功高温防护、耐磨抗蚀、红外辐射、电解催化、生物相容等多个涂层系列，计30余个涂层品种。共取得20余项科研成果，其中13项获得国家、中科院和上海市奖励。涂层在航天、航空、纺织、化工、机械及临床医学等行业得到较好应用。

近十余年来，上海硅酸盐研究所坚持“面向国家战略需求、面向世界科学前沿”，在涂层材料的设计与制备、表面与界面特性以及服役行为等研究方面取得较好进展。尤其在新型纳米涂层和生物活性涂层的基础性研究和开发应用方面成效显著。在国际、国内学术期刊与会议上发表学术论文二百余篇，所培养的博士研究生分别获得全国百篇优秀博士论文和宝钢奖学金等奖项。同时，研制的人工关节用真空等离子体喷涂钛和羟基磷灰石涂层已获广泛的临床应用，耐磨抗蚀涂层亦在纺织、石油化工等领域获得成功应用。

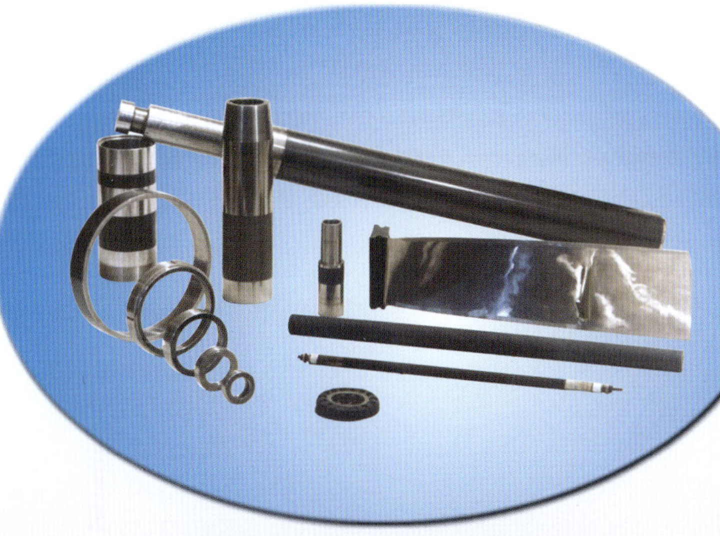

等离子体喷涂耐磨抗腐蚀涂层

上海硅酸盐研究所在热喷涂方面集科研、开发和应用于一体，拥有一支包括院士、研究员、工程师在内的强有力创新团队。

愿与国内外各界广泛合作，
共创美好未来！

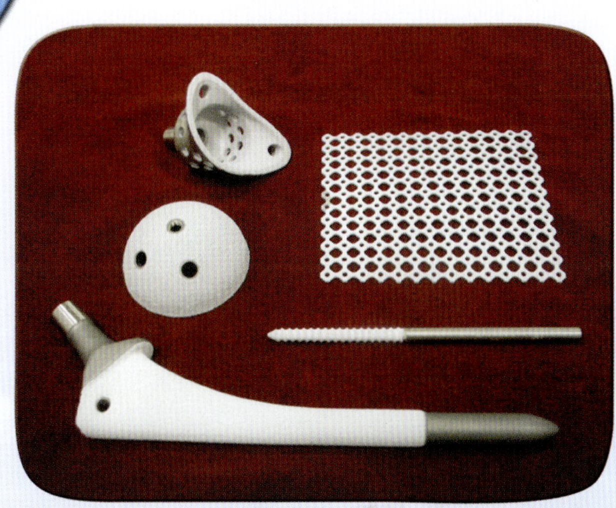

真空等离子体喷涂钛－羟基磷灰石涂层

联系人：郑学斌 博士 研究员
电话：86 21 52414104
传真：86 21 52414205
Email：xbzheng@mail.sic.ac.cn
http://www.sic.ac.cn

東華隆(廣州)表面改質技術有限公司

TOCALO & HAN TAI CO.,LTD.

广州市萝岗区永和镇禾丰二街9号511356
电话：020-82986789 / FAX: 020-82986868
URL　http://tocalo-hantai.com

在表面改质技术尖端领域发展的综合性公司

东华隆是一家在钢铁，电力，汽车，产业机械等骨干产业及至半导体，液晶，尖端医疗领域等各个领域知名的表面改质综合性公司。通过本公司的技术对各种各样的产品表面添加新的功能，提高客户产品的质量，成品率，生产效率，正在为中国产业发展做出贡献。

UL DQS Inc.
Management Systems Solutions
QUALITY SYSTEM REGISTRATION PROGRAM
ISO 9001:2000 REGISTRATION
TOCALO & HAN TAI CO., LTD.
No.9, HEFENG 2 STREET, YONGHE TOWN, LUOGANG DISTRICT, GUANGZHOU, 511356, CHINA
ISO 9000

【公司概要】

- 2005年4月成立，　2006年11月开始运作
- 资本金：　400万美金
- 合资公司资本比率　：
  70%　TOCALO　股份有限公司（日本）
  30%　汉泰科技股份有限公司（台湾）
- 员工人数　：　60名（2014年6月末为止）

安全生产标准化
证书
证书编号：(穗)AQBZ-120057
东华隆（广州）表面改质技术有限公司
为广州市安全生产标准化达标企业
有效期至：2015年04月
广州市安全生产监督管理局

【经营内容】

*根据客户要求进行表面技术的研发，设计涂层，制备，加工和后加工；热喷涂，焊接，特种陶瓷涂层
*研发和制造材料，如：硬面合金，特种陶瓷和新合金
*向中国国内用户提供上述服务并承接出口业务

董事长　北秋 广幸

Valmet
イギリス
Oerlikon Metco Coatings GmbH.
Duma-BandZink GmbH
SMS Siemag AG
ドイツ
東華隆(広州)表面改質技術有限公司
東賀隆(昆山)電子有限公司
BAOSTEEL Engineering & Technology Group Co., Ltd.
和勝金属技術有限公司
中華人民共和国
SMS Millcraft LLC
NxEdge
アメリカ合衆国
大新メタライジング株式会社
TOPWINTECH Corp.
韓国
NEIS & TOCALO (Thailand)Co., Ltd.
タイ王国
漢泰科技股分有限公司
漢泰国際電子股份有限公司
台湾
ATS Tehno Pvt. Ltd.
インド

TOCALO集团 相关公司地图

经营理念：

无论多么高端的技术最终也必定回归「人与自然的和谐」。本公司遵循创业以来从未动摇的理念，「技术和创意，朝气和热情，优质的服务」。每位员工都秉承这个理念，以共同通过表面改质技术打造美丽的地球环境为目标。

对「涂层加工产品」精益求精：

表面处理的需要根据客户的要求各不相同。东华隆提供的服务，通过正确掌握客户需要，以最适合的方案来解决问题。全部的表面涂层服务都是『量身定做』。为实现这个目的，我们不仅通过在制造现场作业，还整合经营　制造　技术的全部资源，全公司一起专心致志地提供最优秀的产品涂层加工服务。

火焰线材喷涂

火焰粉末喷涂

机 械 加 工

高速火焰喷涂

大气等离子喷涂

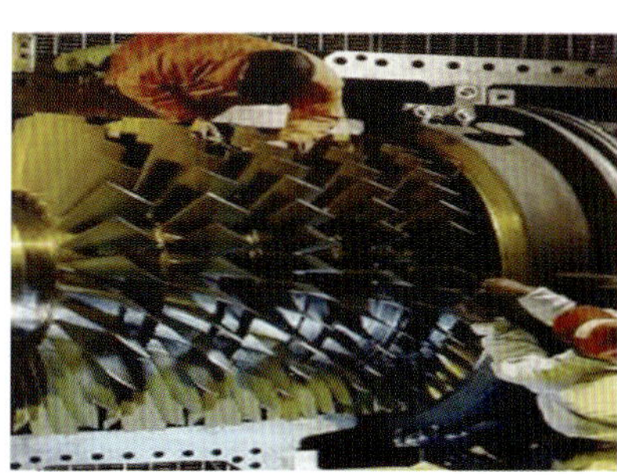

高速火焰喷涂

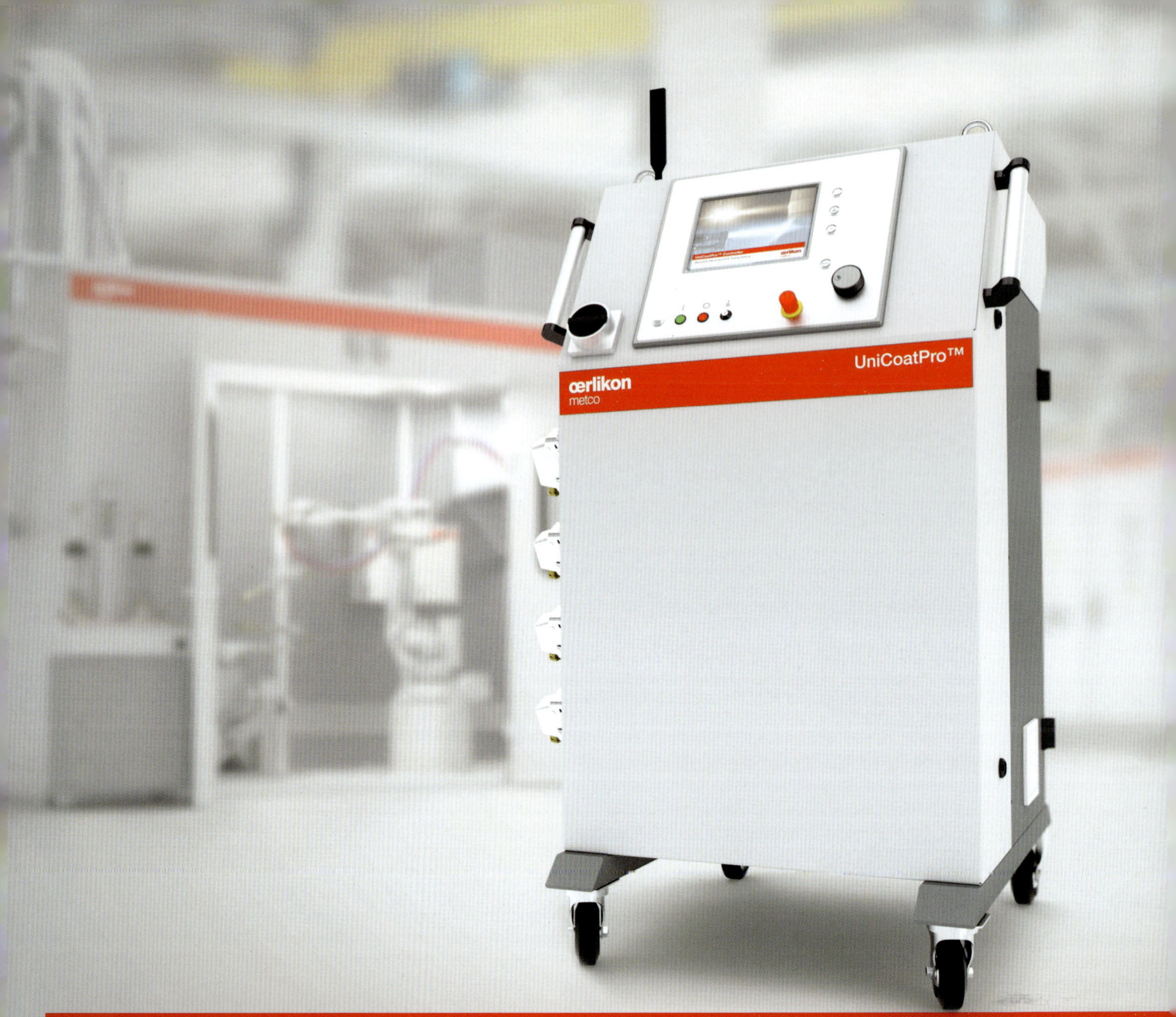

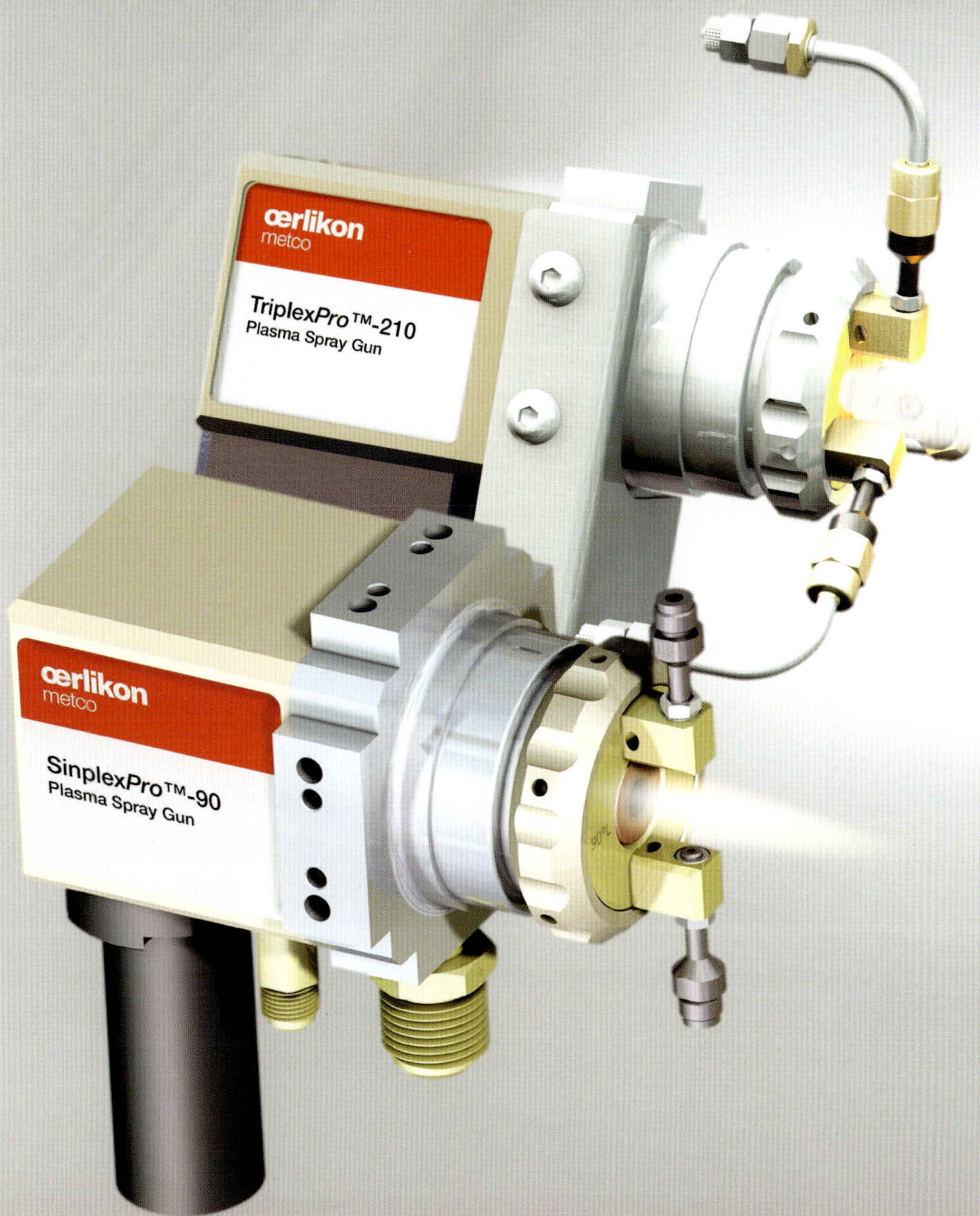

联合涂层

UNITED-COATINGS

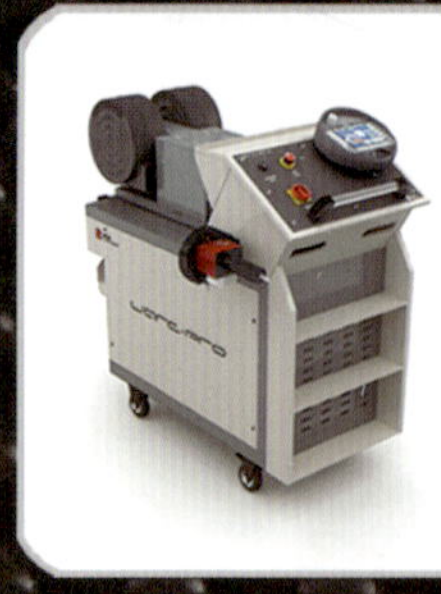
L'Arc-Pro电弧喷涂设备

公司曾实现的突破：

- 2001年－将药芯焊丝理念应用于电弧喷涂丝材的制作，大大扩展了电弧喷涂的应用领域；
- 2005年－开发出热喷涂所需要的多种外围设备，包括转台、转床、喷涂房、除尘器等；
- 2013年－开发出可喷砂、喷涂连续作业的24工位转台，实现了大批量零件的自动化喷涂；
- 2014年－开发出旋转等离子喷涂机构，有助于大批量内孔零件喷涂的自动化作业；
- 2014年－开发出代表世界最高水准的全自动、闭环控制电弧喷涂系统；
- 2014年－开发出代表世界最高水准的全自动、闭环控制、多种工艺喷涂控制系统；
- 2015年－开发出专用于靶材制造的可控气氛下的喷涂系统

等离子喷枪

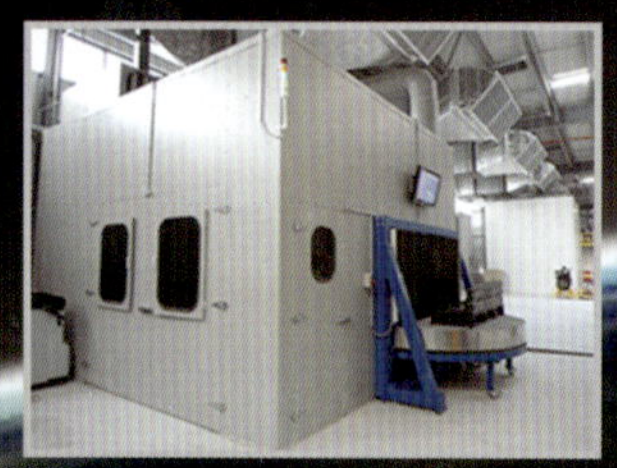
喷涂房

24工位转台

热喷涂材料

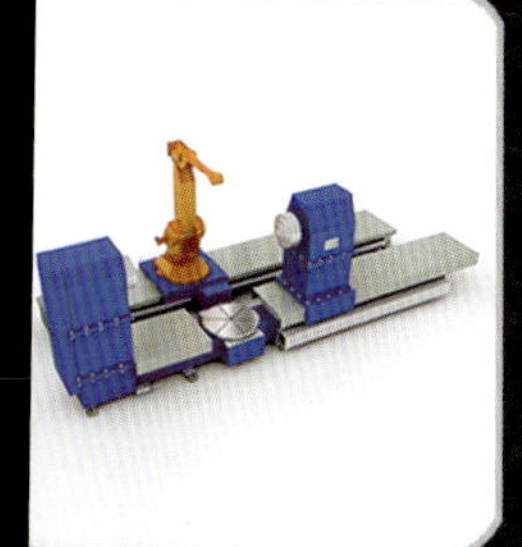

转 床

旋转等离子

转 台

L'Coat 控制柜

除尘器

北京联合涂层技术有限公司（英文简称UCT）自2015年6月18日起，承接了北京廊桥材料技术有限公司的全部热喷涂及表面工程业务，并因此成为一家覆盖热喷涂材料、设备和喷涂加工全产业链，客户涉及航空、航天、发电、汽车、冶金、石化、造纸、印刷、包装、玻璃、模具、半导体、光伏、再制造等广阔工业领域的知名热喷涂企业。北京联合涂层技术有限公司致力于通过创新思维不断开发出新的产品，提升其功能与性能，填补了一系列国内空白。联合涂层公司珍视自己的品牌和信誉，通过快捷而周到的服务为客户创造价值。

联合涂层公司也是多个国外设备和材料公司在中国的代理商，通过这些业务，我们把握着全球热喷涂发展的脉络，并以此作为契机，服务于中国的热喷涂产业。

我们的设备产品包括：

- 火焰喷涂设备及备件
- 电弧喷涂设备（单推送丝、单拉送丝、推拉送丝）
- 超音速火焰喷涂设备及备件
- 等离子喷涂设备及备件
- 转台（单工位、多工位、24工位）
- 转床（含立卧两用）
- 机械手集成（含轨道行走机械手）
- 喷涂房（对开门、L型门、墙壁可旋转 ）
- 除尘器（滤芯式含设计与安装）
- 喷砂房（含自动回砂装置）
- 自动化喷涂生产线
- 喷枪连续旋转机构

我们的材料产品包括：

- 各种打底复合材料
- 碳化钨、碳化铬基粉末
- 陶瓷粉末
- 合金粉末
- 丝材

我们的喷涂服务包括：

- 火焰喷涂、
- 电弧喷涂、
- 超音速火焰喷涂、
- 等离子喷涂、
- 冷喷涂

请用微信发现扫一扫

北京联合涂层技术有限公司

地址：北京昌平区马池口镇仁和路2号

网址：www.united-coatings.com

邮箱：info@ united-coatings.com

电话：010-52961188

传真：010-52961189

H.C. Starck at a Glance

H.C. Starck 高品质高性能的金属及陶瓷热喷涂粉末在世界范围内得到广泛的认可和应用。

H.C. Starck's unique and comprehensive product portfolio of technology metals and advanced ceramics offers an extraordinary choice worldwide.

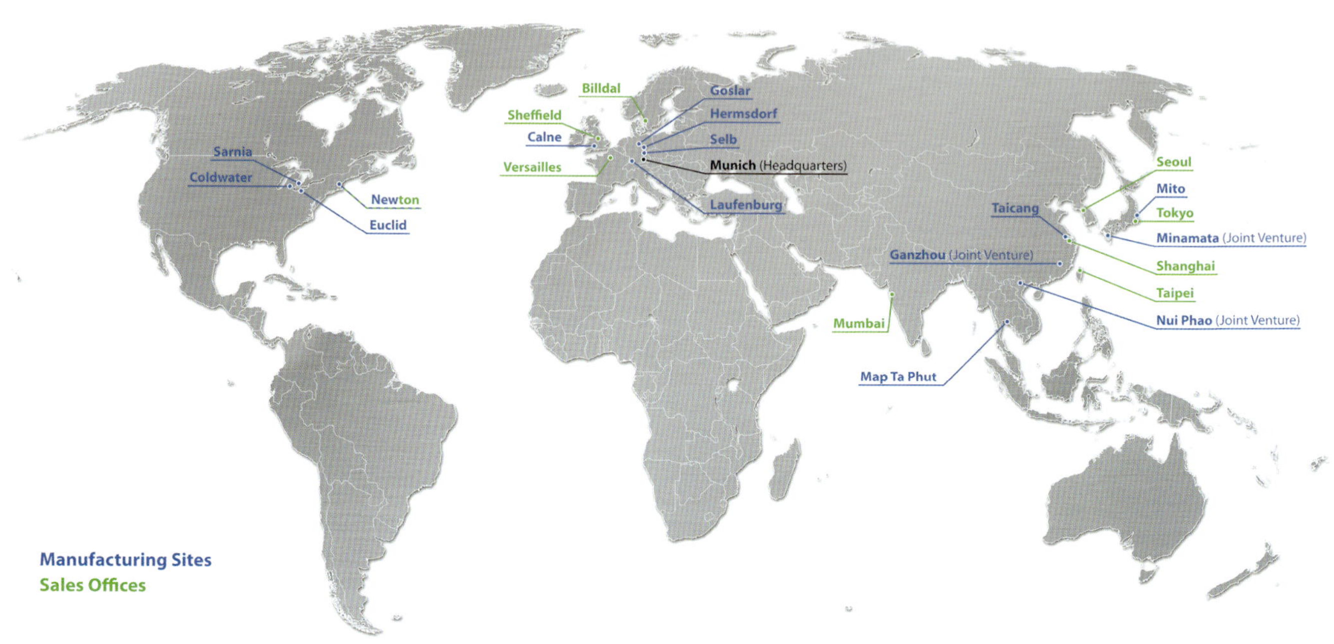

作为全球热喷涂粉末市场领域的领导品牌，德国世泰科公司以 ***AMPERIT***® 为商标生产的应用于诸多领域的高品质、可信赖的热喷涂粉末产品已有 40 多年的历史。为帮助客户在降低喷涂材料成本的同时能够获得更好的涂层质量，世泰科产品更加专注于控制粉末产品的化学组分，粒子的形态，粒径的分布。

For more than 40 years, the H.C. Starck ***AMPERIT***® brand stands for high quality and reliability in the global thermal spray powder market. We pay particular attention to the specific requirements of controlled chemistry, precisely defined grain forms and morphologies, and adjusted particle size distribution.

世泰科公司位于德国 Laufenburg 和 Goslar 的工厂具备全球领先的粉末生产设备和工艺，包括熔融，烧结，团聚，混合，包覆，气雾化，水雾化和等离子致密球化等多种工艺方法，生产数百种可用于火焰喷涂，超音速喷涂，等离子喷涂以及冷喷涂的标准粉末。

The H.C. Starck facilities in Laufenburg and Goslar in Germany exploit a number of manufacturing processes, including smelting, sintering, agglomerating, blending, cladding, gas and water atomization, and spheroidization.

作为专业、独立的热喷涂粉末供应商，世泰科具备完整的产品生产和供应链，从安全的原材料供应渠道直至高品质的粉末制备。

As an independent provider of high-performance tungsten powders and compounds, H.C. Starck offers premium quality products. We have fully integrated production chains from raw material sourcing to high-performance powders.

info@hcstarck.com
www.hcstarck.com

世泰科产品系列涵盖了热喷涂应用领域的大部分需求，主要包括用于各种防腐耐磨领域的碳化物粉末；用于各种耐磨、防腐蚀和耐高温的陶瓷粉末；高温应用领域的热障涂层粉末和 MCrAlYs 粉末；汽车工业应用领域的钼粉；以及其它纯金属粉末和合金粉末。

Our product portfolio covers the markets' needs for all major applications in Thermal Spraying: Carbides for wear and corrosion protection, Oxides for wear, chemical and heat protection, MCrAlYs for bond coats, corrosion and oxidation protection in high temperature applications, Molybdenum for industrial and automotive applications, and other pure metals and alloys.

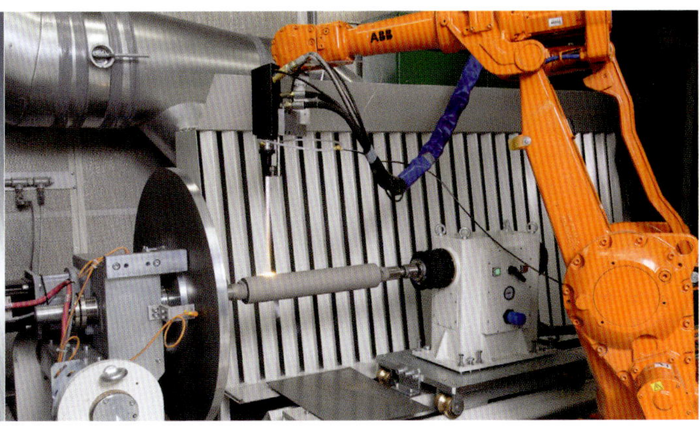

世泰科还以 ***AMPERWELD***® 为商标提供各种表面堆焊金属和合金粉末。***AMPERWELD***® 粉末专业应用于等离子堆焊、激光熔覆、钎焊等领域。世泰科 ***AMPERWELD***® 产品系列包括碳化物粉末、硼化物粉末、雾化粉末和纯金属粉末等。

世泰科位于德国的表面技术应用工程实验室拥有完整的喷涂与检测设备，具备很强的与用户合作开发以解决用户特殊应用的能力。世泰科不仅仅为客户提供高性能的热喷涂粉末，更为客户提供专业的方案咨询，合作开发独特的产品应用。世泰科可以根据客户的特殊需求，针对喷涂粉末的化学组分，粒子形态，粒径分布控制和喷涂工艺参数等方面进行研发和调整，为客户定制小批量的特殊粉末产品。在热喷涂材料和涂层应用领域，世泰科的技术专家还能够为客户提供专业的技术服务和支持。

With its brand ***AMPERWELD***®, H.C. Starck is a quality supplier of metal and nonmetal-based powders for surface welding. Each of our ***AMPERWELD***® welding powders is designed for a specific welding process like Plasma transferred arc (PTA) welding, laser cladding, brazing and cored wire production. Our range of ***AMPERWELD***® products includes Carbides and Borides, Atomized Powders and Pure Metals.

H.C. Starck has extensive knowledge in powder development and application technology. We are equipped to meet customers' specific needs and requirements thanks to our wide-ranging production capabilities such as spray laboratory and application technology department. Our competence to produce small batches for customized alloys with regard to chemistry, morphology, particle size distribution and spray behavior makes us your partner of choice in developing new solutions, even for the most demanding applications. H.C. Starck's experts provide customers with technical assistance and support, and a wealth of knowledge in materials and coating technology.

info@hcstarck.com
www.hcstarck.com

H.C.Starck

公司营销部地址：中国湖南省株洲市天元区长江北路8号保利大厦B座2504室
Sales Add: Room B-2504 Baoli Building,Changjiang North Road,Tianyuan District,Zhuzhou,Hunan,China
电话Tel：（+86）731-22461718　传真Fax：（+86）731-22460358　邮编Zip：412007

professional 专业

公司简介
company profile

株洲江钨博大硬面材料有限公司由江西稀有稀土金属钨业集团有限公司（江钨集团）和株洲博大钨业有限公司于2007年共同组建。江钨集团是具有百年悠久历史的大型国有企业，也是中国最大的以钨和稀有稀土金属的勘查、开采、冶炼、加工、贸易、装备制造于一体的集团公司。株洲博大钨业有限公司自1993年以来就致力于硬面材料的生产，产品质量稳定，工艺成熟，拥有专业的技术、生产、销售和管理团队及质量保障系统，在国内外拥有广泛、稳定的市场。

株洲江钨博大硬面材料有限公司地处湖南省株洲市炎陵县九龙经济技术开发区，主要生产各种类型的碳化钨/碳化铬系列热喷涂粉、单晶碳化钨、球型铸造碳化钨、铸造碳化钨及其焊条、喷涂钨粉、喷涂钼粉、各种碳化物等新型硬面材料产品。广泛用于石油开采、航空航天、矿山挖掘、机械工具、海洋设施等领域。公司通过ISO9001：2008质量管理体系认证，拥有自营进出口权。“博大”品牌以其优良的产品质量，诚信的服务态度得到了全球众多客户的信赖与好评。

株洲江钨博大硬面材料有限公司愿与国内外各界朋友真诚合作，共创美好未来！

Zhuzhou Jiangwu Boda Hard-facing Materials Co., Ltd is established by Jiangxi Rare Earth & Rare Metals Tungsten Group Co., Ltd.(JXTC) and Zhuzhou Boda Tungsten Industry Co.,Ltd in 2007.

JXTC group, the state-owned enterprise for centuries, is the biggest company featuring on tungsten, and set of rare earth metal exploration, mining, smelting, processing, trade, manufacturing in one.

Zhuzhou Boda Tungsten Industry Co., Ltd. has been committed to producing hard-facing materials since 1993. With professional technical production, sales and management team and quality assurance system, the products are of high technological contact and mature technology, which makes a wide range and stable market share at home and abroad.

Zhuzhou Jiangwu Boda Hard-facing materials Co., Ltd. is located in Jiulong Industry Park,Yanling, Zhuzhou, Hunan province. We mainly focus on thermal spray powder, Cast tungsten carbide and welding rod, macro tungsten carbide powder ,crystalline tungsten powder, and variety of carbide , which are widely used In pertroleum , aerospace , mine mining, machine tools , marine facilities etc.. Our company has been certified by ISO9001: 2008 quality management system certification. We own self-support right of import and export. “Boda” brand has won the trust and praise of many customers worldwide with its excellent product quality, integrity of the service attitude.

We are willing to cooperate with domestic and foreign friends to create a better future !

株洲江钨博大硬面材料有限公司

Zhuzhou Jiangwu Boda Hard-facing Materials Co., Ltd.

E-MAIL:BODA@BODAMATERIALS.COM

产品系列 Product Series

A 喷涂粉系列 Thermal spray powder

Cr3C2/NiCr → WC-Co → WC/Co/Cr → WC/CrC/Ni → WC/Ni

喷涂钼粉 → Spraying molybdenum powder

喷涂钨粉 → Spraying tungsten powder

球形硬质合金粉末 → Spherical tungsten carbide powder

B 钨系列 Tungsten series

铸造碳化钨 → Cast Tungsten carbide

球形铸造碳化钨 → Spherical Cast Tungsten carbide

单晶碳化钨 → Macro Tungsten Carbide Powder

结晶钨 → Crystalline Tungsten Powder

镍铬碳化铬

结晶钨

铸造碳化钨

单晶碳化钨

球形铸造碳化钨

铸造碳化钨显微组织

喷涂粉

碳化钨钒

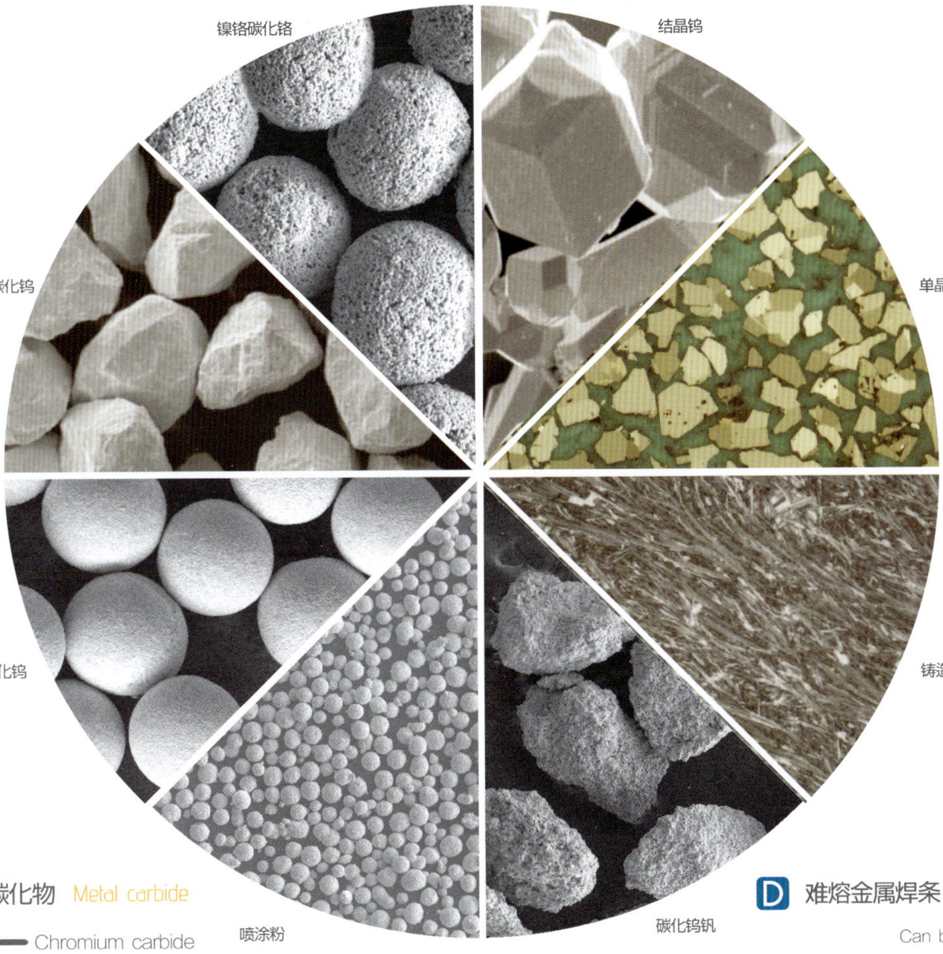

C 金属碳化物 Metal carbide

碳化铬 — Chromium carbide

碳化钛 — Titanium carbide

碳化钒 — Vanadium carbide

碳化钨钒 — Vanadium tungsten carbide

D 难熔金属焊条 Welding rod

Can be customized according to customer specific requirements

注：产品可根据客户具体要求生产

先进的设备与工艺 Equipment And Process

喷雾制粒(酒精/水) ▸ 真空烧结 ▸ 气流分级

专业的检测手段 Professional Testing

涵盖化学成分检测、原子吸收光谱、激光粒度、硬度、费氏粒度、共晶组织及粉体综合特性测试等一系列完整的检测项目。并与国家实验室长期交流，合作。

国际主流筛分检测标准

- 中国国家标准
- 美国标准
- TYLER标准

自贡长城硬面材料有限公司

ZIGONG TUNGSTEN CARBIDE CO.,LTD.

自贡长城硬面材料有限公司成立于2009年，坐落于自贡国家高新技术产业开发区，由自贡硬质合金有限责任公司与瑞士HF Technologies公司合资设立，注册资本1000万美元，拥有铸造碳化钨、喷涂粉、高温合金粉等诸多系列产品和加工应用服务，形成完整的产业链，是国内首家集硬面材料研究、生产、应用研究于一体的综合型企业。

公司拥有自主研发的包括特殊铸造碳化钨、粗晶YJ碳化钨、钨/铬基喷涂粉、高温合金等在内的多种硬面材料产品。主持编制国家标准3项，行业标准5项。现已获得国家发明专利5项，实用新型及外观设计6项。

公司产品广泛应用于航空、电力、石油、冶金、矿山、建材、粮机等行业，畅销欧美等多个国家和地区，年出口量占到总销量的60%以上是国际市场上最大的硬面材料供应商之一。

2014年 长城硬面通过AS9100C质量管理体系认证
2014年 荣获“全国有色行业先进集体”称号
2012年 粗晶YJ合金粉被授予“国家重点新产品”
2012年 长城硬面技术中心被认定为四川省企业技术中心
2011年 长城硬面被认定为国家“高新技术企业”
2009年 长城硬面通过ISO9001-2008认证 中国质量认证中心

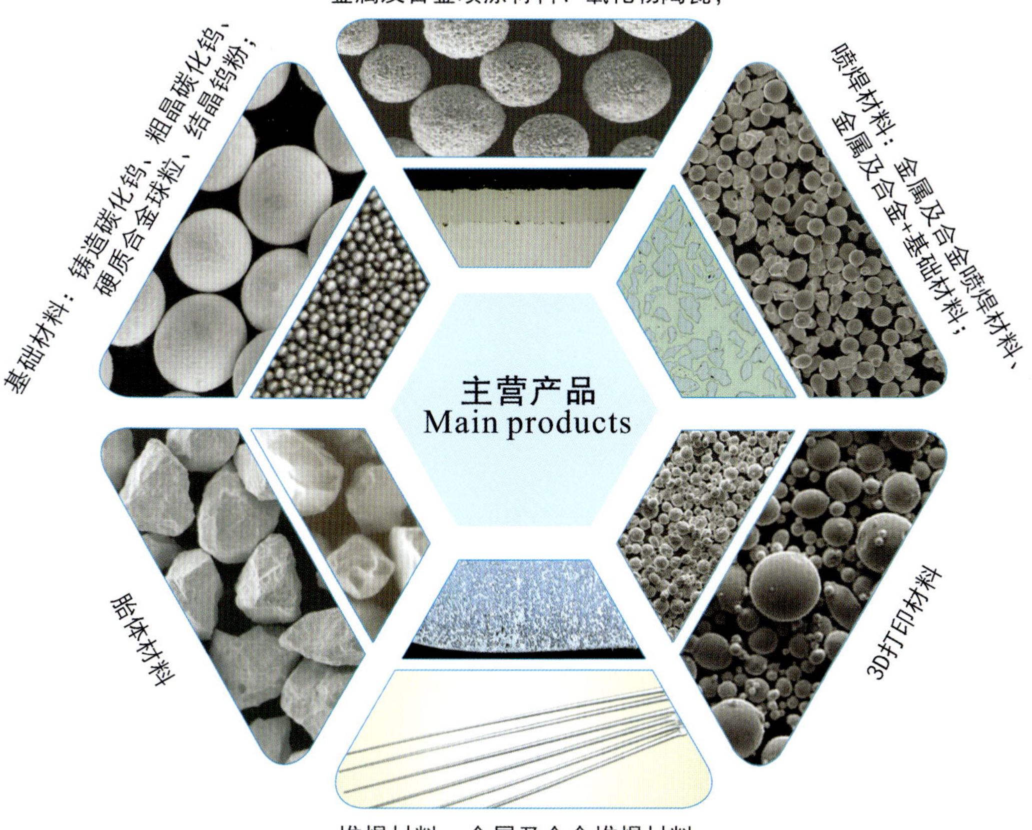

致力于打造具有世界水平的硬面材料生产研发基地

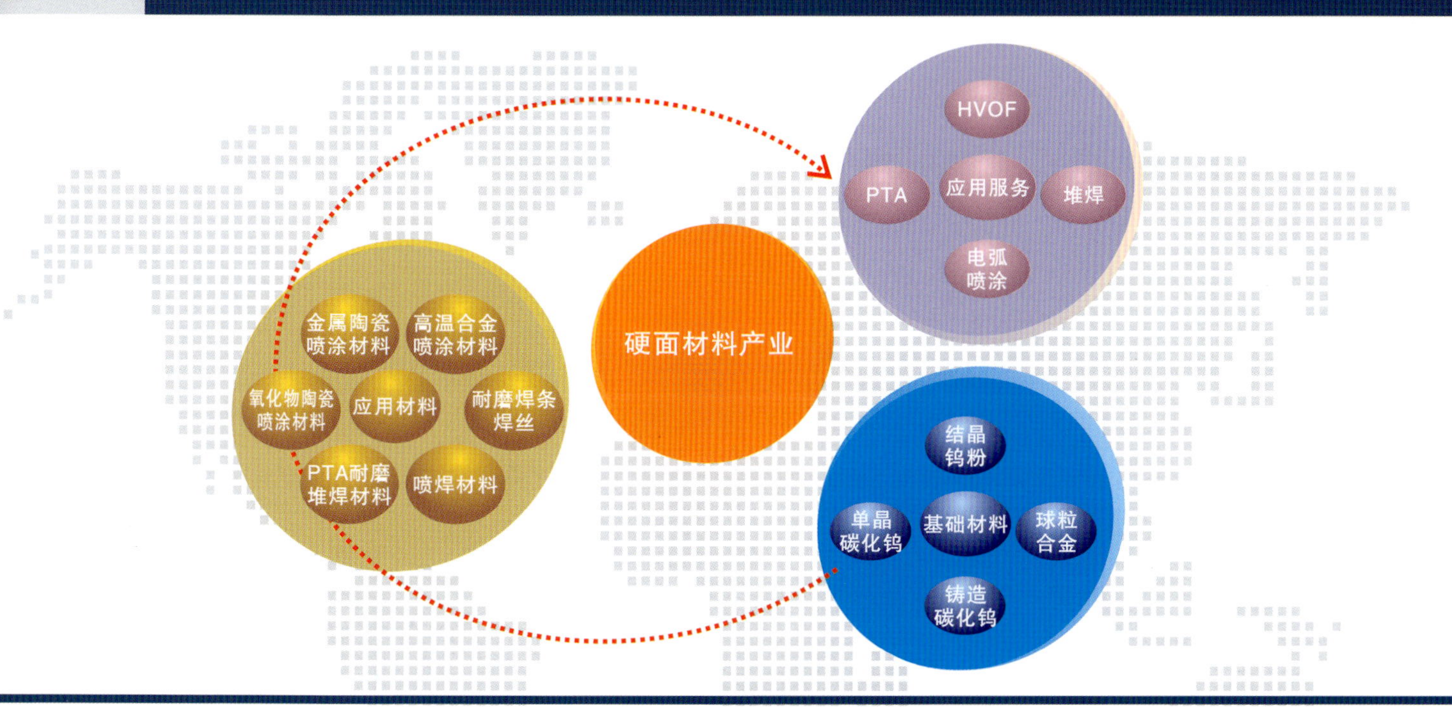

中国科学院

中国科学院金属研究所热喷涂工程实验室（暨辽宁省高性能热喷涂涂层工程技术研究中心）主要从事热喷涂涂层材料和涂层制备技术的研究与开发。成果先后获国家科技进步二等奖、科学院科技进步一等奖和辽宁省政府科技进步一等奖。实验室现有职工近30名，高级职称研究人员7人，另外博士、硕士研究生10名。拥有大型超声气体雾化粉末制备装置，PRAXAIR JP8000超音速火焰喷涂、PRAXAIR 7700等离子喷涂、METCO DJ2700超音速火焰喷涂、METCO 9M等离子喷涂、APS-2000等离子喷涂、APS-2000A等离子喷涂及METCO 6P-Ⅱ火焰喷涂等先进的热喷涂设备和SprayWatch喷涂过程动态在线监测、力学性能测试和结构表征等完善的分析检测设备。通过GB/T19001-2008和GJB9001B-2009标准质量管理体系认证，具有《武器装备生产许可证》，并通过国家二级保密资格认证。

金属所是我国先进发动机热障涂层粘结底层材料研制、开发与生产的重要基地，“八五”期间承担国家军工项目研制出MCrAlY系列粉末材料，主要包括NiCrAlY、CoCrAlY、CoCrAlSiY、NiCrAlSiY、NiCoCrAlY、NiCoCrAlTaY等，目前已大批量应用于多型号发动机热端部件上。金属所还承担系列高温钎焊材料研制与生产任务，是我国发动机高温钎焊材料定点生产单位。钎焊材料具有品种齐全、性能优异的特点。镍基钎焊料-BNi1、BNi2、BNi3、BNi4、BNi5、铜基钎焊料-CuMnCo、钴基钎焊料-HBCo43CrNiWBSi、HB51CrNiSiW、BCo45NiCrWB等均已应用于关键部件上。

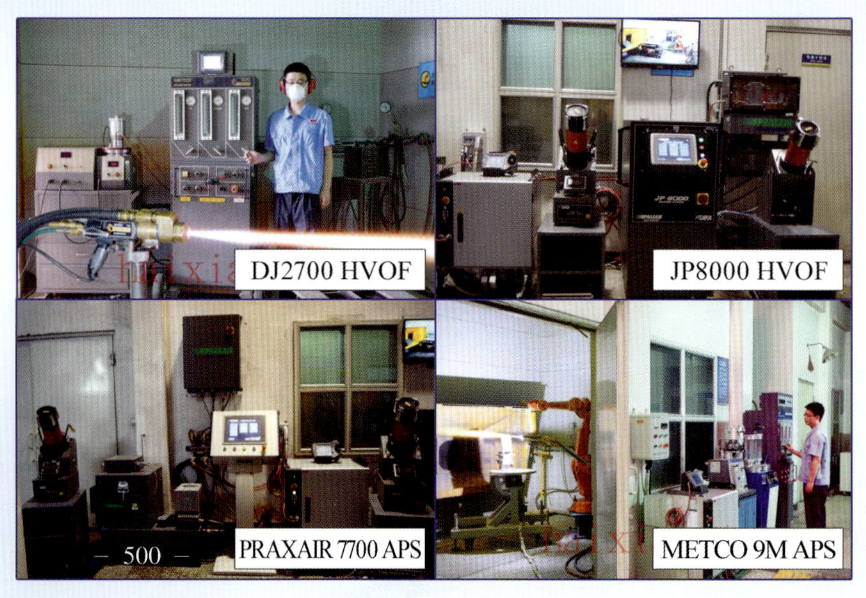

DJ2700 HVOF　JP8000 HVOF　PRAXAIR 7700 APS　METCO 9M APS

超声气体雾化设备

金属研究所

研制的高性能封严、热障、高温自润滑等多种热喷涂涂层，在航空、航天以及地面重型燃气轮机、透平压缩机等尖端动力装置上取得了广泛的应用并实现了涂层批量生产能力。通过了德国西门子公司供应商资质认证，涂层制备技术跻身国际先进行列。

长寿命热障涂层使用寿命达到24000h，先后应用于7F、9E、MS6581、251B、PGT-10、MS5001七种进口地面燃机一级动叶、二级动叶、静叶、火焰筒、过渡段等热端部件上，涂层产品覆盖国内24家燃机电厂，部分产品已出口德国、哈萨克斯坦、苏丹和孟加拉等国。该项工作对于燃机备件国产化及发展我国自主燃机事业具有重要意义；系列封严涂层成功用于多型号透平压缩机（功率5000-10000kW），使整机效率提高2%-4%，大大提高产品国际竞争力。其他耐磨、耐蚀、自润滑等涂层在PTA/CTA系列干燥机、石化阀门、柱塞、模具、轴承等领域已取得广泛应用。

一级静叶　二级静叶　过渡段　火焰筒

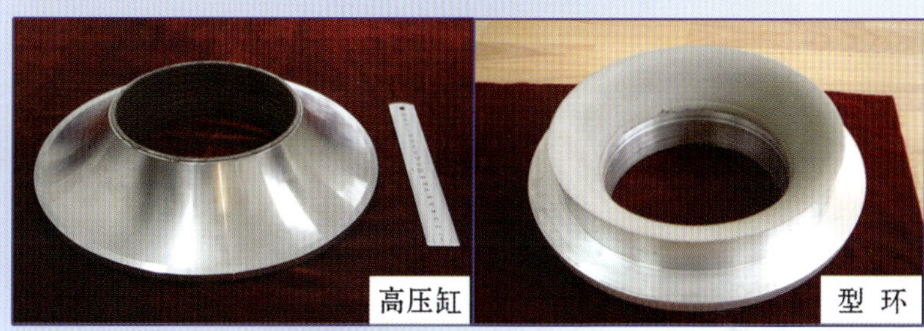

高压缸　型 环

石化阀门　密封轴套

喷涂粉末　钎焊料条带

地址：沈阳市沈河区文化路72号
邮编：110016
电话：024-23971865
传真：024-23906712
http://rpt.imr.ac.cn:8080
E-mail:xcchang@imr.ac.cn

MP200 等离子，超音速喷涂系统和交钥匙工程

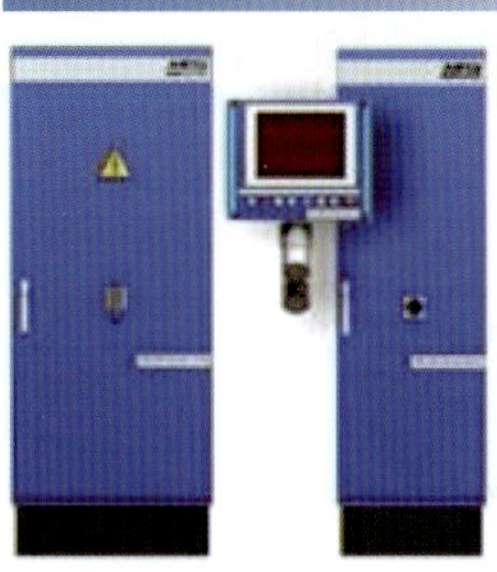

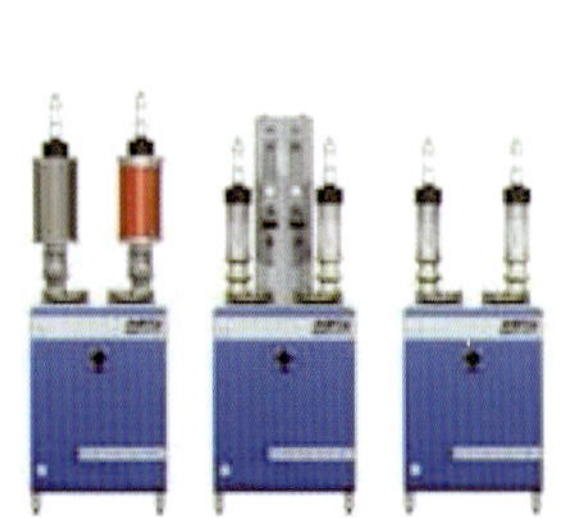

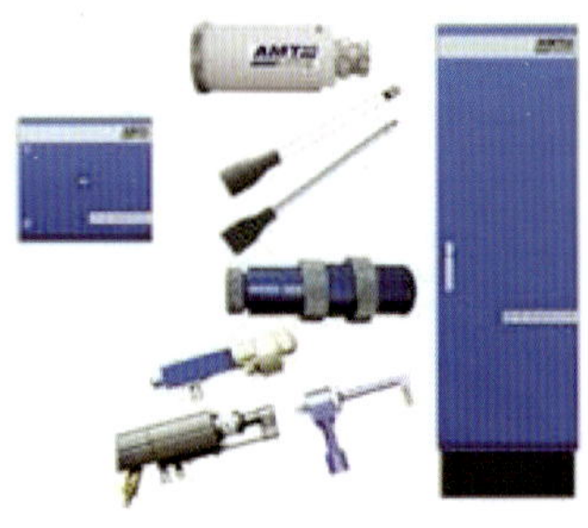

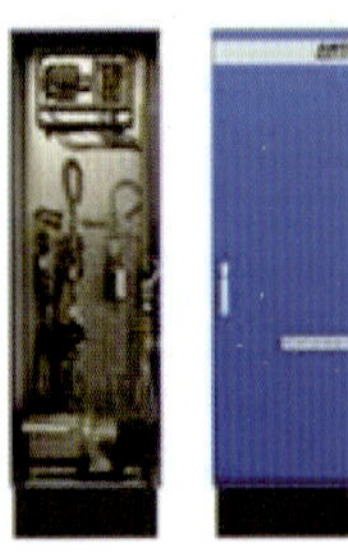

VPS 真空等离子喷涂系统 & LPCS 低压等离子喷涂系统

中关村办公区外景

沙河办公区外景（部分）

中关村办公区内景

沙河试验中心外景（部分）

瑞士AMT公司中国代理

北京华德星科技有限责任公司

BEIJING HUADEXING SCIENCE & TECHNOLOGY CO., LTD.

邮编：100080
传真：86-10-82609341
电子邮箱：business@ huadexing.com
地址：北京市海淀区苏州街 18 号长远天地大厦 A2 座 1811 室
电话：86-10-82609613
网址：www.huadexing.com

北京华德星科技有限责任公司

HuaDe Xing

北京昌平 R & D 演示中心外景

北京华德星科技有限责任公司（以下简称华德星）由国际知名热喷涂专家、中国表面工程协会热喷涂专业委员会理事长、国际热喷涂大会主席（2007年及2016年）黄小鸥教授创办。公司设在北京中关村，并在沙河设有设备演示，涂层研发和检测试验中心。公司主要业务是代理和引进国际先进热喷涂技术、设备材料和研发成果，特别是欧洲的先进热喷涂产品，同时也进行相关新技术、新产品的合作研发。公司拥有一支专业的技术和涂层开发应用团队。公司服务对象涉及航空、航天、汽车、机械、石油、化工、电子、家电、船舶、新能源、轻工、冶金等各行业。

北京昌平 R & D 演示中心冷喷涂间

代理产品及技术

IMPACT 公司 ISS 5/11

PLC 闭环控制冷喷涂系统

Impact 喷枪– 5/11 – Gun

压力: 50 bar　　温度: 1100° C

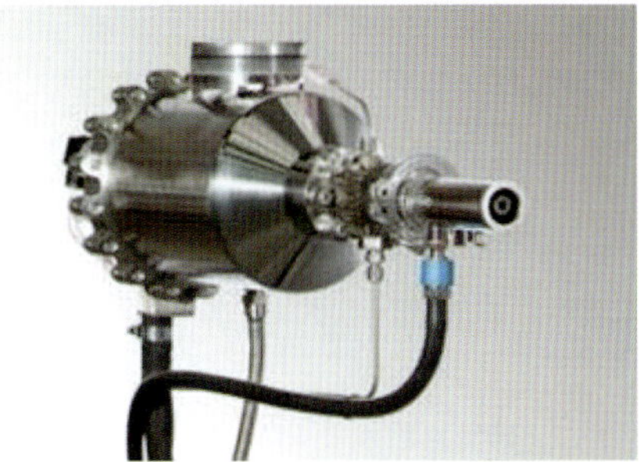

冷喷涂原理

冷喷涂亦称冷气动力喷涂（Cold Cas Dynamic Spray, CGDS），将高压压缩气体（压力一般为 0.7 ～ 3.5MPa 的空气、N_2、He 或者混合气体）导入收缩- 扩张型拉瓦尔喷嘴，经过喷嘴喉部后产生超音速束流，将喷涂粒子（粒度一般为 5 ～ 50μm）沿轴向从喷嘴喷出，其速度可达到 300 ～ 1200m/s，在喷涂距离（约 5 ～50mm）内，与基体剧烈碰撞形成涂层。

冷喷涂区别于其他喷涂方法的最重要特点是粉末不发生熔化，相变等，粉末仍保持原性能，冷喷涂涂层氧化物极低，基本无相变，应力低，结合强度高，目前已在航天，航空，电子，新能源，精密制造，汽车，环保，人工植入体，靶材等领域和部件应用，研发领域正在扩展。

独特的喷嘴设计

使用陶瓷喷嘴

50 分钟喷涂后仍未出现喷嘴堵塞

粉末径向注入方式（标准型）

气/水冷却喷嘴

（压缩空气冷却）　　**(水冷却)**

送粉器性能

压力： 50 bar

送粉速率：1.5 L / h

重量： 45 kg

易操作——快速简易更换粉末

与其他冷喷涂系统兼容

维护费用低

德国 IMPACT 公司冷喷涂设备中国独家代理

北京华德星科技有限责任公司

HuaDe Xing

BEIJING HUADEXING SCIENCE & TECHNOLOGY CO., LTD.

地址：北京市海淀区苏州街 18 号长远天地大厦 A2 座 1811 室　　邮编：100080

电话：86-10-82609613　　传真：86-10-82609341

网址：www.huadexing.com　　电子邮箱：business@ huadexing.com

恒大

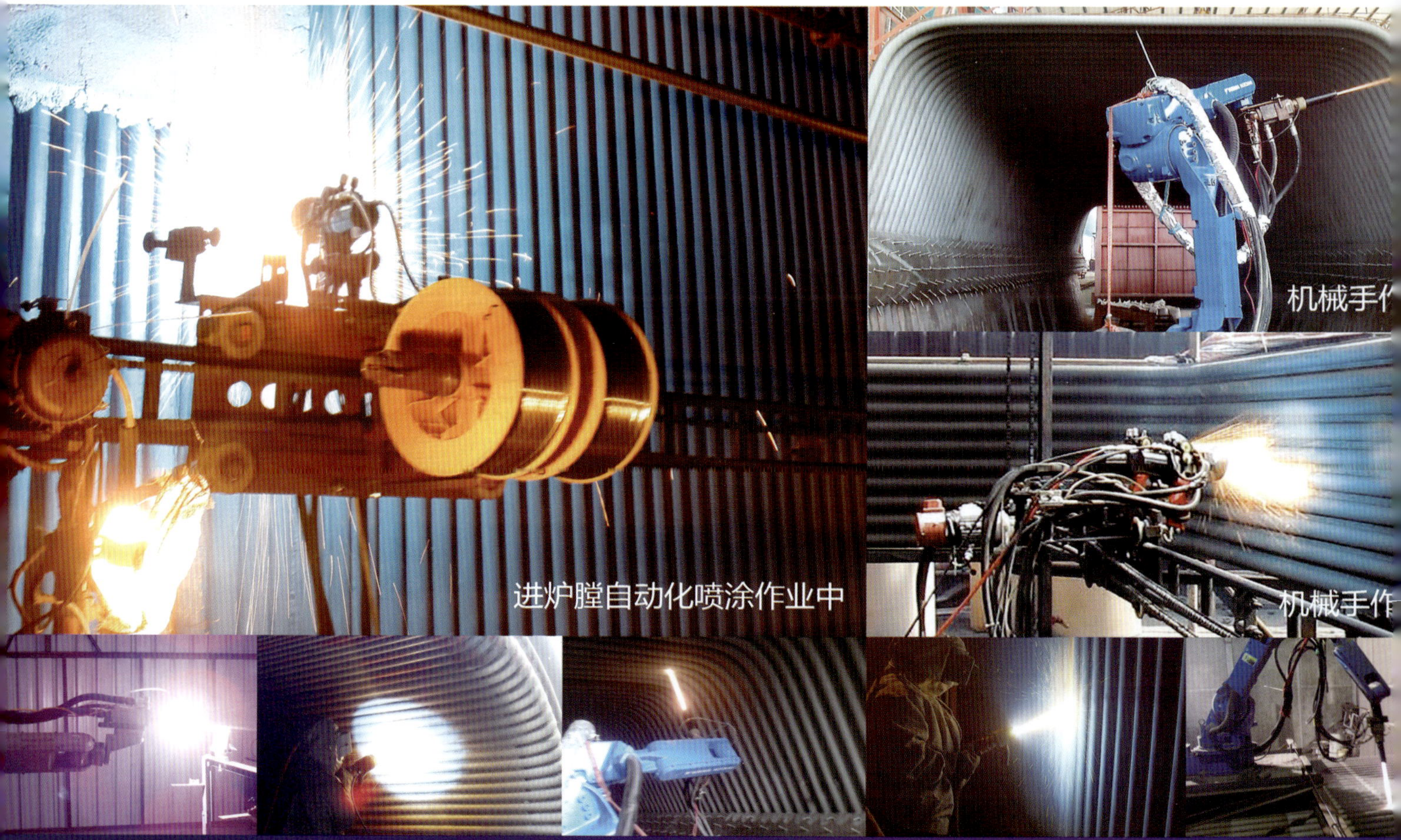

票代码：002591

欢迎访问[www.heng-da.com]轻松查找，帮您解决防磨防腐问题！

自动化喷涂技术 | 等离子喷涂技术 | 超音速火焰喷涂技术 | 超音速电弧喷涂技术 | 自动化进炉膛作业 | 机器人喷涂作业

江西恒大高新技术股份有限公司　竭诚为新老客户提供全面的产品及优质的施工服务！

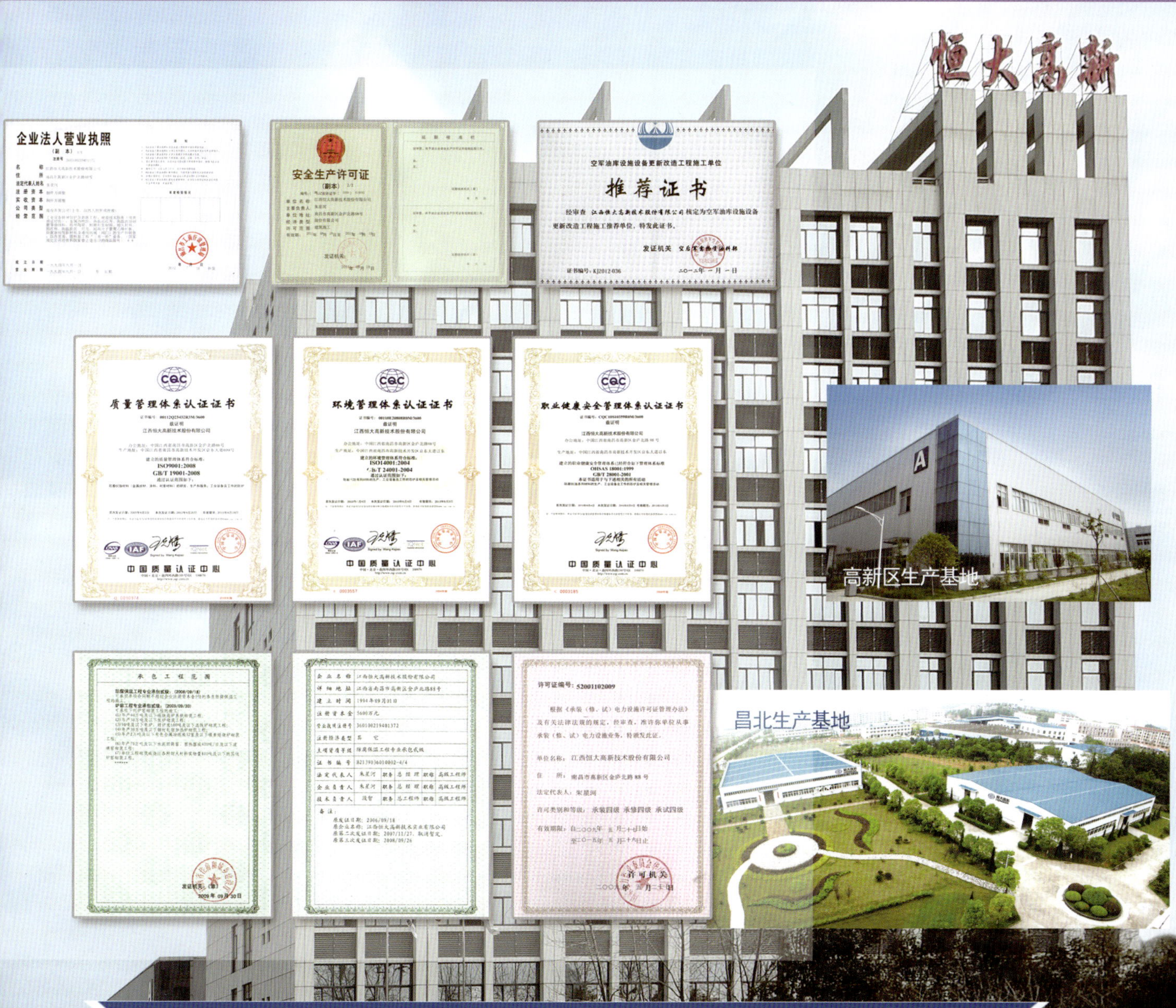

企业法人营业执照

安全生产许可证

推荐证书

质量管理体系认证证书

环境管理体系认证证书

职业健康安全管理体系认证证书

高新区生产基地

昌北生产基地

江西恒大高新技术股份有限公司

创立于1993年，总部设在南昌市国家高新技术开发区内，是国内综合性工业设备防磨抗蚀新材料研发生产、销售及技术工程服务的龙头企业。技术工程服务涉足于电力、钢铁、水泥、石化、造纸、矿山等领域，营销网络已由国内延伸至东南亚等海外市场。公司拥有金属热喷涂行业企业从业一级资质，防腐保温工程专业承包二级资质（目前为防磨抗蚀行业最高资质），炉窑工程专业承包二级资质，具有承装（修、试）电力设施许可资质，通过了ISO9001:2000质量管理体系认证及安全、环境管理体系认证。

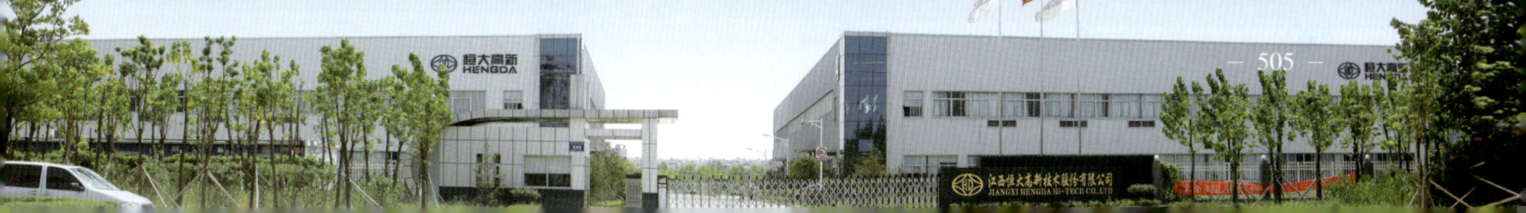

通过集成控制和优化工艺过程获得更高的效率

如：借助超音速设备和等离子集成设备分别喷涂 MCrAlY 材料和 YSZ 材料不间断喷涂燃气轮机的燃烧室（两把喷枪同时喷涂）；采用激光熔覆和等离子 APS 集成设备用于叶片的加工 -- 发动机叶片叶尖的强化采用熔覆 c-BN 材料，叶片的根部采用等离子喷涂 CuNiIn 材料；在激光熔覆设备中集成火焰喷枪用于所加工的粉末类材料的预热或集成电阻加热设施用于丝材的预热等等 .

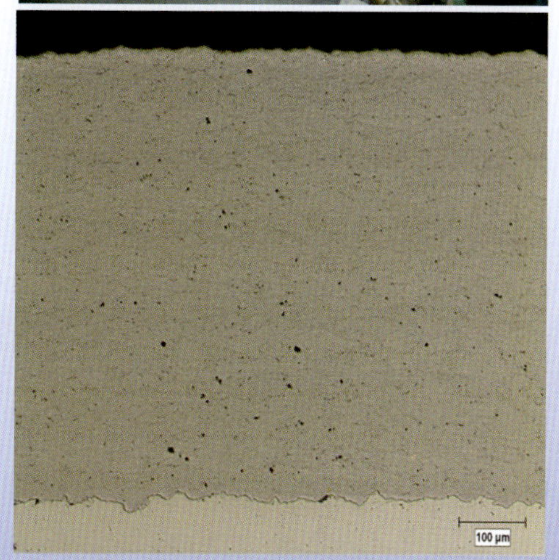

新材料、新工艺、新设备和新解决方案的开发

如：对超音速设备进行进一步的开发使之获得可与冷喷涂媲美的涂层，如达到 80%IACS 的纯铜涂层和纯铝涂层；孔隙率为 0% 的 WC/Co 涂层，喷涂后表面粗糙度小于 Ra 1.5 m；液体送粉器，适用于液体送粉器的超音速喷枪；5 阳极等离子喷枪，可以达到从未实现过的生产效率（喷涂 TiO2 材料时可以实现 14KG/ 小时）

高效紧凑型热喷涂设备

完全采用 SPS 和质量流量计控制的独立的火焰粉末喷涂设备、HVOF 超音速设备、等离子喷涂设备、电弧喷涂设备、火焰丝材喷涂设备等，即可用于固定场所喷涂，也可用于现场喷涂。

提供设备的维护、校验服务

提供技术咨询和培训

GTV Verschleiss-Schutz GmbH

Gewerbegebiet "Vor der Neuwiese" · D-57629 Luckenbach

elefon: +49 2662 9576-0 · Telefax: +49 2662 9576-30 · E-Mail: office@gtv-mbh.de ·

新型热喷涂层间连续冷却技术
——空气产品公司低温氮气冷却系统

温度控制是在热喷涂工艺中需要重点考虑的工艺因素之一。

不恰当的温度控制将会导致一系列问题的出现，如工件和涂层过热、涂层附着力、部件和涂层硬度产生变化、热变形、基体材料及层间的有害应力累积等问题，并最终导致涂层在服役期间的异常失效。

同时由于温度控制不恰当，也会引起遮蔽保护装置的拆卸或安装时间加长，如产生不必要的胶带变性：热分解或硬化、脆化。

相较于传统的压缩空气冷却或二氧化碳冷却，空气产品公司的氮气低温冷却系统能帮助您：

- 有效控制并稳定部件温度的变化，减少喷涂过程中热量累积
- 维持基体性能，减少涂层氧化并提高涂层的质量
- 无需层间冷却时间，可有效节省喷涂时间，并降低粉末及工艺气体的无效损耗，帮助客户控制成本提高效率
- 节省热喷涂准备过程中遮蔽操作的成本和时间

另外，空气产品公司的创新技术-低温氮气喷嘴可轻松安装在任何热喷涂喷枪上，有效帮助客户快速提高工作效率，降低生产成本。

扫一扫

进一步了解空气产品公司
低温氮气冷却技术

tell me more
airproducts.com.cn/metals

关于空气产品公司

空气产品公司（Air Products，纽约证券交易所代码：APD）在全球为工业制造、能源、科技和医疗护理等领域的客户提供独特的产品和生产方案，其中包括工业气体产品、特种和工艺气体、功能材料和相关设备及服务。

自1940年成立以来，公司在创新的企业文化、完善的管理和对环境及安全的保护承诺方面得到了广泛的赞誉。拥有21,000多名员工的空气产品公司，业务遍及全球50多个国家和地区，2013财年的销售额逾100亿美元。

作为全球领先的工业气体生产商，空气产品公司始终致力于为金属加工行业提供高品质的气体和先进的应用技术解决方案，帮助用户提高生产效率和产品质量，并降低成本。无论您的工艺是退火、烧结、钎焊、渗碳、真空热处理、热喷涂还是焊接金属零部件，空气产品公司都能助您获得成功。

- 氮气、氧气、氩气、氦气等高品质的工业气体及多种灵活的供气模式，满足您对纯度、用量和工艺的各种需求
- 先进的气体应用技术和工艺设备，助您优化工艺，提升效率
- 经验丰富的技术团队为您提供工艺咨询、评估、培训及技术支持，让您全无后顾之忧
- 亚洲金属加工研发中心能模拟您的实际生产状况，提供符合您生产所需的气氛解决方案

联系我们：

空气化工产品（中国）投资有限公司
中国上海市张江高科技园区
祖冲之路887弄72号5楼
电话：+86 21 3896 2078
热线：400-888-7662（仅限中国）
电子邮件：infoasia@airproducts.com

扫一扫

进一步了解空气产品公司
及我们的安全承诺

tell me more
airproducts.com.cn/metals

ACHTECK
澳克泰工具

赣州澳克泰工具技术有限公司系崇义章源钨业股份有限公司（股票代码：002378)全资子公司，成立于2007年，位于江西省赣州市经济技术开发区，占地面积300亩，注册资金9亿元，现有员工450人。

2008年，公司引进国外专利技术，建成年产500吨高性能硬面材料生产线，生产WC基、CR3C2-NICR热喷涂粉及瓦楞辊、沉没辊和水轮机的专用粉末，产品广泛应用于石油、电力、钢铁、军工、航空航天等领域，产销量居国内同行业前列。

喷雾干燥塔

气流分级机

公司通过了IS09001:2008质量管理体系认证，拥有日本理学X荧光分析仪、X光衍射仪、奥林巴 斯金相显微镜、英国力可碳分析仪、马尔文激光粒度分析仪，德国蔡司SUPRA55扫描电镜等检测设备，建有同行业先进水平的检测中心，实现从原材料、生产过程到产品及应用的全过程质量控制与检测。

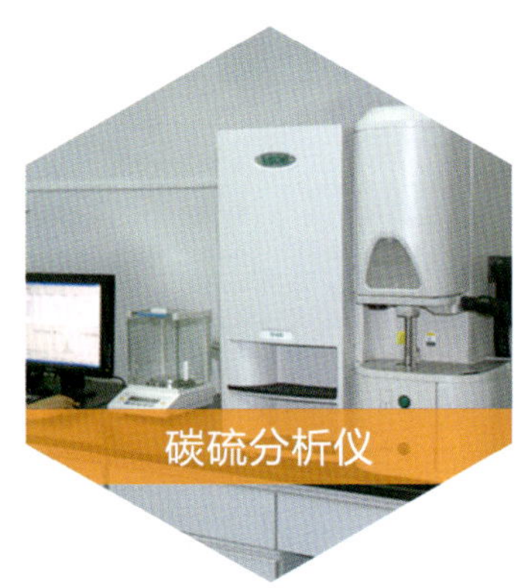
碳硫分析仪

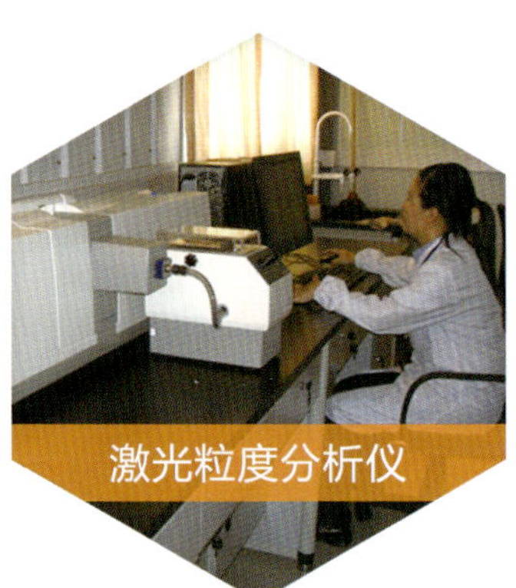
激光粒度分析仪

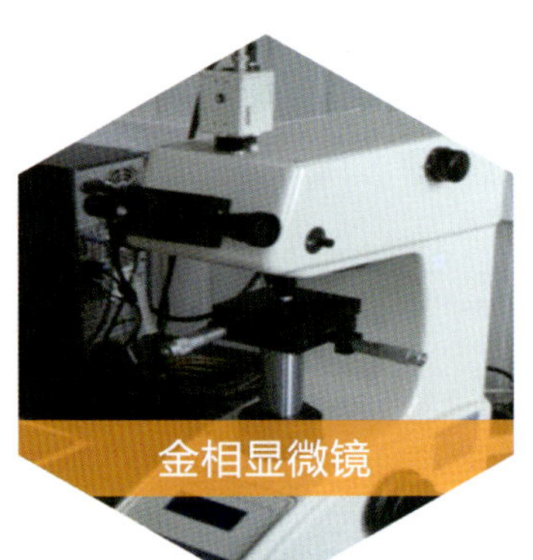
金相显微镜

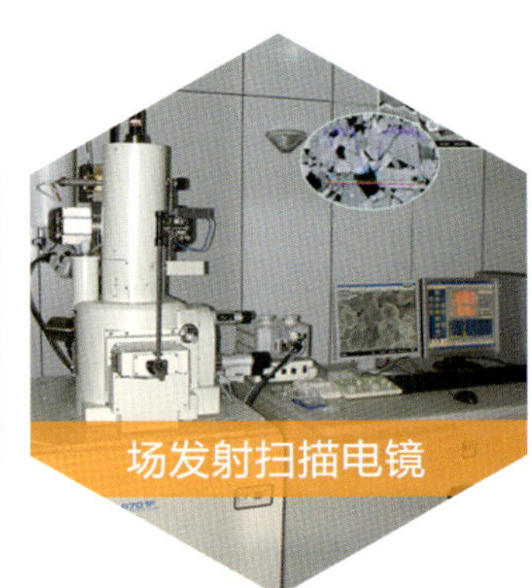
场发射扫描电镜

坚持“产学研用”相结合，成立了省级院士工作站，就热喷涂材料的工艺改进、新产品开发及应用等问题进行攻关。热喷涂实验室配备JP8000型和DJ2700型HVOF喷涂设备以及MOTMAN六轴机械手等，通过喷涂试验改进生产工艺、提升产品质量，同时还可为客户提供系统解决方案。

JP8000热喷涂实验

赣州澳克泰工具技术有限公司
GANZHOU ACHTECK TOOL TECHNOLOGY CO.,LTD.

地址：江西省赣州市经济开发区工业三路　邮编：341000　网址：www.achteck.com.cn
电话：0797-8166188　传真：0797-8166199　邮箱：powdersales@achtech.com.cn

产品介绍

纳米碳化钨

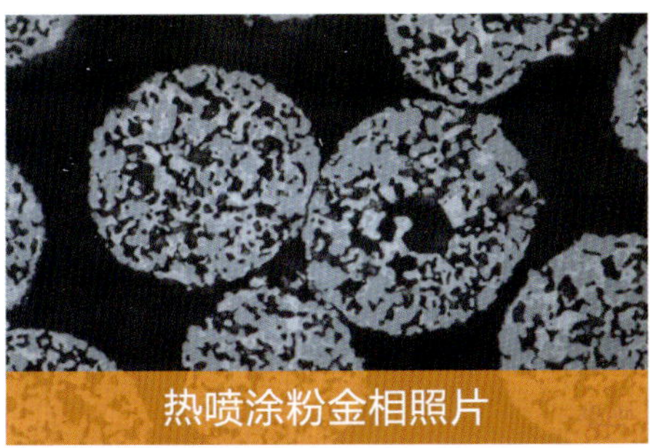
热喷涂粉金相照片

热喷涂粉扫描电镜照片

纳米热喷涂粉

纳米双晶热喷涂粉

镍铬碳化铬热喷涂粉

瓦楞辊专用粉末

应用于包装行业的瓦楞辊喷涂，涂层性能比一般瓦楞辊使用寿命提高4-6倍，在硬度、开裂韧性、表面光洁度、耐碾压能力优于同类进口产品，具体指标为：结合强度高（>80MPa）、硬度（1150-1250 $HV_{0.3}$）、开裂韧性（kc>5.5），表面光洁度一次喷涂Ra<2.50微米。

低碳沉没辊专用粉末

应用于钢铁行业沉没辊喷涂，喷涂后的镀锌沉没辊致密性好，硬度在1100-1270 $HV_{0.3}$，能在锌池浸泡30天以上不出现脱落，其综合性能指标达到同类进口粉末水平。

水轮机喷涂专用粉末

应用于水利水电行业，例如水轮机叶片，轴类，涂层性能在结合强度、硬度、开裂韧性、孔隙率、耐磨性能、耐腐蚀和耐气蚀性能优于同类进口产品，具体性能指标为：结合强度高（>70MPa）、硬度（1050-1200 $HV_{0.3}$）、开裂韧性（Kc>5.0）、孔隙率（<1%）。

纳米掺杂稀土粉末

应用于水轮机过流件的耐冲蚀磨损和飞机机翼耐气蚀。该粉末通过添加稀土元素后，稀土元素在晶界均匀分布，可有效抑制了WC的脱碳，抑制晶粒长大，细化显微组织组织结构，提高涂层强度、韧性、耐磨性和耐冲蚀性能。

WC-10Co-4Cr双晶粉末

双晶专利产品涂层硬度高、开裂韧性好，其开裂韧性随着硬度的提高而提高，体现出非常规的特性。在特殊的工况中（当硬度>1400 $HV_{0.3}$时，Kc>6）使用，具有非常明显优势，已在石油化工领域中的超高压阀门得到广泛应用。

纳米级WC-12Co、纳米级WC-17Co、纳米级WC-10Co-4Cr

应用于钢铁、航空航天以及军工领域，涂层硬度可以达到1300 $HV_{0.3}$以上，孔隙率低<0.5%,结合强度高>80Mpa。

WC-10Co-4Cr多晶粉末

涂层硬度高、开裂韧性好，其开裂韧性随着硬度的提高而提高，体现出非常规的特性，尤其是在特殊的工况中使用优势更明显，相对于双晶粉末在耐磨、开裂韧性、防腐蚀以及气蚀性能方面更具优势。

新型$Cr_3C_2$75-NiCr25粉末

应用于耐腐蚀、耐高温的特殊工况，在硬度、沉积效率、孔隙率等方面与同类进口粉末处于同一水平，开裂韧性优于同类进口产品，各项性能指标为：硬度800-950 $HV_{0.3}$、沉积效率大于33%、开裂韧性Kc>3.5。适用JP系列设备喷涂工艺：煤油6GPH，氧气1900SCFH，喷涂距离380mm，枪管为6”，送粉速度45g/min。

威霖贸易有限公司成立于1993年，是瑞典赫格纳斯Höganäs合金粉末中国总代理，德国通快TRUMPF激光器及系统在熔覆领域中国唯一代理。

—— Höganäs high alloy powder appointed distributor since 1995 in China
—— TRUMPF LMD systems sole distributor in China

WEL®

3D增材制造

3D material add manufacturing

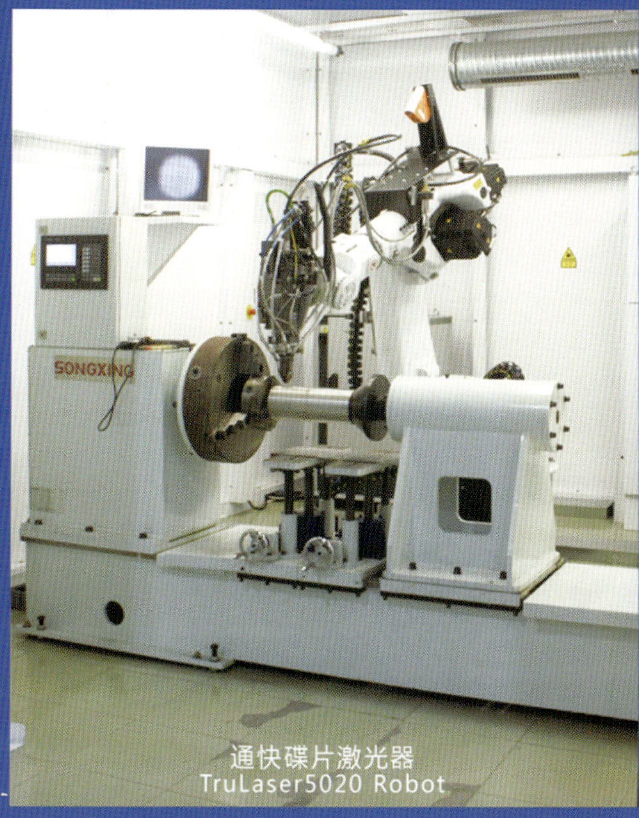

通快碟片激光器
TruLaser5020 Robot

WEL旗下TOPFORM专门从事激光增材制造加工和材料研发拥有整套TruLaser Robot 5020with Tru-Disk4006系统。

◀ 通过激光金属沉积长方体的几个不同的形成阶段

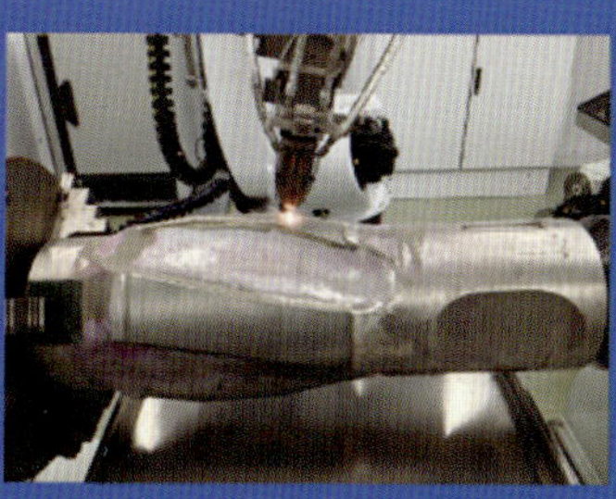

在中国境内为Bakerhughes和Schlumberger石油钻采工具提供激光熔覆维修和耐磨件的OEM制造

威霖贸易有限公司
WEL TRADING CO.,LTD

CONTACT US 0750 3892823 wel@welcn.com www.welcn.com

成功源于选择 TRUMPF

南通高欣耐磨

证券代码：831596

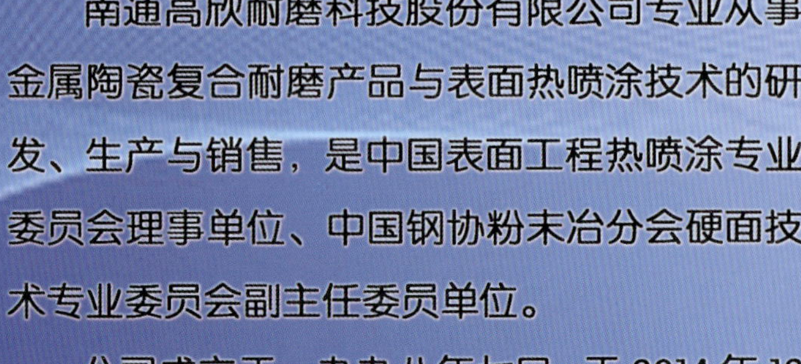

南通高欣耐磨科技股份有限公司专业从事金属陶瓷复合耐磨产品与表面热喷涂技术的研发、生产与销售，是中国表面工程热喷涂专业委员会理事单位、中国钢协粉末冶分会硬面技术专业委员会副主任委员单位。

公司成立于一九九八年七月，于2014年12月新三板上市。公司通过了挪威船级社ISO9001:2008质量体系认证，并连续获得“AAA”级资信等级证书。公司为“国家高新技术企业”、“江苏省民营科技企业”、“江苏省科技型中小企业”、“江苏省创新型企业”、“江苏省企业知识产权贯标先进单位”。公司建有“江苏省金属陶瓷复合耐磨工程技术研究中心”、“江苏省企业研究生工作站”。公司获得“江苏省科学技术三等奖”1项，获全国优秀民营科技企业“民营科技发展贡献奖”1项。公司产品拥有完全自主知识产权，已申请专利41项，PCT专利6件，获授权专利30项，发明专利4件。公司拥有工程类专业技术人员35名，大专以上学历人员47名。

公司硬面技术及产品广泛应用于电力、水泥、冶金、煤碳等行业，为用户的设备维修解决了不少难题，深受客户的好评。在设备维修中，利用表面工程维修技术不仅可修旧利废，使报废的零部件“起死回生”，还可以在新产品制造中进行强化和预保护，达到“延年益寿”的效果。由于采用了金属陶瓷复合新技术，修复后的零部件寿命会大大延长。

KGS 柔性金刚石工具专业磨抛方案

KGS在柔性金刚石工具的生产和应用方面具有悠久的历史和丰富的经验。除了为市场提供标准产品外，KGS还擅长为特殊应用提供用户化的方案和产品。我们的工程师将协助客户团队开发最合适的打磨方案和产品，如下是我们为客户特殊应用开发的产品案例。

KGS金刚石带柄叶轮

常规尺寸：ø 35x30 - 6mm；ø40x30 - 6mm
其他尺寸可根据需要订做；
金刚石砂布有多种图案和基材可选；
最大转速为45 m/s；
用于磨抛硬脆性材料，尤其是形状不规则的工件。

KGS 金刚石转矩砂碟

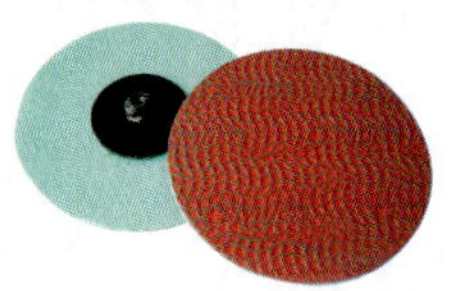

常规尺寸 ø 25, ø50mm, ø 75mm, 6mm 芯轴；
多种图案和基材可选；
最大转速 45 m/s；
多用于打磨热障涂层和陶瓷材料，打磨不规则形状的工件，尤其是带弧度的工件。例如飞机发动叶片的热障涂层打磨 。

KGS 柔性基材金刚石砂带

砂带尺寸可订做；
根据打磨对象的材料不同，KGS会提供不同结合剂和图案的砂带；根据打磨工件的形状的复杂程度，选择砂带基材的柔性；例如磨抛挤压杆，石油转子的碳化钨和热障涂层，需要柔性较好的基材和图案。

KGS金刚石砂带系统-DBS

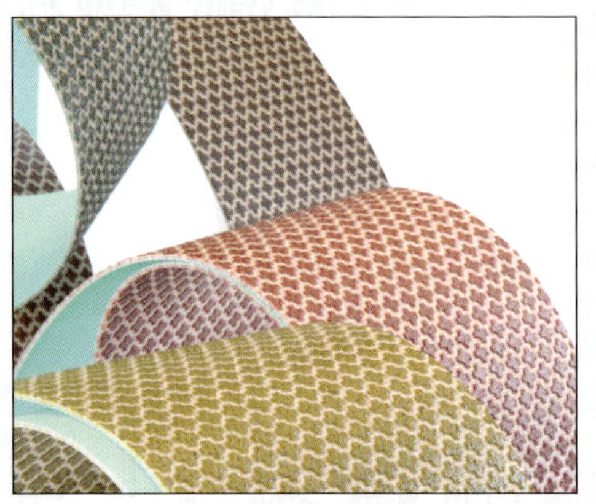

该系列KGS柔性树脂金刚石砂带是针对精密研磨抛光超硬材料而设计的，例如热喷涂行业的耐磨涂层材料。KGS提供一系列的柔性金刚石工具来满足不同超硬材料，不同形状工件的打磨抛光需求。KGS拥有了尖端的柔性金刚石砂带生产技术，与独特的砂带设计相结合，使得KGS能为用户提供具有创新性和高附加值的解决方案。KGS全面的砂带系列保证了用户可以选择到最合适的砂带，同时满足技术和效果的需要。

地址：广州市开发区科学城科丰路31号华南新材料创新园G1-327
邮编：510663　电话：020-37585369　传真：020-37585331
网址：www.kgsdiamond.com.cn
邮箱：China@kgsdiamond.com

研发测试中心-荷兰

应用测试设备

使用柔性金刚石砂带磨抛辊轴的热喷涂碳化钨涂层

LEH III/F: 车床，可调速砂带机

砂带接触方式： 粗磨时候，磨头橡胶轮支撑部位接触

精磨和抛光时，使用砂带浮动部分接触工件

砂带尺寸：2000x50mm

砂带线速度：42m/s

支撑轮：平面橡胶轮，橡胶硬度Shore90

冷却液：水，含有5% Shell Metaline D

HVOF碳化钨辊件: Ø50 mm @600rpm (2"diameter @ 600rpm)

表面粗糙度-对应KGS金刚石粒度			打磨一次WC的去除量		
Colour -Mesh	Ra: µm	*Ra: µin*	Pulley	Micron	*Thou*
GN - 60	2.10	*84.0*	Fixed	65.0	*2.56*
BK - 120	1.60	*64.0*	Fixed	41.0	*1.61*
RD - 200	0.60	*24.0*	Fixed	23.0	*0.91*
YE - 400	0.20	*8.0*	Floating	3.5	*0.14*
WH - 800	0.10	*4.0*	Floating	1.5	*0.06*
BL - 1500	0.05	*2.0*	Floating	0.6	*0.02*
OR - 3000	0.02	*0.8*	Floating	0.2	*0.01*

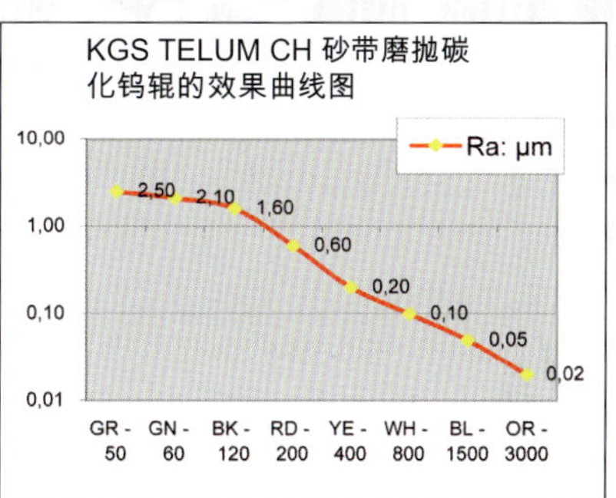

测试结果-总结

- 重复试验，每次的磨抛效果相同
- 不但打磨效率高，并且抛光效果好
- 较硬的支撑轮可以提高辊型精准度
- 方案简单，成本低
- 给工件的压力比砂轮小
- 砂带设备投资相对较小

推荐磨抛碳化钨涂层工艺

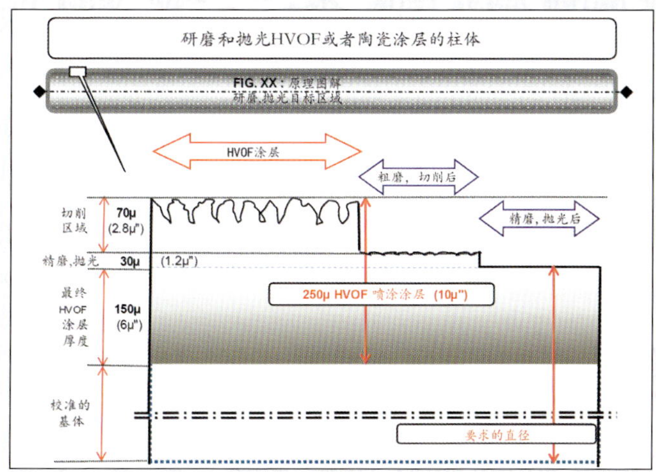

高精密的加工设备对精密加工尤为重要！影响涂层质量低因素有：涂层微粉的质量，喷枪的类型，喷涂的自动化程度等。右图为常见的HVOF喷涂辊轴的加工步骤。碳化钨涂层的初始厚度为250um，初始粗糙度为Ra8um，Rt 70um。因此最少要切除80um来保证达到连续封闭层。目标是在磨抛过程中磨除100um来达到要求的直径和指定的粗糙度Ra值（图例中为磨去100um，保留150um涂层厚度的案例）。KGS推荐的步骤为粗磨掉粗糙的表面-约75um，由KGS红色200目砂带磨三次完成，有特殊情况也可以选用更粗的砂带来提高效率（此过程为粗磨，传统工艺是使用金刚石砂轮打磨完成，而砂带的效率是砂轮的6-8倍）。接下来的25um余量将采用KGS400目和更细的粒度完成。最终可以实现Ra0.02um的粗糙度（此过程，传统工是采用金刚石抛光薄膜完成的）。KGS金刚石砂带系统DBS可以实现一套砂带完成粗糙到抛光的加工过程，不仅将效率提高了6-8倍，而且避免了传统工艺由砂轮到抛光膜工艺转换的繁琐过程。

北京东方润鹏科技有限公司
Oriental Renpro Technologies Co. Ltd.

公司成立于 2001 年，是从事进口设备销售、热喷涂加工应用、热喷涂技术研发为主的高新技术专业公司。总部设在北京美丽的通惠河畔，紧领国贸 CBD 中心，燕郊厂房占地面积 720 平米，注册资金 500 万，年科研经费超过 200 万，创造年平均生产总值 2000 万以上。东方润鹏目前是来自美国、加拿大、瑞士、芬兰、德国五个国家六个公司十余种热喷涂设备的中国地区总代理，并自主研发热喷涂加工生产的辅助设备，包括喷砂房、喷涂房、通风除尘系统、热喷涂专用转台、转床、X-Y 移动平台等。承接各类防腐蚀，耐磨损，耐高温，抗氧化喷涂加工工程。

热喷涂生产加工应用

公司多年从事专业热喷涂材料的研发、生产和涂层加工。我们专业的研发队伍在螺杆、阀门、球阀、瓦楞辊等热喷涂上具有丰富的经验，涂层广泛应用于机械制造、航空航天、水利电力、矿山冶金、石油化工、造纸皮革等领域。我们可根据客户具体需要帮助客户选择最优的喷涂粉末和喷涂工艺。目前工厂现役设备为美国 Kermetico 公司研发生产的 AcuKote-HVAF 超音速火焰喷涂系统，可进行常规工件及异形工件的外表面、ϕ ≥100mm 内孔喷涂加工。

喷涂房内景

AcuKote-HVAF 超音速火焰喷涂系统利用压缩空气和低燃烧值燃气产生的低温、高速喷束来加热并加速包括金属、金属合金或者金属陶瓷的粉末，从而使喷涂粒子产生很大的塑性变形。设备主燃料气体为丙烷、丙烯或者天然气。通过调整主燃料和助燃气体的流量，我们可以精确控制喷涂粒子的温度在其熔点温度或者略低，从而实现固态粒子喷涂模式，形成高质量涂层。这样的设计理念也符合国际上流行的“Warm Spray”的趋势（注：国际上把喷涂细分成了“Thermal Spray”,“Warm Spray”和“Cold Spray”三种不同的形式）。AcuKote 系统的燃料燃烧时产生的温度与等离子热源相比，速度高而温度低（≤2400℃）、对于 WC-CO 系硬质合金，可以有效地抑制 WC 在喷涂过程中的分解，涂层不仅结合强度高、致密，而且可以最大限度地保留粉末中的硬质耐磨 WC 相，因此，涂层耐磨损性能优越，与爆炸喷涂层相当，大幅度超过电镀硬铬层与喷焊层，也优于等离子喷涂层 . 涂层结合强度大、孔隙率低、硬度高，具有耐磨、耐蚀、导热、绝缘、导电、密封等特点，较之于传统的 HVOF 喷涂工艺更能够节省材料损耗，目前已获得了广泛的发展。

辊轴喷涂 WC-Co-Cr

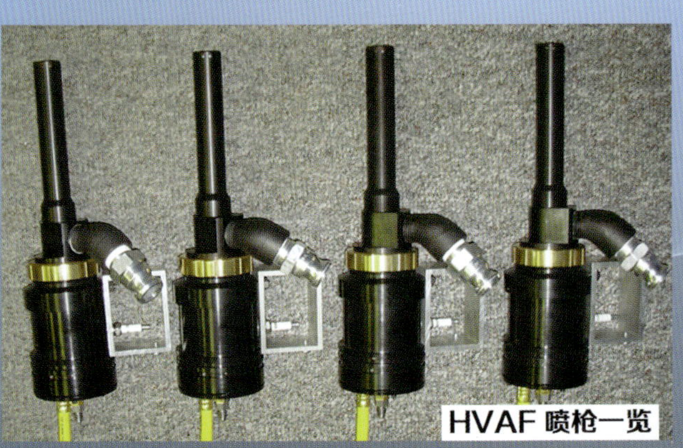
HVAF 喷枪一览

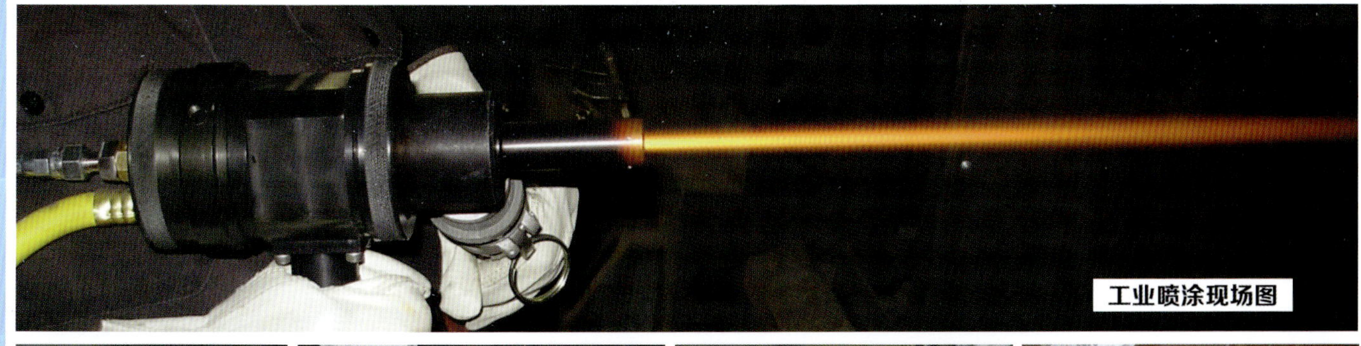

HVAF 较之传统热喷涂工艺的优点：

1. 低成本：燃烧压缩空气和丙烷，成本比 HVOF 低 20%~30%；
2. 高喷涂率：喷涂高达 33kg/ 小时，喷砂功能减少工时 4 倍以上；
3. 高沉积率：WC 可实现 50% 以上的沉积效率，节约粉末成本；
4. 高致密度：WC 孔隙率仅 <1%, 抛光后光洁度最高可达 0.01μm;
5. 高硬度：涂层硬度可控，WC 的 HV300 可控制在 950~1300；
6. 长寿命：燃烧温度相对 HVOF 低，防止涂层氧化脱碳并脱落；
7. 广范围：粉末涵盖从金属、合金到金属陶瓷，新型铬替代粉末；
8. 利用压缩空气冷却燃烧室和喷嘴，无需另外购置大型冷水机；

技术服务和工艺支持

经验丰富

我们结合客户不同的生产、科研需要，为求购设备的客户提供“报价、进口、清关、安装、调试、培训、售后等”一站式交钥匙服务以及专业设备租赁服务；为需要喷涂加工的客户提供最合理解决方案和最优报价。

地热涡轮转子喷涂碳化钨

专业团队

我们有高效的热喷涂专业团队，定期对操作员和工程师进行国内外专业培训。我们的工程师每人都至少 5 次备战参加国内重大项目的施工安装，具备专业的理论知识和应用经验，流程清晰，组织规范。生产加工上技艺娴熟，具备较高职业品质。

优质服务

提供及时、价格合理的备件供应；公司备有常用备件库，满足客户日常生产维修保养需要。我们始终坚持为客户利益着想，做真正有价值的服务，追求服务产生实在的效果。

成都振兴金属粉末有限公司

Chengdu Summit Metal Powder Co., Ltd.

成都振兴金属粉末有限公司有30多年从事热喷涂(焊)粉末研究及其应用的工作经验，拥有一批高素质的工程技术人员，员工多数来自军工企业.公司不仅拥有成熟的生产工艺和先进的雾化设施,还有完善的检测手段，如：金相分析室和化学分析室。粉体性能检测以及热喷涂(焊)工艺车间、机加车间，对产品的质量进行了全方位的管控，保证了我公司产品氧含量低、使用性能好的特点。

公司可以根据客户的不同需求，共同研制开发具有特殊用途的金属粉末及金属合金粉末材料，同时我公司还可对外承接金属零部件（热喷涂、焊）表面强化及修复业务，并提供热喷涂（焊）技术培训和咨询服务。

公司一直秉承以人为本、以质取胜、精益求精的宗旨，为广大顾客朋友提供最优质的产品和售后服务，并且热忱欢迎来人、来电、来函洽谈业务。

镍基合金粉末

我公司生产的镍基合金粉末具有自溶性、润湿性和喷焊性能好等特点，不同硬度的粉末适用于不同行业，针对工件的表面强化和缺陷修复。

产品牌号：Ni15、Ni17、Ni22AA、Ni25A、Ni30、Ni35、Ni40、Ni45A、Ni50A、Ni55A、Ni60、Ni60A、Ni62A、Ni60A高Mo、Ni65A、Ni60AW、Ni60ACo、Ni150、Ni250、Ni320等。

铁基合金粉末

我公司生产的铁基合金粉末具有优良的耐磨性、坚韧性和抗冲击性等特点，适用于高压阀门、石油钻杆接头、矿山机械和铸造件等工件的表面强化和缺陷修复。

产品牌号：Fe25A、Fe30A、Fe40、Fe50、Fe50B、Fe55、Fe55AA、Fe60B、Fe60A、Fe250、Fe320、Fe450。

钴基合金粉末

我公司生产的钴基合金粉末具有超强的耐高温、耐磨、耐腐蚀性能，适用于要求高的工件，如：高压阀门、内燃机排气密封面、气门、飞机发动机、轴类等。

产品牌号：Co40、Co45、Co50、Co55、Co60、Co42A、Co45A、Co50A、Co55A。

锡基合金粉末

我公司生产的锡基合金粉末又称巴氏合金具有机械强度高、耐磨性、抗咬合性、镶嵌性好、热导率大、线膨胀系数小和耐腐蚀性能强等特点。

铬基合金粉末

铬基合金粉末是耐高温材料，适用于锅炉四管、烟道抗氧化涂层，具有耐磨、抗冲刷等特点。

产品牌号：NiCr-1、NiCr-2、NiCr-3

碳化钨系列合金粉末

我公司生产的机械性和弥散性镍基、铁基系列碳化钨合金粉末具有硬度高、超耐磨等特点，可以根据顾客不同需求生产不同含量的产品。主要适用于石油钻杆接头、绞风机叶片、导板、锅炉四管等工件的表面强化和缺陷修复。

磁性粉末材料、无磁粉末材料

镍铜合金粉末（蒙乃尔合金）

粘结材料粉末

纯金属粉末

安徽省淮海工程科技有限公司

（原安徽省淮海防腐保温工程公司）

总经理：彭裕祥

手　机：13705579260
电　话：0557-5272888
传　真：0557-5272888
地　址：安徽省萧县杨楼镇黄河路55号
邮　编：235221

安徽省淮海工程科技有限公司（原安徽省淮海防腐保温工程公司）成立于1989年，是具有国家一级资质的大型综合性防腐保温施工企业，公司拥有5个专业公司，包括：安装公司、橡胶公司、热喷涂公司、防水公司、装饰公司。第一、第二两个分公司，在上海、大庆、石家庄等十一个城市设有个办事处，现有员工近2000人，工程技术人员200余人，业务足迹遍布全国20多个省、市、自治区，能够独立承担石油、化工、冶金、电力、水工、桥梁等大中型企业的防腐保温工程。公司已通过ISO9001-2000质量管理体系、环境管理体系、及职业健康安全管理体系认证。

根据市场需求和公司发展的需要，于2003年成立了热喷涂公司，该公司具有热喷涂施工及技术服务一级资质。多年来先后在热喷涂锌铝、不锈钢、高温耐磨、耐腐蚀材料上进行了大量施工，尤其是将热喷涂不锈钢用于碳钢热碱罐内防腐，取得了巨大成功，为客户实现了节约投资的目的，获得了良好赞誉。

我们将以精湛的技术，一流的服务，为广大客户奉献优质工程！

水冷壁喷涂高温耐磨材料

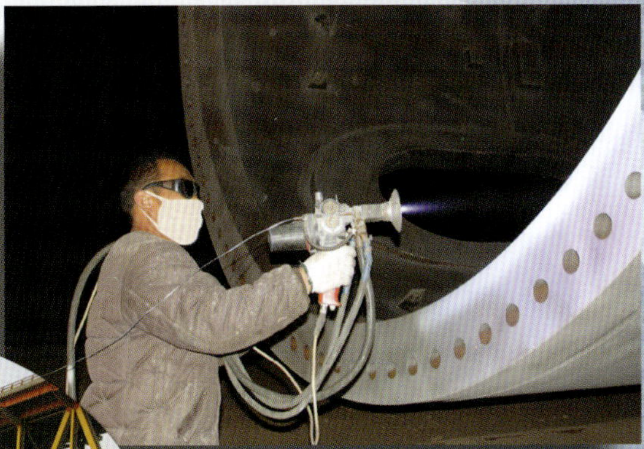

风塔法兰喷锌

桥梁喷锌铝合金

超音速碳化物喷涂

碳钢热碱罐内喷涂不锈钢

武汉材料保护研究所

武汉材料保护研究所是国内等离子喷焊（PTA）技术的开拓者之一，长期致力于等离子喷焊技术研究，形成了涵盖喷焊装备、粉末材料、工艺技术的完整技术体系，建有特种表面保护材料及应用技术国家重点实验室，是国内为数不多的同时具备设备生产和技术研发实力的国有高科技型企业。

我所生产的系列粉末等离子喷焊装备已应用于上海电气集团，哈尔滨电气集团、东方汽轮机厂、中阀集团、宝鸡石油机械有限公司等国内大型阀门、电站锅炉、汽轮机、石油装备制造企业，用于生产核电及超超临界电站阀门、石化专用阀门、汽轮机套筒及扩散器、燃气轮机热端部件、油气开采用超高压井口阀门等能源、电力、石化专用高端装备。近年来多套等离子喷焊机出口到韩国、巴西、墨西哥，整体技术水平居国内行业领先地位。

我所拥有完备的技术研发团队及设施完备的加工基地，可根据用户要求为其专门研制各类专用喷焊设备及喷焊枪，开发各种专用工艺技术，提供高质量的镍基合金及钴基合金喷焊加工服务。

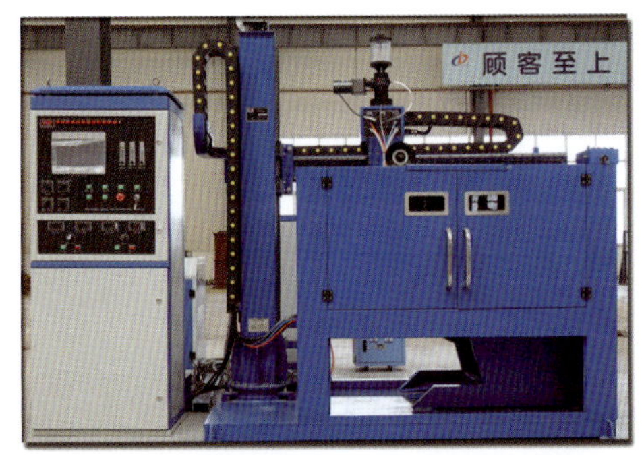

地址：湖北省武汉市宝丰二路 126 号
电话：027-83641660
传真：027-83968532
网址：www.ptastar.com
邮箱：tong.box@163.com
联系人：童向阳

东方电气集团东方汽轮机有限公司表面工程研究所

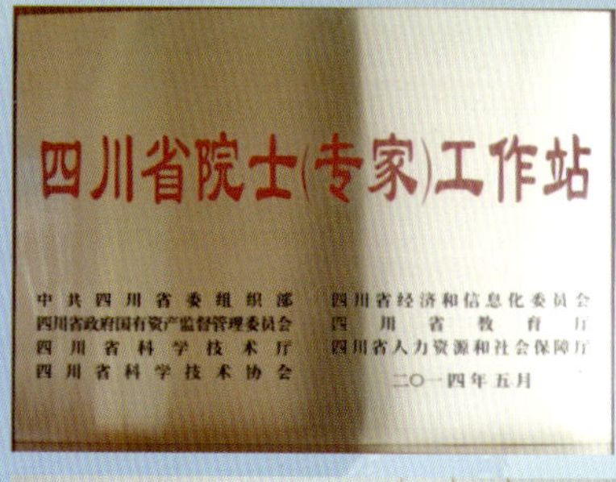

东方汽轮机有限公司表面工程研究所（以下简称东汽表工所）隶属于中国东方电气集团。全所现有员工 280 余人，包括专业技术人员 59 人（博士 2 名，硕士 18 名），技术兼管理人员 30 余人，生产技术工人 200 余人。

东方汽轮机有限公司是我国从事电站动力设备和新能源领域开发与制造的国有大型骨干企业、我国最大的发电设备制造企业之一和四川省重大技术装备龙头企业，名列全国机械工业企业百强。东汽表工所是以东方汽轮机有限公司强大的加工制造、技术开发、对外协作能力为依托，以表面工程工艺、材料、装备技术的开发应用为基础，不断发展表面工程技术，技术领域主要涉及热喷涂技术、无机涂层技术、CRDM 镀铬、涂镀层技术、等离子喷焊技术等。

东汽表工所长期从事热喷涂技术的研发、转化及推广应用工作，热喷涂涂层技术成果已广泛应用于火电、核电、水电、燃机、军工、印刷、化工等领域涂层种类涉及到高温热障、防腐蚀、高温耐磨、抗微动磨损、减磨防腐、防固体颗粒冲蚀、防水蚀、防气蚀等系列。

东汽表工所不但拥有多台套世界先进的热喷涂系统（超音速火焰喷涂系统（HVAF/HVOF）3 套、大气等离子喷涂系统（APS）1 套、丝材火焰喷涂系统（16E）2 套、HVAF-Arc 电弧喷涂系统 1 套），还拥有多套 ABB 机器人辅助喷涂系统（6 轴 ~9 轴）。公司除具备厂内施工外，还具备户外及现场施工能力；不但具备零件外表面喷涂施工能力，还具备复杂内表面喷涂施工能力。

东汽表工所非常注重理论技术与生产实践结合，积极对外开展技术交流与合作，先后与西安交通大学、北京航空航天大学、北京理工大学、四川大学、哈尔滨工业大学、广州有色金属研究院、沈阳金属研究所、上海硅酸盐研究所等国内知名科研院所建立了长期良好的合作关系，充分利用优势资源，强强联手，开展了系列富有成效的科研合作。近年来，东汽表工所参与了 2 项国家 973 项目、承担了多项四川省科技支撑计划项目的研究工作，并且成效显著，获得了多项专利成果及科技进步奖。

地　址：四川省德阳市太湖路 9 号

邮　编：618000

电　话：0838-2431511

传　真：0838-2431515

联系人：冯文、李定骏、王伟

E-mail：dqbgfw@163.com，
Lidingjun@mail.dfstw.com，
wangwei_dtc@ mail.dfstw.com

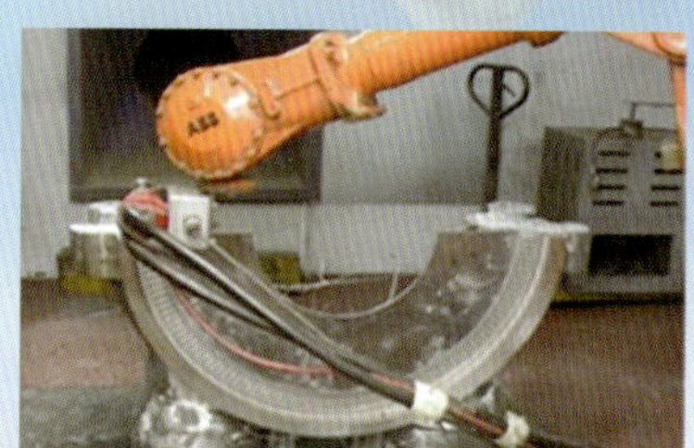

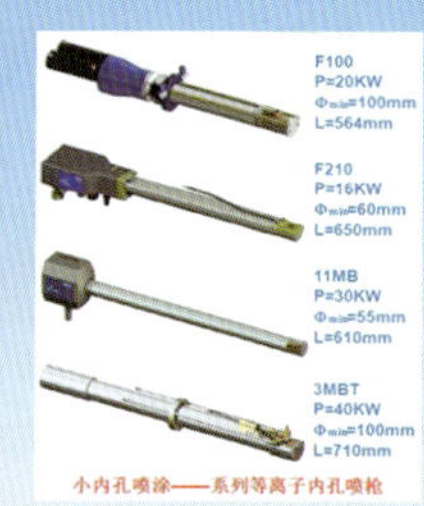

小内孔喷涂——系列等离子内孔喷枪

北矿新材科技有限公司

BGRIMM Advanced Materials Science & Technology Co.,Ltd

北矿新材科技有限公司是由中央直属大型科技企业北京矿冶研究总院以其所属金属材料研究设计所和北京钨钼材料厂为基础组建的集研究、开发、生产、经营四位一体的高新技术企业。公司于2011年11月正式注册成立，注册资本1亿元人民币。

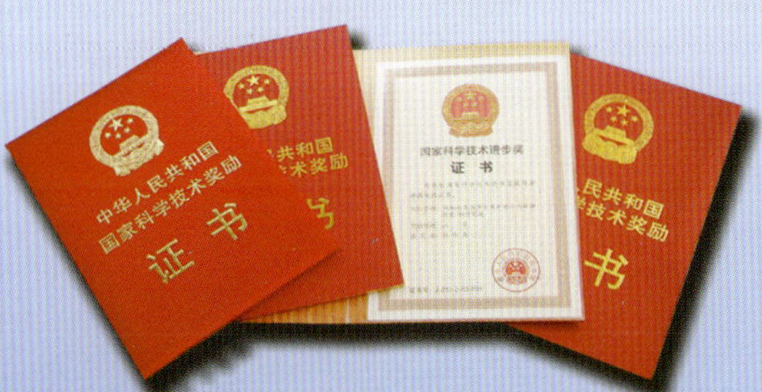

公司目前拥有包括热喷涂材料、金属粉末、钨钼难熔材料、涂层加工服务、技术咨询和培训等五大类产品和服务。本公司现拥有电解、真空熔炼破碎、喷雾干燥、高压氢还原、团聚制粒、水雾化、气雾化、德国进口真空雾化等生产设备，并拥有非常完备的检测手段，可对产品的形貌、成分、结构、颗粒度、比表面积、孔隙率、表面电位等性能进行分析。公司通过ISO9001质量管理体系认证和GJB9001B-2009军品质量管理体系认证，是国际知名、国内一流的热喷涂研发、生产、营销一体化的高新技术企业。

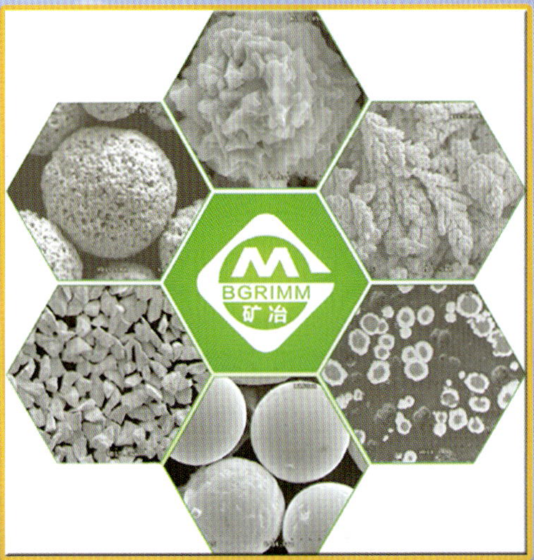

50余年的研发生产历程铸就了公司及其前身在热喷涂材料和钨钼难熔材料领域的技术权威，承担了国家和部委下达的科研项目达150余项，获得国家、省部级成果奖励60余项，公司身为“全国热喷涂协作组”理事长单位，一直致力于为各行业提供热喷涂涂层整体解决方案，打造表面技术开发与应用的旗舰。

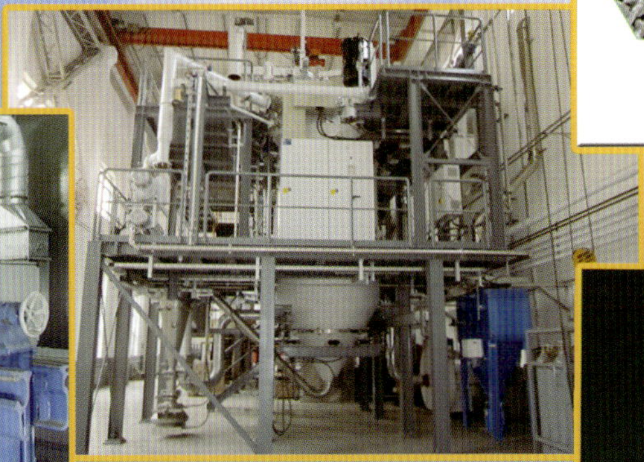

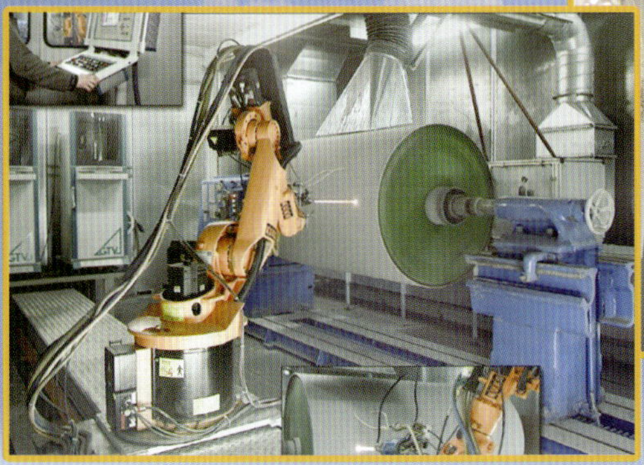

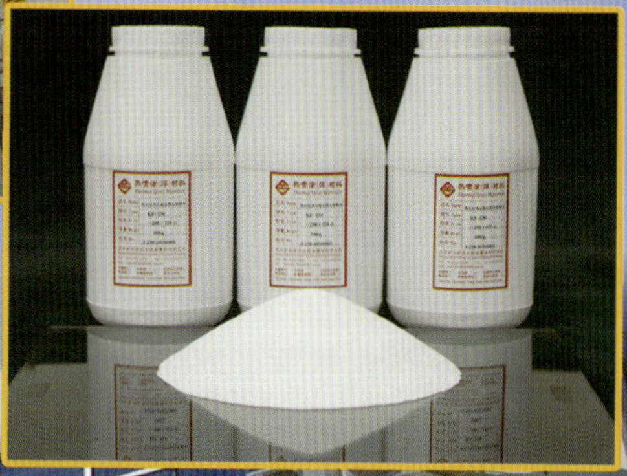

http: www.bamstc.com
E-mail:office@bamstc.com
电话：010-69731880
邮编：102206
地址：北京市昌平区
沙河镇富生路5号

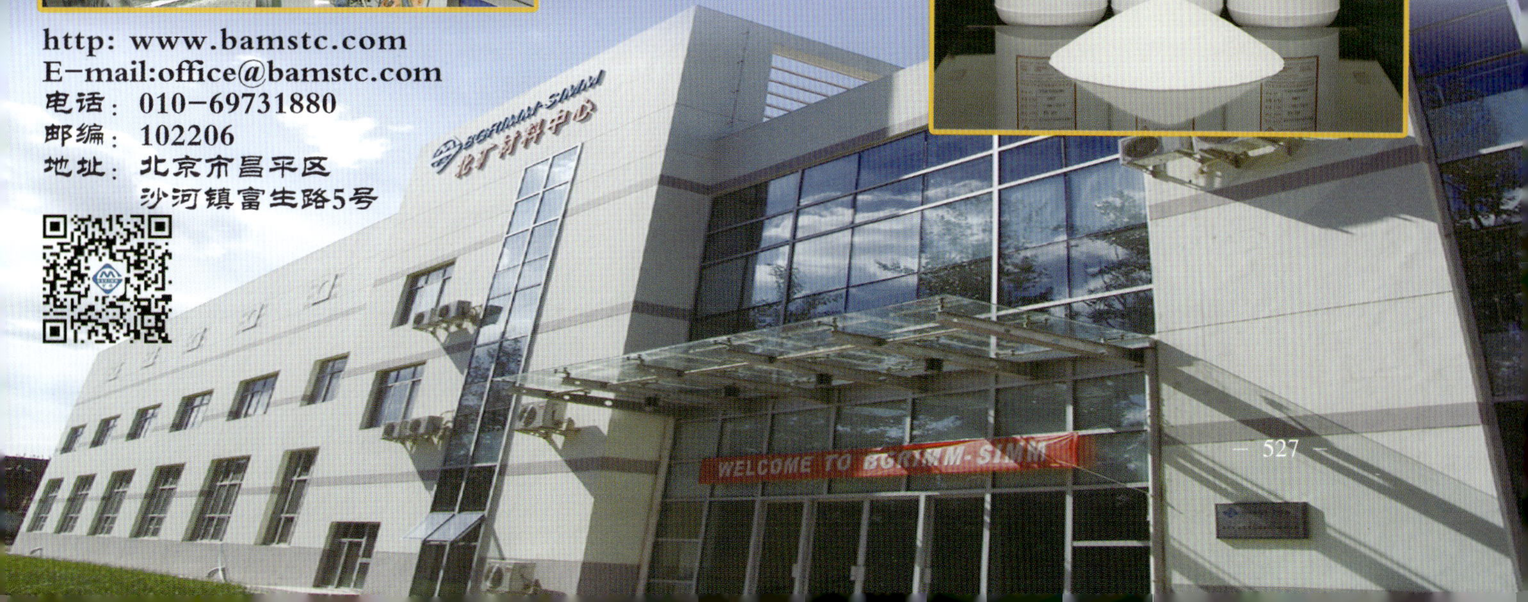

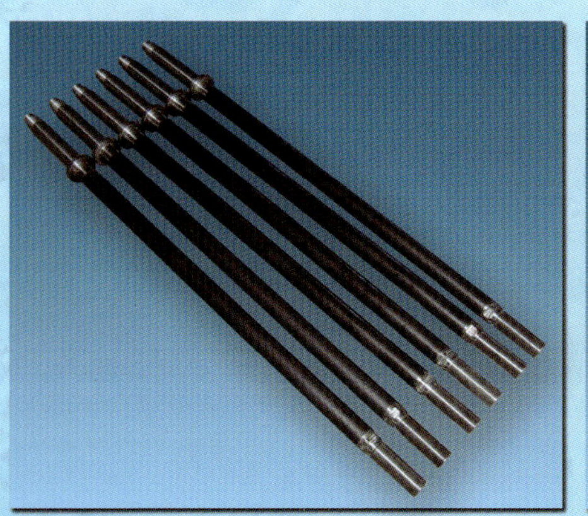

530

YF 西安宇丰喷涂技术有限公司

Xi'an Yu Feng Coating Technology Co.,Ltd.

网站：www.yfcc.com　邮箱：info@yfcc.com　电话：029-86964551　传真：029-86964550

地址：西安经济技术开发区泾渭新城渭华南路26号　　邮编：710200　总经理：任红旗

西安宇丰喷涂技术有限公司（原陕西宇丰机械电子有限公司，成立于1999年）是国家高新技术企业、中国表面工程协会热喷涂专业委员理事单位、全国水力抗磨蚀中心理事单位和陕西省热喷涂协会理事单位。公司通过了国标和国军标的质量管理体系认证。公司拥有一批硕博士为主的技术研发人员及专业技术喷涂工人，致力于为客户打造优质、高效的金属表面高抗磨蚀、耐腐蚀热喷涂技术服务。

公司在结合引进的国外专业喷涂公司的标准和工艺等最先进的喷涂技术基础上，结合实践，制定了严格的企业喷涂标准。研发出了适合我国水电、钢铁、航空、煤化工、纺织、印刷等领域的金属表面抗磨蚀耐腐涂层喷涂技术，并取得了国家发明专利。

公司目前拥有国际最先进的高速火焰（HVOF）喷涂系统及高精度检测手段。有2600平米的现代化喷涂厂房、实验室及六个功能齐备的喷涂隔音间，拥有可移动的两套现场喷涂设备及技术，可实现现场喷涂作业。

大型轴流转浆水轮机叶片现场施工

有大型六轴进口机器人四套，美国METCO生产的HVOF高速火焰喷涂设备五套，80千瓦级等离子喷涂设备一套，乌克兰爆炸喷涂设备一套，亚音速喷涂设备三套。有可承重140t大型立式转台两台套，卧式转台三套。以及用于涂层质量检验控制的各种进口仪器和喷涂试验室。可以实现水轮机过流部件的全部位喷涂及修复加工。

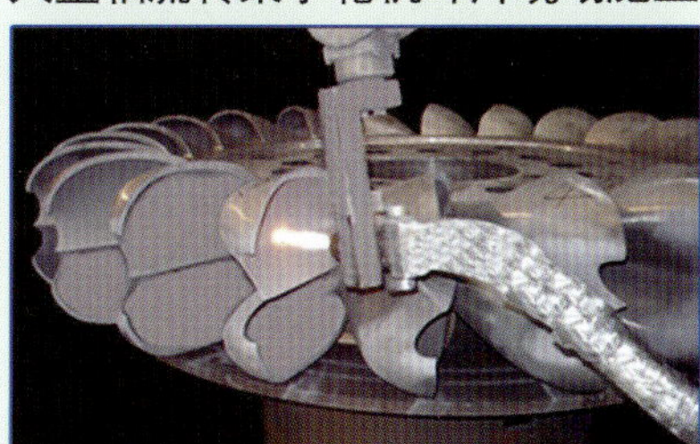
冲击式水轮机部件机器人喷涂

公司在经营中始终坚持“一流的设备，一流的技术，一流的质量，一流的服务”的发展宗旨，长期与国内外相关专业研究院所及高校保持密切的合作关系，致力于打造出具有国际水准的专业从事表面处理技术的高科技生产企业。

混流式水轮机部件机器人喷涂

洛阳金鹭硬质合金工具有限公司
Luoyang Golden Egret Geotools Co. Ltd.

洛阳金鹭硬质合金工具有限公司，成立于2012年，是国有上市公司厦门钨业股份有限公司100%投资的“金鹭”系硬质合金骨干企业。公司注册资金5亿元人民币，一期投资10亿元人民币。主要从事钨粉、碳化钨粉、硬面材料、硬质合金顶锤、硬质合金辊环、复合片基体、矿山工具等钨系列产品的生产与销售。

洛阳金鹭在厦钨二十多年丰富的WC类硬面材料的生产经验和技术的基础上，引进世界一流设备和技术，全面致力于热喷涂粉、硬质合金球粒、破碎合金、管状焊条等硬面材料产品的全面开发与生产，我们潜心打造具有高硬度、高耐磨性、高耐腐蚀性等性能优异的硬面材料产品，并为客户提供应用解决方案。

洛阳金鹭—硬面材料行业的领航者！

电　话： 0379-61101102　**传真：** 0379-61101766
联系人： 徐经理　**邮箱：** xu.maojie@cxtc.com
邮　编： 471000　**网址：** www.xtcgtl.com
公司地址： 河南省洛阳市高新技术产业开发区滨河北路68号

厦门钨业　洛阳金鹭

主要类别		产品图片	主要成分及规格
热喷涂粉	碳化钨基粉末		WC-12Co、WC-17Co、WC-18Co、WC-20Co、WC-6Co、WC-13Co、WC-10Co-4 Cr、WC-10Ni、WC-12Ni、WC-17Ni、WC- 20Cr3C2-7Ni、WC-9Co-5Cr -1Ni
	碳化铬基粉末		Cr3C2-25(Ni-20Cr)、Cr3C2-20(Ni-20Cr)
硬质合金球粒			WC-6Co、WC-6Ni
破碎合金			WC-6Co、WC-8Co、WC-10Co-4Cr
管状焊条			单晶碳化钨、铸造碳化钨、球粒合金、破碎合金四种系列 管径：ф3.2、ф4.0、ф5.0、ф6.0；管长：500、600、700

注：除以上标准产品外，还能根据客户的不同要求生产各种含硼、镍基、钴基、铁基粉末及其他特殊规格产品

陕西德维自动化有限公司

ShaanxiDWAutomation Co.,Ltd

陕西德维自动化有限公司作为热喷涂行业高压冷喷涂层系统设备、可调气氛高真空等离子涂层制备解决方案提供商及涂层服务供应商，在近年的发展历程中，以 “坦诚相待、信誉第一、团结开拓、奉献进取” 的企业价值观及 “以技术创新为龙头、以规范管理为保障、以产品质量为基础、持续改进、增强顾客满意和持续盈利能力” 企业行为规范引导与规范下，依据ISO9001：2000质量管理体系,为用户提供先进的喷涂工艺装备、材料涂层制备技术及涂层服务。

公司产品

- 高压冷喷涂层系统设备
- 可调气氛高真空等离子涂层系统设备
- 真空冷喷涂系统设备
- 高压送粉器
- 低压送粉器
- 液料送粉器
- 多工位热循环（震）试验机
- 真空6轴机器人系统
- 可调气氛涂层设备真空环境系统

典型产品:

可调气氛涂层设备真空环境系统(DWZP-2000)

技术参数：

1、型号：DWZP-2000 型

2、真空室体规格： Φ2000×3500 mm

3、极限真空度(空载、干燥、清洁的真空室体)： 3 Pa

4、工作真空： 100～50000 Pa（进气量<100 SLPM）

5、静态漏率(空载、干燥、清洁的真空室体)：≤ 67 Pa/h

6、恢复真空时间(从大气抽到5 Pa)： 30 min

7、控制方式：自动、手动抽空和采用计算机和PLC工业控制器联合控制

8、气体压强控制：计算机自动控制压强

9、气体压强调节方法：计算机调节主泵转速加阀门联合控制

10、转台承重：200 Kg

11、驱动气源：0.6 MPa 0.5 m3/min

12、冷却水：0.2 - 0.35 Mpa 20 m3/h

13、供电电源：三相五线AC380V 50 Hz

14、总供电容量：约180 KVA

15、环境温度：5℃-40℃

16、相对湿度：：不超过85%

高压冷喷涂设备（DWCS-2000）

冷喷涂（CS）是一种新型的热喷涂技术，二十世纪80年代中期，由苏联理论和应用力学研究所Papyrin和他的团队首先提出。冷喷涂区别于其他喷涂方法的最重要特点是不熔化 涂层材料，基于物理方法成型，冷喷涂层几乎没有氧化物、涂层致密。

DWCS-2000 技术参数：

工作气体	氮气、氦气和混合气体
工作压力	0～40bar
工作温度	0～950℃
气体流量	氮气2500Ls/min、氦气750Ls/min
送　粉　量	20～250g/min
粉末粒度	1～50μm
喷射距离	10～50mm
消耗功率	5～50KW
控制方式	流量,温度,压力闭环计算机动态控制

喷枪及喷嘴

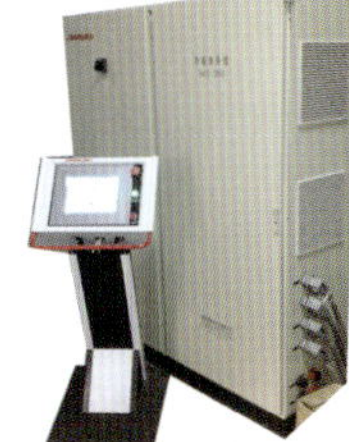

主控制柜

主加热器

送粉器

冷喷涂系统设备组成▲

电话Tel:86-29-82625772
86-29-82625773
传真FAX: 86-29-82625262
Email：boqili@dw-auto.com www.dw-auto.com
地址：西安新城科技产业园东兴科技大厦8F-4 邮编：710043
Room 804 DongXing Technical Building No.1 XinKe Road of Xi、an,P.R China 710043

哈尔滨市长河特种涂料厂有限责任公司

本公司成立于1993年5月，是国家级的高新技术企业，本公司长期与哈尔滨工业大学及各有关科研院所合作，不断地开发出金属防腐方面的新产品和新技术，有些产品已被国家科技部认定“国家重点新产品”。本公司生产的产品如下：

1、热喷涂涂层封孔剂，主要品种有：

（1）PF1高温型封孔剂：可耐500℃长期使用。

（2）PF2重防腐封孔剂又分为下列四种产品：

a、PF2-1型封孔剂：适用于暴露在室内外的大气工况下的防腐蚀装饰。

b、PF2-2型封孔剂：适用于长期浸水埋地钢结构件的防腐。

c、PF2-3卫生型封孔剂：适用于饮用水罐及管路、啤酒罐及食用油罐的长效防腐。该产品经国家卫生部及防疫部门检测确认为无毒，并由国家卫生部颁发了生产许可证。

d、PF2-4导静电耐油型封孔剂：适用于汽油、柴油贮罐及输油管路内表面的长效防腐并能满足导静电的安全运行技术要求。

2、生产重防腐涂料，主要品种有：

HD型环氧煤沥青漆，金属氟碳漆，氯化橡胶漆，丙烯酸聚氨酯漆，饮用水设备及食品生产设备专用的无毒环氧内防腐(有卫生许可证)、环氧富锌底漆、环氧云铁中间漆及发电厂冷却塔专用的防水涂料等。

3、钛纳米特种防腐阻垢涂料

我厂生产的管道防腐漆在大庆石化总厂30公里长的供水管线上应用的情景

我厂生产的PF2型封孔剂在亚洲最高铁塔“哈尔滨龙塔”上施工的情景

大庆油田采油一厂应用本公司生产的PF2-4导静电耐油型热喷涂封孔剂的施工现场

总　　裁：方辉义

公司地址：哈尔滨市高新科技开发区哈平路集中区南海路

电　　话：0451-86200449　　传真：0451-86204448

E-mail:hrb-changhe@163.com

BT-G3 型等离子喷枪

09/11/2008 20:04

武汉高力热喷涂工程有限责任公司

Wuhan Gaoli Thermal Spray Engineering Co.,Ltd.

提供等离子堆焊设备、材料及工艺技术服务

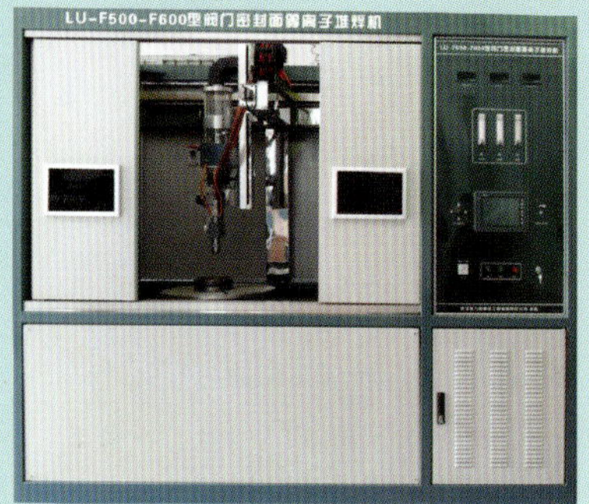

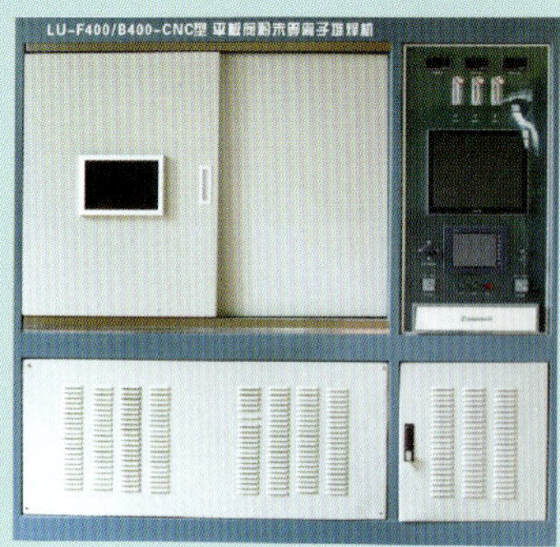

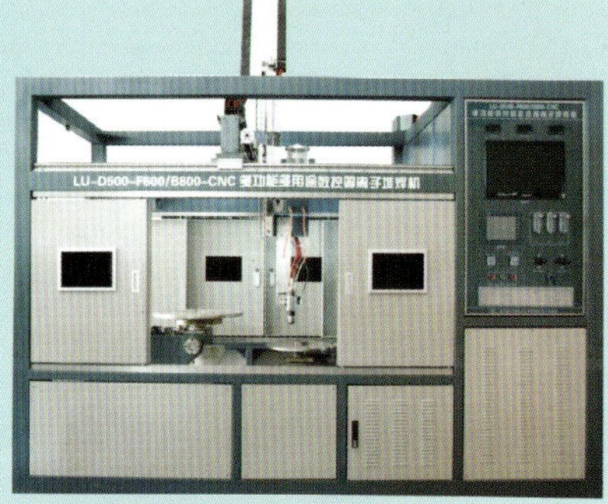

采用先进的粉末等离子堆焊(等离子喷焊、PTA焊)技术,可以实现高质量、高效率、省材料、机械化的堆焊,既提高堆焊质量又降低制造成本,突出优点是:

1、堆焊层金相组织均一,硬度均匀,母材冲淡率低,热影响区小,与手工电焊相比,堆焊同类材料,耐蚀、耐磨性能大幅度提高,成倍提高堆焊件使用寿命。

2、堆焊成形尺寸易于精确控制,表面平整,加工量少,既节省合金用量又减少机加工工时,合金用量一般可减少30%。

3、使用合金粉末,因添加有强化元素,既有好的焊接工艺性又大幅度提高使用性能,特别易于配置有特殊性能的堆焊合金。

4、全机械化施焊,生产效率高,与手工焊相比,劳动生产率一般提高3倍,并大幅度降低了劳动强度。

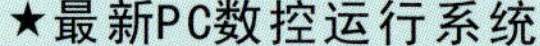

我公司专业从事粉末等离子堆焊机的研发和制造,自主研发的第三代全数字化控制的全系列堆焊机和第四代CNC数控堆焊机,特点是:

★最新PC数控运行系统
★全数字化PLC控制系统
★高清彩色触摸屏操作界面
★智能型工艺参数设定系统
★直接物理量精确显示系统
★焊枪自动精确定位系统
★运转参数数码设定系统
★焊枪跟踪弧压自动提升系统
★多种型号规格高效等离子焊枪
★冷冻式换热增压循环供水机

各机型硬件配置高档,软件设计先进,操作简便,运行可靠。

我公司以认真负责的态度、精益求精的作风,积多年的研究成果,热诚为各行各业服务!

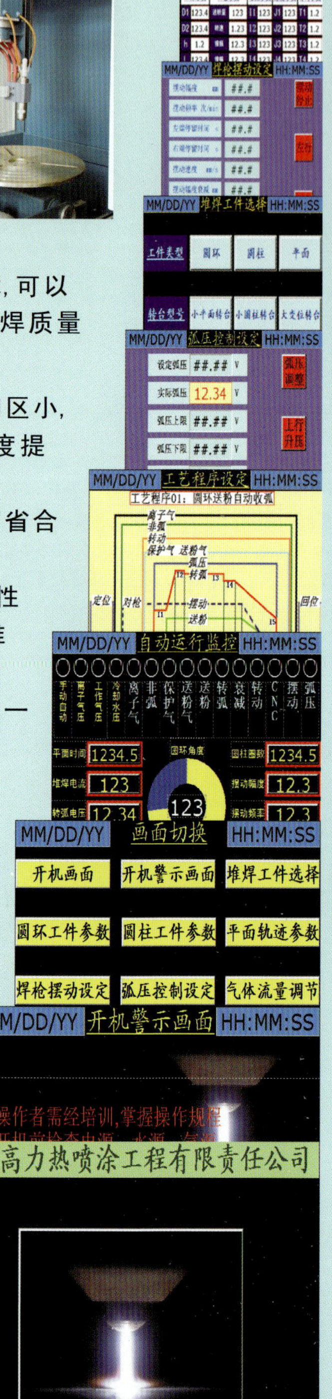

地址:武汉市黄陂区三里镇 咨询热线:400-027-9592 027-61917008 传真:027-61917097
http://www.glrpt.com E-mail:glrpt@hotmail.com

上海托卡洛硬面技术工程有限公司

（上海轩平硬面技术工程有限公司）

上海托卡洛硬面技术工程有限公司是由原国家大型一级企业技术处长期从事热喷涂技术管理的工程技术人员与日本喷涂界元老、原日本溶射协会（热喷涂协会）理事长马込正勝教授合作开办的集热喷涂新材料、新工艺技术的开发研制与生产制造相结合的中日合作的经济实体。公司的宗旨是“以诚待人，以信待客”，坚持“以诚信求发展，与客户共赢”的方针。

热喷涂表面加工技术可以大幅度提高机械零部件的耐磨、耐蚀、耐热等性能，延长其使用寿命。是国家作为重点项目，自“六五”以来一直大力推广的新工艺、新技术。目前已为国内各行各业所广泛采用。热喷涂技术在新品制作及设备维修方面发挥着很大作用，广泛应用于航空、航天、机械、电子、钢铁冶金、石油、化工、电力等几乎所有的制造业领域。特别是近年来，在石油、煤化行业的管道球阀，开始广泛采用 Ni 基合金的喷焊技术。

上海托卡洛硬面技术工程有限公司拥有较强的技术实力和经验丰富的员工队伍，引进和开发了许多高端的表面处理设备与技术，以及先进的检测仪器。

上海托卡洛硬面技术工程有限公司在高端球阀的热喷涂方面，采用国外的先进工艺，全新的进口喷枪，并经过长期的实践，成为国内一流的专业球阀喷涂厂家，产品已销往日本、欧美、中亚等国。

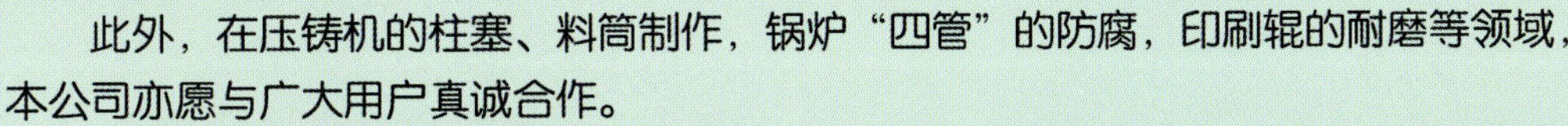

此外，在压铸机的柱塞、料筒制作，锅炉“四管”的防腐，印刷辊的耐磨等领域，本公司亦愿与广大用户真诚合作。

上海轩平硬面技术工程有限公司将以一流的设备、强有力的技术保证、严格的质量管理以及精益求精的精神，为客户提供最佳的服务和最优质的产品，从而让我们取得共同的发展。

竭诚欢迎广大新老客户的光临惠顾，携手合作！

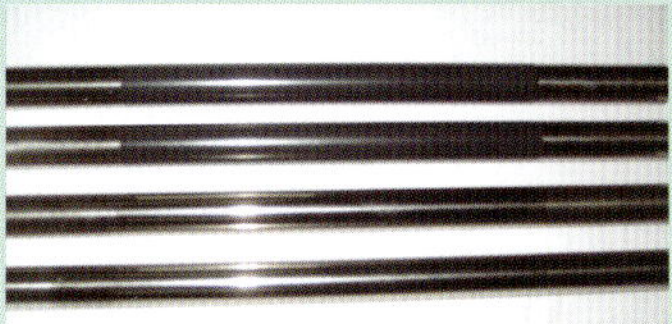

公司地址：上海市金山区张堰镇鲁堰东路 8033 号　　邮政编码：201500

联系人：俞晓华　　联系电话：13916614638

电话（传真）：021－52924131

E-mail:13916614638@163.com

Http://www.shxp888.com

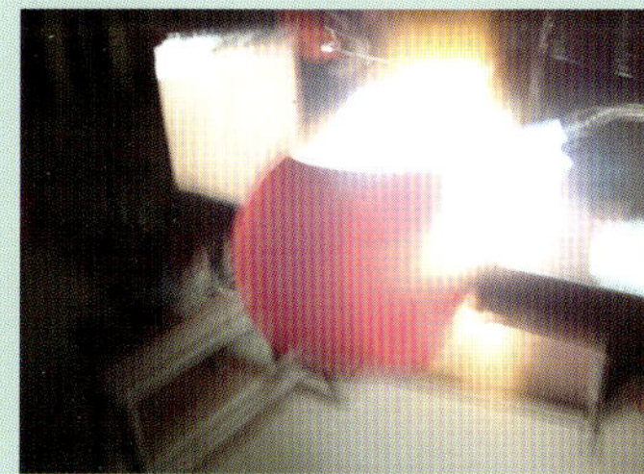

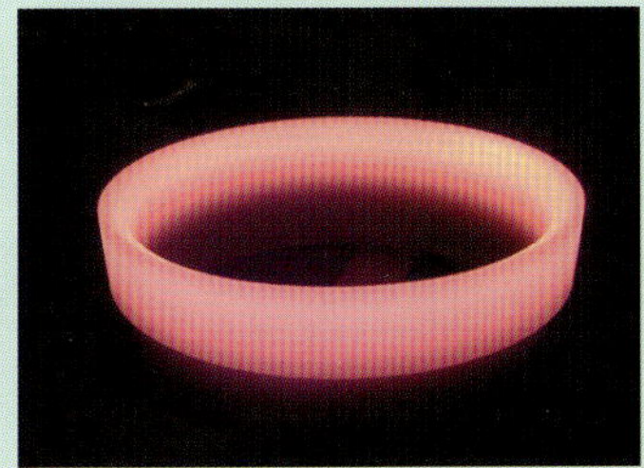

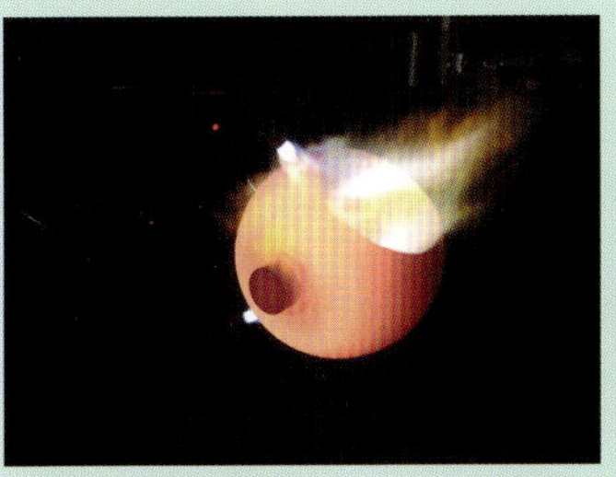

江苏启迪合金有限公司

热喷涂线材

Ni AI合金实芯丝

本公司采用真空熔炼、浇铸控制的Ni AI合金实芯丝，专用于电弧喷涂粘结层。具有化学成份稳定，氧含量低，结合强度高的特点。

化学成份、性能：

化学成份	涂层结合强度(Mpa)	熔点(℃)	涂层硬度(HRC)
Ni95%Al 5%	65-68	1010	23-25

应用工艺：电弧喷涂专用

产品规格：规格ø2mm 重量轴15kg,另外规格可预订

HCF-45 （相当于45CT）

化学成份	涂层结合强度(Mpa)	熔点(℃)	涂层硬度(HRC)
Ni、Cr、Ti	48	1450	45

应用工艺：电弧喷涂专用

特　　点：抗高温腐蚀氧化能力最佳

适 用 于：锅炉水冷壁管、风机叶片等

不锈钢类

牌号	化学成份%
1Cr13	Cr13 CO.1
2Cr13	Cr13 CO.2
3Cr13	Cr13 CO.3
4Cr13	Ni、Cr、Mo
316L	Ni、Cr、Mo
1Cr18Ni9Ti	Cr18 Ni9

主要产品性能

材料名称	主要成份	性能特点	适用范围
HCF-50	Ni、Cr、Ti	结合强度≥48MPa， 硬度≥HRC46 抗高温腐蚀氧化能力最佳	锅炉水冷壁、过热器防腐蚀抗氧化，汽轮机叶片、钢厂耐热耐腐蚀
HCF-95	Ni、Cr、Ti	结合强度≥75MPa， 抗氧化腐蚀能力强	高温打底材料
HCF-25	Ni、Cr、W.Mo	结合强度≥45MPa， 硬度≥HRC33 抗氧化腐蚀能力强	铜炉“四管”防磨，轴类、泵类、滚筒、烘缸等防腐防磨
HCF-40NiCrTife	Ni、Cr、W.Mo、	结合强度≥47MPa， 硬度≥HRC43 抗高温氧化、腐蚀能力强	压力容器内的防氧化腐蚀。
HCF-80Cl-NiCr	Ni、Cr	结合强度≥40MPa， 硬度≥HRC35 抗腐蚀性好	水冷壁、过热器、再热器防腐蚀
HCF-01	W.AI.Fe	结合强度≥40MPa， 硬度≥HRC35 有一定的抗氧化腐蚀能力	较低温度下的抗氧化腐蚀
蒙乃尔	Ni、Cu	耐硫化氢、耐硫酸、耐盐酸	用于各种耐硫化氢、耐酸的容器、耐磨和零部件的修复

江苏启迪合金有限公司

地　址：江苏省丹阳市吕城镇（运河）机场路8号　邮编：21235

电　话：0511-86473898　传　真：0511-86472898

手　机：13337771111　联系人：庄红芳

网　址：www.dydzs.cn.alibaba.com

邮　箱：zhf@qidialloy.com

宋 杭州泽裕喷涂工程有限公司

杭州泽裕喷涂工程有限公司成立于 2014 年 3 月，主要经营: 各类防腐工程施工；保温材料、化工产品、矿产品、建筑材料、五金商品批发、零售。特别长足于国际标准罐箱、门机、海事艇舰、闸门、大桥、电视塔架等热喷涂防腐。注册资本 518 万元，现有员工 89 人，其中有各类技术职称人员 13 人，防腐作业人员 80 余人，各类施工机械 200 多台套。技术力量、资本实力及机械装备基础雄厚，具有较强的专业施工能力。

2015 年分别通过了 ISO9001:2008 质量管理体系、ISO14001:2004 环境管理体系、CHSAS18001:2004 职业健康安全管理体系认证，在同行业中成为通过以上认证的绞绞者。

中国工业防腐蚀技术协会团体会员单位、中国表面工程协会热喷涂专业委员会团体会员单位、 全面腐蚀控制 杂志首席协办单位。

地 址：浙江省杭州市富阳区西堤南路 98 号 101 室
邮 编：311400
联系人：金 飞 电话：18367058466

CHANCE
创智

德清创智热喷涂科技有限公司

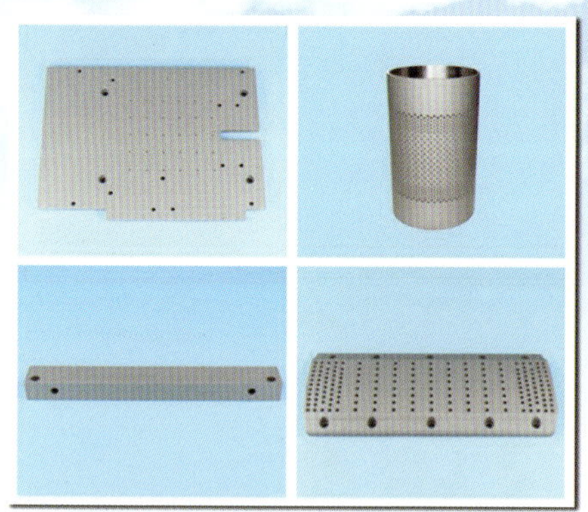

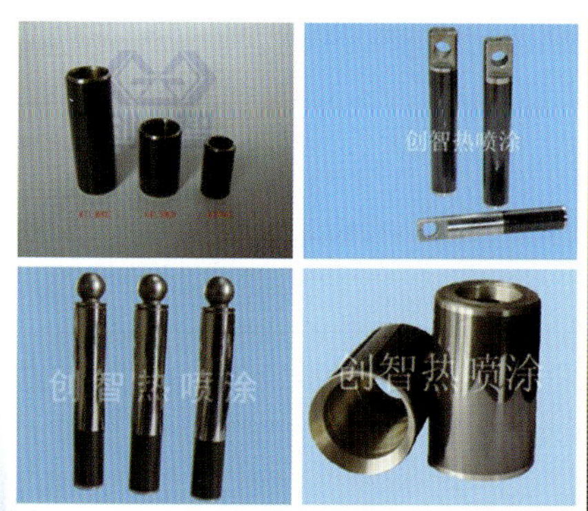

德清创智热喷涂科技有限公司（以下简称“创智”），前身是德清县武康镇创智热喷涂厂，成立于2001年。企业坐落于中国浙江省，素有“杭州后花园”之美誉的全国百强县德清县境内。创智是专业从事热喷涂技术开发、推广和生产加工的企业，是中国表面工程协会热喷涂专业委员会会员单位。

通过引进国内外先进等离子喷涂、电弧喷涂、粉末火焰喷涂等设备，配合多种精加工和检测手段，形成一整套完善先进的热喷涂工艺，并通过ISO9001:2008质量管理体系认证，生产经营过程严格受控，从而确保了最终产品的质量。公司产品现已远销欧美、日本、台湾等众多国家和地区。

创智始终坚持“科技、品质、服务”的经营理念，以一流的技术为用户提供优质的产品和可靠的服务，我们竭诚期待与您的合作。

地 址：浙江省德清县武康镇志远北路面692号
邮 编：313200
电 话：0572－8285529　传真：0572－8012733
网 址：www.dqchance.com
邮 箱：info@dqchance.com

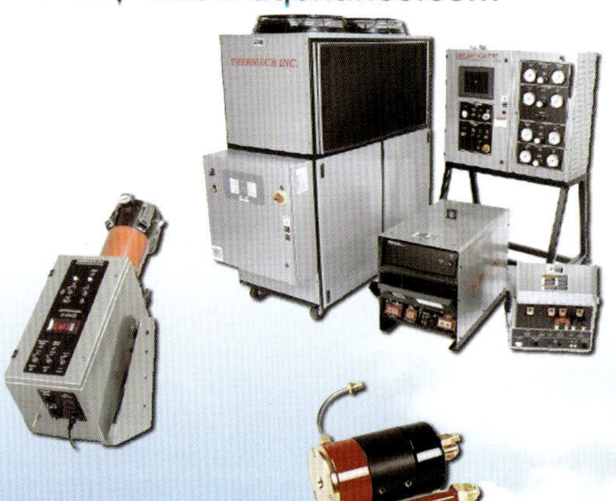

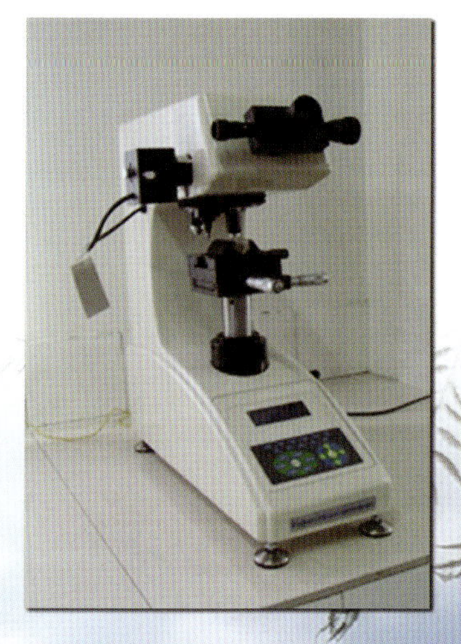

沈阳市荣华热喷涂技术服务中心

沈阳市荣华热喷涂技术服务中心（原为：沈阳恒信表面技术发展有限公司）为您提供常用热喷涂陶瓷粉末：Al_2O_3、TiO_2、Cr_2O_3、ZrO_2及复合粉。

采用电熔再结晶的方法生产，炉产20吨/40小时，再用电脑控制气流磨与分级机制粉，300公斤/小时。产品质量优于烧结法、团聚法、包覆法生产的粉末，化学成分与物理性能稳定，粒度范围规范、流动性好。用等离子、爆炸、火焰、超音速设备均能喷出优质涂层、硬度高、气孔少、结合强度大、抗热震性好。它具有耐蚀、耐热、耐磨、绝缘、热障等优良特性，广泛的应用在纺织、冶金、化工、航空、农机、石油等领域。

库存常储30～50吨左右，发货及时、品种齐全，无偿赠送样品试用。执行全国最低价，多购、常年使用的用户价格将更加优惠。

优质优价，诚信服务，深受国内外用户称赞——不愧为陶瓷粉供应基地。

沈阳市荣华热喷涂技术服务中心热喷涂陶瓷粉末材料部分产品介绍

序号	牌号	名　称	主要成分（%）	粒度范围（μm）	主要性能及应用
1	SP 7100	氧化铝粉	$>98.^{50}Al_2O_3$	15～45	白色涂层，抗硬面磨损、绝缘、抗高温氧化、工作温度 1200℃。
2	SP 7111	氧化铝/氧化钛粉	$Al_2O_33TiO_2$	15～45	灰色涂层，耐磨、耐蚀、耐热、绝缘。耐高温 1095℃。
3	SP 7112	氧化铝/氧化钛粉	$Al_2O_313\ TiO_2$	15～45	黑色涂层，耐磨、耐蚀、绝缘、耐纤维磨损。
4	SP 7113	氧化铝/氧化钛粉	$Al_2O_320\ TiO_2$	15～45	耐磨抗蚀、耐纤维磨损、摩擦系数小。
5	SP 7114	氧化铝/氧化钛粉	$Al_2O_340\ TiO_2$	15～45	耐磨耐蚀、摩擦系数小、涂层致密、结合强度高，广泛应用化纤纺织工件。
6	SP 7115	氧化铝/氧化钛粉	$Al_2O_3\ 50TiO_2$	15～45	硬度适中偏硬，涂层细密、耐纤维磨损、耐蚀，广泛应用纺织工件。
7	SP 7141	氧化铝/氧化铬粉	$Al_2O_35Cr_2O_3$	15～45	耐高温、耐蚀、耐磨损、涂层硬度高、绝缘。
8	SP 7121	氧化铝/氧化锆粉	$Al_2O_330ZrO_2$	15～45	耐热、抗燃气腐蚀涂层。
9	SP 7142	氧化铝/氧化镁粉	Al_2O_328MgO	15～45	耐高温热障涂层，抗高温冲蚀涂层，抗熔融金属侵蚀涂层。
10	SP 7181	氧化铝/氧化硅粉	$Al_2O_324SiO_2$	15～45	抗高温抗氧化涂层，抗熔融金属侵蚀涂层，耐酸、耐磨。
11	SP 7400	氧化铬粉	$>99Cr_2O_3$	15～45	耐酸、碱、盐，涂层硬度高、耐磨性极好，摩擦系数小，耐热。
12	SP 7411	氧化铬粉	$>98Cr_2O_3$	15～45	耐磨性极好，耐蚀、耐热、耐酸、碱腐蚀涂层，硬度高。
13	SP 7412	氧化铬粉	$Cr_2O_35\ SiO_23\ TiO_2$	15～45	优质耐磨涂层，耐化纤磨损涂层，抗硬面磨损、耐酸、碱腐蚀涂层，涂层致密。
14	SP 7413	氧化铬/氧化镁粉	$Cr_2O_320\ MgO$	15～45	抗高温氧化、耐熔融金属侵蚀涂层。
15	SP 7420	氧化钛粉	$>98TiO_2$	15～45	孔隙度最小，与基体粘性极好，硬质耐磨。
16	SP 7421	氧化钛/氧化铬粉	$TiO_2\ 45Cr_2O_3$	15～45	涂层抗磨粒磨损、抗热耐腐蚀。
17	SP 7231	氧化锆/氧化钇粉	$ZrO_28Y_2O_3$	15～45	热障涂层。抗热震性极好。
18	SP 7232	氧化锆/氧化钇粉	$ZrO_220Y_2O_3$	15～45	热障。抗多种熔融金属浸润，特别适合坩锅内衬。
19	SP 7221	氧化锆/氧化镁粉	$ZrO_224\ MgO$	15～45	抗酸性腐蚀，耐熔融金属侵蚀，抗热震和电绝缘涂层。
20	SP 7251	氧化锆/氧化硅粉	$ZrO_232\ SiO_2$	15～45	抗酸性腐蚀，耐熔融金属侵蚀，抗热震和电绝缘涂层。
21	SP 7580	碳化硅粉	β—sic	15～45	抗高温氧化涂层，耐热、耐蚀涂层。

注：（1）粒度范围依用户需要可随时调整。另供细粉、超细粉。
（2）各种不同配比的复合粉，依用户需要可以生产供应。

地址：沈阳市沈河区乐郊路丙吉巷1～3楼141室
网址：www.thermalsprayln.com
邮编：110011
传真：024-24121564
电话：021-24121564
手机：13644017948
联系人：那经理

十年磨一剑，精心打造

证券代码：831596

公司斥资2.1亿元致力于电力、水泥、钢铁等行业立磨磨辊及磨盘衬板的研发、生产与销售。陶瓷颗粒增强复合材料充分利用了颗粒自身的高硬度、高熔点、高耐磨等性能，将陶瓷颗粒均匀弥散在金属基体中，在充分发挥陶瓷颗粒高强度的同时，也保持了基体优良的机械性能，两者协同作用，具有超强的耐磨性能。

专利名称：陶瓷网格增强金属耐磨复合材料及制备方法
专利号：ZL201110150166.8

优点：

- 陶瓷颗粒显微硬度HV2100-3200。
- 使用寿命较整体铸造高铬合金、堆焊修复提高2倍以上。
- 独特的结构设计，可进行更换修复，循环使用。
- 可显著减少停机时间，提高工作效率，降低磨煤机单耗，给广大用户带来巨大的经济效益。
- 本公司陶瓷复合耐磨产品已被哈尔滨锅炉有限公司、东方电气集团、东方日立锅炉、北京巴威锅炉、国电烟台龙源等200多家电厂配套使用。

南通高欣耐磨科技股份有限公司

地址：江苏省南通市港闸区站前二号路 2 号
电话：0513-82030906 82030988
传真：0513-83532955　　邮编：226011
网址：www.gaoxinnm.com　邮箱：gxnm@gaoxinnm.com

南通高欣耐磨科技股份有限公司

NANTONG GAOXIN ANTIWEAR MATERIALS TECHNOLOGY CO., LTD.

国家高新技术企业　证券代码：831596　江苏省民营科技企业

修复各类设备主轴、曲轴、电机轴及所有轴的轴颈、轴承档、油封档、键槽的磨损、拉伤等缺陷。齿轮、齿轮泵、叶片泵、柱塞泵液压缸的修复，壳体件、箱体、减震器柱塞、活塞杆气门、轴套、阀门阀杆、高压阀门密封面、机床导轨、模具、印刷辊、造纸辊，印染纺织辊、化纤槽辊、分丝辊、罗拉热辊、拉丝塔轮、玻璃模具，化工泵密封轴套、风机叶片、“锅炉四管”防护。

热喷涂技术

修旧利废

变废为宝

通过DNV ISO9001:2008质量体系认证企业

获得热喷涂行业企业从业资格证书

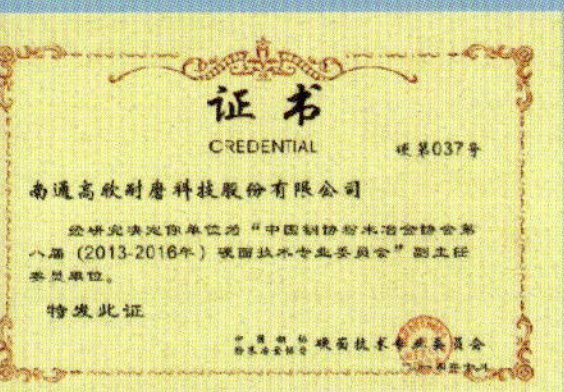

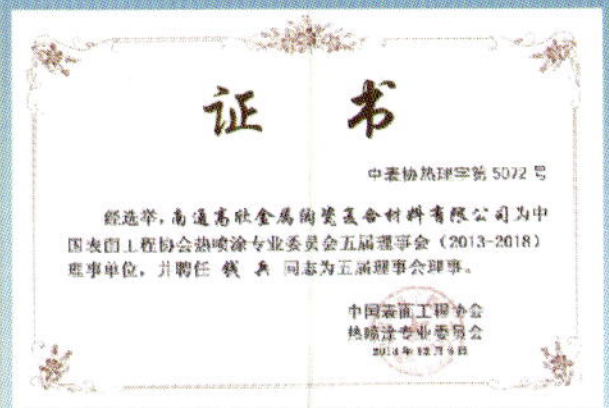

- 船用活塞、活塞裙、汽缸盖、连杆、排气阀阀杆及阀座的翻新修复。增压器、调速器、马达及泵的检修
- 电厂磨煤辊、水泥厂立磨辊、钢厂轧辊堆焊修复
- 高参数球阀、球体喷涂金属陶瓷涂层
- 液压油缸活塞杆、往复泵柱塞陶瓷涂层替代镀铬涂层
- 冶金连续退火炉辊、张紧辊、偏转器辊、自清理炉辊表面涂层
- 热浸镀锌用沉没辊、稳定辊先进涂层
- 印刷工业中，铸铁印刷辊表面喷涂防护、陶瓷网纹辊、电晕辊
- 化纤工业中，槽辊、锭杯、牵伸辊、导丝辊表面陶瓷涂层，钢结构件喷锌、铝、长效防护涂层替代刷油漆

高欣耐磨股份

南通高欣耐磨科技股份有限公司

董事长：钱兵　　手机：13906291664

地址：南通市港闸区站前二路2号

官网：http://www.gaoxinnm.com

南通高欣金属陶瓷

专家咨询热线：0513-82030906

传真：0513-83532955

E-mail:gxnm@gaoxinnm.com

沈阳石花微粉材料有限公司

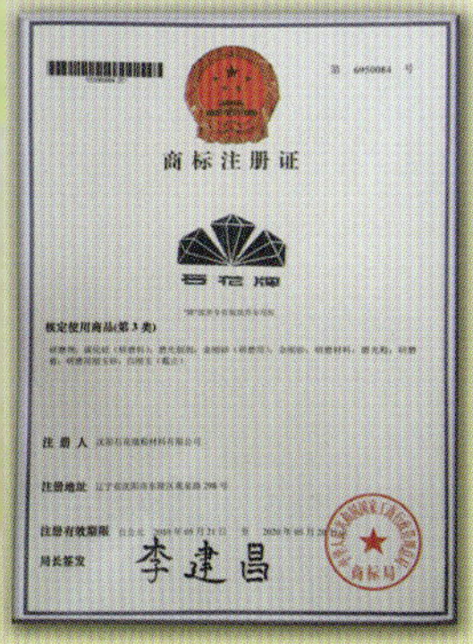

沈阳石花微粉材料有限公司，是原沈阳砂轮厂、沈阳双实磨料磨具有限公司整体转制后，集中了原企业优良品牌、优秀人才、优精设备成立的专门从事微米级产品的研发与生产的专业公司。

公司主要产品有：白刚玉磨料、白刚玉微粉、氧化物陶瓷粉末，公司还经营喷砂用棕刚玉、黑刚玉等产品。拥有20吨、0.5吨、50公斤冶炼炉，制粒生产线，微粉生产线，陶瓷粉末生产线，各种生产设备、检测仪器计45台（套），可进行工业化大规模生产，也具备小批量研制、试生产能力。

沈阳石花微粉材料有限公司的宗旨是以高质量的产品、专业的服务，满足顾客需要。

欢迎惠顾！

地址：沈阳市大东区观泉路298号　　邮编：110045
电话：024-88319856　传真：024-88324471
http：//www.syshwf.com

温州耐密特阀门有限公司

耐密特是以专业的超音速喷涂技术服务响誉业界的技术公司。公司位于“中国阀门城”——温州龙湾。耐密特可以在全球范围内为您提供一系列范围广泛的阀门产品和喷涂技术服务。

公司引进美国METCO超音速喷涂设备、等离子喷涂设备，结合氧乙炔喷焊、等离子堆焊、数控机床、球面专用机床、球面专用磨床、1000T模锻机及先进的阀门性能检测和试验专用设备。现已形成从硬面处理、毛胚锻造、精加工、后期装配等生产工艺为一体，并拥有十项专利技术。

公司可提供超音速喷涂碳化钨球体、碳化铬球体、Ni60球体、司太立合金球体，冷轧辊、金属硬密封球阀、特殊耐磨阀及其配件等。并向印刷设备企业、造纸设备企业提供硬质合金网纹辊、瓦轮辊的喷涂加工，以及其它机械行业的机件修复和加工硬质合金等业务。

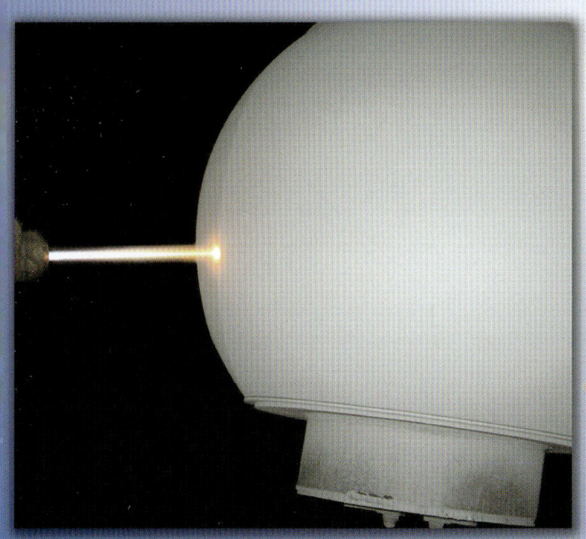

公司始终致力于依靠科技创新，不断应用新技术、新工艺、新材料的开发和高质量新产品。全力为石油、石化、电力、冶金、采矿、给排水及其它机械行业提供可靠的产品与服务，公司的产品畅销国内外各大中型企业和重点工程，并得到了广大同行及用户的广泛赞赏和信赖。

公司竭诚为广大用户提供最优质的产品，最满意的服务和最细致、最周到的技术支持。本着“用心去做，以质赢客”的生产方针，和“一切为了客户”的服务理念，竭诚为广大用户提供优质的产品，满意的服务和技术支持。

联系人：潘海龙（工程师）
电　话：0577-85980111　传　真：0577-86935599
地　址：浙江省温州市龙湾区永兴富康西路16号　邮　编：325024
网　址：http://www.naimite.com　http://www.naimite.com.cn

企业基本情况及

会员名录

北京市

北京联合涂层技术有限公司

联 系 人：贾鹏

电　　话：010－52961188　　传　　真：010－52961189

地　　址：北京昌平区马池口镇仁和路 2 号　　邮　　编：102202

单位情况简介：

详情参见：封二、P492 页

北京航天振邦精密机械有限公司

电　　话：010－81285011/5012　　传　　真：010－81285010

地　　址：北京市丰台区万源路六营门　　邮　　编：100076

单位情况简介：

详情参见：卷首 1 页

北京桑尧科技开发有限公司 / 北京桑斯普瑞新材料有限公司

联 系 人：王山松　　企业性质：股份制

电　　话：010－52437923　　传　　真：010－62335622

地　　址：北京市海淀区马甸东路 19 号金澳国际公寓 1922 室

邮　　编：100088

网　　址：www.sunspraying.com

单位情况简介：

详情参见：P524 页

奇特威热喷涂（北京）有限公司（德国 GTV 公司中国分公司）

联 系 人：沈希华

电　　话：010－64316316　　传　　真：010－84505458

地　　址：北京市朝阳区万红西街 2 号燕东大厦 A1007　　邮　　编：100015

网　　址：www.gtv-mbh.de　　电子邮箱：gtvchina@vip.sina.com

单位情况简介：

详情参见：P506 页

北京熵科尔应用技术研究所

联 系 人：何继宁

电　　话：010－82275992　　13920179128　　　　　　传　　真：010－82275930

地　　址：北京市西城区百万庄大街22号院2号楼5层 邮　　编：100037

单位情况简介：

详情参见：P539页

北矿新材科技有限公司

联 系 人：侯玉柏

电　　话：010－69731880　　　　　　　　　　　　　传　　真：010－69731996

地　　址：北京市西直门外文兴街1号　　　　　　　　邮　　编：102206

网　　址：www.bamstc.com

单位情况简介：

北矿新材科技有限公司（BAMSTC）是由中央直属大型科技企业北京矿冶研究总院以其所属金属材料研究设计所（SIMM）和北京钨钼材料厂（BTMMF）为基础组建的高新技术企业，公司于2011年11月正式注册成立，注册资本1亿元人民币。公司目前拥有包括热喷涂材料、金属粉末、钨钼难熔材料、涂层加工服务、技术咨询和培训等产品和服务。50余年的研发生产历程铸就了公司及其前身在热喷涂材料和钨钼难熔材料领域的技术权威，公司承担了国家和部委下达的科研项目达150余项，获得国家、省部级成果奖励60余项，公司身为“全国热喷涂协作组”理事长单位，一直致力于为各行业提供热喷涂涂层整体解决方案，打造表面技术开发与应用的旗舰。

详情参见：P527页

北京航百川科技开发中心

联 系 人：祖玉冰（高级工程师）　　　　　　　　　　企业性质：股份制

电　　话：010－69273025　　　　　　　　　　　　　传　　真：010－69273025

地　　址：北京市大兴区青云店工业区

单位情况简介：

详情参见：P530页

北京一同海瀛商贸有限责任公司

法人代表：黄早早

电　　话：010－82609613　　　　　　　　　　　　　手　　机：(0)13701129906

传　　真：010－82609341

地　　址：北京市海淀区苏州街十八号长远天地大厦A2座1811

邮　　编：100080

网　　址：www.yitonghaiying.com

电子邮箱：business@yitonghaiying.com

单位情况简介：

详情参见：P520 页

北京华德星科技有限责任公司

联 系 人：黄早早
电　　话：010－82609613　　　　传　　真：010－82609341
地　　址：北京市海淀区苏州街十八号长远天地大厦 A2 座 1811
邮　　编：100080
网　　址：www.huadexing.com　　　　电子邮箱：business@huadexing.com

单位情况简介：

详情参见：P502 页

北京东方润鹏科技有限公司

联 系 人：翟岗　　　　企业性质：股份制
电　　话：010－87951297　　　　传　　真：010－87951297－22
地　　址：北京市朝阳区大郊亭中街 2 号院华腾国际 4 号楼 12B
邮　　编：100124
网　　址：www.renpro.com.cn　　　　电子邮箱：renpro@renpro.com.cn

单位情况简介：

公司成立于 2001 年，是从事进口设备销售、热喷涂加工应用、热喷涂技术研发为主的高新技术专业公司。总部设在北京美丽的通惠河畔，紧领国贸 CBD 中心，燕郊厂房占地面积 720 平米，注册资金 500 万，年科研经费超过 200 万，创造年平均生产总值 2000 万以上。东方润鹏目前是来自美国、加拿大、瑞士、芬兰、德国五个国家六个公司十余种热喷涂设备的中国地区总代理，并自主研发热喷涂加工生产的辅助设备，包括喷砂房、喷涂房、通风除尘系统、热喷涂专用转台、转床、X－Y 移动平台等。承接各类防腐蚀，耐磨损，耐高温，抗氧化喷涂加工工程。

详情参见：卷首 10 页、P518 页

航天材料及工艺研究所（703 所）

联 系 人：吴朝军　　　　企业性质：国有
电　　话：010－68756924　　　　传　　真：010－68383282
地　　址：北京市丰台区南大红门路 1 号　　　　邮　　编：100076

中冶焊接科技有限公司

联 系 人：白波　　　　企业性质：国有
电　　话：010－82228112　　　　传　　真：010－82227302
地　　址：北京市海淀区西土城路 33 号　　　　邮　　编：100088

中国航空工业集团公司北京航空制造工程研究所（原625所）

法人代表：张军　　企业性质：国有事业

联 系 人：张东辉　　传　　真：010-85701588

电　　话：010-85701491　85701489　　邮　　编：100024

地　　址：北京市朝阳区八里桥北（340信箱104室）

网　　址：www.bjspray.com.cn

北京赛亿科技股份有限公司

法人代表：胡为峰　　企业性质：股份制

电　　话：010-62343188　　传　　真：010-62342300

地　　址：北京海淀区学院路30号1区方兴大厦604室

邮　　编：100083

网　　址：www.suryee.com　　电子邮箱：ehuweifeng@163.com

北京东方晶格科技发展有限公司

法人代表：淦克柏

联 系 人：黄玉

电　　话：010-51184825　51184632　　传　　真：010-51184825

地　　址：北京市大兴工业开发区金苑路2号　　邮　　编：102600

网　　址：www.jing-ge.com

有研粉末新材料（北京）有限公司

法人代表：汪礼敏　　企业性质：有限责任公司

联 系 人：杨中元

电　　话：010-61666083　82241259　　传　　真：010-61667989　61667255

地　　址：北京市新街口外大街2号　　邮　　编：100088

北京市怀柔区雁栖经济开发区　　邮　　编：101407

网　　址：www.jinjiaspray.com.cn

北京球冠科技有限公司

联 系 人：曾力　　企业性质：有限责任公司

电　　话：010-63958588　63959478　　传　　真：010-63958588　63723196

地　　址：北京市海淀区莲花西路华宝大厦724/726室　　邮　　编：100036

网　　址：www.rptm.cn　　电子邮箱：rptm@sohu.com

北京意如诚科技发展有限公司

联 系 人：王治清

电　　话：010－62453661　　　　传　　真：010－82401815

地　　址：北京市海淀区苏家坨柳林南街　　　　邮　　编：100095

网　　址：www.bjyrc.com　　　　电子邮箱：bjyrc@126.com

北京丹斯泰克科贸有限公司

联 系 人：周静　　　　企业性质：有限责任公司

电　　话：010－64392909　　　　传　　真：010－58945166

地　　址：北京市顺义区空港工业 B 区安庆大街一号曙光机电厂东

邮　　编：101318

北京瑞达安喷涂技术开发中心

联 系 人：刘广海（教授级高级工程师）

电　　话：010－68425718　62453228　61216863　86666834

手　　机：13901325687　　13601154395　　　　传　　真：010－68425718

地　　址：北京市海淀区温泉镇辛庄工业区　　　　邮　　编：100076

通讯地址：北京市海淀区增光路 44＃1－5－202　　　　邮　　编：100037

网　　址：www.rdapt.com

北京颐鑫安科技发展有限公司

联 系 人：王平

电　　话：010－84928866　　13701033366　　　　传　　真：010－84928866

地　　址：北京市朝阳区北苑大羊坊路 5 号院 4 区　　　　邮　　编：100012

北京阿尔克科技发展有限公司

联 系 人：徐良

电　　话：010－67809719　　13011210708　　　　传　　真：010－67809719

地　　址：北京市亦庄经济开发区大雄郁金香舍 30 号楼 C 座 202

煤炭科学研究总院

联 系 人：雷钧

电　　话：010－64214931－2684(0)　2805(H)

地　　址：北京市朝阳区和平里　　　　邮　　编：100013

北京北重汽轮电机有限责任公司电机技术部

联 系 人：石玉环

电　　话：010−68631199−3158　　51792211　　　　传　　真：010−68655070　　68639675

地　　址：北京市西郊吴家村　　　　邮　　编：100040

88352 部队装甲兵装备技术研究所

联 系 人：鲍明远

电　　话：010−63886783

地　　址：北京市丰台区长辛店 88352 部队 53 号　　　　邮　　编：100072

全军装备维修表面工程研究中心

联 系 人：李长青

电　　话：010−66718874　　　　传　　真：010−66718874

地　　址：北京市长辛店杜家坎 21 号　　　　邮　　编：100072

装甲兵工程学院材料科学与工程系

联 系 人：朱胜

电　　话：010−66717650　　13611107058　　　　传　　真：010−66718613

地　　址：北京市长辛店杜家坎 21 号　　　　邮　　编：100072

701 所

联 系 人：陆兴煜

电　　话：010−68375637

地　　址：北京市 7201 信箱 15 分箱　　　　邮　　箱：100074

北京首都航天机械公司

联 系 人：杨晓刚

电　　话：010−68750490　　　　传　　真：010−68750487

地　　址：北京市 34 信箱 96 分箱　　　　邮　　编：100076

北京钢铁研究总院

联 系 人：吴子健

电　　话：010−62182731

地　　址：北京市海淀区学院南路 76 号　　　　邮　　编：100081

北京非纳科技有限公司

联 系 人：王青松

电　　话：010−62334104

地　　址：北京海淀区学院路 30 号北京科技大学 32–505
邮　　编：100083

金属加工杂志社
联 系 人：于淑香
电　　话：010–68327225　　13611193682　　传　　真：010–68327225
地　　址：北京市百万庄大街 22 号　　邮　　编：100037

安泰科技股份有限公司难熔材料分公司
联 系 人：常代展
电　　话：010–58717333　　传　　真：010–58717300
地　　址：北京市海淀区永丰基地永澄北路 10 号 C 区　邮　　编：100081

铁道科学研究院金属及化学研究所
联 系 人：李东文
电　　话：010–51874018　　51874113　　传　　真：010–51849414
地　　址：北京市西直门外大柳树路 2 号　　邮　　编：100081

北京工业大学材料学院
联 系 人：蒋建敏
电　　话：010–67392168　　传　　真：010–67392168
地　　址：北京市朝阳区平乐园 100 号　　邮　　编：100124

北京理工大学材料学院加工系
联 系 人：王全胜
电　　话：010–68912709　　传　　真：010–68913951
地　　址：北京市海淀区中关村南大街 5 号　　邮　　编：100081

北京科技大学粉末冶金研究所
联 系 人：刘长松
电　　话：010–62332474　　62333040
地　　址：北京市海淀区学院路 30 号　　邮　　编：100083

北京科技大学海特公司
联 系 人：孙金贵
电　　话：010–62333309

地　　址：北京市海淀区学院路 30 号　　邮　　编：100083

北京科技大学表面纳米技术与工程中心

联 系 人：樊自拴

电　　话：010－62332548　　传　　真：010－62332567

地　　址：北京市海淀区学院路 30 号　　邮　　编：100083

时代集团公司销售中心

联 系 人：李永燕

电　　话：010－62961805　　传　　真：010－62961646

地　　址：北京市海淀区上地信息产业基地西路 38 号　　邮　　编：100085

装甲兵工程学院

联系人：宋占永

电　话：010－66719325　　传　　真：010－66719325

地　址：北京市丰台区杜家坎 21 号

北京博方生物医用材料有限公司

联 系 人：邓新建

电　　话：010－62964133　　13910582390

地　　址：北京市海淀区东北旺南路 31 号　　邮　　编：100094

北京钛得新工艺材料有限公司

联 系 人：傅长文

电　　话：010－62489202　　传　　真：010－62489208

地　　址：北京市 95－020 信箱　　邮　　编：100095

北京市忠诚大业热喷涂技术服务中心

联 系 人：任春玉

电　　话：010－62452066　　13901120232　　传　　真：010－62488565

地　　址：北京市海淀区温泉太舟坞钢管厂（403 号）　　邮　　编：100095

北京航空材料研究院

联 系 人：唐建新

电　　话：010－62456622－5350　　传　　真：010－62458218

地　　址：北京市 81 信箱 5 分箱　　邮　　编：100095

中科院感光所402室

联 系 人：张敬杰

电　话：010 64888147

地　址：北京市朝阳区大屯路甲3号　　　邮　编：100101

安东石油技术（集团）有限公司

联 系 人：贺志刚

电　话：010–84717788　64759204　　　传　真：010–84717799

地　址：北京市朝阳区花家地东路5号利景名门 3层

邮　编：100102

北京百慕航材高科技股份有限公司

联 系 人：张国强

电　话：010–62458432　　　传　真：010–62463040

地　址：北京81信箱77分箱　　　邮　编：100095

北京飞机维修工程有限公司

联 系 人：尹程远

电　话：010–64561122–6515　13693039425　　　传　真：010–64595595

地　址：北京市首都机场563信箱　　　邮　编：100621

空军航空工程部航空工厂管理部技术处

联系人：于希平

电　话：010–66785396

地　址：北京市复兴路14号29分队　　　邮　编：100843

顺义陈坨喷涂厂

联 系 人：于长启

电　话：010–60451416

地　址：北京市顺义区陈坨村　　　邮　编：101309

冶金部第一地质勘察局超硬材料研究所

联系人：黄成富

电　话：010–69548455–268　69546420–2224　　　传　真：010–69546876

地　址：北京市东燕郊　　　邮　编：101601

北京首钢吉泰安合金新材料有限公司

联 系 人：田伟克

电　　话：010−80718910　　传　　真：010−80718910

地　　址：北京市昌平区沙河镇富生路 9 号　　邮　　编：102206

北京电力设备总厂研究所综合技术室

联 系 人：任立昀

电　　话：010−69352050−2709　　传　　真：010−69352288

地　　址：北京市房山区良乡镇吴天大街 12 号　　邮　　编：102401

电力建设研究所

联 系 人：陈红菊

电　　话：010−89354827　　传　　真：010−89351155

地　　址：北京市房山区良乡昊天北大街 3 号　　邮　　编：102401

北京燕山石化公司化工一厂机修车间

联 系 人：李同喜

电　　话：010−69343644

地　　址：北京市房山区　　邮　　编：102500

北京燕化新安设备维修服务公司

联 系 人：贺斌

电　　话：010−69346666−57183

地　　址：北京市房山区燕化公司化工二厂机修车间　　邮　　编：102501

燕山石化公司炼油厂金工车间

联 系 人：徐春明

电　　话：010−69343550

地　　址：北京市房山区　　邮　　编：102503

北京浩文远创科技有限公司

联 系 人：白文庆

电　　话：010−82257476　　13911581517　　传　　真：010−82257486

地　　址：北京通州区杨庄南里新华联家园北区 10 号　　邮　　编：101101

国电电力建设研究所焊接室

联 系 人：包乐庆

电　　话：010－63438352　　13901202005　　传　　真：010－63438352

地　　址：北京市宣武区广安门南滨河路 33 号　　邮　　编：100055

北京友谊配合饲料厂

联 系 人：胡展仪

电　　话：010－67228908

地　　址：北京市永定门外角门路 18 号　　邮　　编：100075

北京中天恒瑞科技股份有限公司

联 系 人：贾立斌

电　　话：010－62970520　　传　　真：010－62970520

地　　址：北京市海淀区上地东路东蒙高科 A 座　　邮　　编：100085

北京清新高科技开发公司

联 系 人：蒋迪

电　　话：010－68377362

地　　址：北京市 7201 信箱 43 分箱　　邮　　编：100074

中国学术期刊（光盘版）电子杂志社合作中心

联 系 人：李萱

电　　话：010－62702667　　62702668　　传　　真：010－62791814

地　　址：北京市清华大学邮局 84－48 信箱　　邮　　编：100084

北京中航技气动液压设备有限责任公司

联 系 人：李建平

电　　话：010－64072241　　13301371988　　传　　真：010－64072241

地　　址：北京市东城区亮果厂 5 号 106 室　　邮　　编：100010

中国科学技术信息研究所

联 系 人：刘旭

电　　话：010－58882466　　13701275885　　传　　真：010－58882480

地　　址：北京市海淀区复兴路 15 号　　邮　　编：100038

清华大学机械工程系

联 系 人：刘家浚

电　　话：010－62785057　　　　传　　真：010－62781346
地　　址：北京市北京海淀清华园　　　　邮　　编：100084

北京强龙科技发展有限公司

联 系 人：刘强友
电　　话：010－89709680　13366229699
地　　址：北京市昌平区北环路 2 号　　　　邮　　编：102202

北京天工表面材料技术有限公司

联 系 人：彭日辉
电　　话：010－63886914
地　　址：北京市长辛店杜家坎 21 号　　　　邮　　编：100072

北京金达昊金属表面技术有限责任公司

联 系 人：秦颢
电　　话：010－62523836　86482424　13910767568
地　　址：北京市海淀区六郎庄慈佑街一条 1 号　　　　邮　　编：100080

北京德望机械电器有限公司

联 系 人：舒金伟
电　　话：010－82620838　　　　传　　真：010－51660898
地　　址：北京市海淀区苏州街 18 号长远天地 B 座　　　　邮　　编：100080

北京东方圣赛达能源环境工程有限公司

联 系 人：王立庆
电　　话：010－60215848　13522113006　　　　传　　真：010－60214485
地　　址：北京市丰台区科学城航丰路 8 号　　　　邮　　编：100070

北京市职工技协热喷涂委员会

联 系 人：王卫卫
电　　话：010－63564033　13521377770　　　　传　　真：010－63564033
地　　址：北京市宣武区虎坊路 13 号　　　　邮　　编：100052

北京金星超声波设备技术有限公司

联 系 人：魏安妮
电　　话：010－62541201　62557971　13801251381　　　　传　　真：010－62576282

地　　址：北京市海淀区清华大学 97 号信箱　　　　邮　　编：100084

北京银通康盛科技有限公司

联 系 人：吴淑芬

电　　话：010－64680396　64680398　13911776055　　传　　真：010－64680401

地　　址：北京朝阳亮马桥路 32 号高斓大厦 1206 室　　邮　　编：100016

北京光明橡塑制品厂

联 系 人：席君杰

电　　话：010－60278834　　13901207072　　传　　真：010－60279428

地　　址：北京市大兴区西庄工业区纬四路 18 号　　邮　　编：102600

北京国禄瑞工程技术有限公司

联 系 人：杨剑

电　　话：010－84063014/2－4/34　　13901123455　　传　　真：010－84063004

地　　址：北京市东城区东直门内北小街 2 号楼 814 室

邮　　编：100007

北京粉末冶金研究所

联 系 人：印红羽

电　　话：010－ 67622826　67634067　13311121712

地　　址：北京市丰台区宋庄路 11 号　　邮　　编：100078

北京永恒金属材料厂

联 系 人：于永珍

电　　话：010－69677144　60697363　13901372751　　传　　真：010－60697362

地　　址：北京市怀柔县椿梓镇山立庄村西　　邮　　编：101400

北京金普瑞科工程股份有限公司

联 系 人：张宏

电　　话：13832516308

地　　址：河北省唐山市智源里 3 号楼 1 门 401 室　　邮　　编：063000

中国科学院过程工程研究所

联 系 人：张伟刚

电　　话：010－62520135　　13120285131　　传　　真：010－62520135

地　　址：北京市海淀区中关村北二条 1 号　　　　　　邮　　编：100080

北京市嘉之源科贸有限责任公司

联系人：张伟鹏

电　话：010–69247202

地　址：北京市大兴区火车站南巷 4 号　　　　　　邮　　编：102600

清华大学工程力学系

联 系 人：赵文华

电　　话：010–62595596(0)　62595393(H)　　　　传　　真：010–62562768

地　　址：北京市　　　　　　邮　　编：100084

中国表面工程编辑部

电　　话：010–66719325　　　　传　　真：010–66718871

地　　址：北京市长辛店杜家坎 21 号　　　　邮　　编：100072

北京爱能者能源科技有限公司

联 系 人：沈勇彪

电　　话：010–62672688　　　　传　　真：010–62672118

地　　址：北京海淀中关村东路世纪科贸大厦 B 座 2710

邮　　编：100080

北京佳倍德工程技术有限公司

联 系 人：孙哲峰

电　　话：010–59283366　13701120554　　　　传　　真：010–59283413

地　　址：北京市朝阳区姚家园路 105 号观湖国际大厦 1 座 1208 室

邮　　编：100025

北京安子科技发展有限公司

联 系 人：刘海燕

电　　话：13810593901　　　　传　　真：010–81541779

地　　址：北京市通州区云景里甲 1 号楼 621 室　　　　邮　　编：101101

北京能为科技发展有限公司

联 系 人：张弘搜

电　　话：010–63357752–628　　　　传　　真：010–63357322

地　　址：北京丰台莱户营58号财富西环大厦1915室 邮　　编：100054

北京艾达方航空航天技术研究所

联 系 人：黄洁琼

电　　话：010－82310806　　64377343　　传　　真：010－82319057

地　　址：北京海淀学院路238号柏彦大厦603房间　邮　　编：100083

北京宇圣通信息科技有限公司

联 系 人：张勇

电　　话：13911907447

地　　址：北京市亦庄经济技术开发区宏达北路10号707室

邮　　编：100176

北京美桥电子设备有限公司

联 系 人：张有荼

电　　话：010－88550612　　15801278601　　传　　真：010－88550708

地　　址：北京市昌平区马池口念头工业区仁和路2号

邮　　编：100089

北京最时科技发展有限公司

联 系 人：唐禹夏

电　　话：010－64405025　　传　　真：010－64405665

地　　址：北京市朝阳区北三环东路28号易亨大厦1708室

邮　　编：100013

清华大学热能工程系

联 系 人：李水清

电　　话：010－62773384　　传　　真：010－62794068

地　　址：北京市清华大学热能工程系　　邮　　编：100084

北京飞思博科技有限公司

联 系 人：陈岩

电　　话：010－82026269　　传　　真：010－62383245

地　　址：北京市西城区黄寺大街26号德胜置业大厦1号楼1909室

邮　　编：100011

北京福锐克森热喷涂科技有限公司

联 系 人：魏敏

电　　话：010−61210873　　15201163552

地　　址：北京市大兴区清橙名苑 B1211 室

北京中科格瑞科技发展有限公司

联 系 人：高保华

电　　话：010−62554559　　传　　真：010−62558143

地　　址：北京市中关村北二条一号　　邮　　编：100190

北京华清燃气轮机与煤气化联合循环工程技术有限公司

联 系 人：郭向飞

电　　话：010−82151816

地　　址：北京市海淀区清华科技园科技大厦 C 座 10 层

邮　　编：100010

北京晓斌汇通科技有限公司

联 系 人：于海凤

电　　话：15097882111

地　　址：北京市大兴区金星路 12 号院 2 号楼 2 层 0214 室

邮　　编：102206

北京中矿安丰工程科技有限公司

联 系 人：安云岐

电　　话：13905210117

地　　址：北京市海淀区清华东路 16 号 3 号楼（中关村能源与安全科技园）0502 室

邮　　编：100083

北京安凯特电力科技有限公司

联 系 人：朱来富

电　　话：010−67729486　67729496　18610548622　　传　　真：010−67729466

地　　址：北京市朝阳区大郊亭中街 3 号 520 室　　邮　　编：100190

相干（北京）商业有限公司

联 系 人：唐　正

电　　话：010−62554559　　传　　真：010−62558143

地　　址：北京市海淀区北四环西路9号银谷大厦215室
邮　　编：100190

北京星光蓝弧科技有限公司

联 系 人：孙磊
电　　话：010-61210460　　15910223622　　传　　真：010-61210460
地　　址：北京市大兴区火神庙商业中心D座1408室　邮　　编：102600

北京蓝天美表面技术有限公司

联 系 人：熊思功
电　　话：010-61246169　　18910128848　　传　　真：010-61246169
地　　址：北京市大兴区黄村辛店小区4-5-001　邮　　编：102600

北京五隆兴机械制造有限公司

联 系 人：王开宇
电　　话：010-60329787　　13901149819　　传　　真：010-83311003
地　　址：北京市房山区青龙湖镇北刘庄78号甲1号　邮　　编：102447

阿麦特金属科技（北京）有限公司

联 系 人：魏伟
电　　话：010-83305998　　13911158600　　传　　真：010-83305998
地　　址：北京丰台区长辛店崔村西里7号楼一单元401
邮　　编：100072

上海达宫防腐涂装工程技术有限公司

联 系 人：李建平
电　　话：010-64072241　　13917016142　　传　　真：010-64072241
地　　址：北京市东城区美术馆后街18号康铭大厦4层第5室
邮　　编：100010

天津市

天津市铸金表面工程材料科技开发有限公司

联 系 人：郑秀峰　　企业性质：股份制

电　　话：022−26316476　　传　　真：022−26316476

地　　址：天津市北辰区铁东路霍家咀工业园汾河道一支路 10 号

邮　　编：300402　　网　　址：www.ccg−china.cn

单位情况简介：

详情参见：卷首 6 页

天津开发区欣特涂层技术有限公司

联 系 人：孙志刚

电　　话：022−83900750　　传　　真：022−83900751

地　　址：天津市西青区精武镇馨谷工业园

网　　址：www.tjxinte.com

单位情况简介：

详情参见：P541 页

天津市机械涂层研究所有限责任公司

联 系 人：周杰

电　　话：022−24304524　　24210072　　传　　真：022−24304524

地　　址：天津市河东区八纬路 20 号　　邮　　编：300012

单位情况简介：

详情参见：P542 页

科盾工业设备制造（天津）有限公司

联 系 人：徐博

电　　话：022−66203626 转 806　　传　　真：022−66203627 转 832

地　　址：天津经济技术开发区第九大街 80 号丰华工业园 2 期 4 号厂房

邮　　编：300457　　网　　址：www.liquidmetal−kedun.com

单位情况简介：

科盾工业设备制造（天津）有限公司是美国 Liquidmetal Coating LLC（液态金属涂层公司）亚太区唯一一家子公司，公司主要负责非晶态合金涂层产品的制备及应用，我公司产品已涉及石油钻探、开采、冶炼，火力发电、水力发电、核电，食品医药、钢铁、造纸，以及汽车、船舶制造等诸多行业。

上世纪八十年代末期，美国科学家采用特殊的金属材料合成工艺，研发出在低温的环境下形成非晶态结构的 ARMACOR(尔玛克)合金涂层材料系列产品。ARMACOR 产品主要用于抗腐蚀、抗磨减磨、耐高温等工业领域，这种特殊的非晶态结构涂层系列产品通过在美国和欧洲多年的实证应用，证明了其自身高强度、高硬度（75HRC）、高韧性（钛合金 3 倍）、超防腐（H+、OH−、S2−、Cl−、F−…）等特点，并且突显出大大超出现有传统金属合金材料的防腐耐磨性能和使用寿命，是目前抗腐蚀、耐磨损、抗汽蚀产品中最佳的选择。当今中国工业国际化步伐转移的加快，选择 ARMACOR 产品，会抢得先机并引领市场。

详情参见：P556 页

新利得（天津）金属制品有限公司

法人代表：谷丁酉　　企业性质：外商独资

联 系 人：魏志忠

电　　话：022−68713168　68711221　　传　　真：022−68711220

地　　址：天津市子牙环保产业园子富道 7 号　　邮　　编：301605

网　　址：www.groco.cn　　电子邮箱：groco@groco.cn

天津洪格尔液压工程有限公司

联 系 人：刘萍

电　　话：022−27021366　27373070　　传　　真：022−27373018

地　　址：天津市南开区三纬路 63 号　　邮　　编：300100

天津工程机械研究院

联 系 人：刘俊英

电　　话：022−26370088−236　26375115　　传　　真：022−26370600

地　　址：天津市丁字沽三号路　　邮　　编：300131

天津化工研究设计院

联 系 人：梅海军

电　　话：022−26374929−2292　　传　　真：022−26370175

地　　址：天津市红桥区丁字沽 3 号路 85 号　　邮　　编：300131

河北工业大学

联 系 人：何继宁

电　　话：022−26564579　13920179128

地　　址：天津市河北工业大学南院 579 号　　邮　　编：300132

天津市化工防腐工程联合公司

联 系 人：张恩义
电　　话：022–28355324
地　　址：天津市河西区越秀路街道友谊路 11 号　　邮　　编：300201

致远天津铬业集团公司热喷涂材料有限公司

联 系 人：毛清坤
电　　话：022–26396958　　传　　真：022–26396958
地　　址：天津市北辰区铁东路 55 号　　邮　　编：300400

天津市新发表面处理有限公司

联 系 人：刘朝晖
电　　话：022–63386138　　传　　真：022–63385949
地　　址：天津市大港区板南路 200 号　　邮　　编：300270

大港油田集团新世纪机械制造有限公司

联 系 人：付太康
电　　话：022–25965514　　传　　真：022–25965514
地　　址：天津市大港油田　　邮　　编：300280

天津港保税区威尔得溶接技术有限公司

联 系 人：田少明
电　　话：022–23785211　　13821577918　　传　　真：022–23785226
地　　址：天津市外环线九号桥津沪高速收费站旁双安集团内 B 区 2 号
邮　　编：300384

天津新港船厂修船分厂特种修理站

联 系 人：张进和
电　　话：022–25793995–2859　　传　　真：022–25795839
地　　址：天津市塘沽区新港机厂街 1 号　　邮　　编：300456

天津碱厂热处理分厂

联 系 人：章月华
电　　话：022–25892160–3480
地　　址：天津市塘沽新华路　　邮　　编：300450

天津开发区盛世龙科技公司

电　　话：022-66291183
地　　址：天津市开发区鸿达街9号鸿泰公寓2-4室　邮　　编：300457

天津雷公焊接材料有限公司

电　　话：022-26953922　13602053072　传　　真：022-26951013
地　　址：天津市北辰区韩家墅工业新区14号　邮　　编：300400

天津大学材料科学与工程学院第25教学楼C110室

联 系 人：叶福兴
电　　话：022-27406261
地　　址：天津市南开区卫津路92号　邮　　编：300072

天津市博特金属硬面修复厂

联 系 人：周玉宽
电　　话：022-26838058　13110087688　传　　真：022-26838058
地　　址：天津市北辰区天穆回民食品街津祥餐厅　邮　　编：300400

洛阳朗力硬面材料有限公司天津分公司

联 系 人：张成宝
电　　话：022-27328782　传　　真：022-27328782
地　　址：天津红桥西青道65号金兴科技大厦1909室　邮　　编：300122

天津市立达成焊接科技有限公司

联 系 人：张楠
电　　话：022-23677200　13920092565　传　　真：022-23677200
地　　址：天津市南开区长实道嘉泰花园2-2-703　邮　　编：300191

天津一飞锌业有限公司

联 系 人：崔广君
电　　话：022-68313731　传　　真：022-68371864
地　　址：天津市静海县西翟庄镇安家庄村　邮　　编：301611

天津立林石油机械有限公司

联 系 人：李兆喜
电　　话：15122976103
地　　址：天津市津南区葛沽三合立林工业园　邮　　编：300352

天津赛亿表面涂层技术有限公司

联 系 人：胡永祥

电　　话：022－68761730　　传　　真：022－68763685

地　　址：天津市静海县陈官屯镇小钓台村西米　　邮　　编：301604

上海市

中国科学院上海硅酸盐研究所

联 系 人：陶顺衍　　企业性质：事业

电　　话：021－69906321　　传　　真：021－69906322

地　　址：上海市嘉定区和硕路 588 号　　邮　　编：201899

网　　址：www.sic.ac.cn　　邮　　箱：sytao@mail.sic.ac.cn

欧瑞康美科表面技术（上海）有限公司

联 系 人：肖庆

电　　话：021－67087030　　传　　真：021－67087001

地　　址：上海市嘉定区百安路 539 号第 1、2 幢　　邮　　编：201814

单位情况简介：

详情参见：封面、P490 页

世泰科化工贸易（上海）有限公司

联 系 人：王俭

电　　话：021－60231548　　传　　真：021－60231521

地　　址：上海市徐汇区斜土路 2899 甲号光启文化广场 A 幢

单位情况简介：

详情参见：封底、P494 页

上海新业喷涂机械有限公司

联 系 人：冯国志

电　　话：021－58735205　　传　　真：021－57575676

地　　址：上海市奉贤区金大公路 8278 号　　邮　　编：201403

单位情况简介：

详情参见：卷首 4 页

空气化工产品（中国）有限公司

联 系 人：石多利　　企业性质：外商独资（美）

电　话：021－38962078　免费热线电话：400－888－7662（仅限中国）

传　真：021－50807525　　邮　编：201203

地　址：上海市浦东新区张江高科技园区祖冲之路887弄72号5楼

网　址：www.airproducts.com.cn　　电子邮箱：infoasia@airproducts.com

单位情况简介：

作为全球领先的工业气体提供商，空气产品公司始终致力于为金属制造、加工行业提供高品质的气体和先进的应用技术解决方案。70多年来，我们凭借着成熟的行业经验为全球众多金属加工企业解决退火、渗碳、中性淬火、烧结、钎焊、热喷涂等工艺中存在的气氛问题，帮助用户提高生产效率和产品质量，并降低成本。

各种工业气体产品：氮气、氢气、氧气、氩气、氦气。

全面的技术应用支持：气氛优化、工艺检查／故障排除、安全培训。

详情参见：P508页

中国科学院上海硅酸盐研究所

联 系 人：郑学斌　　企业性质：事业

电　话：021－52414104　　传　真：021－52414205

地　址：上海市定西路1295号　　邮　编：200050

网　址：www.sic.ac.cn　　邮　箱：xbzheng@mail.sic.ac.cn

单位情况简介：

详情参见：P487页

上海富珉喷涂有限公司

联 系 人：阳小平

电　话：021－57248915　　传　真：021－57245611

地　址：上海市金山区山阳镇山宁路89号　　邮　编：201508

单位情况简介：

详情参见：P537页

上海凯林新技术实业公司

联 系 人：林菁　　企业性质：股份制

电　话：021－64326600　　传　真：021－64325123

地　址：上海市漕宝路86号光大会展中心F座903室

邮　编：200235　　网　址：www.kailinsh.com

单位情况简介：

详情参见：P531 页

上海托卡洛硬面技术工程有限公司（上海轩平硬面技术工程有限公司）

联 系 人：俞晓华

电　　话（传真）：021－52924131　　13916614638

地　　址：上海市金山区张堰镇鲁堰东路 8033 号　　邮　　编：201500

网　　址：www.shxp888.com

单位情况简介：

详情参见：P545 页

德韦尔工业材料（上海）有限公司

电　　话：021－34635346　　13341916990　　传　　真：021－34635906

地　　址：上海市青浦区盈港东路 6372 号 4 号楼 2 楼

网　　址：www.dewere.com

单位情况简介：

详情参见：P548 页

上海帅亨热喷涂技术有限公司

联 系 人：陈国利、陈晓冬

电　　话：021－64099510　　13918136798　　传　　真：021－64095160

地　　址：上海市奉贤庄行大叶公路 1881 弄 158 号

邮　　编：201111　　网　　址：www.shshuaiheng.com

单位情况简介：

详情参见：P556 页

上海大豪纳米材料喷涂有限公司

联 系 人：张赟　　企业性质：合资

电　　话：021－69791220　　传　　真：021－69791220

地　　址：上海市青浦区华新镇嘉松中路 1835 号　　邮　　编：201708

网　　址：www.rf－pt.com

上海宝钢工业技术服务有限公司表面工程事业部

联 系 人：谭兴海　　企业性质：国有

电　　话：021－26648328　　传　　真：021－26647705

地　　址：上海市宝山区宝钢厂区纬一路经五路口　　邮　　编：201900

网　　址：www.mmm－baosteel.com

上海康阜实业有限公司

法人代表：舒晶　企业性质：民营

电　话：021－56715153　传　真：021－56716879

地　址：上海市虹口区欧阳路 568 号庐迅大厦 14 楼　邮　编：200082

网　址：www.shkf.com.cn

赫格纳斯（中国）有限公司

联 系 人：廖奇音　企业性质：外商独资

电　话：021－69210112－339　传　真：021－69210894

地　址：上海市青浦区外青松公路 5646 号　邮　编：201700

网　址：www.hoganas.com

上海楚越机械设备有限公司

联 系 人：谢国宏　企业性质：民营

电　话：021－68552091/2/3　传　真：021－68535408

地　址：上海浦东新区栖山路 465 号鼎隆大厦 804 室　邮　编：200135

网　址：www.Supermmc.com　电子邮箱：info@Supermmc.com

上海休玛喷涂机械有限公司

联 系 人：王经理

手　机：13681828025　企业性质：民营

电　话：021－59745725　59740181　传　真：021－59745802

地　址：上海市青浦区白鹤镇纪鹤路 5555 号　邮　编：201700

网　址：www.shxm-pt.com

上海澳科利印刷机械有限公司

法人代表：王磊　企业性质：中外合资

联 系 人：归霆

电　话（传真）：021－67691669　67691016

地　址：上海市松江区久富经济开发区盛龙路 498 号　邮　编：201615

网　址：www.auclean.com

上海斯米克焊材有限公司

联 系 人：江薇华

电　话：021－64315805

地　址：上海市中山南一路 893 号　邮　编：200023

上海林德二氧化碳有限公司

联 系 人：郁春

电　　话：021－64672283　　传　　真：021－64726849

地　　址：上海市上海市肇嘉浜路 768 号欧江大厦 16 C1

邮　　编：200030

先进机械设备有限公司

联 系 人：李志刚

电　　话：021－64471955　　传　　真：021－64475388

地　　址：上海市虹桥路 808 号 A 栋 8506 室　　邮　　编：200030

圣戈班陶瓷材料（郑州）有限公司上海代表处

联 系 人：徐淼

电　　话：021－63616100　　传　　真：021－63222942

地　　址：上海市延安东路 222 外滩中心 7 楼　　邮　　编：200002

圣戈班研发（上海）有限公司

联 系 人：刘冉冉

电　　话：021－54757271　　传　　真：021－54757271

地　　址：上海市闵行区义井路 55 号　　邮　　编：200245

上海罗宝轧辊机械工程有限公司

联 系 人：樊尧华

电　　话：021－66876360　　传　　真：021－66876360

地　　址：上海市宝山经济发展区长发路 38 号　　邮　　编：200949

优美科金属国际贸易（上海）有限公司

联 系 人：罗晓燕

电　　话：021－64401100－226　　传　　真：021－34240969

地　　址：上海中山西路 1800 号兆丰环球大厦 18 A1 室

邮　　编：200233

华东理工大学华昌聚合物有限公司

联 系 人：蔡欣

电　　话：021－64253377　64253164　　传　　真：021－64250084

地　　址：上海市梅陇路 130 号华东理工大学 352 信箱　邮　　编：200237

上海金江金属粉末材料有限公司

联 系 人：孙维康

电　　话：021－56919145　　传　　真：021－56832395

地　　址：上海市江杨南路354号　　邮　　编：200434

上海开升机械有限公司

联 系 人：李萌

电　　话：021－56307772　13801741229　　传　　真：021－56307772

地　　址：上海市汶水路649弄16号601室　　邮　　编：200436

上海紧固件和焊接材料技术研究所

联 系 人：姚昌良

电　　话：021－55880639　　传　　真：021－55886417

地　　址：上海市松花江路2747号　　邮　　编：200437

上海司太立有限公司

联 系 人：李亚军

电　　话：021－59554284　　传　　真：021－59553961

地　　址：上海市嘉定区宝嘉公路1799号　　邮　　编：201800

上海村田激光技术有限公司

联 系 人：严翼

电　　话：021－64937818

地　　址：上海市莘北路669号　　邮　　编：201100

上海田岛热喷涂有限公司

联 系 人：田岛明良

电　　话：021－59597488　39599018　13916614638　　传　　真：021－59597488

地　　址：上海市嘉定区黄渡镇罗家村　　邮　　编：201804

上海科太新型陶瓷技术有限公司

联 系 人：徐怡

电　　话：021－59565491　　传　　真：021－59575828

地　　址：上海市嘉定区安亭镇米泉路701号　　邮　　编：201805

上海宝寿硬面有限公司

联 系 人：童充龙

电　　话：021－56691448　　56691063　　传　　真：021－56691063

地　　址：上海市宝山区富锦路 635 号　　邮　　编：201900

宝山钢铁集团公司上海机械加工厂

联 系 人：张建宏

电　　话：021－6648648－6683

地　　址：上海市宝山区宝钢纬二东路设备制造公司　　邮　　编：201900

上海金刚冶金材料有限公司

联 系 人：陈晔

电　　话：021－56608870　　传　　真：021－56608870

地　　址：上海市宝山区友谊路 316 号　　邮　　编：201900

上海君山表面技术工程股份有限公司

联 系 人：张幸

电　　话：021－56390010　　传　　真：021－56390982

地　　址：上海市宝山区杨行工业园区共悦路 151 号　　邮　　编：201901

上海中集冷藏箱有限公司设备科

联 系 人：金树范

电　　话：021－56010088－251　　13611656634　　传　　真：021－56011111

地　　址：上海市宝山区沪太路 6888 号　　邮　　编：201908

3M 中国有限公司

联 系 人：吴清波

电　　话：021－22105111　　传　　真：021－22105034

地　　址：上海徐汇区田林路 222 号 3M 中国研发中心　　邮　　编：200233

上海巴柯科技发展有限公司

联 系 人：蔡豫岑

电　　话：021－64605472　64605570　13783135597　　传　　真：021－54152517

地　　址：上海市闵行区宝城路 158 弄 96 号 502 室　　邮　　编：201100

上海沁月贸易有限公司

联 系 人：戴明

电　　话：021－59921480　　13301825898　　　　传　　真：021－59991021
地　　址：上海市嘉定区北大街 108 弄 1 号 101 室　　邮　　编：201800

上海子实喷涂机械有限公司

联 系 人：董永庆
电　　话：021－50391218　　13501902047　　　　传　　真：021－50391208
地　　址：上海市浦东南路 3530 号 201 室　　邮　　编：200125

上海欣国金属制品有限公司

联 系 人：顾福秋
电　　话：021－69914876　　13916579395　　13801976032
传　　真：021－69168006
地　　址：上海市嘉定区沪宜公路 4290 号　　邮　　编：201800

上海硬面技术行业协会

联 系 人：黄双顶
电　　话：021－63260707　　　　传　　真：021－63736493
地　　址：上海市中山东二路 22 号 328 室　　邮　　编：200002

上海申瑜机械制造有限公司

联 系 人：蒋光兴
电　　话：021－54493627　　13818863240
地　　址：上海市上海县吴宝路 1215 弄 28 号　　邮　　编：201105

上海申和热磁电子有限公司洗净事业部

联 系 人：蒋立峰
电　　话：021－36160190　　36160884　　　　传　　真：021－36160882
地　　址：上海市宝山区山连路 181 号　　邮　　编：200444

上海精诚表面技术公司

联 系 人：瞿建中
电　　话：021－62514636　　13901766249　　　　传　　真：021－62514636
地　　址：上海市定西路 1295 号　　邮　　编：200050

上海雅博焊割工具有限公司

联 系 人：李步荣

电　　话：021－66301567　　56779355　　　　传　　真：021－66301567

地　　址：上海市闸北区汶水支路1号（粤秀路口）　　邮　　编：200072

上海良时涂装设备有限公司

联 系 人：凌建民

电　　话：021－58200321　　58202504　　　　传　　真：021－58200321

地　　址：上海市浦东南路1454号　　邮　　编：200122

上海吉星磨料磨具有限公司

联 系 人：倪雨生

电　　话：021－68319100　　13002157783

地　　址：上海市浦东灵岩路79弄13号602室　　邮　　编：200120

上海凡阳实业有限公司

联 系 人：齐小飞

电　　话：021－36216661　　13012822811　　　　传　　真：021－36216661

地　　址：上海市宝山区湄浦路219弄6号101　　邮　　编：201900

上海润威机械制造有限公司

联 系 人：邱佳辉

电　　话：021－59901071　　13122986626　　　　传　　真：021－59901076

地　　址：上海市嘉定区申裕路399弄118号　　邮　　编：201818

上海先锋电机厂

联 系 人：沈裕祥

电　　话：021－56650666－551228

地　　址：上海市闸北区灵石路702号　　邮　　编：200072

联 系 人：陶宝康

电　　话：021－64751495　　13661878652　　　　传　　真：021－64751495

地　　址：上海市徐汇区宾阳路28弄保利星苑3号　　邮　　编：200235

上海傲正科技发展有限公司

联 系 人：姚胜坤

电　　话：021－64380703　　13817819106　　　　传　　真：021－64380702

地　　址：上海市漕溪北路737弄6号楼202室　　邮　　编：200030

上海康英焊割工具厂

联 系 人：叶树康

电　　话：021－69798567　　13044108871

地　　址：上海市青浦区华新镇嘉松中路 964－966 号　　邮　　编：201708

上海富弛高科技有限公司

联 系 人：于玉营

电　　话：021－56494523　　传　　真：021－56494525

地　　址：上海市宝山区富扬路 655 号　　邮　　编：201901

比利时贝卡尔特亚洲上海代表处

联 系 人：余峥

电　　话：021－62952233　　13801997122　　传　　真：021－62952234

地　　址：上海市遵义路 88 号林泰中心 1603 室　　邮　　编：200336

华东电力试验研究院

联 系 人：张健勇

电　　话：021－5420175－2302

地　　址：上海市邯郸路 171 号　　邮　　编：200437

上海康迪泰克管件有限公司

联 系 人：赵汇阳

电　　话：021－69762072　59769553－109　13361807136

传　　真：021－59767174

地　　址：上海市青浦县老沪青平公路 839 号　　邮　　编：201702

上海雀石机电有限公司

联 系 人：朱哓明

电　　话：021－59992630　　13901613940　　传　　真：021－59992632

地　　址：上海市嘉定区宝嘉公路澄桥东埯　　邮　　编：201822

上海飞彪特种焊割机具有限公司

电　　话：021－65394980　　传　　真：021－65431294

地　　址：上海市黄兴路 1 号 1713 室　　邮　　编：200090

上海铭志工贸有限公司硬面合金堆焊厂

电　　话：021－58163929

地　　址：上海市南汇县南六公路1437号　　邮　　编：201322

上海石童梓实业有限公司

电　　话：021－59556110　　传　　真：021－59546666

地　　址：上海市嘉定区永新路380号　　邮　　编：201800

上海正力防腐保温技术工程有限公司

联 系 人：舒华明

电　　话：021－65161295

地　　址：上海市虹口区逸仙路458弄7号206室　　邮　　编：200000

上海戊尔特设备修造有限公司

联 系 人：刘向阳

电　　话：021－66863000　　传　　真：021－66863000

地　　址：上海市宝山区罗太路258号　　邮　　编：201908

上海戎实喷涂机械有限公司

联 系 人：徐洁

电　　话：021－57488440　　传　　真：021－57489927

地　　址：上海浦东奉贤区南桥镇北新村四组403号　　邮　　编：201404

上海耐腐阀门集团公司

联 系 人：胡远银

电　　话：021－57609929

地　　址：上海松江工业区茸江路999号　　邮　　编：201611

上海银动电力技术有限公司

联 系 人：杨晓波

电　　话：15800339778

地　　址：上海杨浦安波路567弄7－1402　　邮　　编：200433

上海麒励机电科技有限公司

联 系 人：王莹

电　　话：021－65923931　　18616199980　　传　　真：021－65923901

地　　址：上海市虹口区花园路66弄嘉禾大厦1号207室

邮　　编：200083

上海玉正实业有限公司

联 系 人：梁玉民

电　　话：13917165449　　　　传　　真：021-61393282

地　　址：上海市虹口区曲阳路910号13楼　　　　邮　　编：200437

上海亚盛精密机械有限公司

联 系 人：曹志明

电　　话：021-34304557　　13916343981　　　　传　　真：021-34304008

地　　址：上海市闵行区莲花南路2588号511室　　　　邮　　编：201109

同济大学材料科学与工程学院

联 系 人：沈军

电　　话：021-69581009　　18621532116　　　　传　　真：021-33515214

地　　址：上海市嘉定区曹安公路4800号　　　　邮　　编：201804

山特维克国际贸易（上海）有限公司

联 系 人：王慧

电　　话：15900930530

地　　址：上海市莘庄工业园区银都路4555号　　　　邮　　编：201108

上海开维喜阀门集团有限公司

联 系 人：卓鸿谋

电　　话：021-57491111　　13816529233　　　　传　　真：021-57491333

地　　址：上海市奉贤区柘林镇北村路199号　　　　邮　　编：201416

上海金萃激光技术有限公司

联 系 人：钟丽

电　　话：021-59207200　　15258003638　　　　传　　真：021-59207300

地　　址：上海市青浦区汇金路958号　　　　邮　　编：201700

卡斯特林焊材（上海）有限公司

联 系 人：傅爱军

电　　话：021-50461405　　　　传　　真：021-50463924

地　　址：上海市浦东金穗路1501号A-201　　　　邮　　编：201206

元适工程贸易（上海）有限公司

联 系 人：朱劼

电　　话：021－57520668　　传　　真：021－57520568

地　　址：上海市奉贤区奉城镇海淀路 475 号　　邮　　编：201411

上海岱山电力科技股份有限公司

联 系 人：边小勇

电　　话：021－60738326　　传　　真：021－60731325

地　　址：上海市虹口区株洲路 309 号 777 室　　邮　　编：200083

集智（进出口）上海有限公司

联 系 人：赵志刚

电　　话：021－61395047　　传　　真：021－61395049

地　　址：上海市普陀区真南路 1428 号致盛大厦 502A

邮　　编：200331

上海通乐冶金设备工程有限公司

联 系 人：葛宝文

电　　话：021－69005901　，13801674065　　传　　真：021－69005901

地　　址：上海市嘉定区华亭镇霜竹公路 688 号　　邮　　编：201811

上海易能道能源科技有限公司

联 系 人：李景珊

电　　话：021－65983685　13918663961　　传　　真：021－65983282

地　　址：上海市杨浦区赤峰路 65 号同济科技园 1 号楼 307

邮　　编：200092

美国 SMC 焊接产品公司

联 系 人：徐东

电　　话：021－63191369　13801979856　　传　　真：021－63190558

地　　址：上海市淮海中路 93 号大上海时代广场办公楼 2901 室

邮　　编：200021

牛津仪器（上海）有限公司

联 系 人：倪瑾瑜

电　　话：021－60732929－2932　　传　　真：021－60732949

地　　址：上海市闵行区东兰路 248 号香樟园 1 号楼 1 楼 E 室
邮　　编：201102

上海九庆金属粉末有限公司

联 系 人：胡纲
电　　话：021-57847838　　13301921990　　传　　真：021-57847605
地　　址：上海市松江区闵塔路 579 弄 20 号　　邮　　编：201617

河北省

三河市三强金属表面技术工程有限公司

联 系 人：寇友强　　手　　机：13703162937
电　　话：0316-3312561　　010-61594182　61595293
地　　址：河北省三河市燕郊开发区迎宾路西侧　　邮　　编：065201

沧州市新华区科星焊接厂

联 系 人：刘洪贵
电　　话（传真）：0317-3066623　　手　　机：13001443257
地　　址：河北省沧州市新华区鞠官屯工业园　　邮　　编：061000
网　　址：www.kexinghanjie.cn　　电子邮箱：kexinghanjie@163.com

上海金普泰表面工程公司

联 系 人：张宏
电　　话：0315-2397879　　传　　真：0315-2397879
地　　址：河北省唐山市兴源道鹭港 108-1502　　邮　　编：063000

唐山钢铁公司设备机动处

联 系 人：马洪阳
电　　话：0315-2702895
地　　址：河北省唐山市滨河路 9 号　　邮　　编：063000

河北瑞驰伟业科技有限公司

联 系 人：李建平

电　　话：0315—7820988　　传　　真：0315—7820966

地　　址：河北省唐山市开发区荣华道　　邮　　编：063000

故城县晨光特种焊接材料厂

联 系 人：张树杰

电　　话：0318—5321798　　传　　真：0318—5320599

地　　址：河北省故城县工业路 29 号　　邮　　编：253800

河北衡水宏远泵业制造有限公司

联 系 人：董茂民

电　　话：0318—2031093　　传　　真：0318—2068829

地　　址：河北省衡水市大庆路 34 号　　邮　　编：053000

继凯（凯副尔）表面技术发展有限公司

联 系 人：冯继凯

电　　话：0310—6092926　　传　　真：0310—6093399

地　　址：河北省邯郸市邯钢路 2 号邯郸制氧机厂招待所 216 室

邮　　编：056018

河北廊坊市中科天源机械涂层有限公司

联 系 人：韩宝新

电　　话：0316—6883582

地　　址：河北廊坊市站南道 1 号（光明西道东头）　　邮　　编：065000

峰峰集团万年矿制修公司

联 系 人：何云林

电　　话：0310—7763643

地　　址：河北省武安市磁山镇　　邮　　编：056302

燕京矿山设备有限公司

联 系 人：李臣

电　　话：010—61594724　　传　　真：010—61594732

地　　址：河北省三河市燕郊开发区燕高路　　邮　　编：065201

邯郸市邯钢附属企业公司冶金备件堆焊厂

联 系 人：李桂生

电　　话：0310－6072671　　　　传　　真：0310－6072671

地　　址：河北省邯郸市邯钢东路 11 号　　　　邮　　编：056001

河北冀能环保工程有限公司

联 系 人：孙义夫

电　　话：0311－6216890　　7933868　　　　传　　真：0311－6216890

地　　址：河北省石家庄市富强大街 34 号　　　　邮　　编：050021

秦皇岛开发区宏维表面工程技术研究所

联 系 人：田新华

电　　话：0335－8056670　　　　传　　真：0335－8051760

地　　址：河北省秦皇岛市经济技术开发区珠江道普达楼

邮　　编：066004

河北南皮机械制造有限责任公司

联 系 人：汪锐

电　　话：0317－8851108　　　　传　　真：0317－8855307

地　　址：河北省南皮县城光明西路 72 号　　　　邮　　编：061500

唐山市路北区建华机械厂

联 系 人：王学增

电　　话：0315－2814982　　　　传　　真：0315－2033937

地　　址：河北省唐山市路北区雷庄上坡　　　　邮　　编：063020

燕山大学材料工程系表面工程研究室

联 系 人：王玉林

电　　话：0355－8055790

地　　址：河北省秦皇岛市河北大街西段 169 号　　　　邮　　编：066004

河北省衡水通广塔业有限公司

联 系 人：王占勋

电　　话：0318－2122031　　2106221　　　　传　　真：0318－2137169

地　　址：河北省衡水市前进北街 3 号　　　　邮　　编：053000

石家庄市天兴管业有限公司复合管厂

联 系 人：吴玉柱

电　　话：0311−6981552

地　　址：河北省石家庄市华新路 34 号　　邮　　编：050041

河北省衡水市北华耐热金属科技有限公司

联 系 人：邢晓红

电　　话：0318−6868303　　传　　真：0318−2107111

地　　址：河北省衡水市红旗南大街 145 号（冀师南邻）

邮　　编：053000

首钢长白机械厂开发处

联 系 人：徐殿林

电　　话：0335−4053316　　传　　真：0335−4050878

地　　址：河北省抚宁县南戴河　　邮　　编：066310

沧州化肥厂机械分厂

联 系 人：杨结实

电　　话：0317−2046519

地　　址：河北省沧州市北环路 66 号　　邮　　编：061000

石油管道机电制造工业公司

联 系 人：张唏

电　　话：0316−2074432　2070731　　传　　真：0316−2070200

地　　址：河北省廊坊市永兴路 2 号　　邮　　编：065000

河北迁安首钢重型汽车公司

联 系 人：张秋林

电　　话：0315−7713574

地　　址：河北省迁安县　　邮　　编：064404

石家庄东科瑞达工程技术有限公司

联 系 人：赵建礼

电　　话：13832159458

地　　址：河北省晋州市福康街西 5 楼 2 单元 301 室　　邮　　编：052260

承德钢铁公司小型轧钢厂机动科

联 系 人：郑国安

电　　话：0314–4073859

地　　址：河北省承德市　　邮　　编：067002

军械工程学院地炮教研室

联 系 人：周彦江

电　　话：0311–7041971

地　　址：河北省石家庄市北马路 7 号　　邮　　编：050003

唐山市七维科技有限公司

联 系 人：刘洪国

电　　话：0315–8206231　　传　　真：0315–8206231

地　　址：河北省唐山市高新技术开发区创业中心 F301

邮　　编：063020

河北康联热喷涂技术服务有限公司

联 系 人：胡志刚

电　　话：0311–88244710　15333310373　　传　　真：0311–88244715

地　　址：河北省石家庄市正定县曙光路 99 号

邮　　编：050800

唐山博翱实业股份有限公司

联 系 人：吴振亮

电　　话：0315–6191787　13930537726

地　　址：河北省唐山市玉田县玉泰工业区

邮　　编：064107

河北日晟联金属表面处理有限公司

联 系 人：杨树江

电　　话：0312–7021866　13832220766　　传　　真：0312–7020866

地　　址：河北省保定市满城区大册营镇北宋工业区　　邮　　编：071000

邯郸市复兴翼龙耐磨材料有限公司

联 系 人：张建翼

电　　话：400–0310–915　18630000144　　传　　真：0310–8604088

地　　址：河北省邯郸市复兴区希望山城 6–306　　　　邮　　编：056000

石家庄新日锌业有限公司

联 系 人：聂枝亮

电　　话：0311–88344222　　13722891450　　　　传　　真：0311–88313999

地　　址：河北省藁城

邮　　编：052160

河北骥驰耐磨材料有限公司

联 系 人：靳翔燕

电　　话：0310–6026789　　18621311032　　　　传　　真：0310–2038100

地　　址：河北省邯郸市邯山区中华南大街与秀水路交叉口 36 号（热喷涂公司中华分公司三楼）

邮　　编：056001

河北临泉泵业有限公司

联 系 人：米明坤

电　　话：0319–7163525　　13931942246　　　　传　　真：0319–7163411

地　　址：河北省临城县临泉路 27 号

邮　　编：054300

唐山坤泽机械设备有限公司

联 系 人：白文庆

电　　话：0315–6318336　　13911581517　　　　传　　真：0315–6318336

地　　址：河北省唐山市路北区远洋城北世纪花园 103 号楼 3 单元 302 室

邮　　编：063000

唐山荣辉机械制造有限公司

联 系 人：李　华

电　　话：0315–2352866　13933350325　13292539666

传　　真：0315–2352866

地　　址：河北省唐山市路北区缸窑路东侧（唐山市路北区兴源道凤凰世嘉 210–2–901 室）

邮　　编：063000

辽宁省

中国科学院金属研究所

联 系 人：常新春　　企业性质：国有

电　　话：024-23971865　　传　　真：024-23906712

地　　址：辽宁省沈阳市沈河区文化路 72 号　　邮　　编：110016

网　　址：rpt.imr.ac.cn:8080/　　电子邮箱：xcchang@imr.ac.cn

单位情况简介：

中国科学院金属研究所热喷涂工程实验室主要从事热喷涂涂层材料和涂层制备技术的研究与开发。拥有大型超声气体雾化粉末制备装置、先进的热喷涂设备和完善的分析检测设备。研制的涂层粉末材料及各类封严涂层、热障涂层、高温自润滑、耐磨、耐蚀涂层在航空、航天以及地面重型燃气轮机、透平压缩机等尖端动力装置上取得了广泛的应用并实现了涂层批量生产能力。

详情参见：P500 页

大连华锐重工特种备件制造有限公司

联 系 人：孟晓霞　　企业性质：国有

电　　话：0411-86202212　　传　　真：0411-86202206

地　　址：辽宁省大连市旅顺口区经济开发区顺达路 29 号

邮　　编：116052

网　　址：www.sspssp.com

单位情况简介：

详情参见：卷首 3 页

沈阳市荣华热喷涂技术服务中心

联 系 人：那忠爱

电　　话：024-24121564　　传　　真：024-24121564

地　　址：辽宁省沈阳市沈河区乐郊路丙吉巷 1-3 号楼 141 室

邮　　编：110011

单位情况简介：

详情参见：P551 页

沈阳石花微粉材料有限公司

联 系 人：孙景和

电　　话：024-88319856　　传　　真：024-88324471

地　　址：辽宁省沈阳市东陵区观泉路 298 号　　　　邮　　编：110045

网　　址：www.syshwf.com

单位情况简介：

详情参见：P555 页

鞍山市正发机械厂

法人代表：汪鞍亚

电　　话：0412–5422400　　　　传　　真：0412–5422377　5422400

地　　址：辽宁省鞍山市千山区千山镇七岭子　　　　邮　　编：114044

网　　址：www.aszhengfa.com.cn

丹东宝龙硼业有限公司

法人代表：田维洪　　　　企业性质：有限责任公司

联 系 人：黄湛良　许宁

电　　话：0415–7115810　　　　传　　真：0415–7115801

地　　址：辽宁省丹东市宽甸县永甸镇永甸街　　　　邮　　编：118213

沈阳市新光热喷涂厂

法人代表：王祝　　　　企业性质：国有

联 系 人：王从夫

电　　话：024–24325182　24832900–6904　　　　传　　真：024–24341693

地　　址：辽宁省沈阳市大东区东塔街一号　　　　邮　　编：110043

网　　址：www.ht–xinguang.com

鞍钢附企金属表面技术开发公司

法人代表：王聪　　　　企业性质：集体

电　　话：0412–8237155　　　　传　　真：0412–8237155

地　　址：辽宁省鞍山市铁西经济开发区创建街 1 号　　　　邮　　编：114014

网　　址：www.asjwbmgc.com

铁岭永兴热喷涂有限公司

联 系 人：王台兴　　　　企业性质：有限责任公司

电　　话：0410–2603041　　　　传　　真：0410–2603049

地　　址：辽宁铁岭银州区东辽海工业园区东区二街　　　　邮　　编：112000

网　　址：www.wtxing.com　　　　电子邮箱：wxp–1000@163.com

沈阳市热喷涂厂

联 系 人：赵九智　赵吉儒

电　　话（传真）：024—86388483

手　　机：13386897019　　13700045159

地　　址：辽宁省沈阳市大东区锦园路积安巷 2 号　　邮　　编：110043

网　　址：www.chiarpl.com

辽阳市华兴实业有限公司

联 系 人：赵克刚　　企业性质：民营

电　　话（传真）：0419—3301919　　3302603

地　　址：辽宁省辽阳市振兴路 90 号　　邮　　编：111000

辽宁电力科学研究院金属材料研究所

联 系 人：刘传玉

电　　话：024—23102481　23102130　13709830053　　传　　真：024—23102362

地　　址：辽宁省沈阳市和平区四平街 39 号　　邮　　编：110006

沈阳工业大学材料科学与工程学院

联 系 人：温瑾林

电　　话：024—25691302(H)

地　　址：辽宁省沈阳市铁西区兴华南街 58 号　　邮　　编：110023

沈阳新光机械制造有限公司

联 系 人：李长胜

电　　话：024—88429833　　13940043622　　传　　真：024—23253258

地　　址：辽宁省沈阳市大东区东塔安居小区 1 号楼　　邮　　编：110043

沈阳黎明航空发动机（集团）有限责任公司

联 系 人：王璐

电　　话：024—24383057　　24383658　　传　　真：024—24326643

地　　址：辽宁省沈阳市大东区东塔街 6 号　　邮　　编：110043

鞍山钢铁公司附属企业公司

联 系 人：葆永刚

电　　话：0412—5561391　　6320627

地　　址：辽宁省鞍山市铁东区南胜利路路东 10 栋 1 9 号

邮　　编：114000

鞍山市矿冶设备制造公司

联 系 人：刘跃东

电　　话：0412-6455998

地　　址：辽宁省鞍山市　　邮　　编：114000

鞍山钢铁公司劳服机械制造厂

联 系 人：申渝

电　　话：0412-6354849　　传　　真：0412-6354849

地　　址：辽宁省鞍山市铁东区园林路 187 栋 1 号　　邮　　编：114001

鞍钢附企机械制造厂

联 系 人：李博

电　　话：13514220417　　传　　真：0412-6410199

地　　址：辽宁省鞍山市立山区深沟寺 7 区 7801 栋 1 号　　邮　　编：114000

鞍钢劳服机械制造厂热喷涂厂

联 系 人：靳延林

电　　话：0412-6354849

地　　址：辽宁省鞍山市铁东区园林路 178 栋 6 号　　邮　　编：114001

鞍山领高表面工程新技术研究所

联 系 人：李明

电　　话：0412-6726338　　13050067890

地　　址：辽宁省鞍山市园林路 205 甲 -1 号　　邮　　编：114001

鞍钢机械开发总公司热喷涂厂

联 系 人：韩喜祥

电　　话：0412-6724708　　13941276351

地　　址：辽宁省鞍山市和平桥岗西 100 米　　邮　　编：114021

鞍钢附企金属表面技术总厂

联 系 人：徐光民

电　　话：0412-6723249

地　　址：辽宁省鞍山市　　邮　　编：114021

鞍钢附企公司技术部

联 系 人：张恒毅

电　　话：0412－6325971　　6724083

地　　址：辽宁省鞍山市立山区北胜利路 3 号　　邮　　编：114031

大连精科表面工程技术有限公司

联 系 人：马洪光

电　　话：0411－83180090　　传　　真：0411－83170090

地　　址：辽宁省大连市普兰店太平开发区　　邮　　编：116200

大连市热电集团有限公司检修分公司

联 系 人：林茂峻

电　　话：0411－86642089－2180　　传　　真：0411－86664833

地　　址：辽宁省大连市沙河口区香周路 210 号检修公司综合项目部

邮　　编：116022

大连华联耐磨技术研究中心

联 系 人：傅德强

电　　话：0411－84214962　　传　　真：0411－84247080

地　　址：辽宁省大连市大连铁道学院 77 号信箱

邮　　编：116022

大连理工大学材料工程系

联 系 人：周继扬

电　　话：0411－84671511

地　　址：辽宁省大连市　　邮　　编：116023

大连海事大学

联 系 人：王鹏

电　　话：0411－84727932　　84729896　　传　　真：0411－84671395

地　　址：辽宁省大连市凌水桥　　邮　　编：116026

大连海事大学船舶材料与工艺研究所

联 系 人：高阳

电　　话：0411－84726895　　13500772351　　传　　真：0411－84726895

地　　址：辽宁省大连市甘井子区凌水桥　　邮　　编：116026

大连特种涂层技术发展有限公司

联 系 人：杜玉锋

电　　话：0411-85912711　85912722　85912733　　传　　真：0411-85912700

地　　址：辽宁省大连市金州区站前街道吴家村　　邮　　编：116100

大连市万能焊接服务公司

联 系 人：付学俊

电　　话：0411-87684786

地　　址：辽宁大连金州区于洼邮电服务站 78-07 信箱

邮　　编：116100

本钢冶金液压机械配件厂

联 系 人：马明谦

电　　话：0414-2859169　13304249128　　传　　真：0414-2859169

地　　址：辽宁省本溪市解放南路 24 号　　邮　　编：117000

辽宁桓仁热电有限责任公司

联 系 人：邹本生

电　　话：0414-8913733　13704240708　　传　　真：0414-8913566

地　　址：辽宁省桓仁县桓仁镇　　邮　　编：117200

锦州市迅达喷涂机械厂

联 系 人：曹春华

电　　话：0416-5176880　13941636782　　传　　真：0416-5176880

地　　址：辽宁锦州太和区东太平里 270-1 号　　邮　　编：121000

锦州市电力应用技术研究所

联 系 人：田结实

电　　话：0416-2523630　13604164003

地　　址：辽宁省锦州市太和区营盘乡亮甲山 203 号　　邮　　编：121017

盘锦裕翔科工贸有限公司

联 系 人：喻辉

电　　话：0427-7800486(H)　13130908199　　传　　真：0427-7820253

地　　址：辽宁省盘锦市兴隆台区辽河油田迎宾小区 6 号楼 4 -102

邮　　编：12 4010

辽河油田光达石油机械厂

联 系 人：庞琦波

电　　话：0427−7813046　　13904273618　　传　　真：0427−7811372

地　　址：辽宁省盘锦市兴隆台渤海供应　　邮　　编：124012

葫芦岛锦海有色金属新材料有限公司

联 系 人：郭强

电　　话：0429−2206111　　13909898183　　传　　真：0429−2207111

地　　址：辽宁省葫芦岛市龙港区东街道南沟　　邮　　编：125003

锦州市宏盛耐磨材料厂

联 系 人：陈平

电　　话：0416−2321058　　13516068615

地　　址：辽宁省锦州市古塔区天安里 13 −116 号　　邮　　编：121001

大连新重飞轮总成制造有限公司

联 系 人：陈旭

电　　话：0411−87113964

地　　址：辽宁大连金州甘井子区大连湾镇毛莹子村　　邮　　编：116113

沈阳远大压缩机制造有限公司

联 系 人：郭建世

电　　话：024−25366050−817

地　　址：辽宁省沈阳市经济技术开发区沧海路 1 号　　邮　　编：110141

中国石油辽阳机电仪研修中心新技术研究所

联 系 人：郎亚非

电　　话：0419−5157476

地　　址：辽宁省沈阳市宏伟区光华街 28 号　　邮　　编：111003

锦州市金属材料研究所

联 系 人：黎明

电　　话：0416−4675512　　13941653966

地　　址：辽宁省锦州市太和区罗台子　　邮　　编：121001

大连新重表面工程有限公司

联 系 人：刘长明

电　　话：0411–87113964　　13941161520

地　　址：辽宁省大连市开发区哈尔滨路 34 号　　邮　　编：116600

大连市热电集团有限公司

联 系 人：邵承贵

电　　话：0411–86642089–3042

地　　址：辽宁省大连市沙河口区香周路 210 号　　邮　　编：116022

沈阳阀门研究所

联 系 人：王德权

电　　话：024–25872517–2085　　13700042252

地　　址：辽宁省沈阳市铁西区云峰北街 3 号　　邮　　编：110025

沈阳市辉硕表面工程有限公司

联 系 人：焉辉

电　　话：024–23819182

地　　址：辽宁省沈阳市东陵区营盘路 38 号　　邮　　编：110168

沈阳东普冶金热喷涂厂

联 系 人：杨恩庆

电　　话：024–25877886

地　　址：辽宁省沈阳市沈辽路 2 号沈阳有色冶金机械总厂热喷涂厂

邮　　编：110141

辽宁省轻工科学研究院（辽宁省硅酸盐研究所）

联 系 人：杨秋生

电　　活：024–86749667　86876979　13940434816

地　　址：辽宁省沈阳市皇姑区崇山西路三号　　邮　　编：110036

大连金州华运电力防磨材料厂

联 系 人：张红

电　　话：0411–87296153　　13052785136

地　　址：辽宁省大连市中山区虎滩路 230 号 3–1–2　　邮　　编：116015

大连石油化工建筑安装工程总公司机修公司

联 系 人：张静

电　　话：0411－86773912　　13940998706

地　　址：辽宁省大连市甘井子区山中街 1 号　　邮　　编：116031

辽宁省丹东市焊条线材厂

联 系 人：张仁林

电　　话：0415－6161268

地　　址：辽宁省丹东市　　邮　　编：118000

沈阳化工研究院

联 系 人：张树仁

电　　话：024－5874850

地　　址：辽宁省沈阳市铁西区沈辽东路 8 号　　邮　　编：110021

西岗万发内燃机配件经销处

联 系 人：周国卿

电　　话：0411－81914486

地　　址：辽宁省大连市西岗区纪念街果林巷 5－3－2　　邮　　编：116011

辽宁省轻工科学研究院

联 系 人：王世林

电　　话：024－86749667

地　　址：辽宁省沈阳市皇姑区崇山西路 3 号　　邮　　编：110036

本溪市康龙金属喷涂有限公司

联 系 人：孙长海

电　　话：0414－2521577　　13390183266　　传　　真：0414－2521577

地　　址：辽宁省本溪市平山区桥头镇岭下村　　邮　　编：117016

鞍山赛龙表面工程有限公司

联 系 人：陈士民

电　　话：0412－5423227　　传　　真：0412－5423227

地　　址：辽宁省鞍山市千山区千山镇关宝山村　　邮　　编：114041

锦州市金江喷涂材料有限公司

联 系 人：雷子雷

电　　话：0416-3088855

地　　址：辽宁省锦州市太和区

大连德胜达金属表面处理有限公司

联 系 人：杜凤明

电　　话：0411-84291033　　13804946985　　传　　真：0411-84291033

地　　址：大连市甘井子区红旗镇柳树街道欧洲小镇小区 9A-2-3

邮　　编：116081

盘锦鑫洋金属表面热喷涂有限公司

联 系 人：王谦

电　　话：13904273448　　13795063344　　传　　真：0427-6895000

地　　址：辽宁省大洼县新开镇　　邮　　编：124000

上海智环建设工程有限公司

联 系 人：杨锏

电　　话：0416-3222968　　15541612224　　传　　真：0416-3965088

地　　址：辽宁省锦州市凌河区广州街紫金源 37-58 号

邮　　编：121000

吉林省

吉林市联塔实业有限责任公司

联 系 人：安正镐

手　　机：13314366177　　13009152898

电　　话：0432-3962677　　传　　真：0432-3958977

地　　址：吉林市昌邑区解放北路 1 号江畔明珠 11-5-43 号

邮　　编：132002

网　　址：www.jl—lt.cn　　电子邮箱：jllt_azg@163.com

吉林石油装备技术工程服务有限公司

联 系 人：宋荣新　刘福君　于志勇　　企业性质：有限责任公司

电　　话：0438-6337779　　传　　真：0438-6337779

地　　址：吉林省松原市长宁北街 599 号　　　　　　　邮　　编：138000

网　　址：www.jlauto.com.cn

一汽集团公司技术中心工艺部焊接室

联 系 人：许嘉平

电　　话：0431－5907068　　　　　　　　　　　　　传　　真：0431－5901581

地　　址：吉林省长春市和平大街 45 号　　　　　　　邮　　编：130011

吉林大学材料科学与工程学院

联 系 人：孙大谦

电　　话：0431－5705305　　15943016116　　　　　传　　真：0431－5705329

地　　址：吉林省长春市人民大街 142 号　　　　　　邮　　编：130025

吉林市东北苑电力开发有限责任公司

联 系 人：迟宝久

电　　话：0432－2438590　　2448420－8018　　13689866769

传　　真：0432－2448495

地　　址：吉林市解放大路辽东二区 10 号楼写字楼 3 楼

邮　　编：132001

四平市高斯达纳米材料设备有限公司

联 系 人：王志平

电　　话：0434－6124698　　13604348922　　　　　传　　真：0434－3310460

地　　址：吉林省四平市铁东区平东南路 309 号　　　邮　　编：136001

通化钢铁集团公司校办公司二小机械厂

联 系 人：翟爱国

电　　话：0435－3799637　3793982　13944584199　传　　真：0435－3717197

地　　址：通化二道江区东兴路通化钢铁集团公司　　邮　　编：134003

通化市富达造纸设备有限公司

联 系 人：陈玉林

电　　话：0435－5742450

地　　址：吉林省通化市新胜路 2－1 号　　　　　　邮　　编：134000

吉林热电厂华新热喷涂防护厂

联 系 人：梁春生

电　　话：0432－3036719

地　　址：吉林省吉林市徐州路龙江胡同 21 号　　　　邮　　编：132021

吉林长山化肥集团长达有限公司机械厂

联 系 人：曲德学

电　　话：0438－2967342

地　　址：吉林省前郭县松原市长山镇　　　　邮　　编：131109

吉林名门风电设备有限公司

联 系 人：李兆和

电　　话：0431－85793064

地　　址：吉林省长春市人民大街 4699 号　　　　邮　　编：130021

吉林省华瑞金属表面工程有限公司

联 系 人：冯强

电　　话：0431－84720212　　　　传　　真：0431－84720212

地　　址：吉林省长春市二道区东荣大路 2 号　　　　邮　　编：130051

金属修复研究所

联 系 人：白瑞君

电　　话：0434－6223104

地　　址：吉林省公主岭市通钢机械厂　　　　邮　　编：136101

长春盛泰金属喷涂有限公司

联 系 人：高清杰

电　　话：0431－87017979　　13404323518　　　　传　　真：0431－87017979

地　　址：长春市高新产业开发区创建街 169 号　　　　邮　　编：130012

长春润鑫科技有限公司

联 系 人：张新宇

电　　话：0431－84225620　　13709808589　　　　传　　真：0431－84225620

地　　址：吉林省长春市经济开发区金川街 1636 号　　　　邮　　编：130600

黑龙江省

哈尔滨市长河特种涂料厂有限责任公司

总　　裁：方辉义　　企业性质：股份制

电　　话：0451－86200449　　传　　真：0451－86204448

地　　址：黑龙江省哈尔滨市高新技术开发区哈平路集中区南海路

邮　　编：150040

单位情况简介：

详情参见：P536 页

哈尔滨市祥泰金属喷涂技术有限责任公司

法人代表：郑希华　　企业性质：有限责任公司

电　　话：0451－57642918　　传　　真：0451－57644620

地　　址：黑龙江省哈尔滨市道外区南直路 897 号　　邮　　编：150050

哈尔滨四达科技发展有限公司

法人代表：钱强

联 系 人：俞韶华　　企业性质：有限责任公司

电　　话：0451－82689003　　传　　真：0451－82682433

地　　址：黑龙江省哈尔滨市香坊区进乡街 7 号　　邮　　编：150046

鸡西威龙表面工程技术开发有限公司

联 系 人：单忠海

电　　话：0467－2378571　　2385730　　传　　真：0467－2378571

地　　址：黑龙江省鸡西市鸡冠区南足街 49 号　　邮　　编：158105

黑龙江科技学院

联 系 人：赵国刚

电　　话：0451－88036898

地　　址：黑龙江省哈尔滨市松北区糖厂街 1 号　　邮　　编：150027

哈尔滨焊接研究所热喷涂室

联 系 人：霍树斌

电　　话：0451－86374174　　传　　真：0451－86335215

地　　址：黑龙江省哈尔滨市南岗区和兴路 111 号　　邮　　编：150080

佳木斯大学材料工程金属学院

联 系 人：李慕勤

电　　话：0454-8618700　　8782991　　传　　真：0454-8618701

地　　址：佳木斯大学第一学区　　邮　　编：154007

哈尔滨电机厂有限责任公司制造工艺部

联 系 人：王振凯

电　　话：0451-82872467

地　　址：黑龙江省哈尔滨市香坊区大动力区路 99 号　邮　　编：150040

大庆市中油特氟隆防腐工程公司

联 系 人：康庆刚

电　　话：0459-5291198　　13009827189

地　　址：黑龙江省大庆市五星村转　　邮　　编：163355

大庆石油管理局建材公司防腐管道厂

联 系 人：陈守平

电　　话：0459-5594727

地　　址：黑龙江省大庆市让湖路区中央大街 45 号　　邮　　编：163712

大庆市泰克石化公司

联 系 人：张保华

电　　话：0459-6725760　6386087　13009902776　　传　　真：0459-6725760

地　　址：黑龙江省大庆让湖路区喇化西路　　邮　　编：163713

哈尔滨维哈科技有限公司

联 系 人：鄂立勇

电　　话：0451-4541600　　传　　真：0451-4541600

地　　址：黑龙江省哈尔滨市南岗区红军街 108 卫号哈铁外经公司

邮　　编：150001

黑龙江省华能电力技术有限公司

联 系 人：冯万春

电　　话：0451-3684429

地　　址：黑龙江省哈尔滨市香坊区建北街63号三层　邮　　编：150030

第一重型机械集团公司焊接研究所

联 系 人：谷文

电　　话：0452–680900　传　　真：0452–6807280

地　　址：黑龙江省齐齐哈尔市富拉尔基　邮　　编：161042

哈尔滨圣维恩陶瓷喷涂技术有限公司

联 系 人：候晓林

电　　话：0451–86211747　传　　真：0451–86211747

地　　址：黑龙江省哈尔滨市南岗区西大直街480号九知新书店

邮　　编：150080

鸡西市恒立工程塑料厂

联 系 人：李德生

电　　话：0453–2461551

地　　址：黑龙江省鸡西市恒山区立井街　邮　　编：158140

中船重工第七Ｏ三研究所三Ｏ工厂

联 系 人：唐德铭

电　　话：0451–82936741　传　　真：0451–55670640

地　　址：黑龙江省哈尔滨市82号信箱　邮　　编：150046

第一重型机械集团公司焊接分厂

联 系 人：王德华

电　　话：0452–6809001

地　　址：黑龙江省齐齐哈尔市富拉尔基　邮　　编：161042

黑龙江省鸡西市远大硼化物厂

联 系 人：吴海潮

电　　话：0467–2492223　传　　真：0467–2492223

地　　址：黑龙江省鸡西市麻山区石墨路58号　邮　　编：158180

大庆汇达兴业机械制造有限公司

联 系 人：刘胜

电　　话：0459–5152602　传　　真：0459–5152602

地　　址：大庆市让胡路区民营科技园　　　　　　　　邮　　编：163458

哈尔滨电机厂有限责任公司工艺部

联 系 人：王振凯

电　　话：0451-82872467　　13796651654

地　　址：黑龙江省哈尔滨市香坊区大动力区路 99 号　邮　　编：150040

山东省

山东大业股份有限公司

联 系 人：李文军

电　　话：0536-6218879　　13053665395　　　　传　　真：0536-6218879

地　　址：山东省诸城市东城经济开发区大业工业园

单位情况简介：

详情参见：卷首 8 页

山东施威轧辊修造有限公司

联 系 人：公茂秀

电　　话：0634-6848666　　　　　　　　　　　　传　　真：0634-6848001

地　　址：山东省莱芜市钢城区艾山办事处小上峪村

邮　　编：271104

诸城市东宝机械有限公司

法人代表：贾东卫　　　　　　　　　　　　　　　企业性质：股份制

联 系 人：李建军

电　　话：13864675638

地　　址：山东省诸城市皇华镇东宝街 1 号　　　　邮　　编：262229

山东长青金属表面工程有限公司

法人代表：薛云岭 13505419922　　　　　　　　　企业性质：有限责任公司

联 系 人：张树军 13969015358

电　　话：0531-87389188　　87388988　　　　　传　　真：0531-87388718

售后电话：800-860-6178

地　　址：山东省济南市长清区孝里镇工业园区　　邮　　编：250302

山东鲁腾表面工程有限公司

法人代表：郭其安

电　　话：0531－88988544　　传　　真：0531－88988544

地　　址：山东省济南市历城区王舍人镇坝王路5号　　邮　　编：250101

网　　址：www.luteng.cn

烟台首钢东星集团有限公司备件修复分公司

法人代表：台雅琴　　企业性质：股份制

电　　话：0535－6371457　　传　　真：0535－6371457

地　　址：山东省烟台市烟台开发区珠江路20号　　邮　　编：264006

山东省热喷涂电刷镀技术协作组

联 系 人：孔广起

电　　话：0531－86910562　　传　　真：0531－86920273

地　　址：山东省济南市趵突泉北路6号　　邮　　编：250011

山东省经济贸易委员会新技术推广站

联 系 人：臧永华

电　　话：0531－69002744　　传　　真：0531－6062000

地　　址：山东省济南市趵突泉北路6号　　邮　　编：250011

山东金达电力设备有限公司

联 系 人：回金龙

电　　话：0531－88954174　　传　　真：0531－88957174

地　　址：山东省济南市闵子骞路106号　　邮　　编：250013

山东省冶金科学研究院备件中心

济南金萃冶金技术有限公司

联 系 人：杨德良

电　　话：0531－88289729　　传　　真：0531－88287429

地　　址：山东省济南市历城区郭店镇合二村北4号院

邮　　编：250109

济南市热喷涂技术服务中心

联 系 人：王宝勤

电　　话：0531－8934522　　13615410893

地　　址：山东省济南市旬新东路 24 号　　邮　　编：250014

山东省耐磨耐蚀工程技术研究中心

联 系 人：毕继鑫

电　　话：0537－5315959　　传　　真：0537－5315979

地　　址：山东省邹城市西外环大学工业园 10 号楼　　邮　　编：273500

山东上仪仪表成套工程有限公司

联 系 人：王文斌

电　　话：0531－82968187　　传　　真：0531－82968187

地　　址：山东省济南市经十路 27 号　　邮　　编：250014

济南金力源热电技术服务公司

联 系 人：赵可亭

电　　话：0531－82704305　　传　　真：0531－82867315

地　　址：山东省济南市市中区建设路 86 号　　邮　　编：250002

淄博矿务局机械制造厂

联 系 人：王峰法

电　　话：0533－5852440

地　　址：山东省淄博市淄川区洪山镇　　邮　　编：255120

淄博矿务局矿山机械建材厂

联 系 人：陈平

电　　话：0533－5780072－214

地　　址：山东省淄博市淄川区昆仑昆新路　　邮　　编：255129

山东光明钨钼股份有限公司

联 系 人：李世伟

电　　话：0533－6829268　6822059　13853355229　　传　　真：0533－6822059　　6182397

地　　址：山东省淄博市周村区米河路 104 号　　邮　　编：255300

滨州热喷涂中心

联 系 人：付建忠

电　　话：0543−3291241

地　　址：山东省滨州市渤海五路 542 号　　　　邮　　编：256600

东营市电刷镀技术推广站

联 系 人：贾学贞

电　　话：0546−8221987　　8222078−294

地　　址：山东省东营市中建八局　　　　邮　　编：257031

胜利石油管理局胜大集团金属结构件厂

联 系 人：鄢希林

电　　话：0546−8833488

地　　址：山东东营区六户镇胜大集团金属结构件厂　　邮　　编：257102

胜利油田金岛实业公司胜岛石油机械厂

联 系 人：梁龙旭

电　　话：0546−8886644

地　　址：山东省东营市河口区孤岛镇　　　　邮　　编：257231

山东潍坊中兴机械有限公司

联 系 人：季书斌

电　　话：0536−8113698　　13053698369　　　　传　　真：0536−8113698

地　　址：山东省潍坊市

潍坊市日月天化工科技开发服务有限公司

联 系 人：于乐庆

电　　话：0536−8183083　13573629566　13963130795

地　　址：山东省潍坊市奎文区北宫东街 230 号　　　　邮　　编：261031

潍坊新光机械有限公司

联 系 人：谭绪柯

电　　话：0536−8888356　　　　传　　真：0536−8884658

地　　址：山东省潍坊市开发区东明路北首　　　　邮　　编：261041

潍坊昌乐矿山机械总厂

联 系 人：秦友好

电　　话：0536−6232603

地　　址：山东省昌乐县建设路 8 号　　邮　　编：262400

烟台机械工艺研究所

联 系 人：张训纯

电　　话：0535–6244455　　传　　真：0535–6255584

地　　址：山东省烟台市南大街 140 号　　邮　　编：264000

烟台市海洋渔业公司渔轮修造厂

联 系 人：云振明

电　　话：0535–6222965

地　　址：山东省烟台市　　邮　　编：264000

烟台盛鑫金属表面技术有限公司

联 系 人：黄福田

电　　话：0535–6394911　13953542233　　传　　真：0535–6394911

地　　址：山东烟台开发区八角武汉大街盛鑫工业园　　邮　　编：264006

烟台市技协办公室

联 系 人：崔君彤

电　　话：0535–6242302

地　　址：山东省烟台市南大街 118 号文化宫内　　邮　　编：264000

海军 38533 部队装备修理处

电　　话：0532–5876873　13953222953　　传　　真：0032–5876873

地　　址：山东青岛市南区燕儿岛路 7 号 14 栋 3–202　　邮　　编：266071

泰安市东山能源技术工程有限公司

联 系 人：何祥义

电　　话：0538–6990625

地　　址：山东省泰安市东岳大街 157 号　　邮　　编：271000

汶南矿邮电代办所

联 系 人：朱风华

电　　话：0538–7712317

地　　址：山东省新泰市汶南镇　　邮　　编：271202

山东邹县发电厂鲁源集团修造公司

联 系 人：常井元

电　　话：0537−5486292　　13608915336　　传　　真：0537−5472768

地　　址：山东省邹城市唐村　　邮　　编：273522

山东鲁源喷涂工程技术有限公司

联 系 人：冯光

手　　机：18863303000

地　　址：山东省泗水县卫生防疫站　　邮　　编：273200

济南天伟表面工程有限公司

联 系 人：李在娟

电　　话：0531−88981111　　13066007921　　传　　真：0531−88685111

地　　址：山东省济南高新区新宇路西侧世纪财富中心 AB 座 607 室

邮　　编：250101

泰安恒泰表面工程技术有限公司

联 系 人：王润森

电　　话：0538−826818　　传　　真：0538−8262818

地　　址：山东泰安市虎山东路温泉小区

邮　　编：271000

淄博双佳工贸有限公司

联 系 人：高述胜

电　　话：0533−2081001　　传　　真：0533−2081006

地　　址：山东省淄博市张店区南定工业路东首　　邮　　编：255052

青岛电站阀门厂

联 系 人：姜春海

电　　话：0532−4822463　　1388953647

地　　址：山东省青岛市沧口区瑞金路 1 号　　邮　　编：266043

山东淄博先河机电有限责任公司

联 系 人：姜春学

电　　话：0533−5852433　　5852416　　传　　真：0533−5852835

地　　址：山东省淄博市淄川区洪山镇　　邮　　编：255120

济南唯德表面涂层有限公司

联 系 人：靳忠杰

电　　话：0531－88389781　　13176687777　　　　传　　真：0531－88389783

地　　址：山东省济南市解放路 30－1 号国华大厦　　邮　　编：250001

潍坊中阳机械科技有限公司

联 系 人：董洪梅

电　　话：0536－8957160　9852006　13805369796　　传　　真：0536－8303977

地　　址：山东省潍坊市潍城区卧龙桥村东刘家园村西　邮　　编：261021

淄博嘉昌特种陶瓷有限公司

联 系 人：李同祥

电　　话：0533－4408692

地　　址：山东省淄博市博山区新博南路 127 号　　邮　　编：255215

莱芜绿得表面工程有限公司

联 系 人：刘东顺

电　　话：0634－6175032　　　　传　　真：0634－6175032

地　　址：山东省莱芜市莱城区北埠建材市场　　邮　　编：271100

山东科技大学材料研究院

联 系 人：孙宏飞

电　　话：0532－86057267　　　　传　　真：0532－86057139

地　　址：山东省青岛市皇岛区经济技术开发区前湾港路 579 号

邮　　编：266510

铁道部济南机车工厂劳司

联 系 人：孙士敏

电　　话：0531－7955930－4851

地　　址：山东省济南市　　邮　　编：250002

山东省热喷涂技术协作组

联 系 人：王宝勤

电　　话：0531－8943529　　13615410893

地　　址：山东省济南市和平东路明珠花园　　邮　　编：250014

山东鲁鑫表面工程有限公司

联 系 人：王东峰

电　　话：0537-4252988　　传　　真：0537-4252988

地　　址：山东省泗水县济河办人民路 8 号　　邮　　编：273200

山东电力设备厂

联 系 人：王丽祥

电　　话：0531-7963403-2251　13791026307　　传　　真：0531-7120024

地　　址：山东省济南市市中区机一西厂路 3 号　　邮　　编：250022

山东大学材料学院新材料研究中心

联 系 人：王新洪

电　　话：0531-88392208　　传　　真：0531-82616431

地　　址：山东省济南市经十路 73 号　　邮　　编：250061

济南华明微珠材料有限责任公司

联 系 人：吴德强

电　　话：0531-7966544　　传　　真：0531-7966541

地　　址：山东省济南市刘长山路 18 号　　邮　　编：250022

淄博弘康电力喷涂技术有限公司

联 系 人：许刚

电　　话：0533-8276269　13853307414　　传　　真：0533-2772936

地　　址：山东省淄博市张店区西六路一号中关村科技城 E3 -18

邮　　编：255013

诸城市锦源金属表面工程有限公司

联 系 人：杨学平

电　　话：0536-6566822　6210916　13506461756　　传　　真：0536-6566822

地　　址：山东省诸城市西外环中段东侧（化肥厂后）　邮　　编：262200

泰安科海表面工程技术有限公司

联 系 人：于荣财

电　　话：0538-6919799　13805388218　　传　　真：0538-6301000

地　　址：山东省泰安市蒿里山南侧 8 号　　邮　　编：271000

玛努尔（烟台）工业有限公司

联 系 人：张瑞玲

电　　话：0535－6810571－214　　6060061　　传　　真：0535－6819741

地　　址：山东省烟台市幸福中路 86 号　　邮　　编：264002

济南泓信兴业电力设备材料公司

联 系 人：赵海峰

电　　话：0531－6826016　　传　　真：0531－6908885

地　　址：山东省济南市张庄路 413 号西郊飞机场邮局对门

邮　　编：250021

平原县友信工贸有限公司

联 系 人：刘波

电　　话：0534－4218099　　13589936386　　传　　真：0534－2161696

地　　址：山东省平原县十号路中段路西　　邮　　编：253100

滨州市华辰机械表面技术中心

联 系 人：张兆敬

电　　话：13505438957

地　　址：山东滨州市滨城区市东办事处张皮村　　邮　　编：265500

平原县天宇表面工程有限公司

联 系 人：任振涛

电　　话：0534－2160606　　传　　真：0534－2160606

地　　址：山东省平原县六号路北首路西（新世纪防盗门总汇）

邮　　编：253100

青州市华通自动供水设备有限公司

联 系 人：陈海涛

电　　话：0536－2137717　　13791874037

地　　址：山东省潍坊市青州市八喜东路 4069 号　　邮　　编：262500

枣庄市辉瑞达密封保温有限公司

联 系 人：满在文

电　　话：0632－3758018　　传　　真：0632－3252618

地　　址：山东省枣庄市市中区工业园东海路 13 号　　邮　　编：277100

山东亨通表面工程有限公司

联 系 人：孟静

电　　话：13280081407　　13583711685

地　　址：山东省泗水县盛达小区 14 号楼 3-301 室　　邮　　编：273200

济南汽车配件厂

联 系 人：史书奎

电　　话：0531-7955991-381

地　　址：山东省济南市经十路 286 号　　邮　　编：250022

烟台盛鑫金属表面技术有限公司

联 系 人：黄福田

电　　话：0535-6394911　　传　　真：0535-6394911

地　　址：山东省烟台开发区星海花园 16 号　　邮　　编：264006

济南新恒金科技有限公司

联 系 人：张浩军

电　　话：0531-89200369　　传　　真：0531-88164096

地　　址：山东省济南高新区华龙路 28 号路南东附属楼 205 室

邮　　编：250100

济南卓兴工贸有限公司

联 系 人：房士国

电　　话：0531-87471886　　传　　真：0531-87471887

地　　址：山东省济南市长清区张夏镇下龙化村　　邮　　编：250306

淄博志诚电力设备有限公司

联 系 人：邹强

电　　话：0533-2773702　　13589488686　　传　　真：0533-2773702

地　　址：山东省淄博市张店区西六路中关村科技城　　邮　　编：255000

济南建涛表面工程公司

联 系 人：王建

电　　话：0531-88897333　　88239777　　传　　真：0531-8889733

地　　址：山东省济南市济南炼油厂东侧 500 米　　邮　　编：250101

济宁建能矿山机械有限责任公司

联 系 人：顾伟

电　　话：0537−2172678　　传　　真：0537−2172678

地　　址：山东省济宁市任城开发区接贾路 8 号　　邮　　编：272023

山东多金机械科技有限公司

联 系 人：金枭

电　　话：0537−5615633　13791773931　　传　　真：0537−5615631

地　　址：山东省济宁市高新区西浦路山重配套产业园　邮　　编：272000

青岛明君热电技术工程有限公司

联 系 人：左运明

电　　话：0532−87731385　13370869900　　传　　真：0532−66796678

地　　址：山东省青岛市城阳区大北曲茂源花园 14 号 −2−602

邮　　编：266109

淄博弘科电力设备有限公司

联 系 人：许刚

电　　话：0533−2184928　18606435439　　传　　真：0533−2184928

地　　址：山东省淄博市张店区中心路财富广场 B 座 1918 室

邮　　编：255000

泰安市东山能源技术工程有限公司

联 系 人：董小红

电　　话：0538−8570730　13561761301　　传　　真：0538−6990625

地　　址：山东省泰安市长城路天龙大厦 1408 室　　邮　　编：271000

青岛彤星热喷涂有限公司

联 系 人：任立纲

电　　话：0532−87522257　13792888009　　传　　真：0532−87522257

地　　址：山东省青岛市市北区贮水山路 5 号甲 301 室　邮　　编：266012

淄博意蓝表面工程有限公司

联 系 人：封立波

电　　话：0533−3253066　13561613311　　传　　真：0533−3253060

地　　址：山东省淄博市沂源县城东方商务大厦 B 座 1101 室

邮　　编：256100

聊城市迎新防腐工程有限公司

联 系 人：徐峰

电　　话：0635−8216816　　18663506129　　　　传　　真：0635−8216816

地　　址：山东省聊城市聊堂路铁路益民小区 19 号楼 3 单元 302 室

邮　　编：252000

泰安市东山能源技术工程有限公司

联 系 人：宋清

电　　话：0538−6990625　　　　传　　真：0538−6990625

地　　址：山东省泰安市长城路天龙大厦 B 座 1048 室　邮　　编：271000

神华国能山东建设集团有限公司

联 系 人：张忠杰

电　　话：0531−55682396　　15863156051　　　　传　　真：0531−55682300

地　　址：山东省济南市历下区龙奥北路 8 号　　　　邮　　编：250102

山东军辉建设集团有限公司

联 系 人：董庆晨

电　　话：0538−3162756　　15605386816　　　　传　　真：0538−3162763

地　　址：山东省肥城市仪阳乡工业园区　　　　邮　　编：271602

莱芜市盛鼎冶金机械制造有限公司

联 系 人：张锡昌

电　　话：0634−6496509　　13906346060　　　　传　　真：0634−6496509

地　　址：山东省莱芜市钢城区里辛镇北赵圆　　　　邮　　编：271105

山东利特热喷涂工程技术有限公司

联 系 人：陶德林

电　　话：18053632266　　　　传　　真：0634−6496509

地　　址：山东省潍坊市奎文区乐民园小区西区 10−1−401

邮　　编：261041

兖矿东华重工有限公司

联 系 人：孙红海

电　　话：0537－5943862　　　　传　　真：0537－5943862
地　　址：山东省邹城市西外环路 5289 号　　　　邮　　编：273500

滕州力华米泰克斯胶辊有限公司

联 系 人：龙敦东
电　　话：0632－5699180　　　　传　　真：0632－5699275
地　　址：山东省枣庄市滕州经济技术开发区滨河北路 68 号
邮　　编：277500

聊城市腾飞工业设备安装有限公司

联 系 人：李红涛
电　　话：0635－6186949　　　　传　　真：0635－6186949
地　　址：山东省聊城市东昌府区沙镇镇马庙 003 号　　邮　　编：252032

济南国恒金属科技有限公司

联 系 人：赵恒侠
电　　话：0531－86050576　　18653125906　　　　传　　真：0531－86050576
地　　址：山东省济南市市中区升平街 8 号院内办公楼 504 室
邮　　编：250001

山东新恒金表面工程技术有限公司

联 系 人：韩立勇
电　　话：0531－62325096　13581096096　18653164096
传　　真：0531－88164096
地　　址：山东省济南高新区舜华路 2000 号舜泰广场 8 号楼 1－1901 室
邮　　编：250101

淄博瀚声金属表面工程有限公司

联 系 人：牛旭
电　　话：0533－5766796　5762796　13853399336　　传　　真：0533－5166796
地　　址：山东省淄博市张博路附线淄川区城南段淄川光明液化气站
邮　　编：255100

聊城环宇防腐工程有限公司

联 系 人：张树勇
电　　话：0635－8422289　　13506358033　　　　传　　真：0635－8422289

地　　址：山东省聊城市东昌西路国际商务港1212室　邮　　编：252000

聊城市盈新防腐工程有限公司

联 系 人：从小明

电　　话：0635-8431938　　18663506129　　传　　真：0635-8431938

地　　址：山东省聊城市兴华路曙光大厦10楼1006室　邮　　编：252000

济宁凯润表面工程有限公司

联 系 人：杨路

电　　话：0537-4032185　18653726747　15854781717

传　　真：0537-4032185

地　　址：山东省泗水县金庄镇金庄村　　邮　　编：273200

济宁施耐特喷涂工程技术有限公司

联 系 人：李传杰

电　　话：0537-4222575　　15318407008　　传　　真：0537-4222575

地　　址：山东省泗水县三发舜和北区7号楼5-502室

邮　　编：273200

安徽省淮海工程科技有限公司

联 系 人：彭裕祥

电　　话：0557-5272888　　传　　真：0557-5272888

地　　址：安徽省萧县杨楼镇黄河路55号　　邮　　编：235221

单位情况简介：

详情参见：P523页

安徽新力电业高技术有限责任公司

联 系 人：张苏安

电　　话：0551-3667050　3634244-2248　13605517671

传　　真：0551-3646039

地　　址：安徽省合肥市金寨路73号　　邮　　编：230022

合肥光大表面工程设备公司

联 系 人：袁立新

电　　话：0551－3647313　　　　传　　真：0551－3633817

地　　址：安徽省合肥市肥西路 2 号　　　　邮　　编：230031

合肥汽车锻件有限责任公司计检科

联 系 人：叶春明

电　　话：13705519270　　　　传　　真：0551－3642627

地　　址：安徽省合肥市环湖东路 168 号　　　　邮　　编：230031

安徽舒玉特种陶瓷有限责任公司

联 系 人：李江苏

电　　话：0564－8779049　　13329199633　　　　传　　真：0564－8779012

地　　址：安徽省舒城县马河口镇　　　　邮　　编：231330

安徽淮南平圩发电有限责任公司

联 系 人：吴新民

电　　话：0554－2522803　　　　传　　真：0554－2522130

地　　址：安徽省淮南市安徽淮南平圩发电有限责任公司生产技术部

邮　　编：232089

马鞍山钢铁公司钢研所板线材研究室

联 系 人：万恩三

电　　话：0555－2884560

地　　址：安徽省马鞍山市　　　　邮　　编：243000

马钢股份有限公司第二机械设备制造公司

联 系 人：李国徽

电　　话：0555－2893229　　　　传　　真：0555－2896743

地　　址：安徽省马鞍山市幸福路 74 号　　　　邮　　编：243000

马鞍山钢铁股份有限公司高速线材厂

联 系 人：奚铁

电　　话：0555－2886691

地　　址：安徽省马鞍山市雨山　　　　邮　　编：243011

马鞍山威源金属科技发展有限公司

联 系 人：雷霞

电　　话：0555－7115555

地　　址：安徽省马鞍山市雨山工业园印山西路 1288 号

邮　　编：243000

马鞍山钢铁公司粉末冶金厂

联 系 人：孙实欢

电　　话：0555－2886236　2888313　2886235

地　　址：安徽省马鞍山市雨山　　邮　　编：243011

淮南银达电力技术有限责任公司

联 系 人：蔡瑞明

电　　话：0554－6887097　13966466897　　传　　真：0554－6426559

地　　址：安徽省淮南市沁园小区 10 号楼一单元五层东户 9 室

邮　　编：232001

安徽省马鞍山市威龙科工贸有限公司

联 系 人：凤国保

电　　话：0555－6611388　6611389　13955578999　　传　　真：0555－6611388

地　　址：安徽省马鞍山市当涂工业园工业干道　　邮　　编：243000

合肥华坤精细陶瓷有限责任公司

联 系 人：李江苏

电　　话：0551－5567402　13365605219　　传　　真：0551－5567102

地　　址：安徽省合肥市陈村路 29 号（安徽轻工技术研究所）

邮　　编：230031

安徽宜桐机械有限公司

联 系 人：刘宜彬

电　　话：0556－6567081　　传　　真：0556－6567080

地　　址：安徽省桐城县民营经济开发区兴源路　　邮　　编：231400

泰安东光机械工程有限责任公司

联 系 人：史献东

电　　话：0555－8224524　　传　　真：0555－8224524

地　　址：安徽省马鞍山市雨山六村十栋梁之材 204 号 邮　　编：243000

安徽淮南中发电力修造厂

联 系 人：陶更生

电　　话：0554–3662506　　　　　　　　　　传　　真：0554–3662092

地　　址：安徽省淮南市田家庵发电厂

合肥科德电力表面技术有限公司

联 系 人：王平

电　　话：0551–5327118　　13905513103　　　　传　　真：0551–5329766

地　　址：安徽省合肥市高新区长江西路 669 号天怡大厦 1310 室

邮　　编：230088

合肥科德电力耐磨材料有限责任公司

联 系 人：王琴

电　　话：0551–4248387　　13905513104　　　　传　　真：0551–4248376

地　　址：安徽省合肥市濉溪东路 6 号惠康大厦 503 室 邮　　编：230001

维北弘武液压机械有限公司

联 系 人：王和平

电　　话：0561–3951027　　　　　　　　　　传　　真：0561–3951620

地　　址：安徽省淮北市相杜路博庄　　　　　　邮　　编：235037

安徽永恒蓄电池有限公司

联 系 人：吴荣昌

电　　话：0556–4995208　13966607078　13966615218

传　　真：0556–4995209

地　　址：安徽省安庆市怀宁县三桥镇　　　　　邮　　编：246111

淮南市银动电力技术有限责任公司

联 系 人：杨晓波

电　　话：0554–2683985　　13505544641　　　　传　　真：0554–4331072

地　　址：安徽省淮南市东苑小区 5#–2–401　　　邮　　编：232001

马鞍山市恒意机械有限责任公司

联 系 人：陈奕

电　　话：0555–2780283　　　　传　　真：0555–2780283

地　　址：安徽省马鞍山市花山工业集中区同舟路 299 号

邮　　编：243000

安徽同利防腐安装总公司

联 系 人：张峰

电　　话：0557–5024123　　　　传　　真：0557—5024123

地　　址：安徽省宿州市萧县县城东环路 15 号　　　　邮　　编：235200

合肥恒翔电力电气有限公司

联 系 人：陈宗礼

电　　话：0551–4226735　　4221835　　　　传　　真：0551–4226735

地　　址：合肥敬亭山路大地家园 3 栋 204 室　　　　邮　　编：230011

淮南市义文电力技术服务有限公司

联 系 人：蔡玉龙

电　　话：0554–6894877　　15855465596　　　　传　　真：0554–6894877

地　　址：安徽省淮南市田家庵区龙泉街道花园村 30–3–2 室

邮　　编：232001

淮南科德防腐保温工程有限公司

联 系 人：王军

电　　话：0554–2526581　　13615545296　　　　传　　真：0554–2526581

地　　址：大唐淮南洛河发电厂天河保温公司　　　　邮　　编：232008

安徽华淮电力技术有限公司

联 系 人：刘兆利

电　　话：0512–66580321　　13012627470

地　　址：安徽省淮北经济技术开发区新区　　　　邮　　编：235000

马鞍山市恒意机械有限公司

联 系 人：陈克英

电　　话：0555–2780282　　　　传　　真：0555–2780283

地　　址：安徽省马鞍山市花山工业园同舟路 299 号　　邮　　编：243000

马鞍山马钢表面工程技术有限公司

联 系 人：倪振航

电　　话：0555−2896571

地　　址：安徽省马鞍山市幸福路 74 号　　　　邮　　编：243021

安徽华德电力技术工程有限公司

联 系 人：闻胜

电　　话：13955486388

地　　址：安徽省合肥市蜀山区琥珀山庄 139 幢 206
　　　　　安徽省淮南市田家庵区朝阳东路嘉鹏领城 22 号 501

邮　　编：230000

安徽克里斯特新材料有限公司

联 系 人：张顺成

电　　话：0556−5057918　　13966618718

地　　址：安徽省安庆经济技术开发区三期秦潭路（滨江新区）铸造产业园内

邮　　编：246008

淮南鑫启发机电制造有限公司

联 系 人：刘芳芳

电　　话：0554　2799993　　13955432055　　　　传　　真：0554−2792937

地　　址：安徽省淮南经开区振兴南路工业园内　　　　邮　　编：232000

江西省

江西恒大高新技术股份有限公司

联 系 人：段智

电　　话：0791−8286134　　　　传　　真：0791−8194581

地　　址：江西省南昌市高新开发区金庐北路 88 号　　　　邮　　编：330096

单位情况简介：

详情参见：P504 页

赣州澳克泰工具技术有限公司

联 系 人：甘先清

电　　话：0797－8166114　　　　传　　真：0797－8166100

地　　址：江西省赣州市经济技术开发区工业三路　　　　邮　　编：341000

单位情况简介：

详情参见：P510 页

南昌新世纪焊接有限公司

联 系 人：李家明

电　　话：0791－6506762　　13870666175

地　　址：江西省南昌市联信大市场 B2 栋 －6 号　　　　邮　　编：330001

江西电力职业技术学院动力系

联 系 人：喻根保

电　　话：0791－3899137　　13907083569

地　　址：江西省南昌市　　　　邮　　编：330032

九江贝斯特等离子喷涂厂

联 系 人：蔡云青

电　　话：0792－6843111　　　　传　　真：0792－6843164

地　　址：江西省九江县阎家渡　　　　邮　　编：332103

江西赛隆纳米材料实业有限公司

联 系 人：王欣

电　　话：0791－8112450　　8195810　　　　传　　真：0791－8112450

地　　址：江西南昌市青山湖大道 388 号（民营科技园）

邮　　编：330039

江西省圣得利表面技术有限公司

联 系 人：吕强

电　　话：0791－8518817

地　　址：江西南昌湖滨南路 20 号 1 栋 2 单元　　　　邮　　编：330077

赣州中南表面工程技术服务中心

联 系 人：封节才

电　　话：13033222060

地　　址：江西省赣州市湖边镇政府大门旁　　　　邮　　编：341000

南昌飞机制造公司冶金处

联 系 人：龙国荣

电　　话：0791－8467963

地　　址：江西省南昌市　　　　　　　　邮　　编：330024

永修欣荣金属防磨工艺有限公司

联 系 人：熊中欣

电　　话：13790808129　　　　　　　　传　　真：0754－83659029

地　　址：江西省永修县新城白鹤山庄 C8 栋三单元 402 房

邮　　编：313000

赣州巨杉稀土有限公司

联 系 人：巫小洁

电　　话：0797－8248799　　13707979703　　传　　真：0797－8248788

地　　址：江西省赣州市章贡区关刀坪 3 号　　邮　　编：341000

南昌荣腾实业有限公司

联 系 人：章方俊

电　　话：0791－88679809　　13907004017　　传　　真：0791－88679809

地　　址：江西省南昌市红谷滩怡园路卫东花园 3 期 B3 栋 1 单元 601 室

邮　　编：330038

江苏省

南通高欣耐磨科技股份有限公司

联 系 人：钱兵

电　　话：0513－82030906　　　　　　　传　　真：0513－83532955

地　　址：江苏省南通市港闸区站前二路 2 号　　邮　　编：226011

网　　址：www.gaoxinnm.com　　　　　电子邮箱：gxnm@gaoxinnm.com

单位情况简介：

详情参见：P514、552 页

无锡市新科表面工程材料有限公司

联 系 人：薛永宗

电 话：0510-85504122 传 真：0510-85520126

地 址：江苏省无锡市滨湖区胡埭工业园丁香路 7 号

网 址：www.wxxinke.com

单位情况简介：

详情参见：P521 页

江苏立达高科特种材料有限公司

联 系 人：潘德诚

电 话：0512-52223388 传 真：0512-52222388

地 址：江苏省常熟市虞山工业园联丰路 19 号

网 址：www.lidagaoke.com

单位情况简介：

详情参见：P543 页

江苏启迪合金有限公司

联 系 人：庄红芳

电 话：0511-86473898 传 真：0511-86472898

地 址：江苏省丹阳市吕城镇（运河）机场路 8 号 邮 编：212352

单位情况简介：

详情参见：P546 页

苏州开天斧机械有限公司

联 系 人：朱利平

电 话：0512-66532885 传 真：0512-66530607

地 址：江苏省苏州市吴中区临湖镇采莲工业园 邮 编：215105

网 址：www.ktfjx.com

单位情况简介：

苏州开天斧机械有限公司成立于 2011 年，位于苏州市吴中区，公司主要从事热喷涂，产品广泛应用于石油、天然气、化工、造纸业、电力等不同行业领域，尤其在阀门零配件的加工处理方面有着更为丰富的经验。公司主要产品包括：石油井口闸阀阀板及配套阀座、球阀阀芯（球体）及配套阀座等。

详情参见：P528 页

无锡市科特金属喷涂有限公司

联 系 人：唐静波

电 话：0510-83568588 传 真：0510-85613389

地　　址：江苏省无锡市惠山区堰新路 398 号　　　　邮　　编：214174

网　　址：www.wxkete.com

单位情况简介：

无锡市科特金属喷涂有限公司位于美丽的太湖明珠——无锡，这里风景优美、工业发达、交通便利。无锡市科特金属喷涂有限公司创建于 1996 年，是苏锡常地区创办最早的热喷涂企业之一，是中国表面工程协会热喷涂专业委员会理事单位。

无锡市科特金属喷涂有限公司厂房面积为 4000m^2，其中喷涂车间为 2500m^2，抛丸车间为 1000m^2，无锡市科特金属喷涂有限公司已于 2009 年通过 ISO9001：2008 国际质量体系认证，拥有进口 JP8000 超音速火焰喷涂、爆炸喷涂（D−gun）、等离子喷涂、氧乙炔火焰粉末喷涂、电弧喷涂，大中型抛丸机等设备，并拥有相关的后加工设备和涂层检测设备，可制造各种合金、金属陶瓷、陶瓷涂层，如镍铬碳化铬、碳化钨、氧化铝—氧化钛、氧化铬、白色氧化铝等常用涂层。可广泛应用于钢铁、石油化工、机械冶金、电力、电线电缆等行业。

我公司主要产品有：

1、超音速火焰喷涂设备（JP8000 型）：提供最优质的碳化钨和碳化铬等金属涂层

应用于：钢辊、螺旋轴、桨叶、球阀、螺杆、汽轮机叶片、活塞杆、绞龙、模具、罗茨风机等各种工件喷涂。

2、爆炸喷涂设备：提供优质的陶瓷合金涂层，如碳化钨、碳化铬、铝钛粉

应用于：各种漆包线机用铝导轮、钢厂用耐高温涂层、造纸厂用铝辊筒。

3、等离子喷涂设备：提供优质高效的陶瓷涂层，如铝钛粉、氧化铬等

应用于：各种耐磨、绝缘、热障、防腐工况。

4、电弧喷涂设备：提供优质价廉的金属丝材喷涂

应用于：防腐、耐磨和各种尺寸修复和旧件修复。

详情参见：P554 页

常州市卓群纳米新材料有限公司

联 系 人：沈文洁

电　　话：0519−83632375　　　　传　　真：0519−83860898

地　　址：江苏省常州市武进区邹区镇龙潭村　　　　邮　　编：213144

网　　址：www.cnnanore.com

单位情况简介：

详情参见：P554 页

江苏中矿大正表面工程技术有限公司

法人代表：康壮苏

电　　话：0516−83995085　　83880507　　　　传　　真：0516−83884465

地　　址：江苏省徐州市解放南路中国矿业大学国家大学科技园科技大厦 10 楼

邮　　编：221008

单位情况简介：

公司于1993年创立，前身是国家“211工程”和“985优势学科创新平台项目”建设高校－中国矿业大学的校办企业，2002年12月整体改制为有限责任公司。公司以国家重点高校的科研力量为依托，致力于表面工程领域新技术、新产品的开发应用和工程施工服务，经过二十余年的发展已成为国内表面工程领域有影响力的企业，业务含盖矿山、公路、铁路、海港码头、桥梁、电厂、市政建设等表面工程诸多领域。

公司在业内率先通过ISO9001－2008、GB/T28001－2001和GB/T50430－2007及GB/T24001－2004的三体系认证，为江苏省高新技术企业，建有江苏省大型钢结构腐蚀防护工程技术研究中心，拥有国家专利29件（其中发明专利9件）、7项江苏省高新技术产品，参与完成包括国家十一五科技支撑计划在内的10项省部级科研项目，完成多项国家及地方标准的制修订工作，获得十余项省部级科技奖励。

公司拥有作风过硬、经验丰富的工程施工队伍，先后承接了包括上海磁悬浮工程、广州新电视塔、舟山连岛工程、港珠澳大桥等200多项防腐涂装工程，其中大部分为国家重点工程，合同履约率100%，工程优良率95%，是国内承接桥梁防腐工程最多的行业龙头企业。

昆山创益发热喷涂科技有限公司

联 系 人：郑仲轩

电　　话：0512－57280881　　13862630011　　传　　真：0512－57281288

地　　址：江苏省昆山市陆家镇春江路120号　　邮　　编：215331

单位情况简介：

昆山创益发热喷涂科技有限公司是由台湾创益企业股份有限公司于2005年在大陆成立的第二家子公司。第一家为东莞市创极机械配件有限公司（1995年成立），目前创益企业拥有5套火焰粉末设备、4套火焰丝材设备、5套电弧丝材设备、4套等离子喷涂设备、2套爆炸喷涂设备、4套HVOF喷涂设备与8套陶瓷棒枪火焰喷涂设备。

主要制作：碳化钨、Ni基自熔合金、氧化物陶瓷、Fe基、不锈钢、铜、钼等系列涂层。主要应用于耐磨损、耐热侵蚀、耐腐蚀、吸附与绝缘等工况环境中，遍及的行业相当广泛。

我公司在电线、钢铁、食品、水电、机械密封、纸业、橡胶、能源、紧固件、纺织、电子等领域皆有业务活动，并且可以根据客户的需求进行各种涂层的开发与推荐，是一家对于热喷涂领域长期专注，推广与经营的企业。

欢迎所有对热喷涂或我司有兴趣的单位与我司进行交流访问，我司期许与大家一起进步成长，迈向更好的未来！

江苏武进液压启闭机有限公司

法人代表：沈建明　　企业性质：民营

联 系 人：徐雪琴

电　　话：0519－83211025　　传　　真：0519－83211271

地　　址：江苏省常州市奔牛工业园区北区　　邮　　编：213131

江苏恒金喷涂技术有限公司

联 系 人：鲁伟

电　　话：0510-87444985　87441052　　传　　真：0510-87441051

地　　址：江苏省宜兴市丁蜀镇施荡村　　邮　　编：214225

无锡苏威热喷涂科技有限公司

联 系 人：赵兴忠

电　　话：0510-83725132/3557　　传　　真：0510-83739455

地　　址：江苏省无锡市惠山区石塘湾工业园　　邮　　编：214185

苏州统明机械有限公司

联 系 人：黄世宇

电　　话：0512-66551525　　传　　真：0512-66552516

地　　址：江苏省苏州市吴中区越溪龙翔工业区九号　　邮　　编：215104

苏州东盛金属表面处理有限公司

法人代表：张国安　　企业性质：民营

联 系 人：蒯金福

电　　话：0512-66362845　66363180　66387480　　传　　真：0512-66362930

地　　址：江苏省苏州市临湖工业园北区　　邮　　编：215106

无锡市沪宏热喷涂厂

联 系 人：许增金　许洪　　企业性质：民营

电　　话（传真）：0510-85613065

地　　址：江苏省无锡市华庄镇明芳西路 25 号　　邮　　编：214131

南京广缘热喷涂厂

联 系 人：洪兵

电　　话：025-68761442　13851913862　　传　　真：025-68761442

地　　址：江苏省南京市下关区宝善街 66 巷 43 号　　邮　　编：210011

河海大学土木工程学院材料表面工程研究中心

联 系 人：谢国治

电　　话：025-63787972　63786618　13813875072　　传　　真：025-63787972

地　　址：江苏省南京市西康路 1 号　　邮　　编：210024

南京汽车制造厂工艺研究所

联 系 人：陈庚砚

电　　话：025–65417711–53016　　传　　真：025–65417538

地　　址：江苏南京十字街 25 号（跃进汽车集团公司）

邮　　编：210025

跃进汽车集团公司科协

联 系 人：徐爱民

电　　话：025–65417711　　传　　真：025–65429220

地　　址：江苏省南京市十字街 29 号　　邮　　编：210028

江苏省电力科学研究院有限公司

联 系 人：李夕强

电　　话：025–66611155–6720　　13951700216

地　　址：江苏省南京市凤凰西街 243 号　　邮　　编：210036

宝钢集团上海梅山科技发展有限公司技术中心

联 系 人：王孝建

电　　话：025–66701887–3853　　传　　真：025–66722862

地　　址：江苏省南京市中华门外新建梅山技术中心　　邮　　编：210039

仪征双环活塞环有限公司

联 系 人：周月亭

电　　话：0514–663463749　　13852778563　　传　　真：0514–63463749

地　　址：江苏省仪征市长江路 176 号　　邮　　编：211400

江阴市三联机械制造有限公司

联 系 人：王小平

电　　话：0510–86033318　　传　　真：0510–86033159

地　　址：江苏省江阴市夏港镇工业园区西成路 2 号　　邮　　编：214442

中国南车集团戚墅堰机车车辆工艺研究所

联 系 人：陈善忠

电　　话：0519–65051137　　传　　真：0519–68355840

地　　址：江苏省常州市戚墅堰区五一路 1 号　　邮　　编：213011

常州宏基金属表面材料有限公司

联 系 人：蒋静芬

电　　话：0519–65912356　　13961466228　　传　　真：0519–65922580

地　　址：江苏省常州市新区新桥　　邮　　编：213032

常州冷拔油缸厂

联 系 人：周宝昌

电　　话：0519–68767036

地　　址：江苏省常州市东郊芙蓉镇　　邮　　编：213118

无锡市扬名金属热喷涂厂

联 系 人：朱逸清

电　　话：0510–85755507　　传　　真：0510–85755507

地　　址：江苏省无锡市陈列馆路　　邮　　编：214021

无锡纺织机械专件厂

联 系 人：周跃

电　　话：0510–85807531　　传　　真：0510–85802762

地　　址：江苏省无锡市河埒口上里东227号　　邮　　编：214062

无锡中野机械有限公司

联 系 人：刘德仲

电　　话：0510–88278028　　传　　真：0510–88278027

地　　址：江苏省无锡市新区坊前镇振兴路　　邮　　编：214111

无锡金城焊接材料制造有限公司

联 系 人：浦菊明

电　　话：0510–85062646　　13806189577　　传　　真：0510–85071020

地　　址：江苏省无锡市滨湖区东泽镇南桥村　　邮　　编：214123

锡山市茂鑫硬质合金制造有限公司

联 系 人：戈平

电　　话：0510–85063767

地　　址：江苏省无锡市东江镇金城湾　　邮　　编：214123

无锡思浦瑞金属制品有限公司

联 系 人：杨毅

电　　话：0510－88552055　　　　传　　真：0510－88550797

地　　址：江苏无锡梅村镇群兴路 5 号群兴工业园 08A　邮　　编：214112

无锡市科龙热喷涂厂

联 系 人：朱洪

电　　话：0510－85387630　13706199530　　传　　真：0510－85387630

地　　址：江苏省无锡市华庄镇静慧寺村　　邮　　编：214135

无锡光泰特种金属制品有限公司

联 系 人：舒家林

电　　话：0512－3741096

地　　址：江苏无锡沪宁高速锡北道口胡家渡五号桥　邮　　编：214175

苏州工业园区斯普瑞表面技术工程有限公司

联 系 人：姚云龙

电　　话：0512－62752264　　　　传　　真：0512－62752264

地　　址：江苏省苏州市吴中区夸塘镇剑湖工业区　邮　　编：215122

张家港中洲特种合金材料有限公司

联 系 人：蒋伟

电　　话：0512－58481613　　　　传　　真：0512－58481116

地　　址：江苏省张家港市港口镇北　　邮　　编：215612

苏州热工研究院有限公司

联 系 人：许彪

电　　话：0512－68602407

地　　址：江苏省苏州市西环路 1788 号　　邮　　编：215004

徐州华光电力设备修造厂

联 系 人：孟新

电　　话：0516－7252569　7252562　13912037636　传　　真：0516－7252562

地　　址：江苏省铜山市徐州发电厂　　邮　　编：221166

江苏省三河闸钢结构防腐公司

联 系 人：陈永臻

电　　话：0517－7446219

地　　址：江苏省洪泽县　　　　邮　　编：223126

江苏省沭阳永盛硬面工艺材料有限公司

联 系 人：雷子雷

电　　话：0527－83613999　　　　传　　真：0527－83613999

地　　址：江苏省沭阳刘集工业园区　　　　邮　　编：223666

扬州市金陵特种涂料厂

联 系 人：刘剑锋

电　　话：0514－6899498　　　　传　　真：0514－6899140

地　　址：江苏省江都市张纲镇九号桥　　　　邮　　编：225212

泰兴市光辉等离子喷涂设备厂

联 系 人：丁辉

电　　话：0523－7732608　　13801435020　　　　传　　真：0523－7732868

地　　址：江苏省泰兴市根思东路 39 号　　　　邮　　编：225400

南通电熔爆股份有限公司

联 系 人：叶良才

电　　话：0513－3549168　　　　传　　真：0513－3549101

地　　址：江苏省南通市任港路 35 号　　　　邮　　编：226006

南通东鑫硬面技术有限公司

联 系 人：陶永娣

电　　话：13916322111

地　　址：江苏省南通市江枫路 8 号

南通振康机械有限公司

联 系 人：宋广钰

电　　话：0513－3580943　　13606293611

地　　址：江苏省南通市学田新林 115－602　　　　邮　　编：226007

江苏省南通三达防腐工程有限公司

联 系 人：卢永康

电　　话：0513－6513341　　13801489100　　　　传　　真：0513－6515541

地　　址：江苏省通州市开发区银河路105号　　　　邮　　编：226300

南京宝尔德电力技术有限公司

联 系 人：何亮　　　　手　　机：13915972714

电　　话：025–84227979　84227980　　传　　真：025–84227978

地　　址：南京白下区苜蓿园大街77号紫金名门13楼　邮　　编：210007

淮钢集团轧钢厂

联 系 人：陈中明

电　　话：0517–3802468–6898　13952346501

地　　址：江苏省淮阴市淮安市化工路53号　　　　邮　　编：223002

金湖石油机械有限公司

联 系 人：丁日红

电　　话：0517–6882912　13505232432　　传　　真：0517–6893603

地　　址：江苏省金湖县建设东路4号　　　　邮　　编：211600

泰州市金灿金属防腐喷涂有限公司

联系人：华庚庭

电　　话：0523–6168659　13605263497　13337785518

传　　真：0523–6160200

地　　址：江苏省泰州市刁铺镇观五桥南西侧　　　　邮　　编：225323

江苏泰兴合金粉末厂

联 系 人：姜世亚

电　　话：0523–7712175　7711704

地　　址：江苏省泰兴市口岸镇双桥东路1号　　　　邮　　编：225421

苏州成翌金属工业有限公司

联 系 人：蒋建钢

电　　话：0512–65751994　13862399111　　传　　真：0512–65751990

地　　址：江苏省苏州市黄桥工业园永方路　　　　邮　　编：215000

徐州方圆实业公司

联 系 人：蒋晓兰

电　　话：0516–5325364

地　　址：江苏省徐州市　　　　　　　　　　　邮　　编：221006

江苏中宏机械有限公司

联 系 人：金姜华

电　　话：0514–7252677

地　　址：江苏省扬州市解放北路 83 号　　　　邮　　编：225003

徐州科思特表面工程技术有限公司

联 系 人：孟新

电　　话：0516–2723108　　13912037636　　　传　　真：0516–5800828

地　　址：江苏省徐州市建国西路 85 号锦秀嘉园　邮　　编：221100

苏州瀚杨贸易有限公司

联 系 人：杨宗吉

电　　话：0512–68089353　　　　　　　　　　传　　真：0512–68089352

地　　址：江苏省苏州市高新区狮山路 30 号金河国际大厦 608 室

邮　　编：215011

无锡市利江喷涂有限责任公司

联 系 人：缪急翰

电　　话：0510–5129409　　13961812655　　　传　　真：0510–5129409

地　　址：江苏省无锡市西园里 481–3　　　　　邮　　编：214000

无锡市盛焱机械制造有限公司

联 系 人：钱锦贵

电　　话：0510–8158453　8550505　13861777101　传　　真：0510–8158453

地　　址：江苏省无锡市新区梅村工业园锡泰路 228 号　邮　　编：214112

南通华程电力工程有限公司

联 系 人：秦文海

电　　话：0513–5631630　　13585225969　　　传　　真：0513–5631030

地　　址：江苏省南通市天生港华能新村 3 幢 301 室　邮　　编：226003

杭州远程电力机械防腐有限公司

联 系 人：孙锡全

电　　话：0571–82623193　　13951385968　　传　　真：0571–82623193

地　　址：江苏省如皋市皋南新村 100 号 405 室　　　　邮　　编：226500

常州市科达焊接表面工程技术公司

联 系 人：孙周明

电　　话：0519−8771711−4137　　　　传　　真：0519−8770363

地　　址：江苏省常州市戚墅堰机车工艺所　　　　邮　　编：213011

工程兵工程学院研究所

联 系 人：谭业发

电　　话：025−64494136−71624

地　　址：江苏省南京市　　　　邮　　编：210007

常州市运风机车车辆配件厂

联 系 人：唐建超

电　　话：0519−8601872　　　　传　　真：0519−8608126

地　　址：江苏省武进市戚墅堰北金丰村工业园区　　　　邮　　编：213119

中国电子科技集团公司第十四研究所

联 系 人：吴礼群

电　　话：025−83773283　　　　传　　真：025−83344657

地　　址：江苏省南京市 1313−700 信箱　　　　邮　　编：210013

扬中市金誉防护材料有限公司

联 系 人：袁纪权

电　　话：0511−68512991　　1395286581　　　　传　　真：0511−68513999

地　　址：江苏省扬中县永胜镇　　　　邮　　编：212217

徐州天工电刷镀热喷涂技术服务部

联 系 人：赵金海

电　　话：0516−65767872　　65751919　　　　传　　真：0516−65761919

地　　址：江苏省徐州市二环西路健康花园 1−2 −102　　邮　　编：221006

无锡市新业等离子喷涂有限公司

联 系 人：周杰

电　　话：0510−65592495　　13952472738

地　　址：江苏省无锡市胡埭林场　　　　邮　　编：214161

苏州兴华电力设备有限公司

联 系 人：周晓冰

电　　话：0512−53522689　13809053406　13806247069

传　　真：0512−53539789

地　　址：江苏省太仓市体育西路 35 号　　邮　　编：215400

镇江远方防腐工程有限公司

电　　话：0511−8884260　　传　　真：0511−8888946

地　　址：江苏省镇江市丁卯开发区经七路南纬二路　　邮　　编：212009

贝卡尔特新材料（苏州）有限公司

联 系 人：张久爱

电　　话：0512−62838589　　传　　真：0512−62838884

地　　址：江苏省苏州工业园区汀兰巷 9 号　　邮　　编：215026

宜兴市华通锅炉密封材料有限公司

联 系 人：黄春华

电　　话：0510−87569366　　传　　真：0510−87569266

地　　址：江苏省宜兴市新庄镇　　邮　　编：214266

托普工业（江苏）有限公司

联 系 人：张明洋

电　　话：021−62739930

地　　址：江苏省靖江市新桥江河路 28 号　　邮　　编：214537

盐城市万达工程科技有限公司

联 系 人：王建林

电　　话：0515−88251158　　传　　真：0515−88238960

地　　址：江苏省盐城市开放大道 59 号　　邮　　编：224002

南京工程学院

联 系 人：韩玉君

电　　话：13814538549

地　　址：江苏省南京市江宁区科学园弘景大道 1 号　　邮　　编：211167

麦克维尔空调制冷（苏州）有限公司技术部

联 系 人：李金寿

电　　话：0512–89180113

地　　址：江苏省苏州工业园区长阳街 116 号　　　　邮　　编：215126

苏州吉元机械有限公司

联 系 人：马安元

电　　话：0512–68089353　　　　传　　真：0512–68089352

地　　址：江苏省苏州市高新区狮山路 35 号金河国际大厦 6F608 座

邮　　编：215011

江苏中大工业涂装环保有限公司

联 系 人：杨奎

电　　话：0515–66666666–88403　88402　　　　传　　真：0515–88200777

地　　址：江苏省盐城市开放大道 100 号

江苏崇胜电力科技有限公司

联 系 人：王良

电　　话：0516–83982962　　15952176885　　　　传　　真：0516–83982962

地　　址：江苏省徐州市泉山区七里沟一组 30 号　　　　邮　　编：221000

江苏麟龙新材料股份有限公司

联 系 人：李建萍

电　　话：0510–83899008　　13921513296　　　　传　　真：0510–83881301

地　　址：江苏省无锡市惠山经济开发区玉祁配套区（曙光村）

邮　　编：214183

淮安荣锦环保科技有限公司

联 系 人：孙飞

电　　话：13911017068　　　　传　　真：0517–83566275

地　　址：江苏省淮安市翔宇北路万达广场 3 号楼 1608 室

邮　　编：223001

金湖县赛欧电气有限公司

联 系 人：季国年

电　　话：13033556677　　　　传　　真：0517–86871108

地　　址：江苏省淮安市金湖县健康路 2300　　　　邮　　编：211600

靖江市天宇电力科技有限公司

联系人：于建平

电　　话：0523-84813856　　13847798995　　传　　真：0523-84813856

地　　址：江苏省靖江市天一国际商务公寓2单元1203室

邮　　编：214500

苏州立瓷电子有限公司

联系人：刘兆利

地　　址：江苏省苏州市吴中区珠江南路888号　　邮　　编：215100

南京安铁防腐技术有限公司

联系人：段林峰

电　　话：025-58398490　　传　　真：025-57011235

地　　址：江苏省南京市化学工业园葛关路625号科创园1206

邮　　编：210048

无锡市福莱达石油机械有限公司

联系人：章诗岐

电　　话：0510-88262630-8002　　13115065268　　传　　真：0510-88266211

地　　址：江苏省无锡市锡北镇八士八达路　　邮　　编：214192

江苏盐城金达表面工程技术有限公司

联系人：卢阜金

电　　话：0551-83090828

地　　址：江苏省盐城市亭湖区长坝路36号　　邮　　编：224001

通快（中国）有限公司

联系人：王健

电　　话：18661100669

地　　址：江苏省常州市新北区龙锦路百草苑46-3002

邮　　编：212013

常州宝隆激光科技有限公司

联系人：戚耀明

电　　话：0519-88776780

地　　址：江苏省常州　　邮　　编：213011

无锡市康达环保工程有限公司

联 系 人：蒋建兵

电　　话：0510−87197006　　13812225081　　　　传　　真：0510−87901608

地　　址：江苏省宜兴市宜城街道南园村　　　　邮　　编：214206

贝卡尔特（江阴）镀膜工业有限公司

联 系 人：韩刚库

电　　话：0510−86997261　　13515196797　　　　传　　真：0510−86997269

地　　址：江苏省江阴市金山路 201 号　　　　邮　　编：214400

南通华程电力工程有限公司

联 系 人：周云娟

电　　话：0513−85293388　　13585225969　　　　传　　真：0513−85292299

地　　址：江苏省南通市人民东路 265 号金路大厦 B305

邮　　编：226008

宜兴市国电耐磨耐火工程有限公司

联 系 人：应永余

电　　话：0510−87447718　　13906153122　　　　传　　真：0510−87448518

地　　址：江苏省宜兴市宜城街道南园村　　　　邮　　编：214225

东贺隆昆山（电子）有限公司

联 系 人：孟雪

电　　话：0512−36827908　　　　传　　真：0512−3627909

地　　址：江苏省昆山市石牌镇东岳路 58 号　　　　邮　　编：215132

宜兴市宏业保温工程有限公司

联 系 人：熊亚芳

电　　话：0510−87441998　　15852689178　　　　传　　真：0510−87441838

地　　址：江苏省宜兴市丁蜀镇施荡村　　　　邮　　编：214225

常州市宝新防腐工程有限公司

联 系 人：吕壮志

电　　话：0579−88601613　　13357758805　　　　传　　真：0519−88601613

地　　址：江苏省常州市武进区横山桥镇金丰村　　　　邮　　编：213119

泰州市旺龙机械有限公司

联 系 人：颜文

电　　话：0523-89612116　　15161010781　　　　传　　真：0523-86261892

地　　址：江苏省泰州市海陵区苏陈工业园区北区

邮　　编：225300

浙江亚恩材料工程技术有限公司

联 系 人：陈建忠

电　　话：0572-8023032　　　　全国热线：400-000-2572

传　　真：0572-8023191

地　　址：浙江省德清经济开发区长虹东街 878 号

网　　址：www.zjyaen.com　　　　电子邮箱：cjz@zjyaen.com

单位情况简介：

详情参见：P538 页

杭州泽裕喷涂工程有限公司

联 系 人：宋广裕

电　　话：18867528555

地　　址：浙江省杭州市富阳区西堤南路 98 号 101 室　邮　　编：311400

单位情况简介：

杭州泽裕喷涂工程有限公司成立于 2014 年 3 月，主要经营：各类防腐工程施工；保温材料、化工产品、矿产品、建筑材料、五金商品批发、零售。特别长足于国际标准罐箱、门机、海事艇舰、闸门、大桥、电视塔架等热喷涂防腐。注册资本 518 万元，现有员工 89 人，其中有各类技术职称人员 13 人，防腐作业人员 80 余人，各类施工机械 200 多台套。技术力量、资本实力及机械装备基础雄厚，具有较强的专业施工能力。

2015 年分别通过了 ISO9001:2008 质量管理体系、ISO14001:2004 环境管理体系、CHSAS18001:2004 职业健康安全管理体系认证，在同行业中成为通过以上认证的绞绞者。

中国工业防腐蚀技术协会团体会员单位、中国表面工程协会热喷涂专业委员会团体会员单位、《全面腐蚀控制》杂志首席协办单位。

详情参见：P549 页

德清创智热喷涂科技有限公司

联 系 人：陈峰 企业性质：股份制
地　　址：浙江省德清县武康镇志远北路 692 号 邮　　编：313200
电　　话：0572－8285529 传　　真：0572－8012733
网　　址：www.dqchance.com 电子邮箱：info@dqchance.com

单位情况简介：

详情参见：P550 页

温州耐密特阀门有限公司

联 系 人：潘海龙（工程师）
电　　话：0577－85980111 传　　真：0577－86935599
地　　址：浙江省温州市龙湾区永兴富康西路 16 号
邮　　编：325024
网　　址：www.aimite.com　www.naimite.com.cn

单位情况简介：

详情参见：P555 页

永嘉天佑热喷涂技术有限公司

联 系 人：谢天由
电　　话：0577－67329778　67329779　18058328855 传　　真：0577－67329779
地　　址：浙江省永嘉县瓯北镇安丰工业区

单位情况简介：

永嘉天佑热喷涂技术有限公司是一家专业热喷涂技术开发及技术服务型高新技术企业。

主要提供机械设备零部件的表面处理，具有耐磨损、耐腐蚀、耐高温、抗高压、抗氧化特点，使每个零部件都能延长其使用寿命。

公司是中国表面工程协会热喷涂专业委员会员单位。

公司拥有雄厚的技术力量，培养出众多优秀的专业人才，并不断开发出新产品。技术广泛应用于工业界：如泵阀业、压缩机行业、石油化工、造纸行业、汽车刹车片部件、化纤机械零部件、拉丝机塔轮、钢铁行业、橡胶行业等。

公司引进国际最先进的超音速喷涂设备：美国普莱克斯，其喷涂速度超过 3 ～ 5 倍的音速，比“等离子喷涂”高出几倍，故涂层与基材的结合强度高，是“等离子喷涂”的三倍到四倍以上。其涂层硬度、密度亦比“等离子喷涂”高出很多；涂层表面极为细致，不易渗透、脱落。产品达到：超耐磨损、耐高温（450 度～ 1200 度，选用特殊材料耐高温可达 1400 度）、耐冲刷、耐腐蚀（盐腐蚀、酸腐蚀、碱腐蚀、硫化氢腐蚀等各类腐蚀）、耐高压（70Mpa－140Mpa）。结合强度：10000PSi 磅以上，光洁度：经研磨可达到镜面（Ra 0.2 以内），孔隙率 1% 以下、涂层维氏硬度达 HV1200 左右（洛氏 HRC70 左右）。

同时公司也提供旧品修复及强化。工件磨损后，采用热喷涂工艺修复加工，使工件恢复如新，比原来新品寿命几倍甚至几十倍。

永嘉天佑热喷涂技术有限公司愿与您在平等互利、双赢的基础上广泛合作，希望有机会能为您提供服务。愿意为广大工矿企业的发展做出贡献。

浙江星塔科技设备材料有限公司

法人代表：魏文虎　　企业性质：股份制

联 系 人：王国华

电　　话：0572-6087098　6087478　6870568　　传　　真：0572-6870478

地　　址：浙江省长兴县林城工业区　　邮　　编：313112

杭州碱泵有限公司

联 系 人：许宝荣

电　　话：0571-85228780　　13805713235

地　　址：浙江省杭州市西湖区留下街52号　　邮　　编：310023

杭州远程电力机械防腐有限公司

联 系 人：孙锡全

电　　话：0571-82623193　　13951385968　　传　　真：0571-82623193

地　　址：浙江省杭州市百尺偻33号204室　　邮　　编：311201

浙江省长兴县华峰喷焊材料电炉有限公司

联 系 人：徐建平

电　　话：0572-6087381　　13905822126　　传　　真：0572-6870584

地　　址：浙江省长兴县林城镇西街　　邮　　编：313112

浙江凯意热喷涂科技有限公司

联 系 人：濮晓萍

电　　话：0572-8832238　　传　　真：0572-8832268

地　　址：浙江省德清县武康镇莫干山经济开发区回山路279号

邮　　编：313200

温州创博热喷涂有限公司

联 系 人：姜伟国

电　　话：0577-67959988-187　　传　　真：0577-67959989

地　　址：浙江省温州市瓯北和三工业区　　邮　　编：325105

浙江德清荣泰热喷涂有限公司

联 系 人：吴根荣

电　　话：0572—8281438　8281222　13706828438　　传　　真：0572—8281456

地　　址：浙江省德清县武津镇北湖街 251 号　　邮　　编：313200

浙江德清天莫热喷涂新技术公司

联 系 人：阳小平

电　　话：0572—8447389　　传　　真：0572—8444090

地　　址：浙江省德清县新市镇环城北路　　邮　　编：313201

海宁市飞达冶金粉末有限公司

联 系 人：倪建新

电　　话：0573—7811125—8800　　13906739648　　传　　真：0573—7819000

地　　址：浙江省海宁市谈振工业园　　邮　　编：314417

宁波开发区东南防腐有限公司

联 系 人：陆爱阳

电　　话：0574—86229387　　13605741036

地　　址：浙江宁波北仑区宁波小港玫瑰园 1—102 号　　邮　　编：315803

宁波海天机械有限公司

联 系 人：丁林

电　　话：0574—86181605　　13306693456

地　　址：浙江省宁波市北仑区江南加工贸易出口区　　邮　　编：315821

浙江龙游镭迪涂装设备有限公司

联 系 人：李亦凡

电　　话：0570—7255117　　传　　真：0570—7255177

地　　址：浙江省龙游县浙江龙游工业开发区城南园区二号路口

邮　　编：324400

德清县德丰热喷涂厂

联 系 人：沈健忠

电　　话：0572—8822218　　传　　真：0572—8822213

地　　址：浙江省德清县莫干山经济开发区横山桥路 1 号

邮　　编：313200

浙江省冶金研究院有限公司

联 系 人：王雪元

电　　话：0571−85022244

地　　址：浙江省杭州市天目山路294号　　　　邮　　编：310013

浙江亚通冶金科技有限公司

联 系 人：王雪元

电　　话：0571−88178135　　88178116

地　　址：浙江省杭州市莫干山路1418号上城工业园区

邮　　编：310011

浙江省德清县等离子喷涂厂

联 系 人：吴根荣

电　　话：0572−8461438　　8461339

地　　址：浙江省德清县勾里镇　　　　邮　　编：313212

德清县家乐舒塑化有限公司

联 系 人：吴晓胜

电　　话：0572−8447389

地　　址：浙江省德清县新市镇环城北路　　　　邮　　编：313201

温州市宝达防腐设备有限公司

联 系 人：张辉

电　　话：0577−67391207　　67395889　　　　传　　真：0577−67391207

地　　址：浙江省温州市永嘉区乌牛工业园　　　　邮　　编：325103

宁波市江北九方和荣电气有限公司

联 系 人：尹萍

电　　话：0574−87386667　　　　传　　真：0574−87355002

地　　址：浙江省宁波市环城北路西段198弄16号　　邮　　编：315020

台州市康佳机械有限公司

联 系 人：张德春

电　　话：0576−82678899

地　　址：浙江省台州市路桥区峰江桥洋村　　　　邮　　编：318000

慈溪光华金属复合材料有限公司

联 系 人：丁少雄

电　　话：0574—63504806　　传　　真：0574—63504806

地　　址：浙江省慈溪市逍林镇樟新南路　　邮　　编：315321

杭州萧山海奥金属加工厂

联 系 人：李秋平

电　　话：0571—82703628　　传　　真：0571—82876861

地　　址：浙江省杭州萧山宁围种鸡场 10 号　　邮　　编：311215

杭州庆宇机械有限公司

联 系 人：郭东庆

电　　话：0571—86497550　　13906506583

地　　址：浙江省杭州市江干区笕桥镇滨河路 168 号　　邮　　编：310020

温州科得力新特材料有限公司

联 系 人：陈伯林

电　　话：0577—88609288　　13905771536　　传　　真：0577—88609013

地　　址：浙江省温州市炬光园区月乐西街 225 号　　邮　　编：325029

杭州大和热磁电子有限公司

联 系 人：顾永明

电　　话：0571—8141293—104　　传　　真：0571—8141292

地　　址：浙江省杭州沈半路 216#　　邮　　编：310022

杭州拓翔喷涂工程有限公司

联 系 人：唐芳

电　　话：0571—86903569　　15382320097

地　　址：浙江省杭州经济技术开发区十六街区 1 幢 160

邮　　编：310018

宁波金仕凯热喷涂陶瓷棒有限公司

联 系 人：谭俊群

电　　话：0574—23708405　　18605745092　　传　　真：0574—23708405

地　　址：浙江省宁波慈溪市宗汉星光家园 290 幢 506 室

邮　　编：315000

超达阀门集团股份有限公司

联 系 人：张贺

电　　话：0577-67319986　　传　　真：0577-67319982

地　　址：浙江省永嘉县瓯北镇江北大街　　邮　　编：325105

杭州萧山长城铝业物资有限公司

联 系 人：陈玮

电　　话：0571-82720590　　传　　真：0571-82751275

地　　址：浙江省杭州市萧山海塘路 537 号　　邮　　编：311200

宁波诺迈特新材料科技有限公司

联 系 人：励达

电　　话：15658219008

地　　址：浙江省慈溪市

水利部杭州机械设计研究所

联 系 人：毛鹏展

电　　话：0571-87607631　　传　　真：0571-88087115

地　　址：浙江省杭州市西湖区转塘镇云计算工业园 19 号

邮　　编：310024

杭州海奥喷涂工程有限公司

联 系 人：蒋志祥

电　　话：0571-82703628　　13967155760　　传　　真：0571-82897517

地　　址：浙江省杭州市萧山区瓜沥镇　　邮　　编：313200

浙江天泉表面技术有限公司

联 系 人：程志强

电　　话：0572-2155513　　13867477347　　传　　真：0572-2155067

地　　址：浙江省湖州经济开发区西南分区香溢科技工业园 5 号楼

邮　　编：313000

浙江瑞莱士机械有限公司

联 系 人：姜慧

电　　话：0577-86373558　　13858886208　　传　　真：0577-86377378

地　　址：浙江温州市龙湾区滨海园区明珠路 597 号　　邮　　编：325024

德清金烨电力科技有限公司

联 系 人：李献华

电　　话：0572−8067780　　18857290688　　传　　真：0572−8067780

地　　址：浙江省湖州市德清县德新公路 8−1、8−2、8−3

邮　　编：313200

福建省

厦门云拓机电设备有限公司

联 系 人：高金评

电　　话：13605082680

地　　址：福建省厦门市鑫新景地大厦 7A05　　邮　　编：361000

闵光热喷涂研究中心

联 系 人：陈涛

电　　话：0591−8768252

地　　址：福建省福州市杨桥中路世纪佳源 1 号 213　　邮　　编：350001

福建厦门市绿茵环保科技有限公司

联 系 人：刘其勇

电　　话：0592−5747031　　13806035688　　传　　真：0592−5747030

地　　址：福建省厦门市湖里区华昌路 80 号　　邮　　编：361006

厦门钨业股份有限公司

联 系 人：辛希乐

电　　话：0592−6088255　　13606001793　　传　　真：0592−6081611

地　　址：福建省厦门市海沧经济技术投区　　邮　　编：361026

福建农林大学机电学院热喷涂研究室

联 系 人：陈地光

电　　话：13328663585

地　　址：福建省福州市杨桥西路 157 号 1 号楼 213 室

邮　　编：350002

漳州恒益喷焊有限公司

联 系 人：陈益清

电　　话：0596–2265163　2677515　13605082680　　传　　真：0596–26775153

地　　址：福建省漳州市芗城区小坑头营后开发区（二菱宿舍旁）

厦门映日新材料科技有限公司

联 系 人：王志强

电　　话：0592–2560111　　15606905841　　传　　真：0592–2560511

地　　址：福建省厦门市同安区洪塘镇苏厝路 73 号　　邮　　编：361100

福建省南平市顺发保温安装有限公司

联 系 人：罗昭庆

电　　话：13753001977　　传　　真：0599–8626770

地　　址：福建省南平市延平区滨江南路 142 号　　邮　　编：353000

厦门市若石新材料科技有限公司

联 系 人：罗文富

电　　话：0592–6098700　　13599220393　　传　　真：0592–6098303

地　　址：福建省厦门市集美区灌口镇东辉村 107 号

武汉材料保护研究所

联 系 人：童向阳、伍建华

电　　话：027–83641660　　83641639　　传　　真：027–83968532

地　　址：湖北省武汉市宝丰二路 126 号　　邮　　编：430030

网　　址：www.ptastar.com　　电子邮箱：tong.box@163.com

单位情况简介：

详情参见：P525 页

武汉高力热喷涂工程有限责任公司

联 系 人：高捷

电　　话：027–61917008　　4000279592　　传　　真：027–61917097

地　　址：湖北省武汉市黄陂区三里镇　　　　邮　　编：430300
网　　址：www.glrpt.com
单位情况简介：
详情参见：P544 页

武汉立通先进表面工程技术有限公司

联 系 人：苏江明
电　　话：027－65022831　　　　传　　真：027－86692141
手　　机：13377877836
地　　址：湖北省武汉市葛店经济技术开发区嘉吉东路东侧
单位情况简介：
详情参见：P547 页

中国石油集团钻井工程技术研究院江汉机械研究所

联 系 人：石成刚　邓俊霞
电　　话：0716－8121235　　　　传　　真：0716－8222483
地　　址：湖北省荆州市沙市区豉湖路 12 号　　　　邮　　编：434000
生产基地：北京市昌平区北七家镇西沙工业园（淀泗路）
邮　　编：102209
电　　话：010－69756830

荆州市四机郢龙石油机械制造有限公司

联 系 人：喻晓平　　　　企业性质：股份制
电　　话：0716－8429243　　　　传　　真：0716－8429243
地　　址：湖北省荆州市荆州区　　　　邮　　编：434024

武汉市四达表面工程有限公司

联 系 人：任德智（工程师）　　　　手　　机：13007141588
电　　话：027－87630086　87399204　　　　传　　真：027－87399204
地　　址：湖北省武汉市珞狮路尤李村 15 号　　　　邮　　编：430070

武汉理工大学材料复合新技术国家重点实验室

联 系 人：程旭东
电　　话：027－87651841
地　　址：湖北省武汉市珞狮路 122 号

船舶总公司七院第七零一研究所

联 系 人：刘邦贵

电　　话：027—88043350 转 8419　　传　　真：027—88042076

地　　址：湖北省武汉市 64291 信箱 14 分箱　　邮　　编：430064

武汉久欣机电设备有限公司

联 系 人：齐芷

电　　话：027—87833303　　传　　真：027—87833303

地　　址：湖北省武汉市丁字桥路特 9 号　　邮　　编：430064

武汉钢铁公司钢铁研究所品种部

联 系 人：冀汉巍

电　　话：027—86863557

地　　址：湖北省武汉市　　邮　　编：430080

武汉科特表面工程技术有限责任公司

联 系 人：余林森

电　　话：027—86866351

地　　址：湖北省武汉市青山区冶金街 27 街 28 门 4 号

邮　　编：430080

武汉钢电股份有限公司

联 系 人：涂国富

电　　话：13971693619

地　　址：湖北省武汉市　　邮　　编：430080

武汉钢通表面工程有限公司

联 系 人：韩静昌

电　　话：027—86520023　13487080419　　传　　真：027—86520920

地　　址：湖北省武汉市青山区工人村丝茅墩　　邮　　编：430080

武汉市青山区建筑工程公司热喷涂厂

联 系 人：文立新

电　　话：027—86513219

地　　址：湖北省武汉市青山区建设十一路　　邮　　编：430082

武汉钢铁公司工业港技术科

联 系 人：王玉萍

电　　话：027－86939122

地　　址：湖北省武汉市青山区工业港　　邮　　编：430082

武汉市高新表面工程技术有限公司

联 系 人：张开明

电　　话：027－86525297　　13071277422　　传　　真：027－86513472

地　　址：湖北省武汉市青山区工人村二街 461 号　　邮　　编：430082

武汉钢铁公司机制公司机修厂

联 系 人：李廉廉

电　　话：027－86899426

地　　址：湖北省武汉市青山区厂前　　邮　　编：430083

武汉立泰科技有限公司

联 系 人：芦圣喜

电　　话：027－86899862　　86899607　　传　　真：027－86892473

地　　址：湖北省武汉市青山区厂前环厂西路 1－4 号　　邮　　编：430083

湖北汉川电厂锅炉分公司

联 系 人：刘睿

电　　话：027－83891738 转 2088

地　　址：湖北省汉川县　　邮　　编：432321

湖北广水市恒达喷焊机械设备有限公司

联 系 人：孙为普

电　　话：0722－6263407　　6261408　　传　　真：0722－6261408

地　　址：湖北省广水市应山应十大道 6 号　　邮　　编：432700

大冶有色金属公司机修厂总师室

联 系 人：龙启明

电　　话：0714－5392340

地　　址：湖北省黄石市新下陆　　邮　　编：435005

鄂钢集团公司职工技术协会

联 系 人：丁贵民

电　　话：0711－3233102

地　　址：湖北省鄂州市　　　　　　　　　邮　　编：436002

鄂钢集团公司中型渣钢厂

联 系 人：王景玉

电　　话：0711－3233102

地　　址：湖北省鄂州市　　　　　　　　　邮　　编：436002

湖北襄樊 5713 工厂

联 系 人：孙红梅

电　　话：0710－3113801　　　　　　　　传　　真：0710－3120382

地　　址：湖北省襄樊市 168 信箱　　　　　邮　　编：441002

解放军 5713 工厂

联 系 人：周忠锋

电　　话：0710－7865037　7865317　　　传　　真：0710－7865005

地　　址：湖北省古城县 108 信箱 101 分箱　邮　　编：441723

湖北汽车工业学院

联 系 人：刘峰

电　　话：0719－8241472　　　　　　　　传　　真：0719－8260748

地　　址：湖北汽车工业学院材料工程系铸造教研室

邮　　编：442002

葛洲坝港湾疏浚工程公司机电安装公司

联 系 人：胡建明

电　　话：13972604128　　　　　　　　传　　真：0717－6271242

地　　址：湖北省宜昌市西坝建设路 2 号　　邮　　编：443000

猴王集团焊接材料研究所

联 系 人：张孝艳

电　　话：0717－6226889 转 8210　　　　传　　真：0717－6551835

地　　址：湖北省宜昌市夷陵路 344 号　　　邮　　编：443003

猴王集团中心试验室

联 系 人：谢进平

电　　话：0717−6551591 转 3078

地　　址：湖北省宜昌市夷陵路 344 号　　邮　　编：443003

国营三八八厂工艺所

联 系 人：陆京

电　　话：0717−4810214　　传　　真：0717−4810475

地　　址：湖北省宜都市　　邮　　编：443301

武汉钢实炼铁喷涂厂

联 系 人：傅正生

电　　话：027−86899607　86861657　　传　　真：027−86892473

地　　址：湖北省武汉市青山区厂前环厂西路 1−4 号　　邮　　编：430083

湖北永基科技有限责任公司

联 系 人：李明桂

电　　话：027−86866513　86326289　　传　　真：027−86304551

地　　址：湖北省武汉市青山区建设二路江城商业广场 B 座 20A3

邮　　编：430080

华中科技大学

联 系 人：马孟华

电　　话：027−87556122　13667222661　　传　　真：027−87556122

地　　址：湖北省武汉市华中科技大学东三区 65 号 401

邮　　编：430074

武汉乾鼎机电设备有限公司

联 系 人：齐芷

电　　话：027−67845307　13607180031　　传　　真：027−67845303

地　　址：湖北省武汉市关山二路特 1 号国际企业中心文韬楼 A 座 407

邮　　编：430070

天门市中润材料保护新技术开发有限公司

联 系 人：王琨

电　　话：0728−5251819　5231656　13972621795　　传　　真：0728−5251819

地　　址：湖北省天门市东江道东湖村　　邮　　编：431700

东风华泰铝合金轮毂有限公司

联 系 人：王铁林

电　　话：0728−5343001　　13593925971　　　　传　　真：0728−5340111

地　　址：湖北省天门市侨乡开发区　　　　邮　　编：431700

武汉交通科技大学动力与工程学院

联 系 人：肖金生

电　　话：027−86551690(0)　027−86547202(H)　　传　　真：027−86554406

地　　址：湖北省武汉市　　　　邮　　编：430063

武汉表面工程成套技术开发公司

联 系 人：谢东

电　　话：027−83610408　　　　传　　真：027−83610408

地　　址：湖北省武汉市汉口宝丰二路 126 号　　　　邮　　编：430030

武汉市江汉金属喷涂厂

联 系 人：杨宝柱

电　　话：027−84770726　　13907101681

地　　址：湖北省武汉市汉阳区景岗村 103 号　　　　邮　　编：430050

材料保护杂志社

联 系 人：张帆

电　　话：027−83641679　　　　传　　真：027−83638752

地　　址：湖北省武汉市宝丰二路 126 号　　　　邮　　编：430030

武汉钢铁公司工业港福利加工厂

联 系 人：张开明

电　　话：027−86851066　　　　传　　真：027−86899243

地　　址：湖北省武汉市青山区钢花 112−9−10　　　　邮　　编：430082

武汉博奥泰克科技公司

电　　话：027−84611761

地　　址：湖北省武汉蓝马新村 185 号御庭园 1717 室　邮　　编：430022

华中科技大学材料学院

联 系 人：黄齐文

电　　话：13296588028

地　　址：湖北省武汉市洪山区珞瑜路 1037　　　　邮　　编：430074

湖北京山轻工机械股份有限公司

联 系 人：谢宜林

电　　话：0724−7211000　　　　传　　真：027−86899243

地　　址：湖北省京山县轻机工业园　　　　邮　　编：431899

河南省

洛阳金鹭硬质合金工具有限公司

联 系 人：徐茂杰

电　　话：0379−61101102　　18030201943　　　　传　　真：0379−61101766

地　　址：河南省洛阳市高新技术开发区滨河北路 68 号

单位情况简介：

详情参见：P534 页

郑州立佳热喷涂机械有限公司

电　　话：0371−86102889　　18638188997　　　　传　　真：0371−86088667

地　　址：河南省郑州市高新技术开发区科学大道与雪松路交汇处

单位情况简介：

详情参见：P540 页

郑州大洋热喷涂有限公司

联 系 人：彭守耀

电　　话：0371−67845178　　13838037586　　　　传　　真：0371−67845178

地　　址：河南省郑州市二七区陇海中路 64 号科技楼　　邮　　编：450052

洛阳特耐衬里有限责任公司

法人代表：罗建伟　　　　企业性质：民营

联 系 人：付树锋

电　　话：0379−64683539　　　　传　　真：0379−64683539

地　　址：河南省洛阳市安徽路万国银座 B 座 1510 室　　邮　　编：471003

河南省化工建设工程公司

联 系 人：刘金柱

电　　话：0371−6611236　　传　　真：0371−3968391

地　　址：河南省郑州市金水大道 102 号　　邮　　编：450003

郑州鼎盛工程技术有限公司

联 系 人：卢洪波

电　　话：0371−5953622　13903849581　　传　　真：0371−5948723

地　　址：河南省郑州市红专路 51 号（省机械研究院内）

邮　　编：450003

郑州磨料磨具磨削研究所

联 系 人：杨晓平

电　　话：0371−7657950　7657930　7657931　　传　　真：0371−7657952

地　　址：河南省郑州市华山路 121 号　　邮　　编：450007

郑州纺机特种工艺有限公司

联 系 人：李志伟

电　　话：0371−3585902　　传　　真：0371−3586042

地　　址：河南省郑州市南阳路 290 号　　邮　　编：450053

郑州纺织机械厂特种工艺分厂热喷涂车间

联 系 人：侯卫东

电　　话：0371−3585872　3937251−2679　　传　　真：0371−3822455

地　　址：河南省郑州市南阳路 290 号　　邮　　编：450053

河南省防腐企业集团公司直属三公司

联 系 人：张洪江

电　　话：0373−8779029　13643906958

地　　址：河南省长垣县建蒲路西段　　邮　　编：453415

焦作电力集团有限公司表面工程分公司

联 系 人：殷乐义

电　　话：0391−3522537　3522962　13903910546　　传　　真：0391−3522962

地　　址：河南省焦作市建设西路 30 号　　邮　　编：454001

河南省安阳市机械研究所

联 系 人：孙林

电　　话：0372–3938557　　传　　真：0372–3948927

地　　址：河南省安阳市铁西区商都路中段　　邮　　编：455000

河南安阳热喷涂表面技术处理部

联 系 人：杨新珍

电　　话：0372–3970950

地　　址：河南省安阳市中州路汽车零部件厂内　　邮　　编：455000

安阳钢铁公司机械设备制造公司修复中心

联 系 人：袁学军

电　　话：0372–3124744

地　　址：河南省安阳市　　邮　　编：455004

安阳市史迪欧科技有限责任公司

联 系 人：杨钢怀

电　　话：0372–3114148　13503724379　　传　　真：0372–3114148

地　　址：河南省安阳市安钢集团国贸公司六部　　邮　　编：455004

河南省濮阳市汽修厂

联 系 人：刘臣义

电　　话：0393–4698091　13603838356

地　　址：河南省濮阳市京开道　　邮　　编：457000

河南省漯河市粉末冶金总厂

联 系 人：刘罡

电　　话：0395–3134888

地　　址：河南省漯河市松江路中段　　邮　　编：462000

中原表面技术有限公司

联 系 人：张彬

电　　话：0394–8230506　　传　　真：0394–223318

地　　址：河南周口建设路中段 12 号河南省化工研究所

邮　　编：466001

河南省项城市宇光表面工程有限公司

联 系 人：朱国华

电　　话：0394−4295015　　　　传　　真：0394−4295015

地　　址：河南项城环城路中段工业路口西 300 米路北

邮　　编：466200

平顶山电业局热喷涂厂

联 系 人：吴广瑞

电　　话：0375−2765470　13903902722　　　　传　　真：0375−3934108

地　　址：河南省平顶山市新华路南段　　　　邮　　编：467001

洛阳铁路热喷涂焊接技术中心

联 系 人：刘丰荫

电　　话：0379−2725107

地　　址：河南省洛阳市龙泉小区 8 号楼 2−301　　　　邮　　编：471002

中国一拖工程机械公司工艺材料研究所

联 系 人：张建新

电　　话：0379−4972196　4911697　　　　传　　真：0379−4913228

地　　址：河南省洛阳市建设路 154 号　　　　邮　　编：471004

中国船舶重工集团公司第七二五研究所

联 系 人：郗雨林

电　　话：0379−67256228　13653798078　　　　传　　真：0379−64913462

地　　址：河南省洛阳市涧西区西苑路 21 号　　　　邮　　编：471039

河南省偃师市永昌摩托车配件厂

联 系 人：王均良

电　　话：0379−7578074

地　　址：河南省偃师市山化工业区西一公里王窑村　　邮　　编：471911

南阳市零件修理新技术服务部

联 系 人：殷德山

电　　话：0377−3169952　3558918

地　　址：河南省南阳市中州路永安村 207 号　　　　邮　　编：473000

开封天力防腐工程有限公司

联 系 人：朱峻国

电　　话：0378−2913455　　传　　真：0378−2952301

地　　址：河南省开封市汴京路 214 号　　邮　　编：475002

郑州东林设备防护有限公司

联 系 人：刘成民

手　　机：15837157250

电　　话：0371−60951692　　传　　真：0371−60951693

地　　址：郑州市金水区 107 公路 9 号院 3 号楼 205 号　　邮　　编：450002

开封市朗力能源技术有限公司

联 系 人：侯应黎　　手　　机：13608669199

电　　话：0378−2851089

地　　址：河南省开封市大梁路亚通商住楼 A 座 616 室

邮　　编：475000

洛阳朗力硬面材料有限公司

联 系 人：侯应周

电　　话：0379−64295799　　传　　真：0379−64295599

地　　址：河南洛阳市涧西区武汉南路东马沟工业园 8 号

郑州市船王焊材有限公司

联 系 人：陈颖

电　　话：0371−7812133　13937100181　　传　　真：0371−7812505

地　　址：河南省郑州市须水镇站前路 8 号　　邮　　编：450042

安阳市天创热喷涂材料有限公司

联 系 人：樊自红

电　　话：0372−3662123　3662887　13523720877　　传　　真：0372−3686283

地　　址：河南省安阳市高新区井冈大街北段路东　　邮　　编：455000

开封市汴和窑炉工程有限公司

联 系 人：侯应黎

电　　话：0378−2851089

地　　址：河南省开封市北关街 71 号　　邮　　编：475001

平顶山煤业集团集体企业供贸公司

联 系 人：刘玉明

电　　话：0375－3909677　　传　　真：0375－3909677

地　　址：河南省平顶山市卫东区原大营毛纺厂院内　　邮　　编：467021

河南耐科金属热复合有限公司

联 系 人：孟成礼

电　　话：0377－66090338　13937789938　　传　　真：0377－66080098

地　　址：河南省南阳市汉画路　　邮　　编：173000

新野天盾粉体材料有限公司

联 系 人：乔华鹏

电　　话：0377－66388889　13838992721　　传　　真：0377－66388889

地　　址：河南省新野县教师进修学校　　邮　　编：473500

郑州高科喷焊有限公司

联 系 人：秦涛

电　　话：0370－2153728　13781469863　　传　　真：0370－2830931

地　　址：河南省商丘市花园西街园林处家属院　　邮　　编：476000

开封得胜锅炉股份有限公司

联 系 人：田伟

电　　话：0378－2951560　13783995618　　传　　真：0378－2923260

地　　址：河南省开封市公园路　　邮　　编：475002

郑州市富恒热喷涂有限公司

联 系 人：王艳

电　　话：0371－67183821　13203894898

地　　址：河南省郑州市嵩山南路 152 号 406 室　　邮　　编：450007

河南平顶山市精密管材公司

电　　话：0375－4932450　　传　　真：0375－4932450

地　　址：河南省平顶山市姚孟电厂庙刘路北　　邮　　编：467031

郑州华裕表面工程技术服务有限公司

联 系 人：余振锋

电　　话：0371－69856688　　　　　　　　　传　　真：0371－6956677
地　　址：河南省郑州市新密市袁庄乡靳沟村　　　邮　　编：452370

郑州九环工程有限公司

联 系 人：杨凯
电　　话：0371－68859300　　68867272　　　　传　　真：0371－68962751
地　　址：郑州市淮河路与新华街交叉口绿云小区 2 号楼 16 楼 75 号
邮　　编：450015

郑州正耐实业有限公司

联 系 人：余振峰
电　　话：0371－68626195　　18638228513　　　传　　真：0371－68626195
地　　址：河南省郑州市高新区翠竹街 1 号 7 幢　　邮　　编：450000

郑州郑锅容器有限公司

联 系 人：甘志坤
电　　话：0371－67835707　　18037888678　　　传　　真：0371－67839268
地　　址：河南省郑州市高新区科学大道 88 号　　邮　　编：450000

河南灿鑫实业有限公司

联 系 人：骈月光
电　　话：0371－67172266　　15838080551　　　传　　真：0371－67172288
地　　址：河南省郑州市嵩山南路 6 号　　　　　邮　　编：450000

焦作市金宇化建有限公司

联 系 人：靳晓华
电　　话：0391－2907772　　13721459728　　　传　　真：0391－2907773
地　　址：河南省焦作市解放中路 236 号　　　　邮　　编：450000

焦作安泰新型耐磨材料有限公司

联 系 人：吴生慧
电　　话：0391－8987999　　13503919526　　　传　　真：0391－8987555
地　　址：河南省焦作市西部工业园（博爱县雪莲路北）
邮　　编：450000

汤阴普阳电力设备有限责任公司

联 系 人：刘桂辰

电　　话：0372–5032177　　13837200372　　　传　　真：0372–5032177

地　　址：河南省汤阴县长虹路东段　　　邮　　编：456150

郑州瑞特金刚石砂带有限公司

联 系 人：安建民

电　　话：0371–67837298　　　传　　真：0371–67837003

地　　址：河南省郑州市中原区须水机械加工产业园

三门峡明珠机电工程有限责任公司

联 系 人：王伟

电　　话：0398–2992133

地　　址：河南省三门峡市大坝　　　邮　　编：472000

郑州贝斯汉德机械有限公司

联 系 人：贾玉杰

电　　话：0371–86678028　　　传　　真：0371–86678028

地　　址：河南省郑州市二七区马寨工业园区东方路 18 号

河南省煤科院耐磨技术有限公司

联 系 人：孔凡连

电　　话：0371–67836378　　　传　　真：0371–63868336

地　　址：河南省郑州市高新区枫杨街 17 号　　　邮　　编：450001

郑州九环科贸有限公司

联 系 人：杨凯

电　　话：0371–68859300　　13014688586　　　传　　真：0371–68962751

地　　址：河南省郑州市大学路 80 号华城国际中心 1725 房间

邮　　编：450015

河南上源精工机械有限公司

联 系 人：孟周强

电　　话：0377–63709998　　13937789938　　　传　　真：0377–63327968

地　　址：河南省南阳市伏牛南路　　　邮　　编：473000

河南长源防腐有限公司

联 系 人：张子营

电　　话：13608855396　　　　传　　真：0871-3559162

地　　址：河南省新乡市长垣县宏力大道南段　　　　邮　　编：453417

开封市电力耐火工程有限公司

联 系 人：郭汉霖

电　　话：0378-7771668　　18639770600　　　　传　　真：0378-7771668

地　　址：河南省开封市汉兴路西段集英花园 D 区 29 楼 1 单元 402 室

邮　　编：475000

湖南省

株洲江钨博大硬面材料有限公司

联 系 人：马遥　　　　邮　　编：412007

电　　话：0731-22461718　　　　传　　真：0731-22460358

营销部地址：湖南省株洲市天元区长江北路 8 号保利大厦 B 座 2504 室

网址：www.bodamaterials.com　　　　电子邮箱：boda@bodamaterials.com

单位情况简介：

详情参见：封三、P496 页

株洲西迪硬质合金科技有限公司

联 系 人：徐耀华　　　　邮　　编：412000

电　　话：0731-28472167　　　　传　　真：0731-22725555

营销部地址：湖南省株洲市芦淞区湘大路 1099 号

单位情况简介：

详情参见：P532 页

先导（益阳）等离子粉末有限公司

联 系 人：罗范波

电　　话：0737-4435648　　4435846　　　　传　　真：0737-4436203

地　　址：湖南省益阳市赫山区平安路 55 号　　　　邮　　编：413002

网　　址：www.thermalspraymaterials.com

单位情况简介：

详情参见：P529 页

湖南省冶金材料研究所

联 系 人：闵小兵　　企业性质：国有科研院所

电　　话（传真）：0731-85596380

地　　址：湖南省长沙市香樟路 589 号　　邮　　编：410014

网　　址：www.hnyjcl.com

中南工业大学粉末冶金研究所

联 系 人：雷长明

电　　话：0731-8883255

地　　址：湖南省长沙市　　邮　　编：410083

中南大学表面与涂层技术研究所

联 系 人：蒋显亮

电　　话：0731-8876307　13574140379　　传　　真：0731-8876692

地　　址：湖南省长沙市　　邮　　编：410083

解放军第 5712 厂新机办

联 系 人：周立仁

电　　话：0731-6931926　　传　　真：0731-5413101

地　　址：湖南省长沙县黑石铺 519 信箱总师办　　邮　　编：410113

湖南株洲表面研究所

联 系 人：吴泓

电　　话：0733-9008695　8281248　1397339365

地　　址：湖南省株洲市工学院陈玉兰信箱　　邮　　编：412000

株洲华电抗磨工程有限公司

联 系 人：姚敏

电　　话：0733-8438698

地　　址：湖南省株洲市红旗北路 52 号　　邮　　编：412000

株洲硬质合金集团有限公司钽铌事业部

联 系 人：林真

电　　话：0733-2610406　13908432468　　传　　真：0733-2610409

地　　址：湖南省株洲市 514 信箱　　邮　　编：412005

湖南省娄底市大金新材料有限公司

联 系 人：胡国梁

电　　话：0738−8315803　　传　　真：0738−8315803

地　　址：湖南省娄底市乐坪西街 16 号　　邮　　编：417000

湖南娄底涟钢机械设备制造公司

联 系 人：彭振宽

电　　话：0738−8660504

地　　址：湖南省娄底市　　邮　　编：417009

长沙都利金属表面技术有限公司

联 系 人：周小军　　手　　机：13973145136

电　　话：0731−88507938　　传　　真：0731−88507936

地　　址：湖南省长沙市岳麓区坪塘镇山塘工业园　　邮　　编：410208

南华大学机械工程学院

联 系 人：邱长军

电　　话：0734−8281661　13974753127　　传　　真：0734−8282210

地　　址：湖南省衡阳市常胜西路　　邮　　编：421001

湖南泵阀制造有限公司

联 系 人：邵建农

电　　话：0731−5070079　　传　　真：0731−5314156

地　　址：湖南省长沙市雨花区圭塘路 14 号　　邮　　编：410004

株洲市鑫源冶金材料有限公司

联 系 人：杨革

电　　话：0733−7620162　2632643　　传　　真：0733−7620163　2604092

地　　址：湖南省株洲县渌口镇　　邮　　编：412100

株洲九方装备模具实业有限公司

联 系 人：廖自明

电　　话：0733−8441042　　传　　真：0733−8441293

地　　址：湖南省株洲田心　　邮　　编：412001

株洲中航动科南方燃气轮机成套制造安装有限公司

联 系 人：周建罗

电　　话：13907330387

地　　址：湖南省株洲市太子路 316 号

邮　　编：412000

湖南省郴州市泰益表面涂层技术公司

联 系 人：单张飞

电　　话：15973573888　　传　　真：0733−8441293

地　　址：湖南省郴州市南岭大道科技工业园 3 栋二楼

邮　　编：435000

湖南株洲市巨能焊材有限公司

联 系 人：李鸣镝

电　　话：0731−28337657　　传　　真：0731−28338596

地　　址：湖南省株洲市响石东路

株洲斯普锐热喷涂表面技术服务有限公司

联 系 人：何宪峰

电　　话：0731−28834619　　传　　真：0731−28834619

地　　址：湖南省株洲市天元区中达路高科汽配园 B 区 5 栋 C

邮　　编：412007

娄底众一金属表面工程技术有限公司

联 系 人：苏健康

电　　话：0738−6310259　13907381438　　传　　真：0738−8690262

地　　址：湖南省娄底市经济技术开发区洪冠街 2 号

邮　　编：417009

长沙伟徽高科技新材料股份有限公司

联 系 人：徐　坤

电　　话：0731−82788188　18670383668　　传　　真：0731−82788199

地　　址：湖南省长沙市高新区麓谷麓天路 38 号

邮　　编：410205

广东省

东华隆（广州）表面改质技术有限公司

法人代表：北秋广幸　　企业性质：外商独资

电　　话：020—82986789　　传　　真：020—82986868

地　　址：广东省广州市萝岗区永和镇禾丰二街9号　　邮　　编：511356

网　　址：www.tocalo—hantai.com

单位情况简介：

详情参见：P488页

凯吉斯金刚石（广州）有限公司

电　　话：020—37585369　　传　　真：020—3758533

地　　址：广东省广州市开发区科学城科丰路31号华南新材料创新园G1—327

邮　　编：510663

网　　址：www.kgsdiamond.com.cn

单位情况简介：

详情参见：卷首12页、P516页

江门市威霖贸易有限公司

联 系 人：曹庆

电　　话：0750—3892830　　传　　真：0750—3892847

地　　址：广东省江门市河南翠园一街38号二楼　　邮　　编：529040

单位情况简介：

详情参见：P512页

广州有色金属研究院

联 系 人：刘敏

电　　话：020—61086207　　传　　真：020—37238510

地　　址：广东省广州市天河区长兴路　　邮　　编：510650

广州有色金属研究院

联 系 人：周克崧

电　　话：020—37238503　　85231729　　传　　真：020—37238510

地　　址：广东省广州市五山　　邮　　编：510651

佛山市南海中南机械有限公司

法人代表：许冠　　企业性质：民营
电　　话：0757-85770888　　传　　真：0757-85772842
地　　址：广东省佛山市南海区盐步广佛公路横江路段　　邮　　编：528247

广东省技术推广站

联 系 人：梁颖基
电　　话：020-83340751　　传　　真：020-83396770
地　　址：广东省广州市连新路 11 号　　邮　　编：510030

广州市雷密加激光科技有限公司

联 系 人：姚志东
电　　话：020-87519076　87091905　　传　　真：020-87519078　87091308
地　　址：广东省广州市天河区中山大道西 63 号电子科技大厅 1 楼
邮　　编：510630

华南理工大学机械工程学院热喷涂研究室

联 系 人：李尚周
电　　话：020-87111051　13922235210　　传　　真：020-87111051
地　　址：广东省广州市五山　　邮　　编：510641

华南理工大学机械学院

联 系 人：刘振义
电　　话：020-7110102
地　　址：广东省广州市五山　　邮　　编：510641

广东工业大学

联 系 人：潘振鹏
电　　话：020-85211762　　传　　真：020-85516325
地　　址：广东省广州市五山　　邮　　编：510643

广州元适焊接机械贸易有限公司

联 系 人：谢义平
电　　话：020-85549503　　传　　真：020-85549816
地　　址：广东省广州市中山大道西天河工业园建 2 路 B-15 号天信楼 612 室
邮　　编：510665

广州磊基机械维修有限公司

联 系 人：邹德贵

电　　话：020−82208183　　13922431198　　　　传　　真：020−82226406

地　　址：广东省广州市黄埔区庙头村龙头路（龙头山公园牌坊 100 米）

邮　　编：510725

广州文冲船厂修船分厂热处理

联 系 人：汤德

电　　话：020−82279933 转 585

地　　址：广东省广州市黄埔区　　　　邮　　编：510727

广州海龙镀铁工程中心

联 系 人：李伟茂

电　　话：020−82220087　　13802775536

地　　址：广东省广州市黄埔庙西广州海运集团菠萝庙船厂内

邮　　编：510730

广州金墩机械公司

联 系 人：胡雳

电　　话：020−82763414　　　　传　　真：020−82774515

地　　址：广东省增城市新塘镇　　　　邮　　编：511340

奥斯威等离子喷涂有限公司

联 系 人：朱锡平

电　　话：0769−3342208　3349101　13602357551　　传　　真：0769−3342477

地　　址：广东省东莞市桥头镇宏达工业区 3 号楼　　邮　　编：511738

深圳市美科喷焊技术有限公司

联 系 人：张玉龙

电　　话：0755−7601329　　　　传　　真：0755−7601329

地　　址：广东省宝安县宝安区石岩镇罗租大道 59 号　邮　　编：518108

深圳华油五金塑胶制品有限公司

联 系 人：陈明江

电　　话：0755−28135503　　28135507　　　　传　　真：0755−28172009

地　　址：广东省宝安县龙华镇油松第十工业区　　　　邮　　编：518109

广东省怀集县汽车配件制造有限公司

联 系 人：张韬

电　　话：0758−5522482　　5523054

地　　址：广东省怀集县城登云亭　　邮　　编：526400

佛山市城区鹏程机电贸易公司

联 系 人：周文鹏

电　　话：0757−3354099　　传　　真：0757−3361436

地　　址：广东佛山普澜 2 路 31 号新荣大厦 E 座 401　　邮　　编：528000

佛山光研表面工程工贸公司

联 系 人：古衡

电　　话：0757−2230834　　13702905030　　传　　真：0757−2830469

地　　址：广东省佛山市市东上路 6 号怡东花园怡雅阁南座 9 梯 822

邮　　编：528000

广东市佛山市科进精密机械制造厂

联 系 人：雷云峰

电　　话：0755−3269584　　13302818119　　传　　真：0755−3267643

地　　址：广东省佛山市环市镇南沙工业区 Al0 号　　邮　　编：528000

广东新劲刚超硬材料有限公司

联 系 人：王振明

电　　话：0757−85408986　　传　　真：0757−85403505

地　　址：广东市佛山市南海区丹灶镇大金工业区　　邮　　编：528216

先进机械设备有限公司

联 系 人：李志刚

电　　话：0757−83807343　　传　　真：0757−83807342

地　　址：广东省佛山市禅城区城门头西路 l 号佛山环球国际广场 2208

佛山市继科机械设备修造有限公司

联 系 人：黄文有

电　　话：0757−81281185　　13302803885　　传　　真：0757−81270117

地　　址：广东省佛山市南海区大沥镇潭边第二工业区　邮　　编：528251

深圳市瑞奥美金属有限公司

联 系 人：林应洁

电　　话：0755−81441418　　　　传　　真：0755−29698263

地　　址：广东省深圳市宝安区沙井镇共和村中熙工业园 B 栋

邮　　编：518000

深圳市泰业表面工程技术有限公司

联 系 人：罗红林

电　　话：0755−84718788　　84711255　　　　传　　真：0755−84718588

地　　址：广东省宝安县龙岗区布吉坂田布龙路南侧东海王大厦 B 座 1 楼

邮　　编：518129

东莞市长安张力机械配件有限公司

联 系 人：王宏梅

电　　话：0769−5415700　　13500093256　　　　传　　真：0769−5387049

地　　址：广东东莞市长安镇乌沙江贝大沙墩工业区　　邮　　编：523873

深圳市和禄科技开发有限公司

联 系 人：肖力平

电　　话：0755−61313200　　26199340　　　　传　　真：0755−61313210

地　　址：广东省深圳市科技园科技南十二路方大大厦 608 室

邮　　编：518057

东莞市厚街创康机电配件厂

联 系 人：杨泰丰

电　　话：0769−5581543　5813176　13602335331　　传　　真：0769−5581559

地　　址：广东省东莞市厚街镇河田第一工业区　　邮　　编：523945

东莞市桥头冠丰机械厂

联 系 人：朱锡平

电　　话：0769−3435188　　3296838　　　　传　　真：0769−3435222

地　　址：广东省东莞市桥头镇朗厦村华厦工业区　　邮　　编：523532

深圳市中科热喷涂公司

电　　话：0755−3702093

地　　址：广东深圳深南大道中竹子林 33−604 信箱　　邮　　编：518040

南海市乡镇企业五金矿产公司黄岐公司

联 系 人：朱健华

电　　话：0757–5932810　　5935727　　传　　真：0757–5932810

地　　址：广东省南海市黄歧镇怡富广场华海路 13 号　　邮　　编：528248

顺德市容桂区科威热喷涂陶瓷材料有限公司

联 系 人：梁玉亨

电　　话：0765–8381646　　13322822695　　传　　真：0765–8381658

地　　址：广东省顺德市容桂镇长业路 1 号内　　邮　　编：528305

新会环宇云母材料有限公司

联 系 人：曾德华

电　　话：0750–6675878　　传　　真：0750–6675828

地　　址：广东省新会市今古洲经济开发区　　邮　　编：529100

广州市黄浦区源深机械服务部

联 系 人：陈治文　　手　　机：13660334364

电　　话：020–82330202　　传　　真：020–62251800

地　　址：广州市黄浦区大沙西路 7 号大院　　邮　　编：510800

湛江海滨船厂技术工程有限公司

联 系 人：陈硇生

电　　话：0759–3187933　　13902503204　　传　　真：0759–3179825

地　　址：广东省湛江市海滨大道中 26 号　　邮　　编：524005

广州市天赐三和环保工程有限公司

联 系 人：胡江华

电　　话：020–87365421

地　　址：广东广州寺右新马路 115 号五羊新广场 1915

邮　　编：510600

广州海龙公司

联 系 人：李伟茂

电　　话：020–82220087　　13802775536

地　　址：广东广州黄埔庙西中海工业菠萝庙船厂内　　邮　　编：510730

湛江金盛机械表面工程有限公司

联 系 人：全伟超

电　　话：0759－3331568　　　　传　　真：0759－3356869

地　　址：广东省湛江市椹川大道北 71 号　　　　邮　　编：524043

广州电器科学研究院研发中心

联 系 人：周洁

电　　话：020－84451171 转 353

地　　址：广东省广州市海珠区新港西路 204 号　　　　邮　　编：510300

广州三鑫金属科技有限公司

联 系 人：吴泓

电　　话：4006010084　　　　传　　真：020－29651601

地　　址：广东省广州市番禺区南村镇东顺工业园 A5

佛山市南海金延冶金材料有限公司

电　　话：0757－86718190　　　　传　　真：86718160

地　　址：广东省佛山市南海佛平路一环隧道口　　　　邮　　编：528251

深圳瑞奥美金属有限公司

联 系 人：史伟

电　　话：0755－81441718

地　　址：广东省深圳市宝安区沙井共和中熙工业园 B 栋 2 楼

邮　　编：518104

佛山市顺德区亨威陶瓷棒有限公司

联 系 人：梁威

电　　话：0757－26681950　　13902561211　　　　传　　真：0757－26681972

地　　址：广东省佛山市顺德区容桂街道容边天河工业区四路 9 号

邮　　编：528305

广州市泓智机械有限公司

联 系 人：彭帅姣

电　　话：020－87918799　　13902262337　　　　传　　真：020－87918799

地　　址：广东省广州市从化城郊街旺城大道 323 号（农科所内）

邮　　编：510900

东莞市科亚新材料技术有限公司

联 系 人：易力

电　　话：0769−85712892　　　　　　传　　真：0769−88920895

地　　址：广东省东莞市虎门镇龙眼路 15 路 82 号　　邮　　编：523958

佛山南海区科琎精密机械有限公司

联 系 人：雷云峰

电　　话：0757−81809696　　13302818119　　　　传　　真：0757−81809697

地　　址：广东省佛山市南海区罗村镇务庄荣星工业区

邮　　编：528200

深圳市高图先进材料技术有限公司

联 系 人：文中林

电　　话：0755−26996938　　13502828601　　　　传　　真：0755−26996968

地　　址：广东省深圳市南山区高新技术园区高新南一道中国科技开发院孵化大楼 808 室

邮　　编：510057

广东中能电达环境工程技术有限公司

联 系 人：安国强

电　　话：020−83284890　　15602237890　　　　传　　真：020−83282900

地　　址：广东省广州市越秀区沿江中路 298 号江湾大酒店商业中心 3201B

邮　　编：510110

佛山科喆机械设备有限公司

联 系 人：徐波

电　　话：0757−85774747　　18925979249　　　　传　　真：0757−85774747

地　　址：广东省佛山市南海区大沥九龙五金不锈钢交易中心 B6 座 202 号

邮　　编：528231

珠海市广力化工防腐设备有限公司

联 系 人：唐秀平

电　　话：0756−5571197　　13928097797　　　　传　　真：0756−5571727

地　　址：广东省珠海市斗门区井岸镇西埔村兵房山 16 号 2 号厂房

邮　　编：519125

重庆市

重庆煜琨珑冶金材料有限公司

联 系 人：熊伏龙　　企业性质：集体

地　　址：重庆市大渡口区石槽门炼钢厂内

邮　　编：400080

电　　话：023−68846585　　传　　真：023−68846585

重庆金利热喷涂有限公司

联 系 人：李永祝

电　　话：023−63846355　63727456　　传　　真：023−63728012

地　　址：重庆市渝中区新民街 113 号　　邮　　编：400010

长安汽车股份有限公司技术中心工艺研究所

联 系 人：纪云林

电　　话：023−67591819　　传　　真：023−67591722

地　　址：重庆市江北区建新东路 260 号

邮　　编：400023

中国兵器工业第五九研究所

联 系 人：吴护林

电　　话：023−68611059 转 143　　传　　真：023−68611138

地　　址：重庆市渝州路 33 号

邮　　编：400039

重庆大学二系焊接教研室

联 系 人：彭高峨

电　　话：023−5311185−2413(0)−3413(H)　　传　　真：023−5316704

地　　址：重庆市沙坪坝

邮　　编：400044

重庆长江修造二厂热喷涂分厂

联 系 人：高奎生

电　　话：023−8423526 转 2864

地　　址：重庆市杨家坪　　邮　　编：400050

重庆仪表材料研究所

联 系 人：陈德茂

电　　话：023−68264760　　传　　真：023−68863932

地　　址：重庆市北碚区 1512 信箱

邮　　编：400700

重庆北碚方正机械厂

联 系 人：王朝智

电　　话：023−68226668　　13808370332　　传　　真：023−68226198

地　　址：重庆市北碚区澄江镇石板场

邮　　编：400701

重庆轻工机械厂科协

联 系 人：滑志高

电　　话：023−6222108

地　　址：重庆市巴南区渔洞镇

邮　　编：401321

重庆大清仪表有限公司

联 系 人：李厚清

电　　话：023−68862032　　传　　真：023−68285356

地　　址：重庆市北碚区水土镇万寿工业园区 3 号

邮　　编：400700

重庆益瑞德防腐安装工程公司

联 系 人：张淑娟

电　　话：023−68783612　　13996214109　　传　　真：023−68783611

地　　址：重庆市九龙坡区杨家坪珠江路 39 号佳宇大厦 14−6、14−7

邮　　编：400060

四川省

成都振兴金属粉末有限公司

联 系 人：易攀芝　　企业性质：股份制

电　　话：028–86080279　　传　　真：028–84206118

地　　址：四川省成都市青白江工业集中开发区祥虎大道

邮　　编：610306

单位情况简介：

详情参见：卷首 2 页、P522 页

自贡长城硬面材料有限公司

联 系 人：李玉玺

电　　话：0813–5517951　　传　　真：0813–5517951

地　　址：四川省自贡市高新技术产业园区工业集中区荣川一支路六号

邮　　编：643000

单位情况简介：

详情参见：P498 页

东方电气集团东方汽轮机有限公司表面工程研究所

联 系 人：冯文、李定骏、王伟

电　　话：0838–2431511　　传　　真：0838–2431515

地　　址：四川省德阳市太湖路 9 号

邮　　编：618000

单位情况简介：

详情参见：P526 页

自贡斯普锐热喷涂材料有限公司（自贡市贡井博升紧固件制造厂）

联 系 人：石建华　　企业性质：股份制

电　　话：0813–2600309　　传　　真：0813–8118416

地　　址：四川省自贡市自流井区光大街

邮　　编：643000

成发航空科技股份有限公司技术中心工研室

联 系 人：黄懿

电　　话：028－89358793　　　　传　　真：028－89358772

地　　址：四川省成都市蜀龙大道成发工业园　　　　邮　　编：610503

成都大光热喷涂材料有限公司

联 系 人：王多

电　　话：028－84835827　　　　传　　真：028－84837290

地　　址：四川省成都市龙泉驿区同安镇同策路 8 号

邮　　编：610103

德阳太和表面技术有限公司

法人代表：高新坡　　　　联 系 人：马明军

电　　话：0838－2905880　　　　传　　真：0838－2905581

地　　址：四川省德阳市开发区珠江东路 18 号

邮　　编：618000

自贡亚西泰克高新技术有限责任公司

法人代表：张炜

电　　话：0813－5516492　5516861　　　　传　　真：0813－5516793　5516861

地　　址：四川省自贡市人民路 111 号　　　　邮　　编：643011

标乐公司成都办事处

联 系 人：琚世杰

电　　话：028—86200988－322　13880503612

地　　址：四川成都人民南路二段 18 号川信大厦 35 楼

邮　　编：610016

四川华宝经济技术开发公司

联 系 人：杨丽莎

电　　话：028－86748246　13320969847　　　　传　　真：028－85772287

地　　址：四川省成都市新华大道玉沙路 144 号晶爵大厦 10 楼 1016

邮　　编：610017

成都中纳新材料有限公司

联 系 人：杨立斌

电　　话：028－85139679　　　　传　　真：028－85173378

地　　址：四川成都高新区高朋大道 5 号　　　　邮　　编：610041

成都电力机械厂焊接工艺室

联 系 人：李一民

电　　话：028-85065010-2148　　传　　真：028-85065565

地　　址：四川省成都市红牌楼新马路 1 号　　邮　　编：610041

中国人民解放军第五七零一工厂

联 系 人：冯伟

电　　话：028-85200401　　传　　真：028-85200112

地　　址：四川省成都市南郊 81 信箱 21 分箱　　邮　　编：610043

成都铁塔厂技术设备管理处

联 系 人：刘素华

电　　话：028-4122123-333

地　　址：四川省成都市东郊跳蹬河　　邮　　编：610051

四川川石克锐达金刚石钻头有限公司

联 系 人：杨定益

电　　话：028-83240611　　传　　真：028-83246402

地　　址：四川省成都市二仙桥西街 3 新 5 号

成都艾特航空制造有限公司

联 系 人：王桂华

电　　话：028-84507439/7400　　传　　真：028-84507432

地　　址：四川省成都市双桥子双桂路 27-2 号

邮　　编：610066

成发航空科技股份有限公司涂层研究所

联 系 人：景济南

电　　话：028-84505335　　传　　真：028-84446490

地　　址：四川省成都市双桥子　　邮　　编：610067

四川电力试验研究院

联 系 人：刘永忠

电　　话：028-87311568-2560　　传　　真：028-87314608

地　　址：四川省成都市青华路 23 号　　邮　　编：610072

四川电力公司喷涂中心

联 系 人：周松

电　　话：028-87082445　　13908044150

地　　址：四川省成都市青羊区青华路 23 号　　邮　　编：610073

自贡硬质合金厂成都钨钼加工分厂

联 系 人：罗振中

电　　话：028-84857181　　传　　真：028-84855010

地　　址：四川省成都市泉驿区自贡硬质合金厂　　邮　　编：610100

成都市长诚热喷涂技术有限责任公司

联 系 人：陈嵩松

电　　话：028-83602179　　88121299　　传　　真：028-83601266

地　　址：四川省成都市青白江区化工北路 142 号　　邮　　编：610300

空军 5719 厂技术处

联 系 人：何勇

电　　话：028-83898680　　传　　真：028-83898065

地　　址：四川省彭州市 35 信箱 5 分箱　　邮　　编：611937

攀枝花钢铁（集团）公司钢铁研究院

联 系 人：李大东

电　　话：0812-3332932-6216　　传　　真：0812-3336723

地　　址：四川省攀枝花市　　邮　　编：617000

攀枝花钢铁公司机械制造公司表面技术公司

联 系 人：李强

电　　话：0812-6666951　　6662053　　传　　真：0812-6666865

地　　址：四川省攀枝花市　　邮　　编：617063

东方电机股份公司工艺部

联 系 人：王华仁

电　　话：0838-2410054　　13038260838

地　　址：四川省德阳市黄河西路 188 号　　邮　　编：618000

四川省德阳市鼎华集团

联 系 人：李兴如

电　　话：0838–2901618　　13608108343

地　　址：四川省德阳市鼎华集团技术部　　　　　　邮　　编：618000

绵阳科奥表面涂层技术有限公司

联 系 人：刘代富

电　　话：0816–6390391　6390392　13909018041　　传　　真：0816–6390391

地　　址：四川省绵阳市绵州大道北段 13 号　　　　邮　　编：621000

核工业八五七厂特种粉末冶金厂

联 系 人：舒家林

电　　话：0816–3261283

地　　址：四川省江油市治中路　　　　　　　　　　邮　　编：621700

核工业八五七江油金属涂层厂

联 系 人：刘代刚

电　　话：0816–3263906

地　　址：四川省江油市治中路　　　　　　　　　　邮　　编：621707

国营八五七厂特种粉末分厂

联 系 人：童迎葵

电　　话：0816–3261113

地　　址：四川省江油市治中路 654 信箱 29 号　　　邮　　编：621721

中国工程物理研究院

联 系 人：肖云峰

电　　话：13881123956

地　　址：四川省绵阳市 919 信箱　　　　　　　　　邮　　编：621907

自贡硬质合金有限责任公司

联 系 人：张毅

电　　话：0813–4716852　　　　　　　　　　　　　传　　真：0813–4716783

地　　址：四川省自贡市人民路 111 号　　　　　　　邮　　编：643011

四川海陵实业股份有限公司二厂

联 系 人：梅兴波

电　话：0810－2222257　　传　真：0810－2224138

地　址：四川省涪陵市　　邮　编：648000

第二重型机械集团公司大型铸锻件研究所

联 系 人：邓再芝

电　话：0838－2341206　　传　真：0838－2341477　2203449

地　址：四川省德阳市　　邮　编：618013

二重军工分厂技术科

联 系 人：韩德英

电　话：0838－2341753

地　址：四川省德阳市　　邮　编：618013

德阳鼎华钢结构有限公司

联 系 人：华伟

电　话：0838－2900210　　传　真：0838－2900665

地　址：四川省德阳市经济技术开发区旌湖路 236 号　邮　编：618000

亚默有限责任公司

联 系 人：李峰

电　话：028－3372736　　传　真：028－3372742

地　址：四川省成都市人民北路一段 18 号外企商城四楼 A2

邮　编：610081

自贡硬质合金有限责任公司

联 系 人：李伟勤

电　话：0813－5516436　13890000552　　传　真：0813－5516454

地　址：四川省自贡市人民路 111 号　　邮　编：643011

中国二重万源精工有限责任公司

联 系 人：刘明慧

电　话：0838－2342847　　传　真：0838－2314377

地　址：四川省德阳市岷江路二段 70 号　　邮　编：618013

自贡科瑞德新材料有限责任公司

联 系 人：张贵彬

电　　话：0813－8894719

地　　址：四川省自贡市人民路 130 号　　　　邮　　编：643011

四川通能电力科技有限公司

联 系 人：王志

电　　话：028－87082445　　　　传　　真：028－87320249

地　　址：四川省成都市青羊区青华路 23 号　　　　邮　　编：610072

自贡塞迪维尔钢化玻璃绝缘子有限公司生产设备部

联 系 人：石建华

电　　话：0813－3309790

地　　址：四川省自贡市贡井区虎头街 162 号　　　　邮　　编：643020

四川成发航空科技股份有限公司热表中心

联 系 人：曹仕伟

电　　话：028－89358759　　　　传　　真：028－89358730

地　　址：四川成都新都区蜀龙大道成发工业园　　　　邮　　编：610503

四川科力特硬质合金股份有限公司表面工程中心

联 系 人：余勇刚

电　　话：0838－5293226　　18280584939　　　　传　　真：0838－5293226

地　　址：四川省广汉市经济开发区珠海路西二段　　　　邮　　编：618300

四川科力特硬质合金股份有限公司

联 系 人：赵琼英

电　　话：13981086463

地　　址：四川省广汉市经济开发区珠海路西二段　　　　邮　　编：618300

成都久品维克科技有限公司

联 系 人：江飚

电　　话：13808060309　　　　传　　真：028－8555525－802

地　　址：四川省成都市武侯区人民南路三段 17－1 号华西美庐 2－2002 室

邮　　编：601141

四川卡亘贝森机械有限公司

联 系 人：李凌

电　　话：028－38879886　　18180024798　　　　传　　真：028－38879886

地　　址：四川省洪雅县机械化工产业园（将军工业区）胜科路 2 段 28 号

邮　　编：620300

中国五矿自贡硬质合金有限责任公司

联 系 人：周崇建

电　　话：0813－8109768

地　　址：四川自贡市人民路 111 号

四川国能电力环保设备制造有限公司

联 系 人：陈锦国

电　　话：028－83649277　　　　传　　真：028－83626066

地　　址：四川省成都市青白江区工业园区创新路 296 号

邮　　编：610036

自贡市红旗泵业密封件有限公司

联 系 人：范彬

电　　话：18015701266

地　　址：四川省自贡市大安区红旗泵业密封件有限公司

邮　　编：640303

攀枝花市昊宇工贸有限公司

联 系 人：刘长煜

电　　话：0812－5911018　　　　传　　真：0812－5911018

地　　址：四川省攀枝花市西区苏铁中路 570 号　　　　邮　　编：617068

中国人民解放军第 5719 厂

联 系 人：冯云彪

电　　话：15202877433

地　　址：四川省彭州市 35 信箱　　　　邮　　编：611936

广汉川冶新材料有限责任公司

联 系 人：周森

电　　话：0838－5402351　　　　传　　真：0838－5402353

地　　址：四川省成都市人民北路一段十二号　　　　邮　　编：610081

成都布雷德科技有限公司

联 系 人：贾伟杰

电　　话：028－87359576　　　　传　　真：028－87359556

地　　址：四川省成都高新区天泰路145号特拉克斯国际广场南楼21楼

邮　　编：610000

自贡市红旗泵业密封件制造有限公司

联 系 人：陈福林

电　　话：0813－2702993　　18681338855　　　　传　　真：0813－2702433

地　　址：四川省自贡市大安区和平乡苗香村　　　　邮　　编：643000

四川国能电力环保设备制造有限公司

联 系 人：陈锦国

电　　话：028－83626066　　13981827666　　　　传　　真：028－83626066

地　　址：四川省成都市青白江区工业园区创新路296号

邮　　编：610300

自贡市华刚硬质合金新材料有限公司

联 系 人：顾叶

电　　话：0813－2905066　　18681339927　　　　传　　真：0813－2602982

地　　址：四川省自贡市贡井工业开发区南环路26号

邮　　编：643020

自贡市巨光硬面材料有限公司

联 系 人：朱永忠

电　　话：0813－2700061　　13990035613　　　　传　　真：0813－2702644

地　　址：四川省自贡市沿滩区沿滩镇梨园路1栋1号

邮　　编：643033

平顶山市盛宝兰电力设备有限责任公司

联 系 人：苗灿根

电　　话：0375－2200092　　15038835331　　　　传　　真：0375－2200095

地　　址：四川省平顶山市湛河区程庄村51号院（铁路南50米）

邮　　编：467001

陕西省

西安宇丰喷涂技术有限公司

联 系 人：任红旗　　邮　　编：710200

电　　话：029-86964551　　传　　真：029-86964550

地　　址：陕西省西安市经济技术开发区泾渭工业园渭花路 26 号

网　　址：www.yfcc.com　　电子邮箱：info@yfcc.com

单位情况简介：

详情参见：P533 页

陕西德维自动化有限公司

联 系 人：贾永乐　　邮　　编：710043

电　　话：029-82625772　　82625773　　传　　真：029-82625262

地　　址：陕西省西安市新城科技产业园东兴科技大厦 8-4

网　　址：www.dw-auto.com　　电子邮箱：ylejia@dw-auto.com

单位情况简介：

详情参见：P535 页

西安交通大学热喷涂研究室
西安交通大学金属材料强度国家重点实验室

联 系 人：李长久　杨冠军　李成新

电　　话：029-82660970　　82665299　　传　　真：029-82660970　　83237910

地　　址：陕西省西安市咸宁西路 28 号交大材料学院　　邮　　编：710049

第二炮兵工程学院五系

联 系 人：汪刘应　　手　　机：13991990781

电　　话：029-84741920　　传　　真：029-84711920

地　　址：陕西省西安市　　邮　　编：710025

西安市同力液压机电技术有限责任公司

法人代表：刘学元　　企业性质：有限责任公司

联 系 人：杨晖

电　　话：029-83310233　　83312936　　传　　真：029-83310105

地　　址：陕西省西安市洪庆镇二炮西洪庆工业园区　　邮　　编：710025

陕西中科热喷涂有限公司

法人代表：高健稳　　企业性质：有限责任公司

联 系 人：黎明

电　　话：0916−2951007　　传　　真：0916−2951007

地　　址：陕西省汉中市汉中经济开发区南区银沟桥小区 504−2−D 座

邮　　编：723102

西安得源机电器材厂

联 系 人：叶新超（工程师）　　手　　机：13709180583

电　　话：029−84889229　　传　　真：029−84889229

地　　址：陕西省西安户县草堂路 438 号　　邮　　编：710300

西安航空发动机（集团）有限公司冲焊厂

联 系 人：焦宝林

电　　话：029−86152428　13709299252　　传　　真：029−86614035

地　　址：陕西省西安市 13 信箱 28 分箱　　邮　　编：710021

西安航空发动机公司轻工设备厂

联 系 人：郭在峰

电　　话：029−86619845　86616686　　传　　真：029−86617101

地　　址：陕西省西安市 13 号信箱 200 号分箱　　邮　　编：710021

西安航空发动机（集团）有限公司冲焊厂

联 系 人：郑济宏

电　　话：029−86613888−52428(0)　029−86616980　　传　　真：029−86614019

地　　址：陕西省西安市 13 信箱 28 分箱　　邮　　编：710021

西安公路交通大学机械系

联 系 人：陈文威

电　　话：029−85268346−4589/5177　　传　　真：029−85261532

地　　址：陕西省西安市西安公路交通大学 373 信箱　　邮　　编：710064

西安樱园金属粉末厂

联 系 人：赵德志

电　　话：029−84299071　84299072

地　　址：陕西省西安市莲湖区南二环西桃园甲字 1 号　　邮　　编：710068

西北工业大学能动学院

联 系 人：李牧

电　　话：029－8492748

地　　址：陕西省西安市西北工业大学209信箱　　邮　　编：710072

西安恒久科技发展有限公司

联 系 人：高志刚

电　　话：029－88325239　88323499　13991181385　　传　　真：029－88325239

地　　址：陕西西安高新区高新五路2号　　邮　　编：710075

西安盈栋科技股份有限公司

联 系 人：高学龙

电　　话：029－8832821　　传　　真：029－88328217

地　　址：陕西省西安市高新开发区科技二路66号　　邮　　编：710075

陕西省咸阳市庆华金属喷镀有限公司

联 系 人：赵庆华

电　　话：0910－5523025

地　　址：陕西省乾县东环路　　邮　　编：713300

金堆城钼业公司钼精细制品厂

联 系 人：姜晓光

电　　话：029－85652242　85653011　　传　　真：029－5652241

地　　址：陕西省西安市长安区韦曲东街12号　　邮　　编：710100

航空科技集团公司第四研究院第四十三研究所

联 系 人：李桂林

电　　话：029－83603407　　传　　真：029－83601227

地　　址：陕西省西安市101信箱　　邮　　编：710025

西安飞机工业（集团）有限责任公司

联 系 人：李小书

电　　话：029－86845536　　传　　真：029－86845145

地　　址：陕西省西安市140信箱9分箱　　邮　　编：710089

西安冶金机械厂技术中心表面技术室

联 系 人：钱汉兴

电　　话：029−84287764　　传　　真：029−84261418

地　　址：陕西省西安市西郊汉城北路　　邮　　编：710077

陕西蒲城电力实业有限责任公司

联 系 人：田军

电　　话：0913−7662745

地　　址：陕西省蒲城县孙镇蒲城发电有限责任公司　　邮　　编：715501

咸阳科德防腐防磨工程有限责任公司

联 系 人：许进平

电　　话：0910−5521977　13809107753　　传　　真：0910−5521977

地　　址：陕西省咸阳市乾县城关东二环路 6 号　　邮　　编：713300

陕西邦信表面技术工程有限公司

联 系 人：石晓云

电　　话：029−83127849　　传　　真：029−83127849

地　　址：西安市幸福中路 37 号北方秦川集团有限公司动力公司

邮　　编：710043

西安泵阀总厂有限公司技术开发部

联 系 人：杨文军

电　　话：029−82572372

地　　址：西安市新城区东站路 49 号　　邮　　编：710032

川庆钻探工程公司钻井工程总公司机修公司

联 系 人：宫慧君

电　　话：029−86597552　　传　　真：029−86593426

地　　址：陕西省西安市未央路 151 号　　邮　　编：710018

西安胜昔电力科技有限责任公司

联 系 人：何仲陶

电　　话：029−82258634　82258643　　传　　真：029−82258634

地　　址：陕西省西安市南二环路东段 180 号正信商住大厦 16 层 D 座

邮　　编：710054

金堆城钼业集团有限公司进出口公司

联 系 人：郑琪

电　　话：029－88378615　　88378623　　传　　真：029－88518770　　88378771

地　　址：陕西省西安市南二环西段5号捷瑞大厦17楼

邮　　编：710068

咸阳旭辉电力设备有限公司

联 系 人：杨军委

电　　话：029－35534333　　13891072232　　传　　真：029－35534333

地　　址：陕西省咸阳市乾县东新街80号　　邮　　编：713399

陕西帝比特科技发展有限公司

联 系 人：张国庆

电　　话：029－88376383　　传　　真：029－88376185

地　　址：陕西省西安市科技五路橡树星座B1505

陕西新兴热喷涂技术有限责任公司

联 系 人：高文军

电　　话：029－86658059　　18609200539　　传　　真：029－33613986

地　　址：陕西省西安市凤城九路白桦林居阳光谷3－3－502

邮　　编：712000

咸阳华能金属耐磨技术有限公司

联 系 人：孙勇

电　　话：029－33765885　　13891069018　　传　　真：029－33755885

地　　址：陕西省咸阳市渭城区东风路丽景苑小区11－4－201室

邮　　编：712000

内蒙古自治区

呼和浩特市瑞米克特种焊接技术中心

联 系 人：白富平

电　　话：0471－2333666　　传　　真：0471－2333667

地　　址：内蒙古呼和浩特市大学西路　　　　　　　　邮　　编：010020

内蒙古精实工程技术有限责任公司

联 系 人：刘智国

电　　话：13847181558

地　　址：呼和浩特赛罕区新希望街新希望家园东B1区

邮　　编：010070

包钢机制公司金属表面工程分公司

联 系 人：孙贻宝

电　　话：0472–2181699　　13948926801　　　　传　　真：0472–2182330

地　　址：内蒙古包头市昆区　　　　　　　　邮　　编：014010

呼和浩特市瑞米克特种焊接技术中心

联 系 人：康建清

电　　话：0471–2333666　　2333777/8　　　　传　　真：0471–2333667

地　　址：内蒙古呼和浩特市大学西路长兴大厦518–509A

邮　　编：010010

包钢铁力工贸有限公司

联 系 人：张万刚

电　　话：0472–2181253

地　　址：内蒙古包头市包钢厂区炼铁厂北侧　　　　邮　　编：014010

阿拉善盟天孚机械制造有限公司

联 系 人：李海龙

电　　话：0473–6986700　　　　传　　真：0473–6986700

地　　址：内蒙古阿拉善盟乌斯太经济开发区地税局正南500米

邮　　编：750336

内蒙古电力（集团）有限责任公司内蒙古电力科学研究院分公司

联 系 人：高云鹏

电　　话：0471–6222430　　　　传　　真：0471–6222411

地　　址：内蒙古呼和浩特市锡林南路21号　　　　邮　　编：010020

内蒙古新创环保科技发展有限公司

联 系 人：刘永厚

电　　话：0471−4638580　　13347108506　　　　传　　真：0471−4638480

地　　址：内蒙古呼和浩特市鄂尔多斯东街竹园小区 B 座 3 楼

邮　　编：010010

包头市通钢机械修造有限公司

联 系 人：乔永强　　　　电　　话：13547232708

地　　址：内蒙古包头市京藏高速青山出口处高速交警队北面

邮　　编：014030

山西省

太原重机金属表面工程公司

联 系 人：郭平

电　　话：0351−6366620　　13803415588　　　　传　　真：0351−6362063

地　　址：山西省太原市万柏林区玉河街 53 号　　　　邮　　编：030024

经纬纺织机械股份有限公司榆次分公司技术部

联 系 人：许志林

电　　话：0354−2492010　　13834189181　　　　传　　真：0354−2425428

地　　址：山西省晋中市榆次区经纬路 150 号　　　　邮　　编：030601

山西耀晋金属表面处理有限公司

联 系 人：解跃进　　　　手　　机：13834712862

电　　话：0359−4033725　　　　传　　真：0359−4033725

山西恒日实业有限责任公司

联 系 人：刁润周

电　　话：0353−7045610　　13834278800　　　　传　　真：0353−7046440

地　　址：山西省阳泉市矿区桥北街刘家垴　　　　邮　　编：045008

山西省临汾市纺织厂新技术研究推广中心

联 系 人：韩勇

电　　话：0357−3016920−8427　　13835711634

地　　址：山西省临汾市解放东路 105 号　　邮　　编：041000

运城供电分公司临猗供电支公司

联 系 人：贾敏

电　　话：13633595536　　传　　真：0359−4027798

地　　址：山西省运城市临猗县招待所商店　　邮　　编：044100

太原市海润实业有限公司

联 系 人：焦海

电　　话：0351−6365842　　13834588886

地　　址：山西省太原市前进路 10 号　　邮　　编：030024

山西矿业学院矿机系

联 系 人：刘俊玲

电　　话：0351−6043201−34541

地　　址：山西省太原市　　邮　　编：030024

山西矿业学院热喷涂技术服务中心

联 系 人：袁庆龙

电　　话：0351−6061340

地　　址：山西省太原市迎泽西大街 23 号　　邮　　编：030024

临汾经济技术开发区清和热喷涂有限责任公司

联 系 人：郑九江

电　　话：0357−3320990　　13903578439　　传　　真：0357−3320990

邮　　编：041000

太原市日产汽车维修有限公司

联 系 人：魏聚秀

电　　话：0351−3191877　　3500566　　传　　真：0351−3089176

地　　址：山西省太原市北大街 151 号　　邮　　编：030000

山西华辉恒源防腐工程有限公司

联 系 人：牛会林

电　　话：0351－7837857　　13754889785　　　　　　传　　真：0351－7837857

地　　址：山西省太原市小店区康宁街真武路交叉口山西国际商务中心 A 座 806 室

邮　　编：030000

山西润东电力科技有限公司

联 系 人：任学光

电　　话：0351－7660263　　13803457078　　　　　　传　　真：0351－7990263

地　　址：山西省太原市杏花岭区三桥小区东 8 号楼 8 幢 2 号房

邮　　编：030002

山西东渤凯瑞电力科技有限公司

联 系 人：岳崇磊

电　　话：0351－7525258　　　　　　传　　真：0351－7525258

地　　址：山西省太原经济技术开发区梧桐花园南楼六单元 402 室

邮　　编：030000

山西华辉电力设备有限公司

联 系 人：闫晓雪

电　　话：0351－7837857　　13453176105　　　　　　传　　真：0351－7837857

地　　址：山西省太原市汾东北路西二巷鑫河湾领寓 4 单元 401

邮　　编：030006

广西壮族自治区

南宁市万路发机械设备公司

联 系 人：潘建友

电　　话：0771－5639696　　13878175091

地　　址：广西省南宁市望州南路 297 号　　　　　　邮　　编：530001

南宁东升喷涂厂

联 系 人：张星旺

电　　话：0771－3310786　　13877163596

地　　址：广西省南宁市北湖北路 10 号　　　　　　邮　　编：530001

广西南宁技术交流站

联 系 人：林开芳

电　　话：0771－4823704　　4829068

地　　址：广西省南宁市五一东路 3 号　　　　邮　　编：530031

南宁市燃料公司公路桥梁标牌金属构件分厂

联 系 人：黄庆华

电　　话：0771－4832967　　9061185　　3833936

地　　址：广西省南宁市福建路 12 号路桥公司三处　　邮　　编：530031

北海市技术交流站

联 系 人：张雄图

电　　话：0779－3032505　　3035693

地　　址：广西省北海市贵州路　　　　邮　　编：536000

广西柳工机械股份有限公司

联 系 人：蒙秋红

电　　话：0772－3886433　　13978047126

地　　址：广西省柳州市柳太路 1 号　　　　邮　　编：545007

柳州市海源机电设备维修厂

联 系 人：薛日祥

电　　话：0772－2503765　　13517608771　　传　　真：0772－2503765

地　　址：广西柳州市雅儒路小高岭 10 号　　邮　　编：545001

南宁市锦润星机械设备维修有限公司

联 系 人：张星旺

电　　话：0771－3310786　　13877163596

地　　址：广西南宁市北湖北路 10 号　　　　邮　　编：530001

广西柳州森淼环保技术开发有限公司

联 系 人：凌秀远

电　　话：13877231020

地　　址：广西柳州市柳东新区官塘工业园 A8 号　　邮　　编：545616

宁夏回族自治区

宁夏蓝翔复兴激光科技有限公司

联 系 人：王虎

电　　话：0951－6963086　　13995276310

地　　址：宁夏银川市西夏区开元西路中小企业创业园22号厂房

邮　　编：750021

贵州省

贵州兴鑫热喷涂有限公司

联 系 人：冉崇华

电　　话：0581－3762876

地　　址：贵州省贵阳市花溪大道北段163号

邮　　编：550003

贵阳白云高能表面工程开发公司

联 系 人：吴志刚

电　　话：0851－4605516

地　　址：贵州省贵阳市白云区白云南路（白云纸库旁）

邮　　编：550014

贵州省瓮福磷矿重钙厂维修车间

联 系 人：禹志宏

电　　话：0854－2184295

地　　址：贵州省福全县　　　　邮　　编：550501

贵州省六盘水市宏志热喷涂有限公司

联 系 人：张书宏

电　　话：08681－325885　　　　传　　真：08681－321885

地　　址：贵州省六枝特区那平路　　　　邮　　编：553400

国营黎阳机械公司 39 车间

联 系 人：曹学明

电　　话：0853－4692632　　4694872

地　　址：贵州省平坝县 207 信箱 309 分箱　　邮　　编：561102

贵州黎阳公司冶金处

联 系 人：宋红团

电　　话：0853－4692354　　传　　真：0853－4692358

地　　址：贵州省平坝县 207 信箱冶金处

邮　　编：561102

贵州高峰机械厂焊条分厂

联 系 人：张新跃

电　　话：0851－5823269－315　　传　　真：0851－5824025

地　　址：贵州省平坝县　　邮　　编：561108

国营红湖机械厂

联 系 人：曹万银

电　　话：551780－361

地　　址：贵州省平坝县 102 信箱 6 分箱

邮　　编：561104

贵州贵铝宇清环保设备厂热喷涂中心

联 系 人：宋建伟

电　　话：0851－4862541　　4865163　　传　　真：0851－4865039

地　　址：贵州省贵阳市贵州铝厂工贸实业公司环保设备厂

邮　　编：550014

贵州六枝特区金鑫经贸有限公司

联 系 人：张书宏

电　　话：0858－5329888　　传　　真：0858－5555565

地　　址：贵州省六枝特区泰华大厦 A083

邮　　编：553400

海南省

海口机车厂

联 系 人：刘跃

电　　话：0898－66181124　　13178989181　　传　　真：0898－66181124

地　　址：海南省海口市人民大道 68 号

邮　　编：570208

云南省

云南省经委热喷涂中心

联 系 人：戴向中

电　　话：0871－3166936

地　　址：云南省昆明市拓东路石家巷 9 号　　邮　　编：650011

云南省化工研究院

联 系 人：杨亚斌

电　　话：0871－3322863　　13888206000

地　　址：云南省昆明市东风东路 120 号　　邮　　编：650041

欧亚高科技发展有限公司

联 系 人：王昆生

电　　话：0871－83248970

地　　址：云南省昆明市官渡区国家高新技术开发区

邮　　编：650223

云南昆钢技术中心

联 系 人：杨贤明

电　　话：0871－8603607　　13629697711

地　　址：云南昆钢　　邮　　编：630302

甘肃省

兰州新兴热喷涂防腐新技术应用研究所

联 系 人：田育甫

电　　话：0913－2338926

地　　址：甘肃省兰州市七里河建工中路 7 号　　邮　　编：730050

甘肃工业大学合金粉末厂

联 系 人：张富邦

电　　话：0931－2756544　　传　　真：0931－2756544

地　　址：甘肃省兰州市七里河区兰工坪 85 号　　邮　　编：730050

兰州供电局电力线路设备厂

联 系 人：周爱民

电　　话：0931－2867040

地　　址：甘肃省兰州市七里河龚家湾路 379 号　　邮　　编：730050

兰州理工大学材料科学与工程学院

联 系 人：苏义祥

电　　话：0931－2757394

地　　址：甘肃省兰州市七里河区兰工坪 85 号　　邮　　编：730050

兰州炼油化工机械厂

联 系 人：张玉峰

电　　话：0931－7934151　　传　　真：0931－7934615

地　　址：甘肃省兰州市西固玉门街 10 号　　邮　　编：730060

兰州炼油化工总厂机械厂

联 系 人：戚达强

电　　话：0931－7930709　　7930706

地　　址：甘肃省兰州市　　邮　　编：730060

兰州市东川机械喷涂厂

联 系 人：刁庆生

电　　话：0931－7523714　　6423786　　传　　真：0931－7556330
地　　址：甘肃省兰州市西固区东河湾　　邮　　编：730094

兰州炼油化工机械厂

联 系 人：张玉峰
电　　话：0931－7934151　　传　　真：0931－7934615
地　　址：甘肃省兰州市西固玉门街 10 号　　邮　　编：730060

兰州供电局电力线路设备厂

联 系 人：周爱民
电　　话：0931－2867040
地　　址：甘肃省兰州市七里河龚家湾路 379 号　　邮　　编：730050

中国科学院兰州化学物理研究所

联 系 人：安宇龙
电　　话：0931－4968085　　传　　真：0931－4968138
地　　址：甘肃省兰州市城关区天水中路 18 号　　邮　　编：730000

新疆维吾尔自治区

新疆钢铁公司三得利科工贸开发部

联 系 人：王洪兴
电　　话：0991－3892213　3894782　13999812333　　传　　真：0991－3894782
地　　址：新疆乌鲁木齐市头屯河区八一路　　邮　　编：830022

新疆克拉玛依市宝通服务有限公司

联 系 人：张兴龙
电　　话：0990－6883680　　传　　真：0990－6598000
地　　址：新疆克拉玛依市西北路乐园市场 217 号

乌鲁木齐德源鑫隆特种修复有限公司

联 系 人：张卫江
电　　话：0991－7825788　　传　　真：0991－7825788
地　　址：新疆乌鲁木齐市北京北路 24 号

新疆短电弧科技开发有限公司

联 系 人：周碧胜

电　　话：0991－6659588　　　　传　　真：0991－6699978

地　　址：新疆乌鲁木齐市体育馆巷 188 号　　　　邮　　编：830011

新疆金工科创机械技术有限公司

联 系 人：贾亚辉

电　　话：0991－7761916　　13199895091　　　　传　　真：0991－7761916

地　　址：新疆乌鲁木齐市喀什东路 257 号

克拉玛依市安信科技开发公司

联 系 人：邱传敏

电　　话：0990－6898391

地　　址：新疆克拉玛依市钻井工艺研究所退休站　　　　邮　　编：834000

新疆电熔爆技术研究所

联 系 人：叶良才

电　　话：0991－4820794

地　　址：新疆乌鲁木齐市克拉玛依东路 31 号　　　　邮　　编：830000

乌鲁木齐龙腾达科技有限责任公司

联 系 人：谢燕

电　　话：0991－4843619　　　　传　　真：0991－4843062

地　　址：新疆乌鲁木齐市克拉玛依东街 390 号深圳城大厦 8019 室

邮　　编：830000

台湾省

生麒防锈工程有限公司

联 系 人：蔡明德

电　　话：00886－2－29990825　　　　传　　真：00886－2－29991300

地　　址：台湾台北县三重市中兴北街 133 号 3F 之 1

台湾电浆股份有限公司

联 系 人：何庆诚

电　　话：00886−7−787−6722　　　　传　　真：00886−7−787−6756

地　　址：台湾高雄县大寮乡万大工业区农场路 222 号

英耐德实业有限公司

联 系 人：程进卿

电　　话：00886−2−86626788　　13549394833　　传　　真：00886−2−86626766

地　　址：台湾新北市深坑区北深路三段 270 巷 16 号 4 楼之一

附　录

单位换算表
硬度对照表
温度换算表
应力换算表
冲击值换算表
粉末筛目对照表
化学元素符号表

单位换算表

B 换算成 A(乘以)	A	B	A 换算成 B(乘以)
		温度	
1.80	F	K	5. 55×10^{-1}
		热膨胀系数	
5.55×10^{-1}	1 / F	1 / K	1.80
		热导率	
2.38846×10^{-3} 359.7	Cal/Cm.sec.℃ KCal/m.h.℃	W/m.k Cal/em.sec.℃	4.1868×10^{2} 2.78×10^{-3}
		比热容	
2.38846 $\times10^{-4}$	Cal]g.℃	J/kg.K	4.1868×10^{3}
		电导率	
	% (IACS)	S/m	100% (IACS) =58.00MS/m
		力	
0.1020	Kg.f	N	9.80665
		压　力	
0.1020 0.987×10^{-5} 10^{6}	Kg.f/mm^2 I atm N/m^2	N/mm^2 N/mm^2 N/mm^2	9.80665 1.013250×10^{5} 10^{-6}
		功	
0.278×10^{6}	Kw. hr	J	3.6×10^{6}

硬度对照表

Vicker.s	Rockwell.s A 级	Rockwell.s B 级	Rockwell.s C 级	与硬度相对的抗张力	Bnnell	Shore.s 硬度
荷重 50kg	荷重 60kg	荷重 100kg	荷重 150kg	荷重 kgf/mm^2	荷重 3,000kg	
940	85.6		68.0			97
920	85.3		67.5			96
900	85.0		67.0			95
880	84.7		66.4		767	93
860	84.4		65.9		757	92
840	84.1		65.3		745	91
820	83.8		64.7		733	90
800	83.4		64.0		722	88
780	83.0		63.3		710	87
760	82.6		62.5		698	86
740	82.2		61.8		684	84
720	81.8		61.0		670	83
700	81.3		60.1		656	81
690	81.1		59.7		647	—
680	80.8		59,2	230	638	80
670	80.6		58.8	227	630	—
660	80.3		58.3	223	620	79
650	80.0		57.8	220	611	−77
640	79.8		57.3	216	601	—
630	79.5		56.8	213	691	
620	79.2		56.3	209	582	75
610	78.9		55.7	206	573	—
600	78.6		55.2	202	564	74
590	78.4		54.7	199	554	—
580	78.0		54.1	195	545	72
570	77.8		53.6	192	535	—
560	77.4		53.0	188	525	71
550	77.0		52.3	185	517	—
540	76.7		51.7	182	507	69
530	76.4		51.1	178	497	—
520	76.1		50.5	175	488	67
510	75.2		49.8	171	479	−66
500	75.3		49.1	168	471	—
490	74.9		48.4	164	460	64
480	74.5		47.4	161	452	

Vicker.s	Rockwell.s A 级	Rockwell.s B 级	Rockwell.s C 级	与硬度相对的抗张力	Bnnell	Shore.s 硬度
荷重 50kg	荷重 60kg	荷重 100kg	荷重 150kg	荷重 kgf/mm^2	荷重 3,000kg	
470	74.1		46.9	157	442	—
460	73.6		46.1	154	435	62
450	73.3		45.3	150	425	—
440	72.8		44.5	147	415	59
430	72.9		43.6	143	405	—
420	71.8		42.7	140	397	57
410	71.4		41.8	138	388	—
400	70.8		40.8	133	379	55
390	70.3	(110.0)	39.8	130	369	—
380	69.8		38.8	126	360	52
370	69.2		377.7	123	350	—
360	68.7	(109.0)	36.6	119	341	50
350	68.1	—	35.5	116	331	—
340	67.6	(108.0)	34.4	113	322	47
330	67.0	—	33.3	109	313	—
320	66.4	(107.0)	32.2	1406	303	45
310	65.8	—	31.0	102	294	—
300	65.2	(105.0)	29.8	99	284	42
295	64.8	—	29.2	97	280	—
290	64.5	(104.0)	28.5	95	275	41
285	64.2	—	27.8	94	270	—
280	63.8	(103.0)	27.1	92	265	40
275	63.5	—	26.4	90	261	—
270	63.1	(102.0)	25.6	88	256	38
265	62.7	—	24.8	87	252	—
260	62.4	(101.0)	24.0	85	247	37
255	62.0	—	23.1	83	243	—
250	61.6	99.5	22.2	81	238	36
245	61.2	—	21.3	80	233	—
240	60.7	98.1	20.3	78	228	34
230		96.7	(18.0)	74		33
220		95.0	(15.9)	71	209	32
210		93.4	(13.4)	68	200	30
200		91.5	(11.0)	64	190	29
190		89.5	(8.2)	62	181	28
180		87.1	(6.0)	59	171	26
170		85.0	(3.0)	55	162	25
160		81.7	(0.0)	53	152	24
150		78.7	—	50	143	22
140		75.0	—	46	133	21

Vicker.s	Rockwell.s A级	Rockwell.s B级	Rockwell.s C级	与硬度相对的抗张力	Bnnell	Shore.s 硬度
荷重 50kg	荷重 60kg	荷重 100kg	荷重 150kg	荷重 kgf/mm^2	荷重 3,000kg	
130	—	71.2	—	43	124	20
120	—	66.7	—	40	441	—
110	—	62.3	—	—	105	—
105	—	56.2	—	—	95	—
95	—	52.0	—	—	90	—
95	—	48.0	—	—	86	—
85	—	41.0	—	—	81	—

温度换算表

° F	℃	° F	℃	° F	℃	° F	℃
−459.4	−273	40	4.4	170	76.7	740	393.3
−440	−263	42	5.6	172	77.8	760	404.4
−430	−257	44	6.7	174	78.9	780	415.6
−420	−251	46	7.8	176	80.0	800	426.7
−410	−246	48	8.9	178	81.1	820	437.8
−400	−240	50	10.9	180	82.2	840	448.9
−390	−234	52	11.1	182	83.3	860	460.0
−380	−229	54	12.2	184	84.4	880	471.1
−370	−223	56	13.3	186	85.6	900	482.2
−360	−218	58	14.4	188	86.7	920	493.3
−350	−212	60	15.6	190	87.8	940	504.4
−340	−207	62	16.7	192	8.9	960	515.6
−330	−201	64	17.8	194	90.0	980	527
−320	−196	66	18.9	196	91.1	1000	538
310	−190	68	20.0	198	92.2	1020	549
−300	−184	70	21.1	200	93.3	1040	560
−290	−179	72	22.2	202	91.4	1060	571
−280	−173	74	23.3	204	95.6	1080	582
−270	−168	76	24.4	206	96.7	1100	593
−260	−162	78	25.6	208	97.8	1120	604
−250	−157	80	26.7	210	98.9	1140	616
−240	−151	82	27.8	212	100.0	1160	627
−230	−146	84	28.9	21/1	101.1	1180	638
−220	−140	86	30.O	216	102.2	1200	649
−210	−134	88	31.1	218	103.3	1220	660
−200	−129	90	32.2	220	104.4	1240	671
−190	−129	92	33.3	230	110.0	1260	682
−180	−118	94	34.4	240	115.6	1280	693
−170	−112	96	35.6	250	121.1	1300	704
−160	−107	98	36.7	260	126.7	1320	716
−150	−101	100	37.8	270	132.2	1340	727
−140	−93	102	38.9	280	137.8	1360	738
−130	−90	104	tlo.0	290	143.3	1380	748
−120	−84	106	111.1	300	148.9	1400	760
110	−79	108	42.2	310	154.4	1420	771

◦ F	℃	◦ F	℃	◦ F	℃	◦ F	℃
−100	−73	110	43.3	320	160.0	1440	782
−90	−68	113	44.4	330	165.6	1460	793
−80	−62	114	45.6	340	171.1	1480	804
−70	−57	116	46.7	350	176.7	1500	816
−60	−51	118	47.8	360	182.2	1520	827
−50	−45.6	120	48.9	370	187.8	1540	838
−40	−40.0	122	50.0	380	193.3	1560	849
−30	34.4	124	51.1	390	198.9	1580	860
−20	−28.9	126	52.2	400	204.4	1600	871
−10	−23.3	128	53.3	410	210.0	1620	882
0	−17.8	130	54.4	420	215.6	1640	893
2	−16.7	132	55.6	430	221.1	1660	904
4	−15.6	134	56.7	440	226.7	1680	916
6	−14.4	136	57.8	450	232.2	1700	927
8	−13.3	138	58.9	460	237.8	1720	938
10	−12.2	140	60.0	470	243.3	1740	949
12	−11.1	142	61.1	480	248.9	1760	960
14	−10.0	144	62.2	490	254.4	1780	971
16	−89	146	63.3	500	260.0	1800	982
18	−78	148	64.4	520	271.1	1820	993
20	−6.7	150	65.6	540	282.2	1840	1004
22	−5.6	152	66.7	560	293.3	1860	1016
24	−4.4	154	67.8	580	304.4	1880	1027
26	−3.3	156	68.9	600	315.6	1900	1038
28	−2.2	158	70.0	620	326.7	1920	1049
30	−1.1	160	71.1	640	337.8	1940	1060
32	0	162	72.2	660	348.9	1960	1071
34	1.1	164	73.3	680	360.O	1980	1082
36	2.2	166	74.4	700	371.1	2000	1093
38	3.3	168	75.6	720	382.2	0	

◦ F=9X℃ /5+32℃ =5(◦ F−32)/9

应力换算表

lbs/in^2	0.000	1.000	2.000	3.000	4.000	5.000	6.000	7.000	8.000	9.000
	kg/mm^2	kg/mm^2	kg/mm^2	kg/mm^2	kg/mm^2	kg/mm^2	kg/mm^2	kg/mm^2	kg/mm^2	kg/mm^2
0.000	0.000	0.073	1.406	2.109	2.812	3.515	4.218	4.922	5.625	6.328
10.000	7.031	7.734	8.437	9.140	9.843	10.546	11.249	11.952	12.655	13.359
20.000	14.063	14.765	15.468	16.171	16.874	17.577	18.280	18.983	19.686	20.389
30.000	21.092	21.796	22.499	23.202	23.905	24.608	25.311	26.014	26.717	27.420
40.000	28.123	28.826	29.529	30.233	30.936	31.639	32.343	33.045	33.748	34.451
50.000	35.154	35.857	36.560	37.263	37.866	38.669	39.373	40.076	40.779	41.482
60.000	42.185	42.888	43.591	44.294	44.997	45.700	46.403	47.106	47.810	48.513
70.000	49.216	49.919	50.622	51.325	52.028	52.731	53.434	54.137	54.840	55.543
80.000	56.247	56.950	57.653	58.356	59.059	59.762	60.465	61.168	61.871	62.574
90.000	63.277	63.980	64.683	65.387	66.090	66.793	67.496	68.199	68.902	69.605
100.000	70.308	71.011	71.714	72.417	73.120	73.824	74.527	75.230	75.933	76.636
110.000	77.339	78.012	78.745	79.448	80.151	80.854	81.557	82.261	82.964	83.667
120.000	84.370	85.073	85.776	86.479	87.182	87.885	85.588	89.291	89.994	90.698
130.000	91.401	92.104	92.807	93.510	94.213	94.916	95.619	96.322	97.025	97.728
140.000	98.431	99.134	99.838	100.541	101.244	101.947	102.650	103.353	104.056	104.759
150.000	105.462	106.165	106.868	107.571	108.275	108.978	109.681	110.384	111.087	111.790
160.000	112.493	113.196	113.899	114.602	115.305	116.008	116.712	117.415	118.118	118.821
170.000	119.524	120.227	120.930	121.633	122.336	123.039	123.742	124.445	125.148	125.852
180.000	126.555	127.258	127.961	128.664	129.367	130.070	130.773	131.476	132.179	132.882
190.000	133.585	134.289	134.992	135.695	136.398	137.101	137.804	138.507	139.210	139.913
200.000	140.616	141.319	142.022	142.726	143.429	144.132	144.835	145.538	146.241	146.944

lbs/in^2	100	200	300	400	500	600	700	800	900
kg/mm^3	0.0703	0.1406	0.2109	0.2812	0.3515	0.4218	0.4922	0.5625	0.6328

Ik/mm^2=1.42231ksi=9.80065N/mm^2(MPa)

lksi(1000psi)=0.70307kgf/mm^2=6.894757N/mm^2(MPa)

lNlmm^2(MPa)=0.101972kgf/mm^2=0.145038ksi

冲击值换算表

ft−lbs	0	1	2	3	4	5	6	7	8	9
	kg—m	kg-m	kg-m	kg-m	kg-m	kg-m	kg-m	kg-m	kg-m	kg-m
0	0.000	0.183	0.276	0.415	0.533	0.691	0.830	0.9158	1.106	1.244
10	1.383	1.521	1.659	1.797	1.936	2.074	2.212	2.350	2.489	2.627
20	2.765	2.903	3.042	3.18	3.318	3.456	3.595	3.733	3.871	4.009
30	4.148	4.286	4.424	4.562	4.701	4.839	4.977	5.116	5.254	5.392
40	5.530	5.669	5.807	5.945	6.083	6.222	6.360	6.498	6.636	6.774
50	6.913	7.051	7.189	7.328	7.466	7.604	7.742	7.881	8.019	8.157
60	8.295	8.434	8.572	8.710	8.848	8.987	9.125	9.263	9.401	9.540
70	9.678	9.816	9.955	10.093	10.231	10.369	10.508	10.645	10.784	10.922
80	11.061	11.199	11.337	11.475	11.614	11.752	11.890	12.028	12.167	12.305
90	12.443	12.581	12.720	12.858	12.996	13.134	13.273	13.411	13.549	13.687
100	13.826	13.964	14.102	14.240	14.379	14.517	14.655	14.794	14.932	15.070
110	15.208	15.347	15.485	15.623	15.761	15.900	16.038	16,176	16.314	16.453
120	16.591	16.729	16.867	17.006	17.144	17.282	17.420	17.559	17.69r7	17.835
130	17.973	18.112	18.250	18.388	18.526	18.6155	18.803	18.941	19.079	19.218
140	19.356	19.494	19.632	19.771	19.909	20.047	20.186	20.324	20.462	20.600
150	20.739	20.877	21.015	21.153	21.292	21.430	21.568	21.706	21.845	21.983
160	22.121	22.259	22.398	22.536	22.674	22.812	22.951	23.089	23.227	23.365
170	23.504	23.642	23.780	23.918	24.057	24.195	24.333	24.471	24.610	24.748
180	24.886	25.025	25.163	25.301	25.439	25.578	25.716	25.854	25.9912	26.131
190	26.269	26.4407	26.545	26.684	26.822	26.960	27.098	37.237	27.375	27.513
200	27.651	27.790	270928	28.066	28.204	28.343	28.481	28.619	28.757	28.896

lft−lbs−0.13825728kg−m=1.35587J

lkg−m=7.23275ft−lb=9.80665J

1J=0.1019kg−m=0.73753ft−lb

粉末筛目对照表

国际标准筛	美国标准筛		泰勒标准筛		苏联标准筛		德国标准筛	
筛孔(mm)	筛号	筛孔(mm)	网目(孔/寸)	筛孔(mm)	筛号	筛孔(mm)	网目(孔/厘米)	筛孔(mm)
	No.10	2.00	10	1.651				
	No.12	1.70	12	1.397				
	No.14	1.40	14	1.168				
	No.16	1.18	16	0.991				
	No.18	1.00						
0.800	No.20	0.850	20	0.833	800	0.800		
0.710	No.25	0.710	24	0.701	0.710	0.710	8	0.750
0.600	No.30	0.600	28	0.589	600	0.600	10	0.600
0.500	No.35	0.500	35	0.417	500	0.500	12	0.490
0.400	No.40	0.425	42	0.351	400	0.400	14	0.430
0.365	No.45	0.355			355	0.355	16	0.385
0.300	No.50	0.300	48	0.295	300	0.300	20	0.300
0.250	No.60	0.250	60	0.246	250	0.250	24	0.250
0.200	No.70	0.212	65	0.208	200	0.200	30	0.200
0.180	No.80	0.180	80	0.175	180	0.180		
0.150	No.100	0.150	100	0.147	150	0.150	40	0.150
0.125	No.120	0.125	115	0.124	125	0.125	50	0.120
	No.140	0.106			106	0.106		
0.100			150	0.104	100	0.100	60	0.100
0.090	No.170	0.090	170	0.088	90	0.090	70	0.088
					80	0.080		
0.075	No.200	0.075	200	0.074	75	0.075	80	0.075
0.063	No.230	0.063			63	0.063	100	0.060
			250	0.061				
0.050	No.270	0.053	270	0.052	50	0.050		
	No.325	0.045	325	0.044				
0.040								
					40	0.040		
	No.400	0.038	400	0.037				

化学元素符号表

原子序数	元素名称	符号	原子序数	元素名称	符号	原子序数	元素名称	符号	原子序数	元素名称	符号
1	氢	H	27	钴	Co	53	碘	I	79	金	Au
2	氦	He	28	镍	Ni	54	氙	Xe	80	汞	Hg
3	锂	Li	29	铜	Cu	55	铯	Cs	81	铊	Tl
4	铍	Be	30	锌	Zn	56	钡	Ba	82	铅	Ph
5	硼	B	31	镓	Ga	57	镧	La	83	铋	Bi
6	碳	C	32	锗	Ge	58	铈	Ce	84	钋	Po
7	氮	N	33	砷	As	59	镨	Pr	85	砹	Af
8	氧	O	34	硒	Se	60	钕	Nd	86	氡	Ru
9	氟	F	35	溴	Br	61	钷	Pm	87	钫	Fr
10	氖	Ne	36	氪	Kr	62	钐	Sm	88	镭	Ra
11	钠	Na	37	铷	Rb	63	铕	Eu	89	锕	Ac
12	镁	Mg	38	锶	Sr	64	钆	Cd	90	钍	Th
13	铝	Al	39	钇	Y	65	铽	Tb	91	镤	Pa
14	硅	Sl	40	锆	Zr	66	镝	Dy	92	铀	U
15	磷	P	41	铌	Nb	67	钬	Ho	93	镎	Xp
16	硫	S	42	钼	Mo	68	铒	Er	94	钚	Pu
17	氯	Cl	43	锝	R	69	铥	Tm	95	镅	Am
18	氩	Ar	44	钌	Ru	70	镱	Yb	96	锔	Cm
19	钾	K	45	铑	Rh	71	镥	Lu	9r7	锫	Bk
20	钙	Ca	46	钯	Pd	72	铪	Hf	98	锎	Cf
21	钪	Sc	47	银	Ag	73	钽	Ta	99	锿	Es
22	钛	Ti	48	镉	Cd	74	钨	W	100	镄	Fm
23	钒	V	49	铟	In	75	铼	Re	101	钔	Md
24	铬	Cr	50	锡	Sn	76	锇	Os	102	锘	No
25	锰	Mn	51	锑	sb	77	铱	lr	103	铹	Lw
26	铁	Fe	52	碲	Te	78	铂	Pt	104		